16	3	2	13
5	10	11	8
9	6	7	12
4	15	14	1

Ovídio

METAMORFOSES

Edição bilíngue
Tradução, introdução e notas de Domingos Lucas Dias
Apresentação de João Angelo Oliva Neto

editora■34

EDITORA 34

Editora 34 Ltda.
Rua Hungria, 592 Jardim Europa CEP 01455-000
São Paulo - SP Brasil Tel/Fax (11) 3811-6777 www.editora34.com.br

Copyright © Editora 34 Ltda., 2017
Tradução de Domingos Lucas Dias © Nova Vega, Portugal

A FOTOCÓPIA DE QUALQUER FOLHA DESTE LIVRO É ILEGAL E CONFIGURA UMA
APROPRIAÇÃO INDEVIDA DOS DIREITOS INTELECTUAIS E PATRIMONIAIS DO AUTOR.

Título original:
Metamorphoses

Capa, projeto gráfico e editoração eletrônica:
Bracher & Malta Produção Gráfica

Revisão:
Rodrigo Garcia Manoel (AR. Textos & Contextos)
Alexandre Barbosa de Souza

1ª Edição - 2017 (2ª Reimpressão - 2021)

CIP - Brasil. Catalogação-na-Fonte
(Sindicato Nacional dos Editores de Livros, RJ, Brasil)

Ovídio (Publius Ovidius Naso), 43 a.C.-17 d.C.
O819m   Metamorfoses / Ovídio; edição bilíngue;
        tradução, introdução e notas de Domingos Lucas Dias;
        apresentação de João Angelo Oliva Neto — São Paulo:
        Editora 34, 2017 (1ª Edição).
        912 p.

        Tradução de: Metamorphoses
        Texto bilíngue, português e latim

        ISBN 978-85-7326-667-2

            1. Poesia latina. I. Dias, Domingos Lucas.
    II. Oliva Neto, João Angelo. III. Título.

CDD - 873

METAMORFOSES

Apresentação, *João Angelo Oliva Neto* 7

Nota introdutória, *Domingos Lucas Dias* 33

METAMORFOSES

Livro I 43
Livro II 101
Livro III 165
Livro IV 215
Livro V 271
Livro VI 317
Livro VII 363
Livro VIII 417
Livro IX 475
Livro X 527
Livro XI 577
Livro XII 629
Livro XIII 671
Livro XIV 731
Livro XV 789

Correspondência entre nomes romanos e gregos 847
Índice de nomes 849
Mapa geral 898
Mapa das regiões gregas 900
Índice temático 901
Sobre o autor 907
Sobre o tradutor 909

Mínima gramática das *Metamorfoses* de Ovídio

João Angelo Oliva Neto

Os poemas da Antiguidade grega e latina não são apenas textos escritos em língua "estrangeira", são também escritos em línguas que já não se falam, pertencentes a sistemas culturais que diferem dos nossos e que, além disso, transformados, desapareceram. Estão distantes de nós no espaço e também no tempo. Embora seja inegável que a literatura ocidental tenha raízes nas letras gregas e nas romanas, é certo que os poemas antigos foram compostos segundo critérios e finalidades que nem sempre são os mesmos que os da poesia contemporânea. Desse modo, para lê-los com maior proveito e prazer, não é possível transferir à poesia antiga a maneira como lemos a contemporânea. Para que o leitor interessado, porém não especialista em letras antigas, compreenda melhor as *Metamorfoses* de Ovídio (43 a.C.-17 d.C.) e sua ambição como poeta, são úteis algumas informações sobre o funcionamento, digamos assim, da Poética antiga.

Cosmogonia

As *Metamorfoses* (8 d.C.) são uma cosmogonia, bem entendido, uma narração sobre a origem do mundo, como evidencia o Proêmio (Livro I, vv. 1-4):

In noua fert animus mutatas dicere formas
corpora; di, coeptis (nam uos mutastis et illas)
aspirate meis primaque ab origine mundi
ad mea perpetuum deducite tempora carmen.

É meu propósito falar das metamorfoses dos seres
em novos corpos. Vós, deuses, que as operastes,
sede propícios aos meus intentos e acompanhai o meu poema,
que vem das origens do mundo até os meus dias.

A rigor, Ovídio anuncia que fará mais, pois tratará de eventos *"desde* a primeira origem do mundo" *(prima ab origine mundi) "até* o tempo dele" *(ad mea tempora),* o que terá implicações importantes, como mostraremos adiante. A modalidade cosmogônica, ainda praticada por Ovídio no século I a.C., embora menos conhecida do que a heroica (basta pensarmos na *Ilíada* e na *Odisseia,* de Homero), também é originariamente arcaica, pouco mais recente, porém, do que os poemas homéricos, compostos no século VIII a.C. Hesíodo (ativo entre 750 e 650 a.C.), tal como Homero, foi poeta do Período Arcaico grego, autor de duas breves cosmogonias, a *Teogonia* e *Os trabalhos e os dias* (com 1.020 e 828 versos, respectivamente).[1] Na primeira, Hesíodo narra a "origem dos deuses", que é o significado da palavra "teogonia", mas lembremos que para os gregos arcaicos os deuses eram uma realidade inquestionável e o mundo não era outra coisa que a manifestação visível, a epifania, dessa realidade, de modo que, quando narra o nascimento dos deuses primordiais — Caos, Céu, Terra, Éter, Dia, Noite, Érebo, Oceano etc. —, Hesíodo está a narrar a origem do mundo e o faz até o nascimento das divindades olímpicas. Em *Os trabalhos e os dias,* que, de certa maneira, continuam a narrar a "história" do mundo a partir do ponto em que se encerrara a *Teogonia,* Hesíodo — para tratar então do homem e sua laboriosa condição — narra o mito de Prometeu e Pandora, o mito das Cinco Raças (Ouro, Prata, Bronze, Heróis e Ferro), a difícil Justiça humana e o duro trabalho que os mortais devem realizar para viver. A *Teogonia* e *Os trabalhos e os dias* são os mais antigos exemplos de cosmogonia no Ocidente e perfazem o modelo primeiro que Ovídio teve em mente (entenda-se "imitou") ao compor as *Metamorfoses,* como se observa logo no Livro I, em que, após o Proêmio, busca matéria nos dois poemas de Hesíodo para relatar a origem primeira do mundo (vv. 5-20), a separação dos Elementos

---

[1] Remeto o leitor à duas belas traduções: *Teogonia: a origem dos deuses,* tradução de Jaa Torrano (São Paulo, Iluminuras, 7ª ed., 2007), e *Os trabalhos e os dias,* tradução de Mary de Camargo Neves Lafer (São Paulo, Iluminuras, 5ª ed., 2006).

(vv. 21-75), a criação do homem (vv. 76-88), suas Quatro Idades (vv. 89-150, Ovídio suprime a dos Heróis), os Gigantes (vv. 151-62), o Dilúvio (vv. 253-312) e a nova geração de homens descendentes de Deucalião e Pirra (vv. 313-415), que sobrevivem ao Dilúvio. Essa é a seção propriamente cosmogônica (e hesiódica) das *Metamorfoses*.

ETIOLOGIA

Além de cosmogônico, o poema de Ovídio é também *etiológico*, isto é, narra a *causa* ou a *origem* (em grego, *áition*) de vários fatos. Mas enquanto a cosmogonia se refere principalmente à origem dos Elementos primordiais e mais importantes do mundo — Céu, Terra, Oceano, Dia, Noite, Subterrâneo e os seres que deles descendem —, a etiologia refere-se a elementos muito menores, como a origem de certas árvores, por que são negros os etíopes, como surgiu o deserto, e até coisas ainda mais pequenas, como a origem de alguns costumes, a origem de certos nomes etc. Na seção cosmogônica Ovídio narra a origem primeira do mundo e nas etiológicas narra a longa história subsequente. Para ser mais preciso, na cosmogonia os Elementos surgem ou porque um deus os cria do nada ou porque seres já existentes, personificados, se unem e geram outros. (Assim, o Gênesis, do *Velho Testamento*, na perspectiva da Poética, é apenas mais uma das muitas cosmogonias existentes na Antiguidade.) Na etiologia, porém, há uma estratégia narrativa muito interessante, ausente nas cosmogonias: trata-se, com permissão da informalidade, do "aquilo deu nisso", em que "isso" é o que todos vêem, é o que todos já sabem (como, por exemplo, a origem do nome de uma cadeia de montanhas ou o fato de que as amoras são vermelhas) e "aquilo" é sua causa desconhecida, antiga, velada, que o poeta desvela no poema.

Esse procedimento, por exemplo, é evidente num conhecido poema de Mário de Andrade, "A Serra do Rola-Moça" (que integra seu poema longo "Noturno de Belo Horizonte", de 1924):

> A serra do Rola-Moça
> não tinha esse nome não...
> eles eram do outro lado,
> vieram na vila casar.

E atravessaram a serra,
o noivo com a noiva dele
cada qual no seu cavalo.

[...]

Porém os dois continuavam
cada qual no seu cavalo,
e riam. Como eles riam!
E os risos também casavam
com as risadas dos cascalhos
que pulando levianinhos
da vereda se soltavam
buscando o despenhadeiro.

Ah! Fortuna inviolável!
O casco pisara em falso.
Dão noiva e cavalo um salto
precipitados no abismo.
Nem o baque se escutou.
Faz um silêncio de morte.
Na altura tudo era paz...
Chicoteando o seu cavalo,
no vão do despenhadeiro
o noivo se despenhou.

E a serra do Rola-Moça,
Rola-Moça se chamou.

O poema, perfeitamente etiológico, mas não cosmogônico, não é senão o relato de como uma cadeia de montanhas num lugar do interior do Brasil passou a chamar-se "Serra do Rola-Moça", ou seja, narra-se a *origem* ou a *causa* do nome que as montanhas passaram a ter depois do acidente que vitimou a noiva no próprio dia do casamento. No poema não sabemos como elas se chamavam antes do acidente, mas passamos a saber por que *agora* têm esse nome. É bem assim que funciona a etiologia: partindo de um *dado presente e bem conhecido* do público, narra-se o fato *passado* e *desconhecido* que deu origem ao que se vê e ao que se sabe. Ovídio tomou esse procedimento principalmente de Calímaco de Cirene (*c.* 300-240 a.C.), poeta grego do Período Helenístico (323-31 a.C.), que ao seu longo poema etiológico, hoje muito fragmentário, chamou *Áitia* (*Origens*).

Vejamos um exemplo das *Metamorfoses*, o episódio do Livro IV em que se conta o amor entre os jovens Píramo e Tisbe (vv. 55-166). A história se passa na Babilônia: assim como no caso de Romeu e Julieta (o qual, aliás, não deixa de provir do mito narrado por Ovídio), os jovens enamorados queriam viver juntos, contra a vontade dos pais. Decidem fugir e encontrar-se à noite em dia combinado ao pé de uma amoreira de frutos brancos num bosque vizinho. Tisbe, dirigindo-se ao local, deixa cair o xale sem perceber e põe-se a aguardar Píramo. Em seguida, uma leoa com a boca ensanguentada, que acabara de devorar um animal no bosque, topa com o xale, fá-lo em pedaços e volta à mata. Quando Píramo chega, não encontra Tisbe, mas vê as pegadas da fera e vê também em farrapos o xale sujo de sangue: conclui que a fera havia devorado Tisbe. Pegando do xale, mata-se com a espada ao pé da mesma amoreira: regadas do sangue derramado, as amoras brancas tornam-se vermelhas. Quando Tisbe chega e vê morto o amado, decide segui-lo na morte, mas, antes de pôr fim à vida, diz palavras importantes, entre as quais estas, dirigidas à amoreira (vv. 158-66):

> "E tu, árvore, que com teus ramos cobres agora o infeliz corpo
> de um e a seguir cobrirás os corpos dos dois,
> conserva os sinais da morte e mantém sempre negros os frutos,
> conformes com o luto, em memória do sangue dos dois."
> Assim falou e, ajustando a espada abaixo do peito,
> lançou-se sobre o ferro, tépido ainda da outra morte.
> Seus votos chegaram aos deuses e chegaram aos pais,
> pois nos frutos, quando estão maduros, é negra a cor,
> e o que resta das piras repousa numa urna só.

Como já foi informado, as *Metamorfoses* narram a origem mítica do mundo, para cujo efeito poético é importante que o leitor assuma ficticiamente que até determinado tempo todas as amoreiras davam sempre frutos brancos e que foi por causa de um evento decisivo, o triste caso de amor de Píramo e Tisbe, que passaram a dar frutos vermelhos cor de sangue. O leitor sagaz, instruído pela narrativa etiológica, sempre que olhar as amoras corriqueiramente vermelhas vai lembrar que o vermelho delas se deve a um fato nada corriqueiro. Portanto, ao referir a origem passada de fatos menores e hoje banais, a narrativa etiológica desbanaliza-os e os vivifica e, desse modo, se para cada fato corriqueiro observado na natureza houver uma causa que, no limite, é miraculosa, como o sangue a tingir as amoras, o mundo todo na perspectiva mítica passa a ser um conjunto de maravilhas e também de poesia.

Metamorfoses

Na Antiguidade o poema já era conhecido como *Metamorfoses*, mas a palavra não ocorre no próprio texto. Porém, fosse de Ovídio o título, o que não é improvável, fosse dado por outrem, é de transformações que o poema trata acima de tudo, conforme se lê nas linhas de abertura do Proêmio, que agora repito em tradução literal:

O ânimo me leva a narrar as formas mudadas em novos
corpos. Deuses (pois vós também as mudastes),
bafejai meu [intento] e desde a primeira origem do mundo
conduzi até meus tempos um canto contínuo.

Analisando com detença a sintaxe, é dever corrigir certa imprecisão em nossa formulação anterior: o objeto verdadeiro do relato (*dicere*, v. 1) são as "formas mudadas em novos corpos" (*formas mutatas in nova corpora*, vv. 1-2) e não "a origem do mundo". É a transformação, a metamorfose, intrínsecas ao verbo *mutare*, "mudar", o objeto primeiro do poema, e tanto é, que o verbo (*mutatas*) reaparece, mudado, no segundo verso (*mutatis*), enquanto "primeira origem do mundo" (*prima ab origine mundi*) é só a delimitação cronológica inicial do intento (*ab*, "desde"), sendo o marco final a época do poeta: "até" (*ad*) "meus tempos" (*mea tempora*). Ovídio pode bem ter imitado certo poeta grego, Partênio de Niceia (séculos I a.C-I d.C.), autor de umas *Metamorfoses* das quais hoje resta apenas o título. Fica evidente que, imitando Hesíodo, Ovídio não deixou de contar como os Elementos primeiros passaram a existir do vazio, tal como ocorre nos episódios iniciais de seu poema, aos quais chamamos "seção cosmogônica", mas, talvez imitando Partênio, quis sobretudo narrar na origem de muitas coisas atuais como elas se transformaram a partir de outras. Toda metamorfose supõe estado anterior, transformação e estado final. Ovídio desejou enfocar o estado final, que é aquele em que *vemos e sabemos* como as coisas agora estão, apenas para narrar a mudança que o fez surgir a partir de outra forma. Ovídio tratou da origem sim (o poema é etiológico), mas preferiu concentrar-se nas mudanças, nas transformações, nas metamorfoses. A prioridade do poeta e o efeito dela talvez fiquem mais evidentes com outro exemplo, o episódio de Dafne, no Livro I (vv. 452-567): filha do deus-rio Peneu, a jovem era uma ninfa muito bela e desejava manter-se virgem para sempre. Por causa da soberba de Apolo (Febo), Cupido fez despertar nele o amor por Dafne, mas nela despertou o intento de não amar ninguém. A certa altura, ao perceber que seria possuída por Apolo, a ninfa roga ao pai:

"Pai! Socorro! Se é que vós, os rios, tendes algum poder divino,
destrói e transforma esta aparência pela qual agradei tanto."
Mal havia acabado a prece, invade-lhe os membros pesado torpor,
seu elegante seio é envolvido numa fina casca, cresce-lhe a ramagem
no lugar dos cabelos e os ramos no lugar dos braços.
O pé, tão veloz ainda agora, fica preso qual forte raiz.
A sua cabeça é copa de árvore. Só o brilho nela se mantém.
E Febo ainda a ama. Pousando-lhe no tronco a mão,
sente ainda o palpitar do coração sob a nova casca.
E, abraçando os ramos no lugar dos membros,
beija a madeira. Mas, ao beijo, a árvore retrai-se.
Diz-lhe o deus: "Já que não podes ser minha mulher,
serás certamente a minha árvore. Estarás sempre, loureiro,
na minha cabeleira, na minha cítara e na minha aljava."

É de notar que é Dafne, a personagem, quem pede para ter eliminada a beleza quando diz

qua nimium placui, mutando perde figuram,

que em tradução literal significa

elimina, transformando-a, a aparência com que muito agradei.

Não pede ao pai que simplesmente lhe preserve, como for, a virgindade, mas desafiadora e valente, chega a indicar-lhe o modo como quer manter-se virgem: pede que a transforme, e mais uma vez o verbo é *mutare*, que de novo aparece em outra forma (*mutando*), ou seja, Ovídio utiliza este e outros verbos que significam "transformar" (como *vertere* e o derivado *convertere*) em formas diferentes exemplificando na própria língua a mudança que está a narrar — o que constitui uma prova a mais de sua intensa poesia. Lembro aqui que esse mito é grego (como a maioria no livro), e há um aspecto que, em latim, Ovídio não pode explorar: na língua grega antiga o substantivo comum "loureiro" se diz *dáphne*, de sorte que, quando Apolo diz

> Estarás sempre, loureiro, na minha cabeleira,

querendo dizer que dali em diante usará uma coroa de louros como insígnia, que será igualmente a dos vencedores nos jogos, o deus na verdade também está a dizer

> Estarás sempre, ó Dafne, na minha cabeleira.

Do mesmo modo, os gregos antigos, ao ver qualquer loureiro e pronunciar a palavra que o designa, já estavam por força anunciando também o nome da personagem, que assim lhes evocava a história mítica daquela árvore que estão vendo, pois esses mitos imemoriais, essas histórias eram contadas aos gregos arcaicos e foram depois também utilizadas e manipuladas pelos poetas. Mas tornemos a Ovídio para assistir devagar à metamorfose, "quadro a quadro", por assim dizer: o busto é envolvido por uma casca e em seguida, de cima para baixo, vemos os cabelos tornando-se em ramagem, os galhos transformando-se em braços, e os pés transmutando-se em raízes. Ovídio ainda quer mais, porque descreve, e o faz sempre que possível, como cada traço das antigas formas, transmutado já, porém ainda reconhecível, comparece nos novos corpos, pois folhagem, galhos e raiz guardam analogia formal com cabelos, braços e pés. O objetivo do poeta é que o público, tendo lido ou escutado o episódio, lembrando-se de Dafne, imagine maravilhosamente que cada loureiro que encontrar seja a ninfa transformada em árvore, e consiga vislumbrar que a jovem ainda esteja ali, apenas um "pouquinho" diferente, mas a mesma virgem intocada como sempre quis ser. A tal procedimento Italo Calvino já havia designado "contiguidade" e, além desse episódio, menciona outros:

> Uma lei de máxima economia interna domina esse poema aparentemente voltado para o dispêndio desenfreado. É a economia própria das metamorfoses que pretende que as novas formas recuperem tanto quanto possível os materiais das velhas. Após o dilúvio, no transformar das pedras em seres humanos [Livro I, vv. 407-10]: "se havia nelas uma parte úmida de algum suco ou terrosa, ela passou a funcionar como corpo; aquilo que era sólido, impossível de ser dobrado, mudou-se em ossos; e aquilo que eram veias permaneceu com o mesmo nome". Aqui a economia se estende ao nome: "*quae modo vena fuit, sub eodem nomine mansit*". Dafne [...] já está predisposta, nas linhas flexíveis de sua fuga, à metamorfose vegetal [vv. 550-1]: "*in frondem crines, in ramos bracchia crescunt;/ pes modo tam velox pigris radicibus haeret*". Cíane [Livro V, vv. 550-2] só faz levar ao extremo a consumação em lágrimas ("*lacrimisque absumitur omnis*", v. 427) até dissolver-se no pequeno lago do qual era a ninfa. E os camponeses da Lícia [Livro VI, vv. 313-81], que à errante Latona, que deseja acalmar a sede de seus recém-nascidos, vociferam injúrias e turvam o lago mexendo na lama, já não eram muito diferentes das rãs em que se convertem por justo castigo: basta que desapareça o pescoço, as costas se colem na cabeça, o dorso se torne verde e o ventre esbranquiçado.[2]

Ovídio, para produzir imagens dinâmicas na mente do ouvinte ou leitor, se serve só de palavras, sem dispor de luz, cor, espaço ou volume, mas comparada com o comedimento descritivo de Virgílio, poeta também épico que o precedeu, sua proposital exuberância tinha para o público antigo, digamos assim, um efeito análogo ao que produzem no cinema os efeitos especiais quando utilizados com perícia e considerados sem preconceito: maravilham os olhos, deleitam a mente, concorrem para que se conte bem uma boa história. Analogia melhor talvez

---

[2] "Ovídio e a contiguidade universal", em *Por que ler os clássicos*, tradução de Nilson Moulin (São Paulo, Companhia das Letras, 1993, p. 39). A tradução foi aqui ligeiramente modificada.

se faça com as esculturas inacabadas de Michelangelo, expostas na Galleria dell'Accademia, em Florença, nas quais, ao contemplarmos figuras formando-se da pedra informe, nos deslumbra menos a pedra ou a figura, do que a própria transformação. As *Metamorfoses* vimos que são uma longa série de episódios etiológicos sobre as coisas do mundo; pois bem, a transformação é sempre o ponto culminante, o pequeno *gran finale* de cada episódio.

ÉPICA HEROICA *VERSUS* ÉPICA NÃO-HEROICA

O termo *epikós*, em grego, e *epicus*, conforme o acolheram os romanos, são adjetivos e significam "aquilo que é relativo ao *épos*", vocábulo este que foi igualmente incorporado em latim (*epos*) e hoje é traduzido em português por "épica", "epopeia", "poema épico" e "gênero épico". Não sendo o caso aqui de detalhar as teorias poéticas contemporâneas, é preciso deixar claro que em nossa língua tais expressões designam poema narrativo cuja matéria é heroica, centrada nas valorosas ações de uma personagem singular, o herói, superior aos demais homens. Tal é a expectativa que a maioria dos leitores tem diante de um "poema épico". Mas na língua grega do Período Helenístico e também em latim, *épos* nomeava o gênero de poema narrativo composto num metro preciso, o hexâmetro datílico, sobre eventos notáveis, dignos de memória, como, entre outros, uma guerra catastrófica, a origem dos deuses e do mundo, ou o comportamento das estrelas no céu. Para os antigos, portanto, conforme a matéria (restrinjo-me apenas a esses três casos), um *épos*, isto é, um poema "épico", podia ser ou heroico ou cosmogônico ou astronômico. A épica heroica era, assim, apenas uma modalidade do *épos* — decerto a mais conhecida e prestigiosa, mercê da grandeza de Homero — e não se confundia com o gênero inteiro do *épos*. Para poetas e teóricos antigos os poemas de Hesíodo (*Teogonia* e *Os trabalhos e os dias*) sobre a origem do mundo e os trabalhos dignos do homem — e, podemos acrescentar, as *Astronômicas*, do poeta latino Marco Manílio (século I d.C.), sobre o comportamento das estrelas no céu — são ocorrências de *épos*; são poemas "épicos" na antiga acepção grega e latina porque narram, nos mesmos versos hexâmetros datílicos usados por Homero, eventos considerados dignos de memória: pertencem ao mesmo gênero dos poemas de Homero, mas a modalidades diferentes. Enquanto a *Ilíada*, a *Odisseia* e, mais tarde, a *Eneida*, de Virgílio, exemplificam a modalidade heroica de "épica" (a "épica" propriamente dita), os dois poemas de Hesíodo exemplificam a modalidade cosmogônica, e os poemas de Manílio e seu predecessor Arato de Solos (*c.* 315-240 a.C., compôs os *Fenômenos*), a modalidade astronômica. Quanto às *Metamorfoses* de Ovídio, digamos por ora que, por narrar a origem do mundo, a aparição do homem e as transformações que o mundo sofreu até a época do poeta, sejam exemplo de "épica" cosmogônica. Não é demais lembrar, enfim, que nada impede que teóricos, poetas e leitores contemporâneos, acolhendo sempre algum conceito de "épica" restrito a argumento heroico, nunca considerem congêneres, nem sequer semelhantes, as *Metamorfoses* de Ovídio e as epopeias mais afamadas e, por isso, típicas, que são as heroicas. Contudo, se só por um momento endossarmos a congeneridade e a intrínseca semelhança (o caráter narrativo, o hexâmetro datílico e a presença de eventos considerados dignos de memória), perceberemos quão ambicioso foi o projeto de Ovídio com este estranho poema "épico", as *Metamorfoses*.

A AMBIÇÃO POÉTICA DE OVÍDIO

No que se refere ao gênero e à modalidade que praticou, na época em que praticou, escrevendo logo após a já consagrada *Eneida*, de Virgílio, Ovídio almejava nada menos que compor um poema *universal*, um poema *total* sobre tudo, um feito nunca antes realizado por nenhum poeta grego ou romano, nem Homero, nem Hesíodo, nem Calímaco, nem Virgílio, para citar os mais conhecidos. Para tanto, escolheu o *épos* não só porque narrar a origem do mundo, que por força tinha de ser o ponto de partida, sempre conveio ao gênero desde Hesíodo, mas também porque o gênero lhe permitia concorrer com quase todos os poetas que desejava superar, o último dos quais era o mais próximo, Virgílio. "Superar" outros poetas depois de com eles "concorrer" são termos tomados aos jogos e, assim, supõem disputa e sadia rivalidade, elementos integrantes, todos, de outro antigo procedimento para compor, chamado "emulação" (em grego *zélosis*, em latim *aemulatio*). É inerente à emulação buscar como que uma vitória e a honra que ela traz. Ora, como mais de uma vez percebemos no próprio Ovídio, os poetas (e também os prosadores) antigos, para compor, não apenas imitavam outros, isto é, não apenas se serviam da imitação de um ou vários modelos que elegiam, mas também desejavam superá-los compondo obras eventualmente superiores àquelas que imitaram. A rivalidade poética era sadia porque na escolha do poeta paradigmático a ser imitado estava implícita a enorme admiração que o imitador tinha por ele, o que não o impedia, todavia, de almejar superá-lo. Os juízes da disputa eram os críticos (gramáticos, rétores, como Quintiliano, e poetas-críticos, como Horácio na *Arte poética*) e o público. Se, ao imitar antigos, os poetas jovens não trouxessem novidade, eram considerados perdedores, "gado servil", como alhures diz Horácio (*Epístolas*, I, 19, v. 19), de modo que era bem na emulação, na ambição de superar empreendendo feito inaudito, que os novos poetas mostravam a que vinham. Nesse ponto, é imperioso registrar que, diferentemente do que ocorre desde o romantismo até a contemporaneidade, os poetas antigos não acreditavam poder criar um feito inaudito a partir do nada, mas supunham que deveria estar chancelado, autorizado, pela prática dos poetas anteriores, que na matéria eram sim "autoridades" (o melhor sentido de *auctores*). Como faziam então para compor algo inédito? Faziam como fazem os jogadores de xadrez, em que as regras do jogo são sempre as mesmas, mas as jogadas, pela combinação de movimentos permitidos, podem ser diferentes. Esse era o lance da poesia antiga, que, não sendo jogo de dados nem jogo de azar, nada tinha de casual. O aparente impasse era então resolvido pela inovadora combinação de procedimentos já realizados antes e, por isso, autorizados. Hesíodo narrou a origem do mundo, do homem e deteve-se nos deuses Olímpicos: Ovídio também o fez, mas fez mais, pois chegou até sua própria época. Calímaco no gênero elegíaco relatou, pelo pouco que sabemos, a causa de nomes, costumes, constelações: Ovídio fez o mesmo, só que em versos hexâmetros do *épos*, nos quais ainda insere as maravilhosas transformações como remate de cada episódio etiológico e, enfim, segundo pensava, superou a todos não só por ter ido mais longe do que eles no mesmo caminho de cada um, mas porque combinou procedimentos que buscou neles que, no entanto, combinados, não compareciam em nenhum. Tomemos por exemplo Virgílio, o rival imediato de Ovídio.

Na *Eneida*, Virgílio relatou, também ele, uma das causas da fundação de Roma, ao narrar a destruição de Troia, a viagem do herói fundador Eneias até a Itália e as lutas que travou para assentar as bases de Lavínio: daí surgiriam as cidades de Alba Longa e de Roma, fundada por Rômulo, eventos que Virgílio *não* narra, *só* menciona. Com efeito, Virgílio, mediante engenhosos expedientes narrativos, não deixou de referir muito de passagem também alguns fatos da história de Roma, que, futuros em relação às gestas de Eneias, matéria própria de uma *Eneida*, eram recentes e até contemporâneos ao público, como a grandeza de Júlio César e a gloriosa paz conseguida por Augusto, mas é certo que o poema termina antes disso, com a morte de Turno pela mão impiedosa de Eneias. Pois bem, o que fez Ovídio? Perto do fim, a partir do Livro XIII, aproximando-se já de seu próprio tempo, começa a inserir nos mitos gregos episódios míticos relativos a Roma, de início com o próprio Eneias — como a partida de Troia (XIII, 623-968), a viagem à Sicília (XIII, 705-29), outras etapas da viagem (XIV, 75-90). Depois, entremeia-os a outros mitos latinos (Pico, Circe e Canente, XIV, 308-440), Eneias no Lácio (XIV, 441-53), a cidade itálica de Árdea (XIV, 566-80), as embarcações de Eneias (XIV, 581-608), para, então, narrar, concentrando-se ainda mais intensamente nos mitos latinos, o que Virgílio *não* narrou — a apoteose de Eneias (XIV, 581-608), bem adequada a um poema teogônico; os deuses Vertumno e Pomona (XIV, 621-771); o episódio de Tarpeia (XIV, 772-804); a apoteose de Rômulo e Hersília (XIV, 772-851); e, no derradeiro canto, o rei romano Numa Pompílio (XV, 1-59); sua morte (XV, 497-546); o deus Esculápio em Roma (XV, 622-744); e, finalmente, a transformação de Júlio César e Augusto em divindades celestes (XV, 745-870). Ovídio, querendo superar Virgílio no mesmo gênero do *épos*, mas em outra modalidade, "começa antes de Virgílio e termina depois dele", ou seja, o relato de Ovídio inicia-se incidindo em eventos muito anteriores à destruição de Troia (onde começa a *Eneida*), dá maior destaque do que deu Virgílio ao mito de Rômulo e Remo, que são os fundadores de Roma, e com o grandíssimo *gran finale* que é a apoteose de Júlio César e Augusto, termina bem depois de onde a *Eneida* se encerrara (a morte de Turno por Eneias). Desse modo, segundo a perspectiva de Ovídio, pode-se dizer que as *Metamorfoses* incluem o argumento da *Eneida* e por isso a superam. O mesmo intuito, nela presente, de louvar a *gens Iulia*, Augusto e sua Paz, comparece nas *Metamorfoses*, que ademais estendem o louvor à própria Roma e sua grandeza, que outra coisa não são que aquele *ad mea tempora*, "até meus tempos" anunciados no Proêmio. Em outras palavras, Roma, depois da origem do mundo e de tan-

19

tas transformações, não é senão o remate, a consumação, presente e visível, do próprio mundo: o mundo surgiu para afinal transformar-se na grande Roma que Ovídio e seu público contemplavam.

Para um poema assim ambicioso, Ovídio necessitava de forças que não possuía sozinho e quanto a isso o procedimento imitativo e emulativo de compor veio socorrer-lhe, pois que o gênero "épico", que lhe permitia concorrer com seus modelos imediatos, era o mesmo que lhe dava força para atingir a meta. Quando um poeta imita outro, deixa visível no poema a presença do imitado em passagens, versos, imagens em que é possível identificar o modelo. Assim, ao tempo em que o poeta imita modelos, ele também se alimenta deles, transferindo muito do vigor dos trabalhos alheios para seu próprio trabalho. O procedimento de aludir a outros textos é parte integrante da imitação e da emulação antigas, mas tem sido hoje estudado sob o nome de "intertextualidade". Ovídio desejava fazer mais que Hesíodo, Calímaco e Virgílio, mas para tanto, obviamente precisava deles já não só como referência paradigmática, senão porque tinha de integrar no seu poema partes e procedimentos dos poemas deles que fossem estruturantes e estratégicos a seu intento, como a cosmogonia de Hesíodo, a etiologia de Calímaco e o elogio virgiliano de Augusto e Roma. Para um poema mitológico *total* e, além disso, *contínuo* — "canto perpétuo" ou "canto contínuo", este é o sentido de *perpetuum carmen*, no verso 4 do Proêmio —, era preciso que contivesse muitos outros eventos míticos importantes, entre os quais, por necessidade, a estupenda guerra de Troia, que nos remete a Homero, presença obrigatória quando se menciona a linhagem de poemas épicos. Digamos que, sensato, Ovídio não se atreveria a desejar superá-lo, razão pela qual nem se mete a concorrer com ele, fato observável por não inserir nenhum episódio que tenha sido também narrado por Homero. Entretanto, não poderia deixar de incluir matéria troiana, imprescindível num poema total e contínuo e, assim, trouxe-lhe eventos relativos mas anteriores à guerra de Troia, não narrados por Homero, assim como eventos relativos mas posteriores à mesma guerra igualmente não narrados por Homero:[3] a fundação de Troia (XI, 194-220) exemplifica os primeiros; a morte de Aquiles (XII, 580-628) e a disputa

---

[3] Nos Estudos Clássicos uns e outros são chamados respectivamente *ante Homerica* e *post Homerica*.

por suas armas com a consequente morte de Ájax (XIII, 1-398) exemplificam os segundos.

Como é de supor, o gênero *épos*, fosse cosmogônico, heroico, astronômico ou outro, não seria capaz de fornecer a Ovídio todas as demais narrativas necessárias a um poema total e contínuo, de sorte que lhe era forçoso recorrer a narrativas já consagradas em outros gêneros, como a de Penteu e Baco (Livro III), afamada sobretudo pela tragédia de Eurípides, *As Bacantes*, e a narrativa sobre Ifigênia (Livro XII), já consagrada na *Ifigênia em Áulis*, do mesmo tragediógrafo, por exemplo. Mas em verdade, ainda que hipoteticamente lhe fosse dado prover-se no *épos* de todos os casos necessários, não é provável que Ovídio o fizesse, e a razão revela outra de suas pretensões poéticas: num poema universal não bastava comparecer quantos episódios fossem precisos para produzir efeito de totalidade, mas era indispensável que comparecessem, além do *épos*, o maior número possível dos demais gêneros poéticos em que os episódios haviam sido consagrados. Ovídio queria, pois, um poema que fosse a soma de todos os poemas e de todas as poéticas! É bem por isso que detectamos episódios facilmente reconhecíveis em outros gêneros, como o caso do Corvo e da Gralha (II, 541-632), que se lê entre as *Fábulas* de Esopo, e outros talvez menos evidentes, como o episódio pastoril de Pã e Siringe (I, 689-712), personagens e matéria do gênero bucólico; a lamentação amorosa de Apolo no próprio episódio de Dafne (I, 504-24), típica da elegia amorosa latina, e a imprecação do Ciclope contra Ulisses (XIV, 192-212), própria do iambo (ou jambo), antigo gênero de poesia maledicente. Disse muito bem Italo Calvino, no mesmo ensaio, que Ovídio procede por "aglomeramento" e "acumulação de narrativas", mas não disse tudo, pois que o poeta não se restringiu a reunir inúmeras narrativas metamórficas, mas fez incluir no *épos* os temas mais característicos de outros gêneros poéticos e assim logrou transformar em *épos*, no único metro que lhe é próprio (o hexâmetro datílico), diversos outros gêneros poéticos, alguns dos quais compostos em metros diferentes: assim, as *Metamorfoses* compõem-se também elas de transformações da própria Poesia.

A unicidade métrica, no entanto, sendo necessária não era suficiente, pois, sob o quadro maior e dominante da narrativa "épica" hexamétrica, há inúmeros episódios que, colhidos daqui e dali nas mais diversas fontes, em verdade são autônomos! O metro único uniformizava os episódios, mas Ovídio tinha ainda de encadeá-los *continuamente*, o que diz respeito à unidade das partes do poema.

O PROBLEMA DA UNIDADE NAS *METAMORFOSES*

É já famosa a passagem da *Poética* em que Aristóteles (VIII, 1451a, 30-5) trata do assunto:

> Assim, tal como em outras artes miméticas, é necessário que haja mimese de um único evento, como ocorre com o enredo, que é a mimese de uma ação, ou seja, de uma ação única e que forma um todo; desse modo, as partes, que constituem os acontecimentos ocorridos, devem ser compostas de tal modo que a reunião ou a exclusão de uma delas diferencie e modifique a ordem do todo. De fato, aquilo que é acrescido ou suprimido sem que se produza qualquer consequência apreensível não é parte do todo.[4]

O critério aristotélico guarda analogia com os corpos e, à letra do texto, é forçoso admitir que em rigor as *Metamorfoses* de Ovídio *não* têm unidade alguma, pois há muitos episódios cuja supressão em nada alteraria o todo. Deduz-se que na Antiguidade greco-romana — diferente das épocas classicizantes modernas, o século XV até o século XVIII — a opinião de Aristóteles, importante que fosse, não era única, mas só mais uma dentre outras, de sorte que havia poetas que ou não acolhiam os princípios aristotélicos ou não o acolhiam com a mesma radicalidade.[5]

Quanto à falta de unidade das *Metamorfoses*, apresento duas visões — uma do próprio Ovídio, outra de Quintiliano (*c.* 35-100 d.C.), autor do manual *Instituições oratórias* (*Institutio Oratoria*, título cujo

---

[4] *Poética*, tradução de Paulo Pinheiro (São Paulo, Editora 34, 2015).

[5] É o que se depreende, por exemplo, das obras citadas por Aristóteles nesta passagem: "Assim, um mesmo herói pode realizar muitas ações sem que se estabeleça uma ação única. Por isso parecem errar todos os poetas que compuseram uma *Heracleida* ou uma *Teseida* ou outros poemas do mesmo gênero, por entenderem que, sendo Héracles um único personagem, uma tal unidade deveria também se dar no enredo". *Poética*, VIII, 1451a, 17-21 (*op. cit.*).

sentido exato é "A educação do orador"). Ovídio, pelo seu lado, parece estar plenamente consciente da questão, e de certo modo "justifica-se", comparando seu canto à arte da tecelagem. Trata-se do episódio de Minerva (Palas) e de Aracne (VI, 61-71), em que a jovem Aracne (etiologia da futura aranha) está a tecer:

> *illic et Tyrium quae purpura sensit aenum*
> *texitur et tenues parui discriminis umbrae,*
> *qualis ab imbre solet percussis solibus arcus*
> *inficere ingenti longum curuamine caelum,*
> *in quo diuersi niteant cum mille colores,*
> *transitus ipse tamen spectantia lumina fallit,*
> *usque adeo quod tangit idem est; tamen ultima distant.*
> *illic et lentum filis immittitur aurum*
> *et uetus in tela deducitur argumentum.*
> *Cecropia Pallas scopulum Mauortis in arce*
> *pingit et antiquam de terrae nomine litem.*

Ali é tecida não só a púrpura que sentiu o caldeirão tírio,
como o são as tênues sombras, separadas por finos matizes,
tal como o arco-íris, quando os raios do sol são atingidos pela chuva,
costuma colorir em ampla curva a extensão do céu.
Embora brilhem nele mil cores diversas, a passagem de uma à outra,
contudo, engana os olhos do espectador, a tal ponto são próximas
as cores que se tocam e tanto diferem das mais afastadas.
Ali também se entrelaça nos fios o dúctil ouro
e na teia borda-se uma história antiga.
Palas borda o rochedo de Marte, na cidadela de Cécrope,
e a antiga disputa sobre o nome do país.

Analisemos o verso 69, em que se nota a presença do mesmo verbo *deducere*, que lêramos no verso 4 do Proêmio (*deducite*), tão importante, a julgar pela posição estratégica que lá ocupa, quão difícil de traduzir ("acompanhai", "conduzi meu canto"), justo porque, como se observa agora, ele é polissêmico, também empregado como termo técnico da tecelaria. Aqui está na forma *deducitur*: o prefixo *de* indica movimento de cima para baixo, a designar o tecido que se vai formando no tear e por acúmulo vai descendo ao chão, não muito diferente do texto que já se grafava na página antiga também de alto a baixo. Mas observando melhor, o verbo não se refere genericamente a *tela* (v. 69, "teia", "tecido"), mas a *vetus argumentum* (v. 69, "história antiga"), designando a precisão com que Aracne se serve de cores para inserir no tecido que tece um desenho (por isso "bordar"), que é a imagem da história de Atenas ("cidade de Cécrope"): *deducere* é termo da tecelagem usado na poesia, não menos do que *argumentum* é termo da Poética empregado na tecedura. Vimos muito bem que os episódios do poema, provindos de outras épicas, ou de outros gêneros e, acrescentamos, até da própria tradição oral grega e latina, já estavam à disposição de Ovídio, que não fez senão uni-los, cerzi-los, num grande tecido único — daí sua opção consciente pela tecelagem como técnica de composição do poema. De passagem, é importante lembrar a conhecida relação etimológica entre "texto" e "tecido", ambos ligados ao verbo *texere*, "tecer". Poucos versos antes (vv. 65-6), falando da matização das várias cores presentes no tecido, o poeta, tendo-as comparado ao arco-íris, diz que "a própria passagem [de uma cor a outra] engana os olhos do espectador" (*transitus ipse tamen spectantia lumina fallit*) e usa a palavra *transitus*, que não é menos técnica do que *deducere* e *argumentum*, como se vê num extraordinário excerto teórico em que Quintiliano, também comentando as transições de uma parte a outra do discurso, a emprega e analisa, com grande precisão, justamente a unidade nas *Metamorfoses* de Ovídio! É a segunda opinião sobre o problema (*Instituições oratórias*, IV, 1, 76-7):

> *Illa uero frigida et puerilis est in scholis adfectatio, ut ipse transitus efficiat aliquam utique sententiam et huius uelut praestigiae plausum petat, ut Ouidius lasciuire in Metamorphosesin solet; quem tamen excusare necessitas potest, res diuersissimas in speciem unius corporis colligentem.*

> É deveras muito inepta e infantil aquela afetação, ensinada hoje nas escolas, de ocultar a própria transição sob um pensamento sentencioso como que para angariar aplausos com esse truque para iludir: Ovídio nas *Metamorfoses* se esbalda com isso; a ele, porém, a necessidade pode desculpar, porque tem de unir as mais diversificadas matérias sob a aparência de um corpo único.

Quintiliano foi agudo porque detectou que não há no poema de Ovídio aquela radical unidade defendida por Aristóteles, apoiada na inteireza dos corpos, e que o poeta quer dar sim só impressão (*speciem*) de unidade! Usou a fundamental palavra "corpo" (*corporis*) e percebeu que a impressão, a aparência de um corpo único (*unius corporis*) que o poema possuía pressupunha que a transição (*transitus*) — poderíamos dizer a "emenda" — não fosse visível, mas devia vir oculta por um truque para iludir (*praestigiae*): esta importantíssima palavra significa "enganação", "logro". E Ovídio é desculpável porque eram muitos e diferentes (*diuersissimas*) os assuntos (*res*) dos episódios à disposição que se transformaram em partes de um corpo — o poema — quando o poeta desejou uni-los (*colligentem*, de *colligere*) para que o corpo parecesse único. Entendemos Aristóteles, mas desfrutar a leitura das *Metamorfoses* requer aceitar as jogadas de Ovídio, o que não nos impede de aprender agora como o poeta ocultou as transições.

Ovídio na sala de montagem

Para mostrar as trucagens de Ovídio, sirvo-me do episódio sobre a origem da serpente Píton e de sua morte pela mão de Apolo (I, 434-49). Inicia-se logo após o Dilúvio (episódio de Deucalião e Pirra, I, 313-415):

Por isso, quando a terra, coberta do lodo do dilúvio recente,
recomeçou a aquecer sob o efeito do intenso calor dos raios do sol,
deu origem a incontáveis espécies. Reproduziu, em parte,
as formas antigas; em parte criou prodígios novos.
A terra não te quereria, mas também a ti, colossal Píton,
te gerou então. Serpente desconhecida ainda, eras o terror dos povos
agora criados, tal a porção de montanha em que dominavas.
Cravando-a de mil dardos, quase esgotando a aljava,
exterminou-a o divino arqueiro, que jamais se servira
destas suas armas senão contra gamos e fugitivas cabras.
Das suas mil feridas jorrou o veneno.
E para que o tempo não pudesse apagar a memória do feito,
instituiu, sob a forma de solene concurso, uns jogos sagrados,
designados Píticos, do nome da serpente vencida.

O jovem que neles triunfasse, no pugilato, na corrida, fosse a pé
ou fosse de carro, recebia como distinção uma coroa de carvalho.
O loureiro não existia ainda e Febo cingia a sua bela fronte
de longos cabelos com o ramo de uma árvore qualquer.
O primeiro amor de Febo foi Dafne, filha de Peneu. Esta paixão
não foi obra de um cego acaso, mas do violento rancor de Cupido.

Há no passo várias etiologias e várias transições, que grifei, mas chamo à atenção a última. Após o Dilúvio, surge a monstruosa serpente Píton (v. 438), morta por Apolo ("o divino arqueiro", v. 442, e "Febo", vv. 449 e 451), feito notável, celebrado nos Jogos Píticos,[6] cuja origem acabamos de aprender (vv. 445-6). Mas os vencedores, que hoje sabemos que são laureados, ou seja, recebem uma coroa de louros, não havia como coroá-los com o loureiro (em grego *dáphne*), que não existia, de modo que se usavam coroas de carvalho (v. 448). No verso seguinte, continuando a falar de Apolo como se fosse ainda o mesmo assunto, o poeta revela que o primeiro amor do deus foi a ninfa Dafne, que já sabemos ser etiologia do loureiro: neste ponto começa o episódio que já havíamos resumido anteriormente. Para fazer a emenda sem mostrá-la, Ovídio serve-se do tema "Apolo", que é o elemento mais amplo que unifica dois episódios distintos: a morte de Píton e o amor do deus por Dafne. Porém, para disfarçar ainda mais a transição, o poeta no interior do elemento maior "Apolo" introduz um tema menor e mais refinado, o loureiro, que inexistia, para coroar os vencedores nos Jogos Píticos (v. 449), e passa a existir quando o deus se apaixona por Dafne ("loureiro") e então ocorre tudo o que já sabemos. Por isso, no fim do episódio, como também já vimos, Apolo diz: "Estarás sempre, loureiro, na minha cabeleira, na minha cítara e na minha aljava": não se trata apenas da origem da serpente, do loureiro e do amor de Apolo, mas em processo de sutil acumulação, trata-se também da origem dos Jogos e do costume de laurear os vencedores.

Começamos no passo a vislumbrar como Ovídio trabalha e como a continuidade funcionará em cada parte e ao longo de toda a extensão do poema: entre o episódio "Dilúvio" e o episódio "Píton" a emenda

---

[6] Um dos quatro jogos pan-helênicos antigos, ao lado dos Jogos Olímpicos, dos Jogos Nemeios e dos Jogos Ístmicos.

é o elemento "lodo", formado após o Dilúvio, e o esquema integral de todas as transições do excerto é o seguinte:

1) Dilúvio (vv. 313-422)	Narrativa principal
2) *Lodo* (vv. 423-37)	*Transição simples*
3) Monstro Píton (vv. 438-40)	Narrativa principal
4) *Apolo* a) Apolo *purificador* mata Píton (vv. 441-3) b) Jogos Píticos para eternizar o feito (vv. 445-8) c) Não existia o loureiro para as láureas (vv. 450-1) d) Apolo *apaixonado* por Dafne, o loureiro (v. 452)	*Transições sutis*
5) Episódio de Dafne, origem do loureiro (vv. 452-567)	Narrativa principal

Tendo Quintiliano nos mostrado que a intenção de Ovídio era tornar imperceptíveis as transições mediante truques de ilusão, compreendemos de vez o sentido de *perpetuum*, que temos aqui entendido por "contínuo", "continuamente", o que, se não é incorreto, não é tampouco suficiente, pois que o termo carrega uma acepção mais específica, que é "ininterrupto", "sem quebras". Embora "contínuo" e "sem quebras" possam parecer equivalentes (e em outro contexto talvez sejam), aqui a ideia de continuidade presente na primeira acepção flagra talvez a *totalidade* da narrativa ("da origem até meus tempos"), que de fato é ratificada pelo sentido de "universal" que os dicionários ainda abonam para *perpetuus*, ao passo que "sem quebras" diz respeito, no todo, precisamente à *transição*, que temos discutido, entre as partes emendadas que o perfazem.[7] Ao contrário da prática comum, e hoje talvez inevitável nas edições do poema, de marcar exteriormente cada um dos episódios com subtítulos, a intenção de Ovídio parece ter sido não fazê-lo para evitar quebras na continuidade perpétua da narrativa: queria antes figurar como as coisas sempre vão surgindo, umas conti-

---

[7] Ver *Oxford Latin Dictionary*, s.v. *perpetuus*, respectivamente as acepções 3 ("continuous", "connected") e 1 ("having an unbroken extent"). E *Lewis-Short Dictionary*, acepção 1, que reúne todas: "continuing", "unbroken", "universal".

nuando outras sob outra forma, eternamente sem parar. Ora, excetuando-se a obrigatória partição física do poema em volumes (os antigos rolinhos de papiro), a intenção é coerentíssima com o propósito de narrar o devir do mundo, porque este se dá no tempo e, nesse sentido, é verdade, o tempo não para: sinta-se o leitor convidado a ler, além dos episódios e a transformação que os arremata, as transições com que o poeta, muito engenhoso, os vai cerzindo.

As transformações das *Metamorfoses*

Obra, portanto, de um habilíssimo "tecelão", as *Metamorfoses* eram consideradas o *magnum opus*, a "grande obra" de Ovídio já na Roma antiga e o seriam também depois, a partir do século XII, e durante todo o Renascimento e a Idade Moderna. Por séculos as *Metamorfoses* foram o guia mais completo e encantador para os mitos gregos e romanos, não apenas para poetas — colegas de ofício de Ovídio — senão também para pintores, escultores, músicos e dramaturgos, desde o século I d.C. (Ovídio morreu entre 17 e 18 d.C.), como mostra, entre outros, o afresco figurando Píramo e Tisbe, que se encontra na Casa de Marco Lucrécio Frontão em Pompeia (antes de 79 a.C.). Ainda na pintura, porém séculos mais tarde, é digna de menção a série de quadros que Ticiano pintou entre 1540 e 1570, figurando Dânae fecundada por Júpiter sob forma de chuva de ouro (*Metamorfoses*, IV, 611-62): encontra-se hoje no Museu do Prado, Espanha. Do mesmo pintor é *A morte de Acteão*, episódio narrado no Livro III, 232-52: a tela está exposta hoje na National Gallery de Londres.

Já se disse que o episódio de Píramo e Tisbe foi referência importante, ainda que indireta, para Shakespeare escrever *Romeu e Julieta* (*c.* 1591-1595). A ópera *Lohengrin*, de 1850, tem semelhanças com o episódio de Sêmele (*Metamorfoses*, III, 259-315), conforme o próprio Richard Wagner admitia em *Eine Mitteilung an meine Freunde* (*Uma mensagem aos meus amigos*). Entre escritores, começando pelos poetas, vale citar o Dante de *A Divina Comédia*, em cujo "Inferno" aparecem quatro poetas, o terceiro dos quais é Ovídio, depois de Homero e Virgílio, antes de Lucano ("Inferno", I, 82-90). Se é verdade que Ovídio ali não é personagem, como é Virgílio, igualmente é verdadeiro que, quando Dante descreve a transformação de Cadmo em serpente, e de

Aretusa em fonte, no canto XXV do "Inferno" (vv. 97-144), é bem às *Metamorfoses* (IV, 563-602 e V, 572-661) que está a aludir. No *Fausto* de Goethe as *Metamorfoses* mostram-se estratégicas para a narrativa por causa da importância que o episódio de Báucis e Filêmon (*Metamorfoses*, VIII, 616-715) tem na transformação e na transcendência de Fausto (*Fausto II*, ato V).

Na prosa foi no poema de Ovídio que Franz Kafka buscou o título de sua novela mais conhecida, ele que fora muito bem instruído em latim e literatura romana por um monge no colégio em Praga, de modo semelhante ao que fez James Joyce, que tomou para epígrafe de *Retrato do artista quando jovem* o verso 188 do Livro VIII, *Et ignotas animum dimittit in artes*, "entregou-se a artes desconhecidas": Ovídio fala de Dédalo, quando ele está prestes a construir as asas com que fugirá do labirinto. Stephen Dedalus, alter-ego de Joyce, também é personagem de *Ulisses*.

Mas é na escultura, por fim, que o poema de Ovídio se mostra decisivo, segundo uma tendência mais recente de interpretar algumas peças.[8] Sabe-se que *Apolo e Dafne* e *Netuno e Tritão* do escultor barroco Gianlorenzo Bernini (1598-1680) revelam a presença de várias fontes — visuais e textuais, suas contemporâneas e antigas —, entre as quais as *Metamorfoses*. Contudo, já não se vê nelas a mera presença das personagens dos respectivos episódios do poema, senão o conceito mesmo de *metamorfose*, que agora ganha corpo na própria pedra.

Perspectiva idêntica é aquela que toma o caráter "não acabado" de certas esculturas (*non finito*, como se dizia no século XVI) não mais como um incidente, uma casualidade que impediu concluir a obra, mas como intento do escultor, que desse modo, tal como mencionamos quanto às estátuas inacabadas de Michelangelo, consegue esculpir a própria metamorfose. É fato que não estão acabadas, mas ocorre agora que o conceito mesmo de não acabamento é que foi tirado das *Metamorfoses* de Ovídio, mais precisamente do finzinho do episódio de Deucalião e Pirra (I, 400-7), em que pedras se transformam justamente em seres humanos! A passagem é curta e extraordinária, vale mencionar:

---

[8] Ver Ann Thomas Wilkins, "Bernini and Ovid: Expanding the Concept of Metamorphosis", *International Journal of the Classical Tradition*, vol. 6, nº 3, Winter, 2000, pp. 386-7.

Saxa (quis hoc credat nisi sit pro teste uetustas?)
ponere duritiem coepere suumque rigorem
mollirique mora mollitaque ducere formam.
Mox ubi creuerunt naturaque mitior illis
contigit, ut quaedam, sic non manifesta, uideri
forma potest hominis, sed uti de marmore coepta
non exacta satis rudibusque simillima signis.

As pedras (quem nisso acreditaria se não tivesse a antiguidade
por testemunha?) começaram a perder a dureza e a rigidez,
a tornar-se progressivamente moles e a adquirir forma.
Depois de crescerem, assumem natureza mais branda,
qual forma humana que se pode divisar,
não evidente ainda, mas como tirada do mármore
e ainda não acabada, semelhante a um esboço.

Assim, as palavras de Ovídio transformaram-se em prescrição e talvez tenham sido acolhidas por Michelangelo ao esculpir *A batalha dos Lápitas e dos Centauros*, exposta na Casa Buonarroti,[9] e as esculturas "não acabadas" expostas na Galleria dell'Accademia, ambas em Florença.

Ovídio, para compor as *Metamorfoses*, poema *sui generis* desde sempre, extraordinário e grandioso, tomou de empréstimo episódios narrados antes por muitos autores, de diferentes gêneros, motivo pelo qual é correto dizer que deles é devedor. Mas quando sabemos que, por tanto tempo, transformou as *Metamorfoses* em fonte de inúmeras obras, de artes diversas, de vários artífices, igualmente grandiosas e extraordinárias, pode-se dizer que pagou muito bem paga a dívida que tinha.

---

[9] Ver Paul Barolsky, "Florentine Metamorphoses of Ovid", *A Journal of Humanities and the Classics*, Third Series, vol. 6, nº 1, Spring-Summer, 1998, pp. 10-2.

Bibliografia

Aristóteles. *Poética*. Tradução, introdução e notas de Paulo Pinheiro. São Paulo: Editora 34, 2015.

Barolsky, Paul. "Florentine Metamorphoses of Ovid". *A Journal of Humanities and the Classics*, Third Series, vol. 6, n° 1, Spring-Summer, 1998, pp. 9-31.

Calvino, Italo. "Ovídio e a contiguidade universal", em *Por que ler os clássicos*. Tradução de Nilson Moulin. São Paulo: Companhia das Letras, 1993, pp. 31-42.

Glare, P. G. W. *Oxford Latin Dictionary*. Oxford: Oxford University Press, 1985.

Lewis, C. T.; Short, C. A. *A Latin Dictionary*. Oxford: Clarendon Press, 1879.

Miller, John F.; Newlands, Carole E. (orgs.). *A Handbook to the Reception of Ovid*. Malden, MA (EUA)/Oxford: John Wiley & Sons, 2014.

Oliva Neto, João Angelo. "Bocage e a tradução poética no século XVIII", em Ovídio, *Metamorfoses*. Tradução de Manuel Maria du Bocage. São Paulo: Hedra, 2007, pp. 9-33.

Wilkins, Ann Thomas. "Bernini and Ovid: Expanding the Concept of Metamorphosis". *International Journal of the Classical Tradition*, vol. 6, n° 3, Winter, 2000, pp. 383-408.

Nota introdutória

Domingos Lucas Dias

As *Metamorfoses* de Ovídio ocupam, a duplo título, lugar central na produção do autor. São a obra com que o poeta pretenderia competir com Virgílio e marcam um ponto de viragem na sua vida.

Nascido no ano da morte de Cícero, foi relegado por Augusto para um exílio nas margens do mar Negro, próximo da foz do Danúbio, no final do ano oitavo da nossa era. Ao partir, deixa as *Metamorfoses* já em circulação, mas sem haverem recebido a última revisão. Não havendo data certa a marcar o momento da sua publicação, afigura-se plausível estabelecer como datas-limite os anos terceiro e oitavo. Significa isto que se está em pleno decurso da celebração dos dois mil anos da publicação das *Metamorfoses*. Seja a publicação da tradução a que se procede a singela homenagem "ao poeta latino mais humano e mais nosso".[1]

O AUTOR

Publius Ovidius Naso nasceu em 43 a.C., em Sulmona, na região de Abruzzo, na Itália, no seio de uma família da classe dos *equites*. Em 31, dirige-se a Roma com o irmão, mais velho do que ele apenas um ano, para completarem os estudos de retórica junto de mestres famosos. Apesar de bem-sucedido na declamação, é a poesia que o atrai e é essa a vida que, contra a vontade do pai, vai seguir (*Tristia*, IV, 10, 21-6):

---

[1] Antonio Ramírez de Verger, "Introdução" à sua tradução das *Metamorfoses* de Ovídio (Madri, Alianza Editorial, 1995).

Saepe pater dixit: "Studium quid inutile temptas?
Maionides nullas ipse reliquit opes."
Motus eram dictis, totoque Helicone relicto
scribere temptabam uerba soluta modis.
Sponte sua carmen numeros ueniebat ad aptos
et quod temptabam dicere uersuserat.

"Por que enveredas por uma atividade inútil?
Nem Homero (o Meônida) deixou qualquer riqueza",
dizia-me o meu pai, muitas vezes.
Tocavam-me as suas palavras e, abandonando o Hélicon,
tentava escrever em prosa. Tudo saía espontaneamente,
com ritmo, e era verso quanto tentava dizer.

Seguindo o que, em Roma, passou a ser norma depois de Cícero, dirige-se à Grécia para completar a sua formação cultural. Tornado a Roma, tentou o *cursus honorum*, ou seja, o percurso que o levaria ao Senado, mas não passou das primeiras magistraturas. O seu universo era o da poesia e a ele dedicou toda a vida. No seu cultivo ganhou nome junto dos seus contemporâneos, mesmo dos mais celebrados, como Propércio.

Cumpriu-se em si, porém, o que ele mesmo havia dito de Cadmo (*Metamorfoses*, III, 135-7):

Sed scilicet ultima semper
exspectanda dies hominis, dicique beatus
ante obitum nemo supremaque funera debet.

Mas deve esperar-se sempre
pelo último dia do homem. Ninguém deve ser considerado feliz
antes de morrer e antes de receber as honras finais.

Um decreto de Augusto relega-o, em finais do ano oitavo, quando o poeta andava pelos cinquenta anos de idade, para Tomis, nas margens do mar Negro, na atual Romênia. Ainda hoje não se sabe mais do que aquilo que o poeta, de um modo evasivo, classificou de *carmen et error* para justificar a decisão do *Princeps*. Terá o imperador querido livrar-se da presença de um poeta cujos versos contrastavam com o seu programa restauracionista? Terá Augusto lido nas aventuras, na arbitrariedade e na crueldade dos deuses uma censura pessoal?

Apesar de ter ido além do que seria de esperar na bajulação a Augusto e a Tibério, mesmo tendo em conta o fausto que deixou e a miséria em que se encontrava, Ovídio não voltou a Roma, acabando os seus dias entre os anos 17 e 18 da nossa era.

A OBRA

Contemporâneo de Virgílio e Horácio, autores por excelência do classicismo da época de Augusto, Ovídio deve ser catalogado numa terceira fase, depois de Tibulo e Propércio, de quem foi amigo.

Cansada das lutas fratricidas do final da República, a sociedade a que Augusto deu a paz em troca das antigas liberdades, que haviam desembocado na anarquia, viu surgir, quase em simultâneo, três gerações de escritores:

— Virgílio, Horácio e Tito Lívio, protótipos do Classicismo e, de algum modo, ligados ao poder;

— os elegíacos mais representativos, Tibulo e Propércio, cuja poesia, apesar do traço da autenticidade, se afasta dos padrões clássicos;

— Ovídio, que reconhecia que *quod temptabam dicere uersus erat*, mas cujo ambiente social lhe reduziu a profundidade poética.

Ovídio inicia a sua atividade poética quando aqueles têm já nome feito. A sua produção reparte-se por três períodos:

— juventude, período da poesia de amor, poesia crótica e de conteúdo subjetivo — *Heroides*, *Amores*, *Medicamina Faciei*, *Ars Amatoria*, *Remedia Amoris*;

— maturidade, poemas didáticos — *Metamorfoses*, *Fasti*;

— exílio — *Tristia*, *Epistulae ex Ponto*.

As METAMORFOSES

As *Metamorfoses* são um longo poema cosmogônico de quase doze mil versos, dividido em quinze livros, escrito em hexâmetro datílico e em que são expostos mais de duzentos e cinquenta mitos. Poema do devir, parte do Caos primitivo, da sua transformação em Natureza, e encaminha-se, por sucessivas transformações, para a chegada de Eneias a Itália, percorre a história de Roma até a divinização de César e a apoteose de Augusto.

É tênue o vínculo que liga a sucessão dos vários mitos; é sutil, mas é eficaz. Assenta na semelhança do tema, como no caso da impiedade punida de Aracne, de Níobe, dos camponeses da Lícia e de Mársias (Livro VI); na ordem genealógica, de Baco a Perseu (Livros IV e V) e de Cadmo a Acteão (Livro III); na associação de ideias, na analogia das metamorfoses, no herói, no país. Há mitos que se encaixam na narração de outros mitos, como no caso da narração da luta das Musas com as Piérides (Livro V); recorre outras vezes à descrição de quadros, como na disputa de Aracne e Palas, onde a descrição das tapeçarias serve para expor outros mitos (Livro VI); recorre à preterição, como se verifica na sequência da história de Píramo e Tisbe, onde variados mitos apenas são referidos (Livro IV).

Nesta sucessão de mitos, Ovídio sabe encadear com mestria cenas que, fugindo quase sempre à monotonia, prendem o leitor pela variedade e pela beleza.

Nem a matéria nem o gênero eram novos. Alexandrinos, primeiro, e romanos, na esteira destes, haviam-nos cultivado antes. Ovídio acrescenta-lhes uma nova técnica. À unidade temática da obra de arte, exigida pela poesia clássica, opõe Ovídio mudanças bruscas e a alteração frequente do ângulo de visão, que tentam reproduzir o movimento da vida. Se, ao leitor de hoje, esta técnica quase cinematográfica surge como natural, não é preciso recuar muito no tempo para se perceber o mal-estar que isso provocava. Era esta, nos finais do século XIX, a posição de René Pichon (*Histoire de la littérature latine*, Paris, Hachette, 1898, p. 420):

> Quer dizer que as *Metamorfoses* seriam então a obra-prima que Ovídio tinha sonhado? Longe disso. [...] Em primeiro lugar, não constituem um poema, mas sim uma reunião de partes justapostas. [...] Não há uma ideia central: para relacionar todas estas metamorfoses a um princípio comum, teria sido preciso recuperar o antigo espírito das cosmogonias primitivas, a crença misteriosa no parentesco de todos os seres [...]. O liame cronológico, que poderia estabelecer ao menos uma unidade aparente, não existe.

O enquadramento filosófico em que a ação das *Metamorfoses* se desenvolve, uma linha de progressão do Caos à divinização de César, passando pela formação do homem, define a unidade da obra.

A arte da narrativa, a riqueza do estilo e da linguagem, a elegância e a harmonia do verso completam o quadro que faz de *Metamorfoses* um monumento admirado há dois mil anos.

OVÍDIO E A HISTÓRIA

Iamque opus exegi, quod nec Iovis ira nec ignis
nec poterit ferrum nec edax abolere uetustas.
cum uolet, illa dies, quae nil nisi corporis huius
ius habet, incerti spatium mihi finiat aeui:
parte tamen meliore mei super alta perennis
astra ferar, nomenque erit indelebile nostrum;
quaque patet domitis Romana potentia terris,
ore legar populi, perque omnia saecula fama,
(si quid habent ueri uatum praesagia) uiuam.

Concluí uma obra que nem a cólera de Júpiter, nem o fogo,
nem o ferro, nem a voracidade do tempo poderão destruir.
Que aquele dia, que só a meu corpo tem direito,
ponha fim quando quiser ao incerto decurso da minha vida.
Eu, na parte mais nobre de mim, subirei, imorredouro,
acima das altas estrelas, e o meu nome jamais morrerá.
E, por onde o poder de Roma se estende sobre a terra dominada,
andarei na boca do povo. E, se algo de verdade existe nos presságios
dos poetas, graças a essa fama, hei de viver pelos séculos.

(Metamorfoses, XV, 871-9).

Repetindo os *topoi* da última Ode do Livro III de Horácio: "*Exegi monumentum aere perennius*", Ovídio afirma a perenidade do seu nome — "*uiuam*"! O vate foi realmente profeta. Não houve época da história em que não estivesse presente.

Dante, qual Jano que olha o passado e o porvir, faz de Ovídio elemento da escola dos seis poetas a quem reconhece uma autoridade intemporal:

Intanto voce fu per me udita:
"Onorate l'altissimo poeta;
[...]
   Lo buon maestro cominciò a dire:
"Mira colui con quella spada in mano,
che vien dinanzi ai tre sí come sire:
   quelli è Omero poeta sovrano;
l'altro è Orazio satiro che vene;
Ovidio e 'l terzo, e l'ultimo Lucano.

(A Divina Comédia, Inferno, IV, 79-80, 85-90)[2]

De acordo com E. R. Curtius, Ovídio faz parte de todas as listas de autores lidos nas várias Escolas Medievais. Nas *Metamorfoses*, os medievais encontravam uma cosmogonia e uma cosmologia que sintonizavam com o platonismo reinante. As *Metamorfoses* eram o dicionário de mitologia indispensável para entender os poetas latinos. Não admira, pois, que a Idade Média tenha moralizado, ou seja, cristianizado Ovídio.

Avassaladora é a sua presença, sobretudo o Ovídio das *Metamorfoses*, no domínio das artes. Olhando o porvir, a partir de Dante, longa seria a lista com o nome de escritores de primeiro plano, de Petrarca a Ezra Pound, e outros mais atuais cujo levantamento está por fazer.

Poucas serão as cenas da mitologia das *Metamorfoses* que não foram traduzidas em pintura ou em escultura, como poucos serão os grandes museus do mundo onde não se sinta a presença de Ovídio. O desenho das Estações do Ano, na estação do Metropolitano do Saldanha, em Lisboa, conscientemente ou não, é a reprodução dos versos 27-30 do Livro II das *Metamorfoses*:

Purpurea uelatus ueste sedebat
in solio Phoebus claris lucente smaragdis.

---

[2] "Logo um chamado foi por mim ouvido:/ 'Honrai o nosso poeta eminente!' [...]/ Logo ouvi do guia a chamada:/ 'Olha o que vem à frente qual decano/ dos outros três, segurando uma espada;// ele é Homero, poeta soberano;/ o satírico Horácio junto vem,/ terceiro é Ovídio e último Lucano.'" (tradução de Italo Eugenio Mauro, São Paulo, Editora 34, 1998). (N. da E.)

A dextra laeuaque Dies et Mensis et Annus
Saeculaque et positae spatiis aequalibus Horae;
Verque nouum stabat cinctum florente corona,
stabat nuda Aestas et spicea serta gerebat,
stabat et Autumnus calcatis sordidus uuis,
et glacialis Hiems canos hisuta capillos.

      Revestido de purpúrea veste,
Febo estava sentado num trono com o brilho de puras esmeraldas.
À direita e à esquerda, de pé, estavam o Dia, o Mês, o Ano,
os Séculos e, colocadas a intervalos iguais, as Horas,
e a nova Primavera cingida com uma coroa de flores.
O Verão estava nu e ostentava uma grinalda de espigas.
Estava o Outono manchado de pisar as uvas,
e o gélido Inverno de brancos cabelos desgrenhados.

Menos avassaladora que nas outras artes é, na música, a presença das *Metamorfoses*. Não deixa, contudo, de ser significativa.

Muitas são as razões de interesse para dar ao público de língua portuguesa este monumento a que dois mil anos de história acrescentaram valor. Mas foi o desafio de uma pessoa ligada ao estudo da História da Arte que desencadeou o processo que aqui conduziu.

Sobre a tradução, vale a pena dizer que tentou respeitar os dois critérios que definem a lei de ouro desta atividade, ser fiel e vernácula. Na incerteza de o haver conseguido, ao leitor caberá o juízo. Ela aí fica, exposta à crítica de quem vier por bem.

Metamorphoses[*]

---

[*] Texto em latim estabelecido a partir de P. Ovidi Nasonis, *Metamorphoses*, edição de R. J. Tarrant, Oxford, Clarendon Press, 2004 (Bibliotheca Oxoniensis). Respeitou-se aqui a norma clássica, com o uso de minúsculas mesmo em início de sentenças (com exceção dos nomes próprios e das entradas de segmentos), além do "u" no lugar do "v" minúsculo e o "V" no lugar do "U" maiúsculo.

Metamorfoses

Liber Primus

In noua fert animus mutatas dicere formas
corpora; di, coeptis (nam uos mutastis et illas)
aspirate meis primaque ab origine mundi
ad mea perpetuum deducite tempora carmen.

Ante mare et terras et quod tegit omnia caelum   5
unus erat toto naturae uultus in orbe,
quem dixere Chaos; rudis indigestaque moles
nec quidquam nisi pondus iners congestaque eodem
non bene iunctarum discordia semina rerum.
nullus adhuc mundo praebebat lumina Titan,   10
nec noua crescendo reparabat cornua Phoebe,
nec circumfuso pendebat in aere Tellus
ponderibus librata suis, nec bracchia longo
margine terrarum porrexerat Amphitrite.
utque erat et tellus illic et pontus et aer,   15
sic erat instabilis tellus, innabilis unda,
lucis egens aer; nulli sua forma manebat
obstabatque aliis aliud, quia corpore in uno

Livro I

[Proêmio]

É meu propósito falar das metamorfoses dos seres
em novos corpos. Vós, deuses, que as operastes,
sede propícios aos meus intentos e acompanhai o meu poema,
que vem das origens do mundo até os meus dias.

[Origens do mundo]

Antes do mar e da terra, e do céu que tudo cobre,
era uniforme em todo o orbe o aspecto da natureza,
à qual chamaram Caos: massa confusa e informe,
apenas peso inerte, amálgama discordante
de elementos mal unidos.
Nenhum Titã[1] dava ainda luz ao mundo,
nem Febe,[2] em quarto crescente, refazia novos cornos,
nem a terra, em seu peso equilibrada,
estava suspensa no ar que a envolve,
nem Anfitrite[3] estendera seus braços ao longo das praias.
Lá onde havia terra, aí mar havia e ar.
Assim, a terra era instável, inavegável o mar,
o ar privado de luz. Nada mantinha a própria forma,
cada um se opunha aos outros porque, num único corpo,

---

[1] Sob a designação de Titã é evocado o Sol, filho do Titã Hiperíon, que por sua
vez era filho de Urano e de Gaia (a terra).

[2] Febe, a Brilhante, a Lua; Diana, irmã de Febo.

[3] Filha de Nereu e Dóris. Dóris era a rainha do mar e esposa de Posêidon.

frigida pugnabant calidis, umentia siccis,
mollia cum duris, sine pondere habentia pondus.   20

    Hanc deus et melior litem natura diremit.
nam caelo terras et terris abscidit undas
et liquidum spisso secreuit ab aere caelum;
quae postquam euoluit caecoque exemit aceruo,
dissociata locis concordi pace ligauit.   25
ignea conuexi uis et sine pondere caeli
emicuit summaque locum sibi fecit in arce;
proximus est aer illi leuitate locoque;
densior his tellus elementaque grandia traxit
et pressa est grauitate sua; circumfluus umor   30
ultima possedit solidumque coercuit orbem.
sic ubi dispositam quisquis fuit ille deorum
congeriem secuit sectamque in membra redegit,
principio terram, ne non aequalis ab omni
parte foret, magni speciem glomerauit in orbis.   35
tum freta diffundi rapidisque tumescere uentis
iussit et ambitae circumdare litora terrae.
addidit et fontes et stagna inmensa lacusque,
fluminaque obliquis cinxit decliuia ripis;
quae diuersa locis partim sorbentur ab ipsa,   40
in mare perueniunt partim campoque recepta
liberioris aquae pro ripis litora pulsant.
iussit et extendi campos, subsidere ualles,
fronde tegi siluas, lapidosos surgere montes.
utque duae dextra caelum totidemque sinistra   45
parte secant zonae (quinta est ardentior illis),
sic onus inclusum numero distinxit eodem
cura dei, totidemque plagae tellure premuntur.
quarum quae media est non est habitabilis aestu;
nix tegit alta duas; totidem inter utrumque locauit   50

o frio lutava com o quente, com o seco lutava o úmido,
o mole lutava com o duro, o pesado com o sem peso.

[Separação dos elementos]

Um deus (e a natureza favorável já) pôs fim a esta contenda,
pois separou a terra do céu, da terra separou as águas,
e do ar espesso segregou o céu empíreo.
Depois de os separar e os arrancar à tenebrosa massa,
prendeu cada um a seu lugar em harmoniosa paz.
A substância ígnea e imponderável do céu convexo
começou a brilhar e definiu para si um lugar nas regiões superiores.
O ar está próximo dela em razão da leveza e do lugar.
Mais densa do que estes, a terra arrastou os elementos pesados
e está comprimida pelo próprio peso. A água, espalhada em volta,
assenhoreou-se dos últimos pontos e circunscreveu o mundo sólido.
Quando um deus, qualquer que ele fosse, dividiu
esta massa assim disposta e, uma vez dividida, dela fez partes,
primeiro, para que não fosse desigual por todo o lado,
aglomerou a terra sob a forma de um globo imenso.
Depois, estendeu os mares e ordenou-lhes que se encapelassem
sob a ação dos velozes ventos e cingissem a orla terrestre.
Acrescentou fontes, pântanos imensos, lagos; conteve em tortuosas
margens o caudal dos rios, rios que, em parte, são sorvidos,
em lugares diferentes, pela mesma terra, em parte atingem o mar
e, ao entrarem na planície das águas mais livres, em vez das margens,
pulsam as praias. Ordenou também que se estendessem as planícies,
e os vales se afundassem, que as florestas se cobrissem de folhas,
que se elevassem as rochosas montanhas. E do mesmo modo que,
à direita, o céu é cortado em duas zonas, e em número igual
no lado esquerdo, e, ao centro, uma quinta é mais quente do que
estas, assim o zelo divino dividiu em número igual a massa coberta
pelo céu, e, em número igual, estão marcadas as zonas na terra.
Destas, a que está no meio não é habitável em razão do calor;
duas são cobertas por espessa neve; colocou entre ambas um número

45   Livro I

temperiemque dedit mixta cum frigore flamma.
imminet his aer, qui, quanto est pondere terrae
pondus aquae leuius, tanto est onerosior igni.
illic et nebulas, illic consistere nubes
iussit et humanas motura tonitrua mentes   55
et cum fulminibus facientes fulgura uentos.
his quoque non passim mundi fabricator habendum
aera permisit. (uix nunc obsistitur illis,
cum sua quisque regant diuerso flamina tractu,
quin lanient mundum; tanta est discordia fratrum.)   60
Eurus ad Auroram Nabataeaque regna recessit
Persidaque et radiis iuga subdita matutinis;
uesper et occiduo quae litora sole tepescunt,
proxima sunt Zephyro; Scythiam septemque triones
horrifer inuasit Boreas; contraria tellus   65
nubibus assiduis pluuioque madescit ab Austro.
haec super imposuit liquidum et grauitate carentem
aethera nec quidquam terrenae faecis habentem.
uix ita limitibus dissaepserat omnia certis,
cum quae pressa diu fuerant caligine caeca   70
sidera coeperunt toto efferuescere caelo.
neu regio foret ulla suis animalibus orba,
astra tenent caeleste solum formaeque deorum,

igual, a que o calor, de mistura com o frio, deu clima ameno.
Sobre estas paira o ar, que é tanto mais leve que a massa da terra
e do que a massa da água, quanto mais pesado é do que o fogo.
Aí fixou o lugar à névoa, fixou aí o lugar às nuvens
e aos trovões, que haviam de apavorar as mentes humanas,
e aos ventos, que produzem raios e relâmpagos.
Nem a estes consentiu o criador[4] do mundo que dos ares
se apoderassem a seu bel-prazer; ainda hoje é difícil impedi-los
de fazer mal à terra, se bem que cada um dirija o sopro
em diferentes zonas, tal é entre irmãos a desavença.
O Euro[5] retirou-se para a Aurora, para os reinos nabateus[6]
e para a Pérsia, para as montanhas que se estendem sob os raios
da manhã.[7] Vésper e as praias que se aquecem ao sol poente
são vizinhas de Zéfiro.[8] Para a Cítia e o Setentrião[9]
avançou o fero Bóreas.[10] A região oposta
é alagada por nuvens contínuas e pela chuva do Austro.[11]
Sobre tudo isto colocou o éter imaterial e imponderável
e que não tem nenhuma das impurezas da terra.
Mal havia dividido tudo com limites fixos, quando os astros,
que por muito tempo ficaram imersos em negra escuridão,
começaram a brilhar por todo o céu.
Para que nenhuma região fosse privada dos seus seres vivos,
os astros e os deuses ocuparam o solo celeste.[12]

---

[4] Criador traduz *fabricator*, que por sua vez traduz o grego δημιουργος.

[5] Vento sudoeste.

[6] O reino dos Nabateus surgiu ao norte da Arábia, entre a Palestina e o Egito, por volta do século III a.C., e tinha a sua capital na cidade de Petra.

[7] Cadeia montanhosa que limita a Índia ao norte.

[8] Vento oeste, fraco, favorável.

[9] O Norte, as sete estrelas de cada uma das Ursas.

[10] Vento norte, frio.

[11] Nome latino de Noto, vento sul.

[12] Os astros são postos ao nível dos deuses. Na Antiguidade eram como que divinizados. Na Idade Média admitia-se que eram dirigidos por anjos.

cesserunt nitidis habitandae piscibus undae,
terra feras cepit, uolucres agitabilis aer. 75

Sanctius his animal mentisque capacius altae
deerat adhuc et quod dominari in cetera posset.
natus homo est, siue hunc diuino semine fecit
ille opifex rerum, mundi melioris origo,
siue recens tellus seductaque nuper ab alto 80
aethere cognati retinebat semina caeli,
quam satus Iapeto, mixtam pluuialibus undis,
finxit in effigiem moderantum cuncta deorum.
pronaque cum spectent animalia cetera terram,
os homini sublime dedit caelumque uidere 85
iussit et erectos ad sidera tollere uultus.
sic modo quae fuerat rudis et sine imagine, tellus
induit ignotas hominum conuersa figuras.

Aurea prima sata est aetas, quae uindice nullo,
sponte sua, sine lege fidem rectumque colebat. 90
poena metusque aberant, nec uerba minantia fixo
aere ligabantur, nec supplex turba timebat
iudicis ora sui, sed erant sine uindice tuti.
nondum caesa suis, peregrinum ut uiseret orbem,
montibus in liquidas pinus descenderat undas, 95

As águas foram dadas aos reluzentes peixes, para lá viverem,
a terra recebeu as feras, e o instável ar recebeu as aves.

[Criação do homem]

Faltava ainda um ser mais nobre do que estes, mais capaz,
de uma alta inteligência, e que sobre todos pudesse dominar.
Nasceu o homem, quer o haja feito do sêmen divino
o criador de todas as coisas, princípio de um mundo melhor,
quer a terra, ainda nova, separada havia pouco do alto éter,
conservasse os germes do parentesco celeste.
Da terra, misturada com a água das chuvas, afeiçoou
o filho de Jápeto a imagem dos deuses que tudo governam.[13]
Enquanto os outros animais olham a terra inclinados sobre ela,
ao homem deu um rosto ereto e determinou-lhe
que olhasse o céu e elevasse para os astros a sua face.[14]
Assim, a terra, que até há pouco fora tosca e sem forma,
transformou-se e revestiu-se de figuras humanas desconhecidas.

[As quatro idades]

A primeira a nascer foi a idade de ouro, que, sem repressão,
espontaneamente, sem nenhuma lei, cultivava a lealdade e o bem.
Não havia castigo nem medo, nem se liam ameaças
nas tábuas de bronze,[15] nem a multidão suplicante temia
a presença do juiz, mas, sem autoridade, viviam em segurança.
O pinheiro, cortado em seus montes, não havia ainda baixado
às límpidas águas para visitar uma terra estranha;

---

[13] Jápeto é um Titã, filho de Urano (o céu) e Gaia (a terra) e irmão de Crono. Teve quatro filhos — Atlas, Menécio, Prometeu e Epimeteu. Prometeu, pai de Deucalião, foi o criador dos primeiros homens, que moldou em barro. Foi ele quem ensinou o filho, Deucalião, o modo de se salvar do dilúvio projetado por Zeus.

[14] Nesta passagem ecoa o pensamento de Cícero, *De Legibus*, I, 26; e de Salústio, *De Coniuratione Catilinae*, I, 1.

[15] Referência à Lei das XII Tábuas exposta no Foro.

nullaque mortales praeter sua litora norant;
nondum praecipites cingebant oppida fossae;
non tuba derecti, non aeris cornua flexi,
non galeae, non ensis erat: sine militis usu
mollia securae peragebant otia gentes.　　　　　　　　　100
ipsa quoque inmunis rastroque intacta nec ullis
saucia uomeribus per se dabat omnia tellus;
contentique cibis nullo cogente creatis
arbuteos fetus montanaque fraga legebant
cornaque et in duris haerentia mora rubetis　　　　　　105
et quae deciderant patula Iouis arbore glandes.
uer erat aeternum, placidique tepentibus auris
mulcebant Zephyri natos sine semine flores.
mox etiam fruges tellus inarata ferebat,
nec renouatus ager grauidis canebat aristis.　　　　　　110
flumina iam lactis, iam flumina nectaris ibant,
flauaque de uiridi stillabant ilice mella.
　　Postquam Saturno tenebrosa in Tartara misso
sub Ioue mundus erat, subiit argentea proles,
auro deterior, fuluo pretiosior aere.　　　　　　　　115
Iuppiter antiqui contraxit tempora ueris

nem os homens conheciam outras praias para lá das suas.
As cidades não eram ainda rodeadas por fundas trincheiras.
Não havia a retilínea tuba, nem o curvo clarim de bronze,
nem capacetes, nem espada. Sem o hábito da guerra,
os povos viviam em segurança uma vida tranquila.
Também a terra, livre de impostos, não tocada pela enxada
nem rasgada pela relha, produzia tudo de modo espontâneo.
Satisfeitos com os alimentos criados sem esforço,
colhiam medronhos e morangos silvestres,
pilritos e as amoras pendentes da espinhosa silva
e as bolotas que caíam da frondosa árvore de Júpiter.[16]
A primavera era eterna, e os suaves Zéfiros de tépida brisa
acariciavam flores nascidas sem sementeira.
Logo a terra, sem ser arada, se cobria de searas também,
e os campos, sem serem tratados, alouravam com gradas espigas.
Corriam já rios de leite e rios de néctar,
e a verde azinheira destilava o flavo mel.[17]

Depois, precipitado Saturno no tenebroso Tártaro,[18]
estava o mundo sujeito a Júpiter, apareceu a geração de prata,
pior que a do ouro, mais valiosa que a do fulvo bronze.
Júpiter reduziu a duração da antiga primavera.[19]

---

[16] Sinônimo de força, *robur*, árvore desde sempre consagrada a Júpiter, é o carvalho. O carvalho participa dos privilégios da divindade suprema do céu, provavelmente porque atrai o raio e simboliza a majestade.

[17] Para os antigos, o mel era um produto acabado que as abelhas se limitavam a recolher na superfície das folhas.

[18] Saturno, divindade latina, identificado com Crono, divindade grega, é o filho mais novo de Urano e de Gaia. Pertence à primeira geração divina. Para impedir a ameaça de que um filho o destronaria, devorava-os todos à medida que iam nascendo. Reia, sua mulher, cansada de se ver sem filhos, furtou-lhe o último, que era Júpiter/Zeus, e, em vez dele, deu ao marido uma pedra envolta em panos. Quando Júpiter/Zeus, tendo Amalteia por ama, atingiu a idade adulta, pretendeu apoderar-se do trono. Consultou Métis, a Prudência, e, com a droga que esta lhe forneceu, fez o pai vomitar os irmãos. Apoiado nestes, atacou o pai e os Titãs e deu início à segunda geração divina, a dos Olímpicos.

[19] A primavera era eterna (v. 107).

perque hiemes aestusque et inaequalis autumnos
et breue uer spatiis exegit quattuor annum.
tum primum siccis aer feruoribus ustus
canduit et uentis glacies adstricta pependit;   120
tum primum subiere domos (domus antra fuerunt
et densi frutices et uinctae cortice uirgae);
semina tum primum longis Cerealia sulcis
obruta sunt, pressique iugo gemuere iuuenci.

    Tertia post illam successit aenea proles,   125
saeuior ingeniis et ad horrida promptior arma,
non scelerata tamen. de duro est ultima ferro.
protinus inrupit uenae peioris in aeuum
omne nefas: fugere pudor uerumque fidesque,
in quorum subiere locum fraudesque dolique   130
insidiaeque et uis et amor sceleratus habendi.
uela dabant uentis (nec adhuc bene nouerat illos)
nauita, quaeque diu steterant in montibus altis
fluctibus ignotis exsultauere carinae;
communemque prius ceu lumina solis et auras   135
cautus humum longo signauit limite mensor.
nec tantum segetes alimentaque debita diues
poscebatur humus, sed itum est in uiscera terrae
quasque recondiderat Stygiisque admouerat umbris
effodiuntur opes, inritamenta malorum.   140
iamque nocens ferrum ferroque nocentius aurum
prodierat; prodit bellum, quod pugnat utroque,
sanguineaque manu crepitantia concutit arma.
uiuitur ex rapto. non hospes ab hospite tutus,
non socer a genero; fratrum quoque gratia rara est.   145

E, com o inverno, o verão, os desiguais outonos[20]
e a primavera encurtada, dividiu o ano em quatro estações.
Então, pela primeira vez, o ar, abrasado por tórridos calores,
encandeceu, e a água, congelada pelos ventos, ficou suspensa.
Então, pela primeira vez, o homem se abrigou em casas. Casas foram
as grutas, as densas ramagens, e ramos atados com casca de árvore.
Então, pela primeira vez, as sementes de Ceres[21] foram enterradas
em longos sulcos, e os novilhos gemeram sujeitos ao jugo.
   A esta sucedeu a terceira, a geração de bronze,
de gênio mais feroz e mais pronta para a guerra,
contudo não sacrílega. Do duro ferro é a última.
Em seguida, na idade do pior metal, irrompe toda a espécie
de crimes. Desapareceram pudor, verdade e boa-fé,
e para o seu lugar surgiram fraude, perfídia,
traição, violência e a celerada ambição da posse.
O navegante solta a vela aos ventos que desconhecia.
E as embarcações, que por largo tempo se ergueram
nas altas montanhas, mergulharam nas vagas ignotas.
O avisado agrimensor marcou com longo sulco a terra,
antes pertencente a todos como a brisa e a luz do sol.
E não se pedia ao produtivo solo apenas searas
e o alimento devido, mas foi-se às entranhas da terra
e arrancaram-se-lhe as riquezas, incentivo a males,
que ela escondera e remetera para junto das sombras estígias.
Surgira já à luz do dia o funesto ferro e o ouro,
mais funesto ainda. Surgiu a guerra, que com ambos luta
e brande na sangrenta mão armas crepitantes.
Vive-se da rapina. O hóspede não está seguro do seu hospedeiro,
nem o sogro do genro e, mesmo entre irmãos, é rara a boa harmonia.

---

[20] Desiguais porque variáveis.

[21] Os cereais. Ceres é a deusa romana equivalente à grega Deméter. É filha de
Crono e Reia. Pertence, por isso, à segunda geração divina. É a divindade da terra
cultivada, sendo fundamentalmente a deusa do trigo. Tem uma filha, Perséfone, que foi
raptada por Plutão, seu tio, nos prados de Enna, na Sicília.

imminet exitio uir coniugis, illa mariti;
lurida terribiles miscent aconita nouercae;
filius ante diem patrios inquirit in annos;
uicta iacet pietas, et uirgo caede madentes
ultima caelestum terras Astraea reliquit. 150

Neue foret terris securior arduus aether,
adfectasse ferunt regnum caeleste Gigantas
altaque congestos struxisse ad sidera montes.
tum pater omnipotens misso perfregit Olympum
fulmine et excussit subiectae Pelion Ossae. 155
obruta mole sua cum corpora dira iacerent,
perfusam multo natorum sanguine Terram
immaduisse ferunt calidumque animasse cruorem
et, ne nulla suae stirpis monimenta manerent,
in faciem uertisse hominum. sed et illa propago 160
contemptrix superum saeuaeque auidissima caedis
et uiolenta fuit; scires e sanguine natos.

Quae pater ut summa uidit Saturnius arce,
ingemit et, facto nondum uulgata recenti

O marido busca a ocasião de exterminar a mulher, e ela o marido;
as cruéis madrastas preparam o mortífero acônito;
o filho faz contas antes do tempo aos anos do pai.
Jaz vencida a piedade, e a virgem Astreia,[22] a última dos celestes,
abandona a terra empapada de morte.

[Os Gigantes]

Não fosse o alto éter mais seguro que a terra,
conta-se que os Gigantes pretenderam o etéreo reino
e apinharam monte sobre monte até os astros.
Então o pai onipotente lançou seu raio, estilhaçou o Olimpo
e abalou o Pélion que sustinha o Ossa.[23]
Jazendo os feros corpos sob a mole que amontoaram,
diz-se que a terra ficou úmida, inundada pelo muito sangue
de seus filhos e ao sangue quente deu vida. E, para conservar
um testemunho da sua linhagem, o transformou em seres
de face humana. Mas também esta raça se tornou violenta,
ávida dos horrores da carnificina e desprezou os deuses.
Via-se que fora o sangue que lhe dera origem.

[Licáon]

Quando do alto do céu o filho de Saturno viu tudo isso,
lamentou-se e, recordando o horrível festim da mesa de Licáon,[24]

---

[22] Filha de Zeus e Têmis, irmã do Pudor, espalhava entre os homens o sentimento da justiça e da virtude. Subiu ao céu quando a inclinação para o mal se espalhou pelo mundo, tornando-se a constelação de Virgem.

[23] Olimpo, Pélion e Ossa são montes da Tessália. O Ossa era a morada dos Centauros; no Pélion morava Quíron; o Olimpo era a morada dos deuses, especialmente de Zeus. Há nesta enumeração uma hierarquização: Zeus e os deuses, Quíron, Centauro com boas qualidades, outros Centauros. E está presente a ideia da subversão. Os gigantes Oto e Efialtes, filhos de Posêidon e Ifimedia, decidiram escalar o céu. Para isso, inverteram a ordem hierárquica, pondo o Olimpo abaixo do Ossa e, acima deste, o Pélion. A ação de Júpiter destinou-se a defender a ordem.

[24] Rei da Arcádia.

foeda Lycaoniae referens conuiuia mensae,   165
ingentes animo et dignas Ioue concipit iras
conciliumque uocat; tenuit mora nulla uocatos.
est uia sublimis, caelo manifesta sereno;
Lactea nomen habet, candore notabilis ipso.
hac iter est superis ad magni tecta Tonantis   170
regalemque domum. dextra laeuaque deorum
atria nobilium ualuis celebrantur apertis.
plebs habitat diuersa locis; hac parte potentes
caelicolae clarique suos posuere Penates.
hic locus est quem, si uerbis audacia detur,   175
haud timeam magni dixisse Palatia caeli.
ergo ubi marmoreo superi sedere recessu,
celsior ipse loco sceptroque innixus eburno
terrificam capitis concussit terque quaterque
caesariem, cum qua terram mare sidera mouit.   180
talibus inde modis ora indignantia soluit:
'non ego pro mundi regno magis anxius illa
tempestate fui, qua centum quisque parabat
inicere anguipedum captiuo bracchia caelo.
nam quamquam ferus hostis erat, tamen illud ab uno   185
corpore et ex una pendebat origine bellum.
nunc mihi, qua totum Nereus circumsonat orbem,
perdendum est mortale genus; per flumina iuro
infera sub terras Stygio labentia luco.
cuncta prius temptanda, sed inmedicabile corpus   190
ense recidendum est, ne pars sincera trahatur.
sunt mihi semidei, sunt rustica numina nymphae
Faunique Satyrique et monticolae Siluani;

festim não divulgado ainda por ser um fato recente,
engendra em seu espírito iras incomensuráveis e dignas de Júpiter,
e convoca o concílio dos deuses. Nada reteve os convocados.
Há um caminho nas alturas, que se deixa ver quando o céu está calmo.
Chama-se Via Láctea e é visível pelo seu próprio brilho.
Por aí é o caminho dos deuses para o palácio do senhor dos trovões,
morada real. À direita e à esquerda, de portas abertas,
dispõem-se os átrios da nobreza celeste.
A plebe habita afastada, em outros lugares. Os deuses
poderosos e ilustres estabeleceram aí os seus penates.[25]
É este um lugar a que, se às palavras fosse dada audácia,
não recearia designar por Palatino do céu.
Assim, quando os deuses tomaram assento no santuário
de mármore, de seu elevado lugar e apoiando-se no cetro
de marfim, Júpiter sacudiu três ou quatro vezes a sua terrífica
cabeleira e com ela abalou a terra, o mar e os céus.
Depois, soltou palavras de indignação, nestes termos:
"Não estive mais preocupado com o governo do mundo
na época em que os monstros anguípedes[26] se preparavam
para enlaçar em seus cem braços o céu cativo;
pois, embora o inimigo fosse terrível, aquela guerra
dependia de um só exército e tinha uma só origem.
Agora, devo destruir o ser humano lá onde Nereu[27]
ressoa em redor do mundo todo. Juro pelos rios infernais
que correm sob a terra, no bosque estígio.
Tudo deve ser tentado antes, mas o corpo incurável
deve ser dissecado à espada, para que a parte sã
não seja contaminada. Tenho semideuses e divindades
campestres, ninfas, faunos, sátiros e os silvanos das montanhas.

---

[25] A morada dos deuses é uma réplica da casa romana.

[26] Nascidos da terra e do sangue de Urano, mutilado por Crono, têm aspecto aterrador e as suas pernas são corpos de serpentes.

[27] O Velho do Mar, filho de Ponto, a onda marinha, e de Gaia (a terra), casou com Dóris, com quem gerou as Nereidas. É um benfeitor para os marinheiros.

quos quoniam caeli nondum dignamur honore,
quas dedimus certe terras habitare sinamus. 195
an satis, o superi, tutos fore creditis illos,
cum mihi, qui fulmen, qui uos habeoque regoque,
struxerit insidias notus feritate Lycaon?'
   Confremuere omnes studiisque ardentibus ausum
talia deposcunt. sic, cum manus impia saeuit 200
sanguine Caesareo Romanum exstinguere nomen,
attonitum tanto subitae terrore ruinae
humanum genus est totusque perhorruit orbis.
nec tibi grata minus pietas, Auguste, tuorum est
quam fuit illa Ioui. qui postquam uoce manuque 205
murmura compressit, tenuere silentia cuncti.
substitit ut clamor pressus grauitate regentis,
Iuppiter hoc iterum sermone silentia rupit:
'ille quidem poenas (curam hanc dimittite) soluit;
quod tamen admissum, quae sit uindicta docebo. 210
contigerat nostras infamia temporis aures;
quam cupiens falsam summo delabor Olympo
et deus humana lustro sub imagine terras.
longa mora est quantum noxae sit ubique repertum
enumerare; minor fuit ipsa infamia uero. 215
Maenala transieram latebris horrenda ferarum
et cum Cyllene gelidi pineta Lycaei;
Arcadis hinc sedes et inhospita tecta tyranni
ingredior, traherent cum sera crepuscula noctem.
signa dedi uenisse deum, uulgusque precari 220
coeperat; inridet primo pia uota Lycaon,

Pois que ainda os não consideramos dignos das honras do céu,
deixemos que habitem em segurança a terra que lhes destinamos.
Credes, ó deuses, que eles terão segurança bastante, quando
até a mim, que empunho o raio, que vos domino e governo,
Licáon, conhecido pela sua ferocidade, me armou ciladas?"
   Todos explodiram de raiva e, com fremente indignação,
exigem o castigo de quem tal ousara. Assim, quando mãos ímpias
pretendem extinguir o nome romano no sangue de César,[28]
toda a humanidade ficou estarrecida com o terror de tão grande
catástrofe, e todo o universo se horrorizou, a piedade
dos teus concidadãos, Augusto,[29] não é para ti menos gratificante
do que o foi a dos deuses para Júpiter. Depois de este haver contido
a agitação com o gesto e a palavra, todos se calaram.
Quando o rumor foi contido pela majestade do soberano,
Júpiter de novo rompeu o silêncio nestes termos:
"Ficai tranquilos. Ele pagou a sua dívida.
Vou relatar-vos a ofensa e dizer-vos qual foi a punição.
A perversidade desses tempos chegara aos meus ouvidos.
Ansiando por que fosse mentira, desço do alto Olimpo
e, sendo deus, percorro a terra sob disfarce humano.
Seria longo contar a maldade que por toda a parte
encontrei. A calúnia ficou aquém da realidade.
Tinha passado Mênalo, horrível esconderijo de feras,
Cilene e os pinhais do gélido Liceu.[30]
Entro aí no inóspito palácio, morada do tirano da Arcádia,
quando os últimos crepúsculos trazem a noite.
Dei mostras de que havia chegado um deus, o povo começara
a dirigir-me súplicas. Primeiro, Licáon zomba das piedosas súplicas.

---

[28] Os Idos de Março de 44 a.C., quando César foi assassinado por Cássio, Bruto e os seus cúmplices, e os consequentes prodígios que precederam e seguiram a sua morte.

[29] A piedade do povo romano para com César, o pai da Pátria, de quem Augusto era filho adotivo.

[30] Mênalo, Cilene e Liceu são montanhas da Arcádia.

mox ait "experiar deus hic discrimine aperto
an sit mortalis, nec erit dubitabile uerum."
nocte grauem somno necopina perdere morte
me parat — haec illi placet experientia ueri! 225
nec contentus eo est; missi de gente Molossa
obsidis unius iugulum mucrone resoluit
atque ita semineces partim feruentibus artus
mollit aquis, partim subiecto torruit igni.
quod simul imposuit mensis, ego uindice flamma 230
in domino dignos euerti tecta Penates.
territus ipse fugit nactusque silentia ruris
exululat frustraque loqui conatur; ab ipso
colligit os rabiem solitaeque cupidine caedis
uertitur in pecudes et nunc quoque sanguine gaudet. 235
in uillos abeunt uestes, in crura lacerti;
fit lupus et ueteris seruat uestigia formae:
canities eadem est, eadem uiolentia uultus,
idem oculi lucent, eadem feritatis imago est.
occidit una domus, sed non domus una perire 240
digna fuit; qua terra patet, fera regnat Erinys.
in facinus iurasse putes; dent ocius omnes
quas meruere pati (sic stat sententia) poenas.'
   Dicta Iouis pars uoce probant stimulosque frementi
adiciunt, alii partes adsensibus implent. 245
est tamen humani generis iactura dolori
omnibus, et quae sit terrae mortalibus orbae
forma futura rogant, quis sit laturus in aras
tura, ferisne paret populandas tradere terras.

Diz depois: 'Vou experimentar de forma clara se este é um deus
ou se é um mortal. A verdade não deixará lugar à dúvida.'
De noite, caído eu em sono profundo, prepara-se para me dar
morte inopinada. Foi esta a experiência da verdade que lhe agradou.
E não se contentou com isso. Cortou à espada o pescoço
de um dos reféns que o povo molosso[31] lhe havia enviado
e cozeu parte dos membros, ainda palpitantes, em água a ferver.
A outra assou-a ao fogo. Logo que serviu a mesa,
com o fogo vingador derrubei sua morada e os penates,
dignos de um tal senhor. Ele foge apavorado e, ao encontrar
o silêncio no descampado, começa a uivar, enquanto se esforça,
em vão, por falar. Concentra na boca toda a sua raiva,
usa contra os rebanhos a fome de carnificina
e ainda hoje se delicia com sangue. As suas vestes transformam-se
em pelos, os seus braços transformam-se em pernas.
Torna-se um lobo,[32] mas mantém os traços da fisionomia antiga.
O pelo branco é o mesmo, tem no rosto a mesma violência,
o mesmo luzir no olhar. É a imagem da própria ferocidade.
Caiu por terra uma casa, mas não foi só uma a merecer cair.
Por onde a terra se estende, a cruel Erínia[33] reina. Poder-se-ia dizer
que houve conjuração para o crime. A sentença está lavrada.
Que todos paguem rapidamente o merecido castigo."

Uns apoiam explicitamente o discurso de Júpiter
e espicaçam-lhe o furor. Os outros desempenham-se
do seu papel, assentindo. Mas a perda do gênero humano
para todos constitui dor. E querem saber qual será o aspecto
da terra privada de mortais e quem levará incenso aos altares,
se se prepara para a entregar às feras para a assolarem.

---

[31] Povo do Épiro, descendente de Molosso, o filho de Andrômaca, a mulher de
Heitor que Neoptólemo recebeu na partilha das cativas troianas.

[32] O nome da personagem Licáon relaciona-se com o do animal λυκος, lobo, de
onde terá partido a lenda.

[33] A Fúria causadora da discórdia.

talia quaerentes (sibi enim fore cetera curae)   250
rex superum trepidare uetat subolemque priori
dissimilem populo promittit origine mira.

  Iamque erat in totas sparsurus fulmina terras,
sed timuit ne forte sacer tot ab ignibus aether
conciperet flammas longusque ardesceret axis.   255
esse quoque in fatis reminiscitur adfore tempus
quo mare, quo tellus correptaque regia caeli
ardeat et mundi moles operosa laboret.
tela reponuntur manibus fabricata Cyclopum;
poena placet diuersa, genus mortale sub undis   260
perdere et ex omni nimbos demittere caelo.
protinus Aeoliis Aquilonem claudit in antris
et quaecumque fugant inductas flamina nubes,
emittitque Notum. madidis Notus euolat alis,
terribilem picea tectus caligine uultum;   265
barba grauis nimbis, canis fluit unda capillis,
fronte sedent nebulae, rorant pennaeque sinusque.
utque manu late pendentia nubila pressit,
fit fragor: hinc densi funduntur ab aethere nimbi.
nuntia Iunonis uarios induta colores   270
concipit Iris aquas alimentaque nubibus adfert;
sternuntur segetes et deplorata colonis
uota iacent, longique perit labor inritus anni.
Nec caelo contenta suo est Iouis ira, sed illum
caeruleus frater iuuat auxiliaribus undis.   275

A estas questões, o rei dos deuses conteve-lhes o medo,
pois tudo será preocupação sua, e promete uma raça diferente
da anterior, com uma origem extraordinária.

[O dilúvio]

Estava já para lançar o raio por toda a extensão da terra,
mas receou, não fosse todo o sagrado éter ser tomado
pelas chamas e ser consumido o extenso eixo do universo.
Lembrou-se de que estava dito pelos fados que viria um tempo
em que o mar, a terra e as moradas celestes arderiam,
e a massa do universo acometida pelas chamas ruiria.[34]
Os dardos fabricados pelos Ciclopes são guardados
e opta por castigo diferente: exterminar a raça humana
sob as águas e fazer cair água de todo o céu.
Logo encerra nos antros de Éolo[35] o Aquilão
e quantos ventos dispersam as nuvens acumuladas,
e solta o Noto. O Noto, de asa úmida, lança-se no voo.
Cobre seu ar carrancudo de uma escuridão de pez. A barba carregada
de nuvens. Escorre-lhe água das cãs. Na fronte assenta-lhe a neblina.
Destilam asas e peito. Quando com sua extensa mão
comprime as nuvens suspensas, desencadeia o fragor.
Então, no céu, as nuvens densas desfazem-se em água.
Íris,[36] a mensageira de Juno, revestida de variegadas cores,
aspira as águas e fornece alimento às nuvens. Jazem por terra
as colheitas, e estão irremediavelmente perdidas as esperanças
dos lavradores, perdeu-se inutilmente o trabalho de um ano longo.
E não se contentou com o seu próprio céu a ira de Júpiter.
Seu azulado irmão[37] ajuda-o com o auxílio das águas.

---

[34] Resumo da teoria estoica que defendia que o universo se consumiria pelo fogo.

[35] Senhor dos ventos. Reina sobre as ilhas Eólicas, ao norte da Sicília.

[36] Simboliza o arco-íris e a união entre a terra e o céu, e entre os deuses e os homens.

[37] Netuno.

conuocat hic amnes: qui postquam tecta tyranni
intrauere sui, 'non est hortamine longo
nunc' ait 'utendum. uires effundite uestras
(sic opus est), aperite domos ac mole remota
fluminibus uestris totas immittite habenas.' 280
iusserat; hi redeunt ac fontibus ora relaxant
et defrenato uoluuntur in aequora cursu.
ipse tridente suo terram percussit; at illa
intremuit motuque uias patefecit aquarum.
exspatiata ruunt per apertos flumina campos 285
cumque satis arbusta simul pecudesque uirosque
tectaque cumque suis rapiunt penetralia sacris.
si qua domus mansit potuitque resistere tanto
indeiecta malo, culmen tamen altior huius
unda tegit pressaeque latent sub gurgite turres. 290
iamque mare et tellus nullum discrimen habebant;
omnia pontus erat, deerant quoque litora ponto.
occupat hic collem, cumba sedet alter adunca
et ducit remos illic ubi nuper ararat;
ille supra segetes aut mersae culmina uillae 295
nauigat, hic summa piscem deprendit in ulmo;
figitur in uiridi, si fors tulit, ancora prato,
aut subiecta terunt curuae uineta carinae;
et, modo qua graciles gramen carpsere capellae,
nunc ibi deformes ponunt sua corpora phocae. 300
mirantur sub aqua lucos urbesque domosque
Nereides, siluasque tenent delphines et altis
incursant ramis agitataque robora pulsant.
nat lupus inter oues, fuluos uehit unda leones,
unda uehit tigres; nec uires fulminis apro, 305
crura nec ablato prosunt uelocia ceruo;
quaesitisque diu terris ubi sistere possit,
in mare lassatis uolucris uaga decidit alis.
obruerat tumulos inmensa licentia ponti,
pulsabantque noui montana cacumina fluctus. 310

Convoca os rios. Depois de entrarem no palácio
do seu senhor, diz-lhes: "Não é preciso longa exortação.
Soltai vossas forças. Assim é preciso.
Abri os vossos redutos, rompei os diques,
soltai o freio a todas as vossas águas."
Dada a ordem, estes retornam, abrem as bocas às fontes,
e rolam para o mar em corrida desenfreada.
Netuno fere a terra com seu tridente, ela estremece
e, com este movimento, dá livre curso às águas.
Os rios, ao transbordar, avançam pelas planícies.
Com as sementeiras, arrebatam árvores, gados, homens,
habitações e altares com os objetos sagrados.
Se alguma casa se manteve e pôde resistir intacta
a tal cataclismo, a água cobre-lhe o cume
e as torres jazem submersas no abismo.
Já mar e terra não tinham distinção nenhuma.
Era tudo mar. E o mar não tinha praias.
Refugia-se este numa colina, senta-se outro em
canoa recurvada e rema onde ainda há pouco arava.
Navega aquele sobre campos semeados
ou por cima da sua casa submersa.
Este pesca um peixe no topo de um olmo.
Lança-se a âncora, se calhar, no prado verde ou pisam as vinhas
as côncavas barcas. E, na erva que ágeis cabras há pouco tosavam,
agora descansam as focas seus disformes corpos.
Debaixo da água, as Nereidas, agora, contemplam bosques,
cidades e casas. Nas florestas vagueiam golfinhos, vão de encontro
aos ramos mais altos e batem nos carvalhos, que agitam.
Nada o lobo entre as ovelhas. A água arrasta os fulvos leões,
e leva também os tigres. Não servem ao javali as suas forças de raio,
nem ao veado, que já vai levado, as pernas velozes.
De asas cansadas, cai no mar a ave errante,
depois de longamente buscar terra onde pudesse pousar.
A subida excessiva do mar submergira as colinas.
Ondas até aí ignoradas batiam no cimo das serras.

Livro I

maxima pars unda rapitur; quibus unda pepercit,
illos longa domant inopi ieiunia uictu.

Separat Aonios Oetaeis Phocis ab aruis,
terra ferax dum terra fuit sed tempore in illo
pars maris et latus subitarum campus aquarum.   315
mons ibi uerticibus petit arduus astra duobus,
nomine Parnasos, superantque cacumina nubes.
hic ubi Deucalion (nam cetera texerat aequor)
cum consorte tori parua rate uectus adhaesit,
Corycidas nymphas et numina montis adorant   320
fatidicamque Themin, quae tunc oracla tenebat.
non illo melior quisquam nec amantior aequi
uir fuit aut illa metuentior ulla deorum.
Iuppiter, ut liquidis stagnare paludibus orbem
et superesse uirum de tot modo milibus unum,   325
et superesse uidit de tot modo milibus unam,
innocuos ambo, cultores numinis ambo,
nubila disiecit nimbisque Aquilone remotis
et caelo terras ostendit et aethera terris.
nec maris ira manet positoque tricuspide telo   330
mulcet aquas rector pelagi, supraque profundum

A água arrasta a maioria. Os que a água poupou
vence-os o longo jejum e a escassez de alimentos.

[Deucalião e Pirra]

A Fócida[38] separa os campos Aônios dos do Eta.
Terra fértil, enquanto foi terra, mas naquele tempo,
parte do mar e vasta planície de inesperadas águas.
Aí, escarpada montanha ergue para o céu um duplo vértice.
É o Parnaso. Os seus cumes vão além das nuvens.
Quando Deucalião e a esposa, levados em pequena barca,
aí chegam (tudo o mais o mar cobrira) prestam culto às ninfas
corícides,[39] às divindades do monte e à fatídica Têmis[40]
que aí vaticinava então. Não houve ninguém mais virtuoso
do que ele, nem homem mais amante da justiça.
Nem houve mulher mais temente à divindade do que ela era.
Quando Júpiter vê o mundo submerso em líquida extensão,
e que de tantos milhares de homens restava só um,
e uma só mulher restava de tantos milhares de outras,
ambos inocentes, cultores de deus ambos, dispersa as nuvens
e, dissipada a neblina pelo Aquilão, mostra a terra ao céu
e o céu à terra. Nem a fúria do mar subsiste.
Deixando de lado o tridente, o senhor dos Oceanos
acalma as águas e chama o cerúleo Tritão,[41]

---

[38] Parte da Grécia compreendida entre a Beócia e a Etólia.

[39] Assim designadas em função do local onde habitavam, as cavernas de Corícia, junto ao Parnaso.

[40] A deusa da lei, filha de Urano e de Gaia. Dentre as divindades da primeira geração é das raras que está associada aos Olímpicos e com eles partilha a vida do Olimpo. E uma das razões para isso reside no fato de ter sido ela quem inventou os oráculos, os ritos e as leis. Foi Têmis quem ensinou a Apolo o processo da adivinhação, e o santuário pítico, em Delfos, pertencia-lhe, mas Apolo apoderou-se dele depois de matar o dragão Píton.

[41] Deus marinho, filho de Posêidon, representado como homem cujo corpo se termina em forma de peixe. É apresentado a soprar uma concha, que usa no decurso das tempestades.

exstantem atque umeros innato murice tectum
caeruleum Tritona uocat conchaeque sonanti
inspirare iubet fluctusque et flumina signo
iam reuocare dato. caua bucina sumitur illi,   335
tortilis in latum quae turbine crescit ab imo,
bucina quae, medio concepit ubi aera ponto,
litora uoce replet sub utroque iacentia Phoebo.
tum quoque, ut ora dei madida rorantia barba
contigit et cecinit iussos inflata receptus,   340
omnibus audita est telluris et aequoris undis
et quibus est undis audita coercuit omnes.
iam mare litus habet, plenos capit alueus amnes,
[flumina subsidunt collesque exire uidentur,]
surgit humus, crescunt sola decrescentibus undis;   345
postque diem longam nudata cacumina siluae
ostendunt limumque tenent in fronde relictum.
    Redditus orbis erat; quem postquam uidit inanem
et desolatas agere alta silentia terras,
Deucalion lacrimis ita Pyrrham adfatur obortis: 350
'o soror, o coniunx, o femina sola superstes,
quam commune mihi genus et patruelis origo,
deinde torus iunxit, nunc ipsa pericula iungunt,
terrarum, quascumque uident occasus et ortus,
nos duo turba sumus; possedit cetera pontus.   355
haec quoque adhuc uitae non est fiducia nostrae
certa satis; terrent etiamnum nubila mentem.
quis tibi, si sine me fatis erepta fuisses,
nunc animus, miseranda, foret? quo sola timorem
ferre modo posses? quo consolante doleres?   360
namque ego, crede mihi, si te quoque pontus haberet,
te sequerer, coniunx, et me quoque pontus haberet.

que se mantinha sobre os abismos, de ombros cobertos
pela púrpura natural, e ordena-lhe que sopre o búzio sonante
e, com o sinal habitual, faça retroceder o mar e os rios.
Pega Tritão na côncava trombeta, que se amplia
em espiral do bocal ao pavilhão, trombeta que,
quando soa no meio do mar, enche com seu som
as praias situadas nos dois extremos da carreira de Febo.
Então, quando esta tocou a boca do deus, molhada pela água
que lhe escorria da barba, ao ser soprada, fez soar as ordens
recebidas, foi ouvida por todas as águas da terra e do mar
e fez retroceder todas as que a ouviram.
Já o mar tem praias, o leito dos rios recebe as águas correntes,
as águas baixam e veem-se surgir as colinas. Surge a terra,
multiplicam-se os lugares à medida que baixam as águas.
E depois de um longo dia, as florestas mostram
os cimos desnudos, e têm limo deixado nos ramos.
    O universo fora restaurado. Ao vê-lo vazio
e a terra deserta e imersa em profundo silêncio,
em lágrimas, Deucalião diz a Pirra:
"Ó irmã! Ó esposa! Ó única mulher sobrevivente, a quem me unia
a comunhão de sangue e a comum origem de nossos pais,
depois me uniu o casamento, e agora me ligam os mesmos perigos![42]
Em toda a terra que o sol banha, entre o nascer e o ocaso,
somos os únicos viventes. Aos outros tragou-os o mar.
E esta segurança que temos agora não é garantia bastante
para as nossas vidas. As nuvens ainda me atemorizam o espírito.
Qual seria, minha pobre, o teu estado se, sem mim,
fosses arrebatada ao destino? Como poderias, sozinha,
suportar os teus temores? Quem te consolaria na dor?
Pois eu, se o mar te houvesse levado também a ti, esposa querida,
ter-te-ia seguido, acredita-me, e o mar seria também minha sepultura.

---

[42] Deucalião é filho de Prometeu; Pirra é filha de Epimeteu, irmão de Prometeu. São, por isso, primos em primeiro grau.

o utinam possim populos reparare paternis
artibus atque animas formatae infundere terrae!
nunc genus in nobis restat mortale duobus   365
(sic uisum superis) hominumque exempla manemus.'
    Dixerat, et flebant. placuit caeleste precari
numen et auxilium per sacras quaerere sortes.
nulla mora est; adeunt pariter Cephesidas undas,
ut nondum liquidas, sic iam uada nota secantes.   370
inde ubi libatos inrorauere liquores
uestibus et capiti, flectunt uestigia sanctae
ad delubra deae, quorum fastigia turpi
pallebant musco stabantque sine ignibus arae.
ut templi tetigere gradus, procumbit uterque   375
pronus humi gelidoque pauens dedit oscula saxo;
atque ita 'si precibus' dixerunt 'numina iustis
uicta remollescunt, si flectitur ira deorum,
dic, Themi, qua generis damnum reparabile nostri
arte sit et mersis fer opem, mitissima, rebus.'   380
mota dea est sortemque dedit: 'discedite templo
et uelate caput cinctasque resoluite uestes
ossaque post tergum magnae iactate parentis.'
obstipuere diu rumpitque silentia uoce
Pyrrha prior iussisque deae parere recusat   385
detque sibi ueniam pauido rogat ore timetque
laedere iactatis maternas ossibus umbras.
interea repetunt caecis obscura latebris
uerba datae sortis secum inter seque uolutant.
inde Promethides placidis Epimethida dictis   390
mulcet et 'aut fallax' ait 'est sollertia nobis,
aut pia sunt nullumque nefas oracula suadent.

Pudesse eu, quem dera, recriar os povos com as artes de meu pai
e infundir vida na terra moldada![43] No presente, a raça humana
reduz-se a nós dois. Assim foi do agrado dos deuses.
Ficamos para exemplo da humanidade."
     A estas palavras, ambos choravam. Decidiram implorar
à divindade celeste e procurar auxílio no oráculo sagrado.
Foram logo ambos até as águas do Cefiso[44]
que, apesar de turvas, já correm no lugar habitual.
Depois de aspergirem sobre as vestes e a cabeça[45] a água colhida,
dirigem seus passos ao santuário da augusta deusa,
cujos tetos estavam cobertos de um negro musgo
e os altares se erguiam sem fogo.
Ao chegarem aos degraus do templo, ambos caíram por terra
e, tremendo, beijaram o frio degrau, dizendo:
"Se, vencida pelas preces dos justos, a divindade se apazigua
e se mitiga a ira dos deuses, diz-nos, Têmis, por que meios
pode ser reparada a perda da nossa raça, e socorre,
deusa misericordiosa, o mundo submerso."
A deusa ficou comovida e proferiu este oráculo:
"Saí do templo, cobri a cabeça, soltai vossas vestes,
lançai para trás de vós os ossos da vossa magna mãe."
Por longo tempo ficaram sem fala. Quebrando o silêncio,
Pirra é a primeira a falar, e recusa obedecer às ordens da deusa.
Em tom assustado, pede perdão, pois receia ofender
as sombras da mãe, ao espalhar seus ossos.
Entretanto meditam na resposta do oráculo, envolvida em profundo
mistério, e entre si a sopesam. Com palavras serenas o filho
de Prometeu tranquiliza então a filha de Epimeteu, dizendo-lhe:
"Ou muito me engano, ou o oráculo respeita a piedade
e não aconselha crime nenhum. A magna mãe é a terra. No corpo

---

[43] Prometeu é considerado como o criador dos primeiros homens, que terá moldado em barro.

[44] Curso de água que corre ao norte do Parnaso.

[45] Gesto de purificação.

magna parens terra est; lapides in corpore terrae
ossa reor dici; iacere hos post terga iubemur.'
coniugis augurio quamquam Titania mota est, 395
spes tamen in dubio est; adeo caelestibus ambo
diffidunt monitis; sed quid temptare nocebit?
discedunt: uelantque caput tunicasque recingunt
et iussos lapides sua post uestigia mittunt.
saxa (quis hoc credat nisi sit pro teste uetustas?) 400
ponere duritiem coepere suumque rigorem
mollirique mora mollitaque ducere formam.
mox ubi creuerunt naturaque mitior illis
contigit, ut quaedam, sic non manifesta, uideri
forma potest hominis, sed uti de marmore coepta 405
non exacta satis rudibusque simillima signis.
quae tamen ex illis aliquo pars umida suco
et terrena fuit, uersa est in corporis usum;
quod solidum est flectique nequit, mutatur in ossa;
quae modo uena fuit, sub eodem nomine mansit, 410
inque breui spatio superorum numine saxa
missa uiri manibus faciem traxere uirorum
et de femineo reparata est femina iactu.
inde genus durum sumus experiensque laborum,
et documenta damus qua simus origine nati. 415

 Cetera diuersis tellus animalia formis
sponte sua peperit, postquam uetus umor ab igne
percaluit solis caenumque udaeque paludes
intumuere aestu fecundaque semina rerum

da terra, as pedras, se não me engano, são consideradas os ossos.
São estes os ossos que nos mandam atirar para trás das costas."
Embora a filha do Titã[46] ficasse impressionada com este vaticínio
do marido, a sua esperança duvida, a tal ponto duvidam ambos
das instruções celestes! Mas, que mal fará tentar?
Afastam-se, cobrem a cabeça, soltam as túnicas[47]
e, como lhes fora ordenado, atiram as pedras para o rastro dos passos.
As pedras (quem nisso acreditaria se não tivesse a antiguidade
por testemunha?) começaram a perder a dureza e a rigidez,
a tornar-se progressivamente moles e a adquirir forma.
Depois de crescerem, assumem natureza mais branda,
qual forma humana que se pode divisar,
não evidente ainda, mas como tirada do mármore
e ainda não acabada, semelhante a um esboço.
A parte delas que se fez terra e foi umedecida
por uma seiva, tornou-se carne.
O que era sólido e não consegue flectir, tornou-se osso.
A que era veia, veia ficou.
Em pouco tempo, segundo a vontade dos deuses,
as pedras lançadas pela mão do homem assumiram
a feição de homens; a mulher surgiu do lançamento feminino.
Somos, por isso, uma raça dura e dada ao trabalho,
e testemunhamos a fonte de que provimos.

[Píton]

Os outros animais, sob formas variadas, gerou-os a terra
espontaneamente, depois de a umidade que tinha haver aquecido
ao fogo do sol, e o lodo e as águas estagnadas se encherem de vida
por ação do calor, e o germe fecundo das coisas, alimentado

---

[46] Titã é nome genérico dos filhos de Urano e Gaia, que pertencem à geração divina. Prometeu e Epimeteu são filhos de um deles, Jápeto, e, por isso, são também designados Titãs.

[47] São gestos religiosos com caráter sagrado.

uiuaci nutrita solo ceu matris in aluo, 420
creuerunt faciemque aliquam cepere morando.
sic, ubi deseruit madidos septemfluus agros
Nilus et antiquo sua flumina reddidit alueo
aetherioque recens exarsit sidere limus,
plurima cultores uersis animalia glaebis 425
inueniunt; et in his quaedam perfecta per ipsum
nascendi spatium, quaedam modo coepta suisque
trunca uident numeris, et eodem in corpore saepe
altera pars uiuit, rudis est pars altera tellus.
quippe ubi temperiem sumpsere umorque calorque, 430
concipiunt et ab his oriuntur cuncta duobus;
cumque sit ignis aquae pugnax, uapor umidus omnes
res creat, et discors concordia fetibus apta est.
ergo ubi diluuio tellus lutulenta recenti
solibus aetheriis altoque recanduit aestu, 435
edidit innumeras species partimque figuras
rettulit antiquas, partim noua monstra creauit.
illa quidem nollet, sed te quoque, maxime Python,
tum genuit populisque nouis incognita serpens
terror eras; tantum spatii de monte tenebas. 440
hunc deus arcitenens, numquam letalibus armis
ante nisi in dammis capreisque fugacibus usus,
mille grauem telis, exhausta paene pharetra,
perdidit effuso per uulnera nigra ueneno.
neue operis famam possit delere uetustas, 445
instituit sacros celebri certamine ludos,
Pythia perdomitae serpentis nomine dictos.

por um solo vivificante, se haver desenvolvido como no seio
de uma mãe e, com o tempo, haver assumido formas distintas.
É assim como quando o Nilo das sete embocaduras
se retira dos campos alagados e reconduz suas águas ao primitivo leito,
e o lodo que fica abrasa sob o efeito do astro de fogo.
Os agricultores encontram na terra que revolvem
animais variados, sendo alguns deles apanhados
no processo de nascimento, encontram outros em formação
e com os membros incompletos, e, no mesmo corpo,
às vezes, está uma parte viva e a outra é terra inerte.
De fato, quando se combinam umidade e calor, eles geram vida,
e dos dois elementos nascem os seres todos.[48]
Embora fogo e água sejam inimigos, este calor úmido
cria as coisas todas, e a discordante harmonia fomenta a gestação.[49]
Por isso, quando a terra, coberta do lodo do dilúvio recente,
recomeçou a aquecer sob o efeito do intenso calor dos raios do sol,
deu origem a incontáveis espécies. Reproduziu, em parte,
as formas antigas; em parte criou prodígios novos.
A terra não te quereria, mas também a ti, colossal Píton,
te gerou então. Serpente desconhecida ainda, eras o terror dos povos
agora criados, tal a porção de montanha em que dominavas.
Cravando-a de mil dardos, quase esgotando a aljava,
exterminou-a o divino arqueiro,[50] que jamais se servira
destas suas armas senão contra gamos e fugitivas cabras.
Das suas mil feridas jorrou o veneno.
E para que o tempo não pudesse apagar a memória do feito,
instituiu, sob a forma de solene concurso, uns jogos sagrados,
designados Píticos, do nome da serpente vencida.

---

[48] Princípio da Escola Jônica que se prolonga na Escola Estoica.

[49] É da combinação dos quatro elementos subsistentes — água, fogo, ar e terra — que se geram todos os elementos, segundo Empédocles (século V a.C.).

[50] Apolo.

hic iuuenum quicumque manu pedibusue rotaue
uicerat aesculeae capiebat frondis honorem.
nondum laurus erat longoque decentia crine   450
tempora cingebat de qualibet arbore Phoebus.

Primus amor Phoebi Daphne Peneia, quem non
fors ignara dedit, sed saeua Cupidinis ira.
Delius hunc, nuper uicta serpente superbus,
uiderat adducto flectentem cornua neruo   455
'quid' que 'tibi, lasciue puer, cum fortibus armis?'
dixerat; 'ista decent umeros gestamina nostros,
qui dare certa ferae, dare uulnera possumus hosti,
qui modo pestifero tot iugera uentre prementem
strauimus innumeris tumidum Pythona sagittis.   460
tu face nescioquos esto contentus amores
inritare tua, nec laudes adsere nostras!'
filius huic Veneris 'figat tuus omnia, Phoebe,
te meus arcus' ait; 'quantoque animalia cedunt
cuncta deo, tanto minor est tua gloria nostra.'   465
dixit et eliso percussis aere pennis
impiger umbrosa Parnasi constitit arce
eque sagittifera prompsit duo tela pharetra
diuersorum operum; fugat hoc, facit illud amorem.
(quod facit, auratum est et cuspide fulget acuta;   470
quod fugat obtusum est et habet sub harundine plumbum.)
hoc deus in nympha Peneide fixit, at illo
laesit Apollineas traiecta per ossa medullas.

O jovem que neles triunfasse, no pugilato, na corrida, fosse a pé
ou fosse de carro, recebia como distinção uma coroa de carvalho.[51]
O loureiro[52] não existia ainda e Febo[53] cingia a sua bela fronte
de longos cabelos com o ramo de uma árvore qualquer.

[Apolo e Dafne]

O primeiro amor de Febo foi Dafne, filha de Peneu.[54] Esta paixão
não foi obra de um cego acaso, mas do violento rancor de Cupido.
O deus de Delos,[55] orgulhoso da recente vitória sobre a serpente,
vira Cupido a dobrar o arco, retesando-lhe a corda, e disse-lhe:
"Que tens tu a ver, jovem folgazão, com essas pesadas armas?
Isso são apetrechos mais próprios para os meus ombros,
pois posso ferir certeiramente uma fera ou um inimigo.
Ainda agora abati com incontáveis setas a soberba Píton
que cobria com seu pestífero ventre tão grande extensão de terra.
Satisfaz-te tu em espicaçar com a tua tocha não sei bem que amores
e não te candidates a glórias que só a mim pertencem!"
Responde-lhe o filho de Vênus: "Olha, Febo, teu arco pode ferir tudo.
O meu vai ferir-te a ti. Quanto os animais são inferiores a um deus,
tanto a tua glória é inferior à minha."
Assim falou e, cortando o ar com o batimento das asas,
chega num instante ao frondoso cimo do Parnaso.
De sua aljava cheia tira duas setas com funções distintas.
Uma afugenta, a outra faz brotar o amor.
A que o faz nascer é dourada, com uma ponta aguda e brilhante.
A que o afugenta é romba e tem chumbo no coração da cana.
Esta cravou-a o deus na ninfa, filha de Peneu. Com aquela
feriu a medula de Apolo, varando-lhe os ossos.

---

[51] Árvore especialmente consagrada a Júpiter.

[52] A árvore de Apolo.

[53] Outro nome de Apolo.

[54] Deus-rio da Tessália.

[55] Apolo.

Protinus alter amat, fugit altera nomen amantis,
siluarum latebris captiuarumque ferarum 475
exuuiis gaudens innuptaeque aemula Phoebes.
[uitta coercebat positos sine lege capillos.]
multi illam petiere, illa auersata petentes
impatiens expersque uiri nemora auia lustrat,
nec quid Hymen, quid amor, quid sint conubia curat. 480
saepe pater dixit: 'generum mihi, filia, debes';
saepe pater dixit: 'debes mihi, nata, nepotes.'
illa uelut crimen taedas exosa iugales
pulchra uerecundo suffuderat ora rubore,
inque patris blandis haerens ceruice lacertis 485
'da mihi perpetua, genitor carissime' dixit,
'uirginitate frui; dedit hoc pater ante Dianae.'
Ille quidem obsequitur, sed te decor iste quod optas
esse uetat, uotoque tuo tua forma repugnat.
Phoebus amat uisaeque cupit conubia Daphnes, 490
quodque cupit sperat suaque illum oracula fallunt.
utque leues stipulae demptis adolentur aristis,
ut facibus saepes ardent, quas forte uiator
uel nimis admouit uel iam sub luce reliquit,
sic deus in flammas abiit, sic pectore toto 495
uritur et sterilem sperando nutrit amorem.
spectat inornatos collo pendere capillos,
et 'quid si comantur?' ait; uidet igne micantes
sideribus similes oculos; uidet oscula, quae non
est uidisse satis; laudat digitosque manusque 500
bracchiaque et nudos media plus parte lacertos;
si qua latent, meliora putat. fugit ocior aura
illa leui neque ad haec reuocantis uerba resistit:

Logo um se enamora. Só de ouvir a palavra amante,
logo a outra foge. Êmula da casta Febe,[56] comprazia-se ela
com os recônditos da floresta e com os despojos da caça.
Com uma fita, prendia os cabelos caídos ao acaso.
Quiseram-na muitos. Ela, desdenhando deles, livre e sem paciência
para um marido, percorre os solitários bosques sem querer
saber o que sejam Himeneu, amor e o casamento.
Tantas vezes o pai lhe dissera: "Filha, deves-me um genro."
O pai lhe dissera outras tantas vezes: "Deves-me, filha, uns netos."
Odiando ela as tochas nupciais como se fora um crime,
cobrira seu belo rosto de um rubor envergonhado e, lançando
seus ternos braços ao pescoço do pai, diz-lhe: "Consente,
pai querido, que eu perpetuamente goze da minha virgindade.
Já antes o pai de Diana lhe consentiu o mesmo."
Ele consentiu, mas não consente a tua elegância que sejas
o que pretendes! Com teu voto contende a tua beleza.
Febo está apaixonado. Ao ver Dafne, quer unir-se a ela.
E o que ele deseja, espera-o. Seus próprios oráculos o enganam.[57]
Como arde o restolho depois da ceifa das espigas,[58]
como ardem as sebes por causa do facho que o viajante
aproximou demais ou abandonou ao nascer o dia,
assim se inflama o deus, assim ele se abrasa no fundo do seu coração
e, esperando, alimenta um enganoso amor.
Contempla os cabelos da ninfa, que, em desalinho, caem sobre
o dorso e diz: "O que seria se penteados fossem"! Vê-lhe os olhos
brilhantes de fogo, que parecem astros. Vê-lhe a boca,
que não se cansa de olhar. Elogia-lhe os dedos, as mãos, o antebraço,
os braços, em grande parte desnudos. A parte coberta mais perfeita
lhe parece ainda. Ela afasta-se, mais célere do que a leve brisa,
e não se detém às palavras do deus, que a chama:

---

[56] Febe, a Brilhante; Diana, irmã de Febo.

[57] Ao não prever que jamais seria correspondido.

[58] A ceifa fazia-se colhendo apenas as espigas. A palha ficava e era queimada.

'nympha, precor, Penei, mane! non insequor hostis;
nympha, mane! sic agna lupum, sic cerua leonem,   505
sic aquilam penna fugiunt trepidante columbae,
hostes quaeque suos; amor est mihi causa sequendi.
me miserum, ne prona cadas indignaue laedi
crura notent sentes, et sim tibi causa doloris!
aspera qua properas loca sunt. moderatius, oro,   510
curre fugamque inhibe; moderatius insequar ipse.
cui placeas inquire tamen; non incola montis,
non ego sum pastor, non hic armenta gregesque
horridus obseruo. nescis, temeraria, nescis,
quem fugias, ideoque fugis. mihi Delphica tellus   515
et Claros et Tenedos Patareaque regia seruit;
Iuppiter est genitor; per me, quod eritque fuitque
estque patet; per me concordant carmina neruis.
certa quidem nostra est, nostra tamen una sagitta
certior, in uacuo quae uulnera pectore fecit.   520
inuentum medicina meum est opiferque per orbem
dicor, et herbarum subiecta potentia nobis.
ei mihi, quod nullis amor est sanabilis herbis,
nec prosunt domino quae prosunt omnibus artes!'
    Plura locuturum timido Peneia cursu   525
fugit cumque ipso uerba imperfecta reliquit,
tum quoque uisa decens. nudabant corpora uenti,
obuiaque aduersas uibrabant flamina uestes,
et leuis impulsos retro dabat aura capillos;
aucta forma fuga est. sed enim non sustinet ultra   530
perdere blanditias iuuenis deus, utque monebat

"Ninfa, rogo-te, filha de Peneu, espera! Não te sigo como inimigo,
espera, ninfa! Foge assim a ovelha do lobo, assim foge a corça ao leão,
e, de asa trepidante, fogem assim as pombas à águia, cada qual
fugindo a seu inimigo. Eu tenho o amor como causa de perseguição.
Ai de mim! Vê, não caias, ou que os espinhos não marquem tuas
pernas, belas demais para serem feridas, e que eu não seja para ti
causa de aflição! São ásperos os lugares por onde agora corres. Peço-te,
vai mais devagar, sustém a corrida! Eu próprio irei mais devagar também.
Procura saber a quem agradaste! Não sou um serrano,
nem sou um pastor. Não apascento por aqui, como pastor rude,
nem vacas nem cabras. Não sabes, imprudente, não sabes
de quem foges e, contudo, foges. Obedecem-me o país de Delfos,[59]
Claros,[60] Tênedos,[61] e a casa real de Pátara.[62]
É Júpiter o meu pai. Por mim se revela o que será, o que foi e o que é.
Por mim se harmoniza o poema com o som da lira.
É certeira a minha seta. Mais certeira do que a minha
existe uma outra, que feriu o meu livre coração.
A medicina é invento meu. Por todo o mundo me chamam salutar,
pertence-me o poder das plantas.
Ai de mim, que o meu amor não há planta que o cure,
e as minhas artes, que a todos servem, não servem ao dono."[63]
Febo vai falando, enquanto a filha de Peneu, assustada,
prossegue a sua corrida e o deixa a falar sozinho.
E ainda então lhe parecia bela. O vento desnudava-lhe o corpo
e o sopro contrário lançava-lhe para trás os vestidos.
Uma leve brisa repuxava-lhe os cabelos para as costas.
A fuga realçava a sua beleza. Mas o jovem deus
já não está disposto a perder mais palavras de afeto

---

[59] Onde o deus tem os seus oráculos e onde se celebram os Jogos Píticos.

[60] Cidade da Jônia, famosa pelo templo de Apolo.

[61] Pequena ilha frente a Troia.

[62] Cidade da Lícia.

[63] Apolo, filho de Zeus e de Latona, é o deus da profecia e da adivinhação, deus das artes, particularmente da música, é o deus arqueiro e senhor da medicina.

ipse Amor, admisso sequitur uestigia passu.
ut canis in uacuo leporem cum Gallicus aruo
uidit, et hic praedam pedibus petit, ille salutem,
alter inhaesuro similis iam iamque tenere   535
sperat et extento stringit uestigia rostro,
alter in ambiguo est an sit comprensus et ipsis
morsibus eripitur tangentiaque ora relinquit;
sic deus et uirgo est, hic spe celer, illa timore.
qui tamen insequitur pennis adiutus Amoris   540
ocior est requiemque negat tergoque fugacis
imminet et crinem sparsum ceruicibus adflat.
uiribus absumptis expalluit illa citaeque
uicta labore fugae spectans Peneidas undas
'fer, pater' inquit 'opem, si flumina numen habetis;   545
qua nimium placui, mutando perde figuram.'
uix prece finita torpor grauis occupat artus;
mollia cinguntur tenui praecordia libro;
in frondem crines, in ramos bracchia crescunt;   550
pes modo tam uelox pigris radicibus haeret;
ora cacumen habet: remanet nitor unus in illa.
Hanc quoque Phoebus amat, positaque in stipite dextra
sentit adhuc trepidare nouo sub cortice pectus,
complexusque suis ramos, ut membra, lacertis   555
oscula dat ligno; refugit tamen oscula lignum.
cui deus 'at quoniam coniunx mea non potes esse,
arbor eris certe' dixit 'mea; semper habebunt
te coma, te citharae, te nostrae, laure, pharetrae.
tu ducibus Latiis aderis, cum laeta Triumphum   560
uox canet et uisent longas Capitolia pompas;

e, instigado pelo Amor, segue-lhe os passos, estugando a marcha.
Como um cão da Gália, quando avista uma lebre em terreno aberto,[64]
confia ele às pernas a possibilidade de alcançar a presa, e esta a elas
confia a sua salvação; um, prestes a alcançá-la, espera logo tê-la
e, de pescoço estendido, reforça a corrida; a outra, sem saber
se foi apanhada, furta-se às dentadas e deixa para trás as fauces
que a roçam já. Assim se passa com o deus e a virgem.
Ele, veloz, em razão da esperança; ela, em razão do medo.
O perseguidor, levado pelas asas do Amor,
é mais rápido, recusa o cansaço, está já sobre a fugitiva,
aspira-lhe o cabelo caído pelas costas.
Consumidas as forças, ela empalidece. Vencida pela canseira
de tão veloz fuga, olhando as águas do Peneu, grita:
"Pai! Socorro! Se é que vós, os rios, tendes algum poder divino,
destrói e transforma esta aparência pela qual agradei tanto."
Mal havia acabado a prece, invade-lhe os membros pesado torpor,
seu elegante seio é envolvido numa fina casca, cresce-lhe a ramagem
no lugar dos cabelos e os ramos no lugar dos braços.
O pé, tão veloz ainda agora, fica preso qual forte raiz.
A sua cabeça é copa de árvore. Só o brilho nela se mantém.[65]
E Febo ainda a ama. Pousando-lhe no tronco a mão,
sente ainda o palpitar do coração sob a nova casca.
E, abraçando os ramos no lugar dos membros,
beija a madeira. Mas, ao beijo, a árvore retrai-se.
Diz-lhe o deus: "Já que não podes ser minha mulher,
serás certamente a minha árvore. Estarás sempre, loureiro,
na minha cabeleira, na minha cítara e na minha aljava.
Acompanharás os generais do Lácio, quando alegres vozes entoarem
cantos de triunfo e o Capitólio vir à sua frente os longos cortejos.[66]

---

[64] Os romanos apreciavam várias raças de cães da Gália, sobretudo o galgo.

[65] Como brilhantes são as folhas do loureiro.

[66] Referência à coroa de louros com que eram coroados os generais vencedores na cerimônia do triunfo.

postibus Augustis eadem fidissima custos
ante fores stabis mediamque tuebere quercum.
utque meum intonsis caput est iuuenale capillis,
tu quoque perpetuos semper gere frondis honores!'   565
finierat Paean; factis modo laurea ramis
adnuit utque caput uisa est agitasse cacumen.

Est nemus Haemoniae, praerupta quod undique claudit
silua; uocant Tempe. per quae Peneos ab imo
effusus Pindo spumosis uoluitur undis   570
deiectuque graui tenues agitantia fumos
nubila conducit summisque aspergine siluis
impluit et sonitu plus quam uicina fatigat.
haec domus, haec sedes, haec sunt penetralia magni
amnis; in his residens facto de cautibus antro,   575
undis iura dabat nymphisque colentibus undas.
conueniunt illuc popularia flumina primum,
nescia gratentur consolenturne parentem,
populifer Sperchios et inrequietus Enipeus
Apidanosque senex lenisque Amphrysos et Aeas,   580
moxque amnes alii qui, qua tulit impetus illos,
in mare deducunt fessas erroribus undas.
Inachus unus abest imoque reconditus antro
fletibus auget aquas natamque miserrimus Io
luget ut amissam. nescit uitane fruatur   585
an sit apud Manes, sed quam non inuenit usquam
esse putat nusquam atque animo peiora ueretur.

Elevar-te-ás, guardiã fiel, frente às portas de Augusto
e protegerás a coroa de carvalho que a encima.[67]
Como a minha cabeça, de cabelos intonsos, mantém a juventude,
mantém tu também a glória de uma folhagem permanente."
Acabara Peã[68] de falar. O loureiro anuiu com a fronde nova
e o deus viu-o agitar a copa como se fora a cabeça.

[Io]

Em Hemônia[69] há um prado que uma escarpada floresta
circunda em toda a volta. Chama-se Tempe. O Peneu, que nasce
no sopé do Pindo, faz rolar pelo meio dele as suas espumosas águas.
De uma funda queda, faz levantar nuvens de leves vapores,
que voltam a cair em gotículas sobre a copa das árvores
e, com o estrondo, perturba para lá das zonas vizinhas.
É esta a morada, esta a residência, este o santuário do grande rio.
Sentado numa gruta cavada na rocha, aí dava ordens às águas
e às ninfas que habitam as águas. Os rios reúnem-se ali,
e, primeiro, os das redondezas, sem saberem
se devem felicitar ou devem consolar aquele pai:
o Esperquio, ladeado de choupos, o turbulento Enipeu,
o velho Apídano, o ameno Anfriso e o Eante.
Vêm depois os outros que, por onde quer que o seu ímpeto os leve,
conduzem para o mar as águas cansadas de andanças.
Só Ínaco falta. Escondido no fundo da gruta,
com as suas lágrimas aumenta as suas águas, e o infeliz chora Io,
a filha, como se fora perdida. Não sabe se desfruta da vida
ou se está junto dos manes. Mas, ao não a encontrar em parte nenhuma,
crê que não está em nenhuma parte e, em seu espírito, receia o pior.

---

[67] Parece que assim era, que a porta do palácio de Augusto estava ladeada por
dois loureiros.

[68] É o epíteto ritual de Apolo, "o deus que cura".

[69] Antigo nome da Tessália.

Viderat a patrio redeuntem Iuppiter illam
flumine et 'o uirgo Ioue digna tuoque beatum
nescioquem factura toro, pete' dixerat 'umbras   590
altorum nemorum' (et nemorum monstrauerat umbras)
'dum calet et medio sol est altissimus orbe.
quodsi sola times latebras intrare ferarum,
praeside tuta deo nemorum secreta subibis,
nec de plebe deo, sed qui caelestia magna   595
sceptra manu teneo, sed qui uaga fulmina mitto.
ne fuge me!' (fugiebat enim.) iam pascua Lernae
consitaque arboribus Lyrcea reliquerat arua,
cum deus inducta latas caligine terras
occuluit tenuitque fugam rapuitque pudorem.   600

Interea medios Iuno despexit in Argos,
et noctis faciem nebulas fecisse uolucres
sub nitido mirata die, non fluminis illas
esse nec umenti sensit tellure remitti;
atque suus coniunx ubi sit circumspicit, ut quae   605
deprensi totiens iam nosset furta mariti.
quem postquam caelo non repperit, 'aut ego fallor
aut ego laedor' ait delapsaque ab aethere summo
constitit in terris nebulasque recedere iussit.
coniugis aduentum praesenserat inque nitentem   610
Inachidos uultus mutauerat ille iuuencam;
bos quoque formosa est. speciem Saturnia uaccae,

Tinha-a visto Júpiter quando regressava do rio paterno
e havia-lhe dito: "Ó donzela, bem digna de Júpiter, tu que
em teu leito tornarás feliz seja ele quem for, busca a sombra
dessas árvores altas (e mostrava-lhe a sombra das árvores)
enquanto o sol queima e está a pique.
Se tu receias entrar sozinha num esconderijo de feras,
na companhia de um deus irás segura até o fundo do bosque.
E não é na companhia de um deus da plebe,[70] mas na minha,
que empunho o poderoso cetro celeste, na minha,
que lanço o raio errante. Não fujas de mim." Mas ela fugia.
Deixara já para trás os prados de Lerna[71] e os campos de Lirceu[72]
cobertos de arvoredo, quando o deus cobriu a extensão da terra
de uma nuvem escura, lhe susteve a fuga e lhe roubou a honra.

[Argo]

Entretanto, Juno[73] baixou o olhar sobre Argos
e estranhou que uma neblina ligeira provocasse
a imagem da noite em dia claro. Pressentiu que não fosse
do rio, nem saísse da umidade da terra.
Olha em volta para ver onde está o marido, como quem
conhece as suas traições, que já surpreendeu tantas vezes.
Não o tendo encontrado no céu, diz: "Ou me engano,
ou estou a ser traída." Descendo do alto éter,
pousa na terra e ordena às nuvens que se afastem.
Júpiter havia pressentido a chegada da esposa
e transforma a filha de Ínaco em cândida novilha.
Mesmo como vaca era bela. A filha de Saturno,[74]

---

[70] A hierarquia dos deuses é o reflexo da hierarquia social de Roma.

[71] Junto a Argos.

[72] Montanha da Argólida.

[73] Deusa romana das mulheres e do casamento, é esposa de Júpiter, com quem
constitui, na companhia de Minerva, a tríade capitolina.

[74] Deus romano correspondente ao Crono dos gregos. É pai de Júpiter e Juno.

quamquam inuita, probat, nec non et cuius et unde
quoue sit armento, ueri quasi nescia, quaerit.
Iuppiter e terra genitam mentitur, ut auctor   615
desinat inquiri; petit hanc Saturnia munus.
quid faciat? crudele suos addicere amores,
non dare suspectum est; pudor est qui suadeat illinc,
hinc dissuadet amor. uictus pudor esset amore,
sed leue si munus sociae generisque torique   620
uacca negaretur, poterat non uacca uideri.
paelice donata non protinus exuit omnem
diua metum timuitque Iouem et fuit anxia furti,
donec Arestoridae seruandam tradidit Argo.

   Centum luminibus cinctum caput Argus habebat   625
inde suis uicibus capiebant bina quietem,
cetera seruabant atque in statione manebant.
constiterat quocumque modo, spectabat ad Io;
ante oculos Io, quamuis auersus, habebat.
luce sinit pasci; cum sol tellure sub alta est   630
claudit et indigno circumdat uincula collo.
frondibus arboreis et amara pascitur herba.
proque toro terrae non semper gramen habenti
incubat infelix limosaque flumina potat.
illa etiam supplex Argo cum bracchia uellet   635
tendere, non habuit quae bracchia tenderet Argo,
et conata queri mugitus edidit ore
[pertimuitque sonos propriaque exterrita uoce est.]
uenit et ad ripas ubi ludere saepe solebat,
Inachidas ripas, nouaque ut conspexit in unda   640
cornua pertimuit seque exsternata refugit.
Naides ignorant, ignorat et Inachus ipse
quae sit; at illa patrem sequitur sequiturque sorores
et patitur tangi seque admirantibus offert.
decerptas senior porrexerat Inachus herbas;   645

embora contrariada, admira a beleza da vaca
e pergunta a quem pertence, de onde veio, de que manada é,
como se não soubesse a verdade. "Nasceu da terra", mentiu Júpiter,
para pôr fim à inquirição. A filha de Saturno pede-lha como presente.
Que fazer? É cruel entregar o seu amor. Não o dar é suspeito.
Está, de um lado, a vergonha, que o persuade; está, do outro, o amor,
que o dissuade. A vergonha seria vencida pelo amor.
Mas se negasse a sua irmã, sua prima e sua esposa tão fraca dádiva
como é uma vaca, poderia parecer que não era vaca.
Entregue a rival, a deusa não se livrou logo de todo o temor.
Receou de Júpiter e assustou-a o furto,
até havê-la entregue à guarda de Argo, filho de Arestor.
    Argo tinha a cabeça rodeada por um cento de olhos
que repousavam dois a dois de cada vez.
Os outros vigiavam e mantinham-se a postos.
Estivesse de que modo fosse, estava voltado para Io.
Mesmo estando de costas, Io estava à sua frente.
De dia deixa-a pastar. Quando o sol se afunda no ventre da terra,
fecha-a e prende-a com grilhões indignos em volta do pescoço.
Come a folhagem das árvores e a erva amarga.
A infeliz tem por cama a terra,
nem sempre com erva. Bebe água estagnada.
Querendo levantar para Argo os braços suplicantes,
não teve braços para levantar.
Tenta lamentar-se. Sai-lhe da boca um mugido.
Horrorizou-se do som e apavorou-se da sua voz.
Dirige-se às margens onde, às vezes, costumava brincar,
às margens do Ínaco. E quando, nas águas, divisou os estranhos
cornos, horrorizou-se e, apavorada consigo, fugiu.
Não sabem as Náiades,[75] nem Ínaco sabe quem seja.
E ela segue o pai e segue as irmãs.
Deixa-se tocar e oferece-se à admiração deles.
O velho Ínaco colhera erva e oferecera-lha.

---

[75] São as ninfas das águas.

illa manus lambit patriisque dat oscula palmis,
nec retinet lacrimas et, si modo uerba sequantur,
oret opem nomenque suum casusque loquatur.
littera pro uerbis, quam pes in puluere duxit,
corporis indicium mutati triste peregit.   650
'me miserum!' exclamat pater Inachus inque gementis
cornibus et niuea pendens ceruice iuuencae
'me miserum!' ingeminat; 'tune es quaesita per omnes,
nata, mihi terras? tu non inuenta reperta
luctus eras leuior. retices nec mutua nostris   655
dicta refers; alto tantum suspiria ducis
pectore, quodque unum potes, ad mea uerba remugis.
at tibi ego ignarus thalamos taedasque parabam,
spesque fuit generi mihi prima, secunda nepotum;
de grege nunc tibi uir nunc de grege natus habendus.   660
nec finire licet tantos mihi morte dolores,
sed nocet esse deum, praeclusaque ianua leti
aeternum nostros luctus extendit in aeuum.'
talia maerentem stellatus summouet Argus
ereptamque patri diuersa in pascua natam   665
abstrahit; ipse procul montis sublime cacumen
occupat, unde sedens partes speculatur in omnes.
   Nec superum rector mala tanta Phoronidos ultra
ferre potest natumque uocat quem lucida partu
Pleias enixa est letoque det imperat Argum.   670
parua mora est alas pedibus uirgamque potenti
somniferam sumpsisse manu tegumenque capillis.
haec ubi disposuit, patria Ioue natus ab arce
desilit in terras; illic tegumenque remouit

Ela lambe as mãos, ela beija as mãos de seu pai
e não contém as lágrimas. E se as palavras surgissem agora,
pediria socorro, diria quem era e falaria da sua desdita.
Em vez de palavras, exprimiu o triste segredo da transformação
do seu corpo com as letras que traçou com o pé no pó.
"Infeliz de mim!", exclama Ínaco, seu pai, e suspende-se
do níveo pescoço e das hastes da novilha, que chora.
E repete: "Infeliz de mim! És tu a filha que eu procurei
pela terra inteira? Eras para mim dor menor enquanto perdida
do que depois de encontrada. Calas-te e não podes dialogar comigo!
Só suspiros arrancas do fundo do teu coração. E tudo o que podes
é responder com mugidos às minhas palavras.
E eu, sem nada saber, preparava para ti o tálamo e as tochas nupciais.
Sonhei, primeiro, com um genro, sonhei com os netos, depois.
Agora só na manada terás um marido, só na manada um filho terás.
Nem pela morte eu posso pôr fim a tão grande dor!
O ser deus mo impede, e a porta da morte, fechada para mim,
prolonga pelos séculos a minha amargura."
Enquanto assim se lamenta, Argo, constelado de olhos, arreda-o
e arranca a filha a seu pai e condu-la para pastagens distantes.
Senta-se lá longe, no alto cimo de um monte,
de onde pode olhar em todas as direções.

    Não pode o senhor dos deuses suportar por mais tempo
tão duros males da neta de Foroneu.[76] Chama o filho
que a brilhante plêiade lhe deu[77] e ordena-lhe que dê morte a Argo.
Foi o tempo de pôr as asas nos pés, pegar,
com sua mão poderosa, na varinha do sono e no galero.
Feito isto, lá do alto da morada paterna, o filho de Júpiter
demanda a terra. Aí, tira o chapéu e depõe as asas.

---

[76] Terá sido o primeiro homem da terra, filho do deus-rio Ínaco. A linha de sucessão de Ovídio afasta-se desta visão.

[77] Hermes, filho de Zeus e da plêiade Maia, que era filha de Atlas. Mensageiro de seu pai, é o protetor dos viajantes e dos ladrões. Jovem, de chapéu com asas, sandálias com asas também, de caduceu e varinha ornada com duas serpentes.

et posuit pennas; tantummodo uirga retenta est. 675
hac agit ut pastor per deuia rura capellas
dum uenit abductas, et structis cantat auenis.
uoce noua captus custos Iunonius 'at tu,
quisquis es, hoc poteras mecum considere saxo,'
Argus ait; 'neque enim pecori fecundior ullo 680
herba loco est, aptamque uides pastoribus umbram.'
sedit Atlantiades et euntem multa loquendo
detinuit sermone diem, iunctisque canendo
uincere harundinibus seruantia lumina temptat.
ille tamen pugnat molles euincere somnos 685
et, quamuis sopor est oculorum parte receptus,
parte tamen uigilat. quaerit quoque (namque reperta
fistula nuper erat) qua sit ratione reperta.

Tum deus 'Arcadiae gelidis sub montibus' inquit
'inter Hamadryadas celeberrima Nonacrinas 690
Naias una fuit; nymphae Syringa uocabant.
non semel et satyros eluserat illa sequentes
et quoscumque deos umbrosaque silua feraxque
rus habet. Ortygiam studiis ipsaque colebat
uirginitate deam; ritu quoque cincta Dianae 695
falleret et posset credi Latonia, si non
corneus huic arcus, si non foret aureus illi.
sic quoque fallebat. Redeuntem colle Lycaeo
Pan uidet hanc pinuque caput praecinctus acuta
talia uerba refert' — restabat eurba referre, 700

Mantém apenas o caduceu. Enquanto avança, por campos escusos
guia, qual pastor, as cabras que com ele trouxera,
e toca a flauta que construíra. Cativado pelo novo som,
o pastor de Juno diz: "Ora tu, quem quer que tu sejas,
podias sentar-te comigo neste penedo.
Não há para o rebanho erva melhor em outro lugar,
nem acharás sombra mais própria para pastores."
O neto de Atlas sentou-se e, com longas histórias,
entreteve o tempo que passa com o encanto da palavra
e, tocando flauta, tenta vencer os olhos vigilantes.
Mas Argo luta para vencer a doçura do sono,
e embora o torpor se insinuasse numa parte dos olhos,
a outra vigia. E quer saber (pois a flauta
acabara de ser inventada) a razão por que fora feita.

[Pã e Siringe]

Diz o deus então: "Nas gélidas montanhas da Arcádia
houve, entre as Hamadríades[78] de Nonácris,[79] uma Náiade[80]
muito célebre. As outras ninfas chamavam-lhe Siringe.
Não fora só uma vez que iludira os sátiros que a seguiam
e quantos deuses há na espessa floresta e nos férteis campos.
Honrava, pelo exercício e pela virgindade, a deusa Ortígia.[81]
Cingida como Diana, poderia enganar
e ser tida pela Latônia,[82] não fora
de osso o seu arco, sendo de ouro o da deusa.
Mesmo assim, enganava. Voltava ela da colina do Liceu
quando Pã, de cabeça coberta com a pontiaguda ramagem
do pinheiro, a vê e lhe dirige estas palavras..." Faltava referir

---

[78] Categoria de ninfas das árvores, personificam a vida misteriosa das árvores.

[79] Monte da Arcádia.

[80] Encarnam as divindades das nascentes ou cursos de água onde habitam.

[81] Nome por que é conhecida a ilha de Delos, é outro nome de Diana.

[82] Do nome de sua mãe, Latona.

et precibus spretis fugisse per auia nympham
donec harenosi placidum Ladonis ad amnem
uenerit; hic illam cursum impedientibus undis
ut se mutarent liquidas orasse sorores;
Panaque, cum prensam sibi iam Syringa putaret,   705
corpore pro nymphae calamos tenuisse palustres,
dumque ibi suspirat, motos in harundine uentos
effecisse sonum tenuem similemque querenti,
arte noua uocisque deum dulcedine captum
'hoc mihi conloquium tecum' dixisse 'manebit'   710
atque ita disparibus calamis compagine cerae
inter se iunctis nomen tenuisse puellae.
talia dicturus uidit Cyllenius omnes
succubuisse oculos adopertaque lumina somno.
supprimit extemplo uocem firmatque soporem,   715
languida permulcens medicata lumina uirga;
nec mora, falcato nutantem uulnerat ense
qua collo est confine caput, saxoque cruentum
deicit et maculat praeruptam sanguine rupem.
Arge, iaces, quodque in tot lumina lumen habebas   720
exstinctum est centumque oculos nox occupat una.
excipit hos uolucrisque suae Saturnia pennis
conlocat et gemmis caudam stellantibus implet.

    Protinus exarsit nec tempora distulit irae,
horriferamque oculis animoque obiecit Erinyn   725
paelicis Argolicae stimulosque in pectore caecos
condidit et profugam per totum exercuit orbem.
ultimus inmenso restabas, Nile, labori;
quem simul ac tetigit, positisque in margine ripae
procubuit genibus resupinoque ardua collo,   730
quos potuit solos, tollens ad sidera uultus

o discurso e dizer que a ninfa, insensível às súplicas,
fugira a direito até chegar à tranquila corrente do arenoso Ládon;
que aí, impedindo-a as águas de prosseguir a fuga,
pedira às suas líquidas irmãs que a metamorfoseassem;
e que Pã, julgando ter já Siringe abraçada,
em vez do corpo da ninfa tinha as canas da ribeira;
e enquanto aí soltava suspiros, o vento, ao passar nas canas,
produzira um sonido leve e semelhante a um lamento;
e que o deus, tocado pela nova arte e pela suavidade do som,
havia gritado: "Ficará para sempre entre nós esta ligação";
e que, assim, de canas de tamanho desigual, entre si ligadas
por meio de cera, se perpetuara o nome da ninfa.
Indo para contar a história, viu o deus de Cilene[83] que todos
os olhos haviam sucumbido ao sono e estavam fechados.
Cala-se de imediato e reforça a sonolência, passando
nas pálpebras indolentes a sua mágica vara.
Rapidamente, com sua recurva espada atinge o ensonado
no ponto em que a cabeça se liga ao pescoço, fá-lo rolar a esvair-se
em sangue pelo penedo abaixo, manchando a escarpa da rocha.
Estás morto, Argo! Está extinto o brilho que tinhas
em tantas luzes. Uma noite eterna cobre agora os teus cem olhos.
A filha de Saturno recolhe-os, põe-nos na plumagem
da sua ave predileta e enche-lhe a cauda com gemas brilhantes.[84]
    Logo em seguida, exasperou-se e, sem dar à ira tempo
de se apaziguar, evocou perante os olhos e o espírito
da rival argiva a horrenda Erínia, cravou-lhe no peito
cruéis aguilhões e perseguiu-a por todo o mundo.
Restavas tu, Nilo, como último limite de tanta fadiga!
Logo que tocou o rio, caiu de joelhos na margem
e, de cabeça inclinada para trás, erguendo os olhos ao céu,
(era o que podia erguer) entre gemidos, entre lágrimas,

---

[83] Cilene é uma ninfa da Arcádia, que deu o nome a um monte situado ao sul
dessa região, em cujo cimo nasceu o deus Hermes.

[84] O pavão.

et gemitu et lacrimis et luctisono mugitu
cum Ioue uisa queri finemque orare malorum.
Coniugis ille suae complexus colla lacertis
finiat ut poenas tandem rogat 'in' que 'futurum   735
pone metus'; inquit 'numquam tibi causa doloris
haec erit'; et Stygias iubet hoc audire paludes.
ut lenita dea est, uultus capit illa priores
fitque quod ante fuit. fugiunt e corpore saetae,
cornua decrescunt, fit luminis artior orbis,   740
contrahitur rictus, redeunt umerique manusque,
ungulaque in quinos dilapsa absumitur ungues;
de boue nil superest formae nisi candor in illa.
officioque pedum nymphe contenta duorum
erigitur metuitque loqui, ne more iuuencae   745
mugiat, et timide uerba intermissa retemptat.

   Nunc dea linigera colitur celeberrima turba.
nunc Epaphus magni genitus de semine tandem
creditur esse Iouis perque urbes iuncta parenti
templa tenet. fuit huic animis aequalis et annis   750
Sole satus Phaethon, quem quondam magna loquentem
nec sibi cedentem Phoeboque parente superbum
non tulit Inachides 'matri' que ait 'omnia demens
credis et es tumidus genitoris imagine falsi.'
erubuit Phaethon iramque pudore repressit   755
et tulit ad Clymenen Epaphi conuicia matrem;
'quo' que 'magis doleas, genetrix' ait, 'ille ego liber,
ille ferox tacui. pudet haec opprobria nobis
et dici potuisse et non potuisse refelli.

e com um mugido triste, parece queixar-se
a Júpiter e pedir-lhe o fim de seus males.
Rodeando com seus braços o pescoço da esposa,
Júpiter roga-lhe, por fim, que ponha termo ao castigo,
e diz-lhe: "Deixa de te preocupar, jamais será para ti motivo
de desgosto." E convoca como testemunhas as águas do Estige.
Apaziguada a deusa, Io reassume a primitiva feição
e torna-se o que antes fora. Caem-lhe as cerdas do corpo,
as hastes desaparecem, a órbita ocular retrai-se,
contrai-se-lhe a boca, reaparecem braços e mãos,
o casco desaparece e dá lugar aos cinco dedos.
Nada restava da vaca que fora, salvo a brancura.
Limitada ao uso dos dois pés, a ninfa levanta-se,
mas receia falar, não vá mugir, qual novilha, e tenta
outra vez, mas com medo, o uso interrompido da fala.

[Faetonte]

É agora uma deusa venerada por uma multidão vestida de linho.[85]
Agora crê-se, finalmente, que Épafo nasceu do sêmen
do magno Júpiter e tem, em todas as cidades, templos ao lado
dos de sua mãe. Este tinha o mesmo caráter e a mesma idade
do filho do Sol, Faetonte. Vangloriando-se este um dia,
orgulhoso por ter a Febo por pai, e recusando ceder-lhe,
o neto de Ínaco não suportou a ousadia e grita-lhe: "Insensato,
em tudo dás crédito a tua mãe e orgulhas-te de um pai fictício!"
Faetonte corou e, por vergonha, controlou a cólera, mas relatou
a Clímene, sua mãe, os insultos de Épafo, e acrescentou:
"E para maior afronta tua, mãe, eu, livre como ele, eu,
como ele orgulhoso, calei-me. É uma desonra que estes insultos
não só me possam ser dirigidos, mas não possam por mim ser rebatidos.

---

[85] Io recebeu honras divinas no Egito, sendo venerada ao nível de Ísis. Seu culto estendeu-se depois a todo o Império Romano.

at tu, si modo sum caelesti stirpe creatus,   760
ede notam tanti generis meque adsere caelo.'
dixit et implicuit materno bracchia collo
perque suum Meropisque caput taedasque sororum
traderet orauit ueri sibi signa parentis.
ambiguum Clymene precibus Phaethontis an ira   765
mota magis dicti sibi criminis utraque caelo
bracchia porrexit, spectansque ad lumina solis
'per iubar hoc' inquit 'radiis insigne coruscis,
nate, tibi iuro, quod nos auditque uidetque,
hoc te, quem spectas, hoc te, qui temperat orbem,   770
Sole satum. si ficta loquor, neget ipse uidendum
se mihi, sitque oculis lux ista nouissima nostris.
nec longus patrios labor est tibi nosse Penates;
unde oritur domus est terrae contermina nostrae.
si modo fert animus, gradere et scitabere ab ipso!'   775
emicat extemplo laetus post talia matris
dicta suae Phaethon et concipit aethera mente
Aethiopasque suos positosque sub ignibus Indos
sidereis transit patriosque adit impiger ortus.

Se realmente descendo de estirpe divina, dá-me uma prova
de tão alto nascimento e confirma o meu direito ao céu!"
E, ao dizer isto, entrelaçou os braços no pescoço da mãe
e pediu-lhe que, pela sua cabeça e pela de Mérope,[86] pelas tochas
nupciais das irmãs, lhe desse provas seguras do seu verdadeiro pai.
Movida não se sabe se mais pela súplica de Faetonte,
se pela raiva do insulto a si dirigido,
Clímene ergue os braços ao céu e, olhando o sol, diz:
"Por este admirável astro de raios brilhantes
que nos ouve e nos vê, eu te juro, filho, que tu provéns
deste sol a quem contemplas, deste sol que rege o mundo.
Se minto, recuse-se ele a deixar-se ver por mim,
e que este seja o meu último dia.
Nem te é difícil conhecer os penates paternos.
O lugar do seu nascimento é vizinho do nosso país.
Se o desejares, vai e interroga-o!"
Depois das palavras da mãe, Faetonte salta de alegria, sai imediatamente
com o espírito dominado pelo éter. Atravessa a região dos seus etíopes
e da Índia, que se estende por debaixo dos fogos do grande astro,
encaminha-se a toda a pressa para o nascente.

---

[86] Rei da Etiópia e marido de Clímene.

Liber Secundus

Regia Solis erat sublimibus alta columnis,
clara micante auro flammasque imitante pyropo,
cuius ebur nitidum fastigia summa tegebat,
argenti bifores radiabant lumine ualuae.
materiam superabat opus; nam Mulciber illic   5
aequora caelarat medias cingentia terras
terrarumque orbem caelumque, quod imminet orbi.
caeruleos habet unda deos, Tritona canorum
Proteaque ambiguum ballenarumque prementem
Aegaeona suis inmania terga lacertis   10
Doridaque et natas, quarum pars nare uidetur,
pars in mole sedens uiridis siccare capillos,
pisce uehi quaedam; facies non omnibus una,
non diuersa tamen, qualem decet esse sororum.
terra uiros urbesque gerit siluasque ferasque   15
fluminaque et nymphas et cetera numina ruris.

Livro II

[Faetonte]

O palácio do Sol, resplandecente com o brilho do ouro
e do piropo,[1] que imita as chamas, erguia-se sobre
altas colunas. Cobria seu frontão marfim reluzente,[2]
e os dois batentes da porta irradiavam um brilho de prata.
A arte superava a matéria, pois Mulcíbero[3] cinzelara aí
os mares que circundam a terra, colocada ao centro,
o globo terrestre e o céu, que sobre ele se estende.
O mar tem os azulados deuses, o retumbante Tritão,
o mutável Proteu,[4] Egéon,[5] que com seus braços enlaça
os gigantescos dorsos das baleias, Dóris[6] e as filhas,
algumas das quais parecem nadar, outras, sentadas num morro,
parecem secar os verdes cabelos, e algumas parece
que são levadas por peixes. Não têm todas as mesmas feições,
mas são diferentes quanto convém entre irmãs.
A terra ostenta homens e cidades, florestas e animais selvagens,
rios e ninfas, e toda a espécie de divindades rústicas.

---

[1] Liga feita de quatro partes de cobre e uma de ouro, de cor avermelhada como o fogo.

[2] Sob a forma de pequenas estátuas e outros ornatos.

[3] Outro nome de Vulcano.

[4] Deus do mar, com a tarefa de apascentar as focas e outros animais marinhos. Possuía o dom de se metamorfosear em tudo o que quisesse. Possuía também o dom da profecia.

[5] Gigante marinho de cem braços que lutou contra os Titãs em defesa dos Olímpicos.

[6] Filha de Oceano e Tétis, esposa de Nereu e mãe das Nereidas.

haec super imposita est caeli fulgentis imago
signaque sex foribus dextris totidemque sinistris.
   Quo simul accliui Clymeneia limite proles
uenit et intrauit dubitati tecta parentis, 20
protinus ad patrios sua uertit uestigia uultus
consistitque procul; neque enim propiora ferebat
lumina. purpurea uelatus ueste sedebat
in solio Phoebus claris lucente smaragdis.
a dextra laeuaque Dies et Mensis et Annus 25
Saeculaque et positae spatiis aequalibus Horae;
Verque nouum stabat cinctum florente corona,
stabat nuda Aestas et spicea serta gerebat,
stabat et Autumnus calcatis sordidus uuis,
et glacialis Hiems canos hirsuta capillos. 30
inde loco medius rerum nouitate pauentem
Sol oculis iuuenem quibus aspicit omnia uidit
'quae' que 'uiae tibi causa? quid hac' ait 'arce petisti,
progenies, Phaethon, haud infitianda parenti?'
ille refert: 'o lux inmensi publica mundi, 35
Phoebe pater, si das usum mihi nominis huius,
nec falsa Clymene culpam sub imagine celat,
pignora da generis per quae tua uera propago
credar, et hunc animis errorem detrahe nostris.'
dixerat, at genitor circum caput omne micantes 40
deposuit radios propiusque accedere iussit
amplexuque dato 'nec tu meus esse negari
dignus es, et Clymene ueros' ait 'edidit ortus.
quoque minus dubites, quoduis pete munus, ut illud

Sobre tudo isto está figurado um céu resplandecente e seis signos
do Zodíaco no batente direito e outros tantos no esquerdo.

Ao mesmo tempo que por escarpado caminho o filho
de Clímene aí chegou e entrou na morada do pai,
de quem duvida, dirige de imediato seus passos para junto
do rosto paterno, mas detém-se afastado, pois, de mais perto,
não suportaria a luz. Revestido de purpúrea veste,
Febo estava sentado num trono com o brilho de puras esmeraldas.
À direita e à esquerda, de pé, estavam o Dia, o Mês, o Ano,
os Séculos e, colocadas a intervalos iguais, as Horas,[7]
e a nova Primavera cingida com uma coroa de flores.
O Verão estava nu e ostentava uma grinalda de espigas.
Estava o Outono manchado de pisar as uvas,
e o gélido Inverno de brancos cabelos desgrenhados.
Daí, do meio deles, o Sol, com os olhos com que tudo vê,
viu o jovem, assustado com a novidade do que via, e pergunta-lhe:
"Qual é o motivo da tua viagem? Que buscas, Faetonte,
filho que um pai não deve negar, nesta alta morada?"
"Ó luz comum do imenso universo, Febo, meu pai",
diz Faetonte, "se me consentes o uso deste nome
e Clímene não oculta a sua falta sob uma história mentirosa,[8]
dá-me garantias de paternidade pelas quais se acredite que sou
a tua verdadeira descendência, e arranca-me da alma esta dúvida!"
Acabando ele de falar, seu pai depôs a coroa de brilhantes raios
com que cingia a cabeça, mandou-o aproximar e, abraçando-o,
disse: "Tu não mereces que eu negue que és meu, e Clímene
revelou-te a tua verdadeira origem. E para que não tenhas dúvidas,
pede o presente que queiras e tê-lo-ás, porque eu to darei.

---

[7] Foram divindades das Estações, que só na época alexandrina passaram a personificar as horas do dia. São filhas de Zeus e Têmis: Eunômia (disciplina), Dice (justiça) e Irene (paz). Presidem ao ciclo da vegetação e asseguram a estabilidade e a paz.

[8] Para ocultar a traição, que seria mais grave se o motivo não fosse um deus.

me tribuente feras. promissi testis adesto 45
dis iuranda palus, oculis incognita nostris.'

Vix bene desierat; currus rogat ille paternos
inque diem alipedum ius et moderamen equorum.
Paenituit iurasse patrem, qui terque quaterque
concutiens illustre caput 'temeraria' dixit 50
'uox mea facta tua est. utinam promissa liceret
non dare; confiteor, solum hoc tibi, nate, negarem.
dissuadere licet. non est tua tuta uoluntas;
magna petis, Phaethon, et quae nec uiribus istis
munera conueniant nec tam puerilibus annis. 55
sors tua mortalis; non est mortale quod optas.
plus etiam quam quod superis contingere fas sit
nescius adfectas; placeat sibi quisque licebit,
non tamen ignifero quisquam consistere in axe
me ualet excepto. uasti quoque rector Olympi, 60
qui fera terribili iaculatur fulmina dextra,
non agit hos currus; et quid Ioue maius habemus?
ardua prima uia est et qua uix mane recentes
enituntur equi; medio est altissima caelo,
unde mare et terras ipsi mihi saepe uidere 65
fit timor et pauida trepidat formidine pectus;
ultima prona uia est et eget moderamine certo:
tunc etiam quae me subiectis excipit undis
ne ferar in praeceps Tethys solet ipsa uereri.
adde quod adsidua rapitur uertigine caelum 70
sideraque alta trahit celerique uolumine torquet.
nitor in aduersum nec me, qui cetera, uincit
impetus et rapido contrarius euehor orbi.
finge datos currus: quid ages? poterisne rotatis
obuius ire polis, ne te citus auferat axis? 75

104

Seja testemunha do que prometo a Lagoa, que meus olhos
nunca viram, pela qual juram os deuses."[9]

Mal tinha acabado, pede Faetonte o carro paterno
e o direito de governar por um dia os cavalos de pés alados.
Arrependeu-se o pai de haver jurado e, sacudindo
três ou quatro vezes a radiante cabeça, disse: "As tuas palavras
tornaram temerárias as minhas. Oxalá pudesse eu não dar
o que prometi. Confesso, filho, que apenas isto te negaria!
Tenho o dever de te dissuadir. O teu desejo não é prudente.
É grande o presente que pedes, Faetonte, e não convém
nem às tuas forças nem aos teus verdes anos.
É de mortal a tua condição, não é de um mortal o que pedes.
Na tua ignorância, pretendes até mais do que cabe aos deuses,
ainda que cada um esteja satisfeito.
Mas nenhum consegue manter-se no carro portador do fogo,
exceto eu. Nem mesmo o senhor do vasto Olimpo
que, com sua terrível destra lança os feros raios,
conduziria este carro. E que temos nós maior do que Júpiter?
A primeira parte do caminho é a pique e, de manhã, os cavalos,
embora frescos, transpõem-na com dificuldade. A intermédia
é a mais alta no céu. Dali, eu próprio, às vezes, tenho medo de olhar
o mar e a terra, e o coração palpita-me de pavor.
A última tem uma grande inclinação e carece de um comando firme.
Aí, mesmo a própria Tétis,[10] que, para não me precipitar no abismo,
me recebe sobre as ondas, costuma ter medo.
Acresce que o céu é arrebatado num movimento perpétuo e arrasta
as remotas constelações e fá-las girar em vertiginoso turbilhão.
Eu avanço no sentido contrário, e não me vence o impulso que arrasta
os outros, mas prossigo em sentido oposto à sua rápida órbita.
Supõe que te entreguei o carro. Que farias? Poderias opor-te
à rotação dos polos, de modo a que o veloz eixo não te arrastasse?

---

[9] A lagoa Estígia.

[10] Filha de Urano e Gaia, esposa de Oceano, tem a sua morada no Extremo Ocidente, para lá do país das Hespérides.

forsitan et lucos illic urbesque deorum
concipias animo delubraque ditia donis?
ecce per insidias iter est formasque ferarum,
utque uiam teneas nulloque errore traharis,
per tamen aduersi gradieris cornua Tauri 80
Haemoniosque arcus uiolentique ora Leonis
saeuaque circuitu curuantem bracchia longo
Scorpion atque aliter curuantem bracchia Cancrum.
nec tibi quadripedes animosos ignibus illis,
quos in pectore habent, quos ore et naribus efflant, 85
in promptu regere est; uix me patiuntur, ubi acres
incaluere animi ceruixque repugnat habenis.
at tu, funesti ne sim tibi muneris auctor,
nate, caue, dum resque sinit, tua corrige uota.
scilicet ut nostro genitum te sanguine credas 90
pignora certa petis? do pignora certa timendo
et patrio pater esse metu probor. aspice uultus
ecce meos, utinamque oculos in pectora posses
inserere et patrias intus deprendere curas.
denique quidquid habet diues, circumspice, mundus 95
eque tot ac tantis caeli terraeque marisque
posce bonis aliquid; nullam patiere repulsam.
deprecor hoc unum, quod uero nomine poena,
non honor est; poenam, Phaethon, pro munere poscis.
quid mea colla tenes blandis, ignare, lacertis? 100
ne dubita, dabitur (Stygias iurauimus undas)
quodcumque optaris — sed tu sapientius opta!'
    Finierat monitus; dictis tamen ille repugnat
propositumque premit flagratque cupidine currus.
ergo qua licuit genitor cunctatus ad altos 105
deducit iuuenem, Vulcania munera, currus.

Talvez ali imagines bosques sagrados, cidades celestes,
santuários repletos de oferendas! Olha que o caminho passa
por entre ciladas e figuras de animais ferozes.[11]
Para manteres o caminho e não seres levado por erro nenhum,
terás de passar entre os cornos do Touro, à tua frente,
pelo Arco Hemônio, pelas fauces do feroz Leão,
pelo Escorpião, que curva suas pinças terríveis num longo abraço,
e por Câncer, que curva as suas num outro.
Nem te será fácil governar corcéis animados pelo fogo
que levam no peito e que expelem pela boca e pelas ventas.
Mal me toleram a mim, quando o seu fogoso caráter
se manifesta e a cerviz resiste às rédeas.
Tu, porém, filho, para eu não ser autor de um favor funesto,
previne-te e, enquanto é possível, corrige o teu desejo!
Para estares seguro de que és filho do meu sangue
pedes, é claro, garantias firmes. Dou-tas com o meu temor;
e pela angústia paterna mostro ser teu pai.
Repara, vê a minha face. Oxalá pudesses com teus olhos
ver meu coração e captar aí a angústia paterna!
Observa, por fim, as riquezas que o mundo tem.
De tão grandes bens do céu, da terra e do mar,
pede o que quiseres. Nada te recusarei. Só te peço isto,
cujo nome é realmente pena e nunca uma honra.
Faetonte, pedes um castigo e não um favor. Porque prendes,
insensato, o meu pescoço em teus ternos braços?
Não duvides, jurei pelas águas do Estige, e ser-te-á
dado tudo o que pedires. Mas opta por algo mais justo!"
    Acabara o deus suas advertências. Ele, porém, rejeita-as
e mantém seu propósito, e arde na ânsia do carro.
O pai, então, demorando até onde pôde, conduziu o jovem
até junto do excelso carro, presente de Vulcano.[12]

---

[11] Os signos do Zodíaco.

[12] Vulcano, divindade romana, foi identificado com Hefesto, o deus do fogo, fi-
lho de Zeus e Hera.

aureus axis erat, temo aureus, aurea summae
curuatura rotae, radiorum argenteus ordo;
per iuga chrysolithi positaeque ex ordine gemmae
clara repercusso reddebant lumina Phoebo. 110
dumque ea magnanimus Phaethon miratur opusque
perspicit, ecce uigil nitido patefecit ab ortu
purpureas Aurora fores et plena rosarum
atria; diffugiunt stellae, quarum agmina cogit
Lucifer et caeli statione nouissimus exit. 115
quem petere ut terras mundumque rubescere uidit
cornuaque extremae uelut euanescere lunae,
iungere equos Titan uelocibus imperat Horis.
iussa deae celeres peragunt ignemque uomentes
ambrosiae suco saturos, praesepibus altis 120
quadripedes ducunt adduntque sonantia frena.
tum pater ora sui sacro medicamine nati
contigit et rapidae fecit patientia flammae
imposuitque comae radios praesagaque luctus
pectore sollicito repetens suspiria dixit: 125
'si potes his saltem monitis parere parentis,
parce, puer, stimulis et fortius utere loris.
sponte sua properant; labor est inhibere uolentes.
nec tibi derectos placeat uia quinque per arcus.
sectus in obliquum est lato curuamine limes 130
zonarumque trium contentus fine polumque
effugit australem iunctamque aquilonibus Arcton.
hac sit iter (manifesta rotae uestigia cernes)

Era de ouro o eixo, de ouro era o timão e o argolão
da roda. Era de prata o conjunto dos raios.
No jugo, crisólitos[13] e gemas, dispostas ordenadamente,
emitiam uma luz clara, reflexo de Febo.
Enquanto o ambicioso Faetonte tudo isso admira e examina
aquele trabalho, do lado do claro Oriente a vigilante Aurora[14]
abre as purpúreas portas e o átrio repleto de rosas.
As estrelas, cujo contingente Lúcifer comanda,
ele, o último a deixar o posto do céu, retiram-se.
Quando o Titã o viu a descer para a terra, o céu a ficar vermelho
e os cornos da Lua, em quarto minguante, a desaparecerem,
alertou as velozes Horas para atrelarem os cavalos.
Céleres, as deusas executam as ordens.
Das celestes cavalariças tiram os cavalos saciados de ambrosia
e vomitando fogo e põem-lhes os freios, que retinem.
Então, o pai aplicou à face do filho um creme divino,
tornou-o resistente à chama voraz, impôs-lhe os raios
sobre a cabeleira e, soltando do seu angustiado peito
suspiros que pressagiam luto, disse:
"Se podes obedecer, pelo menos, a estes conselhos de pai,
usa pouco, filho, o chicote e usa mais vezes as rédeas.
Eles galopam por si, o difícil é sustê-los.
Não optes pela via a direito, através dos cinco arcos.[15]
Há um caminho traçado obliquamente, em ampla curva,
que se mantém dentro do limite de três das zonas e foge
ao Polo Austral e à Ursa que é vizinha dos Aquilões.
Segue por aí. Poderás ver claramente os trilhos das rodas.

---

[13] Espécie de pedra preciosa da cor do ouro, identificável com o topázio.

[14] É personificada por Éos, que pertence à primeira geração divina. Filha de Hiperíon e Tia. Da sua ligação com Astreu nasceram os ventos Zéfiro, Bóreas e Noto, a Estrela da Manhã (Heósforo) e os Astros. É representada como uma deusa de dedos róseos que abrem as portas do céu ao carro do sol.

[15] As cinco zonas paralelas que dividem a esfera celeste.

utque ferant aequos et caelum et terra calores,
nec preme nec summum molire per aethera cursum.   135
altius egressus caelestia tecta cremabis,
inferius terras; medio tutissimus ibis.
neu te dexterior tortum declinet ad Anguem,
neue sinisterior pressam rota ducat ad Aram;
inter utrumque tene. Fortunae cetera mando,   140
quae iuuet et melius quam tu tibi consulat opto.
dum loquor, Hesperio positas in litore metas
umida nox tetigit. non est mora libera nobis;
poscimur, et fulget tenebris Aurora fugatis.
corripe lora manu, uel, si mutabile pectus   145
est tibi, consiliis, non curribus utere nostris,
[dum potes et solidis etiamnum sedibus adstas]
dumque male optatos nondum premis inscius axes,
quae tutus spectes sine me dare lumina terris.'

    Occupat ille leuem iuuenali corpore currum   150
statque super manibusque datas contingere habenas
gaudet et inuito grates agit inde parenti.
interea uolucres Pyrois et Eous et Aethon,
Solis equi, quartusque Phlegon hinnitibus auras
flammiferis implent pedibusque repagula pulsant.   155
quae postquam Tethys fatorum ignara nepotis
reppulit et facta est inmensi copia caeli,
corripuere uiam pedibusque per aera motis
obstantes scindunt nebulas pennisque leuati
praetereunt ortos isdem de partibus Euros.   160

Para que céu e terra mantenham temperaturas iguais,
não desças demais, nem leves o carro ao alto firmamento.
Passando mais alto, farás arder as mansões celestes, se fores mais
por baixo, queimarás a terra. Pelo meio, irás com total segurança.
Nem te encaminhem as rodas mais para a direita, para perto
da sinuosa Serpente,[16] nem te levem mais para a esquerda,
até o baixo Altar.[17] Mantém-te entre ambos. O mais, deixo-o à Fortuna.
Que ela te ajude e vele por ti melhor do que tu, são os meus votos.
Enquanto falo, a úmida noite atingiu a meta situada
nas costas da Hespéria.[18] Não nos é dado demorar mais.
Chamam-nos. Dissipadas as trevas, já brilha a Aurora.
Segura as rédeas, ou, se tens um coração capaz de mudar,
usa os meus conselhos e não o meu carro,
enquanto podes e ainda estás em lugar firme
e enquanto ainda não ocupas o carro em má hora desejado.
Deixa que eu dê à terra a luz que tu possas contemplar em segurança!"

Faetonte assume o comando do carro, leve com o seu juvenil corpo,
põe-se em pé, alegre por empunhar as rédeas que lhe foram entregues,
e daí agradece a seu contrariado pai.
Entretanto, os velozes cavalos do sol, Piroente, Eoo e Etão,
e o quarto, Flégon,[19] atroam os ares com seus relinchos de fogo,
e com as patas ferem as barreiras.
Depois de Tétis, que ignorava o destino do neto,[20]
as haver retirado e lhes haver franqueado o imenso céu,
lançam-se a caminho e, galopando pelos ares,
cindem as nuvens que encontram e, levados por suas asas,
ultrapassam o Euro, saído dos mesmos lugares.

---

[16] Constelação próxima ao Polo Norte.

[17] Constelação próxima ao Polo Sul.

[18] O extremo Ocidente, "onde a terra acaba e o mar começa", onde a noite mergulha quando o Sol se ergue no Oriente.

[19] Ardente, Aurora, Resplandecente, Brilhante.

[20] Clímene, mãe de Faetonte, é filha de Tétis e Oceano.

sed leue pondus erat nec quod cognoscere possent
Solis equi, solitaque iugum grauitate carebat;
utque labant curuae iusto sine pondere naues
perque mare instabiles nimia leuitate feruntur,
sic onere adsueto uacuus dat in aera saltus   165
succutiturque alte similisque est currus inani.
quod simul ac sensere, ruunt tritumque relinquunt
quadriiugi spatium nec quo prius ordine currunt.
ipse pauet nec qua commissas flectat habenas
nec scit qua sit iter nec, si sciat, imperet illis.   170
    Tum primum radiis gelidi caluere Triones
et uetito frustra temptarunt aequore tingui,
quaeque polo posita est glaciali proxima Serpens,
frigore pigra prius nec formidabilis ulli,
incaluit sumpsitque nouas feruoribus iras.   175
te quoque turbatum memorant fugisse, Boote,
quamuis tardus eras et te tua plaustra tenebant.
ut uero summo despexit ab aethere terras
infelix Phaethon penitus penitusque patentes,
palluit et subito genua intremuere timore   180
suntque oculis tenebrae per tantum lumen obortae.
et iam mallet equos numquam tetigisse paternos,
iam cognosse genus piget et ualuisse rogando,
iam Meropis dici cupiens ita fertur ut acta
praecipiti pinus Borea, cui uicta remisit   185
frena suus rector, quam dis uotisque reliquit.
quid faciat? multum caeli post terga relictum,
ante oculos plus est. animo metitur utrumque
et modo quos illi fatum contingere non est
prospicit occasus, interdum respicit ortus,   190
quidque agat ignarus stupet et nec frena remittit
nec retinere ualet nec nomina nouit equorum.

A carga, porém, era leve e os cavalos do sol
não a reconheciam, nem o jugo tinha o peso habitual.
Assim como, sem o lastro necessário, as curvas naus baloiçam
e são arrastadas no mar, instáveis devido à sua excessiva leveza,
assim, sem o peso habitual, o carro dá saltos no ar,
é fortemente sacudido e é como um carro vazio.
Logo que disso se apercebe, a quadriga precipita-se,
deixa o caminho trilhado e corre em desordem.
Faetonte apavora-se e não sabe para onde puxar as rédeas que detém,
nem sabe por onde é o caminho e, se o soubesse, já não os domina.
    Então, as geladas Ursas aqueceram pela primeira vez
com os raios solares e tentaram, em vão, mergulhar num mar
que lhes era vedado. E a Serpente, que está situada junto ao polo glacial,
indolente por causa do frio e que a ninguém assustava antes,
aqueceu e, com o calor, assumiu um furor desconhecido.
Dizem que até tu, Boieiro, fugiste assustado,
apesar de lento e no teu carro levado.[21]
Quando, lá do alto do céu, o infeliz Faetonte avistou terra,
que se estendia cada vez mais lá embaixo,
empalideceu, os joelhos tremeram-lhe com um súbito medo
e, perante tanta luz, as trevas cobriram-lhe os olhos.
Já desejava nunca haver tocado nos cavalos do pai,
pesava-lhe haver confirmado sua origem e triunfado
por meio de súplicas. Desejando já ser chamado filho de Mérope,
é levado qual barca arrastada pelo impetuoso Bóreas,
a quem o piloto entregou o inútil leme, abandonando-a a ela
a deuses e a preces. Que há de fazer? Se deixou para trás
muito céu, muito mais tem pela frente. Mede mentalmente os dois
e, primeiro, olha o Poente, à sua frente, que o destino
não lhe permite alcançar, olha depois a Nascente.
Sem saber o que fazer, paralisa, e as rédeas, nem as larga,
nem consegue segurá-las, nem sabe dos cavalos o nome.

---

[21] Boieiro e Serpente, assim como as Ursas (ou Ursa Maior), são constelações do Hemisfério Norte.

sparsa quoque in uario passim miracula caelo
uastarumque uidet trepidus simulacra ferarum.
est locus, in geminos ubi bracchia concauat arcus   195
Scorpius et cauda flexisque utrimque lacertis
porrigit in spatium signorum membra duorum;
hunc puer ut nigri madidum sudore ueneni
uulnera curuata minitantem cuspide uidit,
mentis inops gelida formidine lora remisit.   200
   Quae postquam summum tetigere iacentia tergum,
exspatiantur equi nulloque inhibente per auras
ignotae regionis eunt, quaque impetus egit,
hac sine lege ruunt altoque sub aethere fixis
incursant stellis rapiuntque per auia currum.   205
et modo summa petunt, modo per decliue uiasque
praecipites spatio terrae propiore feruntur,
inferiusque suis fraternos currere Luna
admiratur equos ambustaque nubila fumant.
corripitur flammis ut quaeque altissima tellus   210
fissaque agit rimas et sucis aret ademptis;
pabula canescunt, cum frondibus uritur arbor,
materiamque suo praebet seges arida damno.
parua queror: magnae pereunt cum moenibus urbes,
cumque suis totas populis incendia gentis   215
in cinerem uertunt. siluae cum montibus ardent,
ardet Athos Taurusque Cilix et Tmolus et Oete
et tum sicca, prius creberrima fontibus, Ide
uirgineusque Helicon et nondum Oeagrius Haemus;
ardet in inmensum geminatis ignibus Aetne   220
Parnasosque biceps et Eryx et Cynthus et Othrys

Assustado, vê prodígios dispersos por todo o céu
e vê imagens de feras descomunais.
Há um lugar onde Escorpião curva as pinças em duplo arco
e, com a cauda e as pinças arqueadas de ambos os lados,
alonga os membros pelo espaço de dois signos.
Ao vê-lo impregnado do negro veneno que destila,
ameaçando feri-lo com seu recurvo aguilhão, o jovem,
enlouquecido por um gelado terror, largou as rédeas.

Largadas, as rédeas caíram na garupa dos cavalos,
que saíram do seu curso e, sem controle,
galopam pelos ares de uma região desconhecida,
por onde os arrasta o impulso. Precipitam-se desenfreados,
no alto éter arremetem contra as estrelas fixas, arrastam o carro
por caminhos impraticáveis e, ora se dirigem às alturas,
ora por encostas e caminhos escarpados se abeiram da terra.
Admira-se a Lua de que os cavalos de seu irmão galopem
abaixo dos seus. Abrasadas, as nuvens evaporam-se.
Na terra, os pontos mais altos são pasto das chamas;
terra que se fende e se greta e, sem umidade, se seca.
Os prados branqueiam, arde a árvore com seus ramos.
Seca, a seara fornece o combustível da sua ruína.
É mínimo aquilo de que me queixo. Perecem grandes cidades
com suas muralhas. Os incêndios reduzem a cinza regiões inteiras
com as suas gentes. Ardem florestas e montes.
Arde o Atos e o Tauro da Cilícia, o Tmolo[22] e o Eta,
e o Ida, seco então, mas antes o mais rico em fontes.
Arde o Hélicon, morada de virgens,[23] e o Hemo, que ainda
não era de Eagro.[24] Arde totalmente o Etna com duplo fogo,
o Parnaso de duplo cume, o Érice, o Cinto, o Ótris,

---

[22] Monte da Lídia.

[23] Hélicon, monte da Beócia, consagrado a Apolo e às Musas.

[24] Dado que Eagro, rei da Trácia, ainda não havia nascido.

et tandem niuibus Rhodope caritura Mimasque
Dindymaque et Mycale natusque ad sacra Cithaeron.
nec prosunt Scythiae sua frigora; Caucasus ardet
Ossaque cum Pindo maiorque ambobus Olympus   225
[aeriaeque Alpes et nubifer Appenninus.]
   Tum uero Phaethon cunctis e partibus orbem
aspicit accensum nec tantos sustinet aestus
feruentesque auras uelut e fornace profunda
ore trahit currusque suos candescere sentit;   230
et neque iam cineres eiectatamque fauillam
ferre potest calidoque inuoluitur undique fumo,
quoque eat aut ubi sit picea caligine tectus
nescit et arbitrio uolucrum raptatur equorum.
sanguine tum credunt in corpora summa uocato   235
Aethiopum populos nigrum traxisse colorem;
tum facta est Libye raptis umoribus aestu
arida, tum nymphae passis fontesque lacusque
defleuere comis: quaerit Boeotia Dircen,
Argos Amymonen, Ephyre Pirenidas undas.   240
nec sortita loco distantes flumina ripas
tuta manent: mediis Tanais fumauit in undis,
Peneosque senex Teuthranteusque Caicus
et celer Ismenos cum Phegiaco Erymantho
arsurusque iterum Xanthos flauusque Lycormas   245

o Ródope, sem neve por fim, o Mimas,
o Díndimo, o Mícale e o Citéron,[25] que nascera para o culto.
À Cítia de nada servem os frios. Arde o Cáucaso,
o Ossa com o Pindo e o Olimpo, mais alto que eles ambos.
Ardem os cobreados Alpes e o nebuloso Apenino.
    Faetonte vê então o mundo em chamas por todo o lado
e não suporta tão grande calor.
Ardente como o sopro de um profundo forno
é o ar que respira. Sente o seu carro em brasa.
E já não pode suportar nem a cinza nem as fagulhas que saltam.
Está totalmente envolvido por um fumo quente.
Rodeado por negra escuridão, nem sabe onde está, nem para onde vai,
e é arrastado pelo capricho dos alados cavalos.
Foi então, segundo se crê, que os povos etíopes, ao subir-lhes
o sangue à superfície do corpo, se tornaram negros.[26]
Foi então que a Líbia, consumida a umidade por ação do calor,
se tornou árida. Então, as ninfas, de cabelos soltos,
choram as fontes e os lagos. A Beócia procura Dirce,[27]
Argos procura Amimone,[28] Éfira,[29] as águas de Pirene.[30]
Nem os rios a que coube em sorte margens afastadas
estão em segurança. No meio do Tânais fumegam as águas,
fumega o velho Peneu, o Caíco da Teutrânia,
o impetuoso Ismeno, com o Erimanto da Fegeia,
o Xanto, que haveria de arder outra vez, o dourado Licormas,

---

[25] Onde Vênus, a Citereia, era venerada.

[26] Etiópia era, na Antiguidade, sinônimo de África.

[27] Dirce, mulher de Lico, rei de Tebas, foi transformada em fonte.

[28] Amimone é uma das cinquenta filhas de Dânao, por amor da qual Posêidon fez jorrar uma fonte em Tebas em época de seca.

[29] A ninfa Éfira era filha de Oceano e Tétis. Deu nome à cidade de Corinto.

[30] Pirene é a heroína que deu o nome à fonte homônima, em Corinto. Quando Ártemis causou acidentalmente a morte de um dos filhos que teve de Posêidon, chorou tanto que se converteu em fonte.

quique recuruatis ludit Maeandros in undis
Mygdoniusque Melas et Taenarius Eurotas.
arsit et Euphrates Babylonius, arsit Orontes
Thermodonque citus Gangesque et Phasis et Hister.
aestuat Alpheos, ripae Spercheides ardent,   250
quodque suo Tagus amne uehit fluit ignibus aurum,
et quae Maeonias celebrabant carmine ripas
flumineae uolucres medio caluere Caystro.
Nilus in extremum fugit perterritus orbem
occuluitque caput, quod adhuc latet; ostia septem   255
puluerulenta uacant, septem sine flumine ualles.
fors eadem Ismarios Hebrum cum Strymone siccat
Hesperiosque amnes, Rhenum Rhodanumque Padumque
cuique fuit rerum promissa potentia, Thybrin.
dissilit omne solum, penetratque in Tartara rimis   260
lumen et infernum terret cum coniuge regem.
et mare contrahitur siccaeque est campus harenae,
quod modo pontus erat; quosque altum texerat aequor
exsistunt montes et sparsas Cycladas augent.
ima petunt pisces nec se super aequora curui   265
tollere consuetas audent delphines in auras;
corpora phocarum summo resupina profundo
exanimata natant; ipsum quoque Nerea fama est
Doridaque et natas tepidis latuisse sub antris;
ter Neptunus aquis cum toruo bracchia uultu   270
exserere ausus erat, ter non tulit aeris ignes.
   Alma tamen Tellus, ut erat circumdata ponto,
inter aquas pelagi contractosque undique fontes
qui se condiderant in opacae uiscera matris,
sustulit oppressos collo tenus arida uultus   275
opposuitque manum fronti magnoque tremore

o Meandro, que se espreguiça em seu sinuoso curso,
o migdônio Melas e o Eurotas de Tênaro.
Arde também o babilônico Eufrates, arde o Oronte
e o rápido Termodonte, o Ganges, o Fásis e o Istro.
Ferve o Alfeu, ardem as margens do Esperquio.
Funde-se ao fogo o ouro que o Tejo arrasta na corrente.
As aves do Caístro,[31] que com seu canto alegram
as margens Meônias, abrasaram no meio do rio.
O Nilo, aterrorizado, refugia-se no fim do mundo
e esconde a cabeça, que ainda hoje permanece oculta.
As sete bocas estão vazias e são pó, são sete vales sem água.
O mesmo destino seca os rios do Ísmaro, o Hebro e o Estrímon,
e os rios da Hespéria, o Reno, o Ródano e o Pó,
e o Tibre, a quem foi prometido o império do mundo.
Todo o solo se fende. Por essa abertura, a luz penetra
no Tártaro e leva o terror ao rei do Inferno e à esposa.
O mar retrai-se, e o que ainda agora era água torna-se
seco campo de areia. Os montes, que o mar profundo cobria,
emergem e aumentam as dispersas Cíclades.
Os peixes buscam as profundezas, e os curvos golfinhos
não se atrevem a saltar sobre o mar, como costumavam.
Os corpos das focas, de ventre para o ar, flutuam sem vida
ao cimo das águas. Diz-se que o próprio Nereu, Dóris
e as filhas[32] se abrigaram nas já quentes cavernas.
Por três vezes, de rosto irado, tentara Netuno tirar do mar
os braços, por três vezes não suportou o calor do ar.
  Rodeada como estava pelo Oceano, entre as águas do mar
e as fontes, que por todo o lado se haviam retirado, escondendo-se
nas negras entranhas da própria mãe, a Terra Mãe, árida,
ergueu até o nível do pescoço a oprimida face,
pôs a mão em frente aos olhos e, com um grande tremor,

---

[31] Os cisnes.

[32] As Nereidas.

119   Livro II

omnia concutiens paulum subsedit et infra
quam solet esse fuit fractaque ita uoce locuta est:
'si placet hoc meruique, quid o tua fulmina cessant,
summe deum? liceat periturae uiribus ignis   280
igne perire tuo clademque auctore leuare.
uix equidem fauces haec ipsa in uerba resoluo';
(presserat ora uapor) 'tostos en aspice crines
inque oculis tantum, tantum super ora fauillae.
hosne mihi fructus, hunc fertilitatis honorem   285
officiique refers, quod adunci uulnera aratri
rastrorumque fero totoque exerceor anno,
quod pecori frondes alimentaque mitia fruges
humano generi, uobis quoque tura ministro?
sed tamen exitium fac me meruisse: quid undae,   290
quid meruit frater? cur illi tradita sorte
aequora decrescunt et ab aethere longius absunt?
quod si nec fratris nec te mea gratia tangit,
at caeli miserere tui. circumspice utrumque:
fumat uterque polus. quos si uitiauerit ignis,   295
atria uestra ruent. Atlas en ipse laborat
uixque suis umeris candentem sustinet axem.
si freta, si terrae pereunt, si regia caeli,
in Chaos antiquum confundimur. eripe flammis,
si quid adhuc superest et rerum consule summae!'   300
'dixerat haec Tellus (neque enim tolerare uaporem
ulterius potuit nec dicere plura) suumque
rettulit os in se proprioraque manibus antra.

   At pater omnipotens superos testatus et ipsum
qui dederat currus, nisi opem ferat, omnia fato   305
interitura graui, summam petit arduus arcem,
unde solet nubes latis inducere terris,
unde mouet tonitrus uibrataque fulmina iactat.

com que tudo abalou, baixou-se um pouco e, mais baixa
do que costuma estar, assim disse, na sua voz rouca:
"Se é essa a tua vontade e eu o mereci, por que esperam teus raios,
ó deus supremo? Concede a quem tem de perecer pelo fogo
que seja pelo teu que pereça e suavize a desdita em razão do autor.
É realmente com dificuldade que abro a boca para estas palavras."
(O ar quente havia-lha fechado.) "Vê meus cabelos queimados,
vê quanta fagulha em meus olhos, tanta sobre a minha face!
É este o prêmio que me dás, esta é a recompensa da minha fertilidade
e dos meus serviços, já que suporto as feridas do curvo arado
e da grade, que todo o ano sou cultivada, que forneço
a forragem ao gado e o doce alimento e as colheitas
ao gênero humano, e também a vós o incenso?
Admite, todavia, que eu mereci a destruição. Mereceram
as águas isso? Mereceu-o o teu irmão?[33] Por que baixaram os mares
que lhe couberam em sorte, e mais se afastam do céu?
Se, pois, não te toca a afeição por teu irmão nem por mim,
tem, ao menos, piedade desse céu que te pertence. Olha em volta.
Fumegam já os dois polos. Se o fogo os atingir,
ruirão os teus palácios. Olha, Atlas está em dificuldades.
Mal aguenta em seus ombros o eixo incandescente.
Se os mares, se a terra, se as moradas celestes sucumbirem,
cairemos na primitiva desordem. Se alguma coisa ainda resta,
salva-a das chamas e cuida do universo!"
Foi isto o que a Terra disse. E não pôde por mais tempo
nem suportar o calor, nem continuar a falar. Recolheu em si
a própria face, nas cavernas que mais próximas estão dos manes.

    O Pai Todo Poderoso, tomando por testemunhas os deuses,
mesmo o que havia entregue o carro, de que tudo pereceria
num funesto destino, se ele não interviesse, sobe à alta fortaleza
de onde costuma estender as nuvens sobre a extensão da terra,
de onde desencadeia o trovão, faz vibrar e lança o raio.

---

[33] Netuno.

Livro II

sed neque quas posset terris inducere nubes
tunc habuit nec quos caelo demitteret imbres,   310
intonat et dextra libratum fulmen ab aure
misit in aurigam pariterque animaque rotisque
expulit et saeuis compescuit ignibus ignes.
consternantur equi et saltu in contraria facto
colla iugo eripiunt abruptaque lora relinquunt;   315
illic frena iacent, illic temone reuulsus
axis, in hac radii fractarum parte rotarum,
sparsaque sunt late laceri uestigia currus.
   At Phaethon rutilos flamma populante capillos
uoluitur in praeceps longoque per aera tractu   320
fertur, ut interdum de caelo stella sereno,
etsi non cecidit, potuit cecidisse uideri.
quem procul a patria diuerso maximus orbe
excipit Eridanus flagrantiaque abluit ora.
Naides Hesperiae trifida fumantia flamma   325
corpora dant tumulo, signant quoque carmine saxum:
HIC · SITVS · EST · PHAETHON · CVRRVS · AVRIGA · PATERNI
QVEM · SI · NON · TENVIT · MAGNIS · TAMEN · EXCIDIT · AVSIS
   Nam pater obductos luctu miserabilis aegro
condiderat uultus et, si modo credimus, unum   330
isse diem sine sole ferunt; incendia lumen
praebebant aliquisque malo fuit usus in illo.
at Clymene, postquam dixit quaecumque fuerunt
in tantis dicenda malis, lugubris et amens
et laniata sinus totum percensuit orbem   335
exanimesque artus primo, mox ossa requirens
repperit ossa tamen peregrina condita ripa,
incubuitque loco nomenque in marmore lectum
perfudit lacrimis et aperto pectore fouit.

Mas nem teve nuvens que então pudesse estender sobre a terra,
nem chuva que fizesse cair do céu. Desencadeia o trovão
e, brandindo o raio ao nível da orelha direita,[34]
lança-o contra o auriga, arranca-o simultaneamente da vida
e do carro e, com o seu temível fogo, domina os fogos.
Os cavalos espantam-se e, saltando para o lado contrário,
soltam-se do jugo, rebentam as rédeas e fogem.
Ficam num lado os freios, fica noutro o eixo
separado do timão, deste lado ficam os raios das rodas partidas
e por todo o lado há restos do carro, que se desfez em pedaços.

Faetonte, com a chama a envolver-lhe os rútilos cabelos,
precipita-se no abismo e cria um longo rastro
através do espaço, semelhante à estrela que, no céu sereno,
parece, às vezes, ter caído, embora não o tenha feito.
Recebe-o, longe da pátria, no polo oposto,
o grande Erídano,[35] que lhe lava o rosto em chama.
As Náiades da Hespéria depositam num túmulo o corpo que fumega
por ação da trífida chama e registram na pedra este epitáfio:
AQUI JAZ FAETONTE, AURIGA DO CARRO PATERNO.
SE NÃO O DOMINOU, TOMBOU, TODAVIA, COM GRANDE OUSADIA.

Em tão amargo luto, o infeliz pai escondera o rosto
e, a darmos crédito à tradição, diz-se que houve
um dia sem sol. Eram os incêndios que alumiavam.
Algum proveito houve naquela catástrofe.
Clímene, depois de haver dito tudo o que havia a dizer
em tamanha desgraça, enlutada e fora de si, rasgando os seios,
percorreu o mundo e, procurando o corpo inerte, primeiro,
e os ossos depois, encontrou estes, mas enterrados
nas margens de um rio estrangeiro. Deitou-se no chão
e, enquanto lia no mármore o nome, chorou sobre ele
e aconchegou-o com seu peito nu.

---

[34] É o gesto do lançador do dardo.

[35] Rio mítico que progressivamente foi identificado com o Pó ou o Reno.

Nec minus Heliades lugent et inania morti 340
munera dant lacrimas et caesae pectora palmis
non auditurum miseras Phaethonta querelas
nocte dieque uocant adsternunturque sepulcro.
luna quater iunctis implerat cornibus orbem;
illae more suo (nam morem fecerat usus) 345
plangorem dederant. e quis Phaethusa, sororum
maxima, cum uellet terra procumbere, questa est
deriguisse pedes; ad quam conata uenire
candida Lampetie subita radice retenta est;
tertia, cum crinem manibus laniare pararet, 350
auellit frondes; haec stipite crura teneri,
illa dolet fieri longos sua bracchia ramos,
dumque ea mirantur, complectitur inguina cortex
perque gradus uterum pectusque umerosque manusque
ambit et exstabant tantum ora uocantia matrem. 355
quid faciat mater, nisi quo trahit impetus illam
huc eat atque illuc et, dum licet, oscula iungat?
non satis est: truncis auellere corpora temptat
et teneros manibus ramos abrumpit; at inde
sanguineae manant tamquam de uulnere guttae. 360
'parce, precor, mater' quaecumque est saucia clamat,
'parce, precor; nostrum laceratur in arbore corpus.
iamque uale' — cortex in uerba nouissima uenit.
inde fluunt lacrimae stillataque sole rigescunt
de ramis electra nouis, quae lucidus amnis 365
excipit et nuribus mittit gestanda Latinis.

[As Helíades]

Não choram menos as Helíades[36] e ofertam à morte
o inútil tributo das lágrimas. E rasgando com as mãos o peito,
deitadas junto ao túmulo, dia e noite chamam Faetonte,
que não poderá ouvir seus tristes lamentos.
Quatro vezes completara a Lua o seu giro com os cornos juntos.
Elas, segundo seu uso, pois o uso criara a tradição,
entregaram-se ao pranto. Uma delas, das irmãs a mais velha,
Faetusa, ao pretender prostrar-se por terra, lamentou-se
de que os pés se lhe tenham tornado rígidos. Ao tentar socorrê-la,
a radiante Lampécia ficou subitamente retida pela raiz.
A terceira, ao preparar-se para com as mãos alisar o cabelo,
arrancou folhas. Queixa-se uma de que as pernas se tornaram
troncos, e outra, de que seus braços se fizeram longos ramos.
E, enquanto se espantam do sucedido, cobre-lhes a casca
as partes genitais e, progressivamente, rodeia-lhes o ventre, o peito,
os ombros e as mãos. Apenas restavam as bocas, que gritam
pela mãe. Que há de a mãe fazer senão correr para cá e para lá,
para onde o impulso a arrasta, e beijá-las enquanto pode?
Não é o bastante. Tenta arrancar os corpos aos troncos
e, com as mãos, quebra os tenros ramos. Mas deles,
como de uma ferida, escorre o sangue em gotas.
"Para, mãe, peço-te", grita cada uma das que são feridas.
"Para, peço! Na árvore, é o meu corpo que é ferido!
E agora, adeus!" A casca selou as últimas palavras.
Dela escorrem lágrimas. E o âmbar que goteja
dos ramos novos cristaliza ao sol, recebe-o o límpido rio
e leva-o para uso das jovens do Lácio.

---

[36] Filhas do Sol (Hélio), são irmãs de Faetonte.

Adfuit huic monstro proles Stheneleia Cycnus,
qui tibi materno quamuis a sanguine iunctus,
mente tamen, Phaethon, propior fuit. ille relicto
(nam Ligurum populos et magnas rexerat urbes)   370
imperio ripas uirides amnemque querelis
Eridanum implerat siluamque sororibus auctam,
cum uox est tenuata uiro canaeque capillos
dissimulant plumae collumque a pectore longe
porrigitur digitosque ligat iunctura rubentes,   375
penna latus uelat, tenet os sine acumine rostrum.
fit noua Cycnus auis nec se caeloque Iouique
credit, ut iniuste missi memor ignis ab illo;
stagna petit patulosque lacus ignemque perosus
quae colat elegit contraria flumina flammis.   380
   Squalidus interea genitor Phaethontis et expers
ipse sui decoris, qualis cum deficit orbem,
esse solet, lucemque odit seque ipse diemque
[datque animum in luctus et luctibus adicit iram]
officiumque negat mundo. 'satis' inquit 'ab aeui   385
sors mea principiis fuit inrequieta, pigetque
actorum sine fine mihi, sine honore laborum.
quilibet alter agat portantes lumina currus;
si nemo est omnesque dei non posse fatentur,
ipse agat. ut saltem, dum nostras temptat habenas,   390
orbatura patres aliquando fulmina ponat.
tum sciet, ignipedum uires expertus equorum,
non meruisse necem qui non bene rexerit illos.'

[Cicno]

Este prodígio foi presenciado por Cicno,[37] filho de Estênelo,
que, apesar de ligado a ti pelo sangue materno,
mais ligado esteve, Faetonte, pelo afeto. Deixando o trono,
pois reinava sobre os povos da Ligúria e suas grandes cidades,
enchia com seus lamentos as verdes margens e as águas
do Erídano e a floresta que tuas irmãs acrescentaram,[38]
quando sua voz humana enrouquece, brancas penas lhe escondem
os cabelos, o pescoço se lhe alonga, afastando-se do peito,
uma membrana lhe liga os avermelhados dedos,
a asa lhe cobre o flanco, e um bico rombo ocupa o lugar da boca.
Cicno tornou-se uma nova ave, que não confia nem no céu
nem em Júpiter, pois se lembra do fogo injusto lançado por este.
Procura os pântanos e os extensos lagos e, temeroso do fogo,
para viver escolhe as águas, inimigas das chamas.
    Entretanto, o pai de Faetonte, lívido e despojado do brilho,
como costuma estar quando se eclipsa, odeia a luz,
odeia-se a si e ao dia, entrega-se ao luto e, a este, acrescenta a raiva,
e nega ao mundo o seu serviço. Disse: "Basta!
Desde o princípio do mundo que o meu destino não tem sossego.
Estou cansado de uma atividade sem fim e de um trabalho
sem reconhecimento. Que outro, seja quem for, conduza o carro
que transporta a luz! Se não houver ninguém e todos os deuses
se confessarem incapazes, conduza-o Júpiter, para que,
pelo menos enquanto experimenta as minhas rédeas, ponha de lado
por algum tempo os raios que privam de filhos um pai. Saberá, então,
ao experimentar a força dos cavalos com cascos de fogo, que não
mereceu morrer aquele que não foi capaz de bem os governar."

----

[37] Cicno, rei da Ligúria e amigo de Faetonte, foi transformado em cisne. Apolo
ter-lhe-á dado uma voz melodiosa, o que explica o suposto canto dos cisnes na hora da
morte.

[38] Por haverem sido transformadas em choupos.

Livro II

talia dicentem circumstant omnia Solem
numina, neue uelit tenebras inducere rebus   395
supplice uoce rogant; missos quoque Iuppiter ignes
excusat precibusque minas regaliter addit.
colligit amentes et adhuc terrore pauentes
Phoebus equos stimuloque dolens et uerbere saeuit.
[(saeuit enim natumque obiectat et imputat illis.)]   400

At pater omnipotens ingentia moenia caeli
circuit et ne quid labefactum uiribus ignis
corruat explorat; quae postquam firma suique
roboris esse uidet, terras hominumque labores
perspicit. Arcadiae tamen est impensior illi   405
cura suae; fontesque et nondum audentia labi
flumina restituit, dat terrae gramina, frondes
arboribus, laesasque iubet reuirescere siluas.
dum redit itque frequens, in uirgine Nonacrina
haesit et accepti caluere sub ossibus ignes.   410
non erat huius opus lanam mollire trahendo
nec positu uariare comas. ubi fibula uestem,
uitta coercuerat neglectos alba capillos,
et modo leue manu iaculum, modo sumpserat arcum,
miles erat Phoebes, nec Maenalon attigit ulla   415
gratior hac Triuiae; sed nulla potentia longa est.
ulterius medio spatium sol altus habebat
cum subit illa nemus quod nulla ceciderat aetas;
exuit hic umero pharetram lentosque retendit

Todos os deuses rodeiam o sol enquanto fala
e pedem-lhe súplices que não cubra o mundo de trevas.
Até Júpiter se desculpa de haver lançado o fogo e,
às súplicas, acrescenta, ao jeito real, ameaças.
Febo reúne os cavalos espantados e ainda a tremer de medo
e, na sua dor, espicaça-os com o aguilhão e a chibata.
Castiga-os, responsabiliza-os e atribui-lhes a morte do filho.

[Calisto]

O Pai Todo Poderoso percorre as ingentes muralhas do céu
e inspeciona se alguma coisa danificada pela virulência
das chamas ameaça ruir. Ao ver que estão firmes e sólidas,
corre a vista pela terra e pelo sofrimento humano.
Mas dispensa maior atenção à sua Arcádia.
Restabelece as fontes e os rios, que ainda não ousam correr,
cobre a terra de vegetação e as árvores de folhas,
e faz com que os bosques queimados reverdeçam.
Nas suas idas e vindas repetidas, prendeu-se a uma donzela
de Nonácris, e o fogo que se acendeu queimou-o até os ossos.
Não se ocupava esta a carmear a lã[39] ou a mudar de penteado.
Quando a fivela lhe cingia a túnica e a branca fita
os desalinhados cabelos, quando tomava na mão
ora o dardo ligeiro, ora o arco, era um soldado de Febe.[40]
A Mênalo[41] não chegou outra da Trívia[42] mais querida
do que ela. Mas não há privilégio que muito dure.
O Sol, no alto, tinha ultrapassado mais de metade do seu curso
quando ela entrou num bosque que idade alguma afetara.
Aí, tirou do ombro a aljava, distendeu o flexível arco,

---

[39] Atividade principal das mulheres.

[40] A caça era a atividade preferida de Diana.

[41] Montanha da Arcádia.

[42] Trívia é epíteto de Diana, cuja estátua era colocada nas encruzilhadas.

arcus inque solo quod texerat herba iacebat   420
et pictam posita pharetram ceruice premebat.
Iuppiter ut uidit fessam et custode uacantem,
'hoc certe furtum coniunx mea nesciet' inquit,
'aut si rescierit, sunt, o sunt iurgia tanti!'
protinus induitur faciem cultumque Dianae   425
atque ait: 'o comitum, uirgo, pars una mearum,
in quibus es uenata iugis?' de caespite uirgo
se leuat et 'salue numen, me iudice' dixit,
'audiat ipse licet, maius Ioue.' ridet et audit
et sibi praeferri se gaudet et oscula iungit,   430
nec moderata satis nec sic a uirgine danda.
qua uenata foret silua narrare parantem
impedit amplexu, nec se sine crimine prodit.
illa quidem contra, quantum modo femina posset
(aspiceres utinam, Saturnia: mitior esses),   435
illa quidem pugnat; sed quem superare puella,
quisue Iouem poterat? superum petit aethera uictor
Iuppiter; huic odio nemus est et conscia silua,
unde pedem referens paene est oblita pharetram
tollere cum telis et quem suspenderat arcum.   440
    Ecce suo comitata choro Dictynna per altum
Maenalon ingrediens et caede superba ferarum
aspicit hanc uisamque uocat; clamata refugit
et timuit primo ne Iuppiter esset in illa.
sed postquam pariter nymphas incedere uidit,   445
sensit abesse dolos numerumque accessit ad harum.
heu quam difficile est crimen non prodere uultu!
uix oculos attollit humo nec, ut ante solebat,
iuncta deae lateri nec toto est agmine prima,

deitou-se no chão que a erva cobria
e descansava a cabeça sobre a aljava colorida.
Júpiter, ao vê-la descontraída e sem proteção, pensou:
"Desta aventura não tomará minha mulher conhecimento,
ou, se o souber, vale bem, oh!, se vale!, a contenda."
Logo assume a feição e a maneira de vestir de Diana e diz:
"Ó jovem, companheira minha, em que cerros
andaste a caçar?" Levanta-se ela do chão relvado
e saúda: "Salve, divindade por mim considerada,
ouça-me ele embora, superior a Júpiter!" O deus ri-se, e ouve,
e goza por se ver preferido a si próprio, e beija-a
com beijos nada castos e pouco próprios de uma donzela.
Ao preparar-se para contar em que floresta tinha caçado,
com um abraço o deus impede-a, e dá-se a conhecer,
na tentativa do adultério. Ela opõe-se quanto então uma mulher podia.
(Oxalá, Satúrnia, tivesses visto! Serias mais benevolente!)
Ela debate-se. Mas que donzela poderia vencer um homem,
ou quem poderia vencer a Júpiter? Vitorioso, Júpiter
eleva-se ao céu. Ela odeia a sombra e a floresta cúmplice.
Ao partir daí, quase se esquecia de levar a aljava
e as setas e o arco que tinha pendurado.

Eis que, acompanhada pelo seu séquito, Dictina[43]
avança pelo alto Mênalo, orgulhosa da caça abatida,
e vê a jovem e, ao vê-la, chama-a. Ao ser chamada, foge.
De início tem medo, não vá Júpiter estar oculto nela.
Mas vendo que as ninfas vinham também, compreendeu
que não havia embuste e abeirou-se do grupo delas.
Como é difícil que a face não mostre o que vai na alma!
Mal tira os olhos do chão, e não se coloca ao lado da deusa
como antes fazia, nem é a primeira de todo o grupo.

---

[43] Dictina, a deusa da rede, é epíteto de Diana.

sed silet et laesi dat signa rubore pudoris;   450
et, nisi quod uirgo est, poterat sentire Diana
mille notis culpam. (nymphae sensisse feruntur.)
orbe resurgebant lunaria cornua nono
cum dea uenatu et fraternis languida flammis
nacta nemus gelidum, de quo cum murmure labens   455
ibat et attritas uersabat riuus harenas.
ut loca laudauit, summas pede contigit undas;
his quoque laudatis 'procul est' ait 'arbiter omnis;
nuda superfusis tingamus corpora lymphis.'
Parrhasis erubuit. cunctae uelamina ponunt,   460
una moras quaerit; dubitanti uestis adempta est,
qua posita nudo patuit cum corpore crimen.
attonitae manibusque uterum celare uolenti
'i procul hinc' dixit 'nec sacros pollue fontes'
Cynthia deque suo iussit secedere coetu.   465

    Senserat hoc olim magni matrona Tonantis
distuleratque graues in idonea tempora poenas.
causa morae nulla est, et iam puer Arcas (id ipsum
indoluit Iuno) fuerat de paelice natus.
quo simul obuertit saeuam cum lumine mentem,   470
'scilicet hoc unum restabat, adultera' dixit,
'ut fecunda fores fieretque iniuria partu
nota Iouisque mei testatum dedecus esset.
haud impune feres; adimam tibi namque figuram,
qua tibi quaque places nostro, importuna, marito.' 475
Dixit et aduersa prensis a fronte capillis
strauit humi pronam. tendebat bracchia supplex:
bracchia coeperunt nigris horrescere uillis
curuarique manus et aduncos crescere in ungues

Mas cala-se e deixa ver no rubor da face a ofensa ao pudor.
E não fora por ser virgem, em mil indícios poderia Diana
sentir a culpa. Diz-se que a sentiram as ninfas.
Os cornos da Lua reapareciam em seu disco pela nona vez,
quando a deusa, cansada da caça e das chamas fraternas,
encontrou um fresco bosque de onde, deslizando murmurante,
saía um regato que revolvia polidas areias.
Elogiando o lugar, aflora com o pé a face das águas.
Elogia estas também, e diz: "Não há quem nos veja.
Banhemo-nos nuas nestas águas correntes."
A Parrásia[44] corou. Todas retiram as roupas.
Apenas uma busca razões de demora. Enquanto hesita, é-lhe
retirada a túnica e, uma vez retirada, deixa a nu o corpo e o crime.
Ao querer, aturdida, tapar com as mãos o ventre, diz-lhe Cíntia,[45]
a deusa: "Sai daqui, não manches a sagrada fonte."
E ordenou-lhe que se afastasse do seu séquito.

Havia tempo já que a esposa do Grande Tonante se apercebera
do fato, mas adiara para ocasião oportuna a terrível vingança.
Agora não há razões para adiar, pois o pequeno Árcade[46]
(era isso que indignava Juno) já havia nascido da rival.
Ao dirigir para ele o olhar e o espírito em fúria, disse:
"Não há dúvida de que faltava ainda isto, adúltera,
que fosses fecunda, e no teu parto se tornasse evidente
a minha humilhação e atestada a baixeza de meu Júpiter.
Não ficarás impune. Vou arrebatar-te a beleza de que te orgulhas
e pela qual te tornaste, atrevida, do agrado de meu marido."
Disse-lho e, frente a frente, agarrando-a pelos cabelos,
atirou-a ao chão. A ninfa erguia os braços suplicante.
Os braços começaram a eriçar-se-lhe de penugem negra,
as mãos a curvar-se e a prolongar-se em aduncas garras,

---

[44] Calisto, que nasceu na cidade de Parrásio, na Arcádia.

[45] Diana, adorada no monte Cinto, na ilha de Delos.

[46] Tornado herói epônimo da Arcádia.

officioque pedum fungi laudataque quondam 480
ora Ioui lato fieri deformia rictu.
neue preces animos et uerba precantia flectant,
posse loqui eripitur; uox iracunda minaxque
plenaque terroris rauco de gutture fertur;
mens antiqua tamen facta quoque mansit in ursa, 485
adsiduoque suos gemitu testata dolores
qualescumque manus ad caelum et sidera tollit
ingratumque Iouem, nequeat cum dicere, sentit.
a quotiens, sola non ausa quiescere silua,
ante domum quondamque suis errauit in agris! 490
a quotiens per saxa canum latratibus acta est
uenatrixque metu uenantum territa fugit!
saepe feris latuit uisis, oblita quid esset,
ursaque conspectos in montibus horruit ursos
pertimuitque lupos, quamuis pater esset in illis. 495

Ecce Lycaoniae proles ignara parentis
Arcas adest, ter quinque fere natalibus actis;
dumque feras sequitur, dum saltus eligit aptos
nexilibusque plagis siluas Erymanthidas ambit,
incidit in matrem, quae restitit Arcade uiso 500
et cognoscenti similis fuit: ille refugit
inmotosque oculos in se sine fine tenentem
nescius extimuit propiusque accedere auenti
uulnifico fuerat fixurus pectora telo;
arcuit omnipotens pariterque ipsosque nefasque 505
sustulit et uolucri raptos per inania uento
imposuit caelo uicinaque sidera fecit.

fazendo as vezes de patas, e a boca, elogiada antes
por Júpiter, a transformar-se em longo focinho.
Não vão suas preces e palavras de súplica apiedar alguém,
retira-lhe o dom da fala. Da sua rouca garganta
sai uma voz irada, ameaçadora e apavorante.
Manteve o espírito anterior (até feita ursa o manteve).
Testemunha a sua dor num permanente gemido
e ergue ao céu e aos astros as mãos, sejam o que forem,
e, embora não consiga expressá-lo, sente que Júpiter é ingrato.
Ah! Quantas vezes, não conseguindo descansar na solidão
da floresta, errou diante da residência e nos seus domínios de outrora!
Ah! Quantas vezes foi acossada nas escarpas pelo latido dos cães
e, sendo caçadora, fugiu aterrorizada com medo de caçadores!
Muitas vezes se escondeu ao ver outros animais, esquecida do que era,
e, sendo ursa, tremeu de medo ao ver na serra outros ursos.
Receou os lobos, embora seu pai se contasse entre eles.[47]

[Árcade]

Eis que chega Árcade, o filho da Licaônia, nada sabendo
da mãe, quase aos três vezes cinco anos de idade.
Enquanto persegue a caça, enquanto escolhe os bosques
mais apropriados e cerca com redes de malha as florestas de Erimanto,[48]
dá de frente com a mãe. Esta, ao vê-lo, parou
e pareceu reconhecê-lo. Árcade foge e, nada sabendo,
teve medo dela, que tinha os olhos insistentemente fitos em si.
E, desejando ela aproximar-se mais, preparava-se ele
para lhe trespassar o peito com mortífero dardo.
Impediu-o o Todo Poderoso, que arrebatou, simultaneamente,
os dois e o crime. Levados por um veloz vento através do espaço,
colocou-os no céu e fez deles constelações vizinhas.[49]

---

[47] Calisto era filha de Licáon, que Zeus metamorfoseara em lobo.

[48] Montanha que separava a Arcádia da Acaia.

[49] A Ursa Maior e o seu guardião Arcturo.

Intumuit Iuno postquam inter sidera paelex
fulsit, et ad canam descendit in aequora Tethyn
Oceanumque senem, quorum reuerentia mouit   510
saepe deos, causamque uiae scitantibus infit:
'quaeritis aetheriis quare regina deorum
sedibus hic adsim? pro me tenet altera caelum.
mentior, obscurum nisi nox cum fecerit orbem,
nuper honoratas summo, mea uulnera, caelo   515
uideritis stellas illic, ubi circulus axem
ultimus extremum spatioque breuissimus ambit.
†est uero quisquam† Iunonem laedere nolit
offensamque tremat, quae prosum sola nocendo?
[o ego quantum egi! quam uasta potentia nostra est!]   520
esse hominem uetui: facta est dea. sic ego poenas
sontibus impono, sic est mea magna potestas.
uindicet antiquam faciem uultusque ferinos
detrahat, Argolica quod in ante Phoronide fecit.
cur non et pulsa ducit Iunone meoque   525
conlocat in thalamo socerumque Lycaona sumit?
at uos si laesae tangit contemptus alumnae,
gurgite caeruleo septem prohibete Triones
sideraque in caelum stupri mercede recepta
pellite, ne puro tingatur in aequore paelex!'   530

Di maris adnuerant; habili Saturnia curru
ingreditur liquidum pauonibus aethera pictis,
tam nuper pictis caeso pauonibus Argo
quam tu nuper eras, cum candidus ante fuisses,
corue loquax, subito nigrantes uersus in alas.   535

Juno irou-se quando a rival brilhou entre os astros, e desceu ao mar,
à morada de Tétis de cabelos brancos e do velho Oceano,
cuja majestade, com frequência, inspira respeito aos deuses.
Querendo eles saber a razão da viagem, respondeu-lhes Juno:
"Quereis saber por que, sendo eu rainha dos deuses
nas moradas empíreas, me encontro aqui? Outra ocupa
o meu lugar no céu. Serei mentirosa se, quando a noite
cobrir o universo, não virdes no ponto mais alto do céu,
lá onde o último e mais reduzido círculo rodeia a extremidade do eixo,
estrelas acabadas de dignificar, que são meu tormento.
Há realmente alguém que não queira injuriar Juno, que trema
por ofendê-la, a mim, a única que favorece quando pretende lesar?
O que é que eu fiz? Qual a extensão do meu poder?
Opus-me a que fosse humana, tornou-se deusa. É assim
que me vingo dos culpados? É este o meu grande poder?
Restitua-lhe a anterior figura, retire-lhe os traços de fera,
coisa que já fez com a argólica neta de Foroneu.[50]
Por que não casa com ela, repudiando Juno,
e não a mete no meu leito e faz de Licáon seu sogro?
Vós, porém, se vos atinge o desprezo ofensivo daquela que criastes,
interditai aos Setentriões o azulado mar e, aos astros
recebidos no céu por recompensa de um estupro, afastai-os,
não vá a amante banhar-se nas vossas águas puras."

[O corvo]

Os deuses marinhos anuíram. A filha de Saturno sobe
no límpido ar em seu cômodo carro puxado por pavões
coloridos, e tão recentemente coloridos, depois da morte
de Argo, quanto tu, corvo chocalheiro, que, sendo branco
ainda há pouco, te mudaste subitamente em ave de negras asas.

---

[50] Io. Transformada em vaca para esconder as aventuras do deus, acabou por ser
restituída à sua forma original.

nam fuit haec quondam niueis argentea pennis
ales, ut aequaret totas sine labe columbas
nec seruaturis uigili Capitolia uoce
cederet anseribus nec amanti flumina cycno.
lingua fuit damno; lingua faciente loquaci   540
qui color albus erat, nunc est contrarius albo.

    Pulchrior in tota quam Larisaea Coronis
non fuit Haemonia. placuit tibi, Delphice, certe,
dum uel casta fuit uel inobseruata; sed ales
sensit adulterium Phoebeius, utque latentem   545
detegeret culpam, non exorabilis index,
ad dominum tendebat iter. quem garrula motis
consequitur pennis, scitetur ut omnia, cornix
auditaque uiae causa 'non utile carpis'
inquit 'iter; ne sperne meae praesagia linguae.   550
quid fuerim quid simque uide meritumque require:
inuenies nocuisse fidem. nam tempore quodam
Pallas Ericthonium, prolem sine matre creatam,
clauserat Actaeo texta de uimine cista
uirginibusque tribus gemino de Cecrope natis   555
et legem dederat, sua ne secreta uiderent.
abdita fronde leui densa speculabar ab ulmo
quid facerent. commissa duae sine fraude tuentur,
Pandrosos atque Herse; timidas uocat una sorores

De fato, esta tinha antes asas prateadas, de níveas penas,
que igualava as brancas pombas sem mancha e não cedia
aos gansos que, com seu grasnar vigilante, haveriam de preservar
o Capitólio, nem ao cisne, amante das águas.
Foi sua perdição a língua. Por ação da sua chocalheira
língua, a sua cor, que era branca, é agora contrária ao branco.

[Corônis — A gralha]

Em toda a Hemônia não houve outra mais bela que Corônis
de Larissa.[51] Encantou-te de verdade, deus de Delfos,[52]
enquanto se manteve casta ou longe de olhares indiscretos.
Mas a ave de Febo[53] pressentiu o adultério e,
delatora inexorável, encaminha-se para junto de seu senhor,
para revelar a culpa secreta. Segue-a, a golpes de asa,
a loquaz gralha, para se inteirar de tudo.
Ao ouvir as razões da viagem, diz: "Não segues por bom caminho.
Não menosprezes as predições da minha língua.
Vê o que fui. Vê o que sou. Pergunta por quê.
Verás que a fidelidade me foi fatal. Pois, um dia,
Palas metera Erictônio,[54] criança nascida sem mãe,
num cesto feito de vime da Ática e entregara-o
a três donzelas, filhas do híbrido Cécrope,[55]
e ordenara-lhes que não vissem o seu segredo.
Escondida por leve folhagem, de um frondoso olmo, espreitava eu
o que fariam. Duas delas, Pândroso e Herse, guardam responsavelmente
o que lhes fora confiado. A outra, Aglauro, alcunha as irmãs de medrosas

---

[51] Cidade da Tessália. Hemônia é outra denominação da Tessália.

[52] Apolo.

[53] O corvo, ave de Apolo.

[54] É filho de Vulcano, cujo esperma Atena lançou à terra. Assim fecundada, a terra deu à luz uma criança que Atena recolheu.

[55] Um dos reis míticos da Ática, de cujo solo nasceu. Como todos os seres nascidos da terra, tinha um corpo de dupla natureza, homem e serpente.

Aglauros nodosque manu diducit et intus 560
infantemque uident aporrectumque draconem.
acta deae refero; pro quo mihi gratia talis
redditur ut dicar tutela pulsa Mineruae
et ponar post noctis auem. mea poena uolucres
admonuisse potest ne uoce pericula quaerant. 565
at, puto, non ultro nec quidquam tale rogantem
me petiit. ipsa licet hoc a Pallade quaeras:
quamuis irata est, non hoc irata negabit.
nam me Phocaica clarus tellure Coroneus
(nota loquor) genuit fueramque ego regia uirgo 570
diuitibusque procis (ne me contemne) petebar;
forma mihi nocuit. nam cum per litora lentis
passibus, ut soleo, summa spatiarer harena,
uidit et incaluit pelagi deus, utque precando
tempora cum blandis absumpsit inania uerbis, 575
uim parat et sequitur. fugio densumque relinquo
litus et in molli nequiquam lassor harena.
inde deos hominesque uoco, nec contigit ullum
uox mea mortalem; mota est pro uirgine uirgo
auxiliumque tulit. tendebam bracchia caelo: 580
bracchia coeperunt leuibus nigrescere pennis;
reicere ex umeris uestem molibar: at illa
pluma erat inque cutem radices egerat imas;
plangere nuda meis conabar pectora palmis:
sed neque iam palmas nec pectora nuda gerebam; 585
currebam, nec ut ante pedes retinebat harena,
sed summa tollebar humo; mox alta per auras
euehor et data sum comes inculpata Mineruae.
quid tamen hoc prodest, si diro facta uolucris
crimine Nyctimene nostro successit honori? 590

e, com a própria mão, desata os nós. Dentro veem a criança
e uma serpente estendida a seu lado. Conto à deusa o sucedido.
Sou retribuída por esse trabalho com um favor tal, que ouço dizer
que fui afastada da proteção de Minerva e colocada abaixo da ave
da noite.[56] O meu castigo pode servir de advertência às aves,
para que nas conversas não busquem contendas.
Mas talvez, sem que eu nada disso lhe tenha pedido,
me tenha escolhido a mim. Poderás perguntá-lo à própria Palas.
Embora esteja zangada, nem mesmo zangada o há de negar.
Deu-me a vida Coroneu, ilustre em toda a região da Foceia.
Falo do que é conhecido. Fui uma jovem de estirpe real,
requestada por ricos pretendentes. Não me menosprezes.
A minha beleza foi a minha perdição. Pois, passeando um dia
vagarosamente na praia, sobre a areia, como é meu hábito,
viu-me o deus do mar e apaixonou-se. Tendo gasto inutilmente
o tempo com palavras meigas, prepara-se para me forçar,
e persegue-me. Fujo e deixo a margem sólida,
cansando-me inutilmente na areia movediça.
Clamo, então, por deuses e homens, mas a minha voz
não chega a nenhum mortal. De uma virgem condoeu-se outra virgem
e prestou-me auxílio. Erguia os braços ao céu.
Os meus braços começaram a enegrecer com ligeiras penas.
Tentava arrancar o vestido dos ombros,
mas este eram penas que lançaram na pele raízes fundas.
Tentava bater com as mãos no peito desnudo,
mas já nem mãos, nem peito nu tinha.
Corria, e a areia não me retinha os pés como antes,
mas elevava-me da face da terra. Logo que me elevo, sou levada
pelos ares e sou entregue a Minerva como companheira inocente.
Que me valeu isso, se Nictímene,[57] feita ave
em razão de um terrível crime, me substituiu nesta dignidade?

---

[56] A coruja, ave de Minerva.

[57] É filha do rei de Lesbos. Possuída pelo pai, ou por vontade ou forçada, fugiu
para os bosques. Atena apiedou-se dela e transformou-a em coruja.

an quae per totam res est notissima Lesbon,
non audita tibi est, patrium temerasse cubile
Nyctimenen? auis illa quidem, sed conscia culpae
conspectum lucemque fugit tenebrisque pudorem
celat et a cunctis expellitur aethere toto.'   595
   Talia dicenti 'tibi' ait 'reuocamina' coruus
'sint precor ista malo; nos uanum spernimus omen.'
nec coeptum dimittit iter dominoque iacentem
cum iuuene Haemonio uidisse Coronida narrat.
laurea delapsa est audito crimine amantis,   600
et pariter uultusque deo plectrumque colorque
excidit; utque animus tumida feruebat ab ira,
arma adsueta capit flexumque a cornibus arcum
tendit et illa suo totiens cum pectore iuncta
indeuitato traiecit pectora telo.   605
icta dedit gemitum tractoque a corpore ferro
candida puniceo perfudit membra cruore
et dixit: 'potui poenas tibi, Phoebe, dedisse,
sed peperisse prius; duo nunc moriemur in una.'
hactenus, et pariter uitam cum sanguine fudit.   610
[corpus inane animae frigus letale secutum est.]
   Paenitet heu sero poenae crudelis amantem
seque quod audierit, quod sic exarserit odit;
odit auem per quam crimen causamque dolendi
scire coactus erat, nec non arcumque manumque   615
odit cumque manu temeraria tela sagittas;
conlapsamque fouet seraque ope uincere fata
nititur et medicas exercet inaniter artes.
quae postquam frustra temptata rogumque parari
uidit et arsuros supremis ignibus artus,   620
tum uero gemitus (neque enim caelestia tingi
ora licet lacrimis) alto de corde petitos

Ou não ouviste falar de um caso que é tão conhecido
na Lesbos inteira, de que Nictímene desonrara
o leito paterno? É uma ave, sim, mas, consciente da culpa,
evita o convívio e a luz, esconde-se da vergonha nas trevas
e é escorraçada do firmamento inteiro por todas as aves."
   No final, diz-lhe o corvo: "Rezo para que as tuas predições
recaiam sobre ti. Desprezo os presságios vãos."
Não deixa de prosseguir a viagem que empreendera e conta
a seu senhor que viu Corônis deitada com um jovem de Hemônia.
Ao ouvir o crime, a coroa de louros resvalou
da cabeça do enamorado, e o deus perde ao mesmo tempo
o aspecto, o plectro[58] e a cor. Enquanto o espírito lhe ardia
em transbordante cólera, pega nas armas habituais, arma o arco,
dobrando-o pelas pontas e, com um tiro certeiro,
trespassa aquele peito tantas vezes unido ao seu.
Ao ser atingida, ela solta um gemido e, ao arrancar o ferro do corpo,
cobriu de purpúreo sangue seus brancos membros e disse:
"Mereci, Febo, ter sido castigada por ti, mas, primeiro,
havia de ter sido mãe. Agora, numa, morreremos dois."
Calou-se e, junto com o sangue, derramou a vida.
Seu corpo inanimado foi invadido pelo frio da morte.
   Tarde demais, sim, se arrepende o amante por tão cruel pena!
Odeia-se por se ter disposto a ouvir e por se ter irado daquela maneira.
Odeia a ave pela qual foi levado a tomar conhecimento do crime,
causa da sua dor, odeia também o arco e a mão e, com a mão,
odeia as setas, dardos temerários. Acalenta-a de encontro a si,
a ela que havia tombado. Esforça-se, com tardio auxílio,
por vencer o destino e em vão faz uso das suas artes médicas.
Depois destas tentativas frustradas, viu preparar a pira
e viu o corpo, que iria ser consumido no último fogo.
Então, soltou gemidos arrancados do fundo do peito
(não podem as faces dos deuses molhar-se com lágrimas)

---

[58] Pequeno pedaço de marfim, delgado, usado para ferir as cordas de um instrumento musical.

edidit, haud aliter quam cum spectante iuuenca
lactentis uituli dextra libratus ab aure
tempora discussit claro caua malleus ictu.   625
ut tamen ingratos in pectora fudit odores
et dedit amplexus iniustaque iusta peregit,
non tulit in cineres labi sua Phoebus eosdem
semina, sed natum flammis uteroque parentis
eripuit geminique tulit Chironis in antrum;   630
sperantemque sibi non falsae praemia linguae
inter aues albas uetuit consistere coruum.

   Semifer interea diuinae stirpis alumno
laetus erat mixtoque oneri gaudebat honore.
ecce uenit rutilis umeros protecta capillis   635
filia Centauri, quam quondam nympha Chariclo
fluminis in rapidi ripis enixa uocauit
Ocyroen. non haec artes contenta paternas
edidicisse fuit; fatorum arcana canebat.
ergo ubi uaticinos concepit mente furores   640
incaluitque deo quem clausum pectore habebat,
aspicit infantem 'toto' que 'salutifer orbi
cresce, puer,' dixit; 'tibi se mortalia saepe
corpora debebunt; animas tibi reddere ademptas

precisamente como quando, na presença de uma vaca,
o maço brandido ao nível da orelha direita fende com golpe
sonoro as côncavas têmporas do vitelo que ela aleitava.
Mas, quando lhe derramou no peito perfumes
que ela não agradeceria, a abraçou e lhe prestou as devidas honras,
numa situação injusta, Febo não tolerou que o seu germe[59]
tombasse nas mesmas cinzas, e arrancou-o às chamas
e ao ventre materno e levou-o à caverna do híbrido Quíron.[60]
Ao corvo, que esperava a recompensa da sua língua veraz,
impediu-o de se manter entre as aves brancas.

[Ocírroe]

Entretanto o Centauro[61] estava encantado com o aluno
de estirpe divina e desfrutava da honra que o encargo lhe dava.
Eis que chega, de ombros cobertos por rútilos cabelos,
a filha do Centauro a quem, um dia, a ninfa Cariclo,[62]
que a dera à luz nas margens de um impetuoso rio, chamou
Ocírroe. Não se contentou esta com aprender as artes do pai.[63]
Revelava também os segredos do destino. Assim,
ao ser tomada de delírio profético e se abrasar por ação
de um deus que tinha escondido no peito, olha o menino e diz:
"Cresce, menino, agente de saúde no universo inteiro.
Os corpos dos mortais dever-te-ão, muitas vezes, a existência.
Assistir-te-á o direito de lhes restituir as vidas roubadas

---

[59] Esculápio tornou-se pupilo do Centauro Quíron.

[60] Enquanto Centauro, tem busto de homem e corpo de cavalo.

[61] Quíron.

[62] É filha de Apolo, casada com o Centauro Quíron. Foi ela quem educou Jasão e Aquiles.

[63] Quíron é o mais célebre, o mais sensato e o mais sábio dos Centauros. Nasceu imortal e vivia no monte Pélion, na Tessália. Era muito amigo dos homens, prudente e benfazejo. Educou Jasão, Aquiles e Asclépio. O seu ensino constava de música, arte marcial, caça, moral e medicina.

fas erit, idque semel dis indignantibus ausus   645
posse dare hoc iterum flamma prohibebere auita;
eque deo corpus fies exsangue deusque
qui modo corpus eras, et bis tua fata nouabis.
tu quoque, care pater, nunc immortalis et aeuis
omnibus ut maneas nascendi lege creatus,   650
posse mori cupies, tum cum cruciabere dirae
sanguine serpentis per saucia membra recepto;
teque ex aeterno patientem numina mortis
efficient triplicesque deae tua fila resoluent.'
restabat fatis aliquid; suspirat ab imis   655
pectoribus, lacrimaeque genis labuntur obortae,
atque ita 'praeuertunt' inquit 'me fata, uetorque
plura loqui uocisque meae praecluditur usus.
non fuerant artes tanti, quae numinis iram
contraxere mihi; mallem nescisse futura.   660
iam mihi subduci facies humana uidetur,
iam cibus herba placet, iam latis currere campis
impetus est; in equam cognataque corpora uertor.
tota tamen quare? pater est mihi nempe biformis.'
talia dicenti pars est extrema querelae   665
intellecta parum, confusaque uerba fuerunt;
mox ne uerba quidem nec equae sonus ille uidetur,

e, tendo ousado isso uma vez,[64] com a indignação dos deuses,
o raio de teu avô proibir-te-á de o ousares outra vez.[65]
E, de deus, tornar-te-ás corpo exangue, e voltarás a ser deus,
tu que ainda agora eras corpo, e duas vezes renovarás teu destino.
Também tu, querido pai, presentemente imortal e criado,
segundo a lei do nascimento, para permaneceres por todas as idades,
hás de desejar poder morrer, quando fores atormentado
pelo sangue de uma cruel serpente inoculado no teu corpo ferido.[66]
De eterno, tornar-te-ão os deuses sujeito à morte
e as três deusas cortar-te-ão o fio."
Faltava ainda alguma coisa à profecia.[67] Do fundo do peito
arranca um suspiro, e as lágrimas que brotam escorrem-lhe
pela face. E continua: "O destino surpreendeu-me.
Impede-me de continuar a falar. É-me interdito o uso da voz.
Não valiam assim tanto as artes que sobre mim atraíram a cólera
dos deuses! Bem teria preferido não conhecer o porvir.
Parece que já me está a ser tirada a aparência humana,
já aprecio a erva como alimento, sou já impelida a correr
pelas planícies, estou a converter-me em égua, em corpo familiar.
Mas por que toda, se tenho um pai que é biforme?"
A parte final do seu lamento foi pouco perceptível,
e as palavras foram confusas. Logo depois,
nem palavras são, nem aquele parece o som de uma égua,

---

[64] Esculápio terá ressuscitado Hipólito.

[65] Júpiter, pois era pai de Apolo. Asclépio/Esculápio aprendera com Quíron a arte da medicina, mas foi de Atena que recebeu o sangue da veia do lado direito da Górgona, que era benéfico, enquanto o da veia do lado esquerdo espalhava veneno. Foi com esse sangue que restituiu à vida muitos. Receando Zeus que o neto alterasse a ordem do mundo, fulminou-o com seu raio.

[66] Quando do massacre dos Centauros, Quíron, que apoiava a ação de Héracles, foi inadvertidamente ferido por uma seta envenenada com sangue da Hidra de Lerna, sem possibilidade de cura. A possibilidade de morrer, pois era imortal, foi-lhe cedida por Prometeu.

[67] Faltava dizer que o Centauro seria colocado entre os astros.

sed simulantis equam, paruoque in tempore certos
edidit hinnitus et bracchia mouit in herbas.
tum digiti coeunt et quinos alligat ungues   670
perpetuo cornu leuis ungula, crescit et oris
et colli spatium, longae pars maxima pallae
cauda fit, utque uagi crines per colla iacebant,
in dextras abiere iubas, pariterque nouata est
et uox et facies; nomen quoque monstra dedere.   675

   Flebat opemque tuam frustra Philyreius heros,
Delphice, poscebat. nam nec rescindere magni
iussa Iouis poteras nec, si rescindere posses,
tunc aderas: Elin Messeniaque arua colebas.
illud erat tempus, quo te pastoria pellis   680
texit onusque fuit baculum siluestre sinistrae,
alterius dispar septenis fistula cannis.
dumque amor est curae, dum te tua fistula mulcet,
incustoditae Pylios memorantur in agros
processisse boues. uidet has Atlantide Maia   685
natus et arte sua siluis occultat abactas.
senserat hoc furtum nemo nisi notus in illo
rure senex (Battum uicinia tota uocabant);
diuitis hic saltus herbosaque pascua Nelei
nobiliumque greges custos seruabat equarum.   690
hunc tenuit blandaque manu seduxit et illi

mas o de quem a imita. Em seguida, soltou relinchos
autênticos e baixou os braços para a erva.
Unem-se-lhe, então, os dedos, e uma leve capa
liga as cinco unhas num único casco. Cresce-lhe a cabeça
e a extensão do pescoço; a parte mais extensa do seu longo manto
transforma-se em cauda; os cabelos, que caíam pelas costas,
mudaram-se em crinas tombadas para a direita; e, ao mesmo tempo,
mudam-se-lhe a face e a voz. Até nome o prodígio lhe dá.[68]

[Bato]

O herói, filho de Fílira,[69] chorava e invocava, deus de Delfos,[70]
o teu auxílio em vão, pois nem poderias revogar os decretos
do Grande Júpiter nem, ainda que o pudesses, sequer ali
te encontravas. Vivias na Élida e nas propriedades de Messênia.
Era o tempo em que te cobria uma pele de pastor,
te ocupava a mão esquerda um rude cajado
e a outra a flauta de sete canas desiguais.
Diz-se que, enquanto te entregavas às coitas de amor e enquanto
a flauta te aliviava, as tuas vacas, ao abandono, enveredaram
pelos campos de Pilos. Avista-as o filho da atlântida Maia
e, com sua astúcia, toca-as e esconde-as na floresta.
Ninguém se apercebera daquele furto, exceto um velho,
conhecido naquelas paragens. Toda a vizinhança
lhe chamava Bato. Era este o guardião dos bosques
e das pastagens do rico Neleu, e pastoreava as éguas de raça.[71]
Abeirando-se dele o deus, brandamente o chamou à parte e lhe disse:

---

[68] Passou a chamar-se Hipo.

[69] Mãe do Centauro Quíron. Para fugir aos ciúmes de Reia, sua mulher, Crono uniu-se a Fílira sob a forma de um cavalo. Daí que o Centauro seja um ser híbrido.

[70] Apolo (ou Febo).

[71] Hermes (ou Mercúrio), filho de Zeus/Júpiter e de Maia, nasceu no cimo do monte Cilene, ao sul da Arcádia. No dia do seu nascimento libertou-se das faixas em que as crianças eram envolvidas e dirigiu-se à Tessália, onde seu irmão Apolo guardava os rebanhos de Admeto. Entretido com os seus amores, Apolo descuidou a guar-

'quisquis es, hospes' ait, 'si forte armenta requiret
haec aliquis, uidisse nega; neu gratia facto
nulla rependatur, nitidam cape praemia uaccam'
et dedit. accepta uoces has reddidit hospes: 695
'tutus eas; lapis iste prius tua furta loquetur'
et lapidem ostendit. simulat Ioue natus abire;
mox redit et uersa pariter cum uoce figura
'rustice, uidisti si quas hoc limite' dixit
'ire boues, fer opem furtoque silentia deme.   700
iuncta suo pretium dabitur tibi femina tauro.'
at senior, postquam est merces geminata, 'sub illis
montibus' inquit 'erunt' (et erant sub montibus illis).
risit Atlantiades et 'me mihi, perfide, prodis?
me mihi prodis?' ait periuraque pectora uertit   705
in durum silicem, qui nunc quoque dicitur index,
inque nihil merito uetus est infamia saxo.

    Hinc se sustulerat paribus Caducifer alis,
Munychiosque uolans agros gratamque Mineruae
despectabat humum cultique arbusta Lycei.   710
illa forte die castae de more puellae
uertice supposito festas in Pallados arces
pura coronatis portabant sacra canistris.
inde reuertentes deus aspicit ales iterque
non agit in rectum, sed in orbem curuat eundem.   715
ut uolucris uisis rapidissima miluus extis,

"Quem quer que sejas, estrangeiro, se acaso alguém vier procurar
esta manada, não digas que a viste. Para que o teu favor não fique
sem paga, toma como prêmio esta bela vaca."
E entregou-lha. Ao recebê-la, disse-lhe o estrangeiro:
"Vai tranquilo, primeiro falará do teu furto esta pedra."
E mostrou-lhe a pedra. O filho de Júpiter fingiu partir,
mas logo voltou e, alterado o aspecto e a voz, disse:
"Ó homem destas terras, se viste passar por este caminho
algumas vacas, ajuda-me e descobre-me o roubo.
Ser-te-á dada uma vaca com o seu touro."
O velho, dado que a recompensa é dobrada, diz-lhe:
"Estão ao pé daqueles montes." E lá estavam elas.
O neto de Atlas riu-se e disse-lhe: "Seu falso! Trais-me comigo?
É comigo que me trais?" E transformou aquele perjuro coração
em duro seixo a que ainda hoje se chama delator.
E a infâmia persiste numa pedra que não a merecia.

[Aglauro]

O deus do caduceu elevou-se daqui em suas asas e,
enquanto voa, contempla lá embaixo os campos de Muníquia,[72]
a terra que Minerva ama e o arvoredo do esmerado Liceu.[73]
Ora, naquele dia, e segundo a tradição, as castas donzelas
transportavam à cabeça, em açafates floridos,
as sagradas oferendas para a cidadela de Palas, em festa.[74]
Ao retornarem, vendo-as, o deus alado não prossegue
a direito o seu caminho, mas voa em volta no mesmo círculo.
Como o milhafre, a mais veloz ave, ao ver as entranhas da vítima,

---

da e Hermes desviou-lhe uma parte dos animais. Só Bato se apercebeu disso e denunciou-o a Apolo.

[72] Hermes (ou Mercúrio) sobrevoa um dos portos de Atenas, junto à península do Pireu.

[73] Passeio junto a Atenas.

[74] Era a festa das Panateneias.

dum timet et densi circumstant sacra ministri,
flectitur in gyrum nec longius audet abire
spemque suam motis auidus circumuolat alis,
sic super Actaeas agilis Cyllenius arces   720
inclinat cursus et easdem circinat auras.
quanto splendidior quam cetera sidera fulget
Lucifer et quanto quam Lucifer aurea Phoebe,
tanto uirginibus praestantior omnibus Herse
ibat eratque decus pompae comitumque suarum.   725
obstipuit forma Ioue natus et aethere pendens
non secus exarsit, quam cum Balearica plumbum
funda iacit; uolat illud et incandescit eundo,
et quos non habuit sub nubibus inuenit ignis.
uertit iter caeloque petit terrena relicto   730
nec se dissimulat; tanta est fiducia formae.
quae quamquam iusta est, cura tamen adiuuat illam
permulcetque comas chlamydemque ut pendeat apte
conlocat, ut limbus totumque appareat aurum,
ut teres in dextra, quae somnos ducit et arcet   735
uirga sit, ut tersis niteant talaria plantis.
pars secreta domus ebore et testudine cultos
tres habuit thalamos, quorum tu, Pandrose, dextrum,
Aglauros laeuum, medium possederat Herse.
quae tenuit laeuum, uenientem prima notauit   740
Mercurium nomenque dei scitarier ausa est
et causam aduentus; cui sic respondit 'Atlantis
Pleionesque nepos ego sum, qui iussa per auras
uerba patris porto; pater est mihi Iuppiter ipse.
nec fingam causas; tu tantum fida sorori   745
esse uelis prolisque meae matertera dici.
Herse causa uiae; faueas oramus amanti.'

enquanto receia os sacerdotes que se apinham em volta do altar,
voa em círculo e não se atreve a afastar-se para longe
e, batendo as asas, voa avidamente sobre a ansiada presa,
assim o ágil deus de Cilene flecte seu curso sobre a cidadela
ateniense e forma círculos no mesmo espaço aéreo.
Quanto Lúcifer brilha com mais esplendor que os outros astros
e, mais do que Lúcifer, brilha a áurea Febe,
tanto mais Herse superava todas as donzelas
e era a glória da procissão e das companheiras.
O filho de Júpiter ficou aturdido com sua beleza
e, suspenso no ar, arde como o chumbo que a funda balear
lança. Este voa e incandesce enquanto vai e,
sob as nuvens, adquire um fogo que antes não tinha.
Muda o deus de direção e, deixando o céu, busca a terra.
E nem se dissimula, tal é a confiança que tem na sua beleza.
Embora esta seja perfeita, reforça-a com atenções:
alisa os cabelos, coloca a clâmide de modo a que caia
com elegância, se mostre a orla e toda a guarnição de ouro,
que a elegante varinha que provoca o sono esteja na mão direita,
e em seus elegantes pés brilhem os talares.
A parte mais interior da casa tinha três compartimentos
ornamentados com tartaruga e marfim.[75] Tu, Pândroso, ocupavas
o da direita, Aglauro ocupava o da esquerda, e Herse o do meio.
A que ocupava o da esquerda foi a primeira a aperceber-se
da chegada de Mercúrio e atreveu-se a perguntar-lhe o nome
e a razão da vinda. Respondeu-lhe o deus desta maneira:
"Sou neto de Atlas e de Plêione,[76] levo pelo ar
as ordens de meu pai. É meu pai o próprio Júpiter.
Não invento razões. Queiras tu somente ser fiel à tua irmã
e ser chamada tia dos meus filhos. A razão da minha viagem
é Herse. Peço-te que ajudes a quem ama."

---

[75] Materiais de ornamentação no tempo de Ovídio.

[76] Pais da plêiade Maia, mãe de Mercúrio.

aspicit hunc oculis isdem, quibus abdita nuper
uiderat Aglauros flauae secreta Mineruae,
proque ministerio magni sibi ponderis aurum 750
postulat; interea tectis excedere cogit.

Vertit ad hanc torui dea bellica luminis orbem
et tanto penitus traxit suspiria motu
ut pariter pectus positamque in pectore forti
aegida concuteret; subit hanc arcana profana 755
detexisse manu, tum cum sine matre creatam
Lemnicolae stirpem contra data foedera uidit,
et gratamque deo fore iam gratamque sorori
et ditem sumpto quod auara poposcerat auro.
protinus Inuidiae nigro squalentia tabo 760
tecta petit. domus est imis in uallibus huius
abdita, sole carens, non ulli peruia uento,
tristis et ignaui plenissima frigoris et quae
igne uacet semper, caligine semper abundet.
huc ubi peruenit belli metuenda uirago, 765
constitit ante domum (neque enim succedere tectis
fas habet) et postes extrema cuspide pulsat.
concussae patuere fores; uidet intus edentem
uipereas carnes, uitiorum alimenta suorum,
Inuidiam, uisaque oculos auertit. at illa 770
surgit humo pigra semesarumque relinquit
corpora serpentum passuque incedit inerti;
utque deam uidit formaque armisque decoram,
ingemuit uultumque una ac suspiria duxit.

Aglauro olha-o com os mesmos olhos com que há pouco
espreitara o preservado segredo da loura Minerva
e pede pelo seu serviço uma grande quantidade de ouro.
Entretanto força-o a sair do palácio.

[A Inveja]

A deusa da guerra volveu para esta a órbita de seus feros
olhos e arrancou do fundo do coração suspiros tão violentos,
que sacudiu ao mesmo tempo o valente peito e a égide
sobre ele colocada. Lembra-se de que Aglauro tinha destapado
com mão profana o mistério, quando, contra a palavra dada,
viu o filho do deus de Lemnos, nascido sem mãe;[77]
de que vai obter o reconhecimento do deus e de sua irmã;
e alcançará riqueza, ao receber o ouro que sua cupidez exigira.
Logo se dirige à morada da Inveja coberta
de negra putrefação. Está esta casa escondida
em profundo vale, não a rega o sol nem a bate o vento,
é sombria e dominada por um frio dormente,
não sabe o que é fogo, sempre mergulhada na escuridão.
Quando aí chega, a temível guerreira para frente à porta,
não lhe é permitido entrar naquela casa,
e bate na ombreira com a ponta da lança.
Ao bater, as portas abriram-se. Lá dentro,
vê a Inveja a comer carne de víbora, alimento de seus vícios
e, ao vê-la, desvia o olhar. Levanta-se aquela
do chão preguiçosamente, abandona os corpos das serpentes
meio comidas e aproxima-se a passo lento.
Ao ver a deusa, radiante em sua beleza e nas armas,
gemeu, fez um esgar e soltou profundos suspiros.

---

[77] O deus de Lemnos é Hefesto/Vulcano, que Hera concebeu sozinha para se
vingar de Zeus, que pusera no mundo Atena sem o auxílio de nenhuma mulher. O seu
filho é Erictônio, lendário herói dos Atenienses, que terá nascido da terra e do desejo
de Hefesto pela deusa virgem Atena.

pallor in ore sedet, macies in corpore toto,   775
nusquam recta acies, liuent rubigine dentes,
pectora felle uirent, lingua est suffusa ueneno.
risus abest, nisi quem uisi mouere dolores,
nec fruitur somno uigilacibus excita curis,
sed uidet ingratos intabescitque uidendo   780
successus hominum carpitque et carpitur una
suppliciumque suum est. quamuis tamen oderat illam,
talibus adfata est breuiter Tritonia dictis:
'infice tabe tua natarum Cecropis unam;
sic opus est. Aglauros ea est.' haud plura locuta   785
fugit et impressa tellurem reppulit hasta.
    Illa deam obliquo fugientem lumine cernens
murmura parua dedit successurumque Mineruae
indoluit baculumque capit quod spinea totum
uincula cingebant, adopertaque nubibus atris,   790
quacumque ingreditur florentia proterit arua
exuritque herbas et summa cacumina carpit
adflatuque suo populos urbesque domosque
polluit. et tandem Tritonida conspicit arcem
ingeniis opibusque et festa pace uirentem   795
uixque tenet lacrimas, quia nil lacrimabile cernit.
sed postquam thalamos intrauit Cecrope natae,
iussa facit pectusque manu ferrugine tincta
tangit et hamatis praecordia sentibus implet
inspiratque nocens uirus piceumque per ossa   800
dissipat et medio spargit pulmone uenenum.

Assenta-lhe a lividez na face, a magreza em todo o corpo.
Para nada olha a direito. Os dentes têm a cor da ferrugem.
O seu íntimo destila fel verde. Tem a língua empapada em veneno.
Não ri senão quando vê a dor afetar alguém.
Não saboreia o sono, agitada por vigilantes preocupações;
e vê com despeito os triunfos do homem
e, ao vê-los, definha. Atormenta e atormenta-se.
É o suplício de si mesma. Embora a detestasse,
a Tritônia[78] dirigiu-lhe estas breves palavras:
"Atinge com teu veneno uma das filhas de Cécrope.
Assim tem de ser. Essa é Aglauro." Sem mais dizer,
fugiu e, apoiando-se na lança, elevou-se da terra.
      Ao ver de través a deusa partir, a Inveja sussurrou
inaudíveis murmúrios, doeu-se do que vai suceder a Minerva,
pegou na bengala envolta toda em anéis de espinhos
e, coberta por negras nuvens, por onde quer que passe,
pisa os campos floridos, seca a erva, decepa as corolas
das papoulas e, com o seu bafo, infesta povos,
cidades e casas. Por fim, contempla a cidadela
da Tritônia,[79] que fervilha de talentos, em riqueza
e de alegre paz. Mal sustém as lágrimas,
porque nada enxerga que mereça ser chorado.
Mas, depois de entrar nos aposentos da filha de Cécrope,[80]
executa as ordens. Toca-lhe o peito com a mão
coberta de ferrugem,[81] enche-lhe o coração de acerados espinhos,
insufla-lhe mortífera peçonha, injeta-lhe nos ossos
e derrama-lhe nos pulmões um negro veneno.

[78] Epíteto da deusa, que se relaciona com o lago Tritônis, na Líbia, onde teria um templo.

[79] A Acrópole de Atenas.

[80] Aglauro.

[81] A cor do que é infernal (ver V, 404) e símbolo do seu caráter.

157   Livro II

neue mali causae spatium per latius errent,
germanam ante oculos fortunatumque sororis
coniugium pulchraque deum sub imagine ponit
cunctaque magna facit. quibus inritata dolore 805
Cecropis occulto mordetur et anxia nocte,
anxia luce gemit lentaque miserrima tabe
liquitur, ut glacies incerto saucia sole,
felicisque bonis non lenius uritur Herses
quam cum spinosis ignis supponitur herbis, 810
quae neque dant flammas lentoque tepore cremantur.
saepe mori uoluit, ne quidquam tale uideret,
saepe uelut crimen rigido narrare parenti;
denique in aduerso uenientem limine sedit
exclusura deum. cui blandimenta precesque 815
uerbaque iactanti mitissima 'desine,' dixit;
'hinc ego me non sum nisi te motura repulso.'
'stemus' ait 'pacto' uelox Cyllenius 'isto'
caelestique fores uirga patefecit; at illi
surgere conanti partes quascumque sedendo 820
flectimur ignaua nequeunt grauitate moueri.
illa quidem pugnat recto se attollere trunco,
sed genuum iunctura riget frigusque per ungues
labitur et pallent amisso sanguine uenae;
utque malum late solet inmedicabile cancer 825
serpere et inlaesas uitiatis addere partes,
sic letalis hiems paulatim in pectora uenit
uitalesque uias et respiramina clausit.
nec conata loqui est nec, si conata fuisset,
uocis habebat iter; saxum iam colla tenebat, 830

E para que as razões do mal não se espalhem
por um espaço mais vasto, põe-lhe frente aos olhos a irmã,[82]
o afortunado casamento da irmã e, sob aparência bela, o deus.[83]
E tudo tornou maior. Irritada com tudo isso,
a filha de Cécrope é mordida por secreto ressentimento.
Geme, atormentada de noite e atormentada de dia,
e, infeliz, dissolve-se em lento definhamento
como o gelo picado por um sol irregular.[84] Arde tão lentamente
com a felicidade de Herse como arde o fogo que se lança às silvas
que, sem fazerem chama, se consomem lentamente.
Muitas vezes desejou morrer para não ver nada disso;
muitas vezes o quis contar como crime a seu severo pai.
Sentou-se, por fim, diante da porta, para barrar a entrada
ao deus que chegava. Às carícias, às súplicas,
às palavras meigas do deus, ela respondeu:
"Chega! Só sairei daqui depois de te expulsar."
Disse-lhe o veloz deus de Cilene:[85] "Tenhamo-nos nesse pacto."
E, com a varinha celeste, abriu a porta. Ela pretendeu
erguer-se, mas as partes que flectem, ao sentar-se,
não conseguem mover-se, por causa de um peso paralisante.
De tronco direito, luta ela por se erguer,
mas as articulações dos joelhos enrijecem,
o frio insinua-se-lhe pelas unhas;
sem sangue, as veias mudam de cor. Como o inexorável cancro
costuma espalhar o mal por todo o lado e ganhar as partes sãs
depois das doentes, assim um frio da morte progrediu devagarinho
até o peito e fechou as vias da vida e as da respiração.
Não tentou falar e, se tivesse tentado,
a voz não teria caminho. Uma pedra ocupava já o lugar

---

[82] Herse.

[83] Mercúrio.

[84] O sol de inverno, ou seja, insensivelmente.

[85] Monte da Arcádia, onde Mercúrio terá nascido.

oraque duruerant signumque exsangue sedebat.
nec lapis albus erat; sua mens infecerat illam.

Has ubi uerborum poenas mentisque profanae
cepit Atlantiades, dictas a Pallade terras
linquit et ingreditur iactatis aethera pennis.   835
seuocat hunc genitor nec causam fassus amoris
'fide minister' ait 'iussorum, nate, meorum,
pelle moram solitoque celer delabere cursu,
quaeque tuam matrem tellus a parte sinistra
suspicit (indigenae Sidonida nomine dicunt),   840
hanc pete quodque procul montano gramine pasci
armentum regale uides ad litora uerte.'
dixit, et expulsi iamdudum monte iuuenci
litora iussa petunt, ubi magni filia regis
ludere uirginibus Tyriis comitata solebat.   845
non bene conueniunt nec in una sede morantur
maiestas et amor: sceptri grauitate relicta
ille pater rectorque deum, cui dextra trisulcis
ignibus armata est, qui nutu concutit orbem,
induitur faciem tauri mixtusque iuuencis   850
mugit et in teneris formosus obambulat herbis.
quippe color niuis est, quam nec uestigia duri
calcauere pedis nec soluit aquaticus Auster.
colla toris exstant, armis palearia pendent,
cornua parua quidem, sed quae contendere possis   855
facta manu, puraque magis perlucida gemma;
nullae in fronte minae, nec formidabile lumen:

do pescoço, sua face enrijecera. Era uma estátua sem vida.
E a pedra nem branca era. Tinha-a escurecido a alma.

[Europa]

Depois de punir palavras e alma sacrílega, o neto de Atlas
abandona as terras que tiram o nome de Palas e, batendo as asas,
avança pelas regiões celestes. Seu pai chama-o à parte
e, sem lhe confessar o móbil do seu amor, diz-lhe:
"Filho, fiel executor de minhas ordens, não demores,
desce rápido daqui no teu voo habitual.
Há uma terra, à esquerda, que eleva o olhar para tua mãe.[86]
Os seus habitantes chamam-na Sídon.
Encaminha-te para lá e conduz para a costa a manada real
que vês, ao longe, a pastar a erva da montanha."
Acabou de falar e logo os touros, tocados da montanha, se encaminham,
segundo as suas ordens, para a praia, onde a filha do grande rei
costumava brincar na companhia das donzelas de Tiro.
Não vão bem um com o outro, nem moram na mesma casa,
majestade e amor. Deixando a gravidade do cetro,
o ilustre pai e senhor dos deuses, cuja destra está armada
com o raio de três pontas e abala o mundo
com um sinal de cabeça, reveste a forma de um touro,
muge misturado com as novilhas e passeia sua beleza
pela erva viçosa. Sua cor é a da neve que nem a marca
de um rude pé calcou, nem o chuvoso Austro fundiu.
O cachaço está túrgido de músculos, a barbela pende sobre as patas.
Os cornos são realmente curtos, mas poder-se-ia defender
que foram feitos à mão, e são mais brancos que a gema pura.
Na fronte, nenhum sinal de ameaça, nem seu olhar causa medo.

---

[86] Maia, a mãe de Mercúrio, é uma das sete Plêiades que foram transformadas em constelação. Júpiter estaria voltado para o sul, vendo a Fenícia à esquerda.

pacem uultus habet. miratur Agenore nata
quod tam formosus, quod proelia nulla minetur;
sed quamuis mitem metuit contingere primo;   860
mox adit et flores ad candida porrigit ora.
gaudet amans et, dum ueniat sperata uoluptas,
oscula dat manibus; uix iam, uix cetera differt!
et nunc adludit uiridique exsultat in herba,
nunc latus in fuluis niueum deponit harenis;   865
paulatimque metu dempto modo pectora praebet
uirginea plaudenda manu, modo cornua sertis
impedienda nouis. ausa est quoque regia uirgo,
nescia quem premeret, tergo considere tauri,
cum deus a terra siccoque a litore sensim   870
falsa pedum primis uestigia ponit in undis;
inde abit ulterius mediique per aequora ponti
fert praedam. pauet haec litusque ablata relictum
respicit et dextra cornum tenet, altera dorso
imposita est; tremulae sinuantur flamine uestes.   875

Seu semblante respira paz. Admira-se a filha de Agenor[87]
de que seja tão belo e não ameace qualquer investida.
Mas, embora manso, inicialmente receou tocar-lhe.
Depois, aproximou-se e levou-lhe flores à branca boca.
O amante alegra-se e, enquanto não chega o aguardado prazer,
beija-lhe as mãos. E já mal suporta, sim, mal suporta adiar o resto!
E ora retouça e salta na erva verde, ora repousa seu níveo flanco
na areia dourada. E afastando-lhe pouco a pouco o medo,
ou lhe oferece o peito para ser afagado pela juvenil mão,
ou os cornos, para que os enfeite de grinaldas novas.
Atreveu-se até a régia donzela, sem saber quem montava,
a subir para o dorso do touro, quando o deus, sem se dar por isso,
afastando-se da terra e da areia seca, põe as dolosas patas,[88]
primeiro, na água, vai, depois, mais além e leva a sua presa
pelas águas do mar. A jovem apavora-se e olha,
enquanto é levada, para a praia deixada para trás.
Com a mão direita segura-se a um corno, a outra apoia-a no dorso.
Seus vestidos agitam-se e ondulam ao sabor do vento.

---

[87] Rei da Fenícia. Teve três filhos, Cadmo, Fênix e Cílice, e uma filha, Europa.

[88] Porque dissimulam a sua real feição.

Liber Tertius

Iamque deus posita fallacis imagine tauri
se confessus erat Dictaeaque rura tenebat,
cum pater ignarus Cadmo perquirere raptam
imperat et poenam, si non inuenerit, addit
exilium, facto pius et sceleratus eodem.   5
orbe pererrato (quis enim deprendere possit
furta Iouis?) profugus patriamque iramque parentis
uitat Agenorides Phoebique oracula supplex
consulit et quae sit tellus habitanda requirit.
'bos tibi' Phoebus ait 'solis occurret in aruis,   10
nullum passa iugum curuique immunis aratri;
hac duce carpe uias et, qua requieuerit herba,
moenia fac condas Boeotiaque illa uocato.'
uix bene Castalio Cadmus descenderat antro,
incustoditam lente uidet ire iuuencam   15
nullum seruitii signum ceruice gerentem;
subsequitur pressoque legit uestigia passu
auctoremque uiae Phoebum taciturnus adorat.
iam uada Cephisi Panopesque euaserat arua;
bos stetit et tollens speciosam cornibus altis   20
ad caelum frontem mugitibus impulit auras

Livro III

[Cadmo e Tebas]

Já o deus, deposta a figura de enganoso touro,
se dera a conhecer e chegara às terras de Dicta,[1]
quando o pai da jovem, desconhecedor do rapto, ordena a Cadmo
que a procure e, simultaneamente condoído e cruel,
aponta-lhe o exílio como castigo se não a encontrar.
Percorrido o mundo (quem, de fato, poderia surpreender as
infidelidades de Júpiter?), o filho de Agenor evita a ira paterna
pelo desterro da pátria e, suplicante, consulta os oráculos de Febo,
perguntando que terra deve ele habitar. Responde-lhe Febo:
"Num descampado, virá ao teu encontro uma vaca
que não foi ainda sujeita ao jugo, nem se submeteu ao curvo arado.
Toma-a por guia e segue seus passos e, no prado onde ela repousar,
funda uma cidade e dá-lhe o nome de Beócia."
Mal Cadmo tinha descido à gruta Castália,[2]
vê vir, lentamente e só, uma vaca que na cerviz
não ostentava sinal algum de servidão.
Vai atrás dela, seguindo-a passo a passo e, em silêncio,
adora a Febo, que lhe indicou o caminho.
Tinha já passado as águas do Cefiso e os campos de Pânope.[3]
A vaca parou e, erguendo ao céu sua bela fronte de altos cornos,
faz vibrar o ar com os seus mugidos. E, olhando para trás,

---

[1] Monte da ilha de Creta.

[2] Castália era uma jovem de Delfos que, ao ser perseguida por Apolo, se atirou
a uma fonte, que depois ficou com o seu nome.

[3] Rio da Beócia e cidade da Fócida oriental, respectivamente.

atque ita respiciens comites sua terga sequentis
procubuit teneraque latus submisit in herba.
Cadmus agit grates peregrinaeque oscula terrae
figit et ignotos montes agrosque salutat.   25
sacra Ioui facturus erat; iubet ire ministros
et petere e uiuis libandas fontibus undas.
    Silua uetus stabat nulla uiolata securi
et specus in medio uirgis ac uimine densus
efficiens humilem lapidum compagibus arcum,   30
uberibus fecundus aquis, ubi conditus antro
Martius anguis erat, cristis praesignis et auro;
igne micant oculi, corpus tumet omne uenenis,
tres uibrant linguae, triplici stant ordine dentes.
quem postquam Tyria lucum de gente profecti   35
infausto tetigere gradu demissaque in undas
urna dedit sonitum, longo caput extulit antro
caeruleus serpens horrendaque sibila misit.
effluxere urnae manibus sanguisque reliquit
corpus et attonitos subitus tremor occupat artus.   40
ille uolubilibus squamosos nexibus orbes
torquet et inmensos saltu sinuatur in arcus
ac media plus parte leues erectus in auras
despicit omne nemus tantoque est corpore quanto,
si totum spectes, geminas qui separat Arctos.   45
nec mora, Phoenicas, siue illi tela parabant
siue fugam siue ipse timor prohibebat utrumque,
occupat; hos morsu, longis complexibus illos,
hos necat adflatu funesti tabe ueneni.
    Fecerat exiguas iam sol altissimus umbras;   50
quae mora sit sociis miratur Agenore natus
uestigatque uiros. tegumen derepta leoni
pellis erat, telum splendenti lancea ferro
et iaculum, teloque animus praestantior omni.

para os companheiros que lhe seguiam os passos,
deitou-se, descansando o flanco na erva tenra.
Cadmo dá graças, beija a terra estrangeira
e saúda os desconhecidos campos e montes.
Prepara-se para ofertar a Júpiter um sacrifício.
Manda seus criados buscar água para as libações a uma fonte viva.
  Havia ali um velho bosque nunca violado por machada alguma.
No meio, havia uma gruta coberta de ramos de salgueiro,
rica em água, que formava, pelo amontoado das pedras,
uma pequena abóbada. Ali vivia, escondida no seu interior,
a serpente de Marte, que se distingue pela crista dourada.
Seus olhos cintilam fogo, todo o seu corpo é veneno,
dardejam suas três línguas, os dentes dispõem-se em fiada tripla.
Quando, com passo infausto, chegaram ao bosque
os que partiram da nação tíria,[4] e ressoou a urna
baixada à água, do fundo antro ergueu a cabeça
a azulada serpente, que soltou um horrendo silvo.
Das mãos caíram-lhes as urnas, o sangue deixou o corpo,
e um súbito tremor apossou-se-lhes dos aturdidos membros.
Enrosca aquela os escamosos anéis em giratórios arcos
e, de um salto, encurva-se num arco imenso.
Elevando rapidamente no ar mais de metade do corpo,
inspeciona todo o bosque. Seu corpo, a ser todo visto,
é tão grande como o da que separa as duas Ursas.
De repente, preparassem eles o combate ou a fuga, ou impedisse-lhes
o medo uma e outra iniciativa, lança-se sobre os fenícios.
Mata uns à dentada, outros com seu amplo abraço,
com o pestífero sopro de seu funesto veneno mata os restantes.
  O Sol, no seu zênite, tornara diminutas as sombras.
Inquieta-se o filho de Agenor com o que possa causar a demora
de seus companheiros e vai procurá-los. Era seu escudo
a pele de um leão; arma, uma lança com reluzente ferro,
um dardo e uma coragem mais válida do que qualquer arma.

---

[4] Os companheiros de Cadmo.

ut nemus intrauit letataque corpora uidit 55
uictoremque supra spatiosi tergoris hostem
tristia sanguinea lambentem uulnera lingua,
'aut ultor uestrae, fidissima pectora, mortis,
aut comes' inquit 'ero.' dixit dextraque molarem
sustulit et magnum magno conamine misit. 60
illius impulsu cum turribus ardua celsis
moenia mota forent; serpens sine uulnere mansit,
loricaeque modo squamis defensus et atrae
duritia pellis ualidos cute reppulit ictus.
at non duritia iaculum quoque uicit eadem, 65
quod medio lentae spinae curuamine fixum
constitit et totum descendit in ilia ferrum.
ille dolore ferox caput in sua terga retorsit
uulneraque aspexit fixumque hastile momordit
idque, ubi ui multa partem labefecit in omnem, 70
uix tergo eripuit; ferrum tamen ossibus haesit.
tum uero postquam solitas accessit ad iras
causa recens, plenis tumuerunt guttura uenis,
spumaque pestiferos circumfluit albida rictus
terraque rasa sonat squamis quique halitus exit 75
ore niger Stygio uitiatas inficit auras.
ipse modo inmensum spiris facientibus orbem
cingitur, interdum longa trabe rectior adstat,
impete nunc uasto ceu concitus imbribus amnis
fertur et obstantes proturbat pectore siluas. 80
cedit Agenorides paulum spolioque leonis
sustinet incursus instantiaque ora retardat
cuspide praetenta; furit ille et inania duro
uulnera dat ferro figitque in acumine dentes.
iamque uenenifero sanguis manare palato 85
coeperat et uirides aspergine tinxerat herbas;
sed leue uulnus erat, quia se retrahebat ab ictu
laesaque colla dabat retro plagamque sedere
cedendo arcebat nec longius ire sinebat,

Logo que entrou no bosque, viu os corpos sem vida e, sobre eles,
vitorioso, um inimigo de gigantesca envergadura que lambia
os ferimentos com uma língua ensanguentada. Exclamou:
"Serei o vingador da vossa morte, corações fidelíssimos,
ou serei vosso companheiro!" Disse-o e, com sua destra,
levantou enorme pedregulho, que arremessou com a máxima força.
Com um impacto destes teriam sido abaladas
altas muralhas de soberbas torres. A serpente ficou ilesa.
Protegida pelas escamas, espécie de couraça, e pela dureza
da sua negra pele, repeliu do corpo os violentos golpes.
Não venceu, porém, com essa mesma dureza, o dardo,
que se deteve fixamente a meio da curvatura de sua flexível espinha,
mergulhando todo o ferro em suas entranhas.
Exasperada pela dor, a fera volveu a cabeça sobre o dorso,
olhou a ferida, mordeu a haste lá cravada e, fazendo-a oscilar
violentamente em todas as direções, arrancou-a, por fim,
do dorso. Mas o ferro ficou cravado nos ossos.
Então, depois de nova razão se acrescentar a seus costumados
furores, entumecem-lhe as fauces com as veias túrgidas,
rodeia-lhe os pestilentos beiços uma espuma branca,
roçada pelas escamas, ressoa a terra, e o bafo que exala
de sua fauce, qual Estige, corrompe e envenena o ar.
Enrola-se agora em espirais que formam um espantoso arco,
ergue-se, entretanto, mais hirta que um alto tronco
e investe com incontrolável ímpeto, qual rio que a água da chuva
fez subir, derrubando com o peito as árvores que se lhe opõem.
O filho de Agenor recua um pouco, sustém a investida
com o espólio do leão e, de lança em riste, mantém distante
a fauce ameaçadora. Enfurece-se a fera e desfere no ferro
inúteis golpes, cravando-lhe os dentes na ponta.
De seu venenoso palato começara já o sangue a escorrer
e tingia, ao espalhar-se, a erva verde.
O ferimento era ligeiro, porque se furtava ao golpe
e retraía o colo ferido e, com o movimento de recuo,
retirava a ferida ao ferro e não consentia que fosse mais fundo.

donec Agenorides coniectum in guttura ferrum 90
usque sequens pressit, dum retro quercus eunti
obstitit et fixa est pariter cum robore ceruix.
pondere serpentis curuata est arbor et ima
parte flagellari gemuit sua robora caudae.
   Dum spatium uictor uicti considerat hostis, 95
uox subito audita est (neque erat cognoscere promptum
unde, sed audita est): 'quid, Agenore nate, peremptum
serpentem spectas? et tu spectabere serpens.'
ille diu pauidus pariter cum mente colorem
perdiderat, gelidoque comae terrore rigebant; 100
ecce uiri fautrix superas delapsa per auras
Pallas adest motaeque iubet supponere terrae
uipereos dentes, populi incrementa futuri.
paret et, ut presso sulcum patefecit aratro,
spargit humi iussos, mortalia semina, dentes. 105
inde (fide maius!) glaebae coepere moueri
primaque de sulcis acies apparuit hastae,
tegmina mox capitum picto nutantia cono,
mox umeri pectusque onerataque bracchia telis
exsistunt, crescitque seges clipeata uirorum. 110
sic, ubi tolluntur festis aulaea theatris,
surgere signa solent primumque ostendere uultus,
cetera paulatim, placidoque educta tenore
tota patent imoque pedes in margine ponunt.
territus hoste nouo Cadmus capere arma parabat; 115
'ne cape' de populo quem terra creauerat, unus
exclamat, 'nec te ciuilibus insere bellis.'
atque ita terrigenis rigido de fratribus unum
comminus ense ferit; iaculo cadit eminus ipse.
hunc quoque qui leto dederat non longius illo 120
uiuit et exspirat modo quas acceperat auras;

Até que o filho de Agenor, seguindo-a sempre, firmou o ferro
cravado nas fauces até um carvalho lhe cortar a retirada
e a cerviz ser trespassada juntamente com o carvalho.
A árvore curvou-se ao peso da serpente e o tronco
rangeu ao ser batido pela extremidade da cauda.

Enquanto o vencedor contempla a envergadura do inimigo vencido,
ouviu-se, de súbito, uma voz (e não era fácil saber de onde vinha,
mas foi ouvida): "Por que admiras, filho de Agenor,
a serpente morta? Também tu, feito serpente, hás de ser admirado!"[5]
Estarrecido por longo tempo, perdera a razão e a cor,
e seus cabelos ficaram eriçados de terror gélido.
Eis que Palas, a fautora do herói, descida das alturas,
se apresenta junto dele e lhe ordena que semeie em terra lavrada
os dentes da serpente, germe de um povo futuro.
Obedece e, à medida que, pela pressão do arado, o sulco se abre,
lança à terra, obedecendo às ordens, os dentes, sementeira de mortais.
Então (coisa prodigiosa!) a leiva começa a mover-se.
Dos sulcos saem, primeiro, a ponta da lança; em seguida,
elmos, que abanam o penacho colorido; logo surgem
ombros, peitos, braços carregados de armas, e espalha-se
uma seara de homens armados de escudo, como, quando no teatro,
em dia de festa, se ergue o pano de boca, costumam erguer-se
quadros que mostram, primeiro, a face e mostram o resto
aos poucos e, elevando-se progressivamente, se tornam visíveis
por completo e assentam a base no rebordo do tablado.
Assustado com novo inimigo, preparava-se Cadmo para pegar
em armas. Da multidão que a terra acabara de criar, grita um deles:
"Deixa, e não te metas numa guerra civil." E, ao mesmo tempo,
atinge com o ferro um de seus irmãos nascidos da terra,
que lhe estava à mão. Ele próprio tomba sob a ação de um dardo
lançado de longe. Também aquele que lhe dera a morte
não lhe sobrevive e exala o hálito vital recebido há pouco.

---

[5] Ver a história de Cadmo e Harmonia em IV, 575-603.

exemploque pari furit omnis turba suoque
Marte cadunt subiti per mutua uulnera fratres.
iamque breuis uitae spatium sortita iuuentus
sanguineam tepido plangebant pectore matrem   125
quinque superstitibus, quorum fuit unus Echion.
is sua iecit humo monitu Tritonidis arma
fraternaeque fidem pacis petiitque deditque.
hos operis comites habuit Sidonius hospes
cum posuit iussus Phoebeis sortibus urbem.   130
    Iam stabant Thebae, poteras iam, Cadme, uideri
exilio felix. soceri tibi Marsque Venusque
contigerant; huc adde genus de coniuge tanta,
tot natas natosque et pignora cara nepotes,
hos quoque iam iuuenes. sed scilicet ultima semper   135
exspectanda dies hominis, dicique beatus
ante obitum nemo supremaque funera debet.

    Prima nepos inter tot res tibi, Cadme, secundas
causa fuit luctus alienaque cornua fronti
addita uosque, canes, satiatae sanguine erili.   140
at bene si quaeras, Fortunae crimen in illo,
non scelus inuenies; quod enim scelus error habebat?
    Mons erat infectus uariarum caede ferarum
iamque dies medius rerum contraxerat umbras
et sol ex aequo meta distabat utraque,   145
cum iuuenis placido per deuia lustra uagantes
participes operum compellat Hyantius ore:
'lina madent, comites, ferrumque cruore ferarum,
fortunamque dies habuit satis. altera lucem
cum croceis inuecta rotis Aurora reducet,   150
propositum repetemus opus; nunc Phoebus utraque

Todo o grupo entra em fúria a exemplo destes e, em guerra intestina,
tombam os irmãos recentes por ação de golpes recíprocos.
A juventude a quem coube em sorte o espaço de uma breve vida
golpeava já com o peito ainda quente a mãe ensanguentada.
Eram cinco os sobreviventes, e Equíon era um deles.
Este, por ação da Tritônia, atirou as armas ao chão
e pediu e fez a promessa de uma paz fraterna. O estrangeiro
que vinha de Sídon teve estes por companheiros de ação,
quando fundou a cidade que o oráculo de Febo lhe determinara.

Tebas era já cidade. Já podias, Cadmo, em teu exílio,
ser dito feliz. Como sogros, couberam-te em sorte Marte e Vênus.[6]
A isto acresce a descendência que tão ilustre esposa te proporcionou,
tantas filhas e tantos filhos, e os netos, doce penhor do amor,
também eles já na juventude. Mas deve esperar-se sempre
pelo último dia do homem. Ninguém deve ser considerado feliz
antes de morrer e antes de receber as honras finais.

[Acteão]

A primeira causa de tua aflição, Cadmo, no meio de tantas
coisas boas, foi teu neto e os estranhos chifres à sua fronte
apostos, e vós, cães, saciados no sangue de vosso dono.
Mas, se bem se procurar, não se achará nele crime,
mas decisão da Fortuna. Pois que crime poderia haver no erro!?
Havia um monte manchado pelo abate de variado tipo de presas
de caça. O dia, já a meio de seu curso, reduzira a sombra das coisas,
e o sol mantinha igual distância de cada um de seus limites,
quando o jovem herói da Beócia convoca aqueles que partilhavam
as suas atividades e que erravam por zonas distantes:
"As redes e as armas, companheiros, estão cheias do sangue das presas.
O dia foi bem proveitoso. Quando, em seu carro de açafrão montada,
a próxima Aurora trouxer novo dia, retomaremos a atividade
habitual. Neste momento, Febo está a igual distância

---

[6] Marte e Vênus eram os pais de Harmonia e, portanto, sogros de Cadmo.

distat idem meta finditque uaporibus arua.
sistite opus praesens nodosaque tollite lina.'
iussa uiri faciunt intermittuntque laborem.

Vallis erat piceis et acuta densa cupressu,   155
nomine Gargaphie, succinctae sacra Dianae,
cuius in extremo est antrum nemorale recessu
arte laboratum nulla; simulauerat artem
ingenio natura suo, nam pumice uiuo
et leuibus tofis natiuum duxerat arcum.   160
fons sonat a dextra tenui perlucidus unda,
margine gramineo patulos incinctus hiatus;
hic dea siluarum uenatu fessa solebat
uirgineos artus liquido perfundere rore.
quo postquam subiit, nympharum tradidit uni   165
armigerae iaculum pharetramque arcusque retentos;
altera depositae subiecit bracchia pallae;
uincla duae pedibus demunt; nam doctior illis
Ismenis Crocale sparsos per colla capillos
colligit in nodum, quamuis erat ipsa solutis.   170
excipiunt laticem Nepheleque Hyaleque Rhanisque
et Psecas et Phiale funduntque capacibus urnis.
   Dumque ibi perluitur solita Titania lympha,
ecce nepos Cadmi dilata parte laborum
per nemus ignotum non certis passibus errans   175
peruenit in lucum; sic illum fata ferebant.
qui simul intrauit rorantia fontibus antra,
sicut erant nudae uiso sua pectora nymphae
percussere uiro subitisque ululatibus omne
impleuere nemus circumfusaeque Dianam   180
corporibus texere suis; tamen altior illis
ipsa dea est colloque tenus supereminet omnes.
qui color infectis aduersi solis ab ictu
nubibus esse solet aut purpureae Aurorae,
is fuit in uultu uisae sine ueste Dianae.   185

de ambos os limites, e a hora do calor faz gretar os campos.
Suspendei, por hoje, a atividade e levantai as nodosas redes."
Cumprem as instruções e interrompem o trabalho.
  Havia um vale chamado Gargáfia, coberto de pinheiros
e do pontiagudo cipreste, consagrado a Diana da veste cingida,
em cujo recanto mais afastado, no meio de denso arvoredo,
existe uma gruta formada sem qualquer artifício. A natureza,
com seu engenho, tinha imitado a arte, pois, com a pedra-pomes viva
e a leve pedra porosa, tinha formado um arco natural.
Do lado direito, marulha pequeno arroio de água translúcida,
cuja extensa bacia é circundada por um rebordo gramíneo.
Cansada da caça, ali costumava a deusa das florestas
banhar seu virginal corpo com a límpida água.
Depois de ali entrar, entregou à ninfa escudeira o dardo,
a aljava e o arco distendido. Outra recebeu em seus braços
as vestes que a deusa despia.
Duas outras descalçam-lhe os pés. Mais hábil que elas,
Ismene Crócale apanha-lhe num nó os cabelos soltos
sobre os ombros, embora soltos estivessem os seus.
Néfele, Híale, Rânis, Psécade e Fíale
colhem a água e derramam-na de volumosas urnas.
  Enquanto a neta do Titã aí se banha com as costumadas águas,
tendo interrompido os trabalhos e vagando ao acaso
pelo bosque desconhecido, eis que o neto de Cadmo
se abeira do recanto sagrado. Assim o conduz o destino.
Logo que entrou na gruta, que manava água, tal como estavam,
as ninfas, ao verem um homem, começaram a bater no peito nu,
enchendo todo o bosque com seus repentinos gritos
e, em círculo, velam Diana com os próprios corpos.
Mas a deusa é mais alta do que elas
e sobrepassa-as a todas do pescoço para cima.
A cor que costumam ter as nuvens atingidas por um golpe de sol
frontal, ou a cor da Aurora revestida de púrpura,
era a cor do rosto de Diana ao ser vista sem roupa.

quae quamquam comitum turba est stipata suarum,
in latus obliquum tamen adstitit oraque retro
flexit et, ut uellet promptas habuisse sagittas,
quas habuit sic hausit aquas uultumque uirilem
perfudit spargensque comas ultricibus undis   190
addidit haec cladis praenuntia uerba futurae:
'nunc tibi me posito uisam uelamine narres,
sit poteris narrare, licet.' nec plura minata
dat sparso capiti uiuacis cornua cerui,
dat spatium collo summasque cacuminat aures   195
cum pedibusque manus, cum longis bracchia mutat
cruribus et uelat maculoso uellere corpus;
additus et pauor est. fugit Autonoeius heros
et se tam celerem cursu miratur in ipso.
[ut uero uultus et cornua uidit in unda,]   200
'me miserum!' dicturus erat; uox nulla secuta est.
ingemuit; uox illa fuit, lacrimaeque per ora
non sua fluxerunt; mens tantum pristina mansit.
quid faciat? repetatne domum et regalia tecta
an lateat siluis? pudor hoc, timor impedit illud.   205
   Dum dubitat, uidere canes, primique Melampus
Ichnobatesque sagax latratu signa dedere,
Cnosius Ichnobates, Spartana gente Melampus.
inde ruunt alii rapida uelocius aura,
Pamphagos et Dorceus et Oribasos, Arcades omnes,   210
Nebrophonosque ualens et trux cum Laelape Theron
et pedibus Pterelas et naribus utilis Agre
Hylaeusque fero nuper percussus ab apro
deque lupo concepta Nape pecudesque secuta

Rodeada embora pelo grupo das suas acompanhantes,
a deusa, contudo, pôs-se de lado, rodou a cabeça
para trás e, como se quisesse ter à mão as setas,
assim colheu da água que tinha, atirou-a ao rosto do jovem
e, enquanto a água vingadora lhe molhava os cabelos,
acrescentou estas palavras, prenúncio de tragédia próxima:
"Agora poderás contar, se contar puderes,
que me viste nua." E, sem mais ameaças, apõe à cabeça molhada
chifres de longevo veado,[7] alonga-lhe o pescoço,
torna-lhe pontiaguda a extremidade das orelhas,
converte-lhe as mãos em patas e os braços em longas pernas,
cobre-lhe o corpo de uma pele marchetada.
Até o temor lhe manteve. O herói, o filho de Autônoe,[8] foge
e, enquanto corre, admira-se de ser tão veloz.
Ao ver na água a sua figura e os chifres,
ia para dizer: "Triste de mim!" Não teve palavras. Bramiu.
Foi essa a sua voz. Pela face, que não era a sua, rolaram lágrimas.
Só a inteligência se manteve igual. Que havia de fazer?
Retornar a casa e ao palácio real, ou sumir-se na floresta?
Impede-lhe a vergonha uma coisa, o medo impede-lhe a outra.

Enquanto hesita, é visto pelos seus cães. Melampo
e o sagaz Icnóbata foram os primeiros a dar o sinal, ladrando.
Icnóbata, originário de Cnosso, Melampo, de raça espartana.
Mais rápidos que a rápida brisa, seguem-se os outros:
Pânfago, Dorceu e Oríbaso, todos da Arcádia;
o possante Nebrófono e o feroz Terão em conjunto com Lelaps;
Ptérela, excepcional na corrida, e Agre, pelo faro;
o fogoso Hileu, recentemente ferido por um javali,
e Nape, filha de lobo, e Pêmenes, guarda de rebanhos,

---

[7] A lenda atribuía ao veado uma vida de duração várias vezes superior à do homem. Ver Virgílio, *Bucólicas*, VII, 30.

[8] Mãe de Acteão e filha de Cadmo e de Harmonia. Teve como irmãs Ino (chamada Leucótoe depois de deificada), Agave e Sêmele.

Poemenis et natis comitata Harpyia duobus 215
et substricta gerens Sicyonius ilia Ladon
et Dromas et Canache Sticteque et Tigris et Alce
et niueis Leucon et uillis Asbolos atris
praeualidusque Lacon et cursu fortis Aello
et Thoos et Cyprio uelox cum fratre Lycisce 220
et nigram medio frontem distinctus ab albo
Harpalos et Melaneus hirsutaque corpore Lachne
et patre Dictaeo, sed matre Laconide nati
Labros et Argiodus et acutae uocis Hylactor
quosque referre mora est; ea turba cupidine praedae 225
per rupes scopulosque adituque carentia saxa,
quaque est difficilis quaque est uia nulla sequuntur.
ille fugit per quae fuerat loca saepe secutus,
(heu!) famulos fugit ipse suos. clamare libebat,
['Actaeon ego sum, dominum cognoscite uestrum!'] 230
uerba animo desunt; resonat latratibus aether.
prima Melanchaetes in tergo uulnera fecit,
proxima Therodamas, Oresitrophos haesit in armo
(tardius exierant, sed per compendia montis
anticipata uia est); dominum retinentibus illis, 235
cetera turba coit confertque in corpore dentes.
iam loca uulneribus desunt; gemit ille sonumque,
etsi non hominis, quem non tamen edere possit
ceruus, habet maestisque replet iuga nota querellis
et genibus pronis supplex similisque roganti 240
circumfert tacitos tamquam sua bracchia uultus.
at comites rapidum solitis hortatibus agmen
ignari instigant oculisque Actaeona quaerunt
et uelut absentem certatim Actaeona clamant
(ad nomen caput ille refert) et abesse queruntur 245
nec capere oblatae segnem spectacula praedae.
uellet abesse quidem, sed adest; uelletque uidere,
non etiam sentire canum fera facta suorum.

no passado, e Harpia com os seus dois filhos,
e Ládon de Sicione, de enxutos flancos,
e Dromas, Cânaque, Esticte, Tigre, Alce,
e Lêucon, de pelo branco, e Ásbolo, de pelo escuro;
o vigoroso Lácon, e Aelo, imbatível na corrida,
Toos e a veloz Licisca com seu irmão Cíprio,
e Hárpalo, marcado a meio de sua negra fronte
por uma mancha branca; Melaneu, e Lacne, de pelo hirsuto,
Labros e Agriodonte, nascidos de pai originário de Dicta,
embora a mãe fosse da Lacônia, e Hilator, de ladrar estridente;
e outros que seria moroso recordar. Movida pela avidez
da presa, esta matilha persegue-o por penedias, por escarpas,
por rochas inacessíveis, por onde o caminho é árduo
e por onde nem caminho há. Ele foge por lugares por onde antes,
tantas vezes, havia perseguido. Gostaria de gritar:
"Sou Acteão! Reconhecei vosso dono!"
Faltam as palavras ao seu pensamento. O ar ressoa com o latido.
Melanque foi o primeiro a abocanhar-lhe o dorso.
Seguiu-se Terodamante. Oresítrofo ferrou-o nos quartos.
Tinham saído mais tarde, mas cortaram caminho pelos atalhos da serra.
Enquanto eles retinham seu dono, aproxima-se o resto da matilha
e ferra-lhe os dentes no corpo. São mais as feridas que o lugar para elas.
Ele brame e produz um som que, não sendo humano,
não poderia um veado emiti-lo, e enche as tão familiares quebradas
das serras com seus dolorosos bramidos. E, de joelhos em terra,
suplicante, semelhante a quem pede, em vez de braços,
roda sua muda face em todas as direções. Mas seus companheiros,
na ignorância de tudo, atiçam a veloz matilha com os habituais brados
e, com o olhar, procuram a Acteão e clamam insistentemente: "Acteão!",
como se ele não estivesse ali. Ao ouvir seu nome, ele volta a cabeça,
e eles lamentam que estivesse ausente e não presenciasse,
por preguiça sua, o espetáculo da presa que lhe é oferecida.
Bem ele gostaria de ali não estar, mas está! Gostaria de ver,
mas não de sentir, a feroz atuação dos cães que são seus.

undique circumstant mersisque in corpore rostris
dilacerant falsi dominum sub imagine cerui,   250
nec nisi finita per plurima uulnera uita
ira pharetratae fertur satiata Dianae.

Rumor in ambiguo est: aliis uiolentior aequo
uisa dea est, alii laudant dignamque seuera
uirginitate uocant; pars inuenit utraque causas.   255
sola Iouis coniunx non tam culpetne probetne
eloquitur, quam clade domus ab Agenore ductae
gaudet et a Tyria conlectum paelice transfert
in generis socios odium. subit ecce priori
causa recens, grauidamque dolet de semine magni   260
esse Iouis Semelen; dum linguam ad iurgia soluit,
'profeci quid enim totiens per iurgia?' dixit,
'ipsa petenda mihi est; ipsam, si maxima Iuno
rite uocor, perdam, si me gemmantia dextra
sceptra tenere decet, si sum regina Iouisque   265
et soror et coniunx — certe soror. at, puto, furto est
contenta et thalami breuis est iniuria nostri.
concipit (id deerat!) manifestaque crimina pleno
fert utero et mater, quod uix mihi contigit, uno
de Ioue uult fieri: tanta est fiducia formae.   270
fallat eam faxo, nec sum Saturnia, si non
ab Ioue mersa suo Stygias penetrabit in undas.'
Surgit ab his solio fuluaque recondita nube
limen adit Semeles nec nubes ante remouit
quam simulauit anum posuitque ad tempora canos   275
sulcauitque cutem rugis et curua trementi
membra tulit passu; uocem quoque fecit anilem
ipsaque erat Beroe, Semeles Epidauria nutrix.

Rodeiam-no por todos os lados e, mergulhando-lhe o focinho
na carne, dilaceram seu dorso sob a enganadora figura
de um veado. Consta que a ira de Diana, a deusa da aljava,
só foi saciada pelo finar daquela vida por mil feridas.

[Sêmele]

As opiniões dividem-se. Consideram uns que a deusa foi violenta
em excesso. Outros a louvam e consideram que foi digna
de sua austera virgindade. Uns e outros avançam válidas razões.
Só a esposa de Júpiter, culpe ela ou aprove, não se pronuncia,
mas antes se alegra com o infortúnio da casa de Agenor
e transfere da rival tíria para os membros da família desta
o ódio acumulado. E uma razão nova se soma à inicial,
pois atormenta-a o fato de Sêmele[9] estar grávida
do Supremo Júpiter. Ao dispor a língua para a contenda,
pensa: "Que lucrei tantas outras vezes com altercações?
A ela é que eu devo atacar! Se com razão me chamam Juno,
a Todo Poderosa, se mereço ostentar na mão um cetro de gemas,
e se sou rainha, irmã e esposa de Júpiter, irmã sou-o, com certeza,
eu vou destruí-la. Contentou-se, assim penso, com ocasionais fugas,
e foi sem valor o ultraje a meu leito. Mas engravidou! Era o que
faltava! Em seu tumefato ventre ostenta a prova do crime e, o que
apenas a mim me aconteceu, quer ser mãe por ação só de Júpiter,
tão grande é a segurança que tem na sua beleza! Vou fazer
com que a traia. Não me chame filha de Saturno se ela não entrar
nas águas do Estige, mergulhada pela mão do seu Júpiter."
A estas palavras, ergueu-se do trono e, oculta por dourada
nuvem, para as portas de Sêmele. E não afastou a nuvem
antes de assumir aparência de velha. Cobriu as têmporas
de cãs, sulcou de rugas a pele e, curvando-se,
avançou com passo trêmulo. Até a voz era velha.
Era Béroe, a ama epidáurica de Sêmele, em pessoa.

---

[9] Mãe de Dionísio, é filha de Cadmo e Harmonia.

ergo ubi captato sermone diuque loquendo
ad nomen uenere Iouis, suspirat et 'opto   280
Iuppiter ut sit' ait, 'metuo tamen omnia; multi
nomine diuorum thalamos iniere pudicos.
nec tamen esse Iouem satis est; det pignus amoris,
si modo uerus is est, quantusque et qualis ab alta
Iunone excipitur, tantus talisque rogato   285
det tibi complexus suaque ante insignia sumat.'
talibus ignaram Iuno Cadmeida dictis
formarat; rogat illa Iouem sine nomine munus.
cui deus 'elige:' ait 'nullam patiere repulsam.
quoque magis credas, Stygii quoque conscia sunto   290
numina torrentis; timor et deus ille deorum est.'
laeta malo nimiumque potens perituraque amantis
obsequio Semele 'qualem Saturnia' dixit
'te solet amplecti, Veneris cum foedus initis,
da mihi te talem.' Voluit deus ora loquentis   295
opprimere: exierat iam uox properata sub auras.
ingemuit; neque enim non haec optasse, neque ille
non iurasse potest. ergo maestissimus altum
aethera conscendit uultuque sequentia traxit
nubila, quis nimbos immixtaque fulgura uentis   300
addidit et tonitrus et ineuitabile fulmen.
qua tamen usque potest, uires sibi demere temptat
nec, quo centimanum deiecerat igne Typhoea,
nunc armatur eo; nimium feritatis in illo est.
est aliud leuius fulmen, cui dextra Cyclopum   305
saeuitiae flammaeque minus, minus addidit irae;
tela secunda uocant superi. capit illa domumque
intrat Agenoream; corpus mortale tumultus
non tulit aetherios donisque iugalibus arsit.

Quando, pois, entabula conversa e, depois de muito falarem,
chegaram ao nome de Júpiter, suspira e diz: "Oxalá
seja Júpiter! Tenho medo de tudo! Quantos, sob o nome
de um deus, não se insinuaram em castos leitos!
E não basta que o seja! Dê testemunho de seu amor,
se realmente é ele! E pede-lhe que te abrace revestido
de tanto poder e glória como quando é recebido pela divina Juno,
e que antes se imponha os seus atributos."
Com estas palavras dispusera Juno a ingênua filha de Cadmo.
Ela pede, sem dizer o nome, um favor a Júpiter.
Responde-lhe o deus: "Escolhe. Não ouvirás recusa nenhuma.
E para que creias com mais segurança, seja testemunha a divindade
da corrente Estígia, deus esse que é o pavor dos próprios deuses."
Alegre com o infortúnio, por demais satisfeita e disposta
a perder-se pelo favor daquele a quem ama, acrescenta Sêmele:
"Entrega-te a mim tal qual te abraça a Satúrnia
quando vos ligais pelos laços de Vênus." Quis o deus calá-la
enquanto falava. Pressurosa, sua voz voava em pleno ar.
Gemeu! E já nem ela pode não o ter desejado, nem ele
pode já não o ter jurado. Então, com muita tristeza,
subiu às alturas e, com um sinal do rosto, aglomera as nuvens
que, dóceis, o seguem, às quais juntou tempestades
e relâmpagos ligados aos ventos, o trovão e o infalível raio.
Tenta, até onde lhe é possível, minorar as forças
e não se reveste agora do fogo com que abatera
o Tifeu de cem braços.[10] Há nele fereza excessiva.
Há outro raio mais fraco a que a mão dos Ciclopes emprestou
violência menor, menor chama e cólera inferior. Consideram-na
os deuses arma de segunda ordem. É nessa que agarra,
e com ela entra em casa de Agenor. Não suportou o corpo mortal
a tormenta celeste e consumiu-se na dádiva do amor.

---

[10] O Gigante que ao pretender escalar o céu assustou os deuses, obrigando-os a
metamorfosearem-se para lhe escaparem.

Livro III

Imperfectus adhuc infans genetricis ab aluo   310
eripitur patrioque tener (si credere dignum est)
insuitur femori maternaque tempora complet.
furtim illum primis Ino matertera cunis
educat; inde datum nymphae Nyseides antris
occuluere suis lactisque alimenta dedere.   315

Dumque ea per terras fatali lege geruntur
tutaque bis geniti sunt incunabula Bacchi,
forte Iouem memorant diffusum nectare curas
seposuisse graues uacuaque agitasse remissos
cum Iunone iocos et 'maior uestra profecto est   320
quam quae contingit maribus' dixisse 'uoluptas.'
illa negat. placuit quae sit sententia docti
quaerere Tiresiae; Venus huic erat utraque nota.
nam duo magnorum uiridi coeuntia silua
corpora serpentum baculi uiolauerat ictu   325
deque uiro factus (mirabile!) femina septem
egerat autumnos; octauo rursus eosdem
uidit et 'est uestrae si tanta potentia plagae'
dixit 'ut auctoris sortem in contraria mutet,
nunc quoque uos feriam.' percussis anguibus isdem   330
forma prior rediit genetiuaque uenit imago.
Arbiter hic igitur sumptus de lite iocosa
dicta Iouis firmat; grauius Saturnia iusto
nec pro materia fertur doluisse suique
iudicis aeterna damnauit lumina nocte.   335
at pater omnipotens (neque enim licet inrita cuiquam
facta dei fecisse deo) pro lumine adempto
scire futura dedit poenamque leuauit honore.

O filho, sem o tempo ainda, é retirado do ventre da mãe
e, ainda imperfeito, é cosido (se isto merecer crédito)
na coxa do pai, e aí completa o tempo da gestação.
Ino, sua tia materna, presta-lhe, às escondidas,
os primeiros cuidados. Entrega-o depois às ninfas de Nisa,
que o esconderam em suas grutas e a leite o alimentaram.

[Tirésias]

Enquanto na terra isto acontece sob a lei do destino,
e a infância de Baco, duas vezes nascido, está em segurança,
diz-se que Júpiter, distendido por ação do néctar,
esquecera seus sérios cuidados e se dera a gracejar com Juno,
despreocupada também. Disse-lhe: "Não há dúvida de que
o vosso prazer é mais intenso do que aquele que os homens sentem."
Ela nega isso. Acordam em consultar a opinião
do douto Tirésias. Este conhecia o prazer dos dois sexos,
pois, havendo ferido a golpes de bastão duas grandes serpentes
que copulavam na verdura da floresta, é mudado,
coisa prodigiosa, de homem em mulher, e assim vivera
por sete outonos. No oitavo, voltou ele a vê-las e disse-lhes:
"Se as feridas que recebeis têm tanto poder que mudam
no contrário a condição do agressor, vou ferir-vos de novo!"
E, tendo ferido as mesmas serpentes, recobrou a primitiva forma
e voltou ao aspecto original. Escolhido para árbitro
desta divertida contenda, confirma as posições de Júpiter.
Diz-se que a filha de Saturno se terá ofendido para lá do que seria
justo e de modo desproporcional à matéria, e condenou os olhos
do seu juiz a uma noite eterna. Mas o Pai Todo Poderoso
(realmente não é possível a um deus invalidar a obra de outro deus)
no lugar da visão que lhe fora roubada, concedeu a Tirésias
o conhecimento do futuro e, com esta honra, aliviou-lhe a pena.

Ille per Aonias fama celeberrimus urbes
inreprehensa dabat populo responsa petenti;   340
prima fide uocisque ratae temptamina sumpsit
caerula Liriope, quam quondam flumine curuo
implicuit clausaeque suis Cephisos in undis
uim tulit. enixa est utero pulcherrima pleno
infantem nymphe, iam tunc qui posset amari,   345
Narcissumque uocat. de quo consultus, an esset
tempora maturae uisurus longa senectae,
fatidicus uates 'si se non nouerit' inquit.
uana diu uisa est uox auguris; exitus illam
resque probat letique genus nouitasque furoris.   350
    Namque ter ad quinos unum Cephisius annum
addiderat poteratque puer iuuenisque uideri.
multi illum iuuenes, multae cupiere puellae;
sed (fuit in tenera tam dura superbia forma)
nulli illum iuuenes, nullae tetigere puellae.   355
aspicit hunc trepidos agitantem in retia ceruos
uocalis nymphe, quae nec reticere loquenti
nec prior ipsa loqui didicit, resonabilis Echo.
corpus adhuc Echo, non uox erat, et tamen usum
garrula non alium quam nunc habet oris habebat,   360
reddere de multis ut uerba nouissima posset.
fecerat hoc Iuno quia cum deprendere posset
sub Ioue saepe suo nymphas in monte iacentes,
illa deam longo prudens sermone tenebat
dum fugerent nymphae. postquam hoc Saturnia sensit,   365
'huius' ait 'linguae, qua sum delusa, potestas
parua tibi dabitur uocisque breuissimus usus',

[Narciso e Eco]

Famosíssimo em todas as cidades da Aônia,[11]
Tirésias dava respostas infalíveis ao povo que o consultava.
A azulada Liríope[12] foi quem primeiro comprovou a fidelidade
dos oráculos dele. O Cefiso[13] envolveu-a, um dia,
em sua sinuosa corrente e violou-a em suas águas.
De seu ventre cheio, a belíssima ninfa deu à luz uma criança,
que já então podia ser amada, a quem chamou Narciso.
Consultado sobre se este veria os longos dias de uma velhice avançada,
respondeu o profético adivinho: "Se ele não se conhecer."
Por muito tempo pareceu sem sentido o oráculo do adivinho.
Comprovam-no o desenlace, os acontecimentos,
o tipo de morte e a estranheza de sua loucura.

De fato, o filho de Cefiso tinha somado mais um aos seus quinze
anos e poderia considerar-se tanto uma criança como um jovem.
Muitos jovens, muitas donzelas o desejaram.
Mas (havia tão áspera soberba em tão aprazível beleza)
jovem nenhum, nenhuma donzela lhe tocou o coração.
Viu-o, quando encaminhava para as redes os ansiosos veados,
a ninfa retumbante, a que aprendeu a responder a quem fala
e a não ser ela a falar primeiro, Eco, a que repete o som.
Eco ainda tinha corpo, não era só voz! E, contudo, loquaz,
não fazia da boca um uso diferente daquele que hoje faz,
de modo que podia repetir as últimas de muitas palavras.
Fora Juno quem isto fizera, porque quando, às vezes, teria podido
surpreender no monte as ninfas deitadas com Júpiter,
sabedora disso, retinha ela a deusa com longa conversa
enquanto as ninfas fugiam. A filha de Saturno, sabedora disso,
diz-lhe: "Ser-te-á reduzida a faculdade dessa língua
pela qual fui enganada, e muito reduzido o uso da tua voz."

---

[11] Região da Beócia, deu o nome a todo o país.

[12] Ribeira da Beócia.

[13] Rio da Beócia.

Livro III

reque minas firmat; tantum haec in fine loquendi
ingeminat uoces auditaque uerba reportat.
ergo ubi Narcissum per deuia rura uagantem   370
uidit et incaluit, sequitur uestigia furtim
quoque magis sequitur, flamma propiore calescit,
non aliter quam cum summis circumlita taedis
admotas rapiunt uiuacia sulphura flammas.
o quotiens uoluit blandis accedere dictis   375
et molles adhibere preces! natura repugnat
nec sinit incipiat; sed, quod sinit, illa parata est
exspectare sonos, ad quos sua uerba remittat.
forte puer comitum seductus ab agmine fido
dixerat: 'ecquis adest?' et 'adest' responderat Echo.   380
hic stupet, utque aciem partes dimittit in omnes,
uoce 'ueni' magna clamat; uocat illa uocantem.
respicit et rursus nullo ueniente 'quid' inquit
'me fugis?' et totidem quot dixit uerba recepit.
perstat et alternae deceptus imagine uocis   385
'huc coeamus' ait, nullique libentius umquam
responsura sono 'coeamus' rettulit Echo
et uerbis fauet ipsa suis egressaque silua
ibat ut iniceret sperato bracchia collo.
ille fugit fugiensque 'manus conplexibus aufer;   390
ante' ait 'emoriar, quam sit tibi copia nostri.'
rettulit illa nihil nisi 'sit tibi copia nostri.'
spreta latet siluis pudibundaque frondibus ora
protegit et solis ex illo uiuit in antris.
sed tamen haeret amor crescitque dolore repulsae;   395
attenuant uigiles corpus miserabile curae
adducitque cutem macies et in aera sucus
corporis omnis abit. uox tantum atque ossa supersunt:
uox manet; ossa ferunt lapidis traxisse figuram.
[inde latet siluis nulloque in monte uidetur,   400
omnibus auditur; sonus est qui uiuit in illa.]

E com os fatos confirma as ameaças. Eco, entretanto,
repete o final da frase e devolve as palavras ouvidas.
Ora, tendo visto Narciso a deambular por regiões isoladas,
foi tomada de amores por ele e, furtivamente, segue-lhe os passos.
E quanto mais o segue, mais próxima está da chama em que arde,
exatamente como o inextinguível enxofre que reveste a extremidade
das tochas é incendiado pela proximidade da chama.
Oh! Quantas vezes desejou aproximar-se com palavras ternas
e usar de carinhosas súplicas! Impede-lho a natureza, e nem lhe
consente que tome a iniciativa. Mas está disponível, isso lhe permite,
para esperar os sons, aos quais devolve as próprias palavras.
Ora aconteceu que o jovem, afastado do grupo fiel de seus companheiros,
havia gritado: "Ei! Está aí alguém?!" E, "alguém", respondera Eco.
Estupefato, faz rodar a vista para todos os lados e grita a plenos
pulmões: "Vem!" E ela chama a quem a chama. Volta-se ele
e, de novo, porque ninguém vinha, grita: "Por que foges de mim?!"
E recebeu de volta as palavras que pronunciou.
Insiste e, iludido pela imagem da voz que responde, exclama:
"Vem cá! Encontremo-nos!" Eco, que jamais teria respondido,
fosse a que som fosse, com maior agrado, repetiu:
"Encontremo-nos!" Secundando ela as próprias palavras,
sai da floresta e avança, disposta a abraçar o cobiçado colo.
Ele foge. E diz, ao fugir: "Retira as mãos deste aperto!
Antes morrer que seres senhora de mim!"
Ela repetiu apenas: "... que seres senhora de mim."
Desprezada, oculta-se nas florestas e, envergonhada, cobre a face
com folhagem e, desde então, vive em solitários antros.
Mas seu amor mantém-se, e cresce até com a dor da recusa.
E as preocupações, que lhe tiram o sono, mirram-lhe o infeliz corpo,
a magreza enruga-lhe a pele, e todo o humor do corpo
se evola no ar. Apenas lhe restam a voz e os ossos.
E a voz mantém-se. Dizem que os ossos assumiram a forma de pedras.
Oculta-se nas florestas a partir daí, e não é vista em monte nenhum.
Toda a gente a ouve. É som o que nela vive.

Sic hanc, sic alias undis aut montibus ortas
luserat hic nymphas, sic coetus ante uiriles.
inde manus aliquis despectus ad aethera tollens
'sic amet ipse licet, sic non potiatur amato'   405
dixerat: adsensit precibus Rhamnusia iustis.
fons erat inlimis, nitidis argenteus undis,
quem neque pastores neque pastae monte capellae
contigerant aliudue pecus, quem nulla uolucris
nec fera turbarat nec lapsus ab arbore ramus;   410
gramen erat circa quod proximus umor alebat,
siluaque sole locum passura tepescere nullo.
hic puer et studio uenandi lassus et aestu
procubuit faciemque loci fontemque secutus;
[dumque sitim sedare cupit, sitis altera creuit,]   415
dumque bibit, uisae correptus imagine formae
[spem sine corpore amat, corpus putat esse, quod unda est.]
adstupet ipse sibi uultuque immotus eodem
haeret, ut e Pario formatum marmore signum;
spectat humi positus geminum, sua lumina, sidus   420
et dignos Baccho, dignos et Apolline crines
impubesque genas et eburnea colla decusque
oris et in niueo mixtum candore ruborem,
cunctaque miratur, quibus est mirabilis ipse.
se cupit imprudens et qui probat ipse probatur,   425
dumque petit petitur pariterque accendit et ardet.
inrita fallaci quotiens dedit oscula fonti!
in mediis quotiens uisum captantia collum
bracchia mersit aquis nec se deprendit in illis!

Assim zombara ele desta, zombara assim de outras ninfas nas águas
ou nos montes nascidas, como havia zombado de muitos jovens.
Um dia, alguém, despeitado, dissera, erguendo ao céu as mãos:
"Oxalá ame ele assim! Assim não alcance ele a quem ame!"
A Ramnúsia[14] deu o seu assentimento a estas justas súplicas.
Havia uma fonte, límpida e prateada, de águas transparentes,
em que nem pastores, nem as cabras que eles apascentam
na serra, ou outros animais haviam tocado; a que nem ave alguma
ou alguma fera, ou ramo caído de árvore haviam turbado.
Em redor havia erva que a proximidade da água alimentava,
e uma floresta que não deixará aquecer o lugar por sol nenhum.
O jovem, cansado pelo entusiasmo da caça e pelo calor,
atraído pela beleza do lugar e pela fonte, descansou aí.
Ao procurar saciar uma sede, brota nele uma outra sede.
Enquanto bebe, arrebatado pela imagem da beleza que avista,
ama uma ilusão sem corpo. Crê ser corpo o que apenas é água.
Extasia-se ante si mesmo e fica imóvel, de rosto imóvel também,
fica hirto como uma estátua de mármore de Paros.[15]
Estendido no chão, contempla dois astros, que são os seus olhos;
contempla os cabelos, dignos de Baco e dignos de Apolo;[16]
contempla as faces, virginais ainda, o colo de marfim,
a graça da boca e o rubor misturado a nívea brancura.
Admira tudo o que o torna a ele digno de admiração.
Sem o saber, a si se deseja; é aquele que ama, e é ele o amado.
Ao cortejar, a si se corteja. Arde no fogo que acende.
Quantos beijos inúteis deu na fonte que lhe mentia!
Quantas vezes, para abraçar seu pescoço, que via no meio das águas,
mergulhou os braços, sem neles se encontrar!

---

[14] Nêmesis, a deusa da indignação contra os que usam mal dos bens presentes, tinha em Ramnunte, pequena cidade da Ática localizada perto de Maratona, um santuário célebre.

[15] Ilha do mar Egeu de onde saiu o mármore dos melhores santuários da Grécia.

[16] Os longos cabelos com que estes deuses são representados são o atributo da sua eterna juventude.

quid uideat nescit, sed quod uidet uritur illo 430
atque oculos idem qui decipit incitat error.
credule, quid frustra simulacra fugacia captas?
quod petis est nusquam; quod amas, auertere, perdes.
ista repercussae quam cernis imaginis umbra est.
nil habet ista sui; tecum uenitque manetque, 435
tecum discedet — si tu discedere possis.
    Non illum Cereris, non illum cura quietis
abstrahere inde potest, sed opaca fusus in herba
spectat inexpleto mendacem lumine formam
perque oculos perit ipse suos; paulumque leuatus, 440
ad circumstantes tendens sua bracchia siluas
'ecquis, io siluae, crudelius' inquit 'amauit?
scitis enim et multis latebra opportuna fuistis.
ecquem, cum uestrae tot agantur saecula uitae,
qui sic tabuerit, longo meministis in aeuo? 445
et placet et uideo, sed quod uideoque placetque,
non tamen inuenio.' (tantus tenet error amantem!)
'quoque magis doleam, nec nos mare separat ingens
nec uia nec montes nec clausis moenia portis;
exigua prohibemur aqua. cupit ipse teneri; 450
nam quotiens liquidis porreximus oscula lymphis,
hic totiens ad me resupino nititur ore.
posse putes tangi; minimum est, quod amantibus obstat.
quisquis es, huc exi! quid me, puer unice, fallis
quoue petitus abis? certe nec forma nec aetas 455
est mea, quam fugias; et amarunt me quoque nymphae.
spem mihi nescioquam uultu promittis amico,
cumque ego porrexi tibi bracchia, porrigis ultro;
cum risi, adrides; lacrimas quoque saepe notaui
me lacrimante tuas; nutu quoque signa remittis 460

Não sabe o que vê, mas o que vê consome-o!
E a mesma ilusão que engana seus olhos, excita-os.
Ingênuo! Por que buscas em vão agarrar uma fugitiva imagem?
O que desejas não existe! O que amas, retirando-te, perdê-lo-ás!
Essa sombra que vês é o reflexo da tua imagem!
Nada tem de seu! Contigo chega e contigo está.
Partiria contigo, se tu partir pudesses!
   Nem a preocupação de Ceres,[17] nem a necessidade de repouso
o podem afastar dali. Estendido na erva, à sombra, contempla,
com olhar insaciável, a enganosa imagem, e morre vítima
de seus próprios olhos. Soerguendo-se um pouco,
estendendo os braços às florestas que o rodeiam, desabafa:
"Será, florestas, que alguém amou com tão cruel sofrimento?
Com certeza o sabeis, pois fostes para muitos refúgio oportuno!
Tendo vossas vidas atravessado tantos séculos, recordais-vos,
nesse longo curso, de alguém que se haja consumido assim?
Encanta-me e vejo-o, mas o que vejo e me encanta
não o consigo encontrar! Tal é o desvario que enreda a quem ama!
E para maior penar, não é o vasto mar que nos separa,
nem um longo caminho, nem montanhas, nem muralhas
de portas fechadas. Somos impedidos por um pouco de água!
Ele deseja o meu abraço, pois sempre que eu levo meus beijos
às límpidas águas, sempre ele se esforça por trazer até mim sua boca!
Parece poder ser tocado. É mínimo o que se interpõe entre quem se ama!
Quem quer que tu sejas, vem até aqui! Por que troças de mim, jovem
sem par? Para onde foges quando te busco? Não são, com certeza,
nem o aspecto nem a idade razão para que fujas, e até as ninfas
me amaram! Prometes-me nem sei que esperança em teu rosto amigo.
Quando eu te estendo os braços, também tu estendes os teus.
Quando rio, tu sorris. E notei algumas vezes tuas lágrimas, se eu chorava.
Respondes também com os teus aos meus sinais de cabeça.

---

[17] A preocupação com o alimento, ou seja, com a fome. É uma metonímia muito utilizada.

Livro III

et, quantum motu formosi suspicor oris,
uerba refers aures non peruenientia nostras.
iste ego sum! sensi, nec me mea fallit imago.
uror amore mei, flammas moueoque feroque.
quid faciam? roger anne rogem? quid deinde rogabo? 465
quod cupio mecum est; inopem me copia fecit.
o utinam a nostro secedere corpore possem!
uotum in amante nouum: uellem quod amamus abesset.
iamque dolor uires adimit nec tempora uitae
longa meae superant primoque exstinguor in aeuo. 470
nec mihi mors grauis est posituro morte dolores;
hic qui diligitur uellem diuturnior esset.
nunc duo concordes anima moriemur in una.'
    Dixit et ad faciem rediit male sanus eandem
et lacrimis turbauit aquas, obscuraque moto 475
reddita forma lacu est. quam cum uidisset abire,
'quo refugis? remane nec me, crudelis, amantem
desere,' clamauit; 'liceat quod tangere non est
aspicere et misero praebere alimenta furori.'
dumque dolet, summa uestem deduxit ab ora 480
nudaque marmoreis percussit pectora palmis.
pectora traxerunt roseum percussa ruborem,
non aliter quam poma solent, quae candida parte,
parte rubent, aut ut uariis solet uua racemis
ducere purpureum nondum matura colorem. 485
quae simul aspexit liquefacta rursus in unda,
non tulit ulterius sed, ut intabescere flauae
igne leui cerae matutinaeque pruinae
sole tepente solent, sic attenuatus amore
liquitur et tecto paulatim carpitur igni. 490
et neque iam color est mixto candore rubori
nec uigor et uires et quae modo uisa placebant,
nec corpus remanet, quondam quod amauerat Echo.
quae tamen ut uidit, quamuis irata memorque
indoluit, quotiensque puer miserabilis 'eheu!' 495

E, quanto posso supor pelo movimento de tua bela boca,
formulas palavras que aos meus ouvidos não chegam.
Esse sou eu! Apercebi-me disso e nem a minha imagem me engana!
Abraso-me de amor por mim! Atiço e sofro o efeito das chamas!
Que hei de fazer? Requestar ou ser requestado? Que hei de esperar?
Em mim está o que cobiço. A riqueza me empobrece.
Oh! Pudesse eu separar-me de meu corpo! Estranho desejo
de quem ama, querer eu que o objeto do meu amor esteja longe!
A dor já me rouba as forças, e não me resta
muito tempo de vida. Sucumbo na flor da idade.
A morte não me é pesada, ela alivia-me as dores.
Gostaria que aquele a quem amo tivesse mais longa vida.
Agora, cordialmente unidos, morreremos ambos numa vida só."
    Com estas palavras, quase louco, voltou a olhar a mesma imagem.
Com as lágrimas perturbou as águas e a imagem desvaneceu-se
na ondulação do lago. Ao vê-la afastar-se, gritou:
"Para onde vais!? Espera! Não me deixes, cruel,
a mim que te amo! Possa eu ao menos olhar o que tocar
não posso e assim alimente minha triste loucura!"
E, entre lágrimas, rasga sua veste de cima a baixo e fere
o peito desnudado com mãos cor de mármore.
Ferido, o peito adquire um rubor rosado, como acontece às maçãs
que, estando claras de um lado, adquirem, do outro, uma rubra cor;
ou como acontece nos cachos às uvas em maturação,
que apresentam uma cor de púrpura.
Ao ver na água, novamente calma, esta situação,
não resistiu mais, mas, como costumam a dourada cera
derreter em lume brando e o orvalho da manhã
ao calor do Sol, assim se funde ele, gasto pelo amor,
e lentamente é consumido por um fogo oculto.
Já nem existe cor, mistura de branco e rubro, nem ânimo,
nem forças, nem os encantos que admirava há pouco.
Nem se mantém o corpo que Eco amara outrora.
Mas esta, ao vê-lo, irada e ressentida embora, compadeceu-se dele
e sempre que o infeliz jovem gritava "ai!",

dixerat, haec resonis iterabat uocibus 'eheu!'
cumque suos manibus percusserat ille lacertos,
haec quoque reddebat sonitum plangoris eundem.
ultima uox solitam fuit haec spectantis in undam:
'heu frustra dilecte puer!' totidemque remisit   500
uerba locus, dictoque 'uale' 'uale' inquit et Echo.
ille caput uiridi fessum submisit in herba;
lumina mors clausit domini mirantia formam.
(tum quoque se, postquam est inferna sede receptus,
in Stygia spectabat aqua.) planxere sorores   505
Naides et sectos fratri posuere capillos,
planxerunt Dryades; plangentibus adsonat Echo.
iamque rogum quassasque faces feretrumque parabant:
nusquam corpus erat; croceum pro corpore florem
inueniunt foliis medium cingentibus albis.   510

    Cognita res meritam uati per Achaidas urbes
attulerat famam, nomenque erat auguris ingens.
spernit Echionides tamen hunc ex omnibus unus
contemptor superum Pentheus praesagaque ridet
uerba senis tenebrasque et cladem lucis ademptae   515
obicit. ille mouens albentia tempora canis
'quam felix esses, si tu quoque luminis huius
orbus' ait 'fieres, ne Bacchica sacra uideres.
namque dies aderit, quam non procul auguror esse,

com a voz em eco, ela respondia "ai!".
E quando, com as mãos, ele feria seus braços,
ela devolvia o mesmo som dos golpes.
Foram estas as últimas palavras ao voltar a olhar a fonte:
"Oh! Jovem amado em vão!" A encosta devolveu as palavras todas.
E, dizendo ele "adeus!", também Eco respondeu: "Adeus!"
Ele deixou cair na erva verde a cabeça cansada.
A morte fechou os olhos que admiravam a beleza do dono.
E ainda depois de ser recebido na mansão infernal
se contemplava na água do Estige. Choraram-no as Náiades,
suas irmãs, que, cortando o cabelo, o ofertaram ao irmão.
Choraram-no as Dríades.[18] Eco repercute o choro.
Preparavam já as tochas que se agitam no ar, o féretro e a pira,
mas em parte alguma se encontrava o corpo. No lugar do corpo,
encontraram uma flor amarela com pétalas brancas em volta do centro.[19]

[Penteu]

O conhecimento do sucedido havia granjeado justa fama ao adivinho,[20]
em todas as cidades da Acaia. Era grande a sua reputação de áugure.
Dentre todos há, porém, um, Penteu,[21] o filho de Equíon,
desdenhador dos deuses, que o despreza e se ri das profecias do ancião
e lhe lança em rosto a cegueira e a desgraça que lhe roubou a luz.
Meneando a cabeça, que alveja em suas cãs, diz-lhe ele:
"Quão feliz serias se também tu fosses privado desta luz
e não visses os rituais de Baco!
Pois vai chegar o dia, que prevejo não esteja longe,

---

[18] As ninfas da floresta.

[19] O narciso.

[20] Tirésias, que havia predito o fim de Narciso.

[21] Penteu é um herói tebano, descendente de Cadmo. É filho de Equíon, um dos homens nascidos do dente do dragão, e de Agave, filha de Cadmo.

qua nouus huc ueniat, proles Semeleia, Liber; 520
quem nisi templorum fueris dignatus honore,
mille lacer spargere locis et sanguine siluas
foedabis matremque tuam matrisque sorores.
eueniet; neque enim dignabere numen honore,
meque sub his tenebris nimium uidisse quereris.' 525
talia dicentem proturbat Echione natus.

Dicta fides sequitur responsaque uatis aguntur.
Liber adest festisque fremunt ululatibus agri;
turba ruit, mixtaeque uiris matresque nurusque
uulgusque proceresque ignota ad sacra feruntur. 530
'quis furor, anguigenae, proles Mauortia, uestras
attonuit mentes?' Pentheus ait 'aerane tantum
aere repulsa ualent et adunco tibia cornu
et magicae fraudes, ut quos non bellicus ensis,
non tuba terruerit, non strictis agmina telis, 535
femineae uoces et mota insania uino
obscenique greges et inania tympana uincant?
uosne, senes, mirer, qui longa per aequora uecti
hac Tyron, hac profugos posuistis sede Penates,
nunc sinitis sine Marte capi? uosne, acrior aetas, 540
o iuuenes, propiorque meae, quos arma tenere,
non thyrsos, galeaque tegi, non fronde decebat?
este, precor, memores, qua sitis stirpe creati,
illiusque animos, qui multos perdidit unus,
sumite serpentis. pro fontibus ille lacuque 545
interiit; at uos pro fama uincite uestra.
ille dedit leto fortes, uos pellite molles
et patrium retinete decus. si fata uetabant
stare diu Thebas, utinam tormenta uirique
moenia diruerent, ferrumque ignisque sonarent; 550

em que um desconhecido, Líber,[22] filho de Sêmele, virá até cá.
A menos que o consideres digno das honras de um templo,
serás despedaçado e disperso por mil lugares, e mancharás
com teu sangue as florestas, tua mãe e as irmãs de tua mãe.
Assim será, pois não considerarás a divindade digna dessa honra,
e lamentarás que eu, em minhas trevas, tenha visto tão claramente."
Falava ainda, quando o filho de Equíon o expulsa.
   A realidade segue as predições e as previsões do áugure realizam-se.
Líber chegou e os campos ressoam com os retumbantes gritos das festas.
A multidão precipita-se e as mães de família e as jovens solteiras,
misturadas com os homens, a massa anônima e os grandes senhores,
são arrastados para um culto ainda ignorado. Penteu grita: "Que loucura,
filhos do dragão, descendentes de Marte, aturdiu vossas mentes?
Terão o bronze percutido pelo bronze, a flauta de pavilhão recurvo
e os conjuros mágicos poder tão grande que os gritos das mulheres,
a loucura suscitada pelo vinho, essa horda de lascivos
e uns ocos tambores vençam aqueles a quem nem a espada guerreira,
nem a trombeta, nem os exércitos de arma em riste assustaram?
Não hei de espantar-me convosco, anciãos, que, tendo atravessado
tão grande extensão de mar, aqui estabelecestes Tiro, aqui estabelecestes
vossos fugitivos penates,[23] e agora vos deixais dominar sem luta?
E de vós, jovens, geração mais ardente e mais próxima da minha,
a quem melhor ficava empunhar armas que tirsos, cobrir-se com
o capacete do que com folhagem? Lembrai-vos, peço, de que estirpe
fostes criados e assumi o espírito daquela serpente que, sozinha,
destruiu a tantos! Ela sucumbiu pelas águas de sua fonte.
Vencei vós pela vossa reputação. Ela deu morte a valentes.
Repeli vós a covardes e salvai a honra da vossa pátria!
Se os deuses não quisessem que Tebas se mantivesse
por muito tempo, oxalá fossem as muralhas destruídas
por catapultas e soldados, e soassem o ferro e o fogo!

---

[22] Divindade arcaica da Itália central que presidia à cultura da vinha e à fertilidade dos campos. Foi identificada com Baco.

[23] Fugitivos, porque trazidos de Tiro por Cadmo, que fundou Tebas.

essemus miseri sine crimine sorsque querenda,
non celanda foret, lacrimaeque pudore carerent.
at nunc a puero Thebae capientur inermi,
quem neque bella iuuant nec tela nec usus equorum,
sed madidus murra crinis mollesque coronae   555
purpuraque et pictis intextum uestibus aurum;
quem quidem ego actutum (modo uos absistite) cogam
adsumptumque patrem commentaque sacra fateri.
an satis Acrisio est animi, contemnere uanum
numen et Argolicas uenienti claudere portas,   560
Penthea terrebit cum totis aduena Thebis?
ite citi' (famulis hoc imperat) 'ite ducemque
attrahite huc uinctum! iussis mora segnis abesto.'
hunc auus, hunc Athamas, hunc cetera turba suorum
corripiunt dictis frustraque inhibere laborant.   565
acrior admonitu est inritaturque retenta
et crescit rabies, remoraminaque ipsa nocebant.
(sic ego torrentem, qua nil obstabat eunti,
lenius et modico strepitu decurrere uidi;
at quacumque trabes obstructaque saxa tenebant,   570
spumeus et feruens et ab obice saeuior ibat.)
ecce cruentati redeunt et Bacchus ubi esset
quaerenti domino Bacchum uidisse negarunt;
'hunc' dixere 'tamen comitem famulumque sacrorum
cepimus' et tradunt, manibus post terga ligatis.   575
[sacra dei quendam Tyrrhena gente secutum.]

   Aspicit hunc Pentheus oculis quos ira tremendos
fecerat et quamquam poenae uix tempora differt,
'o periture tuaque aliis documenta dature
morte' ait, 'ede tuum nomen nomenque parentum   580
et patriam morisque noui cur sacra frequentes.'

Seríamos infelizes sem culpa, haveríamos de lamentar,
não de esconder nossa sorte, nem as lágrimas nos envergonhariam.
Agora, porém, Tebas será tomada por um menino desarmado,
a quem não agrada nem guerra, nem armas, nem o montar a cavalo,
mas os cabelos empapados em mirra, as suaves grinaldas,
a púrpura e o ouro que borda coloridas vestes.
Pois eu, afastai-vos dele vós, vou já forçá-lo a confessar
que o seu é um pai adotivo, e falsos os seus rituais.
Será que Acrísio tem coragem bastante para desprezar essa falsa divindade
e fechar-lhe as portas de Argos e virá esse estrangeiro
aterrorizar Penteu e Tebas inteira?" E ordena a seus criados:
"Parti céleres, parti e trazei-me aqui acorrentado o chefe.
Não quero demoras inúteis no cumprimento de minhas ordens."
Adverte-o o avô, adverte-o Átamas, advertem-no todos os seus,
e em vão se esforçam por impedi-lo. Torna-se mais pertinaz
com a advertência e encoleriza-se e cresce a raiva ao ser reprimida,
e os atrasos são contraproducentes.
Assim vi eu como uma corrente, a cuja marcha nada se opunha,
fluía suavemente e com pouco ruído;
mas, onde quer que troncos ou pedras amontoadas a retivessem,
avançava espumante, impetuosa e mais violenta por causa do obstáculo.
Eis que seus homens voltam ensanguentados. Perguntando-lhes o amo
onde estava Baco, negam havê-lo visto, e acrescentam:
"Mas aprisionamos este, seu companheiro e sacerdote
de seu culto." E entregam-lhe, de mãos atadas atrás das costas,
um tirreno que seguia os mistérios do deus.

[Os marinheiros tirrenos]

Penteu fixa-o com olhos que a ira tornara terríveis.
E embora lhe custasse diferir a hora da punição, diz:
"Tu, que vais morrer e, com tua morte, irás servir de exemplo
aos outros, diz-me o teu nome, o nome de teus pais e da tua pátria,
e porque celebras o culto de um estranho rito."

ille metu uacuus 'nomen mihi' dixit 'Acoetes,
patria Maeonia est, humili de plebe parentes.
non mihi quae duri colerent pater arua iuuenci,
lanigerosue greges, non ulla armenta reliquit;   585
pauper et ipse fuit linoque solebat et hamis
decipere et calamo salientes ducere pisces.
ars illi sua census erat; cum traderet artem,
"accipe quas habeo, studii successor et heres"
dixit, "opes" moriensque mihi nihil ille reliquit   590
praeter aquas; unum hoc possum adpellare paternum.
mox ego, ne scopulis haererem semper in isdem,
addidici regimen dextra moderante carinae
flectere et Oleniae sidus pluuiale Capellae
Taygetenque Hyadasque oculis Arctonque notaui   595
uentorumque domos et portus puppibus aptos.
    'Forte petens Delon Chiae telluris ad oras
applicor et dextris adducor litora remis
doque leues saltus udaeque immittor harenae.
nox ibi consumpta est. Aurora rubescere primo   600
coeperat: exsurgo laticesque inferre recentes
admoneo monstroque uiam, quae ducat ad undas.
ipse quid aura mihi tumulo promittat ab alto
prospicio comitesque uoco repetoque carinam.
"adsumus en" inquit sociorum primus Opheltes,   605
utque putat, praedam deserto nactus in agro
uirginea puerum ducit per litora forma.

Sem sinais de medo, responde-lhe ele: "Chamo-me Acetes,
sou da Meônia[24] e meus pais são de condição humilde.
Meu pai não me deixou terras para serem lavradas por fortes bois,
nem rebanhos de ovelhas, nem manadas de bois.
Também ele era pobre e a sua atividade consistia em lançar aos peixes
a linha e o anzol, que içava na cana enquanto se debatiam.
Tinha nesta atividade a sua fortuna. Quando ma deixou, disse:
'Recebe, sucessor e herdeiro da minha profissão,
a riqueza que tenho!' Ao morrer, deixou-me apenas
as águas. É a isto que chamo o meu patrimônio.
Logo eu, para não ficar sempre preso às mesmas rochas,
aprendi a governar por minha mão uma embarcação
e reconheci com meus olhos o pluvioso astro da Cabra de Óleno,[25]
Taígete,[26] as Híades,[27] a Ursa, a mansão dos ventos
e os ancoradouros capazes de receberem as embarcações.

Dirigindo-me um dia a Delos, aproximo-me das costas
da ilha de Quios, abordo a praia, remando, do lado direito,
e, de um pequeno salto, alcanço a úmida areia.
Passada a noite, começara a Aurora a tingir-se de rubro,
levanto-me, mando buscar água fresca
e indico o caminho que conduz à fonte.
Do alto de uma colina observo o que a brisa promete,
chamo os meus companheiros e regresso à embarcação.
'Cá estamos!', grita Ofeltes, o chefe da tripulação,
trazendo pela praia um menino de virginal beleza,
presa, segundo pensa, encontrada em zona deserta.

---

[24] Meônia é Lídia, província da Ásia Menor. Neste caso é a Etrúria.

[25] Zeus terá passado os primeiros anos da sua infância entregue aos cuidados de uma cabra, que o alimentou, junto à cidade de Óleno, na ilha de Creta.

[26] É uma Plêiade, filha de Atlas, que, depois de violentada por Zeus, se escondeu num monte da Lacônia, monte que passou a chamar-se Taígete.

[27] Um grupo de estrelas muito próximo das Plêiades e cuja aparição coincide com a estação das chuvas. Antes de haverem sido transformadas em estrelas, foram amas de Dioniso, sob a designação de Ninfas do Nisa.

ille mero somnoque grauis titubare uidetur
uixque sequi. specto cultum faciemque gradumque;
nil ibi quod credi posset mortale uidebam.   610
et sensi et dixi sociis: "quod numen in isto
corpore sit dubito, sed corpore numen in isto est.
quisquis es, o faueas nostrisque laboribus adsis.
his quoque des ueniam." "pro nobis mitte precari"
Dictys ait, quo non alius conscendere summas   615
ocior antemnas prensoque rudente relabi;
hoc Libys, hoc flauus, prorae tutela, Melanthus,
hoc probat Alcimedon et qui requiemque modumque
uoce dabat remis, animorum hortator Epopeus,
hoc omnes alii: praedae tam caeca cupido est.   620
"non tamen hanc sacro uiolari pondere pinum
perpetiar," dixi; "pars hic mihi maxima iuris"
inque aditu obsisto. furit audacissimus omni
de numero Lycabas, qui Tusca pulsus ab urbe
exilium dira poenam pro caede luebat.   625
is mihi, dum resto, iuuenali guttura pugno
raptat et excussum misisset in aequora, si non
haesissem quamuis amens in fune retentus.
impia turba probat factum; tum denique Bacchus
(Bacchus enim fuerat), ueluti clamore solutus   630
sit sopor aque mero redeant in pectora sensus,
"quid facitis? quis clamor?" ait "qua, dicite, nautae,
huc ope perueni? quo me deferre paratis?"
"pone metum" Proreus "et quos contingere portus
ede uelis," dixit; "terra sistere petita."   635
"Naxon" ait Liber "cursus aduertite uestros;
illa mihi domus est, uobis erit hospita tellus."

Aturdido de vinho e de sono, parece cambalear e segui-lo
com dificuldade. Observo o modo como se veste, seu rosto
e seu andar. Nada via nele que pudesse considerar-se mortal.
Apercebi-me e disse-o aos meus companheiros: 'Não sei que divindade
haja neste corpo, mas neste corpo há uma divindade.
Quem quer que sejas, oh!, sê propício e assiste à nossa labuta!
Perdoa também a estes!' Dítis, mais rápido que nenhum outro
a subir ao alto do mastro e de lá descer preso ao cabo,
atalha: 'Não te ponhas a pedir por nós!'
Líbis e o louro guarda da proa, Melanto, Alcimedonte,
Epopeu, que com sua voz comandava a pausa e o ritmo
dos remos e incitava os remadores, e todos os outros,
apoiam estas palavras. Tão cega é a ambição do lucro!
'Não consentirei', disse eu, 'que esta embarcação seja profanada
por esta carga sacrílega! Aqui, o comando pertence-me!'
E atravessei-me na entrada. O mais audacioso deles,
Lícabas, que, expulso de uma cidade da Toscana,[28]
pagava com o exílio a pena de uma morte atroz, entrou em fúria.
Resistindo eu, com seu vigoroso braço agarra-me pela garganta
e ter-me-ia morto e lançado ao mar, se não me segurasse,
ainda que inconsciente, agarrando-me a uma corda.
O sacrílego grupo aplaude o sucedido. Então, finalmente, Baco,
pois de Baco se tratava, como se o torpor houvesse sido vencido
pela gritaria, e o senso houvesse tornado à sua mente depois
da bebedeira, diz: 'Que estais a fazer? Que gritaria é essa?
Marinheiros, dizei-me por que meios aqui vim parar? Para onde
vos aprestais a levar-me?' Diz-lhe Proreu: 'Não tenhas medo.
Diz-nos para que portos queres ir. Ficarás na terra que buscas.'
Responde-lhe Líber: 'Dirigi vosso rumo para Naxos.
É lá que eu moro. Achareis nela uma terra hospitaleira.'

---

[28] Toscanos, *Tusci*; Etruscos, *Etrusci*; Tirrenos, *Thyrreni*; são vocábulos que tra-
duzem a mesma realidade, o povo etrusco e a região da Toscana.

per mare fallaces perque omnia numina iurant
sic fore meque iubent pictae dare uela carinae.
   'Dextera Naxos erat; dextra mihi lintea danti 640
"quid facis, o demens? quis te furor" inquit Opheltes,
"persequitur?" retinens "laeuam pete!" maxima nutu
pars mihi significat, pars quid uelit aure susurrat.
obstipui "capiat" que "aliquis moderamina" dixi
meque ministerio scelerisque artisque remoui. 645
increpor a cunctis totumque immurmurat agmen;
e quibus Aethalion "te scilicet omnis in uno
nostra salus posita est" ait et subit ipse meumque
explet opus Naxoque petit diuersa relicta.
tum deus inludens, tamquam modo denique fraudem 650
senserit, e puppi pontum prospectat adunca
et flenti similis "non haec mihi litora, nautae,
promisistis" ait, "non haec mihi terra rogata est.
quo merui poenam facto? quae gloria uestra est,
si puerum iuuenes, si multi fallitis unum?" 655
iamdudum flebam; lacrimas manus impia nostras
ridet et impellit properantibus aequora remis.
per tibi nunc ipsum (nec enim praesentior illo
est deus) adiuro, tam me tibi uera referre
quam ueri maiora fide. stetit aequore puppis 660
haud aliter quam si siccum nauale teneret.
illi admirantes remorum in uerbere perstant
uelaque deducunt geminaque ope currere temptant.
impediunt hederae remos nexuque recuruo
serpunt et grauidis distinguunt uela corymbis. 665
ipse racemiferis frontem circumdatus uuis
pampineis agitat uelatam frondibus hastam;

Juram os mentirosos pelo mar e por todos os deuses que assim será,
e ordenam-me que solte as velas da colorida embarcação.
  Naxos ficava à direita. Dirigindo eu as velas para a direita,
'Que estás a fazer, insensato, que loucura te domina', grita Ofeltes,
que me prende. 'Vai para a esquerda!' A maioria, por sinais de cabeça,
diz-me: 'Vai para a esquerda.' Sussurram-me outros ao ouvido
o que pretendem.[29] Parei e disse: 'Que outro tome o comando!'
E afastei-me do exercício da minha função e de um crime.
Todos me injuriam e a tripulação inteira murmura contra mim.
Um deles, Étalo, exclama: 'Evidentemente que a salvação de todos
não está apenas na tua mão!' Avança ele, assume a minha função
e, deixando Naxos, dirige-se em sentido contrário.
Então o deus, zombando deles como se apenas agora, por fim,
se apercebesse da traição, olha o mar da curva popa, e,
simulando chorar, diz: 'Marinheiros, não é esta a costa
que me prometestes! Esta não é a terra que vos pedi!
Por que razão mereci um castigo? Que glória é a vossa se enganardes,
sendo adultos, uma criança e, sendo muitos, a um sozinho?'
Eu estava já a chorar. O ímpio grupo ri-se das minhas lágrimas
e bate pressurosamente o mar com os remos.
Juro-te agora por ele (na verdade não há deus
mais presente do que ele)[30] que te relato coisas
tão verdadeiras quão inverossímeis. A embarcação
deteve-se no alto mar como se estivesse em doca seca.
Atônitos, eles persistem em bater os remos, soltam as velas
e tentam avançar com recurso a ambos os meios.
As heras[31] travam os remos e, com seus retorcidos nós,
introduzem-se furtivamente por todo o lado e matizam as velas
com seus pesados cachos. O próprio deus, de fronte cingida
de cachos de uvas, brande uma lança coberta de parras.

---

[29] Para não revelarem suas intenções ao jovem cativo.

[30] Tão presente que é ele mesmo quem fala.

[31] Planta consagrada a Baco.

quem circa tigres simulacraque inania lyncum
pictarumque iacent fera corpora pantherarum.
exsiluere uiri, siue hoc insania fecit 670
siue timor, primusque Medon nigrescere toto
corpore et expresso spinae curuamine flecti
incipit; huic Lycabas "in quae miracula" dixit
"uerteris?" et lati rictus et panda loquenti
naris erat squamamque cutis durata trahebat. 675
at Libys, obstantes dum uult obuertere remos,
in spatium resilire manus breue uidit et illas
iam non posse manus, iam pennas posse uocari.
alter ad intortos cupiens dare bracchia funes
bracchia non habuit truncoque repandus in undas 680
corpore desiluit; falcata nouissima cauda est,
qualia diuiduae sinuantur cornua lunae.
undique dant saltus multaque aspergine rorant
emerguntque iterum redeuntque sub aequora rursus
inque chori ludunt speciem lasciuaque iactant 685
corpora et acceptum patulis mare naribus efflant.
de modo uiginti (tot enim ratis illa ferebat)
restabam solus; pauidum gelidumque trementi
corpore uixque meum firmat deus "excute" dicens
"corde metum Dianque tene." delatus in illam 690
accessi †sacris† Baccheaque sacra frequento.'
    'Praebuimus longis' Pentheus 'ambagibus aures'
inquit, 'ut ira mora uires absumere posset.
praecipitem, famuli, rapite hunc cruciataque diris
corpora tormentis Stygiae demittite nocti.' 695
protinus abstractus solidis Tyrrhenus Acoetes
clauditur in tectis; et dum crudelia iussae
instrumenta necis ferrumque ignesque parantur,

Em seu redor estão deitadas ilusórias imagens de tigres, de linces
e de panteras de corpos ferozes e mosqueados.
Os marinheiros saltaram borda fora, fosse a loucura,
fosse o medo a impeli-los. E Medon foi o primeiro
a quem todo o corpo começou a ficar negro e a curva da coluna
a acentuar-se. Lícabas começou a dizer-lhe: 'Em que estranha coisa
estás a transformar-te?' E, enquanto fala, alarga-se-lhe a boca,
curva-se-lhe o nariz, e a pele escurece e cobre-se de escamas.
Ao pretender puxar em sentido contrário os remos, que resistiam,
Líbis vê as mãos encolherem para um tamanho reduzido
e a deixarem de ser mãos, podendo considerar-se barbatanas.
Um outro, ao pretender erguer os braços para o cordame enredado,
já não tinha braços e, arqueando o corpo mutilado,
deslizou para a água; a extremidade da cauda tem forma de foice
no modo como se curvam os cornos da meia lua.
Saltam por todo o lado e levantam uma nuvem de orvalho.
Emergem de novo e voltam a submergir no mar. Executam
uma espécie de dança, elevando no ar seus corpos folgazões.
Aspiram e expelem a água do mar pelas largas narinas.[32]
Dos vinte que éramos, pois tantos levava aquele barco,
restava só eu. Apavorado e gelado, com o corpo a tremer,
mal senhor de mim, sossegava-me o deus, que dizia:
'Expulsa de teu coração o medo e ruma a Dia.'[33]
Chegado à ilha, dediquei-me a Baco e celebro os seus mistérios."

Responde Penteu: "Estive a prestar atenção a teus intermináveis
delírios para que, com a demora, pudesse acalmar a minha cólera.
Servos, arrastai este homem, submetei seu corpo aos tormentos
de uma cruel tortura e lançai-o na noite estígia."
Logo o tirreno Acetes é arrastado e encerrado em sólida prisão.
E enquanto são preparados o ferro e o fogo,
cruéis instrumentos da morte que lhe fora destinada,

---

[32] Transformados em golfinhos.

[33] Antigo nome da ilha de Naxos.

sponte sua patuisse fores lapsasque lacertis
sponte sua fama est nullo soluente catenas.   700
    Perstat Echionides nec iam iubet ire, sed ipse
uadit ubi electus facienda ad sacra Cithaeron
cantibus et clara bacchantum uoce sonabat.
ut fremit acer equus, cum bellicus aere canoro
signa dedit tubicen, pugnaeque adsumit amorem,   705
Penthea sic ictus longis ululatibus aether
mouit et audito clamore recanduit ira.
monte fere medio est, cingentibus ultima siluis,
purus ab arboribus spectabilis undique campus.
hic oculis illum cernentem sacra profanis   710
prima uidet, prima est insano concita cursu,
prima suum misso uiolauit Penthea thyrso
mater et 'o geminae' clamauit 'adeste sorores!
ille aper, in nostris errat qui maximus agris,
ille mihi feriendus aper.' ruit omnis in unum   715
turba furens; cunctae coeunt fremituque sequuntur
iam trepidum, iam uerba minus uiolenta loquentem,
iam se damnantem, iam se peccasse fatentem.
saucius ille tamen 'fer opem, matertera!' dixit
'Autonoes moueant animos Actaeonis umbrae.'   720
illa quis Actaeon nescit dextramque precantis
abstulit; Inoo lacerata est altera raptu.
non habet infelix quae matri bracchia tendat,
trunca sed ostendens dereptis uulnera membris
'aspice, mater!' ait; uisis ululauit Agaue   725
collaque iactauit mouitque per aera crinem
auulsumque caput digitis complexa cruentis
clamat 'io comites, opus hoc uictoria nostra est!'

diz-se que as portas se abriram por si e que, por si,
sem que ninguém as soltasse, lhe caíram as cadeias dos braços.

O filho de Equíon obstina-se e já não manda ir, vai ele mesmo,
quando o Citéron, escolhido para a celebração dos rituais,
ecoava com os cânticos e a aguda gritaria das bacantes.
Como o fogoso corcel, quando o clarim de guerra deu o sinal
no bronze sonoro, freme e se inflama na paixão do combate,
assim o ar percutido pelo longo ulular excitou Penteu,
e a sua cólera incendiou-se com os gritos que se ouviam.
Quase a meio do monte, entre florestas que o bordejam,
há um terreno plano, sem árvores, que é visível de todos os pontos.
A primeira que aí o descobre a observar com olhar profano
os rituais sagrados, a primeira que, numa corrida infrene,
vai ao seu encontro, a primeira que fere a golpes de tirso
o seu Penteu, é sua mãe,[34] que grita: "Vinde cá, minhas duas irmãs![35]
Aquele enorme javali que deambula no nosso terreno,
àquele javali vou matá-lo eu." Toda a horda se lança,
enfurecida, sobre ele só. Correm todas juntas e perseguem-no,
a ele já espavorido, espavorido e a usar já uma linguagem
menos violenta, já a condenar-se e a admitir que pecou.
Ferido, ele grita: "Tia Autônoe, socorre-me!
Que a sombra de Acteão[36] te sensibilize!"
Ela, ignorando quem seja Acteão, arrancou a mão direita
ao suplicante! A outra foi decepada e arrancada por Ino.
O infeliz já não tem braços que erga para a mãe, mas,
mostrando o corpo e as feridas dos membros decepados, diz:
"Olha, mãe!" Perante aquela visão, Agave solta um bramido,
retorce-lhe o pescoço, agita no ar a cabeleira, segura entre os dedos
ensanguentados a cabeça que acaba de arrancar e grita:
"Eia companheiras! Esta vitória é obra minha!"

---

[34] Agave, filha de Cadmo e Harmonia.

[35] Ino e Autônoe. Sêmele fora já fulminada pelo raio de Júpiter.

[36] Acteão era o filho de Autônoe.

non citius frondes autumni frigore tactas
iamque male haerentes alta rapit arbore uentus,   730
quam sunt membra uiri manibus derepta nefandis.
Talibus exemplis monitae noua sacra frequentant
turaque dant sanctasque colunt Ismenides aras.

O vento não arranca mais rapidamente do cimo da árvore as folhas mal presas, que foram tocadas já pelo frio do outono, do que os membros de Penteu são despedaçados por aquelas abomináveis mãos. Instruídas por este exemplo, as Ismênides[37] celebram os novos ritos, ofertam incenso e veneram os altares sagrados.

---

[37] As filhas de Ismeno, mulheres de Tebas.

Liber Quartus

At non Alcithoe Minyeias orgia censet
accipienda dei, sed adhuc temeraria Bacchum
progeniem negat esse Iouis sociasque sorores
impietatis habet. festum celebrare sacerdos
immunesque operum famulas dominasque suorum   5
pectora pelle tegi, crinales soluere uittas,
serta coma, manibus frondentes sumere thyrsos
iusserat et saeuam laesi fore numinis iram
uaticinatus erat. parent matresque nurusque
telasque calathosque infectaque pensa reponunt   10
turaque dant Bacchumque uocant Bromiumque Lyaeumque
ignigenamque satumque iterum solumque bimatrem;
additur his Nyseus indetonsusque Thyoneus
et cum Lenaeo genialis consitor uuae
Nycteliusque Eleleusque parens et Iacchus et Euhan   15
et quae praeterea per Graias plurima gentes
nomina, Liber, habes. tibi enim inconsumpta iuuenta est,
tu puer aeternus, tu formosissimus alto
conspiceris caelo; tibi, cum sine cornibus adstas,
uirgineum caput est; Oriens tibi uictus adusque   20
decolor extremo qua tingitur India Gange;

Livro IV

[As filhas de Mínias]

Também Alcítoe, filha de Mínias,[1] considera que os mistérios
do deus não devem ser acolhidos e, temerária, nega ainda
que Baco seja filho de Júpiter, e tem suas irmãs como cúmplices
desta impiedade. O sacerdote havia ordenado que se celebrasse
uma festa e que escravas e senhoras, dispensadas de suas ocupações,
cobrissem os seios com uma pele, desatassem as fitas do cabelo,
ornassem a cabeça com coroas, levassem na mão tirsos
cobertos de folhagem, e predissera que a ira do deus, se fosse
ofendido, seria terrível. Obedecem as mães de família e as donzelas,
arrumam as teias, os açafates e as tarefas do dia por concluir.
Ofertam incenso e invocam Baco como Brômio,
Lieu, filho do fogo, duas vezes nascido, único com duas mães.
A estes acrescentam: filho de Nisa, Tione de longos cabelos
e, com o de Leneu, plantador da videira divina,
Nictélio, pai Eleleu, Iaco, Evan.
E, além destes, muitos outros nomes que tu, Líber,[2]
tens entre os gregos, pois preservas intacta a juventude,
és eternamente jovem, és visto como o mais belo no alto céu.
Tens cabeça virginal, quando te mostras sem cornos.
O Oriente, até o ponto em que a trigueira Índia
mergulha no trecho final do Ganges, está-te submetido.

---

[1] Rei de Orcômeno, na Beócia. Era muito rico e teve muitos filhos, como Orcô-
meno (que daria nome à cidade), Alcítoe, Leucônoe e Arcipe. Foi bisavô de Jasão.

[2] Alcunha de Baco.

Penthea tu, uenerande, bipenniferumque Lycurgum
sacrilegos mactas Tyrrhenaque mittis in aequor
corpora; tu biiugum pictis insignia frenis
colla premis lyncum; Bacchae Satyrique sequuntur,   25
quique senex ferula titubantes ebrius artus
sustinet et pando non fortiter haeret asello.
quacumque ingrederis, clamor iuuenalis et una
femineae uoces impulsaque tympana palmis
concauaque aera sonant longoque foramine buxus.   30
   'Placatus mitisque' rogant Ismenides 'adsis,'
iussaque sacra colunt; solae Minyeides intus
intempestiua turbantes festa Minerua
aut ducunt lanas aut stamina pollice uersant
aut haerent telae famulasque laboribus urgent.   35
e quibus una leui deducens pollice filum
'dum cessant aliae commentaque sacra frequentant,
nos quoque, quas Pallas, melior dea, detinet' inquit,
'utile opus manuum uario sermone leuemus
perque uices aliquid, quod tempora longa uideri   40
non sinat, in medium uacuas referamus ad aures.'
dicta probant primamque iubent narrare sorores.
illa quid e multis referat (nam plurima norat),
cogitat et dubia est, de te, Babylonia, narret,
Derceti, quam uersa squamis uelantibus artus   45
stagna Palaestini credunt motasse figura,

Tu, venerando, imolaste os sacrílegos Penteu e Licurgo,[3]
portador do machado de dois gumes, e precipitaste no mar
os corpos dos marinheiros tirrenos. Tu submetes a duplo jugo
a cerviz dos linces ornados de coloridos freios. Seguem as bacantes
e os sátiros e o ébrio ancião que apoia seus titubeantes membros
no bastão e mal se segura no dorso do burro.[4]
Por onde quer que vás, soam os clamores dos jovens
e também vozes de mulheres, tambores percutidos com a mão,
os côncavos bronzes e a flauta de longa abertura.

Suplicam as mulheres de Ismeno[5] que, aplacado e benigno,
as assistas, e celebram os rituais prescritos. Só as filhas de Mínias,
em casa, perturbando as festas com os trabalhos de Minerva,
fora de horas, ora fiam a lã, ora torcem os fios entre os dedos,
ora se põem ao tear e exortam ao trabalho as serviçais.
Puxando o fio com polegar ligeiro, uma delas disse:
"Enquanto outras sossegam e tomam parte em rituais inventados,
aliviemos nós, a quem Palas, a melhor das deusas, aqui retém,
a útil ocupação das mãos com uma história pitoresca.
Traga, cada uma por sua vez, a nossos ouvidos sem ocupação
alguma coisa que não deixe o tempo parecer infindável."
Aprovam as irmãs as suas palavras e pedem-lhe que seja a primeira
a narrar. Pensa ela no que há de contar do muito que sabe
(de fato aprendera muito) e hesita se há de falar de ti,
babilônica Dérceto, de quem na Palestina se acredita que mudaste
de aspecto e, com escamas a cobrir-te o corpo, agitas os lagos;[6]

---

[3] Rei da Trácia, exemplo do castigo dos deuses sobre aqueles que os desafiam.
Dioniso tinha ido para a Trácia com suas amas. Licurgo expulsou-o, causando-lhe
tanto medo que o deus se lançou ao mar, onde foi recolhido por Tétis. Licurgo foi
castigado por Zeus, que o cegou.

[4] Sileno, ancião de aspecto disforme, mas de grande sabedoria, que se diz ter
criado Dioniso. É representado montado num burro, em cujo dorso mal se aguenta por
causa da embriaguez.

[5] As habitantes de Tebas.

[6] Dérceto era uma deusa com cabeça de mulher e todo o corpo de peixe, venera-
da na Síria, que vivia num lago, perto de Ascalão. Era mãe de Semíramis.

an magis, ut sumptis illius filia pennis
extremos albis in turribus egerit annos,
Nais an ut cantu nimiumque potentibus herbis
uerterit in tacitos iuuenalia corpora pisces,   50
donec idem passa est, an, quae poma alba ferebat
ut nunc nigra ferat contactu sanguinis arbor.
hoc placet; hanc, quoniam uulgaris fabula non est,
talibus orsa modis lana sua fila sequente:

'Pyramus et Thisbe, iuuenum pulcherrimus alter,   55
altera, quas Oriens habuit, praelata puellis,
contiguas tenuere domos, ubi dicitur altam
coctilibus muris cinxisse Semiramis urbem.
notitiam primosque gradus uicinia fecit;
tempore creuit amor. taedae quoque iure coissent,   60
sed uetuere patres; quod non potuere uetare,
ex aequo captis ardebant mentibus ambo.
conscius omnis abest; nutu signisque loquuntur,
quoque magis tegitur, tectus magis aestuat ignis.
fissus erat tenui rima, quam duxerat olim   65
cum fieret, paries domui communis utrique.
id uitium nulli per saecula longa notatum
(quid non sentit amor?) primi uidistis amantes
et uocis fecistis iter, tutaeque per illud
murmure blanditiae minimo transire solebant.   70
saepe, ubi constiterant hinc Thisbe, Pyramus illinc,
inque uices fuerat captatus anhelitus oris,
"inuide" dicebant "paries, quid amantibus obstas?
quantum erat, ut sineres toto nos corpore iungi?
aut, hoc si nimium est, uel ad oscula danda pateres!   75
nec sumus ingrati; tibi nos debere fatemur,
quod datus est uerbis ad amicas transitus aures."
talia diuersa nequiquam sede locuti

ou do modo como a filha desta, depois de ter assumido asas,
passou os últimos anos em brancas torres;
ou de como uma Náiade, por efeitos de encantamento
ou de poderosas ervas, mudara os corpos de jovens em mudos peixes
até ela sofrer o mesmo; ou de como a árvore que dava frutos brancos
os dá agora negros, por efeito do contato com o sangue.
Agrada-lhes esta. Porque não é uma história muito conhecida,
começou deste modo, enquanto a lã segue o fio:

[Píramo e Tisbe]

  "Píramo e Tisbe, ele, o mais belo dos jovens,
ela, que superava quantas donzelas teve o Oriente,
viviam em casas contíguas, onde se conta que Semíramis
havia rodeado a sua cidadela de altos muros de adobe.
A vizinhança ocasionou o conhecimento e os primeiros avanços.
O amor foi crescendo com o tempo. E ter-se-iam unido pelo casamento,
mas os pais opuseram-se. O que não puderam impedir
foi que ambos ardessem por igual em seus corações cativos.
Ninguém sabe disso. Falam por gestos e por sinais.
E quanto mais se oculta, mais arde o fogo escondido.
A parede comum a ambas as casas abrira pequena fissura,
que se produzira um dia, quando da construção.
Esse defeito, por ninguém notado ao longo dos séculos
(de que é que o amor não se dá conta!?), fostes vós, amantes,
os primeiros a vê-lo e dele fizestes caminho para a voz. Por ele
costumavam seguras passar em doce murmúrio as vossas ternuras.
Quando, às vezes, estava Tisbe de um lado e do outro estava Píramo
e se apercebiam da respiração um do outro, diziam:
'Ciumenta parede, por que te intrometes entre quem se ama?
Que te custava deixar-nos unir nossos corpos completamente?
Ou, se isso fosse demais, abrir-te para nos beijarmos?
Mas não somos mal-agradecidos. Confessamos dever-te o teres
proporcionado às nossas palavras passagem para ouvidos amigos.'
Depois de isto dizerem em vão, cada um de seu lado,

219   Livro IV

sub noctem dixere "uale" partique dedere
oscula quisque suae non peruenientia contra.   80
postera nocturnos Aurora remouerat ignes
solque pruinosas radiis siccauerat herbas:
ad solitum coiere locum. tum murmure paruo
multa prius questi statuunt ut nocte silenti
fallere custodes foribusque excedere temptent,   85
cumque domo exierint, urbis quoque tecta relinquant,
neue sit errandum lato spatiantibus aruo,
conueniant ad busta Nini lateantque sub umbra
arboris; arbor ibi niueis uberrima pomis,
ardua morus, erat, gelido contermina fonti.   90
pacta placent; et lux tarde discedere uisa
praecipitatur aquis, et aquis nox exit ab isdem.
   'Callida per tenebras uersato cardine Thisbe
egreditur fallitque suos adopertaque uultum
peruenit ad tumulum dictaque sub arbore sedit;   95
audacem faciebat amor. uenit ecce recenti
caede leaena boum spumantes oblita rictus
depositura sitim uicini fontis in unda;
quam procul ad lunae radios Babylonia Thisbe
uidit et obscurum timido pede fugit in antrum,   100
dumque fugit, tergo uelamina lapsa reliquit.
ut lea saeua sitim multa compescuit unda,
dum redit in siluas, inuentos forte sine ipsa
ore cruentato tenues laniauit amictus.
   'Serius egressus uestigia uidit in alto   105
puluere certa ferae totoque expalluit ore
Pyramus; ut uero uestem quoque sanguine tinctam
repperit, "una duos" inquit "nox perdet amantes,
e quibus illa fuit longa dignissima uita,

ao anoitecer, disse adeus e cada um deu a seu lado
beijos que não chegavam ao outro.
A aurora seguinte tinha removido os luzeiros da noite e o sol,
com seus raios, havia enxugado a erva orvalhada.
Retornaram ao lugar do costume. Então, depois de muitos queixumes,
em surdina murmurados, decidem que, pelo silêncio da noite,
vão ludibriar os vigias e tentar transpor as portas e, depois de sair
de casa, saírem também da cidade. E para não se perderem,
errando por campos infindos, combinam encontrar-se junto
ao sepulcro de Nino[7] e esconder-se na penumbra da árvore.
Havia lá uma árvore, uma alta amoreira,
vizinha da fresca fonte e carregada de frutos brancos.
Acordam neste plano. O dia, que parecia correr lentamente,
mergulha nas águas, e das mesmas águas a noite se ergue.

   Hábil na escuridão, Tisbe, rodando a porta no gonzo,
sai, ludibria os seus e, de rosto coberto, chega ao túmulo
e senta-se debaixo da árvore combinada.
O amor tornara-a ousada. Eis que se aproxima uma leoa,
focinho manchado do sangue da recente carnificina de uns bois,
que vinha matar a sede na água da fonte vizinha.
Tisbe, a babilônica, vê-a ao longe sob a luz da Lua
e, com passo inseguro, esconde-se numa cova escura.
Ao fugir, deixa atrás de si, caído, o véu.
Depois de a feroz leoa haver saciado a sede com água abundante,
ao tornar à floresta, encontrou, por acaso, o vaporoso véu sozinho
e, com a boca ensanguentada, fê-lo em pedaços.

   Saindo mais tarde, Píramo viu na espessura do pó
seguros vestígios da fera e empalideceu completamente.
E, ao encontrar a veste manchada de sangue também,
afirma: 'Uma única noite vai perder dois amantes.
Dos dois, era ela a mais merecedora de uma vida longa.

---

[7] É o mítico fundador de Nínive e do império babilônico.

nostra nocens anima est. ego te, miseranda, peremi,   110
in loca plena metus qui iussi nocte uenires
nec prior huc ueni. nostrum diuellite corpus
et scelerata fero consumite uiscera morsu,
o quicumque sub hac habitatis rupe leones!
sed timidi est optare necem." uelamina Thisbes   115
tollit et ad pactae secum fert arboris umbram,
utque dedit notae lacrimas, dedit oscula uesti,
"accipe nunc" inquit "nostri quoque sanguinis haustus!"
quoque erat accinctus, demisit in ilia ferrum;
nec mora, feruenti moriens e uulnere traxit.   120
ut iacuit resupinus humo, cruor emicat alte,
non aliter quam cum uitiato fistula plumbo
scinditur et tenues stridente foramine longe
eiaculatur aquas atque ictibus aera rumpit.
arborei fetus aspergine caedis in atram   125
uertuntur faciem, madefactaque sanguine radix
purpureo tingit pendentia mora colore.
   'Ecce metu nondum posito, ne fallat amantem,
illa redit iuuenemque oculis animoque requirit,
quantaque uitarit narrare pericula gestit.   130
utque locum et uisa cognoscit in arbore formam,
sic facit incertam pomi color; haeret, an haec sit.
dum dubitat, tremebunda uidet pulsare cruentum
membra solum retroque pedem tulit, oraque buxo
pallidiora gerens exhorruit aequoris instar,   135
quod tremit, exigua cum summum stringitur aura.
sed postquam remorata suos cognouit amores,
percutit indignos claro plangore lacertos
et laniata comas amplexaque corpus amatum
uulnera suppleuit lacrimis fletumque cruori   140
miscuit et gelidis in uultibus oscula figens
"Pyrame" clamauit, "quis te mihi casus ademit?
Pyrame, responde! tua te, carissime, Thisbe
nominat; exaudi uultusque attolle iacentes!"

É minha a culpa. Fui eu, infeliz, quem te perdeu, eu que te disse
para vires de noite para lugares tão cheios de medo
e não me antecipei a vir. Despedaçai meu corpo
e consumi minhas entranhas criminosas com feras dentadas,
ó leões todos que viveis nestas serras!
Mas é covarde quem deseja a morte.' Recolhe o véu de Tisbe
e leva-o consigo para debaixo da penumbra da árvore combinada.
E, enquanto chorava e beijava o véu de si conhecido, diz:
'Recebe agora também o hausto do meu sangue!'
E cravou nas entranhas o ferro que trazia cingido.
Moribundo, arranca-o, em seguida, da ferida ainda quente.
Ao ficar estendido de costas no chão, o sangue repuxa com força,
como quando, no chumbo corroído, se abre uma fissura
e por essa estridente passagem arremessa ao longe
finos esguichos de água que cortam o ar com seus golpes.
Os frutos da árvore assumem aparência escura,
pela aspersão do sangue, e, pelo sangue regada,
a raiz tinge de cor púrpura as amoras pendentes.

Sem deixar de ter medo, para não enganar a quem ama,
retorna ela e procura o jovem com os olhos e o coração.
Exulta por lhe contar a quão grandes perigos havia escapado.
Se reconhece o lugar e a forma da árvore, que avista,
a cor do fruto deixa-a insegura. Duvida se é esta.
Enquanto hesita, vê, apavorada, o corpo ensanguentado,
que se agita no chão. Recua, e mostra um rosto
mais pálido que o buxo, e treme como a extensão marinha
que se agita quando uma brisa ligeira acaricia a superfície.
Mas, logo que parou e reconheceu seu amor,
fere com sonoros golpes seus braços,
que não o mereciam. E, enquanto arranca o cabelo
e abraça o corpo amado, banha de lágrimas as feridas
e ao sangue mistura o choro. Beijando o rosto gelado, grita:
'Píramo, que desgraça te roubou a mim?
Responde, Píramo! É a tua Tisbe, meu querido,
quem te chama! Ouve e levanta a cabeça desfalecida!'

223   Livro IV

Ad nomen Thisbes oculos iam morte grauatos 145
Pyramus erexit uisaque recondidit illa.
quae postquam uestemque suam cognouit et ense
uidit ebur uacuum, "tua te manus" inquit "amorque
perdidit, infelix. est et mihi fortis in unum
hoc manus, est et amor; dabit hic in uulnera uires. 150
persequar extinctum letique miserrima dicar
causa comesque tui, quique a me morte reuelli
heu sola poteras, poteris nec morte reuelli.
hoc tamen amborum uerbis estote rogati,
o multum miseri meus illiusque parentes, 155
ut quos certus amor, quos hora nouissima iunxit,
componi tumulo non inuideatis eodem.
at tu, quae ramis arbor miserabile corpus
nunc tegis unius, mox es tectura duorum,
signa tene caedis pullosque et luctibus aptos 160
semper habe fetus, gemini monimenta cruoris."
Dixit et aptato pectus mucrone sub imum
incubuit ferro, quod adhuc a caede tepebat.
uota tamen tetigere deos, tetigere parentes;
nam color in pomo est, ubi permaturuit, ater, 165
quodque rogis superest una requiescit in urna.'

   Desierat, mediumque fuit breue tempus, et orsa est
dicere Leuconoe: uocem tenuere sorores.
'hunc quoque, siderea qui temperat omnia luce,
cepit amor Solem; Solis referemus amores. 170
primus adulterium Veneris cum Marte putatur
hic uidisse deus; uidet hic deus omnia primus.
indoluit facto Iunonigenaeque marito
furta tori furtique locum monstrauit; at illi
et mens et quod opus fabrilis dextra tenebat 175
excidit. extemplo graciles ex aere catenas

Ao nome de Tisbe, Píramo ergueu os olhos, marcados já
pelo peso da morte e, ao vê-la, voltou a fechá-los.
Ao reconhecer o seu véu e ao ver a bainha de marfim vazia da espada,
Tisbe solta um grito: 'Foi a tua mão e o teu amor, infeliz,
que te perderam! Eu também tenho mão forte, ao menos para isto!
Também eu tenho amor! Há de este dar-me forças para me ferir!
Seguir-te-ei na morte e serei tida pela mais triste causa,
e por companheira, da tua morte! E tu, que só pela morte,
oh!, poderias de mim separar-te, nem pela morte te separarás!
Atendei, porém, meus tão infelizes pais e infelizes pais dele,
às palavras de ambos, que isto vos pedem:
não impeçais que aqueles que um amor fiel
e a hora final uniram fiquem juntos no mesmo túmulo!
E tu, árvore, que com teus ramos cobres agora o infeliz corpo
de um e a seguir cobrirás os corpos dos dois,
conserva os sinais da morte e mantém sempre negros os frutos,
conformes com o luto, em memória do sangue dos dois.'
Assim falou e, ajustando a espada abaixo do peito,
lançou-se sobre o ferro, tépido ainda da outra morte.
Seus votos chegaram aos deuses e chegaram aos pais,
pois nos frutos, quando estão maduros, é negra a cor,
e o que resta das piras repousa numa urna só."

[Vênus e Marte]

   Tinha chegado ao fim. Houve uma curta pausa, e Leucônoe
tomou a palavra. Suas irmãs ouviram-na em silêncio.
"Também a este, o Sol, que tudo governa com sua luz celeste,
o amor prendeu. Falemos dos amores do Sol.
Julga-se que foi este deus o primeiro a ver o adultério
de Vênus com Marte. É este o deus que tudo vê primeiro.
Doeu-se do fato e mostrou ao marido, o filho de Juno,
a desonra feita a seu leito e o lugar da desonra. Este perdeu
não só a razão, mas a obra de artista que tinha entre mãos.
Prepara, à lima, imediatamente, finas cadeias de bronze,

retiaque et laqueos, quae lumina fallere possent,
elimat (non illud opus tenuissima uincant
stamina, non summo quae pendet aranea tigno),
utque leues tactus momentaque parua sequantur 180
efficit et lecto circumdata collocat apte.
ut uenere torum coniunx et adulter in unum,
arte uiri uinclisque noua ratione paratis
in mediis ambo deprensi amplexibus haerent.
Lemnius extemplo ualuas patefecit eburnas 185
immisitque deos. illi iacuere ligati
turpiter, atque aliquis de dis non tristibus optat
sic fieri turpis; superi risere, diuque
haec fuit in toto notissima fabula caelo.

'Exigit indicii memorem Cythereia poenam 190
inque uices illum, tectos qui laesit amores,
laedit amore pari. quid nunc, Hyperione nate,
forma colorque tibi radiataque lumina prosunt?
nempe tuis omnes qui terras ignibus uris
ureris igne nouo, quique omnia cernere debes, 195
Leucothoen spectas et uirgine figis in una
quos mundo debes oculos. modo surgis Eoo
temperius caelo, modo serius incidis undis,
spectandique mora brumales porrigis horas;
deficis interdum, uitiumque in lumina mentis 200
transit, et obscurus mortalia pectora terres.
nec tibi quod lunae terris propioris imago
obstiterit palles; facit hunc amor iste colorem.

redes e laços que possam iludir a vista. Nem os fios mais finos,
nem a teia de aranha suspensa do alto da viga
superariam este trabalho. E faz com que acompanhem
o mais leve contato e o gesto mais suave.
Coloca-os convenientemente a rodear o leito.
Logo que a esposa e o amante se abeiram do leito,
enquanto se abraçam, ambos ficam presos nas cadeias
preparadas pela recente invenção do marido.
Logo o artesão de Lemnos[8] abriu as portas de marfim e deixou
que os deuses entrassem. Jaziam ambos vergonhosamente enredados.
Entre os deuses, que não ficaram tristes, houve um que fez votos para
passar pela mesma vergonha. Os deuses riram-se e, por longo tempo,
foi este o acontecimento mais badalado em todo o céu.

[Leucótoe e Clície]

A deusa de Citera[9] decide castigar aquele que a denunciou
e fere, por sua vez, com amor igual aquele que lesou
seus amores ocultos. De que te servem agora, filho de Hiperíon,
tua beleza, teu colorido e a tua luz radiosa?
Pois tu, que com teu fogo abrasas a terra inteira, serás consumido
por um fogo novo; tu, que deves ver tudo, só Leucótoe vês,
e fixas numa única donzela os olhos que deves ao mundo.
Ora te ergues mais cedo no céu do Oriente,
ora mergulhas mais tarde nas águas, e alongas as horas de inverno
na demora de a contemplar. Por vezes desfaleces
e a enfermidade da tua alma transfere-se para a tua luz
e, escurecendo, atemorizas o coração dos mortais.
E não empalideces porque a figura da lua, mais vizinha da terra,
se haja entreposto. É esse amor que provoca esta cor.

---

[8] Vulcano foi atirado do Olimpo e caiu em Lemnos, onde foi recolhido e reanimado, dando aí início à sua atividade artística.

[9] Ilha do mar Egeu, conhecida pelo culto prestado a Vênus.

diligis hanc unam, nec te Clymeneque Rhodosque
nec tenet Aeaeae genetrix pulcherrima Circes   205
quaeque tuos Clytie quamuis despecta petebat
concubitus ipsoque illo graue uulnus habebat
tempore; Leucothoe multarum obliuia fecit,
gentis odoriferae quam formosissima partu
edidit Eurynome; sed postquam filia creuit,   210
quam mater cunctas, tam matrem filia uicit.
rexit Achaemenias urbes pater Orchamus isque
septimus a prisco numeratur origine Belo.
    'Axe sub Hesperio sunt pascua Solis equorum.
ambrosiam pro gramine habent; ea fessa diurnis   215
membra ministeriis nutrit reparatque labori.
dumque ibi quadrupedes caelestia pabula carpunt
noxque uicem peragit, thalamos deus intrat amatos
uersus in Eurynomes faciem genetricis et inter
bis sex Leucothoen famulas ad lumina cernit   220
leuia uersato ducentem stamina fuso.
ergo ubi ceu mater carae dedit oscula natae,
"res" ait "arcana est; famulae, discedite, neue
eripite arbitrium matri secreta loquendi."
paruerant, thalamoque deus sine teste relicto   225
"ille ego sum" dixit "qui longum metior annum,
omnia qui uideo, per quem uidet omnia tellus,
mundi oculus. mihi (crede!) places." pauet illa metuque
et colus et fusus digitis cecidere remissis;

Só a esta amas. Nem Clímene, nem Rode,[10] nem a belíssima
progenitora[11] da Circe de Ea[12] te prendem.
E nem sequer Clície[13] que, embora desprezada, buscava
dormir contigo e sofria, nesse mesmo tempo, ferida profunda.
Leucótoe te fez esquecer de muitas, ela a quem deu à luz
Eurínome, a mais bela do país dos perfumes.
Mas a filha, ao crescer, superou a mãe
tanto quanto a mãe superou todas as outras.
Orcamo, seu pai, reinou sobre as cidades aquemênidas
e conta-se em sétimo lugar na linha do antigo Belo.
  Sob o céu da Hespéria encontram-se as pastagens dos cavalos do Sol.
Em vez de erva têm ambrosia. Esta retempera-lhes os corpos
fatigados no labor diário e recobra-lhes as forças para o trabalho.
Enquanto os cavalos aí pastam nos prados celestes
e a noite prossegue o seu turno, o deus entra nos cobiçados
aposentos disfarçado na figura de Eurínome,
a mãe, e, ao clarão da luz, divisa Leucótoe
que, entre doze escravas, puxa os finos fios no fuso que rola.
E ao beijá-la como uma mãe beija uma filha querida, diz:
'Isto é segredo. Escravas, saí e não tireis a uma mãe
a possibilidade de confidenciar com a sua filha.'
Obedeceram. Ao ficarem os aposentos sem testemunhas,
disse o deus: 'Eu sou aquele que mede o longo ano,
que tudo vê, e por ação de quem tudo vê a terra.
Eu sou o olho do mundo. Amo-te, acredita!' Ela assusta-se
e, com o medo, caem-lhe dos dedos inertes a roca e o fuso.

---

[10] Filha de Posêidon e Anfitrite, desposada por Hélio (o Sol).

[11] Perseis, filha de Oceano e Tétis, mulher do Sol, de quem teve os filhos Eeto, Perses, Circe e Pasífae.

[12] Ilha fabulosa, morada de Circe, situada na Itália, próximo de Gaeta e de Terracina.

[13] Donzela amada pelo Sol, que a repeliu em troca do amor de Leucótoe. Por haver denunciado os amores da rival, acabou encerrada num poço.

ipse timor decuit. nec longius ille moratus 230
in ueram rediit speciem solitumque nitorem;
at uirgo, quamuis inopino territa uisu,
uicta nitore dei posita uim passa querella est.
  'Inuidit Clytie (neque enim moderatus in illa
Solis amor fuerat) stimulataque paelicis ira 235
uulgat adulterium diffamatamque parenti
indicat; ille ferox immansuetusque precantem
tendentemque manus ad lumina Solis et "ille
uim tulit inuitae" dicentem defodit alta
crudus humo tumulumque super grauis addit harenae. 240
dissipat hunc radiis Hyperione natus iterque
dat tibi, qua possis defossos promere uultus;
nec tu iam poteras enectum pondere terrae
tollere, nympha, caput corpusque exsangue iacebas.
nil illo fertur uolucrum moderator equorum 245
post Phaethonteos uidisse dolentius ignes.
ille quidem gelidos radiorum uiribus artus
si queat in uiuum temptat reuocare calorem;
sed quoniam tantis fatum conatibus obstat,
nectare odorato sparsit corpusque locumque, 250
multaque praequestus "tanges tamen aethera" dixit.
protinus imbutum caelesti nectare corpus
delicuit terramque suo madefecit odore,
uirgaque per glaebas sensim radicibus actis
turea surrexit tumulumque cacumine rupit. 255
  'At Clytien, quamuis amor excusare dolorem
indiciumque dolor poterat, non amplius auctor
lucis adit Venerisque modum sibi fecit in illa.
tabuit ex illo dementer amoribus usa:
nimborum patiens et sub Ioue nocte dieque 260
sedit humo nuda nudis incompta capillis
perque nouem luces expers undaeque cibique

O mesmo receio a faz mais graciosa. E, sem mais demora,
o deus recobra sua verdadeira forma e o brilho habitual.
Embora estarrecida por esta repentina visão, vencida
pelo brilho do deus, suportou sem protestos a violência.

Clície sentiu ciúmes, e o amor do Sol por ela não havia sido
moderado. E, picada pela raiva à rival, divulga o adultério
e leva a denúncia ao conhecimento do pai.
Este, fero e cruel, à filha que suplicava e estendia as mãos
para a luz do sol e dizia: 'Ele violentou-me contra minha
vontade', encerrou-a, o desumano, numa funda fossa,
e, por cima, pôs-lhe um pesado monte de areia.
A este dispersa-o o filho de Hiperíon com seus raios,
e abre-te caminho por onde possas libertar teu rosto enterrado.
Nem tu, ninfa, poderias erguer a cabeça privada de vida
pelo peso da terra. Jazias qual corpo exangue.
Diz-se que o condutor dos cavalos alados nunca vira nada
mais doloroso que aquilo, depois do incêndio de Faetonte.
Tenta o deus, até onde pode, trazer ao calor da vida,
pela força dos raios, seus gélidos membros.
Mas, porque o destino se opunha a tão grande empresa,
aspergiu o corpo e o lugar com néctar perfumado e,
com fundos lamentos, proclama: 'Seja como for, subirás ao céu.'[14]
Logo em seguida, embebido no néctar celeste, começou o corpo
a derreter-se e a perfumar a terra com o seu odor.
E, sem se dar por isso, lançando raízes,
uma vara de incenso brotou, rasgando o túmulo no vértice.

Quanto a Clície, embora o amor pudesse justificar a dor
e a dor a delação, nunca mais o autor da Luz
dela se abeirou, nem com ela teve relações.
Desde então, entregue a seu louco amor,
sofrendo a borrasca e exposta dia e noite à intempérie,
despenteada e de cabeça descoberta, sentou-se na terra nua
e, por nove dias, sem comer nem beber,

---

[14] É função do incenso elevar-se nos ares.

rore mero lacrimisque suis ieiunia pauit,
nec se mouit humo; tantum spectabat euntis
ora dei uultusque suos flectebat ad illum.   265
membra ferunt haesisse solo; partemque coloris
luridus exsangues pallor conuertit in herbas,
est in parte rubor uiolaeque simillimus ora
flos tegit. illa suum, quamuis radice tenetur,
uertitur ad Solem mutataque seruat amorem.'   270
dixerat, et factum mirabile ceperat aures.
pars fieri potuisse negant, pars omnia ueros
posse deos memorant; sed non et Bacchus in illis.

    Poscitur Alcithoe, postquam siluere sorores;
quae radio stantis percurrens stamina telae   275
'uulgatos taceo' dixit 'pastoris amores
Daphnidis Idaei, quem nymphe paelicis ira
contulit in saxum (tantus dolor urit amantes);
nec loquor ut quondam naturae iure nouato
ambiguus fuerit modo uir, modo femina Sithon.   280
te quoque, nunc adamas, quondam fidissime paruo,
Celmi, Ioui largoque satos Curetas ab imbri

saciou a fome com o puro orvalho e as suas lágrimas,
sem do chão se mover. Apenas fitava a face do deus,
que ia passando, e para ele voltava seu rosto.
Consta que seus membros se prenderam ao solo e um tom sombrio
mudou parte da sua cor em exangues ervas. Na outra,
a cor é vermelha. E cobre-lhe a face uma flor semelhante à violeta.
Apesar de presa à raiz, ela volta-se para o seu Sol e, metamorfoseada,
mantém-se fiel ao amor." Leucônoe havia terminado.
E este espantoso acontecimento havia captado as atenções.
Negam umas que isso pudesse ter acontecido, outras lembram que
os verdadeiros deuses tudo podem. Mas, entre esses, não está Baco.

[Sálmacis]

Alcítoe[15] é convidada, depois de suas irmãs haverem feito silêncio.
Fazendo correr o fio na lançadeira da teia tendida, disse ela:
"Passo em silêncio os já conhecidos amores de Dáfnis,[16]
pastor do Ida, a quem uma deusa transformou em rocha
por ódio a uma rival. Tal é o ressentimento que abrasa os amantes!
Nem falo do modo como um dia, pela transformação da lei natural,
o ambíguo Síton[17] era agora homem, logo era mulher. Passo-te
a ti também, Célmis,[18] hoje duro metal, no passado o mais fiel
a Júpiter infante; e a vós, Curetes,[19] nascidos de uma intensa chuva;

---

[15] Filha de Mínias e irmã de Leucônoe e Arcipe.

[16] Filho de Hermes, o deus dos rebanhos, e de uma ninfa. Nasceu na Sicília, num bosque de loureiros. Daí o seu nome. Sendo belo, foi amado pelas ninfas, mas dedicou-se a Nomia, que o cegou ao saber-se traída. Cego, cantava canções tristes, acabando por se lançar de um penhasco e ser transformado em rocha.

[17] Não é conhecido este pormenor na lenda de Síton.

[18] Divindade do círculo de Júpiter quando criança, foi transformado em um bloco de metal após ter ofendido Reia.

[19] Divindades menores ligadas à infância de Júpiter quando Crono pretendia devorá-lo.

Livro IV

et Crocon in paruos uersum cum Smilace flores
praetereo dulcique animos nouitate tenebo.
unde sit infamis, quare male fortibus undis   285
Salmacis eneruet tactosque remolliat artus,
discite. causa latet, uis est notissima fontis.

'Mercurio puerum diua Cythereide natum
Naides Idaeis enutriuere sub antris,
cuius erat facies, in qua materque paterque   290
cognosci possent; nomen quoque traxit ab illis.
is tria cum primum fecit quinquennia, montes
deseruit patrios Idaque altrice relicta
ignotis errare locis, ignota uidere
flumina gaudebat, studio minuente laborem.   295
ille etiam Lycias urbes Lyciaeque propinquos
Caras adit; uidet hic stagnum lucentis ad imum
usque solum lymphae. non illic canna palustris
nec steriles uluae nec acuta cuspide iunci;
perspicuus liquor est. stagni tamen ultima uiuo   300
caespite cinguntur semperque uirentibus herbis.
nympha colit, sed nec uenatibus apta nec arcus
flectere quae soleat nec quae contendere cursu,
solaque Naiadum celeri non nota Dianae.
saepe suas illi fama est dixisse sorores: 305
"Salmaci, uel iaculum uel pictas sume pharetras,
et tua cum duris uenatibus otia misce."
nec iaculum sumit nec pictas illa pharetras,
nec sua cum duris uenatibus otia miscet,
sed modo fonte suo formosos perluit artus,   310

e a ti, Croco,[20] transformado com Esmílax em pequenas flores.
Espero prender as atenções pela atração da novidade.
Sabei de onde vem a reputação de Sálmacis, porque enfraquece
com suas debilitantes águas e amolece os corpos que toca.
A causa é desconhecida. Conhecido, e bem, é o poder da fonte.

[Hermafrodito]

Nascera a Mercúrio, da deusa de Citera, um filho,
que as Náiades criaram nas grutas do Ida.
Tinha um rosto onde pai e mãe podiam rever-se.
Até o nome era o deles. Quando completou
três vezes cinco anos, deixou os pátrios montes e,
afastando-se do Ida que o criou, comprazia-se
em deambular por lugares ignotos e em ver rios ignorados,
com tal empenho que lhe diminuía o esforço.
Chegou também às cidades da Lícia e ao país de Cária,
da Lícia vizinho. Encontra aí um lago de águas profundas
e transparentes. Não há nele nem a cana do pântano,
nem a ulva estéril, nem o junco de ponta afiada.
A água é clara, mas as suas margens estão rodeadas
de tufos naturais e de erva sempre verde.
Habita-o uma ninfa que, contudo, não é dada a caçadas,
nem o arco costuma curvar, nem na corrida compete,
e é a única das Náiades desconhecida da veloz Diana.
Consta que suas irmãs lhe diziam às vezes:
'Sálmacis, toma o dardo ou a colorida aljava
e intercala o teu descanso com a dureza da caçada.'
Não pega no dardo nem na colorida aljava,
nem intercala os descansos com a dureza das caçadas,
mas banha, por vezes, o formoso corpo em sua fonte

---

[20] Croco era um jovem que se apaixonou pela ninfa Esmílax. Não foi feliz e
acabou transformado em açafrão. Esmílax converteu-se na planta que tem o seu nome.

235   Livro IV

saepe Cytoriaco deducit pectine crines
et quid se deceat spectatas consulit undas;
nunc perlucenti circumdata corpus amictu
mollibus aut foliis aut mollibus incubat herbis;
saepe legit flores. et tum quoque forte legebat,   315
cum puerum uidit uisumque optauit habere.
nec tamen ante adiit, etsi properabat adire,
quam se composuit, quam circumspexit amictus
et finxit uultum et meruit formosa uideri.
   'Tum sic orsa loqui: "puer o dignissime credi   320
esse deus, seu tu deus es, potes esse Cupido,
siue es mortalis, qui te genuere, beati,
et frater felix et fortunata profecto
si qua tibi soror est, et quae dedit ubera nutrix;
sed longe cunctis longeque beatior illa,   325
si qua tibi sponsa est, si quam dignabere taeda.
haec tibi siue aliqua est, mea sit furtiua uoluptas,
seu nulla est, ego sim, thalamumque ineamus eundem."
Nais ab his tacuit. pueri rubor ora notauit
(nescit enim quid amor) sed et erubuisse decebat.   330
hic color aprica pendentibus arbore pomis
aut ebori tincto est aut sub candore rubenti,
cum frustra resonant aera auxiliaria, lunae.
poscenti nymphae sine fine sororia asltem
oscula iamque manus ad eburnea colla ferenti   335
"desinis, an fugio tecumque" ait "ista relinquo?"
Salmacis extimuit "loca" que "haec tibi libera trado,
hospes" ait simulatque gradu discedere uerso,
tum quoque respiciens, fruticumque recondita silua
delituit flexumque genu submisit. at ille,   340
ut puer et uacuis ut inobseruatus in herbis,

e alisa frequentemente os cabelos com o pente de Citoro
e consulta as águas, onde se reflete, para ver o que lhe fica bem.
Envolvendo o corpo num manto transparente,
deita-se, umas vezes, em macias folhas ou em tenras ervas;
colhe, outras, flores. Também as colhia então,
quando avistou o jovem. E, ao vê-lo, desejou possuí-lo.
E, embora estivesse ansiosa para o encontrar,
não o procurou antes de se arranjar, antes de rever o manto.
Compôs seu aspecto, e certificou-se de que estava bela.
    Começou então a falar assim: 'Jovem, o mais merecedor
de como um deus ser olhado! Se tu és deus, podes ser Cupido,
mas, se és um mortal, felizes aqueles que te geraram e feliz
é o teu irmão; afortunada, sem dúvida, é a tua irmã,
se tu tens alguma, e a ama que te deu o peito.
Mas bem mais feliz, de todos muito mais feliz, é aquela,
se é que tens noiva, que por ti vier a ser considerada digna da tocha
do himeneu! Se tens essa ou tens alguma, seja o meu prazer furtivo.
Se não tens nenhuma, seja eu, e partilhemos o mesmo leito nupcial.'
Depois disto, a Náiade calou-se. O rubor marcou a face do jovem.
Não sabe ainda o que seja o amor! Mas o rubor ficava-lhe bem.
Essa é a cor das maçãs que pendem da árvore exposta ao sol,
ou a do marfim pintado, ou a que enrubesce sob a candura da lua,
quando em vão ressoam os bronzes que a auxiliam.[21]
À ninfa que insistentemente lhe pedia beijos,
ao menos fraternos, e levava já a mão a seu branco colo,
diz ele: 'Paras, ou desapareço e deixo estes lugares e deixo-te a ti!'
Sálmacis ficou temerosa e disse: 'Deixo-te, estrangeiro,
estes lugares livres!' E faz menção de retornar sobre seus passos.
Então, olhando para trás, entra num bosque de arbustos,
esconde-se e, dobrando os joelhos, baixa-se. E ele,
julgando que não era olhado naqueles prados desertos,

---

[21] Ou seja, na situação de eclipse fazia-se ressoar o metal para livrar a lua de
algum encantamento, como ainda hoje se tocam os sinos para dispersar a trovoada.

huc it et hinc illuc et in adludentibus undis
summa pedum taloque tenus uestigia tingit;
nec mora, temperie blandarum captus aquarum
mollia de tenero uelamina corpore ponit.   345
tum uero placuit, nudaeque cupidine formae
Salmacis exarsit; flagrant quoque lumina nymphae,
non aliter quam cum puro nitidissimus orbe
opposita speculi refertur imagine Phoebus.
uixque moram patitur, uix iam sua gaudia differt,   350
iam cupit amplecti, iam se male continet amens.
ille cauis uelox applauso corpore palmis
desilit in latices alternaque bracchia ducens
in liquidis translucet aquis, ut eburnea si quis
signa tegat claro uel candida lilia uitro.   355
"uicimus et meus est!" exclamat Nais et omni
ueste procul iacta mediis immittitur undis,
pugnantemque tenet luctantiaque oscula carpit
subiectatque manus inuitaque pectora tangit
et nunc hac iuueni, nunc circumfunditur illac;   360
denique nitentem contra elabique uolentem
implicat, ut serpens, quam regia sustinet ales
sublimemque rapit (pendens caput illa pedesque
alligat et cauda spatiantes implicat alas),
utue solent hederae longos intexere truncos,   365
utque sub aequoribus deprensum polypus hostem
continet ex omni dimissis parte flagellis.
  'Perstat Atlantiades sperataque gaudia nymphae
denegat; illa premit commissaque corpore toto
sicut inhaerebat, "pugnes licet, improbe" dixit,   370
"non tamen effugies. ita di iubeatis, et istum
nulla dies a me nec me diducat ab isto."
Vota suos habuere deos; nam mixta duorum
corpora iunguntur faciesque inducitur illis

anda daqui para ali e mergulha os pés até o tornozelo
nas águas que brincam. Levado pela suave temperatura delas,
logo despoja seu corpo jovem das leves roupas.
Foi então que agradou deveras.
E Sálmacis ardeu no desejo daquela beleza nua.
Os olhos da ninfa incendeiam-se como quando Febo,
brilhando na sua clara órbita,
se reflete na imagem oposta de um espelho.
Suporta mal a espera; adia já o prazer com dificuldade;
deseja abraçar já; enlouquecida, já mal se contém.
Ele, batendo seu corpo com as mãos em concha,
mergulha no lago. Veloz, e movendo os braços alternadamente,
brilha nas límpidas águas como estátua de marfim
ou cândidos lírios que alguém cobriu com véu transparente.
'Venci, pertences-me', exclama a Náiade. E, arremessando
para longe toda a sua roupa, lança-se nas águas,
prende-o, a ele que se debate, e rouba-lhe beijos à força.
Faz sob ele deslizar as mãos, toca-lhe o peito constrangido,
e rodeia o jovem ora por um lado, ora pelo outro.
Por fim, enrola-se nele, que resiste e lhe quer escapar,
como a serpente que, suspensa e elevada às alturas
pela águia real, lhe entrelaça as garras e a cabeça
e, com a cauda, lhe enlaça as extensas asas;
e como costumam agarrar-se as heras aos mais altos troncos;
e como o polvo abraça o inimigo surpreendido debaixo de água,
lançando os tentáculos em todas as direções.
     Resiste o neto de Atlas[22] e nega à ninfa as alegrias sonhadas.
Ela enlaça-o e, a seu corpo totalmente unida, assim como estava,
afirma: 'Poderás lutar, desgraçado, mas não fugirás!
Assim vós, deuses, ordeneis que não haja dia
que de mim o afaste, e a mim me afaste dele!'
Os deuses ouviram a súplica, pois, confundidos,
os corpos dos dois unem-se e assumem a aparência

---

[22] Hermafrodito é filho de Mercúrio, neto de Maia e bisneto de Atlas.

una. uelut, si quis conducat cortice ramos,   375
crescendo iungi pariterque adolescere cernit,
sic, ubi conplexu coierunt membra tenaci,
nec duo sunt et forma duplex, nec femina dici
nec puer ut possit, neutrumque et utrumque uidentur.
ergo ubi se liquidas, quo uir descenderat, undas   380
semimarem fecisse uidet mollitaque in illis
membra, manus tendens, sed iam non uoce uirili
Hermaphroditus ait: "nato date munera uestro,
et pater et genetrix, amborum nomen habenti;
quisquis in hos fontes uir uenerit, exeat inde   385
semiuir et tactis subito mollescat in undis."
motus uterque parens nati rata uerba biformis
fecit et incesto fontem medicamine tinxit.'
    Finis erat dictis, et adhuc Minyeia proles
urget opus spernitque deum festumque profanat,   390
tympana cum subito non apparentia raucis
obstrepuere sonis et adunco tibia cornu
tinnulaque aera sonant; redolent murraeque crocique,
resque fide maior, coepere uirescere telae
inque hederae faciem pendens frondescere uestis;   395
pars abit in uites et, quae modo fila fuerunt,
palmite mutantur; de stamine pampinus exit;
purpura fulgorem pictis accommodat uuis.
iamque dies exactus erat tempusque subibat
quod tu nec tenebras nec possis dicere lucem,   400
sed cum luce tamen dubiae confinia noctis;
tecta repente quati pinguesque ardere uidentur
lampades et rutilis conlucere ignibus aedes
falsaque saeuarum simulacra ululare ferarum.
fumida iamdudum latitant per tecta sorores   405
diuersaeque locis ignes ac lumina uitant;

de um só. Como se alguém, num tronco, enxertasse ramos, os visse
unirem-se enquanto crescem e desenvolverem-se conjuntamente.
Foi assim quando os corpos se uniram em apertado abraço. Nem são
dois nem uma forma dupla, nem se pode dizer que seja uma mulher
ou que seja um jovem. Não parecendo nem uma nem outro,
parecem a mistura dos dois. Quando viu, pois, que as límpidas águas
em que entrara homem o haviam tornado meio homem só,
e que nelas seus membros se efeminaram, estendendo as mãos,
mas já sem voz viril, diz Hermafrodito: 'Dai, pai e mãe,
ao filho que vosso nome ostenta, este privilégio:
que todo aquele que a esta fonte venha na condição de homem,
daqui saia meio homem e efeminado logo que suas águas toque.'
Um e outro, tocados, ratificaram as palavras do filho biforme
e infectaram a fonte com uma poção malfazeja."

A história acabara e as filhas de Mínias persistem no trabalho,
desprezam o deus e profanam a festa, quando, de repente,
tambores invisíveis fazem ressoar retumbantes sons,
soam a flauta de pavilhão recurvo e o estrepitoso bronze,
e cheira a açafrão e a incenso. Inacreditável!
Começam as teias a tornar-se verdes e as vestes
que estão penduradas a parecer folhagem com aspecto de hera.
Muda-se em vide uma parte, e o que ainda agora era fio,
logo se muda em sarmento. O gomo brota da teia.
A púrpura ajusta a cor à dos cachos coloridos.
O dia chegara ao fim. Aproximava-se a hora
que não pode considerar-se nem dia nem noite,
mas o incerto limite entre a noite e o dia.
De repente, o palácio é sacudido. Parece que tochas resinosas
se incendeiam e iluminam com rutilantes luzes os edifícios,
e que falsos fantasmas de ferozes feras ululam.[23]
Logo as irmãs se escondem pelo palácio, que fumega,
e evitam o fogo e a luz em lugares diferentes.

---

[23] Os tigres e as panteras são acompanhantes de Baco.

dumque petunt tenebras, paruos membrana per artus
porrigitur tenuique includit bracchia penna.
nec qua perdiderint ueterem ratione figuram
scire sinunt tenebrae. non illas pluma leuauit,   410
sustinuere tamen se perlucentibus alis.
conataeque loqui minimam et pro corpore uocem
emittunt peraguntque leues stridore querellas;
tectaque, non siluas celebrant lucemque perosae
nocte uolant seroque tenent a uespere nomen.   415

Tum uero totis Bacchi memorabile Thebis
numen erat, magnasque noui matertera uires
narrat ubique dei, de totque sororibus expers
una doloris erat — nisi quem fecere sorores.
aspicit hanc natis thalamoque Athamantis habentem   420
sublimes animos et alumno numine Iuno
nec tulit et secum: 'potuit de paelice natus
uertere Maeonios pelagoque immergere nautas
et laceranda suae nati dare uiscera matri
et triplices operire nouis Minyeidas alis;   425
nil poterit Iuno nisi inultos flere dolores?
idque mihi satis est? haec una potentia nostra?
ipse docet quid agam (fas est et ab hoste doceri)
quidque furor ualeat Penthea caede satisque
ac super ostendit; cur non stimuletur eatque   430
per cognata suis exempla furoribus Ino?'

Est uia decliuis, funesta nubila taxo;
ducit ad infernas per muta silentia sedes.

E, enquanto buscam as trevas, por seus diminutos corpos
estende-se uma membrana que envolve os braços em fina penugem.
E as trevas não lhe consentem saber por que razão
perderam a forma anterior. Não foi a plumagem que as elevou,
mas sustentam-se em transparentes asas e, esforçando-se por falar,
emitem um som proporcional ao reduzido corpo.
E prosseguem num silvo seus débeis lamentos.
Frequentam casas, não bosques. Odiando a luz,
voam à noite e tiram o nome de Vésper, a estrela da tarde.[24]

[Átamas e Ino]

    A divindade de Baco era então celebrada em toda
a cidade de Tebas, e uma tia sua cantava por toda a parte
o grande poder do deus, pois, de todas as irmãs,
era a única livre de dor, exceto da que as irmãs lhe causavam.
Nela, orgulhosa dos filhos, do casamento com Átamas,
e de criar um deus, reparou Juno, que não gostou,
e disse consigo: "Pôde o filho da amante metamorfosear
e no mar precipitar os marinheiros meônios,
entregar a uma mãe as entranhas de seu filho para serem rasgadas,
e cobrir de estranhas penas as três filhas de Mínias,
e Juno não há de poder mais que chorar pesares não vingados?
É isso bastante para mim? É este todo o poder que eu detenho?
Ele mesmo me indica o que hei de fazer!
É bom que se aprenda até com o inimigo. Com a morte de Penteu
mostrou-me de sobra quanto pode o furor. Por que não há de Ino
ser estimulada a seguir no próprio furor o exemplo dos seus?"

[Os Infernos]

    Há um caminho em declive, ensombrado pelo teixo funesto,
que, por inominados silêncios, leva às moradas infernais.

---

[24] *Vespertiliones*, os morcegos.

243   Livro IV

Styx nebulas exhalat iners, umbraeque recentes
descendunt illac simulacraque functa sepulcris;   435
pallor hiemsque tenent late loca senta, nouique,
qua sit iter, manes, Stygiam quod ducat ad urbem
ignorant, ubi sit nigri fera regia Ditis.
mille capax aditus et apertas undique portas
urbs habet, utque fretum de tota flumina terra,   440
sic omnes animas locus accipit ille nec ulli
exiguus populo est turbamue accedere sentit.
errant exsangues sine corpore at ossibus umbrae,
parsque forum celebrant, pars imi tecta tyranni,
pars aliquas artes, antiquae imitamina uitae.   445
<   .   .   .   .   >
[exercent, aliam partem sua poena coercet.]
   Sustinet ire illuc caelesti sede relicta
(tantum odiis iraeque dabat) Saturnia Iuno.
quo simul intrauit sacroque a corpore pressum
ingemuit limen, tria Cerberus extulit ora   450
et tres latratus semel edidit. illa sorores
Nocte uocat genitas, graue et implacabile numen;
carceris ante fores clausas adamante sedebant
deque suis atros pectebant crinibus angues.
quam simul agnorunt inter caliginis umbras,   455
surrexere deae. sedes Scelerata uocatur:
uiscera praebebat Tityos lanianda nouemque
iugeribus distractus erat; tibi, Tantale, nullae
deprenduntur aquae, quaeque imminet, effugit arbor;
aut petis aut urges rediturum, Sisyphe, saxum;   460
uoluitur Ixion et se sequiturque fugitque;

Por aí exala o inerte Estige seus vapores, e descem as últimas sombras
e os espectros dos que foram dados à sepultura.
A Palidez e o Frio dominam esses hediondos lugares
em toda a extensão, e os novos manes não sabem onde é o caminho
que leva à cidade Estígia, onde está o terrífico palácio do negro Plutão.
A espaçosa cidade tem mil amplas entradas e portas abertas
por todo o lado. E assim como o mar recebe os rios de toda a terra,
assim recebe aquele lugar todas as almas. E não é apertado
para povo nenhum, nem se ressente com a chegada da multidão.
As sombras, sem carne e sem ossos, erram exangues.
Apinham-se umas no foro, outras no palácio do Senhor dos Infernos.
Cumprem outras algumas tarefas, imagem da vida passada.
<   .   .   .   .   >
O merecido castigo reprime a outra parte.
   Deixando a morada celeste, Juno, a filha de Saturno
(tal era a entrega ao ódio e à ira!) decide passar por ali.
Logo que entrou e, pressionada pelo divino corpo,
a porta gemeu, logo Cérbero ergueu as três cabeças
e soltou três simultâneos latidos. Chama ela as irmãs,
divindades terríveis e implacáveis, nascidas da Noite.[25]
Sentavam-se elas diante das portas em ferro do cárcere,
que estavam fechadas, e penteavam as negras serpentes
de seus cabelos. As deusas ergueram-se logo que a reconheceram
na escuridão do nevoeiro. Chama-se a este lugar Morada do Crime.
Por nove jeiras estendido, Tício apresenta as entranhas
para serem laceradas;[26] quanto a ti, Tântalo, não alcanças
água nenhuma, e foge-te a árvore que sobre ti pende;
tu, Sísifo, ora buscas, ora empurras a pedra que há de voltar a cair;
Ixíon volteia, perseguindo-se e fugindo de si;[27]

---

[25] Alecto, Tisífone e Megera.

[26] Levado por Hera a violentar Ártemis, que Leto tinha dado a Zeus, foi fulminado por este e jogado nos Infernos, onde águias e serpentes lhe dilaceram o fígado.

[27] Conhecido por perjuro e assassino, na pessoa do sogro, só Zeus se apiedou dele. A ingratidão dele, ao pretender violentar Hera, levou o deus a prendê-lo a uma

molirique suis letum patruelibus ausae
adsiduae repetunt, quas perdant, Belides undas.

Quos omnes acie postquam Saturnia torua
uidit et ante omnes Ixiona, rursus ab illo   465
Sisyphon aspiciens 'cur hic e fratribus' inquit
'perpetuas patitur poenas, Athamanta superbum
regia diues habet, qui me cum coniuge semper
spreuit?' et exponit causas odiique uiaeque
quidque uelit; quod uellet erat ne regia Cadmi   470
staret, et in facinus traherent Athamanta furores.
imperium, promissa, preces confundit in unum
sollicitatque deas. sic haec Iunone locuta,
Tisiphone canos, ut erat, turbata capillos
mouit et obstantes reiecit ab ore colubras   475
atque ita 'non longis opus est ambagibus' inquit;
'facta puta quaecumque iubes. inamabile regnum
desere teque refer caeli melioris ad auras.'
laeta redit Iuno, quam caelum intrare parantem
roratis lustrauit aquis Thaumantias Iris.   480
    Nec mora, Tisiphone madefactam sanguine sumit
importuna facem fluidoque cruore rubentem
induitur pallam tortoque incingitur angue

as netas de Belo, porque ousaram tramar a morte de seus primos,
colhem sem fim as águas que hão de perder.[28]

[Tisífone]

Depois de a todos haver olhado com torvo olhar
e, mais que a todos, a Ixíon, a filha de Saturno,
logo em seguida, olhando para Sísifo,[29] diz:
"Por que sofre este, dentre os irmãos, penas perpétuas,
e um rico palácio alberga Átamas que, com a esposa,
sempre me desprezou?" E expõe as causas do ódio,
da sua vingança, e o que pretende. O que pretendia era
que o palácio de Cadmo não se mantivesse de pé
e que as Fúrias arrastassem Átamas para o crime.
Faz no mesmo convergir ordens, promessas e súplicas,
e incita as deusas. Quando Juno disse isto, Tisífone,
desgrenhada como estava, sacudiu seus brancos cabelos,
afastou da face as serpentes pendentes e falou assim:
"Não precisas de grandes rodeios. Considera feito tudo o que pedes.
Deixa este reino pouco amistoso e volta aos puros ares do céu."
Alegre, Juno retorna. E ao preparar-se para entrar no céu,
Íris, a filha de Taumas, purifica-a com água lustral.
Logo a implacável Tisífone agarra uma tocha embebida em sangue,
põe sobre si um manto rubro de sangue, que escorre,
cinge-se com uma serpente, que se enrosca, e sai de casa.

---

roda de fogo que gira sem cessar. A imortalidade resultante de haver provado ambrosia rouba-lhe a esperança de ver o fim do seu penar.

[28] São as Danaides, filhas de Dânao e netas de Belo, que mataram os maridos, que eram seus primos, por ordem do pai, na noite de núpcias. Seu castigo nos Infernos consistia em terem de encher com água um recipiente furado.

[29] Sísifo é irmão de Átamas e Alcíone. Era filho de Éolo e pertence à raça de Deucalião. Sendo o mais astuto dos mortais, denunciou Zeus, que lhe mandou o gênio da morte, Tânatos. Mas Sísifo acorrentou-o e só a intervenção do próprio Zeus o libertou. Foi ele a primeira vítima de Tânatos, depois de liberto, mas mesmo assim fugiu dos Infernos. Quando aí voltou, depois de muito velho, foi-lhe imposta uma tarefa que não o deixasse livre.

egrediturque domo; Luctus comitatur euntem
et Pauor et Terror trepidoque Insania uultu.   485
limine constiterant; postes tremuisse feruntur
Aeolii pallorque fores infecit acernas
solque locum fugit. monstris exterrita coniunx,
territus est Athamas, tectoque exire parabant;
obstitit infelix aditumque obsedit Erinys,   490
nexaque uipereis distendens bracchia nodis
caesariem excussit; motae sonuere colubrae,
parsque iacent umeris, pars circum pectora lapsae
sibila dant saniemque uomunt linguisque coruscant.
inde duos mediis abrumpit crinibus angues   495
pestiferaque manu raptos immisit; at illi
Inoosque sinus Athamanteosque pererrant
inspirantque graues animas. nec uulnera membris
ulla ferunt; mens est, quae diros sentiat ictus.
attulerat secum liquidi quoque monstra ueneni,   500
oris Cerberei spumas et uirus Echidnae
erroresque uagos caecaeque obliuia mentis
et scelus et lacrimas rabiemque et caedis amorem,
omnia trita simul, quae sanguine mixta recenti
coxerat aere cauo uiridi uersata cicuta;   505
dumque pauent illi, uergit furiale uenenum
pectus in amborum praecordiaque intima mouit.
tum face iactata per eundem saepius orbem
consequitur motis uelociter ignibus ignes.
sic uictrix iussique potens ad inania magni   510
regna redit Ditis sumptumque recingitur anguem.

Acompanham-na Luto, Pavor, Terror e, de aspecto inquietante,
a Loucura. Deteve-se à entrada. Consta que as ombreiras
das portas do filho de Éolo tremeram, a palidez atingiu
as aceráceas portas e o sol se afastou desse lugar.
A esposa apavorou-se com os prodígios. Aterrorizado
ficou Átamas também. Preparavam-se para fugir de casa.
A funesta Erínia atravessou-se à frente, barrou a passagem
e, estendendo os braços entrelaçados com nós de víboras,
sacudiu a cabeleira. Perturbadas, as serpentes sibilaram.
Ficam umas sobre os ombros, pendem outras sobre o peito.
Soltam silvos, vomitam peçonha, fazem dardejar as línguas.
Depois, dos cabelos arranca duas, atira-as
com sua pestífera mão. Elas erram pelo regaço
de Ino e de Átamas, exalam pestíferos odores,
mas não provocam nos corpos ferida alguma.
É a mente que sofre os duros golpes.
Trouxera consigo também a monstruosidade de um
veneno líquido: baba da boca de Cérbero, peçonha de Equidna,[30]
estranhos desvarios, olvidos que cegam a mente, crime, lágrimas,
raiva e a ânsia de carnificina. Tudo moído a um tempo,
que, misturado a sangue fresco, havia cozido em fundo
caldeirão de bronze e polvilhado de cicuta verde.
E, à medida que eles entram em pânico, verte-lhes no peito
o atroz veneno e move-lhes as entranhas mais fundas.
Fazendo voltear então várias vezes o facho no mesmo sentido,
o fogo segue o fogo velozmente agitado. Assim vitoriosa,
tendo cumprido até o limite a ordem superior, retorna
ao reino de Dite[31] e depõe a serpente com que se havia cingido.

---

[30] Monstro com tronco de mulher e cauda de serpente. É mãe de Cérbero, o cão
dos Infernos, da Hidra de Lerna e de Quimera.

[31] O deus da riqueza. É um deus do mundo subterrâneo plenamente identificado
com Plutão, Hades dos gregos.

Protinus Aeolides media furibundus in aula
clamat: 'io, comites, his retia tendite siluis!
hic modo cum gemina uisa est mihi prole leaena,'
utque ferae sequitur uestigia coniugis amens   515
deque sinu matris ridentem et parua Learchum
bracchia tendentem rapit et bis terque per auras
more rotat fundae rigidoque infantia saxo
discutit ora ferox. tum denique concita mater,
seu dolor hoc fecit seu sparsum causa uenenum,   520
exululat passisque fugit male sana capillis
teque ferens paruum nudis, Melicerta, lacertis
'euhoe Bacche!' sonat; Bacchi sub nomine Iuno
risit et 'hos usus praestet tibi' dixit 'alumnus.'
imminet aequoribus scopulus; pars ima cauatur   525
fluctibus et tectas defendit ab imbribus undas,
summa riget frontemque in apertum porrigit aequor.
occupat hunc (uires insania fecerat) Ino
seque super pontum nullo tardata timore
mittit onusque suum; percussa recanduit unda.   530
at Venus inmeritae neptis miserata labores
sic patruo blandita suo est: 'o numen aquarum,
proxima cui caelo cessit, Neptune, potestas,
magna quidem posco, sed tu miserere meorum,
iactari quos cernis in Ionio immenso,   535
et dis adde tuis. aliqua et mihi gratia ponto est,
si tamen in medio quondam concreta profundo
spuma fui Graiumque manet mihi nomen ab illa.'
adnuit oranti Neptunus et abstulit illis
quod mortale fuit maiestatemque uerendam   540

Logo, no meio de seu palácio, tomado pelo furor,
o filho de Éolo grita: "Eia, companheiros meus, armai as redes
nesta floresta! Acabo de aí ver uma leoa com duas crias."
E enquanto, enlouquecido, segue no encalço da esposa,
que toma por fera, do colo da mãe arranca Learco,
que ri e lhe estende os pequenos braços. Fá-lo rodar, o cruel,
a modo de funda, duas ou três vezes no ar e esmaga contra a rocha dura
a cabeça do filho. Então a mãe,[32] excitada, por fim,
seja pela dor ou porque o veneno se havia espalhado,
solta furiosos gritos e corre enlouquecida, de cabelos no ar.
E, levando-te nos braços desnudos, a ti, pequeno Melicertes, grita:
"Evoé, Baco!" Ao nome de Baco, Juno sorri e comenta:
"Que aquele que criaste te retribua esses favores!"
Do mar ergue-se um rochedo. A base é escavada pelas ondas,
e protege das chuvas as águas que abriga. Inteiriça,
eleva-se a parte de cima e avança mar dentro a sua frente.
Ino instala-se aí. Dera-lhe o delírio forças.
E, sem ser retida por temor algum, lança-se nas ondas
com a sua carga. A onda, ao ser batida, cobre-se de espuma.
Entretanto, Vênus, compadecida das não merecidas canseiras
da neta,[33] dirige a seu tio palavras de lisonja: "Netuno,
senhor das águas, a quem coube um poder próximo do celeste,
é, na verdade, grande o que te peço, mas tu compadece-te
dos meus, a quem vês açoitados no imenso Jônico
e associa-os às tuas deidades. Também eu tenho
alguma influência no mar, se na verdade um dia fui espuma
criada no abismo, e dela me vem o nome grego que tenho."
Netuno acedeu ao pedido e retirou-lhes
o que era mortal, concedeu-lhes majestade augusta

---

[32] Ino, filha de Cadmo e mulher de Átamas, era irmã de Sêmele e, consequentemente, tia de Dioniso, que criou juntamente com seus filhos, fato que provocou a ira de Juno.

[33] Ino, filha de Cadmo e Harmonia, é neta de Ares e Afrodite/Vênus.

imposuit nomenque simul faciemque nouauit
Leucothoeque deum cum matre Palaemona dixit.
  Sidoniae comites, quantum ualuere secutae,
signa pedum primo uidere nouissima saxo;
nec dubium de morte ratae Cadmeida palmis   545
deplanxere domum scissae cum ueste capillos,
utque parum iustae nimiumque in paelice saeuae
inuidiam fecere deae. conuicia Iuno
non tulit et 'faciam uos ipsas maxima' dixit
'saeuitiae monimenta meae.' res dicta secuta est.   550
nam quae praecipue fuerat pia 'persequar' inquit
'in freta reginam' saltumque datura moueri
haud usquam potuit scopuloque adfixa cohaesit;
altera, dum solito temptat plangore ferire
pectora, temptantes sensit riguisse lacertos;   555
illa, manus ut forte tetenderat in maris undas,
saxea facta manus in easdem porrigit undas;
huius, ut arreptum laniabat uertice crinem,
duratos subito digitos in crine uideres;
quo quaeque in gestu deprensa est, haesit in illo.   560
pars uolucres factae, quae nunc quoque gurgite in illo
aequora destringunt summis Ismenides alis.

  Nescit Agenorides natam paruumque nepotem
aequoris esse deos; luctu serieque malorum
uictus et ostentis, quae plurima uiderat, exit   565
conditor urbe sua, tamquam fortuna locorum,
non sua se premeret; longisque erroribus actus
contigit Illyricos profuga cum coniuge fines.

e alterou-lhes o nome e o aspecto.
Com a mãe Leucótoe,[34] considerou a Palêmon um deus.

As companheiras Sidônias, quanto possível lhes foi,
seguiram-lhe as marcas dos passos e viram as últimas
junto ao rochedo. Convencidas da certeza da morte,
choraram a família de Cadmo e, com as próprias mãos,
rasgaram os vestidos e arrancaram os cabelos, e consideraram
a deusa odiosa, pouco justa e muito cruel com a rival.
Juno não suportou os ultrajes e afirmou: "Farei de vós
o monumento supremo da minha crueldade." Os fatos
seguiram as palavras. Pois, a que mais fiel fora, proclama:
"No mar seguirei a minha rainha." E, preparando-se para saltar,
não pôde mover-se para parte alguma, e ficou cosida ao rochedo.
Enquanto uma outra tenta ferir o peito com os golpes habituais,
sente que os braços que tentam ficam hirtos.
Quando outra ocasionalmente estendia as mãos para as ondas do mar,
transformada em pedra, fica de mãos estendidas para as mesmas ondas.
Veem-se de outra os dedos de súbito mudados em pedra
junto aos cabelos, quando, agarrada a eles, da cabeça os arrancava.
Fica cada uma presa ao gesto em que foi surpreendida.
São outras mudadas em aves, Ismênides que ainda hoje
com a ponta da asa roçam levemente as águas desse mesmo mar.

[Cadmo e Harmonia]

Não sabe o filho de Agenor[35] que a sua filha e, criança ainda, o neto,
são deuses do mar. Dobrado pelo luto, pela sucessão de desgraças
e pelos prodígios, que vira em grande número, abandona a cidade
de que fora fundador, como se fosse acossado pela fatalidade dos
lugares e não pela sua. Depois de, por muito tempo, haver errado,
chegou com a esposa, com ele fugitiva, ao território da Ilíria.

---

[34] É o nome de Ino depois de transformada em deusa marinha.

[35] Filho de Líbia e Posêidon, é o pai de Cadmo.

iamque malis annisque graues, dum prima retractant
fata domus releguntque suos sermone labores,   570
'num sacer ille mea traiectus cuspide serpens'
Cadmus ait 'fuerat, tum cum Sidone profectus
uipereos sparsi per humum, noua semina, dentes?
quem si cura deum tam certa uindicat ira,
ipse, precor, serpens in longam porrigar aluum.'   575
dixit et, ut serpens, in longam tenditur aluum
durataeque cuti squamas increscere sentit
nigraque caeruleis uariari corpora guttis;
in pectusque cadit pronus, commissaque in unum
paulatim tereti tenuantur acumine crura.   580
bracchia iam restant; quae restant bracchia tendit,
et lacrimis per adhuc humana fluentibus ora
'accede, o coniunx, accede, miserrima' dixit,
'dumque aliquid superest de me, me tange manumque
accipe, dum manus est, dum non totum occupat anguis.' 585
ille quidem uult plura loqui, sed lingua repente
in partes est fissa duas, nec uerba uolenti
sufficiunt, quotiensque aliquos parat edere questus,
sibilat; hanc illi uocem natura reliquit.
nuda manu feriens exclamat pectora coniunx: 590
'Cadme, mane, teque, infelix, his exue monstris!
Cadme, quid hoc? ubi pes, ubi sunt umerique manusque
et color et facies et, dum loquor, omnia? cur non
me quoque, caelestes, in eandem uertitis anguem?'
dixerat. ille suae lambebat coniugis ora   595
inque sinus caros, ueluti cognosceret, ibat
et dabat amplexus adsuetaque colla petebat.
quisquis adest (aderant comites) terretur; at illa
lubrica permulcet cristati colla draconis,
et subito duo sunt iunctoque uolumine serpunt,   600
donec in appositi nemoris subiere latebras.
nunc quoque nec fugiunt hominem nec uulnere laedunt,
quidque prius fuerint placidi meminere dracones.

Abatidos então pelas adversidades e também pela idade, rememoram
as primeiras contrariedades da família e relembram os seus sofrimentos.
Diz Cadmo: "Acaso seria sagrada aquela serpente trespassada
pela minha lança quando, tendo partido de Sídon,
espalhei pelo solo dentes de víbora, semente desconhecida então?
Se é preocupação dos deuses vingá-la com tão persistente ira,
peço eu mesmo que me prostrem qual serpente de dilatado ventre."
Acabou de falar e logo se estende como uma serpente
de dilatado ventre, e sente as escamas crescerem na pele endurecida,
e sente seu negro corpo matizar-se de manchas azuladas.
Cai de borco sobre o peito e, unidas numa só, as pernas
pouco a pouco se adelgaçam, com o extremo arredondado.
Já só lhe restam os braços. E os braços que lhe restam, estende-os,
enquanto, pela face ainda humana, lhe escorrem lágrimas.
E diz: "Vem cá, esposa, vem cá, infeliz, enquanto
algo de mim subsiste. Toca-me, toma a minha mão,
enquanto é mão, enquanto a serpente não me toma todo."
Ele quer, sem dúvida, continuar a falar, mas a língua divide-se,
de repente, em duas, as palavras não lhe obedecem
e, sempre que tenta formular uma queixa, sibila.
Foi esta a voz que a natureza lhe deixou.
Batendo com a mão no desnudo peito, a esposa exclama:
"Cadmo, espera! Despe, infeliz, essas monstruosas formas.
Que é isto, Cadmo? Onde tens os pés? Onde estão os ombros
e as mãos? E a cor, e a face, e, enquanto falo, tudo?
Por que não me mudas, deuses do céu, em serpente igual?"
Acabara ela de falar. Ele acariciava a face da esposa,
procurava seu regaço amado, como se o reconhecesse,
abraçava-a e buscava o colo familiar. Quantos ali estavam
(estavam os companheiros), estavam aterrorizados.
E ela acaricia o pescoço resvaladiço do dragão cristado.
São dois, de repente, e vão rastejando com os corpos juntos,
até se sumirem na obscuridade do bosque vizinho.
E ainda agora nem fogem do homem, nem lhe fazem mal.
Pacíficos, lembram-se do que outrora foram.

255   Livro IV

Sed tamen ambobus uersae solacia formae
magna nepos dederat, quem debellata colebat   605
India, quem positis celebrabat Achaia templis.
solus Abantiades ab origine cretus eadem
Acrisius superest, qui moenibus arceat urbis
Argolicae contraque deum ferat arma genusque
non putet esse Iouis; neque enim Iouis esse putabat   610
Persea, quem pluuio Danae conceperat auro.
mox tamen Acrisium (tanta est praesentia ueri)
tam uiolasse deum quam non agnosse nepotem
paenitet; impositus iam caelo est alter, at alter
uiperei referens spolium memorabile monstri   615
aera carpebat tenerum stridentibus alis.
cumque super Libycas uictor penderet harenas,
Gorgonei capitis guttae cecidere cruentae,
quas humus exceptas uarios animauit in angues;
unde frequens illa est infestaque terra colubris.   620
    Inde per immensum uentis discordibus actus
nunc huc, nunc illuc exemplo nubis aquosae
fertur et ex alto seductas aequore longe
despectat terras totumque superuolat orbem.
ter gelidas Arctos, ter Cancri bracchia uidit,   625
saepe sub occasus, saepe est ablatus in ortus.
iamque cadente die ueritus se credere nocti
constitit Hesperio, regnis Atlantis, in orbe
exiguamque petit requiem, dum Lucifer ignes
euocet Aurorae, currus Aurora diurnos.   630

[Perseu]

Mas o neto, a quem prestava culto a Índia vencida
e, em templos em sua honra erguidos, também a Acaia homenageava,
dera a ambos um conforto grande em suas metamorfoses.
Resta só Acrísio, filho de Abas, do mesmo tronco nascido,[36]
para o repelir das muralhas da cidade de Argos e pegar em armas
contra o deus, ele que não o considera da estirpe de Júpiter.
Nem acreditava que Perseu, a quem Dânae[37] concebera
por ação de uma chuva de ouro, fosse filho de Júpiter.
Entretanto Acrísio, tão grande é a força da verdade,
arrepende-se não só de ter ofendido o deus, como de não haver
reconhecido o seu neto. Este foi já admitido no céu;
o outro, trazendo o memorável despojo do monstro viperino,
cortava o ar transparente com suas estridentes asas.
E quando pairava vitorioso sobre as areias da Líbia, da cabeça
da Górgona caíram umas gotas de sangue. A terra, que as recebeu,
deu-lhes vida sob a forma de serpentes de espécies diversas.
Por isso, aquela terra está cheia e infestada de cobras.

Arrastado, depois, através do espaço por ventos contrários,
é levado para aqui e para ali como a nuvem portadora de água
e, do alto, observa as terras separadas do extenso mar
e voa sobre toda a terra. Viu por três vezes
as gélidas Ursas, por três vezes viu os braços de Câncer.
Para Poente é levado umas vezes, para Nascente é levado outras.
Receoso de se dar à noite, deteve-se, ao declinar do dia,
na região da Hespéria, no reino de Atlas, e buscou
um breve descanso, até que Lúcifer derramasse as chamas
da Aurora e Aurora trouxesse os carros do dia.

---

[36] Acrísio, avô de Perseu, é irmão de Agenor, que é pai de Cadmo, avô de Sême-
le e bisavô de Dioniso.

[37] Filha de Acrísio e mãe de Perseu, a quem gerou de Zeus sob a forma de uma
chuva de ouro, no refúgio onde o pai a havia encerrado.

hic hominum cunctis ingenti corpore praestans
Iapetionides Atlas fuit; ultima tellus
rege sub hoc et pontus erat, qui Solis anhelis
aequora subdit equis et fessos excipit axes.
mille greges illi totidemque armenta per herbas   635
errabant, et humum uicinia nulla premebant.
arboreae frondes auro radiante nitentes
ex auro ramos, ex auro poma tegebant.
'hospes' ait Perseus illi, 'seu gloria tangit
te generis magni, generis mihi Iuppiter auctor;   640
siue es mirator rerum, mirabere nostras.
hospitium requiemque peto.' memor ille uetustae
sortis erat (Themis hanc dederat Parnasia sortem):
'tempus, Atlas, ueniet, tua quo spoliabitur auro
arbor, et hunc praedae titulum Ioue natus habebit.'   645
id metuens solidis pomaria clauserat Atlas
moenibus et uasto dederat seruanda draconi
arcebatque suis externos finibus omnes.
huic quoque 'uade procul, ne longe gloria rerum,
quam mentiris' ait, 'longe tibi Iuppiter absit.'   650
uimque minis addit manibusque expellere temptat
cunctantem et placidis miscentem fortia dictis.
uiribus inferior (quis enim par esset Atlantis
uiribus?) 'at quoniam parui tibi gratia nostra est,
accipe munus' ait laeuaque a parte Medusae   655
ipse retro uersus squalentia protulit ora.
quantus erat, mons factus Atlas; nam barba comaeque
in siluas abeunt, iuga sunt umerique manusque,
quod caput ante fuit, summo est in monte cacumen,
ossa lapis fiunt. tum partes altus in omnes   660
creuit in immensum (sic, di, statuistis) et omne
cum tot sideribus caelum requieuit in illo.

Vivia ali Atlas, filho de Jápeto, que a todos os homens
supera pelo tamanho do corpo. Era seu domínio o limite da terra
e o mar que oferece as águas aos fogosos cavalos do Sol
e acolhe seus cansados carros.[38]
Eram mil os seus rebanhos e outras tantas as manadas que erravam
pelas pastagens e percorriam o espaço sem qualquer limite.
As folhas das árvores, que brilhavam como o ouro reluzente,
cobriam ramos dourados e dourados frutos.
Perseu chama-o: "Estrangeiro, se a glória de uma linhagem ilustre
te diz qualquer coisa, eu tenho Júpiter por autor da minha;
e se és admirador dos grandes feitos, haverás de admirar os meus.
Peço-te sossego e hospitalidade!" Lembra-se o rei
do antigo oráculo. Havia-o pronunciado Têmis, no Parnaso:
"Virá um tempo, Atlas, em que a tua árvore será despojada
do ouro, e essa glória caberá a um filho de Júpiter."
Receoso disso, Atlas encerrara seus pomares em sólidas muralhas
e confiara a sua guarda a um enorme dragão;
sacudia de suas fronteiras a todo o estrangeiro.
Também disse a este: "Vai-te daqui, não aconteça que a glória
dos feitos, que inventas, e Júpiter se afastem de ti."
E às ameaças junta a violência. E, com as próprias mãos,
tenta expulsá-lo, a ele que, hesitante, às palavras suaves
ajunta firmeza. Mais fraco do que ele, pois quem poderá igualar
a força de Atlas, diz: "Já que para ti conta pouco
a minha amizade, aceita um presente." E, voltando-se,
apresenta pelo lado esquerdo a tenebrosa cabeça da Medusa.
De tão grande que era, Atlas transformou-se em montanha.
Barba e cabelo mudaram-se em bosque, as cordilheiras são os ombros
e as mãos; o que outrora fora a sua cabeça, é cume na alta montanha,
os ossos passaram a pedras. Depois, dilatando-se para todos os lados,
cresceu infinitamente (assim o decidistes, ó deuses!)
e o céu inteiro, com todas as estrelas, repousa sobre ele.

---

[38] As Colunas de Hércules, o Estreito de Gibraltar.

Clauserat Hippotades Aetnaeo carcere uentos,
admonitorque operum caelo clarissimus alto
Lucifer ortus erat: pennis ligat ille resumptis   665
parte ab utraque pedes teloque accingitur unco
et liquidum motis talaribus aera findit.
gentibus innumeris circumque infraque relictis
Aethiopum populos Cepheaque conspicit arua.
illic immeritam maternae pendere linguae   670
Andromedan poenas iniustus iusserat Ammon.
quam simul ad duras religatam bracchia cautes
uidit Abantiades (nisi quod leuis aura capillos
mouerat et tepido manabant lumina fletu,
marmoreum ratus esset opus), trahit inscius ignes   675
et stupet et uisae correptus imagine formae
paene suas quatere est oblitus in aere pennas.
ut stetit, 'o' dixit 'non istis digna catenis,
sed quibus inter se cupidi iunguntur amantes,
pande requirenti nomen terraeque tuumque   680
et cur uincla geras.' primo silet illa nec audet
appellare uirum uirgo, manibusque modestos
celasset uultus, si non religata fuisset;
lumina, quod potuit, lacrimis impleuit obortis.
saepius instanti, sua ne delicta fateri   685
nolle uideretur, nomen terraeque suumque
quantaque maternae fuerit fiducia formae

260

[Andrômeda]

O filho de Hípotes do Etna[39] havia encerrado os ventos
na eterna prisão, e Lúcifer, a estrela de alba que incita
ao trabalho, aparecera brilhante no alto do céu.
Pegando nas asas, Perseu ata-as a ambos os pés,
cinge a arma recurva e, batendo as asas talares, corta
o límpido ar. Deixando para trás, e em volta, incontáveis povos,
avista o povo etíope e os campos de Cefeu.[40]
Ali ordenara o injusto Amon[41] que Andrômeda,
sem o merecer, pagasse o castigo da língua da mãe.[42]
Logo que o descendente de Abas a viu presa pelos braços
a duro rochedo (se a brisa não lhe agitasse os cabelos
e os olhos não derramassem uma tépida lágrima,
teria parecido uma estátua de mármore) sem por isso dar,
ardeu em amor e ficou extasiado. Arrebatado pela imagem
da beleza que avista, quase se esqueceu de bater as asas.
Disse, logo que pousou: "Tu, que estas cadeias não mereces,
mas aquelas que entre si ligam amantes apaixonados, diz-me,
peço-te, o nome deste país e o teu, e por que suportas
estas cadeias." Primeiro, ela fica em silêncio e, sendo virgem,
não ousa dirigir a palavra a um homem. Teria coberto
seu bondoso rosto com as mãos, se não estivesse presa.
Os olhos, e foi o que pôde, ficaram-lhe rasos de abundantes lágrimas.
Para não parecer que seus crimes confessar não queria
a quem lho pedia insistentemente, diz-lhe o nome do país
e o seu, e quão grande havia sido a confiança de sua mãe

---

[39] Éolo, o senhor dos ventos.

[40] Cefeu, pai de Andrômeda, reinava sobre os cefeus na região da Etiópia.

[41] Nome de Júpiter na África.

[42] Cassiopeia. Era tão bela que se julgou superior às Nereidas. Levadas pelo ciúme, pediram estas a Posêidon que as vingasse. Posêidon mandou um monstro, que assolava o país de Cefeu. Consultado, o oráculo de Amon profetizou que só a entrega da filha salvaria o país.

indicat; et nondum memoratis omnibus unda
insonuit, ueniensque inmenso belua ponto
imminet et latum sub pectore possidet aequor.   690
conclamat uirgo; genitor lugubris et una
mater adest, ambo miseri, sed iustius illa,
nec secum auxilium, sed dignos tempore fletus
plangoremque ferunt uinctoque in corpore adhaerent.
tum sic hospes ait: 'lacrimarum longa manere   695
tempora uos poterunt; ad opem breuis hora ferendam est.
hanc ego si peterem Perseus Ioue natus et illa,
quam clausam impleuit fecundo Iuppiter auro,
Gorgonis anguicomae Perseus superator et alis
aetherias ausus iactatis ire per auras,   700
praeferrer cunctis certe gener. addere tantis
dotibus et meritum (faueant modo numina) tempto;
ut mea sit seruata mea uirtute paciscor.'
accipiunt legem (quis enim dubitaret?) et orant
promittuntque super regnum dotale parentes.   705
   Ecce, uelut nauis praefixo concita rostro
sulcat aquas iuuenum sudantibus acta lacertis,
sic fera dimotis impulsu pectoris undis;
tantum aberat scopulis quantum Balearica torto
funda potest plumbo medii transmittere caeli,   710
cum subito iuuenis pedibus tellure repulsa
arduus in nubes abiit. ut in aequore summo
umbra uiri uisa est, uisam fera saeuit in umbram;
utque Iouis praepes, uacuo cum uidit in aruo
praebentem Phoebo liuentia terga draconem,   715
occupat auersum, neu saeua retorqueat ora,
squamigeris auidos figit ceruicibus ungues,
sic celeri missus praeceps per inane uolatu
terga ferae pressit dextroque frementis in armo
Inachides ferrum curuo tenus abdidit hamo.   720
uulnere laesa graui modo se sublimis in auras

na beleza própria. Não tinha ainda relatado tudo,
quando a onda marulha e, vindo do mar sem fim, se soergue
um monstro que com seu peito cobre a extensão das ondas.
A donzela grita. Aflito, seu pai, e com ele a mãe,
correm para ela. Infelizes ambos, mas mais justamente ela.
Consigo não trazem socorro, mas o pranto e as lágrimas
que as circunstâncias merecem, e abraçam o corpo acorrentado,
quando o estrangeiro assim lhes fala: "Longo tempo vos pode
restar para as lágrimas. Para trazer ajuda há só um instante.
Se eu, Perseu, filho de Júpiter e daquela que Júpiter engravidou
em sua prisão com o ouro fecundo, eu, Perseu,
que venci a Górgona de cabelos de serpente e ousei ir cortar
as brisas etéreas, batendo as asas, se eu vo-la pedisse,
seria eu o genro preferido a todos? A tão altos títulos tentarei
somar mais este serviço, assim os deuses me ajudem. Que seja
minha aquela que for salva pelo meu valor, é o que proponho!"
Os pais (de fato, quem hesitaria?) aceitam a condição,
suplicam, e prometem, a mais, o reino por dote.
Eis que, assim como a veloz nave de esporão na proa
sulca as águas impulsionada pelos braços esforçados
dos jovens, assim a fera, dividindo as águas com o impulso
do peito, distava das rochas tanto, quanto a funda balear
pode transpor pelo ar com a bola de chumbo, quando,
subitamente, o jovem, fincando na terra os pés, se eleva
veloz, até as nuvens. Ao ver no fundo das águas a sombra
do herói, a fera ataca com furor a sombra que vê.
Assim como a ave de Júpiter, ao ver no descampado
a serpente que expõe a Febo seu lívido dorso,
a ataca por trás e, para que não volte sua cruel fauce,
lhe crava no colo escamoso as garras terríveis,
assim, precipitando-se em rápido voo através do espaço,
o descendente de Ínaco ataca o dorso da fera fremente
e, na espádua direita, lhe mergulha até os copos a espada.
Atingida por tão rijo golpe, ora se eleva, soberba, no ar,

attollit, modo subdit aquis, modo more ferocis
uersat apri, quem turba canum circumsona terret;
ille auidos morsus uelocibus effugit alis,
quaque patet, nunc terga cauis super obsita conchis,   725
nunc laterum costas, nunc, qua tenuissima cauda
desinit in piscem, falcato uerberat ense.
belua puniceo mixtos cum sanguine fluctus
ore uomit; maduere graues aspergine pennae.
nec bibulis ultra Perseus talaribus ausus   730
credere conspexit scopulum, qui uertice summo
stantibus exstat aquis, operitur ab aequore moto;
nixus eo rupisque tenens iuga prima sinistra
ter quater exegit repetita per ilia ferrum.

    Litora cum plausu clamor superasque deorum   735
impleuere domos: gaudent generumque salutant
auxiliumque domus seruatoremque fatentur
Cassiope Cepheusque pater; resoluta catenis
incedit uirgo, pretiumque et causa laboris.
ipse manus hausta uictrices abluit unda,   740
anguiferumque caput dura ne laedat harena,
mollit humum foliis natasque sub aequore uirgas
sternit et imponit Phorcynidos ora Medusae.
uirga recens bibulaque etiamnum uiua medulla
uim rapuit monstri tactuque induruit huius   745
percepitque nouum ramis et fronde rigorem.
at pelagi nymphae factum mirabile temptant
pluribus in uirgis et idem contingere gaudent
seminaque ex illis iterant iactata per undas.
nunc quoque curaliis eadem natura remansit,   750
duritiam tacto capiant ut ab aere, quodque
uimen in aequore erat fiat super aequora saxum.

    Dis tribus ille focos totidem de caespite ponit,
laeuum Mercurio, dextrum tibi, bellica uirgo;
ara Iouis media est. mactatur uacca Mineruae,   755
alipedi uitulus, taurus tibi, summe deorum.

ora mergulha nas águas, ora se volta como o fero javali
a quem atemoriza o retumbar da matilha que o cerca.
Furta-se aquele às ávidas mordeduras, graças a suas velozes asas.
Com sua curva espada fere por todo o lado que se apresente,
seja no dorso coberto de côncavas conchas, seja nos flancos,
seja no ponto onde a cauda, mais fina, se termina em forma de peixe.
A besta lança pela boca ondas tintas de purpúreo sangue.
As asas molharam-se e ficaram pesadas dos borrifos.
Não confiando já nos seus talares embebidos de água,
Perseu avista um rochedo cujo cimo emerge quando as águas
estão calmas, e fica coberto se o mar está agitado.
Apoiado nele, e segurando com a mão esquerda a extremidade
da rocha, cravou-lhe por três ou quatro vezes a espada nas entranhas.

   Aplauso e brado encheram as praias e as celestes habitações
dos deuses. Cassiopeia e Cefeu regozijam-se e saúdam o genro,
e declaram-no apoio e salvador de sua casa. Livre das cadeias,
a jovem, recompensa e motivo desta ação, avança.
Perseu colhe água e lava as mãos vitoriosas.
E para que a dura areia não fira a cabeça
coroada de serpentes, atapeta com folhas o chão,
faz uma cama com ramos flexíveis nascidos na água
e sobre eles coloca a cabeça da Medusa, a filha de Fórcis.
Os ramos, acabados de cortar, recolhem em sua porosa
e ainda viva medula a força do monstro, enrijecem ao seu contato
e cobram uma dureza desconhecida em ramos e em folhagem.
As ninfas do mar tentam o prodígio em muitos outros ramos
e exultam por conseguirem os mesmos efeitos.
As sementes destes, espalhadas nas águas, renovam-se
e ainda hoje essa propriedade se mantém nos corais.
Quando em contato com o ar, endurecem; o que dentro
de água era ramo flexível, torna-se pedra ao cimo da água.

   A três deuses ergue o herói outros tantos altares de terra.
A Mercúrio, o da esquerda; o da direita, a ti, virgem belicosa;
a Júpiter pertence o altar do centro. Imola uma vaca a Minerva;
um novilho ao de pés alados; a ti, ó supremo deus, imola-te um touro.

protinus Andromedan et tanti praemia facti
indotata rapit; taedas Hymenaeus Amorque
praecutiunt, largis satiantur odoribus ignes,
sertaque dependent tectis et ubique lyraeque 760
tibiaque et cantus, animi felicia laeti
argumenta, sonant. reseratis aurea ualuis
atria tota patent, pulchroque instructa paratu
Cepheni proceres ineunt conuiuia regis.

Postquam epulis functi generosi munere Bacchi 765
diffudere animos, cultusque genusque locorum
quaerit Lyncides moresque animumque uirorum.
quae simul edocuit 'nunc, o fortissime' dixit,
'fare, precor' Cepheus, 'quanta uirtute quibusque
artibus abstuleris crinita draconibus ora.' 770
narrat Agenorides gelido sub Atlante iacentem
esse locum solidae tutum munimine molis;
cuius in introitu geminas habitasse sorores
Phorcidas, unius partitas luminis usum;
id se sollerti furtim, dum traditur, astu 775
supposita cepisse manu perque abdita longe
deuiaque et siluis horrentia saxa fragosis
Gorgoneas tetigisse domos, passimque per agros
perque uias uidisse hominum simulacra ferarumque
in silicem ex ipsis uisa conuersa Medusa; 780
se tamen horrendae clipei, quem laeua gerebat,
aere repercussae formam aspexisse Medusae,
dumque grauis somnus colubrasque ipsamque tenebat,
eripuisse caput collo; pennisque fugacem
Pegason et fratrem matris de sanguine natos. 785

Depois, toma Andrômeda, prêmio de tão alto feito,
mas sem o dote. À frente deles, Himeneu e Amor
agitam os fachos da boda. Os altares estão saturados
de perfumes. Dos tetos pendem grinaldas. Por todo o lado
ressoam a lira, a flauta e o canto, alegres sinais
de uma alma feliz. As portas abertas deixam ver
todo o dourado átrio. Os chefes cefeus tomam lugar
no banquete ricamente servido que o rei oferece.

[Medusa]

Concluído o banquete, felizes, alegram os corações com o generoso
presente de Baco e o descendente de Linceu[43] quis saber do país
e do gênero de vida locais, dos hábitos e do caráter de seus habitantes.
Depois de o informar, Cefeu acrescenta: "Conta-nos, peço-te,
valoroso Perseu, com que coragem, por meio de que artimanhas
te apossaste dessa cabeça com cabeleira de serpentes."
Conta o descendente de Agenor que, junto ao gelado Atlas,
havia um lugar protegido por uma massa rochosa,
em cuja entrada habitavam as gêmeas Fórcides, que partilhavam
o uso de um olho só; que ele o apanhara furtivamente,
com habilidosa manha, colocando sua mão por debaixo,
quando o olho era passado, e, por ermas e inóspitas regiões
e por rochosos outeiros de eriçadas florestas
atingira a morada das Górgonas; que, por todo o lado,
por caminhos e campos, vira estátuas de homens e animais
mudados do que foram em pedra ao olharem a Medusa;
e que ele vira a figura da horrenda Medusa refletida
no bronze do escudo que segurava na mão esquerda;
e que, enquanto um sono profundo retinha as cobras e a retinha a ela,
lhe cortara a cabeça pelo pescoço, e que Pégaso, o de asas velozes,
e o irmão haviam nascido do sangue da mãe.

---

[43] Linceu, filho de Egito, é pai de Abas, avô de Acrísio, bisavô de Dânae e trisavô
de Perseu.

addidit et longi non falsa pericula cursus,
quae freta, quas terras sub se uidisset ab alto
et quae iactatis tetigisset sidera pennis.
ante exspectatum tacuit tamen; excipit unus
ex numero procerum quaerens cur sola sororum 790
gesserit alternis immixtos crinibus angues.
hospes ait 'quoniam scitaris digna relatu,
accipe quaesiti causam. clarissima forma
multorumque fuit spes inuidiosa procorum
illa, neque in tota conspectior ulla capillis 795
pars fuit; inueni, qui se uidisse referret.
hanc pelagi rector templo uitiasse Mineruae
dicitur; auersa est et castos aegide uultus
nata Iouis texit, neue hoc impune fuisset,
Gorgoneum crinem turpes mutauit in hydros. 800
nunc quoque, ut attonitos formidine terreat hostes,
pectore in aduerso, quos fecit, sustinet angues.'

Acrescentou os não inventados perigos de sua longa viagem,
os mares e as terras que lá do alto havia visto por baixo de si,
e os astros que havia tocado enquanto voava.
Calou-se, porém, antes do que se esperava. Um dos nobres
toma a palavra para perguntar por que é que, das três irmãs,
apenas uma tinha serpentes misturadas com os cabelos. Responde
o estrangeiro: "Já que perguntas coisas dignas de serem contadas,
eis a razão do que perguntas: famosa por sua beleza,
ela provocou a cobiça de muitos dos nobres, e em toda ela
não havia parte mais digna de admiração do que os cabelos.
Encontrei quem dissesse que a havia visto.
Consta que o Rei do Mar a desonrou num templo de Minerva.
A filha de Júpiter voltou-se e cobriu o casto rosto
com a égide. E, para que o fato não ficasse impune,
mudou os cabelos da Górgona em horrendas serpentes.
Ainda agora, para aterrorizar e tolher de medo os seus inimigos,
ostenta no peito as serpentes que criou."

Livro IV

Liber Quintus

Dumque ea Cephenum medio Danaeius heros
agmine commemorat, fremida regalia turba
atria complentur, nec coniugialia festa
qui canat est clamor, sed qui fera nuntiet arma;
inque repentinos conuiuia uersa tumultus 5
adsimilare freto possis, quod saeua quietum
uentorum rabies motis exasperat undis.
primus in his Phineus, belli temerarius auctor,
fraxineam quatiens aeratae cuspidis hastam
'en' ait, 'en adsum praereptae coniugis ultor! 10
nec mihi te pennae nec falsum uersus in aurum
Iuppiter eripiet.' conanti mittere Cepheus
'quid facis?' exclamat 'quae te, germane, furentem
mens agit in facinus? meritisne haec gratia tantis
redditur? hac uitam seruatae dote rependis? 15
quam tibi non Perseus, uerum si quaeris, ademit,
sed graue Nereidum numen, sed corniger Ammon,
sed quae uisceribus ueniebat belua ponti
exsaturanda meis. illo tibi tempore rapta est,
quo peritura fuit — nisi si crudelis id ipsum 20
exigis, ut pereat, luctuque leuabere nostro.
scilicet haud satis est quod te spectante reuincta est
et nullam quod opem patruus sponsusue tulisti;
insuper a quoquam quod sit seruata dolebis

Livro V

[Perseu e Fineu]

Enquanto o herói, filho de Dânae, narra estes prodígios
na assembleia dos cefeus, o átrio do palácio real
enche-se de uma multidão fremente. E não é clamor
que cante as festas conjugais, mas que anuncia combates ferozes.
A repentina transição do banquete ao tumulto
poder-se-ia assimilar ao mar cuja quietude a funesta fúria
dos ventos encrespa com o eriçar das ondas.
Fineu,[1] o temerário instigador da guerra, marcha à frente
brandindo a lança de freixo com ponta de bronze, e grita:
"Eis-me! eis-me! Aqui estou para vingar o roubo da minha noiva.
E nem as tuas asas, nem Júpiter sob a falsa forma de ouro
te livrarão de mim." Ao preparar-se para arremeter, grita-lhe Cefeu:
"Que fazes, irmão? Que intento te leva ao crime,
a ti que estás desvairado? É este o agradecimento que se presta
a tão altos serviços? Pagar com esta dádiva a vida da que foi salva?
Se queres saber a verdade, não foi Perseu quem ta roubou,
mas as implacáveis Nereidas, o cornígero Amon,
a besta vinda do mar para se saciar das minhas entranhas!
Ela foi-te roubada no momento em que esteve para ser morta.
A menos que sejas cruel, exigindo isso mesmo
para que pereça e te confortes na minha dor.
Não basta, acaso, que ela fosse acorrentada na tua presença
e que tu, seu tio e seu noivo, não lhe prestasses auxílio nenhum?
Por cima disso, vais-te lamentar que fosse salva por outro

---

[1] Fineu é irmão de Cefeu e candidato à mão de Andrômeda, sua sobrinha.

praemiaque eripies? quae si tibi magna uidentur,   25
ex illis scopulis ubi erant adfixa petisses!
nunc sine qui petiit, per quem haec non orba senectus,
ferre quod et meritis et uoce est pactus, eumque
non tibi, sed certae praelatum intellege morti.'
ille nihil contra, sed et hunc et Persea uultu   30
alterno spectans petat hunc ignorat an illum;
cunctatusque breui contortam uiribus hastam,
quantas ira dabat, nequiquam in Persea misit.
ut stetit illa toro, stratis tum denique Perseus
exsiluit teloque ferox inimica remisso   35
pectora rupisset, nisi post altaria Phineus
isset et (indignum!) scelerato profuit ara.
fronte tamen Rhoeti non inrita cuspis adhaesit;
qui postquam cecidit ferrumque ex osse reuulsum est,
calcitrat et positas aspergit sanguine mensas.   40
tum uero indomitas ardescit uulgus in iras
telaque coniciunt, et sunt qui Cephea dicunt
cum genero debere mori; sed limine tecti
exierat Cepheus, testatus iusque fidemque
hospitiique deos ea se prohibente moueri.   45
Bellica Pallas adest et protegit aegide fratrem
datque animos. erat Indus Athis, quem flumine Gange
edita Limnaee uitreis peperisse sub undis
creditur, egregius forma, quam diuite cultu
augebat, bis adhuc octonis integer annis,   50
indutus chlamydem Tyriam, quam limbus obibat
aureus; ornabant aurata monilia collum
et madidos murra curuum crinale capillos;
ille quidem iaculo quamuis distantia misso
figere doctus erat, sed tendere doctior arcus.   55
tum quoque lenta manu flectentem cornua Perseus
stipite, qui media positus fumabat in ara,

e vais querer roubar-lhe esse prêmio? Se a recompensa te parece grande,
buscasse-la tu naqueles rochedos onde estava presa! Deixa agora que
aquele que a libertou, graças a quem a minha velhice não ficou sozinha,
leve o que, por seus méritos e sob palavra, ficou acordado.
E não penses que é a ti que o antepomos, mas a uma morte certa."
Nada aquele responde, mas, fixando alternadamente
Cefeu e Perseu, não sabe se há de atacar um, se o outro.
Após breve hesitação, arremessa contra Perseu, com quanta força
a ira lhe dava, a lança que brandia, mas sem qualquer efeito.
Tendo-se ela cravado no leito, Perseu saltou do lugar
e, enfurecido, teria rasgado o peito inimigo com a mesma lança,
que devolvera, se Fineu não se tivesse resguardado atrás de um altar.
E esse altar (ó injustiça!) salvou um celerado.
A lança, porém, cravou-se, certeira, na fronte de Reto.
Depois de ele tombar e de o ferro do osso lhe ser arrancado,
contorce-se e salpica de sangue os manjares servidos.
A multidão começa a inflamar-se de incontida ira,
e saltam projéteis. Afirmam alguns que Cefeu deve morrer
junto com o genro. Mas Cefeu deixara a porta do palácio,
tomando como testemunhas de que tudo acontecera contra sua decisão
a Justiça, a Boa-Fé, os deuses da hospitalidade.
Acorre a belicosa Palas que, com sua égide, protege o irmão[2]
e incute-lhe ânimo. Estava lá Átis, indiano a quem,
segundo se crê, dera à luz Limneia, filha do rio Ganges,
sob as cristalinas águas; de rara beleza, que aumentava
com a riqueza das vestes, na frescura dos seus dezesseis anos,
e revestido com a clâmide tíria debruada a ouro.
Ornavam-lhe o pescoço colares de ouro,
e os cabelos, que a mirra impregnava, recurvas travessas.
Embora fosse hábil a acertar com o dardo lançado a distância,
mais hábil era ainda no manejo do arco.
Flectia então lentamente as pontas, quando Perseu o atinge
com uma acha que ardia no meio do altar

---

[2] Palas/Atena e Perseu têm a Zeus como pai.

Livro V

perculit et fractis confudit in ossibus ora.
hunc ubi laudatos iactantem in sanguine uultus
Assyrius uidit Lycabas, iunctissimus illi 60
et comes et ueri non dissimulator amoris,
postquam exhalantem sub acerbo uulnere uitam
deplorauit Athin, quos ille tetenderat arcus
arripit et 'mecum tibi sint certamina' dixit,
'nec longum pueri fato laetabere, quo plus 65
inuidiae quam laudis habes.' haec omnia nondum
dixerat; emicuit neruo penetrabile telum
uitatumque tamen sinuosa ueste pependit.
uertit in hunc harpen spectatam caede Medusae
Acrisioniades adigitque in pectus; at ille 70
iam moriens oculis sub nocte natantibus atra
circumspexit Athin seque acclinauit ad illum
et tulit ad manes iunctae solacia mortis.

    Ecce Suenites genitus Metione Phorbas
et Libys Amphimedon, auidi committere pugnam, 75
sanguine quo late tellus madefacta tepebat
conciderant lapsi; surgentibus obstitit ensis,
alterius costis, iugulo Phorbantis adactus.
at non Actoriden Erytum, cui lata bipennis
telum erat, hamato Perseus petit ense, sed altis 80
exstantem signis multaeque in pondere massae
ingentem manibus tollit cratera duabus
infligitque uiro; rutilum uomit ille cruorem
et resupinus humum moribundo uertice pulsat.
inde Semiramio Polydegmona sanguine cretum 85
Caucasiumque Abarin Sperchionidenque Lycetum
intonsumque comas Helicen Phlegyanque Clytumque
sternit et exstructos morientum calcat aceruos.

    Nec Phineus ausus concurrere comminus hosti
intorquet iaculum, quod detulit error in Idan 90

e lhe amalgama a face numa massa de ossos partidos.
Lícabas, o assírio, o mais próximo de seus companheiros,
que por ele não dissimulava sincera afeição,
ao ver Átis cambalear, com sua bela cabeça em sangue,
depois de o chorar, a ele cuja vida se esvaía por uma cruel ferida,
agarra o arco que aquele havia retesado, e grita:
"É comigo que terás de te ver, e não te vangloriarás
por muito mais tempo da morte de um jovem contra quem alimentas
mais inveja que ódio." Ainda não tinha acabado de falar,
quando uma penetrante seta refulgiu na corda.
Embora evitada, ficou suspensa nas pregas da roupa.
O neto de Acrísio volta contra este o sabre tornado famoso
pela morte de Medusa, e crava-lho no peito. Ele, porém,
moribundo já, de olhos mergulhados na escura noite,
buscou Átis, olhando em volta, e junto dele se deixou cair,
e levou para os manes o consolo de uma morte junta.

Eis que Forbas de Siene, filho de Metíon, e o líbio Anfimedonte,
ansiosos por entrar na luta, escorregam no sangue
que por todo o lado amornava a terra ensopada, e caíram.
Quando se erguiam, encontraram a oposição da espada,
que se afunda nas costelas deste e na garganta de Forbas.
A Érito, filho de Actor, cuja arma era uma grande machadinha
de dois gumes, não o ataca com seu curto e recurvo sabre,
mas pega com ambas as mãos numa enorme cratera[3]
ornada de figuras em relevo, maciça e muito pesada,
e arremessa-a ao adversário. Bolsa este um sangue avermelhado
e, ao cair de costas, bate com a moribunda cabeça no chão.
Prostra a seguir Polidémon, rebento do sangue de Semíramis,
Ábaris, do Cáucaso, Liceto, filho de Esperquio,
Hélice, de cabelo intocado, Flégias e Clito,
e pisa um monte de cadáveres empilhados.

E Fineu, que não se atrevia a combater corpo a corpo com o adversário,
lança contra ele um dardo que a má pontaria leva para Idas,

---

[3] Vaso de grandes dimensões usado para misturar vinho e água.

expertem frustra belli et neutra arma secutum.
ille tuens oculis inmitem Phinea toruis
'quandoquidem in partes' ait 'abstrahor, accipe, Phineu,
quem fecisti hostem pensaque hoc uulnere uulnus!'
iamque remissurus tractum de corpore telum   95
sanguine defectos cecidit conlapsus in artus.
tum quoque Cephenum post regem primus Hodites
ense iacet Clymeni, Prothoenora percutit Hypseus,
Hypsea Lyncides. fuit et grandaeuus in illis
Emathion, aequi cultor timidusque deorum,   100
qui, quoniam prohibent anni bellare, loquendo
pugnat et incessit scelerataque deuouet arma;
huic Chromis amplexo tremulis altaria palmis
decutit ense caput, quod protinus incidit arae
atque ibi semianimi uerba exsecrantia lingua   105
edidit et medios animam exspirauit in ignes.
    Hinc gemini fratres Broteasque et caestibus Ammon
inuicti, uinci si possent caestibus enses,
Phinea cecidere manu Cererisque sacerdos
Ampycus albenti uelatus tempora uitta.   110
tu quoque, Lampetide, non hos adhibendus ad usus,
sed qui, pacis opus, citharam cum uoce moueres;
iussus eras celebrare dapes festumque canendo.
quem procul adstantem plectrumque imbelle tenentem
Paetalus inridens 'Stygiis cane cetera' dixit   115
'manibus' et laeuo mucronem tempore fixit;
concidit et digitis morientibus ille retemptat
fila lyrae, casuque ferit miserabile carmen.
nec sinit hunc impune ferox cecidisse Lycormas
raptaque de dextro robusta repagula posti   120
ossibus inlisit mediae ceruicis; at ille
procubuit terrae mactati more iuuenci.
demere temptabat laeui quoque robora postis
Cinyphius Pelates; temptanti dextera fixa est
cuspide Marmaridae Corythi lignoque cohaesit;   125

que em vão se havia abstido de combater, sem tomar partido
por nenhum dos lados. Diz, fitando com olhar rancoroso o cruel Fineu:
"Pois que sou forçado a tomar partido, aqui está, Fineu,
o adversário que criaste agora e, com este, paga o golpe que me infligiste!"
Preparava-se para arremessar o dardo arrancado do corpo,
quando cai exangue sobre os próprios membros.
Pela espada de Clímeno sucumbe também Odites,
dos cefeus o primeiro a seguir ao rei. Hipseu fere Protenor,
e o filho de Linceu fere Hipseu. Entre eles achava-se um ancião,
Emátion, que amava a justiça e era temente aos deuses.
Pois que os anos lhe impedem o combate, luta
com a palavra. Avança e amaldiçoa esta criminosa luta.
Enquanto, com mãos trêmulas, abraça o altar,
com a espada, Crômis decepa-lhe a cabeça,
que logo tomba em cima do altar e, aí, com a língua semiviva,
profere palavras de execração e exala a vida no meio do fogo.
    Tombaram, em seguida, às mãos de Fineu, os gêmeos
Bróteas e Amon, invencíveis nos cestos (se as espadas pudessem
ser vencidas pelo cestos) e ainda Âmpico, sacerdote de Ceres,
de cabeça cingida por uma fita branca.
E tu, Lâmpeto, não talhado para estas artes, mas para tangeres
a cítara enquanto cantavas, pacífica ocupação, tinham-te chamado
para, com teu canto, animares o banquete e a festa.
Estando retirado e empunhando o inofensivo plectro,
com riso escarninho, diz-lhe Pétalo: "Canta o resto aos manes
do Estige." E cravou-lhe a espada na têmpora esquerda.
Tombou e, com os dedos moribundos, tange ainda as cordas da lira.
E, na queda, foi comovente o canto.
Não consentiu o feroz Licormas que este caísse de modo impune
e, arrancando a sólida tranca do batente direito,
esmagou-lhe com ela os ossos da cerviz.
Este estendeu-se por terra qual novilho imolado.
Tentava o cinífio Pélates arrancar também a robórea tranca
do batente esquerdo. Enquanto tentava, foi sua mão cravada
pela lança de Córito de Marmárica, e ficou presa à madeira.

haerenti latus hausit Abas, nec corruit ille,
sed retinente manum moriens e poste pependit.
    Sternitur et Melaneus, Perseia castra secutus,
et Nasamoniaci Dorylas ditissimus agri,
diues agri Dorylas, quo non possederat alter   130
latius aut totidem tollebat farris aceruos.
huius in obliquo missum stetit inguine ferrum
(letifer ille locus); quem postquam uulneris auctor
singultantem animam et uersantem lumina uidit
Bactrius Halcyoneus, 'hoc, quod premis' inquit, 'habeto   135
de tot agris terrae' corpusque exsangue reliquit.
torquet in hunc hastam calido de uulnere raptam
ultor Abantiades, media quae nare recepta
ceruice exacta est in partesque eminet ambas.
dumque manum Fortuna iuuat, Clytiumque Claninque,   140
matre satos una, diuerso uulnere fudit;
nam Clytii per utrumque graui librata lacerto
fraxinus acta femur, iaculum Clanis ore momordit.
occidit et Celadon Mendesius, occidit Astreus
(matre Palaestina, dubio genitore creatus),   145
Aethionque sagax quondam uentura uidere,
tunc aue deceptus falsa, regisque Thoactes
armiger et caeso genitore infamis Agyrtes.
    Plus tamen exhausto superest; namque omnibus unum
opprimere est animus, coniurata undique pugnant   150
agmina pro causa meritum impugnante fidemque.
hac pro parte socer frustra pius et noua coniunx
cum genetrice fauent ululatuque atria complent;
sed sonus armorum superat gemitusque cadentum,
pollutosque simul multo Bellona Penates   155
sanguine perfundit renouataque proelia miscet.

Assim preso, Abas trespassa-lhe o flanco. Mas ele não caiu,
pois, ao morrer, ficou suspenso do poste que a mão lhe retinha.
   Melaneu, que seguia o lado de Perseu, e Dórilas,
o maior proprietário entre os Nasamônios,[4] são também prostrados.
Ninguém havia possuído mais extensas propriedades
ou acumulara maior quantidade de incenso do que ele.
O ferro contra ele arremessado cravara-se-lhe na virilha obliquamente,
nesse lugar que é mortífero. Quando o autor do golpe,
Alcioneu da Báctria, o viu no estertor da agonia
e a revirar os olhos, diz: "Baste-te, da tanta que tens,
a terra que pisas!" E abandonou o corpo exangue.
Contra ele brande a lança arrancada da ferida ainda quente
o vingador filho de Abas, lança que, atingindo o nariz
na sua parte média, sai pela nuca e fica pendente de ambos os lados.
E enquanto a Fortuna secunda sua mão, com golpe distinto
derruba Clítio e Clânis, nascidos da mesma mãe.
Pois, brandida por seu vigoroso braço, a lança de freixo
trespassou ambas as pernas de Clício, e Clânis mordeu um dardo.
Sucumbiu ainda Celadonte de Mendes, sucumbiu Astreu,
filho de mãe palestina e pai incógnito;
e Etíon, antes, perspicaz a ler o porvir, traído agora
por uma ave que o enganou; e Toactes,
escudeiro do rei, e o infame parricida Agirtes.
   Há, contudo, mais a fazer do que o já feito, pois na mente de todos
está a ideia de aniquilar um só. Por todo o lado, forças conjuradas
lutam por uma causa que defende o mérito e a fidelidade.
Apoiam-no o sogro, em vão fiel, e a esposa recente
com sua mãe, que com seus gritos atroam os átrios.
Mas o som das armas e o gemido dos que tombam levam vantagem.
Ao mesmo tempo, Belona[5] inunda de muito sangue os altares
já manchados e reanima os combates, que instiga.

---

[4] Povo da Numídia, na África.

[5] Belona é a deusa romana da guerra.

circueunt unum Phineus et mille secuti
Phinea: tela uolant hiberna grandine plura
praeter utrumque latus praeterque et lumen et aures.
adplicat hic umeros ad magnae saxa columnae   160
tutaque terga gerens aduersaque in agmina uersus
sustinet instantes; instabat parte sinistra
Chaonius Molpeus, dextra Nabataeus Echemmon.
tigris ut auditis diuersa ualle duorum
exstimulata fame mugitibus armentorum   165
nescit utro potius ruat et ruere ardet utroque,
sic dubius Perseus dextra laeuane feratur
Molpea traiecti summouit uulnere cruris
contentusque fuga est; neque enim dat tempus Echemmon,
sed furit et, cupiens alto dare uulnera collo,   170
non circumspectis exactum uiribus ensem
fregit in extrema percussae parte columnae:
lammina dissiluit dominique in gutture fixa est.
non tamen ad letum causas satis illa ualentes
plaga dedit; trepidum Perseus et inertia frustra   175
bracchia tendentem Cyllenide confodit harpe.
   Verum ubi uirtutem turbae succumbere uidit,
'auxilium' Perseus, 'quoniam sic cogitis ipsi'
dixit, 'ab hoste petam. uultus auertite uestros,
si quis amicus adest!' et Gorgonis extulit ora.   180
'quaere alium, tua quem moueant miracula' dixit
Thescelus; utque manu iaculum fatale parabat
mittere, in hoc haesit signum de marmore gestu.
proximus huic Ampyx animi plenissima magni
pectora Lyncidae gladio petit, inque petendo   185
dextera deriguit nec citra mota nec ultra est.
at Nileus, qui se genitum septemplice Nilo
ementitus erat, clipeo quoque flumina septem
argento partim, partim caelauerat auro,
'adspice' ait, 'Perseu, nostrae primordia gentis;   190
magna feres tacitas solacia mortis ad umbras,

280

Fineu, com mil outros que o seguem, rodeiam-no a ele, que está só.
Mais densos que o granizo de inverno voam os dardos,
pelos flancos, em frente aos olhos, junto aos ouvidos.
Perseu encosta-se a uma grande coluna de mármore
e, com as costas assim protegidas, enfrenta a hoste inimiga
e sustém a investida. Acometiam-no, pela esquerda,
Molpeu de Caônia e, pela direita, Équemo, o nabateu.
Como o tigre que, excitado pela fome, ao ouvir no vale em frente
o mugido de duas manadas, não sabe sobre qual investir
e arde na ânsia de investir sobre ambas, assim Perseu,
sem saber se há de atacar pela direita ou pela esquerda,
repele Molpeu com um golpe que lhe trespassa as pernas,
contentando-se este com a fuga. Mas Équemo não lhe dá tempo
e, enfurecido e ansioso por vibrar-lhe o golpe no cimo do pescoço,
partiu a espada que brandira com força descontrolada,
e a extremidade da lâmina resvalou na face da coluna atingida
e foi cravar-se na garganta de seu dono.
Essa ferida não era suficientemente grave para ser a causa da morte.
Enquanto, apavorado, estende os braços desarmados,
Perseu trespassa-o com o alfanje de Cilene.
   Mas, ao pressentir que o seu valor cedia ao número,
clama Perseu: "Já que a isso me forçastes,
pedirei auxílio a um inimigo. Afaste o olhar,
se alguém aqui é amigo meu!" E levantou a cabeça da Górgona.
"Procura outro a quem teus prodígios possam impressionar",
gritou Téscelo. E, conforme se preparava para arremessar o dardo fatal,
assim ficou imóvel nessa pose, qual estátua de mármore.
A seu lado, Âmpix arremete com a espada contra o corajoso peito
do descendente de Linceu. E, no ato de arremeter,
a sua mão ficou hirta e não se moveu nem para trás nem para diante.
Por seu lado, Nileu, que se vangloriava de ser filho do Nilo
de sete embocaduras, e que no seu capacete mandara cinzelar
sete rios, uma parte em prata, em ouro a outra, conclama:
"Contempla, Perseu, as origens da minha raça! Será grande
o refrigério que vais levar às mudas sombras da morte:

a tanto cecidisse uiro' — pars ultima uocis
in medio suppressa sono est, adapertaque uelle
ora loqui credas, nec sunt ea peruia uerbis.
increpat hos 'uitio' que 'animi, non uiribus' inquit   195
'Gorgoneis torpetis,' Eryx; 'incurrite mecum
et prosternite humi iuuenem magica arma mouentem.'
incursurus erat: tenuit uestigia tellus,
immotusque silex armataque mansit imago.
hi tamen ex merito poenas subiere, sed unus   200
miles erat Persei, pro quo dum pugnat, Aconteus,
Gorgone conspecta saxo concreuit oborto.
quem ratus Astyages etiamnum uiuere, longo
ense ferit; sonuit tinnitibus ensis acutis.
dum stupet Astyages, naturam traxit eandem   205
marmoreoque manet uultus mirantis in ore.
nomina longa mora est media de plebe uirorum
dicere; bis centum restabant corpora pugnae,
Gorgone bis centum riguerunt corpora uisa.
    Paenitet iniusti tum denique Phinea belli.   210
sed quid agat? simulacra uidet diuersa figuris
agnoscitque suos et nomine quemque uocatum
poscit opem credensque parum sibi proxima tangit
corpora; marmor erant. auertitur atque ita supplex
confessasque manus obliquaque bracchia tendens   215
'uincis' ait, 'Perseu; remoue tua monstra tuaeque
saxificos uultus, quaecumque est, tolle Medusae,
tolle, precor. non nos odium regnique cupido
compulit ad bellum; pro coniuge mouimus arma.
causa fuit meritis melior tua, tempore nostra: 220
non cessisse piget. nihil, o fortissime, praeter
hanc animam concede mihi, tua cetera sunto.'
talia dicenti neque eum quem uoce rogabat
respicere audenti 'quod' ait, 'timidissime' Perseus,
'et possum tribuisse et magnum est munus inerti   225
(pone metum) tribuam: nullo uiolabere ferro.

o teres tombado às mãos de tão ilustre herói." A última parte de suas
palavras sumiu-se a meio da emissão e dir-se-ia que sua boca aberta
queria falar, mas não é já caminho por onde as palavras passem.
Érice increpa os seus companheiros e diz: "Não é pelo poder
da Górgona que paralisais, mas pela falta de coragem.
Avançai comigo e abatei esse jovem que brande armas mágicas."
Dispunha-se a atacar. A terra reteve-lhe os pés
e ficou imóvel, e manteve-se estátua armada, em pedra.
Estes sofreram o castigo merecido. Mas havia Aconteu,
soldado de Perseu, que, enquanto lutava pelo seu senhor,
se cristalizou de repente, ao ver a Górgona.
Crendo Astíages que vivia ainda, fere-o com sua longa espada.
Ressoou a espada com retinir estridente.
Enquanto Astíages se espanta, assume a mesma natureza,
e o ar de espanto persiste no rosto de mármore.
Moroso seria relatar os nomes dos combatentes de média extração.
Do combate restavam duzentos homens.
Duzentos homens se converteram em pedra ao verem a Górgona.
    Fineu, por fim, arrepende-se desta guerra injusta.
Mas que havia de fazer? Vê estátuas em poses diversas,
reconhece os seus e, chamando cada um pelo nome,
pede-lhes auxílio e, incrédulo, toca os corpos mais próximos.
Eram mármore. Volta-se. E assim suplicante, inclina os braços
e estende as mãos em sinal de derrota. E confessa:
"Venceste, Perseu! Afasta esse teu monstro.
Leva daqui o rosto petrificante da Medusa, seja ela o que for,
leva, peço-te! Não foi o ódio nem a ambição do poder
que me levaram à guerra. Foi por uma esposa que peguei em armas!
O teu direito radicava no mérito, no tempo radicava o meu.
Pesa-me não haver cedido! Concede-me, valoroso guerreiro,
nada mais que apenas a vida. Seja o resto teu."
Assim falava, sem ousar olhar aquele a quem suplicava.
Responde-lhe Perseu: "Conceder-te-ei, pusilânime,
o que posso conceder-te, e é um valioso dom para um covarde,
não tenhas medo. Não serás maltratado por ferro nenhum.

quin etiam mansura dabo monimenta per aeuum,
inque domo soceri semper spectabere nostri,
ut mea se sponsi soletur imagine coniunx.'
dixit et in partem Phorcynida transtulit illam,   230
ad quam se trepido Phineus obuerterat ore.
tum quoque conanti sua uertere lumina ceruix
deriguit saxoque oculorum induruit umor;
sed tamen os timidum uultusque in marmore supplex
summissaeque manus faciesque obnoxia mansit.   235

    Victor Abantiades patrios cum coniuge muros
intrat et immeriti uindex ultorque parentis
adgreditur Proetum; nam fratre per arma fugato
Acrisioneas Proetus possederat arces.
sed nec ope armorum nec quam male ceperat arce   240
torua colubriferi superauit lumina monstri.

    Te tamen, o paruae rector, Polydecta, Seriphi,
nec iuuenis uirtus per tot spectata labores
nec mala mollierant, sed inexorabile durus
exerces odium, nec iniqua finis in ira est;   245

Pelo contrário, vou erguer-te um monumento que há de perdurar
pelos séculos. Serás para sempre contemplado no palácio de meu
sogro, para que a minha esposa se console com a imagem do noivo."
E, ao dizer isto, apresentou a filha de Fórcis
do lado para onde Fineu tinha voltada a face apavorada.
Ficou-lhe hirto o pescoço quando se esforçava
por desviar o olhar, e as lágrimas petrificaram-se.
No mármore permaneceu também a expressão de pavor,
o ar suplicante, as mãos rendidas e a aparência servil.

[Preto]

Vitorioso, o descendente de Abas franqueia com a esposa os muros
da pátria; vingador e defensor de um antepassado que não o merecia,
ataca Preto.[6] Pois, tendo expulsado o irmão pelas armas,
Preto apoderara-se da fortaleza de Acrísio. Mas nem com as armas
nem com a cidadela, que havia tomado traiçoeiramente,
venceu o torvo olhar do monstro de cabeleira de serpentes.

[Polidectes]

Também a ti, Polidectes,[7] senhor da pequena Serifos,
nem a valentia deste jovem, provada por tão grandes feitos,
nem os seus infortúnios te apaziguaram. Mas, insensível,
alimentas inexorável ódio e não há limites para tua injusta cólera.

---

[6] Preto e Acrísio eram irmãos gêmeos. Filhos de Abas, netos de Linceu e de Hipermnestra, bisnetos de Egito e Dânao, transportavam ainda no ventre materno o ódio dos seus bisavôs. Declararam guerra um ao outro para saberem a quem pertenceria o reino de Argos. Ao contrário da visão que Ovídio transmite, foi Acrísio que expulsou Preto.

[7] Foi junto de Polidectes que Dânae se refugiou com o filho, Perseu, quando Acrísio os encerrou num cofre e os lançou ao mar. Polidectes apaixonou-se por Dânae e, para afastar Perseu, desafiou-o a cortar a cabeça da Medusa. No retorno, Perseu transformou Polidectes em pedra.

Livro V

detrectas etiam laudem fictamque Medusae
arguis esse necem. 'dabimus tibi pignora ueri;
parcite luminibus!' Perseus ait oraque regis
ore Medusaeo silicem sine sanguine fecit.

Hactenus aurigenae comitem Tritonia fratri 250
se dedit; inde caua circumdata nube Seriphon
deserit, a dextra Cythno Gyaroque relictis,
quaque super pontum uia uisa breuissima Thebas
uirgineumque Helicona petit. quo monte potita
constitit et doctas sic est adfata sorores: 255
'fama noui fontis nostras peruenit ad aures,
dura Medusaei quem praepetis ungula rupit.
is mihi causa uiae. uolui mirabile factum
cernere; uidi ipsum materno sanguine nasci.'
Excipit Vranie: 'quaecumque est causa uidendi 260
has tibi, diua, domos, animo gratissima nostro es.
uera tamen fama est; est Pegasus huius origo
fontis' et ad latices deduxit Pallada sacros.
quae mirata diu factas pedis ictibus undas
siluarum lucos circumspicit antiquarum 265
antraque et innumeris distinctas floribus herbas,
felicesque uocat pariter studioque locoque
Mnemonidas. quam sic adfata est una sororum:
'o, nisi te uirtus opera ad maiora tulisset,
in partem uentura chori Tritonia nostri, 270
uera refers meritoque probas artesque locumque,
et gratam sortem, tutae modo simus, habemus.
sed (uetitum est adeo sceleri nihil) omnia terrent

Deprecias ainda sua glória e afirmas que a morte da Medusa
é um logro. "Vou dar-te provas de que é verdade.
Fechai os olhos", diz Perseu. E, com a cabeça da Medusa,
transforma em exangue pedra a cabeça do rei.

[Minerva, as Musas e as Piérides]

Até aqui, a Tritônia apresentou-se como companheira de seu irmão,
nascido de uma chuva de ouro. A partir de agora, envolta numa
leve nuvem, abandona Serifos, deixando à direita Citno e Gíaros
e, pelo caminho que mais curto se lhe afigura, sobre o mar,
dirige-se a Tebas e a Hélicon, morada das virgens.
Chegando ao monte, desceu, e assim falou a suas doutas irmãs:
"Chegou aos meus ouvidos o boato de uma fonte nova
que o duro casco do alado filho da Medusa fez brotar.[8]
É este o motivo da minha viagem. Quis ver esse prodígio.
Àquele vi-o eu nascer do sangue materno."
"Qualquer que seja, ó deusa, a razão que a visitar esta casa
te traz", lhe responde Urânia, "ela é para mim sumamente grata.
É verdadeiro o boato, e é Pégaso a origem da fonte."
E conduziu Palas até as sagradas águas.
Depois de por longo tempo observar as águas saídas dos golpes
de um casco, a deusa passeia o olhar pelas sombras da floresta antiga,
pelas grutas e pelos prados que flores sem conta salpicam,
e afirma que as Musas são felizes pela sua atividade
e pelo lugar onde habitam. Responde-lhe uma das irmãs:
"Se a tua coragem, Tritônia, não te houvesse levado para mais altas
empresas, haverias de fazer parte do nosso coro. Dizes a verdade,
e com razão reconheces nossa ação e a nossa morada.
Desfrutamos de um destino feliz, contanto que estejamos em segurança.
Mas nada está ao abrigo do crime e tudo atemoriza estas almas virginais.

---

[8] Hipocrene, a fonte do cavalo, brotou no cimo do Hélicon quando o cavalo
Pégaso, filho de Medusa, nascido do seu sangue, feriu com seu casco um rochedo.

uirgineas mentes, dirusque ante ora Pyreneus
uertitur et nondum tota me mente recepi. 275
Daulida Threicio Phoceaque milite rura
ceperat ille ferox iniustaque regna tenebat.
templa petebamus Parnasia; uidit euntes
nostraque fallaci ueneratus numina uultu
"Mnemonides" (cognorat enim), "consistite" dixit 280
"nec dubitate, precor, tecto graue sidus et imbrem"
(imber erat) "uitare meo; subiere minores
saepe casas superi." dictis et tempore motae
adnuimusque uiro primasque intrauimus aedes.
desierant imbres, uictoque Aquilonibus Austro 285
fusca repurgato fugiebant nubila caelo.
impetus ire fuit; claudit sua tecta Pyreneus
uimque parat, quam nos sumptis effugimus alis.
ipse secuturo similis stetit arduus arce
"qua" que "uia est uobis, erit et mihi" dixit "eadem" 290
seque iacit uecors e summae culmine turris
et cadit in uultus discussisque ossibus oris
tundit humum moriens scelerato sanguine tinctam.'

    Musa loquebatur; pennae sonuere per auras,
uoxque salutantum ramis ueniebat ab altis. 295
suspicit et linguae quaerit tam certa loquentes
unde sonent hominemque putat Ioue nata locutum;
ales erat. numeroque nouem sua fata querentes
institerant ramis imitantes omnia picae.
miranti sic orsa deae dea: 'nuper et istae 300
auxerunt uolucrum uictae certamine turbam.
Pieros has genuit Pellaeis diues in aruis,
Paeonis Euippe mater fuit; illa potentem
Lucinam nouiens, nouiens paritura, uocauit.
intumuit numero stolidarum turba sororum 305
perque tot Haemonias et per tot Achaidas urbes
huc uenit et tali committit proelia uoce:

E diante de meus olhos perpassa sempre o cruel Pireneu,
e ainda não me recompus completamente.
Com a força trácia, se tinha aquele cruel apoderado de Dáulis
e das planícies da Fócida e mantinha injustamente o reino.
Dirigíamo-nos ao templo do Parnaso. Viu-nos vir e,
fingindo venerar a nossa divindade, disse: 'Sustende o passo,
Musas (ele, realmente, havia-nos reconhecido) e, por favor,
não receeis evitar o mau tempo e a chuva em minha casa
(de fato chovia). Muitas vezes entraram os deuses
em casas menos dignas.' Levadas pelas suas palavras
e pelo tempo, assentimos e entramos no átrio com ele.
As chuvas cessaram. O Austro foi vencido pelo Aquilão.
Do céu, já limpo, fugiam as negras nuvens.
A nossa vontade foi partir. Pireneu fecha o palácio
e dispõe-se a violentar-nos. Pondo as asas, fugimos-lhe.
Ele, orgulhoso, como quem está disposto a seguir-nos,
parou na cidadela e disse: 'Seguirei o caminho que vós tomardes.'
E atira-se, o insensato, do ponto mais alto da torre.
Caindo de cabeça, embate no solo, que mancha, ao morrer,
com seu celerado sangue, e esmaga a cabeça."
    Enquanto a musa fala, no ar ressoaram asas,
e da copa das árvores provinha a voz de quem saúda.
A filha de Júpiter ergue o olhar e indaga de onde soam línguas
que articulam tão nitidamente, e crê ser humano quem fala.
Eram aves. Em número de nove, lamentando o destino,
pegas, que tudo imitam, haviam pousado nos ramos.
À deusa, que olha admirada, responde outra deusa:
"Não há muito que, vencidas em combate, estas engrossam
o bando das aves. Gerou-as o rico Píero nas planícies de Pela;
foi sua mãe Evipe da Peônia, que nove vezes invocou
a poderosa Lucina, das nove vezes que estava para dar à luz.
O insensato grupo destas irmãs encheu-se de orgulho
por causa do número e, passando por todas as cidades da Tessália
e da Acaia, chegou aqui e travou nestes termos uma disputa:

"desinite indoctum uana dulcedine uulgus
fallere; nobiscum, si qua est fiducia uobis,
Thespiades, certate, deae. nec uoce, nec arte   310
uincemur, totidemque sumus. uel cedite uictae
fonte Medusaeo et Hyantea Aganippe,
uel nos Emathiis ad Paeonas usque niuosos
cedemus campis. dirimant certamina nymphae."
turpe quidem contendere erat, sed cedere uisum   315
turpius; electae iurant per flumina nymphae
factaque de uiuo pressere sedilia saxo.
tunc sine sorte prior quae se certare professa est
bella canit superum falsoque in honore Gigantas
ponit et extenuat magnorum facta deorum;   320
emissumque ima de sede Typhoea terrae
caelitibus fecisse metum cunctosque dedisse
terga fugae, donec fessos Aegyptia tellus
ceperit et septem discretus in ostia Nilus.
huc quoque terrigenam uenisse Typhoea narrat   325
et se mentitis superos celasse figuris:
"dux" que "gregis" dixit "fit Iuppiter, unde recuruis
nunc quoque formatus Libys est cum cornibus Ammon;
Delius in coruo, proles Semeleia capro,
fele soror Phoebi, niuea Saturnia uacca,   330
pisce Venus latuit, Cyllenius ibidis alis."
    'Hactenus ad citharam uocalia mouerat ora;
poscimur Aonides — sed forsitan otia non sint,
nec nostris praebere uacet tibi cantibus aures?'
'ne dubita uestrumque mihi refer ordine carmen'   335
Pallas ait nemorisque leui consedit in umbra.
Musa refert: 'dedimus summam certaminis uni.
surgit et immissos hedera collecta capillos
Calliope querulas praetemptat pollice chordas
atque haec percussis subiungit carmina neruis: 340

'Deixai de enganar o vulgo ignaro com doçuras
inúteis. Competi conosco, deusas de Téspias,[9] se acaso estais
de vós tão seguras! Nem na voz nem na arte seremos vencidas,
e somos tantas como vós. Afastai-vos vós, se vencidas,
da fonte do filho de Medusa e da fonte Aganipe, na Beócia,
ou deixaremos nós as planícies, da Emátia até a Peônia
coberta de neve. Sejam as ninfas juízes desta disputa.'
Competir era desonroso, mas recusar mais desonroso
nos parecia ainda. As ninfas eleitas juram pelos rios
e tomam assento em bancos talhados na rocha viva.
Então, sem sorteio, a que primeiro declarara que competiria
começa a cantar a guerra dos deuses. Atribui aos Gigantes
uma falsa honra e esvazia os feitos dos deuses maiores.
Conta que Tifeu, saído das entranhas da terra,
assustou os habitantes do céu, e que todos fugiram,
até que, cansados, os recebeu a região do Egito e o Nilo,
que se divide em sete embocaduras;
conta ainda que Tifeu, filho da terra, foi até lá
e que os deuses se disfarçaram sob aparências falsas.
'Júpiter', diz ela, 'fez-se passar por pastor de rebanhos. Daí que,
ainda hoje, o líbio Amon seja representado com recurvos cornos;
o deus de Delos mudou-se num corvo; em bode, o filho de Sêmele;
a irmã de Febo, em gata; numa vaca branca se mudou a Satúrnia,
Vênus ocultou-se em pez, o deus de Cilene, nas penas de um íbis.'
    Até aqui havia ela cantado ao som da cítara.
Somos nós chamadas, as filhas de Aônia. Mas provavelmente
não tens tempo nem disposição para atenderes aos nossos cantos."
"Não te preocupes", diz-lhe Palas, enquanto se senta à doce sombra
do bosque, "e relata-me o vosso canto, seguindo a ordem."
Diz a Musa: "Confiamos a disputa toda a uma de nós.
Levanta-se Calíope, prende com uma hera os cabelos soltos,
passa os dedos nas plangentes cordas da lira
e, ao dedilhar das cordas, junta este canto:

---

[9] Cidade da Beócia.

'"Prima Ceres unco glaebam dimouit aratro,
prima dedit fruges alimentaque mitia terris,
prima dedit leges; Cereris sunt omnia munus.
illa canenda mihi est; utinam modo dicere possim
carmina digna dea! certe dea carmine digna est.   345
'"Vasta Giganteis ingesta est insula membris
Trinacris et magnis subiectum molibus urget
aetherias ausum sperare Typhoea sedes.
nititur ille quidem pugnatque resurgere saepe,
dextra sed Ausonio manus est subiecta Peloro,   350
laeua, Pachyne, tibi, Lilybaeo crura premuntur;
degrauat Aetna caput, sub qua resupinus harenas
eiectat flammamque ferox uomit ore Typhoeus.
saepe remoliri luctatur pondera terrae
oppidaque et magnos deuoluere corpore montes;   355
inde tremit tellus, et rex pauet ipse silentum,
ne pateat latoque solum retegatur hiatu
immissusque dies trepidantes terreat umbras.
hanc metuens cladem tenebrosa sede tyrannus
exierat curruque atrorum uectus equorum   360
ambibat Siculae cautus fundamina terrae.
postquam exploratum satis est loca nulla labare
depositoque metu, uidet hunc Erycina uagantem
monte suo residens natumque amplexa uolucrem
'arma manusque meae, mea, nate, potentia' dixit,   365
'illa, quibus superas omnes, cape tela, Cupido,

[O rapto de Prosérpina]

'Ceres foi a primeira que rasgou a terra com o curvo arado,
foi a primeira que ao mundo deu cereais e o doce sustento,
foi a primeira que criou as leis. Tudo é dádiva de Ceres.
A ela é que eu devo cantar. Pudesse eu agora entoar um canto
digno desta deusa, já que a deusa é digna do meu canto!
   A grande ilha de Trinácria foi assente sobre os membros
de um gigante e repousa sobre Tifeu,[10] esmagado por aquela
mole imensa, ele que ousou aspirar às moradas celestes.
Debate-se ele, e muitas vezes luta, por se restabelecer,
mas tem a mão direita debaixo do Peloro,[11] vizinho da Ausônia,[12]
e a esquerda, Paquino, debaixo de ti. As pernas são esmagadas
pelo Lilibeu, o Etna oprime-lhe a cabeça e, debaixo dele,
deitado de costas, o feroz Tifeu cospe areia e vomita chamas pela boca.
Debate-se muitas vezes para sacudir o peso da terra,
e de seu corpo fazer rolar cidades e altas montanhas.
Então a terra treme e o próprio rei dos mortos silenciosos
receia que o solo se abra e patenteie um extenso abismo,
e que o dia penetre e assuste as trêmulas sombras.
Receando essa catástrofe, saíra o tirano de sua tenebrosa morada
e, montado num carro de negros cavalos,
circunda, cauteloso, os fundamentos da terra da Sicília.
Depois de bem se certificar de que lugar algum ameaçava ruína
e, livre do medo, do monte em que reside o vê a passar
a deusa de Érice,[13] que abraça o alado filho e lhe diz:
"Filho, minha arma, meu braço e meu poder!
Pega, Cupido, nesses dardos com que tudo vences.

---

[10] O monstro que Gaia criou para vingar os Titãs que Zeus aprisionara nos Infernos. Acabou vencido, ele a última força anárquica que se rebelou contra Zeus.

[11] Peloro, Paquino e Lilibeu são promontórios da Sicília.

[12] Sinônimo de Itália.

[13] Montanha siciliana onde Afrodite tinha um santuário importante.

inque dei pectus celeres molire sagittas,
cui triplicis cessit fortuna nouissima regni.
tu superos ipsumque Iouem, tu numina ponti
uicta domas ipsumque regit qui numina ponti.   370
Tartara quid cessant? cur non matrisque tuumque
imperium profers? agitur pars tertia mundi.
et tamen in caelo (quae iam patientia nostra est!)
spernimur ac mecum uires minuuntur Amoris.
Pallada nonne uides iaculatricemque Dianam   375
abscessisse mihi? Cereris quoque filia uirgo,
si patiemur, erit; nam spes adfectat easdem.
at tu pro socio, si qua est ea gratia, regno
iunge deam patruo.' dixit Venus; ille pharetram
soluit et arbitrio matris de mille sagittis   380
unam seposuit, sed qua nec acutior ulla
nec minus incerta est nec quae magis audiat arcum,
oppositoque genu curuauit flexile cornum
inque cor hamata percussit harundine Ditem.
    '"Haud procul Hennaeis lacus est a moenibus altae,   385
nomine Pergus, aquae; non illo plura Caystros
carmina cycnorum labentibus audit in undis.
silua coronat aquas cingens latus omne suisque
frondibus ut uelo Phoebeos summouet ictus.
frigora dant rami, uarios humus umida flores;   390
perpetuum uer est. quo dum Proserpina luco
ludit et aut uiolas aut candida lilia carpit,
dumque puellari studio calathosque sinumque
implet et aequales certat superare legendo,
paene simul uisa est dilectaque raptaque Diti;   395
usque adeo est properatus amor. dea territa maesto
et matrem et comites, sed matrem saepius, ore
clamat, et ut summa uestem laniarat ab ora,
collecti flores tunicis cecidere remissis.
tantaque simplicitas puerilibus adfuit annis,   400
haec quoque uirgineum mouit iactura dolorem.

294

Lança tuas velozes setas contra o peito desse deus a quem coube
em sorte o último lote do tríplice reino. Tu subjugas os habitantes do céu,
e até o próprio Júpiter, tu subjugas as divindades vencidas do mar
e aquele que governa as divindades marinhas.
Por que espera o Tártaro? Por que não dilatas o poder de tua mãe,
que também é teu? Trata-se de um terço do mundo.
E até no céu, o que é já fruto da nossa paciência, somos desconsiderados,
e o poder do Amor reduz-se juntamente com o meu. Acaso não vês
que Palas e Diana, a que lança o dardo, de mim se afastaram?
E que também, se o permitirmos, a filha de Ceres se manterá virgem?
Alimenta, de fato, essa mesma esperança. Mas tu, pela defesa
do poder que partilhamos, se isso representa algum benefício,
une essa deusa a seu tio." Assim falou Vênus.
Cupido abriu a aljava e, de acordo com o desígnio da mãe,
escolheu uma dentre mil setas, mais afiada, e mais certeira,
e mais obediente ao arco do que a qual não havia outra.
Apoiando-se no joelho, curvou os extremos flexíveis
e, com a flecha de ponta recurvada, atingiu Dite no coração.
    Perto da muralha de Enna há um lago de águas profundas.
Chama-se Pergo. No curso de seu leito não ouve o Caístro
o canto de um maior número de cisnes. Coroa-lhe as águas
um bosque, que o circunda em toda a volta
e, com sua fronde, corta, como uma cortina, os raios do sol.
Os ramos garantem frescura, a úmida terra produz flores variadas.
É perpétua a primavera. Enquanto Prosérpina aí se diverte
e colhe ora violetas, ora cândidos lírios e, com juvenil entusiasmo,
enche os açafates e enche o regaço, e se esforça por superar
na colheita suas companheiras, vê-la, amá-la e raptá-la
foi para Plutão obra de um instante (a tal ponto é impaciente o amor!).
Aterrorizada, com gritos aflitos, a deusa chama pela mãe,
chama pelas companheiras, mas é pela mãe que mais vezes chama.
E, porque rasgara a veste de alto a baixo,
as flores colhidas caíram da túnica que as segurava.
Tão grande era a inocência naqueles juvenis anos
que até esta perda causou dor à jovem!

raptor agit currus et nomine quemque uocando
exhortatur equos, quorum per colla iubasque
excutit obscura tinctas ferrugine habenas;
perque lacus altos et olentia sulphure fertur   405
stagna Palicorum rupta feruentia terra
et qua Bacchiadae, bimari gens orta Corintho,
inter inaequales posuerunt moenia portus.

'"Est medium Cyanes et Pisaeae Arethusae
quod coit angustis inclusum cornibus aequor;   410
hic fuit, a cuius stagnum quoque nomine dictum est,
inter Sicelidas Cyane celeberrima Nymphas.
gurgite quae medio summa tenus exstitit aluo
agnouitque deam 'nec longius ibitis!' inquit
'non potes inuitae Cereris gener esse; roganda,   415
non rapienda fuit. quod si componere magnis
parua mihi fas est, et me dilexit Anapis;
exorata tamen, nec, ut haec, exterrita nupsi.'
dixit et in partes diuersas bracchia tendens
obstitit. haud ultra tenuit Saturnius iram   420
terribilesque hortatus equos in gurgitis ima
contortum ualido sceptrum regale lacerto

Põe o raptor o carro em movimento e, chamando cada um
pelo nome, incita os cavalos, por cujo dorso e crinas
movimenta as rédeas manchadas de escura ferrugem.
E é levado por lagos profundos e pelos pântanos dos Palicos[14]
que cheiram a enxofre e borbulham pelas fendas da terra,
e por onde os Baquíades, raça nascida na Corinto de dois mares,
ergueram suas muralhas entre dois portos desiguais.[15]

[Cíane]

Entre Cíane[16] e Aretusa,[17] a fonte de Pisa,
há um golfo que se estende apertado entre dois promontórios.
Aí vivia Cíane, a mais célebre das ninfas da Sicília,
de cujo nome o lago tirou o seu.
Elevou-se esta, no meio das águas, até a cintura
e reconheceu a deusa. 'Não ireis mais longe', diz.
'Não podes ser genro de Ceres contra sua vontade.
Deverias pedi-la e não raptá-la. Pois, se me é permitido comparar
ninharias com grandezas, também Anápis[18] me amou
e, contudo, casei cortejada e não aterrorizada como ela.'
Disse e, estendendo um braço para cada lado, impede-lhes
a passagem. O filho de Saturno não conteve mais a ira
e, incitando os terríveis cavalos, lança com seu poderoso braço
o cetro real, que mergulha no fundo das águas.

---

[14] Os Palicos são deuses gêmeos, naturais da Sicília. O seu culto situava-se junto do lago Naftia, onde ocorriam diversos fenômenos vulcânicos.

[15] Siracusa era colônia de Corinto. A cidade antiga estava construída na ilha de Ortígia, entre o porto grande e o porto pequeno.

[16] É a fonte de Siracusa que se opôs ao rapto de Perséfone. Era uma ninfa que Hades transformou em profundo poço azul.

[17] É a ninfa perseguida por Alfeu no Peloponeso. Para não se unir a ele, mergulhou na profundidade da terra, guiada por Ártemis, e reapareceu em Siracusa.

[18] Pequeno curso de água que deságua no mar, diante de Siracusa. Cíane é seu afluente.

Livro V

condidit; icta uiam tellus in Tartara fecit
et pronos currus medio cratere recepit.
at Cyane, raptamque deam contemptaque fontis   425
iura sui maerens, inconsolabile uulnus
mente gerit tacita lacrimisque absumitur omnis
et, quarum fuerat magnum modo numen, in illas
extenuatur aquas. molliri membra uideres,
ossa pati flexus, ungues posuisse rigorem;   430
primaque de tota tenuissima quaeque liquescunt,
caerulei crines digitique et crura pedesque
(nam breuis in gelidas membris exilibus undas
transitus est); post haec umeri tergusque latusque
pectoraque in tenues abeunt euanida riuos;   435
denique pro uiuo uitiatas sanguine uenas
lympha subit, restatque nihil, quod prendere possis.
  '"Interea pauidae nequiquam filia matri
omnibus est terris, omni quaesita profundo.
illam non udis ueniens Aurora capillis   440
cessantem uidit, non Hesperus; illa duabus
flammiferas pinus manibus succendit ab Aetna
perque pruinosas tulit inrequieta tenebras;
rursus ubi alma dies hebetarat sidera, natam
solis ab occasu solis quaerebat ad ortus.   445
fessa labore sitim conceperat oraque nulli
conluerant fontes, cum tectam stramine uidit
forte casam paruasque fores pulsauit; at inde
prodit anus diuamque uidet lymphamque roganti
dulce dedit, tosta quod texerat ante polenta.   450
dum bibit illa datum, duri puer oris et audax
constitit ante deam risitque auidamque uocauit.
offensa est neque adhuc epota parte loquentem
cum liquido mixtae perfudit diua polentae.

Ferida, a terra abriu caminho para o Tártaro
e, na fenda, recebeu o carro, que se precipita.
Cíane, chorando a deusa raptada e o ultraje aos direitos
de suas águas, silenciosa, guarda em seu espírito
uma ferida insanável, toda se funde em lágrimas
e reduz-se àquelas águas de que até agora havia sido
a grande divindade. Viam-se-lhe os membros a diminuir,
os ossos a tornarem-se flexíveis, a perderem dureza as unhas.
E, primeiro, liquefizeram-se as partes mais finas,
os azulados cabelos, os dedos, as pernas e os pés.
É realmente curta a passagem de tênues membros a gélidas águas.
Depois destes, ombros, dorso, flancos, peito
mudam-se em humildes riachos.
Por fim, em lugar do sangue que dá vida, em suas alteradas veias
corre água, e nada resta que possa ser agarrado.

    Entretanto, Prosérpina é em vão procurada por toda a terra,
é procurada em todo o Profundo pela mãe estarrecida.
Nem a Aurora, que chega de cabelos umedecidos,
nem Héspero a viram a descansar. A mãe acende
no Etna tochas de pinho para ambas as mãos
e leva-as, pressurosa, pelas gélidas trevas.
Quando o benfazejo dia fez desbotar os astros,
começou de novo a procurar a filha, do pôr para o nascer do sol.
Cansada do esforço, estava com sede, e não bebera água
em nenhuma fonte, quando avistou, por acaso, um casebre
coberto de colmo e bateu à humilde porta. Surgiu de lá uma velha que,
ao ver a deusa a pedir-lhe água, lhe deu uma bebida doce,
que havia polvilhado com farinha de cevada torrada.[19]
Enquanto bebe o que lhe fora dado, para em frente à deusa
um rapaz atrevido e de aspecto rude, que se riu e a chamou gulosa.
Ofendeu-se a deusa, e com a parte ainda não bebida
da farinha misturada com o líquido regou o rapaz que falava.

---

[19] Seria provavelmente o *mulsum*, mistura de vinho e mel, a que se juntava a polenta, farinha de cevada torrada.

combibit os maculas et, quae modo bracchia gessit,   455
crura gerit; cauda est mutatis addita membris,
inque breuem formam, ne sit uis magna nocendi,
contrahitur, paruaque minor mensura lacerta est.
mirantem flentemque et tangere monstra parantem
fugit anum latebramque petit aptumque pudori   460
nomen habet, uariis stellatus corpora guttis.
  '"Quas dea per terras et quas errauerit undas,
dicere longa mora est; quaerenti defuit orbis.
Sicaniam repetit, dumque omnia lustrat eundo,
uenit et ad Cyanen. ea ni mutata fuisset,   465
omnia narrasset; sed et os et lingua uolenti
dicere non aderant, nec qua loqueretur habebat;
signa tamen manifesta dedit notamque parenti
illo forte loco delapsam in gurgite sacro
Persephones zonam summis ostendit in undis.   470
quam simul agnouit, tamquam tum denique raptam
scisset, inornatos laniauit diua capillos
et repetita suis percussit pectora palmis.
nescit adhuc ubi sit; terras tamen increpat omnes
ingratasque uocat nec frugum munere dignas,   475
Trinacriam ante alias, in qua uestigia damni
repperit. ergo illic saeua uertentia glaebas
fregit aratra manu parilique irata colonos
ruricolasque boues leto dedit aruaque iussit
fallere depositum uitiataque semina fecit.   480
fertilitas terrae latum uulgata per orbem
laesa iacet; primis segetes moriuntur in herbis,
et modo sol nimius, nimius modo corripit imber;
sideraque uentique nocent, auidaeque uolucres
semina iacta legunt; lolium tribulique fatigant   485
triticeas messes et inexpugnabile gramen.

Cobre-se-lhe o rosto de manchas, e tem patas onde ainda agora
tinha braços. Aos membros transformados acresce uma cauda.
É reduzido a pequena figura, para não ser grande
o seu poder daninho, e o seu tamanho é inferior ao do lagarto.
Foge da velha, que o olha e chora, e se prepara para tocar o prodígio,
e busca um esconderijo. Tem um nome adequado à cor
e um corpo marcado pelas gotas em vários pontos.[20]
    Moroso seria referir por que terras e por que mares
terá errado a deusa. Faltou mundo à sua busca.
Voltou à Sicília. E, enquanto tudo esquadrinha
em sua deambulação, chegou também a Cíane.
Esta tudo contaria, se não houvera sido mudada,
mas não tinha nem boca nem língua, e nem tinha
por onde falar. Deu, contudo, sinais evidentes, e deixou ver
à superfície das águas o cinto de Perséfone, bem conhecido da mãe,
que por acaso tinha caído ao poço sacro naquele lugar.
Logo que o reconheceu, como se ficasse então, por fim, a saber
que fora raptada, começou a deusa a arrancar os desgrenhados cabelos
e a ferir, repetidamente, com as mãos o peito.
Não sabe ainda onde esteja, mas amaldiçoa todos os lugares da terra,
a todos considera ingratos e indignos do dom das colheitas,
e, mais que todos, Trinácria,[21] onde encontrou os sinais do rapto.
Consequentemente, com mão cruel, destruiu ali os arados
que revolvem a terra e, em sua cólera, deu morte igual a lavradores
e a bois de trabalho, e ordenou aos campos que não germinassem
a semente que neles fora lançada, e estiolou as sementes.
A fertilidade desta terra, por todo o mundo louvada,
está desmentida. As messes morrem ainda em erva,
e ora as destrói o sol em excesso, ora a muita chuva,
e afetam-nas as inclemências e os ventos.
As vorazes aves roubam as sementes lançadas à terra.
O joio, os abrolhos e a invencível grama dão cabo do trigo.

---

[20] O estelião, lagarto pintado, espécie de camaleão.

[21] A Sicília, assim chamada em razão dos seus três promontórios.

Livro V

'"Tum caput Eleis Alpheias extulit undis
rorantesque comas a fronte remouit ad aures
atque ait: 'o toto quaesitae uirginis orbe
et frugum genetrix, immensos siste labores,   490
neue tibi fidae uiolenta irascere terrae;
terra nihil meruit patuitque inuita rapinae.
nec sum pro patria supplex; huc hospita ueni,
Pisa mihi patria est et ab Elide ducimus ortus.
Sicaniam peregrina colo, sed gratior omni   495
haec mihi terra solo est; hos nunc Arethusa Penates,
hanc habeo sedem — quam tu, mitissima, serua!
mota loco cur sim tantique per aequoris undas
aduehar Ortygiam, ueniet narratibus hora
tempestiua meis, cum tu curaque leuata   500
et uultus melioris eris. mihi peruia tellus
praebet iter subterque imas ablata cauernas
hic caput attollo desuetaque sidera cerno.
ergo dum Stygio sub terris gurgite labor,
uisa tua est oculis illic Proserpina nostris: 505
illa quidem tristis neque adhuc interrita uultu,
sed regina tamen, sed opaci maxima mundi,
sed tamen inferni pollens matrona tyranni.'
    '"Mater ad auditas stupuit ceu saxea uoces
attonitaeque diu similis fuit; utque dolore   510
pulsa graui grauis est amentia, curribus auras
exit in aetherias. ibi toto nubila uultu
ante Iouem passis stetit inuidiosa capillis
'pro' que 'meo ueni supplex tibi, Iuppiter' inquit,
'sanguine proque tuo; si nulla est gratia matris,   515
nata patrem moueat, neu sit tibi cura, precamur,
uilior illius, quod nostro est edita partu.

Então a amada de Alfeu ergueu a cabeça das águas da Élida,
afastou da face, para trás das orelhas, os cabelos que escorriam água
e exclamou: "Ó mãe de uma donzela procurada pelo mundo inteiro
e mãe das searas, põe termo a tuas incontáveis canseiras
e não te exasperes com a terra, que te é fiel.
A terra não o merece, foi contrariada que se abriu ao rapto.
E não suplico pela minha pátria. Cheguei aqui na condição de estrangeira.
A minha pátria é Pisa, e da Élida provém a minha origem.
Habito a Sicânia[22] como estrangeira, mas esta terra é para mim
mais grata que todas as outras. Sob o nome de Aretusa,
tenho estes penates, tenho esta morada. Protege-a tu, ó suavíssima!
A razão por que saí do meu país, porque, por águas de um mar infindo,
aportei a Ortígia,[23] vai chegar a hora oportuna para to relatar,
quando tu, aliviada de preocupações, estiveres
com ar mais sereno. Abrindo-se, a terra proporciona-me caminho
e, saindo de suas profundas cavernas, assomo neste lugar
e contemplo os astros, a que estou desabituada.
Por isso, enquanto corria no golfo estígio,
debaixo da terra, vi lá com os meus olhos a tua Prosérpina.
Ela, na verdade, estava triste e ainda com o medo estampado na face.
Mas, contudo, é rainha e soberana do mundo das trevas
e é esposa todo-poderosa do Senhor dos Infernos."
Ao ouvir estas palavras, a mãe ficou estática como uma pedra
e, por algum tempo, pareceu fulminada pelo raio. Mas, porque
um grande assombro é superado por uma grande dor, montada
em seus carros, ascende às alturas. Aí, com a fronte coberta de nuvens,
inflamada de ódio, desgrenhada, parou diante de Júpiter e disse:
"É pelo meu sangue, mas também pelo teu, que venho suplicar-te,
Júpiter. Se a mãe não tem qualquer aceitação,
comova a filha a seu pai. Não seja ela para ti, peço-te,
objeto de menor preocupação pelo fato de ser de mim nascida.

---

[22] Sicano é o epônimo da população siciliana dos Sicanos.

[23] Ilha perto de Siracusa.

en quaesita diu tandem mihi nata reperta est,
si reperire uocas amittere certius, aut si
scire ubi sit reperire uocas. quod rapta, feremus,   520
dummodo reddat eam: neque enim praedone marito
filia digna tua est, si iam mea filia non est.'
Iuppiter excepit: 'commune est pignus onusque
nata mihi tecum; sed si modo nomina rebus
addere uera placet, non hoc iniuria factum,   525
uerum amor est; neque erit nobis gener ille pudori,
tu modo, diua, uelis. ut desint cetera, quantum est
esse Iouis fratrem! quid, quod non cetera desunt
nec cedit nisi sorte mihi? sed tanta cupido
si tibi discidii est, repetet Proserpina caelum,   530
lege tamen certa, si nullos contigit illic
ore cibos; nam sic Parcarum foedere cautum est.'

'"Dixerat; at Cereri certum est educere natam.
non ita fata sinunt, quoniam ieiunia uirgo
soluerat et, cultis dum simplex errat in hortis,   535
puniceum curua decerpserat arbore pomum
sumptaque pallenti septem de cortice grana
presserat ore suo. solusque ex omnibus illud
Ascalaphus uidit, quem quondam dicitur Orphne,
inter Auernales haud ignotissima nymphas,   540
ex Acheronte suo siluis peperisse sub atris;
uidit et indicio reditum crudelis ademit.
ingemuit regina Erebi testemque profanam
fecit auem sparsumque caput Phlegethontide lympha
in rostrum et plumas et grandia lumina uertit.   545
ille sibi ablatus fuluis amicitur in alis
inque caput crescit longosque reflectitur ungues
uixque mouet natas per inertia bracchia pennas;

304

Encontrei, finalmente, a filha há tanto tempo por mim procurada,
se se considerar que é encontrar o estar mais seguro de haver perdido;
ou se se considerar que é encontrar o saber onde está.
Sofrerei o ter sido raptada, contanto que a devolva. Nem tua filha
merece um ladrão por marido, se é que já não é minha filha."
Júpiter replicou: "Esta filha é para mim e é para ti penhor
da nossa relação e é responsabilidade nossa. Mas, se queres dar agora
às coisas o seu verdadeiro nome, o acontecido não é um ultraje,
é antes amor. Nem tê-lo por genro será para nós uma ofensa,
contanto que tu, deusa, aceites. Faltasse tudo o mais!
Que glória não tem em ser irmão de Júpiter!? Mas é que nem falta!
E não me é inferior senão por ação do destino. Mas se é tão forte
o teu desejo de separação, Prosérpina retornará ao céu,
mas com uma condição precisa: se seus lábios não tocaram lá
em qualquer alimento. Pois assim se cumprirá a disposição das Parcas."

[Ascálafo]

   Acabara de falar. E para Ceres é certo que a filha regressa.
Nisso não consente o destino, uma vez que a jovem
quebrara o jejum. Pois, enquanto, na sua simplicidade,
deambulava pelo cuidado jardim, havia colhido,
de uma árvore curvada pelo peso dos frutos, uma romã
e mastigara sete grãos tirados do esmaecido invólucro.
Ascálafo, a quem um dia, segundo se diz, Orfne,
a mais bela das ninfas do Averno, concebera do seu amado
Aqueronte e dera à luz em sombrio bosque, foi o único que isso viu.
Viu e, com a delação, roubou-lhe, o cruel, o poder voltar.
A rainha do Érebo chorou e fez do delator ave de mau agouro
e mudou-lhe a cabeça, que regara com água de Flegetonte,
em bico, penas e olhos grandes.
Despojado de si, cobre-se de fulvas asas,
cresce-lhe a cabeça, desenvolve e recurva as unhas
e mal move as penas crescidas em seus inúteis braços.

foedaque fit uolucris, uenturi nuntia luctus,
ignauus bubo, dirum mortalibus omen. 550

'"Hic tamen indicio poenam linguaque uideri
commeruisse potest; uobis, Acheloides, unde
pluma pedesque auium, cum uirginis ora geratis?
an quia, cum legeret uernos Proserpina flores,
in comitum numero, doctae Sirenes, eratis? 555
quam postquam toto frustra quaesistis in orbe,
protinus, ut uestram sentirent aequora curam,
posse super fluctus alarum insistere remis
optastis facilesque deos habuistis et artus
uidistis uestros subitis flauescere pennis. 560
ne tamen ille canor mulcendas natus ad aures
tantaque dos oris linguae deperderet usum,
uirginei uultus et uox humana remansit.
'"At medius fratrisque sui maestaeque sororis
Iuppiter ex aequo uoluentem diuidit annum; 565
nunc dea, regnorum numen commune duorum,
cum matre est totidem, totidem cum coniuge menses.
uertitur extemplo facies et mentis et oris;
nam modo quae poterat Diti quoque maesta uideri
laeta deae frons est, ut sol, qui tectus aquosis 570
nubibus ante fuit, uictis e nubibus exit.

'"Exigit alma Ceres, nata secura recepta,
quae tibi causa fugae, cur sis, Arethusa, sacer fons.

Muda-se em repulsiva ave anunciadora da vindoura desgraça,
indolente bufo, agouro sinistro para os mortais.

[As Sereias]

Pode, porém, parecer que este mereceu o castigo
por sua delatora língua. E vós, filhas de Aqueloo,[24] por que
tendes penas e patas de ave, quando ostentais rosto de donzela?
Será porque fazíeis parte, doutas Sereias, do grupo de suas
acompanhantes, quando, na primavera, Prosérpina colhia flores?
Depois de em vão a haverdes procurado pela terra inteira,
então, para que o mar sentisse a vossa inquietação,
desejastes poder deslocar-vos sobre as ondas
com as asas por remos, e tivestes os deuses favoráveis,
e vistes os vossos corpos cobrirem-se logo de uma penugem dourada.
Mas, para que aquele canto, criado para deleite dos ouvidos,
e tão grande dote vocal não perdessem o uso da língua,
ficou-vos a face de donzelas e a voz humana.
Medianeiro entre seu irmão e sua desolada irmã,
Júpiter dividiu o ano em duas partes iguais.
Agora a deusa, divindade pertença de dois reinos,
está com a mãe tantos meses quantos está com o marido.
De um momento para o outro muda disposição e aspecto.
A face da deusa, que poderia parecer triste, mesmo a Dite,
apresenta-se alegre como o sol que, tapado antes
por negras nuvens, delas sai vitorioso.

[Aretusa]

Aliviada por haver recebido a filha de volta, a benfazeja Ceres
quer conhecer, Aretusa, a causa da tua fuga e por que és fonte sagrada.

---

[24] É o nome do maior rio da Grécia e do deus desse rio. Dos seus amores com
Melpômene nasceram as Sereias.

conticuere undae, quarum dea sustulit alto
fonte caput uiridesque manu siccata capillos 575
fluminis Elei ueteres narrauit amores.

'"Pars ego nympharum quae sunt in Achaide' dixit
'una fui, nec me studiosius altera saltus
legit nec posuit studiosius altera casses.
sed quamuis formae numquam mihi fama petita est, 580
quamuis fortis eram, formosae nomen habebam.
nec mea me facies nimium laudata iuuabat,
quaque aliae gaudere solent, ego rustica dote
corporis erubui crimenque placere putaui.
lassa reuertebar (memini) Stymphalide silua; 585
aestus erat, magnumque labor geminauerat aestum.
inuenio sine uertice aquas, sine murmure euntes,
perspicuas ad humum, per quas numerabilis alte
calculus omnis erat, quas tu uix ire putares.
cana salicta dabant nutritaque populus unda 590
sponte sua natas ripis decliuibus umbras.
accessi primumque pedis uestigia tinxi,
poplite deinde tenus; neque eo contenta, recingor
molliaque impono salici uelamina curuae
nudaque mergor aquis. quas dum ferioque trahoque 595
mille modis labens excussaque bracchia iacto,
nescio quod medio sensi sub gurgite murmur
territaque insisto propiori margine fontis.
"quo properas, Arethusa?" suis Alpheos ab undis
"quo properas?" iterum rauco mihi dixerat ore. 600
sicut eram, fugio sine uestibus (altera uestes
ripa meas habuit); tanto magis instat et ardet,
et quia nuda fui, sum uisa paratior illi.

Silenciaram-se as águas. Do fundo da fonte,
a deusa alçou a cabeça e, enxugando com a mão os verdes cabelos,
contou os antigos amores do rio da Élida.[25] Disse ela:
   "Eu era uma das ninfas da Acaia.
Nenhuma percorria as florestas com mais aplicação do que eu,
nem com mais aplicação armava as redes.
E, embora nunca reclamasse para mim a condição de bela,
embora fosse corajosa, gozava da fama de bela.
E a minha tão celebrada beleza não me dava qualquer alegria.
Aquilo de que outras costumam alegrar-se, a beleza do corpo,
sendo simples, envergonhava-me a mim, e considerava crime o agradar.
Voltava cansada da floresta de Estinfalo,[26] lembro-me.
Estava calor, e o cansaço duplicava o muito calor.
Deparo-me com águas que corriam sem agitação, sem murmúrio,
transparentes até o fundo, através das quais se poderiam contar
todas as pedras do leito, que mal pareciam correr.
O branco salgueiro e o choupo alimentado por essa água
davam por si sombra natural ao declive das margens.
Aproximei-me e molhei, primeiro, as plantas dos pés.
Molhei-me, depois, até os joelhos. Não satisfeita com isso,
dispo-me, coloco minhas leves roupas num salgueiro inclinado
e mergulho nua nas águas. Enquanto as corto e as puxo para mim,
deslizando de mil modos, agito e movo os braços,
senti não sei que murmúrio no meio da corrente.
Assustada, paro na margem mais próxima.
De suas águas, grita Alfeu: 'Para onde foges, Aretusa?
Para onde foges?', grita de novo, com sua voz rouca.
Fujo como estava, sem roupas. As minhas roupas
ficaram na outra margem. Tanto mais ele me persegue e se abrasa.
E, porque estava nua, mais disponível lhe pareço.

---

[25] Élida: região do noroeste do Peloponeso que tinha Élis por capital.

[26] Cidade do Peloponeso junto ao lago do mesmo nome.

sic ego currebam, sic me ferus ille premebat,
ut fugere accipitrem penna trepidante columbae,   605
ut solet accipiter trepidas urgere columbas.
usque sub Orchomenon Psophidaque Cyllenenque
Maenaliosque sinus gelidumque Erymanthon et Elin
currere sustinui, nec me uelocior ille;
sed tolerare diu cursus ego uiribus impar   610
non poteram, longi patiens erat ille laboris.
per tamen et campos, per opertos arbore montes,
saxa quoque et rupes et qua uia nulla, cucurri.
sol erat a tergo; uidi praecedere longam
ante pedes umbram, nisi si timor illa uidebat.   615
sed certe sonitusque pedum terrebat et ingens
crinales uittas adflabat anhelitus oris.
fessa labore fugae "fer opem, deprendimur" inquam,
"armigerae, Diana, tuae, cui saepe dedisti
ferre tuos arcus inclusaque tela pharetra."   620
mota dea est spissisque ferens e nubibus unam
me super iniecit; lustrat caligine tectam
amnis et ignarus circum caua nubila quaerit
bisque locum, quo me dea texerat, inscius ambit
et bis "io Arethusa, io Arethusa!" uocauit.   625
quid mihi tunc animi miserae fuit? anne quod agnae est,
si qua lupos audit circum stabula alta frementes,
aut lepori, qui uepre latens hostilia cernit
ora canum nullosque audet dare corpore motus?
non tamen abscedit (neque enim uestigia cernit   630
longius ulla pedum); seruat nubemque locumque.
occupat obsessos sudor mihi frigidus artus
caeruleaeque cadunt toto de corpore guttae;
quaque pedem moui, manat locus eque capillis
ros cadit, et citius quam nunc tibi facta renarro   635

Assim corria eu, assim me perseguia aquele selvagem
como do falcão costumam fugir, de asa trepidante, as pombas,
como o falcão costuma perseguir as temerosas pombas.
Consegui correr até junto de Orcômeno, de Psófis, de Cilene,
do vale do Mênalo, do gelado Erimanto[27] e de Élis.
E ele não corria mais do que eu.
Mas eu, com menor resistência, não podia aguentar a corrida
por muito tempo. Ele era capaz de um esforço maior.
Mesmo assim, corri por planícies, por montes cobertos de floresta,
por penedias e por antros também, e por onde nem sequer
caminhos havia. Tinha o sol pelas costas. Vi uma longa sombra
que me precedia os passos, a menos que fosse o temor que a via.
Mas o ruído dos passos assustava-me de verdade,
e o forte arfar de sua boca soprava as fitas do meu cabelo.
Cansada pelo esforço da fuga, suplico: 'Fui apanhada!
Protege, Diana, a tua escudeira a quem tantas vezes consentiste
que transportasse o teu arco e as flechas guardadas na aljava.'
A deusa comoveu-se e, trazendo uma espessa nuvem, lançou-a sobre mim.
Coberta pela nuvem, procura-me o rio de um lado para outro
e, ao não me encontrar, procura em volta da negra nuvem.
E não me encontrando, rodeou duas vezes o lugar em que a deusa
me havia escondido e duas vezes chamou: 'Ei, Aretusa! Ei, Aretusa!'
Qual poderia ser o meu estado de espírito, pobre de mim?
Não seria o da ovelhinha que ouve o lobo bramindo
em volta do fundo curral, ou o da lebre que, acoitada no silvado,
espreita as garras ameaçadoras dos cães e nem ousa mexer-se?
Mas ele não se afasta, pois não vê lá adiante
qualquer sinal de meus passos. Vigia a nuvem e o lugar.
Enquanto me assedia, invade-me um frio suor
e de todo o meu corpo escorrem azuladas gotas.
Onde quer que ponha o pé, desse lugar mana água,
e de meus cabelos cai água também.

---

27 Orcômeno e Psófis são cidades da Arcádia; Cilene, Mênalo e Erimanto são
montanhas dessa região.

in latices mutor. sed enim cognoscit amatas
amnis aquas positoque uiri, quod sumpserat, ore
uertitur in proprias, ut se mihi misceat, undas.
Delia rupit humum caecisque ego mersa cauernis
aduehor Ortygiam, quae me cognomine diuae   640
grata meae superas eduxit prima sub auras.'

'"Hac Arethusa tenus. geminos dea fertilis angues
curribus admouit frenisque coercuit ora
et medium caeli terraeque per aera uecta est,
atque leuem currum Tritonida misit in urbem   645
Triptolemo partimque rudi data semina iussit
spargere humo, partim post tempora longa recultae.
iam super Europen sublimis et Asida terram
uectus erat iuuenis; Scythicas aduertitur oras.
rex ibi Lyncus erat; regis subit ille Penates.   650
qua ueniat causamque uiae nomenque rogatus
et patriam 'patria est clarae mihi' dixit 'Athenae,
Triptolemus nomen. ueni nec puppe per undas
nec pede per terras; patuit mihi peruius aether.
dona fero Cereris, latos quae sparsa per agros   655
frugiferas messes alimentaque mitia reddant.'
barbarus inuidit, tantique ut muneris auctor
ipse sit, hospitio recipit somnoque grauatum
adgreditur ferro; conantem figere pectus
lynca Ceres fecit rursusque per aera iussit   660
Mopsopium iuuenem sacros agitare iugales."

E, mais depressa do que agora to conto, me converto em água.
O rio reconhece as águas que ama e, depondo a feição humana
que havia assumido, muda-se nessas mesmas águas, para se unir a mim.
Délia[28] rasga a terra e eu, submergindo nas negras cavernas,
chego a Ortígia, que me é cara pelo epíteto da deusa
e porque foi a primeira que à luz do dia me reconduziu."

[Triptólemo e Linco]

Foi isto que disse Aretusa. A deusa da fertilidade atrelou
dois dragões a seu carro, refreou-lhes a boca com o freio
e, transportada pelos ares, entre o céu e a terra,
dirige seu leve carro para a cidade da Tritônida.
Deu a Triptólemo sementes, ordenou-lhe que à terra as lançasse,
em terra inculta uma parte, a outra em terra desde há muito cultivada.
Em sua aérea corrida, o jovem tinha passado pela Europa e pela Ásia,
encaminhava-se já para o país dos Citas.
Aí reinava Linco. Entra aquele na mansão real. Interrogado
sobre o lugar por onde veio, a razão da viagem, seu nome e sua pátria,
respondeu: "É minha pátria a famosa Atenas,
e o meu nome é Triptólemo. Não vim de barco por mar,
nem por terra vim a pé. Proporcionou-me o ar um caminho livre.
Trago as dádivas de Ceres que, espalhadas pela extensão dos campos,
hão de produzir as férteis searas e o doce sustento."
O bárbaro encheu-se de inveja e, para ser ele o autor de tão rico dom,
recebe aquele como hóspede e ataca-o à espada enquanto estava
mergulhado no sono. Aprestando-se para trespassar-lhe o peito,
Ceres transforma-o em lince e ordena ao jovem mopsópio[29]
que ponha outra vez em marcha a sagrada parelha.'

---

[28] Diana, nascida na ilha de Delos.

[29] De Atenas, cidade de que Mopso havia sido um dos reis.

'Finierat doctos e nobis maxima cantus;
at Nymphae uicisse deas Helicona colentes
concordi dixere sono. conuicia uictae
cum iacerent, "quoniam" dixit "certamine uobis   665
supplicium meruisse parum est maledictaque culpae
additis et non est patientia libera nobis,
ibimus in poenas et qua uocat ira sequemur."
rident Emathides spernuntque minacia uerba;
conataeque loqui et magno clamore proteruas   670
intentare manus, pennas exire per ungues
aspexere suos, operiri bracchia plumis,
alteraque alterius rigido concrescere rostro
ora uidet uolucresque nouas accedere siluis;
dumque uolunt plangi, per bracchia mota leuatae   675
aere pendebant, nemorum conuicia, picae.
nunc quoque in alitibus facundia prisca remansit
raucaque garrulitas studiumque inmane loquendi.'

[O destino das Piérides]

"Terminara seus doutos cantos a mais augusta de todas nós.
E as ninfas, em uníssono, proclamaram vencedoras
as deusas que moram no Hélicon. Às vencidas,
que proferiam insultos, diz ela: 'Porque vos não basta
haver merecido o castigo pelo vosso desafio e à culpa
somais o insulto, e a nossa paciência não é ilimitada,
passaremos ao castigo e iremos até onde nos convoca a ira.'
As filhas de Emátia[30] riem-se e desdenham das palavras de ameaça.
Ao tentarem falar e, no meio de grande algazarra,
levantarem para nós as mãos ameaçadoras, veem que asas
lhes brotam das unhas, que os braços se lhes cobrem de penas;
cada uma vê que a boca da outra se alonga em duro bico
e que novas aves acedem à floresta.
Ao pretenderem ferir-se no peito, levadas pelo movimento dos braços,
ficam suspensas no ar, quais pegas, algazarra dos bosques.
E ainda hoje se mantêm nestes seres alados a antiga facúndia,
a ruidosa garrulice e a ânsia incontrolável de falar."

---

[30] Macedônia.

Liber Sextus

Praebuerat dictis Tritonia talibus aures
carminaque Aonidum iustamque probauerat iram.
tum secum: 'laudare parum est; laudemur et ipsae
numina nec sperni sine poena nostra sinamus.'
Maeoniaeque animum fatis intendit Arachnes, 5
quam sibi lanificae non cedere laudibus artis
audierat. non illa loco nec origine gentis
clara, sed arte fuit. pater huic Colophonius Idmon
Phocaico bibulas tingebat murice lanas;
occiderat mater, sed et haec de plebe suoque 10
aequa uiro fuerat. Lydas tamen illa per urbes
quaesierat studio nomen memorabile, quamuis
orta domo parua paruis habitabat Hypaepis.
huius ut aspicerent opus admirabile, saepe
deseruere sui nymphae dumeta Timoli, 15
deseruere suas nymphae Pactolides undas.
nec factas solum uestes, spectare iuuabat
tum quoque cum fierent; tantus decor adfuit arti!
siue rudem primos lanam glomerabat in orbes,
seu digitis subigebat opus repetitaque longo 20
uellera mollibat nebulas aequantia tractu,
siue leui teretem uersabat pollice fusum,
seu pingebat acu, scires a Pallade doctam.

Livro VI

[Aracne]

A Tritônia havia escutado aqueles relatos
e dera a sua aprovação aos cantos das Aônidas[1] e à sua justa ira.
"Não basta louvar", disse então consigo, "sejamos também nós louvadas.
Não consintamos que a nossa divindade seja desdenhada impunemente."
E centrou a atenção no destino da meônida[2] Aracne, de quem
ouvira dizer que não se considerava inferior a si na glória da arte da lã.
Não se distinguia esta pela sua pátria nem pela sua gente,
era famosa pela sua arte. Seu pai, Ídmon, de Cólofon,
tingia a fofa lã com a púrpura da Fócida.
Sua mãe havia morrido, mas também ela, como seu marido,
pertencia à plebe. Embora nascida de família humilde
e habitando na humilde Hipepos, pelo seu esforço,
Aracne granjeara nas cidades lídias um nome famoso.
Para admirarem a beleza da sua obra, as ninfas abandonavam,
frequentemente, os bosques do seu querido Tmolo,
abandonavam suas queridas águas as ninfas do Pactolo.
E não eram só os vestidos feitos, gostavam também de observá-los
enquanto se iam fazendo, tal era a beleza da sua arte!
Quer formasse os primeiros novelos da lã ainda virgem,
ou com os dedos repuxasse o fio e desemaranhasse a lã,
que figurava uma nuvem e que era tirada em floco que se alongava,
quer fizesse rolar com polegar ligeiro o torneado fuso,
ou bordasse, logo se via que fora Palas que a ensinara.

---

[1] As Musas do Hélicon, no território dos Aônios.

[2] Da Lídia, chamada também Meônia.

Quod tamen ipsa negat tantaque offensa magistra
'certet' ait 'mecum; nihil est quod uicta recusem.'   25
Pallas anum simulat falsosque in tempora canos
addit et infirmos baculo quos sustinet artus.
tum sic orsa loqui: 'non omnia grandior aetas
quae fugiamus habet; seris uenit usus ab annis.
consilium ne sperne meum: tibi fama petatur   30
inter mortales faciendae maxima lanae.
cede deae ueniamque tuis, temeraria, dictis
supplice uoce roga; ueniam dabit illa roganti.'
aspicit hanc toruis inceptaque fila relinquit
uixque manum retinens confessaque uultibus iram   35
talibus obscuram resecuta est Pallada dictis:
'mentis inops longaque uenis confecta senecta,
et nimium uixisse diu nocet. audiat istas,
si qua tibi nurus est, si qua est tibi filia, uoces.
consilii satis est in me mihi, neue monendo   40
profecisse putes, eadem est sententia nobis.
cur non ipsa uenit? cur haec certamina uitat?'
tum dea 'uenit!' ait formamque remouit anilem
Palladaque exhibuit. uenerantur numina nymphae
Mygdonidesque nurus, sola est non territa uirgo;   45
sed tamen erubuit, subitusque inuita notauit
ora rubor rursusque euanuit, ut solet aer
purpureus fieri, cum primum Aurora mouetur,
et breue post tempus candescere solis ab ortu.
perstat in incepto stolidaeque cupidine palmae   50
in sua fata ruit; neque enim Ioue nata recusat
nec monet ulterius nec iam certamina differt.
    Haud mora, constituunt diuersis partibus ambae
et gracili geminas intendunt stamine telas;
tela iugo uincta est, stamen secernit harundo,   55
inseritur medium radiis subtemen acutis,
quod digiti expediunt, atque inter stamina ductum
percusso pauiunt insecti pectine dentes.

Ela, porém, nega-o e, ofendida por causa de tão ilustre mestra, desafia:
"Que venha competir comigo! Se eu for vencida, nada há que recuse!"
Palas disfarça-se de velha, põe nas têmporas falsas cãs,
simula membros enfermos, que sustém com um cajado,
e começa a falar assim: "Nem tudo o que detestamos pertence
à idade avançada. É com os anos maduros que a experiência chega.
Não desdenhes do meu conselho. Inolvidável fama
no amanho da lã te busca entre os mortais.
Cede à deusa, temerária, e com voz suplicante pede perdão
pelas tuas palavras. Ela vai-te perdoar, se lho rogares."
Olhando-a com furor, Aracne afastou o fio que puxava
e, mal sustendo a mão e deixando transparecer em seu rosto a ira,
atalhou a disfarçada deusa com estas palavras:
"Chegas aqui falha de senso e gasta por uma velhice avançada,
que muito viver deixa marcas! Ouçam essas palavras
a tua nora ou a tua filha, se acaso as tens!
Eu tenho para mim prudência que baste! E não penses
que me ajudaste com os teus conselhos! Mantenho a minha decisão.
Por que não vem ela em pessoa? Por que evita este desafio?"
Diz então a deusa: "Já veio!" E, despindo o aspecto de velha,
assumiu o de Palas. Adoram a divindade as ninfas
e as mulheres de Migdônia. Só Aracne é que não teve medo.
Como quer que seja, corou. Um súbito rubor marcou-lhe
forçadamente a face e logo se dissipou, tal como o céu costuma
ficar cor de púrpura quando a Aurora aparece
e, logo depois, quando o sol nasce, vai clareando.
Persiste no seu propósito e, por um estulto desejo de vitória,
precipita-se na ruína, pois a filha de Júpiter nem recusa,
nem volta a adverti-la, nem sequer adia o desafio.

Logo de imediato colocam as duas, em lugares distintos,
teias iguais e armam-nas com fina urdidura.
A teia está presa ao cilindro, uma cana divide a urdidura.
Por entre ela, em velozes lançadeiras, passa a trama, que os dedos
fazem correr. E, inserida no entrecruzar dos fios, é ferida pelos dentes
separados do batente do pente. Uma e a outra se apressam.

utraque festinant cinctaeque ad pectora uestes
bracchia docta mouent, studio fallente laborem. 60
illic et Tyrium quae purpura sensit aenum
texitur et tenues parui discriminis umbrae,
qualis ab imbre solet percussis solibus arcus
inficere ingenti longum curuamine caelum,
in quo diuersi niteant cum mille colores, 65
transitus ipse tamen spectantia lumina fallit,
usque adeo quod tangit idem est; tamen ultima distant.
illic et lentum filis immittitur aurum
et uetus in tela deducitur argumentum.
  Cecropia Pallas scopulum Mauortis in arce 70
pingit et antiquam de terrae nomine litem.
bis sex caelestes medio Ioue sedibus altis
augusta grauitate sedent. sua quemque deorum
inscribit facies: Iouis est regalis imago;
stare deum pelagi longoque ferire tridente 75
aspera saxa facit medioque e uulnere saxi
exsiluisse fretum, quo pignore uindicet urbem;
at sibi dat clipeum, dat acutae cuspidis hastam,
dat galeam capiti, defenditur aegide pectus,
percussamque sua simulat de cuspide terram 80
edere cum bacis fetum canentis oliuae
mirarique deos; operis Victoria finis.
ut tamen exemplis intellegat aemula laudis
quod pretium speret pro tam furialibus ausis
quattuor in partes certamina quattuor addit, 85
clara colore suo, breuibus distincta sigillis.
Threiciam Rhodopen habet angulus unus et Haemum,
nunc gelidos montes, mortalia corpora quondam,
nomina summorum sibi qui tribuere deorum.

E, com os vestidos cingidos ao nível do peito, movimentam
habilmente os braços, enquanto a aplicação disfarça o esforço.
Ali é tecida não só a púrpura que sentiu o caldeirão tírio,
como o são as tênues sombras, separadas por finos matizes,
tal como o arco-íris, quando os raios do sol são atingidos pela chuva,
costuma colorir em ampla curva a extensão do céu.
Embora brilhem nele mil cores diversas, a passagem de uma à outra,
contudo, engana os olhos do espectador, a tal ponto são próximas
as cores que se tocam e tanto diferem das mais afastadas.
Ali também se entrelaça nos fios o dúctil ouro
e na teia borda-se uma história antiga.

    Palas borda o rochedo de Marte,[3] na cidadela de Cécrope,
e a antiga disputa sobre o nome do país.[4]
Em nobres tronos sentam-se, com augusta majestade,
doze deuses, com Júpiter ao centro. Cada um dos deuses
tem fisionomia própria. A de Júpiter é a imagem régia.
Ao deus do mar figura-o em pé e a ferir com seu longo tridente
a dura rocha, do centro de cuja ferida
brota um mar, testemunho com que reclama a cidade.
A si atribui-se um escudo, protege o peito com a égide,
mostra que a terra, ferida com a sua lança,
faz brotar, perante a admiração dos deuses,
o pé de uma oliveira branca, com seus frutos.
O remate da obra é uma Vitória.
E para que a rival da sua glória alcance, pelos exemplos,
o prêmio que a espera por tão louca ousadia,
nos quatro cantos acrescenta, em cores brilhantes
e matizados com pequenas figuras, quatro combates.
Um dos cantos tem representados a trácia Ródope e Hemo,
hoje montanhas geladas, corpos mortais noutros tempos,
que a si se atribuíram os nomes dos sumos deuses.[5]

---

[3] Areópago de Atenas.

[4] Saber se a cidade ficaria com o nome de Atena ou de Posêidon.

[5] Hemo, filho de Bóreas e Oritia, era casado com a filha do rio Estrímon, Ródo-

altera Pygmaeae fatum miserabile matris 90
pars habet; hanc Iuno uictam certamine iussit
esse gruem populisque suis indicere bellum.
pinxit et Antigonen ausam contendere quondam
cum magni consorte Iouis, quam regia Iuno
in uolucrem uertit; nec profuit Ilion illi 95
Laomedonue pater, sumptis quin candida pennis
ipsa sibi plaudat crepitante ciconia rostro.
qui superest solus, Cinyran habet angulus orbum,
isque gradus templi, natarum membra suarum,
amplectens saxoque iacens lacrimare uidetur. 100
circuit extremas oleis pacalibus oras
(is modus est) operisque sua facit arbore finem.
    Maeonis elusam designat imagine tauri
Europen; uerum taurum, freta uera putares.
ipsa uidebatur terras spectare relictas 105
et comites clamare suas tactumque uereri
adsilientis aquae timidasque reducere plantas.
fecit et Asterien aquila luctante teneri,
fecit olorinis Ledam recubare sub alis;
addidit ut satyri celatus imagine pulchram 110
Iuppiter implerit gemino Nycteida fetu,
Amphitryon fuerit cum te, Tirynthia, cepit,
aureus ut Danaen, Asopida luserit ignis,
Mnemosynen pastor, uarius Deoida serpens.
te quoque mutatum toruo, Neptune, iuuenco 115
uirgine in Aeolia posuit; tu uisus Enipeus

Está representado, num outro, o infeliz destino da mãe pigmeia.
Vencida numa disputa, ordenou Juno que se transformasse
em grou e levasse a guerra a seu povo.[6]
Bordou também Antígona, que um dia ousara competir
com a esposa do grande Júpiter, a quem a régia Juno
transformou em ave. De nada lhe serviu Ílion
nem Laomedonte, seu pai, para que, branca cegonha,
tendo recebido asas, não se aplaudisse a si mesma com o crepitar do bico.
O último canto que resta tem representado Cíniras, sem as filhas.
Abraçando os degraus do templo e os corpos de suas filhas,
e jazendo sobre a pedra, parece derramar lágrimas.[7]
Bordeou as extremidades com ramos da oliveira da paz
(é esse o remate) e concluiu a obra com a sua árvore.

    A Meônida representa Europa enganada pela figura do touro.
Julgar-se-ia o touro real e real o mar.
Europa parecia que olhava as terras deixadas para trás,
que gritava pelas companheiras e receava o contato da água,
que ondula, e que timidamente recolhia os pés.
Fez também que Astéria estivesse presa por uma águia, que lutava;
fez que Leda se reclinasse sob as asas de um cisne.
Mostrou como Júpiter, disfarçado na figura de um sátiro,
engravidou a bela Nicteida com dupla gravidez;
como fora Anfitríon quando te seduziu a ti, Tiríntia;
como enganou Dânae sob a forma de ouro, e Asópis na forma de fogo,
a Mnemósina como pastor, como marchetada serpente
enganou a filha de Deo. A ti, Netuno, bordou-te como touro ameaçador
ao lado da filha de Éolo. Disfarçado de Enipeu,[8]

---

pe. Sendo reis da Trácia, tiveram a ousadia de se deixar cultuar com os nomes de Zeus
e Hera. Por castigo, foram transformados em montanhas.

    [6] Gérana, da raça dos Pigmeus, recebia honras divinas e desprezava os deuses.
Foi transformada em grou, por castigo, por decisão de Hera.

    [7] Cíniras era rei do Chipre no tempo da guerra de Troia. A passagem da lenda
aqui referida não é conhecida.

    [8] Rio da Tessália.

gignis Aloidas, aries Bisaltida fallis,
et te flaua comas frugum mitissima mater
sensit equum, sensit uolucrem crinita colubris
mater equi uolucris, sensit delphina Melantho.   120
omnibus his faciemque suam faciemque locorum
reddidit. est illic agrestis imagine Phoebus,
utque modo accipitris pennas, modo terga leonis
gesserit, ut pastor Macareida luserit Issen,
Liber ut Erigonen falsa deceperit uua,   125
ut Saturnus equo geminum Chirona crearit.
ultima pars telae, tenui circumdata limbo,
nexilibus flores hederis habet intertextos.
   Non illud Pallas, non illud carpere Liuor
possit opus. doluit successu flaua uirago   130
et rupit pictas, caelestia crimina, uestes;
utque Cytoriaco radium de monte tenebat,
ter quater Idmoniae frontem percussit Arachnes.
non tulit infelix laqueoque animosa ligauit
guttura; pendentem Pallas miserata leuauit   135
atque ita 'uiue quidem, pende tamen, improba' dixit,
'lexque eadem poenae, ne sis secura futuri,
dicta tuo generi serisque nepotibus esto.'
post ea discedens sucis Hecateidos herbae
sparsit, et extemplo tristi medicamine tactae   140
defluxere comae, cum quis et naris et aures,
fitque caput minimum, toto quoque corpore parua est;

tu geras os Aloídas;[9] como carneiro, enganas a filha de Bisáltide;[10]
a de louros cabelos, a doce mãe das searas, sentiu-te sob a forma
de um cavalo; como ave te sentiu a de cabeleira de serpentes,
a mãe do cavalo voador; como golfinho te sentiu Melanto.[11]
Em cada um destes reproduziu a sua feição e a do lugar.
Ali está Febo na figura de um camponês,
e como ostentou, ora asas de falcão, ora dorso de leão;
e como, enquanto pastor, enganou Issa,[12] a filha de Macareu;
como Líber enganou Erígone[13] com fingidas uvas;
como Saturno, na figura de um cavalo, gerou o dúplice Quíron.
A última parte da teia, bordejada por fina franja,
ostenta flores entretecidas com heras entrelaçadas.

Nem Palas nem a Inveja poderiam pôr defeito naquela obra.
A loura heroína ficou fora de si com o resultado,
fez em pedaços os vestidos bordados com os crimes dos deuses
e, com a lançadeira do monte Citoro, que tinha à mão,
bateu três ou quatro vezes na fronte da filha de Ídmon, Aracne.
Orgulhosa, a infeliz não aguentou e atou um laço ao pescoço.
Compadecida, Palas susteve-a, quando já estava suspensa,
e falou-lhe assim: "Vive, todavia, mas vive suspensa, malvada.
E, para não teres esperança no futuro, seja a mesma pena
decretada para tua família e teus mais remotos descendentes."
Depois, ao partir, aspergiu-a com a seiva da erva de Hécate.
Ao serem atingidos pela sinistra peçonha,
os cabelos caíram e, com eles, caíram o nariz e as orelhas,
a cabeça reduziu-se-lhe, e todo o corpo ficou diminuto.

---

[9] Oto e Efialtes eram filhos de Posêidon/Netuno e de Ifimedia, a filha de Tríopas casada com Aloeu.

[10] Teófane, heroína trácia, de quem Posêidon se enamorou. Para a ocultar aos muitos pretendentes, transformou-a em ovelha, tendo ele se transformado em carneiro.

[11] Filha de Deucalião, concebeu de Posêidon, debaixo da figura de delfim, o herói epônimo de Delfos, Delfo.

[12] Jovem de Lesbos, que deu o nome à ilha de Issa.

[13] Filha do ateniense Icário, que deu guarida a Dioniso.

in latere exiles digiti pro cruribus haerent,
cetera uenter habet, de quo tamen illa remittit
stamen et antiquas exercet aranea telas.   145

　　Lydia tota fremit Phrygiaeque per oppida facti
rumor it et magnum sermonibus occupat orbem.
ante suos Niobe thalamos cognouerat illam,
tum cum Maeoniam uirgo Sipylumque colebat;
nec tamen admonita est poena popularis Arachnes,   150
cedere caelitibus uerbisque minoribus uti.
multa dabant animos, sed enim nec coniugis artes
nec genus amborum magnique potentia regni
sic placuere illi (quamuis ea cuncta placerent)
ut sua progenies; et felicissima matrum   155
dicta foret Niobe, si non sibi uisa fuisset.
　　Nam sata Tiresia uenturi praescia Manto
per medias fuerat diuino concita motu
uaticinata uias: 'Ismenides, ite frequentes
et date Latonae Latonigenisque duobus   160
cum prece tura pia lauroque innectite crinem;
ore meo Latona iubet.' paretur, et omnes
Thebaides iussis sua tempora frondibus ornant
turaque dant sanctis et uerba precantia flammis.
ecce uenit comitum Niobe celeberrima turba,   165
uestibus intexto Phrygiis spectabilis auro
et, quantum ira sinit, formosa; mouensque decoro
cum capite immissos umerum per utrumque capillos
constitit, utque oculos circumtulit alta superbos,
'quis furor auditos' inquit 'praeponere uisis   170
caelestes? aut cur colitur Latona per aras,
numen adhuc sine ture meum est? mihi Tantalus auctor,

Em lugar de pernas, pendem lateralmente uns mirrados dedos.
Tudo o mais é ventre, de onde, contudo, desprende ela um fio.
E, sendo ela aranha, vai tecendo as antigas teias.

[Níobe]

A Lídia inteira bramia de indignação e, por todas as cidades,
corria a notícia do sucedido, dominando as conversas
de toda a gente. Antes de se casar, quando, ainda jovem,
vivia em Meônia e em Sípilo, Níobe havia conhecido Aracne.
Mas não aprendeu com o castigo da sua concidadã
a ceder aos deuses e a servir-se de palavras humildes.
Eram muitas as coisas que a enchiam de orgulho, mas nem as artes
do marido, nem a linhagem de ambos, nem o poderio
de tão grande reino a satisfaziam (embora tudo isso a satisfizesse)
como seus filhos. E Níobe seria tida pela mais feliz das mulheres
se ela mesma não julgasse que o era.
Efetivamente, conhecedora do futuro, Manto, a filha de Tirésias,
excitada por uma agitação divina, havia vaticinado pelas ruas:
"Mulheres de Ismeno,[14] ide em grande número
e, entre piedosas preces, ofertai incenso a Latona
e aos dois Latonígenas e cobri os cabelos com louro.
É Latona quem, pela minha boca, o ordena." Todos obedecem,
e as Tebanas ornam suas frontes com as referidas ramagens
e, entre palavras de súplica, queimam incenso nas sagradas chamas.
Admirável em seu vestido frígio bordado a ouro
e, quanto a ira o consente, formosa, eis que chega Níobe
com numeroso séquito. Movendo juntamente com sua bela
cabeça os cabelos caídos sobre os ombros,
deteve-se. E enquanto, altiva, corria em volta desdenhoso olhar,
afirma: "Que loucura preferir aos deuses que se veem
aqueles de que se ouviu falar! Por que se presta culto a Latona
nos altares, e a minha divindade está ainda sem incenso? O meu pai

---

[14] Rio da Beócia, próximo de Tebas.

cui licuit soli superorum tangere mensas;
Pleiadum soror est genetrix mea; maximus Atlas
est auus, aetherium qui fert ceruicibus axem; 175
Iuppiter alter auus; socero quoque glorior illo.
me gentes metuunt Phrygiae, me regia Cadmi
sub domina est, fidibusque mei commissa mariti
moenia cum populis a meque uiroque reguntur.
in quamcumque domus aduerti lumina partem, 180
immensae spectantur opes; accedit eodem
digna dea facies; huc natas adice septem
et totidem iuuenes et mox generosque nurusque.
quaerite nunc, habeat quam nostra superbia laudem
nescioquoque audete satam Titanida Coeo 185
Latonam praeferre mihi, cui maxima quondam
exiguam sedem pariturae terra negauit!
nec caelo nec humo nec aquis dea uestra recepta est;
exsul erat mundi, donec miserata uagantem
"hospita tu terris erras, ego" dixit "in undis" 190
instabilemque locum Delos dedit. illa duorum
facta parens; uteri pars haec est septima nostri.
sum felix; quis enim neget hoc? felixque manebo;
hoc quoque quis dubitet? tutam me copia fecit.
maior sum quam cui possit Fortuna nocere, 195
multaque ut eripiat, multo mihi plura relinquet.
excessere metum mea iam bona. fingite demi
huic aliquid populo natorum posse meorum:
non tamen ad numerum redigar spoliata duorum,
Latonae turbam, qua quantum distat ab orba? 200
infectis propere ite sacris laurumque capillis

é Tântalo, o único a quem foi permitido sentar-se à mesa dos deuses!
Minha mãe é irmã das Plêiades. É meu avô o gigantesco Atlas,
que suporta aos ombros o eixo do céu.
O outro é Júpiter, a quem me orgulho de ter também por sogro.
Temem-me os povos da Frígia. O palácio de Cadmo
está sob o meu senhorio. E as muralhas, construídas ao som da lira
do meu marido,[15] com seus povos, são regidos por mim e por ele.
Para onde quer que, no meu palácio, volte o olhar,
são incomensuráveis as riquezas que se veem.
Acresce a isso a minha figura, digna de uma deusa.
Soma a isso sete filhas e outros tantos filhos e, depois, genros e noras.
Perguntai agora que razão há para o meu orgulho!
E não compreendo como a mim podeis preferir
a filha de um Titã chamado Céu, a Latona, a quem, um dia,
a imensa terra recusou um pequeno canto para dar à luz.
Essa vossa deusa não foi recebida no céu, na terra, nem nas águas.
Andava proscrita pelo mundo, até que, compadecendo-se do seu errar,
Delos lhe disse: 'Tu peregrinas errante pela terra. Eu, pelas águas.'[16]
E proporcionou-lhe um lugar instável. Ela tornou-se mãe
de dois filhos. Esta é a sétima parte dos meus partos.
Sou feliz! Quem poderá negá-lo? E vou continuar a sê-lo!
Quem disso poderá duvidar também? A riqueza deu-me segurança.
Sou demasiado poderosa para que a Fortuna me possa atingir!
Por muito que me leve, muito mais me há de deixar.
Os meus bens estão fora de perigo. Suponde que à multidão
dos meus filhos era roubada alguma coisa. Com certeza que,
mesmo espoliada, não havia de me ver reduzida ao número de dois,
qual é a multidão da Latona, em função da qual pouco dista de uma mãe
sem filhos. Deixai já esses cultos antes de os terminar, tirai da cabeça

---

[15] Anfíon, filho de Zeus e de Antíope, era irmão de Zeto. Depois de reaverem o trono de Tebas, rodearam-na de uma muralha cujas pedras foram transportadas às costas de Zeto e atraídas pelo som da lira que Hermes havia oferecido a Anfíon.

[16] Segundo a lenda, Delos fixou-se apenas depois do nascimento de Apolo.

ponite.' deponunt et sacra infecta relinquunt,
quodque licet, tacito uenerantur murmure numen.
   Indignata dea est summoque in uertice Cynthi
talibus est dictis gemina cum prole locuta: 205
'en ego uestra parens, uobis animosa creatis,
et nisi Iunoni nulli cessura dearum,
an dea sim dubitor perque omnia saecula cultis
arceor, o nati, nisi uos succurritis, aris.
nec dolor hic solus; diro conuicia facto   210
Tantalis adiecit uosque est postponere natis
ausa suis et me, quod in ipsam reccidat, orbam
dixit et exhibuit linguam scelerata paternam.'
adiectura preces erat his Latona relatis:
'desine,' Phoebus ait; 'poenae mora longa querella est.'   215
dixit idem Phoebe, celerique per aera lapsu
contigerant tecti Cadmeida nubibus arcem.
   Planus erat lateque patens prope moenia campus,
adsiduis pulsatus equis, ubi turba rotarum
duraque mollierat subiectas ungula glaebas.   220
pars ibi de septem genitis Amphione fortes
conscendunt in equos Tyrioque rubentia suco
terga premunt auroque graues moderantur habenas.
e quibus Ismenus, qui matri sarcina quondam
prima suae fuerat, dum certum flectit in orbem   225
quadripedis cursus spumantiaque ora coercet,
'ei mihi!' conclamat medioque in pectore fixa
tela gerit, frenisque manu moriente remissis
in latus a dextro paulatim defluit armo.

os louros." Retiram-nos eles e abandonam o culto antes de se concluir,
mas, enquanto podem, veneram a divindade em silencioso murmúrio.

A deusa indignou-se e, no ponto mais alto do Cinto,[17]
conversou nestes termos com seus dois filhos:
"Aqui estou eu, a vossa mãe, orgulhosa por vos ter criado,
que não sou inferior a nenhuma deusa, com exceção de Juno.
Eu duvido se sou deusa, ó meus filhos, e, se vós não me socorrerdes,
sou tirada dos altares, ao longo de tantos séculos cultuados.
E esta dor não é a única. A esta ímpia ação junta a filha de Tântalo[18]
a zombaria. Ela ousou pôr-vos atrás de seus filhos, e a mim,
que essa maldição lhe caia em cima, considerou-me
uma mãe sem filhos, dando mostras da língua de seu pai."
Ia a Latona para, a seu relato, acrescentar súplicas.
"Deixa", diz Febo. "Uma longa queixa atrasa o castigo."
O mesmo diz Febe. E em veloz descida através do espaço,
protegidos pelas nuvens, chegam à cidade de Cadmo.

Junto às muralhas havia uma extensa e descoberta planície,
batida sem cessar pelos cavalos, onde um incontável número de rodas
e os duros cascos haviam desfeito em pó o terreno pisado.
Parte dos sete filhos de Anfíon monta aí
garbosos cavalos ajaezados a púrpura
e conduzidos por fortes freios dourados.
Um deles, Ismeno, que tinha sido o primeiro fruto do himeneu,
ao fazer rodar em curva perfeita o curso do seu cavalo
e enquanto lhe refreia a boca, que espuma, grita:
"Ai de mim!" E ostenta um dardo cravado em pleno peito.
Da mão moribunda soltam-se as rédeas
e ele desliza paulatinamente para o lado, sobre a espádua direita.

---

[17] Monte da ilha de Delos.

[18] Tântalo, filho de Zeus e Plota, neto de Atlas, pela mãe, teve como filhos Pélops e Níobe. Convidado para a mesa dos deuses, teria revelado aos homens os segredos divinos. Zeus precipitou-o nos Infernos, onde passava fome e sede eternas, apesar de mergulhado na água, que lhe fugia sempre que tentava bebê-la, e de ter suspenso sobre a cabeça um ramo de árvore carregado de frutos, que se afastava sempre que ele estendia a mão.

proximus audito sonitu per inane pharetrae   230
frena dabat Sipylus, ueluti cum praescius imbres
nube fugit uisa pendentiaque undique rector
carbasa deducit, ne qua leuis effluat aura;
frena tamen dantem non euitabile telum
consequitur, summaque tremens ceruice sagitta   235
haesit et exstabat nudum de gutture ferrum.
ille ut erat pronus per crura admissa iubasque
uoluitur et calido tellurem sanguine foedat.
Phaedimus infelix et auiti nominis heres
Tantalus, ut solito finem imposuere labori,   240
transierant ad opus nitidae iuuenale palaestrae;
et iam contulerant arto luctantia nexu
pectora pectoribus, cum tento concita neruo,
sicut erant iuncti, traiecit utrumque sagitta.
ingemuere simul, simul incuruata dolore   245
membra solo posuere, simul suprema iacentes
lumina uersarunt, animam simul exhalarunt.
aspicit Alphenor laniataque pectora plangens
euolat ut gelidos complexibus adleuet artus,
inque pio cadit officio; nam Delius illi   250
intima fatifero rupit praecordia ferro.
quod simul eductum est, pars et pulmonis in hamis
eruta cumque anima cruor est effusus in auras.
at non intonsum simplex Damasicthona uulnus
adficit. ictus erat qua crus esse incipit et qua   255
mollia neruosus facit internodia poples,
dumque manu temptat trahere exitiabile telum
altera per iugulum pennis tenus acta sagitta est;
expulit hanc sanguis seque eiaculatus in altum
emicat et longe terebrata prosilit aura.   260
ultimus Ilioneus non profectura precando
bracchia sustulerat 'di' que 'o communiter omnes'

O seguinte, Sípilo, ao ouvir no ar o som da aljava,
largava as rédeas, qual piloto que, pressagiando chuva,
ao ver as nuvens, foge e solta as velas, que se expandem
em toda a extensão, para que não se perca a mais leve brisa.
Mas, ao largá-las, é atingido por um inevitável dardo.
Crava-se-lhe na nuca uma seta vibrante,
saindo-lhe pela garganta a ponta do ferro.
Inclinado como estava, rola entre as patas, que se lançam,
e as crinas, manchando a terra com seu sangue ainda quente.
O infeliz Fédimo e Tântalo, herdeiro do nome de seu avô,
ao terminarem os habituais exercícios,[19] ungidos a azeite,
passaram à palestra, ao exercício que une os jovens.
Tinham unido já em forte abraço peito contra peito,
para lutarem, quando, lançada pela corda tensa,
uma seta os trespassou a ambos, unidos como estavam.
Soltaram o mesmo lamento; curvados pela dor,
caíram juntos por terra; prostrados, ambos volveram
o mesmo olhar; juntos exalaram a vida.
Alfenor olha-os e, batendo no dilacerado peito,
voa para erguer com seu abraço os corpos já frios,
mas tomba no exercício desta piedosa obrigação, pois Délio
rasgou-lhe as entranhas com o ferro mortífero.
Ao ser extraído, na ponta recurva trouxe, arrancadas,
parte das entranhas. E, com a vida, no ar evolou-se o sangue.
A Damasícton, de longos cabelos, não o atingiu uma ferida apenas.
Havia sido atingido no ponto de onde a perna parte
e no ponto onde os tendões da curva da perna formam
uma zona mole entre as articulações. E, enquanto com sua mão
tentava arrancar o dardo mortal, nova seta lhe penetrou, até as penas,
na garganta. A esta cuspiu-a o sangue que, esguichando alto,
a faz saltar e a arremessa para longe, rasgando o ar.
Ilioneu, o último, tinha levantado inutilmente os braços
em súplica, pedindo: "Ó deuses todos do céu",

---

[19] A corrida de cavalos.

333   Livro VI

dixerat, ignarus non omnes esse rogandos,
'parcite!' motus erat, cum iam reuocabile telum
non fuit, Arquitenens; minimo tamen occidit ille   265
uulnere, non alte percusso corde sagitta.
    Fama mali populique dolor lacrimaeque suorum
tam subitae matrem certam fecere ruinae,
mirantem potuisse irascentemque quod ausi
hoc essent superi, quod tantum iuris haberent;   270
nam pater Amphion ferro per pectus adacto
finierat moriens pariter cum luce dolorem.
heu, quantum haec Niobe Niobe distabat ab illa,
quae modo Letois populum summouerat aris
et mediam tulerat gressus resupina per urbem,   275
inuidiosa suis, at nunc miseranda uel hosti!
corporibus gelidis incumbit et ordine nullo
oscula dispensat natos suprema per omnes;
a quibus ad caelum liuentia bracchia tollens
'pascere, crudelis, nostro, Latona, dolore,   280
pascere' ait 'satiaque meo tua pectora luctu!
[corque ferum satia!' dixit. 'per funera septem]
efferor; exsulta uictrixque inimica triumpha.
cur autem uictrix? miserae mihi plura supersunt
quam tibi felici; post tot quoque funera uinco.'   285
dixerat, et sonuit contento neruus ab arcu,
qui praeter Nioben unam conterruit omnes;
illa malo est audax. stabant cum uestibus atris
ante toros fratrum demisso crine sorores.
e quibus una trahens haerentia uiscere tela   290
imposito fratri moribunda relanguit ore;
altera solari miseram conata parentem
conticuit subito duplicataque uulnere caeco est.
[oraque compressit, nisi postquam spiritus ibat.]

sem saber que não precisava de suplicar a todos,[20] "poupai-me."
O arqueiro comovera-se quando não era já possível fazer retroceder
o dardo. Aquele, contudo, entregou a vida com uma ferida
insignificante. A seta atingiu superficialmente o seu coração.

A notícia da desgraça, a dor do povo e as lágrimas dos seus
informaram de tão súbito desastre a mãe,
que se admira de os deuses o terem podido,
se indigna de o haverem ousado e de o seu poder ir a esse ponto,
Anfíon, o pai, tendo trespassado o peito com o ferro,
ao morrer, pusera fim à dor e à vida.
Ai! Quanto esta Níobe distava daqueloutra Níobe
que ainda há pouco desviara o povo dos altares da Latona
e, altiva, passeava pelo centro da cidade, tornando-se odiosa
aos deuses! Agora era digna da compaixão até do inimigo!
Deixa-se cair sobre os corpos gelados
e espalha ao acaso os últimos beijos por todos os filhos.
E enquanto eleva ao céu os lívidos braços, grita:
"Sacia-te, Latona cruel, sacia-te na minha dor!
Ceva na minha dor o teu coração, ceva teu fero coração",
clama. "Morro sete vezes nestas sete mortes.
Exulta e triunfa, vencedora inimiga! Mas vencedora, por quê?
Sou mais rica na minha desgraça do que tu na tua felicidade!
Depois de tantos funerais, quem vence ainda sou eu!"
Tinha acabado de falar, e ressoou a corda tensa do arco
que a todos, com exceção de Níobe, aterrorizou!
A desgraça tornou Níobe audaz. Vestidas de negro e cabelos
em desalinho, as irmãs mantinham-se ante os leitos dos irmãos.
Uma delas, ao arrancar uma seta cravada nas entranhas,
caiu moribunda com o rosto sobre um dos irmãos.
A segunda, que tentava consolar a infeliz mãe,
emudeceu de repente e dobrou-se sobre si com um golpe cego.
E não fechou a boca senão depois de exalar seu último sopro.

---

[20] Pois era Apolo quem o perseguia.

haec frustra fugiens conlabitur, illa sorori   295
immoritur; latet haec, illam trepidare uideres.
sexque datis leto diuersaque uulnera passis
ultima restabat; quam toto corpore mater,
tota ueste tegens 'unam minimamque relinque;
de multis minimam posco' clamauit 'et unam.'   300
dumque rogat, pro qua rogat occidit. orba resedit
exanimes inter natos natasque uirumque
deriguitque malis. nullos mouet aura capillos,
in uultu color est sine sanguine, lumina maestis
stant immota genis; nihil est in imagine uiuum.   305
ipsa quoque interius cum duro lingua palato
congelat, et uenae desistunt posse moueri;
nec flecti ceruix nec bracchia reddere motus
nec pes ire potest; intra quoque uiscera saxum est.
flet tamen et ualidi circumdata turbine uenti   310
in patriam rapta est; ibi fixa cacumine montis
liquitur, et lacrimas etiamnun marmora manant.

Tum uero cuncti manifestam numinis iram
femina uirque timent cultuque impensius omnes
magna gemelliparae uenerantur numina diuae.   315
utque fit, a facto propiore priora renarrant;
e quibus unus ait: 'Lyciae quoque fertilis agris
non impune deam ueteres spreuere coloni.
res obscura quidem est ignobilitate uirorum,
mira tamen; uidi praesens stagnumque locumque   320
prodigio notum. nam me iam grandior aeuo
impatiensque uiae genitor deducere lectos
iusserat inde boues gentisque illius eunti
ipse ducem dederat; cum quo dum pascua lustro,
ecce lacu medio sacrorum nigra fauilla   325
ara uetus stabat tremulis circumdata cannis.

Uma sucumbe quando, em vão, tentava fugir; outra expira sobre a irmã.
Esconde-se esta, pode ver-se aquela a tremer.
Mortas são já seis com feridas várias. Só restava a última.
A mãe, enquanto a cobre com todo o seu corpo e com seus vestidos,
suplica: "Deixa-me uma só, a mais nova! De todas,
apenas te peço a mais nova, a única!" Enquanto suplica,
deixa de viver aquela por quem suplica. Restando só ela,
senta-se no meio dos filhos, das filhas e do marido, todos já sem vida,
petrificada pelo sofrimento. A brisa não lhe agita os cabelos.
O sangue não dá cor à face. Os olhos permanecem estáticos
nas pálpebras aflitas. Nada é vivo na sua figura.
Até a própria língua gela dentro do duro palato.
E as veias deixam de poder mover-se. Seu pescoço não pode flectir,
os braços fazer movimento, nem seus pés podem andar.
Também as suas entranhas se mudam em pedra.
Apesar de tudo, chora! E, envolta no turbilhão de um vento forte,
é transladada para a sua terra. Colocada aí, no cimo de um monte,
ela jorra água, e mesmo o mármore derrama ainda lágrimas.

[Os camponeses da Lícia]

Nessa circunstância, todos, homens e mulheres, têm medo da ira
manifesta da divindade, e todos veneram com mais intenso culto
a terrível divindade da deusa que deu à luz dois filhos. E, como é costume,
partindo do fato mais próximo, vão contar fatos do passado.
Há um deles que diz: "Não foi também impunemente que nos campos
da fértil Lícia os antigos habitantes desprezaram a deusa.
O feito é pouco conhecido, dada a insignificância deles,
mas é digno de admiração. Eu vi pessoalmente a lagoa
e o lugar que o prodígio tornou conhecidos. Ora, sendo muito velho
e incapaz de aguentar a viagem, o meu pai mandara-me ir buscar
uns belos bois e dera-me, ao partir, como guia,
um homem daquela região. Enquanto, com ele, percorria os pastos,
vi que a meio de uma lagoa, rodeado de trêmulas canas,
enegrecido pelo fumo dos sacrifícios, se erguia um velho altar.

restitit et pauido "faueas mihi" murmure dixit
dux meus, et simili "faueas!" ego murmure dixi.
Naiadum Faunine foret tamen ara rogabam
indigenaene dei, cum talia rettulit hospes: 330
"non hac, o iuuenis, montanum numen in ara est.
illa suam uocat hanc, cui quondam regia coniunx
orbem interdixit, quam uix erratica Delos
orantem accepit, tum cum leuis insula nabat;
illic incumbens cum Pallados arbore palmae   335
edidit inuita geminos Latona nouerca.
hinc quoque Iunonem fugisse puerpera fertur
inque suo portasse sinu, duo numina, natos.
   '"Iamque Chimaeriferae, cum sol grauis ureret arua,
finibus in Lyciae longo dea fessa labore   340
sidereo siccata sitim collegit ab aestu,
uberaque ebiberant auidi lactantia nati.
forte lacum mediocris aquae prospexit in imis
uallibus; agrestes illic fruticosa legebant
uimina cum iuncis gratamque paludibus uluam.   345
accessit positoque genu Titania terram
pressit, ut hauriret gelidos potura liquores.
rustica turba uetat; dea sic adfata uetantes:
'quid prohibetis aquis? usus communis aquarum est.
nec solem proprium natura nec aera fecit   350
nec tenues undas; ad publica munera ueni.
quae tamen ut detis supplex peto. non ego nostros
abluere hic artus lassataque membra parabam,
sed releuare sitim; caret os umore loquentis
et fauces arent uixque est uia uocis in illis.   355
haustus aquae mihi nectar erit, uitamque fatebor
accepisse simul; uitam dederitis in unda.
hi quoque uos moueant, qui nostro bracchia tendunt
parua sinu' (et casu tendebant bracchia nati).
quem non blanda deae potuissent uerba mouere?   360
hi tamen orantem perstant prohibere minasque,

Em tímido murmúrio, ao passar, sussurrou o meu guia:
'Sede-me propícia!' Com murmúrio igual sussurrei eu também:
'Sede-me propícia!' E perguntava eu se o altar seria das Náiades,
de um fauno ou de um deus indígena, quando o estrangeiro me diz:
'Neste altar, meu jovem, não mora uma divindade dos montes.
Ele chama sua àquela a quem um dia a régia esposa interditou
o mundo, a quem a errante Delos, quando flutuava qual leve ilha
e, em resposta às suas preces, recebeu com dificuldade.
Ali, encostada à árvore de Palas e a uma palmeira,
Latona deu à luz uns gêmeos, contra a vontade da sua madrasta.
Diz-se que, também dali, tendo acabado de ser mãe,
fugiu a Juno, levando ao colo os filhos, duas divindades.
    Ia já em território da Lícia, a pátria da Quimera.
Um sol intenso abrasava a terra. Cansada por tão longo esforço
e ressequida pelo calor da canícula, teve a deusa sede.
Sôfregos, os filhos haviam esvaziado os peitos que os amamentavam.
Descobre, por acaso, no fundo de um vale, um lago
de águas pouco fundas. Ali, uns camponeses colhiam juncos,
vimes carnudos e a ulva, que se dá bem junto aos pântanos.
A filha do Titã abeirou-se e, dobrando os joelhos,
estendeu-se por terra para colher água fresca para beber.
É impedida pelos camponeses. Assim fala a deusa aos que a impedem:
'Por que me afastais da água? O uso da água é de todos!
A natureza não criou para serem privados nem o sol, nem o ar,
nem as doces águas. Vim usar de um bem que é comum a todos.
Apesar disso, suplico-vos que mo concedais. Eu não pretendia
lavar aqui nem meus pés, nem meu corpo cansado, mas saciar a sede.
Enquanto falo, tenho a boca seca, arde-me a garganta,
que já mal serve de passagem à minha voz.
Um gole de água seria para mim um néctar, e diria
ter recebido a vida outra vez. Na água, dar-me-íeis a vida.
Que também estes que, ao meu colo, vos estendem seus pequenos
braços, vos comovam.' E acontece que os filhos estendiam os braços.
Haveria alguém a quem as ternas palavras da deusa pudessem não tocar?
Estes, porém, persistem em impedir a deusa, que lhes suplica.

Livro VI

ni procul abscedat, conuiciaque insuper addunt.
nec satis est; ipsos etiam pedibusque manuque
turbauere lacus imoque e gurgite mollem
huc illuc limum saltu mouere maligno. 365
distulit ira sitim; neque enim iam filia Coei
supplicat indignis nec dicere sustinet ultra
uerba minora dea tollensque ad sidera palmas
'aeternum stagno' dixit 'uiuatis in isto.'
eueniunt optata deae; iuuat esse sub undis 370
et modo tota caua submergere membra palude,
nunc proferre caput, summo modo gurgite nare,
saepe super ripam stagni consistere, saepe
in gelidos resilire lacus; sed nunc quoque turpes
litibus exercent linguas pulsoque pudore, 375
quamuis sint sub aqua, sub aqua maledicere temptant.
uox quoque iam rauca est inflataque colla tumescunt
ipsaque dilatant patulos conuicia rictus.
terga caput tangunt, colla intercepta uidentur,
spina uiret, uenter, pars maxima corporis, albet, 380
limosoque nouae saliunt in gurgite ranae.'"

   Sic ubi nescioquis Lycia de gente uirorum
rettulit exitium, Satyri reminiscitur alter,
quem Tritoniaca Letous harundine uictum
adfecit poena. 'quid me mihi detrahis?' inquit; 385
'a! piget, a! non est' clamabat 'tibia tanti.'
clamanti cutis est summos derepta per artus,
nec quidquam nisi uulnus erat; cruor undique manat
detectique patent nerui trepidaeque sine ulla
pelle micant uenae; salientia uiscera possis 390
et perlucentes numerare in pectore fibras.
illum ruricolae, siluarum numina, Fauni
et Satyri fratres et tunc quoque carus Olympus

E, às ameaças, somam as injúrias, se não se afastar.
E isto não é tudo. Com os pés e as mãos agitam o lago
e, em dança daninha, por todo o lado levantam,
do fundo das águas, um fino lodo.
A ira fez esquecer a sede. E a filha de Céu já não suplica
a quem não merece, nem se resigna mais a ter uma linguagem
humilhante para uma deusa e, elevando as mãos ao céu, diz:
'Vivais vós para sempre nesse lago!'
Os votos da deusa cumprem-se. Agrada-lhes estar na água
e submergir, às vezes, todo o corpo nos fundos pântanos;
de mostrar a cabeça e de nadar, outras, à superfície das águas;
de se expor, umas vezes, nas margens do lago e, outras,
de saltar de novo para as águas frias. Mas também agora,
perdida a vergonha, exercitam em contendas suas torpes línguas.
Embora vivam debaixo de água, mesmo debaixo de água tentam o insulto.
Sua voz está rouca, incha-lhes o pescoço com o esforço do sopro.
Os insultos dilatam-lhes as bocas enormes. As espáduas tocam a cabeça.
O pescoço parece cortado. É verde a espinha dorsal.
O ventre, a parte maior do corpo, fica branco.
Na água com limos saltam novas rãs."

[Mársias]

Quando um deles, de quem não sei o nome, assim expôs
o destino dos homens da Lícia, lembra-se um outro do sátiro a quem,
vencido na flauta da Tritônia, o filho da Latona aplicou a pena.
Gritava ele: "Por que me arrancas de mim mesmo?
Ah! Estou arrependido! Ah! Não vale tanto uma flauta", clamava.
Debaixo de gritos, de todo o corpo lhe é tirada a pele.
Não é senão carne viva. De todo ele goteja sangue.
Ao serem descobertos, os músculos ficam expostos. Sem a pele,
trepidantes, as veias latejam. Palpitantes, as entranhas podiam contar-se,
e contar-se os vasos que brilham no peito.
Choraram-no os faunos do campo, as deidades das florestas,
os sátiros, seus irmãos, e também o Olimpo,

et nymphae flerunt et quisquis montibus illis
lanigerosque greges armentaque bucera pauit.   395
fertilis immaduit madefactaque terra caducas
concepit lacrimas ac uenis perbibit imis;
quas ubi fecit aquam, uacuas emisit in auras.
inde petens †rapidum† ripis decliuibus aequor
Marsya nomen habet, Phrygiae liquidissimus amnis.   400

   Talibus extemplo redit ad praesentia dictis
uulgus et extinctum cum stirpe Amphiona luget.
mater in inuidia est; tamen hanc quoque dicitur unus
flesse Pelops umeroque, suas a pectore postquam
deduxit uestes, ebur ostendisse sinistro.   405
concolor hic umerus nascendi tempore dextro
corporeusque fuit; manibus mox caesa paternis
membra ferunt iunxisse deos, aliisque repertis,
cui locus est iuguli medius summique lacerti
defuit; impositum est non comparentis in usum   410
partis ebur, factoque Pelops fuit integer illo.

   Finitimi proceres coeunt, urbesque propinquae
orauere suos ire ad solacia reges,
Argosque et Sparte Pelopeiadesque Mycenae
et nondum toruae Calydon inuisa Dianae   415
Orchomenosque ferax et nobilis aere Corinthus
Messeneque ferox Patraeque humilesque Cleonae
et Nelea Pylos neque adhuc Pittheia Troezen,
quaeque urbes aliae bimari clauduntur ab Isthmo
exteriusque sitae bimari spectantur ab Isthmo.   420

342

que ainda então lhe era querido, as ninfas e quantos naqueles montes
apascentavam rebanhos de ovelhas ou manadas de bois.
A terra fértil foi-se umedecendo e, uma vez úmida,
chorou lágrimas que, ao caírem, recolheu no seu íntimo.
Ao torná-las água, enviou-as para o espaço vazio.
Daí que o mais transparente dos rios da Frígia que, entre abruptas
margens, se dirige célere ao violento mar, se chame Mársias.

[Pélops]

Depois desta história, logo aquela gente regressa ao presente
e chora a perda de Anfíon e da sua descendência.
A mãe é objeto de ódio. Diz-se, contudo, que ainda houve um,
Pélops, que chorou por ela e que, desnudando o peito,
no ombro esquerdo mostrou o marfim. Quando do seu nascimento,
este ombro tinha a cor do direito, e tinha a mesma carne.
Diz-se que, quando decepados pela mão paterna,
seus membros foram reunidos pelos deuses. Encontrados todos,
faltava aquela parte que tem lugar entre o pescoço
e a parte superior do braço. Em substituição da parte que não foi achada
usaram o marfim. E, com este artefato, Pélops ficou completo.

[Tereu, Procne e Filomela]

Os príncipes vizinhos reúnem-se. As cidades próximas,
Argos e Esparta, a pelópida Micenas, Cálidon,
não odiada ainda pela terrível Diana,
a fértil Orcômeno, e Corinto, famosa por seus bronzes,
a altiva Messena, Patras, a humilde Cleonas e Pilos, de Neleu,
Trezena, que Piteu não governava ainda, e as outras cidades
que cingem o Istmo banhado pelos dois mares[21] e as que,
situadas fora dele, se veem do Istmo pelos dois mares banhado,
rogaram a seus reis que acorressem em auxílio.

---

[21] As cidades do Peloponeso.

343   Livro VI

credere quis posset? solae cessastis Athenae.
obstitit officio bellum, subuectaque ponto
barbara Mopsopios terrebant agmina muros.
     Threicius Tereus haec auxiliaribus armis
fuderat et clarum uincendo nomen habebat;   425
quem sibi Pandion opibusque uirisque potentem
et genus a magno ducentem forte Gradiuo
conubio Procnes iunxit. non pronuba Iuno,
non Hymenaeus adest, non illi Gratia lecto;
Eumenides tenuere faces de funere raptas,   430
Eumenides strauere torum, tectoque profanus
incubuit bubo thalamique in culmine sedit.
hac aue coniuncti Procne Tereusque, parentes
hac aue sunt facti. gratata est scilicet illis
Thracia, disque ipsi grates egere diemque,   435
quaque data est claro Pandione nata tyranno
quaque erat ortus Itys, festam iussere uocari;
usque adeo latet utilitas!
                    Iam tempora Titan
quinque per autumnos repetiti duxerat anni,
cum blandita uiro Procne 'si gratia' dixit   440
'ulla mea est, uel me uisendae mitte sorori,
uel soror huc ueniat. redituram tempore paruo
promittes socero; magni mihi muneris instar
germanam uidisse dabis.' iubet ille carinas
in freta deduci ueloque et remige portus   445
Cecropios intrat Piraeaque litora tangit.
ut primum soceri data copia, dextera dextrae
iungitur et fausto committitur omine sermo.
coeperat aduentus causam, mandata referre
coniugis et celeres missae spondere recursus: 450
ecce uenit magno diues Philomela paratu,
diuitior forma; quales audire solemus
Naidas et Dryadas mediis incedere siluis,
si modo des illis cultus similesque paratus.

344

Só faltaste tu, Atenas, quem poderia crê-lo!
A guerra impediu-te de cumprires o dever! Aproximando-se por mar,
os exércitos bárbaros faziam tremer as muralhas mopsópias.
    Foi o trácio Tereu que, vindo em socorro, os pôs em fuga
e, com essa vitória, alcançou um nome famoso. A este,
poderoso por sua riqueza e por seus homens, cuja linhagem procede
provavelmente do ilustre Gradivo, ligou-o Pândion a si,
dando-lhe Procne em casamento. Mas nem Juno prônuba, nem Himeneu,
nem a Graça acompanharam aquele casal. Foram as Eumênides
quem empunharam as tochas, roubadas de um funeral.
As Eumênides fizeram a cama. No telhado instalou-se um bufo sinistro
e tomou assento por cima dos aposentos nupciais.
Sob este uniram-se Procne e Tereu. Sob este presságio
se tornaram pais. A Trácia, naturalmente, manifestou-lhes
o seu reconhecimento. Eles próprios agradeceram aos deuses
e ordenaram que fossem dias de festa aquele em que a filha de Pândion
foi dada ao ilustre soberano e aquele em que nascera Ítis.
Até onde o interesse vai!
            Já Titã fizera decorrer
o tempo de um ano, repetido por cinco outonos,
quando Procne, fazendo-se meiga, diz a seu marido:
"Se te mereço algum reconhecimento, deixa-me ir visitar minha irmã,
ou que minha irmã venha até aqui. A teu sogro prometerás
que ela retornará logo depois. Ver minha irmã
é o maior presente que poderás dar-me." Ordena Tereu
que a embarcação seja descida às águas, entra a remo e vela
no porto cecrópio e aborda o litoral do Pireu.
Ao ser conduzido à presença do sogro, a destra une-se à destra
e inicia-se um diálogo de favorável agouro.
Tinha começado a expor a razão da vinda, as incumbências da esposa
e a prometer o regresso rápido da princesa, quando,
deslumbrante na sua magnificência e mais deslumbrante em sua beleza,
surge Filomela, semelhante às Náiades e às Dríades que costumam,
segundo se diz, caminhar na floresta, se estas fossem
revestidas com iguais adornos e a mesma suntuosidade.

Livro VI

non secus exarsit conspecta uirgine Tereus,   455
quam si quis canis ignem supponat aristis
aut frondem positasque cremet faenilibus herbas.
digna quidem facies, sed et hunc innata libido
exstimulat, pronumque genus regionibus illis
in Venerem est; flagrat uitio gentisque suoque.   460
impetus est illi comitum corrumpere curam
nutricisque fidem, nec non ingentibus ipsam
sollicitare datis totumque impendere regnum,
aut rapere et saeuo raptam defendere bello;
et nihil est quod non effreno captus amore   465
ausit, nec capiunt inclusas pectora flammas.
iamque moras male fert cupidoque reuertitur ore
ad mandata Procnes et agit sua uota sub illa.
facundum faciebat amor, quotiensque rogabat
ulterius iusto, Procnen ita uelle ferebat;   470
addidit et lacrimas, tamquam mandasset et illas.
pro superi, quantum mortalia pectora caecae
noctis habent! ipso sceleris molimine Tereus
creditur esse pius laudemque a crimine sumit.
quid quod idem Philomela cupit patriosque lacertis   475
blanda tenens umeros, ut eat uisura sororem,
perque suam contraque suam petit ipsa salutem.
spectat eam Tereus praecontrectatque uidendo,
osculaque et collo circumdata bracchia cernens
omnia pro stimulis facibusque ciboque furoris   480
accipit; et quotiens amplectitur illa parentem,
esse parens uellet. (neque enim minus impius esset!)
uincitur ambarum genitor prece; gaudet agitque
illa patri grates et successisse duabus
id putat infelix, quod erit lugubre duabus.   485
    Iam labor exiguus Phoebo restabat equique
pulsabant pedibus spatium decliuis Olympi.
regales epulae mensis et Bacchus in auro
ponitur; hinc placido dantur sua tempora somno.

Perante a donzela, Tereu inflamou-se de um modo próximo
daquele em que alguém atiça o fogo às espigas maduras
ou se queimam a folhagem e o feno amontoado na meda.
Seu rosto é belo, sem dúvida, mas a ele espicaça-o sobretudo
a luxúria inata, pois o povo daquela região é dado aos ardores
de Vênus. Arde no pendor daquela raça e arde no seu.
Invade-o o desejo de iludir a vigilância da comitiva dela
e a fidelidade da ama e, ainda, de a seduzir
com inauditos presentes, despendendo todo o seu reino,
ou de a raptar e a defender em guerra cruel.
Dominado por um amor desregrado, nada há que ele não tente,
nem o seu coração contém as chamas que nele brotam.
Já mal suporta a demora e, em seu apaixonado discurso, volta à
mensagem de Procne e dá força aos seus intentos sob pretexto dos dela.
O amor torna-o eloquente, e quantas vezes insiste mais
do que deve, afirmando que Procne assim o deseja.
Também acrescenta lágrimas, como se ela lhas encomendara.
Ó deuses, como é escura a noite no coração dos mortais!
Pela atrocidade do próprio crime foi Tereu considerado piedoso!
Retirou do crime um título de glória.
E se Filomela deseja isso mesmo e prende ternamente
em seus braços os ombros do pai e pede, pela sua vida,
e contra a sua vida, para ir visitar a irmã?
Tereu contempla-a e devora-a com os olhos.
Ao ver os beijos e os braços que lança ao pescoço do pai,
tudo serve de estímulo, de chama e alimento da sua paixão.
E sempre que ela abraça o pai, pai desejava ele sê-lo.
E nem por isso seria menos iníquo!
O pai é convencido pelas súplicas de ambas as filhas.
Filomela regozija-se e agradece a seu pai, e considera, a infeliz,
que foi um sucesso para ambas o que para ambas vai ser catastrófico.

   A Febo restava já labor minguado e os seus cavalos
pisavam já o espaço inclinado do Olimpo.
À mesa serve-se o banquete real e serve-se Baco em vasos
de ouro. Depois, entregam-se a um sono tranquilo.

at rex Odrysius, quamuis secessit, in illa 490
aestuat et, repetens faciem motusque manusque,
qualia uult fingit quae nondum uidit et ignes
ipse suos nutrit cura remouente soporem.
lux erat, et generi dextram complexus euntis
Pandion comitem lacrimis commendat obortis: 495
'hanc ego, care gener, quoniam pia causa coegit
et uoluere ambae (uoluisti tu quoque, Tereu),
do tibi perque fidem cognataque pectora supplex,
per superos oro, patrio ut tuearis amore
et mihi sollicitae lenimen dulce senectae 500
quam primum (omnis erit nobis mora longa) remittas.
tu quoque quam primum (satis est procul esse sororem),
si pietas ulla est, ad me, Philomela, redito.'
mandabat pariterque suae dabat oscula natae,
et lacrimae mites inter mandata cadebant. 505
utque fide pignus dextras utriusque poposcit
inter seque datas iunxit natamque nepotemque
absentes pro se memori rogat ore salutent,
supremumque 'uale' pleno singultibus ore
uix dixit timuitque suae praesagia mentis. 510
    Vt semel imposita est pictae Philomela carinae,
admotumque fretum remis tellusque repulsa est,
'uicimus!' exclamat 'mecum mea uota feruntur'
[exultatque et uix animo sua gaudia differt]
barbarus et nusquam lumen detorquet ab illa, 515
non aliter quam cum pedibus praedator obuncis
deposuit nido leporem Iouis ales in alto;
nulla fuga est capto, spectat sua praemia raptor.
iamque iter effectum iamque in sua litora fessis
puppibus exierant, cum rex Pandione natam 520
in stabula alta trahit, siluis obscura uetustis,
atque ibi pallentem trepidamque et cuncta timentem
et iam cum lacrimis ubi sit germana rogantem
includit fassusque nefas et uirginem et unam

Mas o rei dos Odrísios, embora retirado dela, arde de paixão
por ela e, rememorando seu rosto, seus gestos e suas mãos,
imagina livremente o que ainda não viu e alimenta
ele mesmo o fogo com uma inquietação que lhe rouba o sono.
Era dia. E Pândion, estreitando a mão do genro que vai partir,
com lágrimas nos olhos, confia-lhe a sua acompanhante:
"Entrego-te, querido genro, a minha filha, porque o exige uma
piedosa razão e elas ambas o desejam (também tu, Tereu, o desejaste).
Em nome da lealdade e da nossa relação familiar,
pelos deuses te peço, suplicante, que a protejas com amor de pai
e me devolvas o mais cedo possível (para nós toda a demora
será longa) o suave lenitivo de uma velhice ansiosa.
Também tu, Filomela (já basta que tua irmã esteja longe),
se me tens algum amor, volta para junto de mim o mais cedo possível."
Fazia as suas recomendações à filha enquanto a beijava.
Enquanto falava, as lágrimas rolavam ternas.
Como garantia de lealdade, pediu a ambos a mão direita
e uniu-as entre si, pedindo que em seu nome saúdem,
de modo a ser recordado, sua filha e seu neto ausentes.
Com a voz embargada pelos soluços, mal pronunciou o último "adeus",
pois assustou-se com os presságios de seu espírito.

Mal Filomela embarcou na colorida nave, o mar foi alcançado
a remos e a terra ficou para trás, Tereu solta um grito:
"Consegui! Levo comigo o objeto dos meus desejos!"
Exulta de alegria e é com dificuldade que o bárbaro
adia em seu espírito o gozo e dela não desvia os olhos nunca,
exatamente como quando a predadora ave de Júpiter
depõe com suas aduncas garras em seu alto ninho uma lebre.
Para a presa não há fuga. O raptor contempla a presa.
Concluída a travessia, tinham já descido das exaustas naus
para a praia, quando o rei leva consigo para um fundo estábulo
escondido numa floresta antiga a filha de Pândion.
Pálida, assustada, tudo temendo e perguntando,
já entre lágrimas, onde pode estar a irmã, aí a encerra e,
confessando seu crime, viola-a, a ela, virgem e só,

ui superat, frustra clamato saepe parente, 525
saepe sorore sua, magnis super omnia diuis.
illa tremit uelut agna pauens quae saucia cani
ore excussa lupi nondum sibi tuta uidetur,
utque columba suo madefactis sanguine plumis
horret adhuc auidosque timet quibus haeserat ungues. 530
mox ubi mens rediit, passos laniata capillos,
[lugenti similis, caesis plangore lacertis,]
intendens palmas 'o diris barbare factis,
o crudelis' ait, 'nec te mandata parentis
cum lacrimis mouere piis nec cura sororis, 535
nec mea uirginitas nec coniugialia iura?
[omnia turbasti; paelex ego facta sororis,
tu geminus coniunx, hostis mihi debita poena.]
quin animam hanc, ne quod facinus tibi, perfide, restet,
eripis? atque utinam fecisses ante nefandos 540
concubitus; uacuas habuissem criminis umbras.
si tamen haec superi cernunt, si numina diuum
sunt aliquid, si non perierunt omnia mecum,
quandocumque mihi poenas dabis. ipsa pudore
proiecto tua facta loquar. si copia detur, 545
in populos ueniam; si siluis clausa tenebor,
implebo siluas et conscia saxa mouebo.
audiet haec aether et si deus ullus in illo est.'
talibus ira feri postquam commota tyranni
nec minor hac metus est, causa stimulatus utraque, 550
quo fuit accinctus uagina liberat ensem
arreptamque coma flexis post terga lacertis
uincla pati cogit. iugulum Philomela parabat
spemque suae mortis uiso conceperat ense;
ille indignantem et nomen patris usque uocantem 555
luctantemque loqui comprensam forcipe linguam
abstulit ense fero. radix micat ultima linguae,
ipsa iacet terraeque tremens immurmurat atrae,
utque salire solet mutilatae cauda colubrae,

que em vão grita repetidas vezes pelo pai, grita pela irmã,
mas grita sobretudo pelos deuses todo-poderosos.
Ela treme qual espavorida cordeira, que, ferida, se furtou
à boca de um velho lobo e ainda não se sente em segurança,
ou qual pomba de penas impregnadas do próprio sangue
que se horroriza ainda e receia as ávidas garras em que estivera presa.
Seguidamente, depois de recobrar os sentidos, arranca os desalinhados
cabelos, fere os braços com estrépito, como uma mulher que chora,
estende as mãos e clama: "Bárbaro, por tuas cruéis ações!
Cruel, não te comoveram nem as recomendações de meu pai
e as suas ternas lágrimas, nem as preocupações de minha irmã,
nem a minha virgindade, nem as leis do matrimônio!?
Profanaste tudo! Tornei-me eu a rival de minha irmã,
tu, marido de duas mulheres! Mereço ser castigada como inimiga!
Por que não me tiras esta vida, pérfido, para que nenhum crime
te fique a faltar? Oxalá o tivesses feito antes deste criminoso
concúbito! A minha sombra estaria isenta de culpa!
Se estas ofensas não fogem ao olhar dos deuses, se o poder dos deuses
não é coisa vã, se nem tudo sucumbiu comigo, hei de ser vingada.
Eu própria, esquecendo o pudor, hei de falar dos teus crimes!
Se a oportunidade se der, hei de aparecer diante do povo;
se na floresta eu ficar cativa, enchê-la-ei com meus lamentos,
e hei de comover as pedras, minhas confidentes.
Há de ouvir-me o céu, ouvir-me-á um deus, se é que nele vive algum!"
A ira do feroz tirano é excitada pelas ameaças.
O medo não é inferior à ira. Aguilhoado por uma causa e por outra,
Tereu arranca da bainha a espada com que se cingia
e, agarrando-a pelos cabelos, com os braços presos atrás das costas,
impõe-lhe grilhões. Filomela preparava o pescoço, pois, ao ver a espada,
ficara esperançada na sua morte. A sua língua indigna-se,
chama continuamente pelo nome do pai e esforça-se por falar.
Tereu agarra-a com uma tenaz e corta-a com a sua bárbara espada.
No fundo da boca, a raiz palpita. A língua jaz por terra e murmura
sobre a terra negra enquanto estremece. E, como costuma agitar-se
a cauda mutilada de uma cobra, assim ela palpita.

351
Livro VI

palpitat et moriens dominae uestigia quaerit.   560
hoc quoque post facinus (uix ausim credere) fertur
saepe sua lacerum repetisse libidine corpus.
sustinet ad Procnen post talia facta reuerti,
coniuge quae uiso germanam quaerit; at ille
dat gemitus fictos commentaque funera narrat,   565
et lacrimae fecere fidem. uelamina Procne
deripit ex umeris auro fulgentia lato
induiturque atras uestes et inane sepulcrum
constituit falsisque piacula manibus infert
et luget non sic lugendae fata sororis.   570
   Signa deus bis sex acto lustrauerat anno;
quid faciat Philomela? fugam custodia claudit,
structa rigent solido stabulorum moenia saxo,
os mutum facti caret indice. grande doloris
ingenium est, miserisque uenit sollertia rebus.   575
stamina barbarica suspendit callida tela
purpureasque notas filis intexuit albis,
indicium sceleris, perfectaque tradidit uni,
utque ferat dominae, gestu rogat. illa rogata
pertulit ad Procnen; nescit quid tradat in illis.   580
euoluit uestes saeui matrona tyranni
germanaeque suae carmen miserabile legit
et (mirum potuisse) silet. dolor ora repressit,
uerbaque quaerenti satis indignantia linguae
defuerunt; nec flere uacat, sed fasque nefasque   585
confusura ruit poenaeque in imagine tota est.
   Tempus erat quo sacra solent trieterica Bacchi
Sithoniae celebrare nurus. nox conscia sacris,
nocte sonat Rhodope tinnitibus aeris acuti,
nocte sua est egressa domo regina deique   590
ritibus instruitur furialiaque accipit arma.
uite caput tegitur, lateri ceruina sinistro
uellera dependent, umero leuis incubat hasta.

E, ao morrer, busca os passos daquela a quem pertenceu.
Diz-se, e eu nem ouso acreditar, que, mesmo depois deste crime,
muitas vezes, em sua luxúria, Tereu havia procurado o corpo mutilado.
Depois destes fatos, ousa voltar para junto de Procne.
Ao ver o marido, Procne pergunta pela irmã.
Ele arranca falsos gemidos e narra-lhe a história de uns funerais.
As lágrimas dele convenceram-na. Procne despe os vestidos
que brilhavam com muito ouro e põe vestidos de luto.
Manda erigir um cenotáfio e oferece um sacrifício expiatório
aos supostos manes da irmã, e chora o destino dela,
que não merecia ser chorada assim.
　　Tinha o deus percorrido os doze signos no espaço de um ano.
Que poderia fazer Filomela? Impede-lhe a fuga um guardião.
Os muros do estábulo, construídos em pedra maciça, são sólidos.
A boca, muda, não pode denunciar o crime.
Na dor, o talento cresce. A necessidade aguça o engenho.
Astutamente urde ela uma teia num tosco tear
e tece letras de púrpura nos fios brancos, que denunciam o crime.
Feita a obra, entrega-a a uma mulher, a quem pede,
por gestos, que a leve a sua senhora. Aquela a quem
foi pedido levou-a a Procne. Não sabe o que nela entrega.
A esposa do cruel tirano desenrola o pano, lê o terrível relato da irmã
e, é estranho que o conseguisse, ficou em silêncio.
A dor conteve-lhe a boca. À língua, que as procurava,
faltaram palavras para traduzir a indignação.
Não se entrega ao choro, mas deu-se a confundir o bem e o mal
e concentrou-se toda a maquinar a pena.
　　Era o tempo em que as mulheres de Sitone costumam celebrar
as festas de Baco. A noite era testemunha desses rituais.
De noite, Ródope soava com o tinido agudo do bronze.
Nessa noite, a rainha deixa seu palácio, equipa-se
para os rituais do deus e recebe as armas próprias da orgia.
Cobre a cabeça com a parra, do lado esquerdo pende
a pele de um veado, ao ombro leva uma curta lança.

concita per siluas turba comitante suarum
terribilis Procne furiisque agitata doloris, 595
Bacche, tuas simulat. uenit ad stabula auia tandem
exululatque euhoeque sonat portasque refringit
germanamque rapit raptaeque insignia Bacchi
induit et uultus hederarum frondibus abdit
attonitamque trahens intra sua moenia ducit. 600
    Vt sensit tetigisse domum Philomela nefandam,
horruit infelix totoque expalluit ore.
nacta locum Procne sacrorum pignora demit
oraque deuelat miserae pudibunda sororis
amplexumque petit; sed non attollere contra 605
sustinet haec oculos, paelex sibi uisa sororis,
deiectoque in humum uultu iurare uolenti
testarique deos per uim sibi dedecus illud
inlatum, pro uoce manus fuit. ardet et iram
non capit ipsa suam Procne fletumque sororis 610
corripiens 'non est lacrimis hoc' inquit 'agendum,
sed ferro, sed si quid habes, quod uincere ferrum
possit. in omne nefas ego me, germana, paraui:
aut ego, cum facibus regalia tecta cremabo,
artificem mediis immittam Terea flammis, 615
aut linguam atque oculos et quae tibi membra pudorem
abstulerunt ferro rapiam, aut per uulnera mille
sontem animam expellam. magnum quodcumque paraui;
quid sit, adhuc dubito.' peragit dum talia Procne,
ad matrem ueniebat Itys; quid possit, ab illo 620
admonita est oculisque tuens immitibus 'a! quam
es similis patri' dixit; nec plura locuta
triste parat facinus tacitaque exaestuat ira.
ut tamen accessit natus matrique salutem
attulit et paruis adduxit colla lacertis 625
mixtaque blanditiis puerilibus oscula iunxit,
mota quidem est genetrix infractaque constitit ira
inuitique oculi lacrimis maduere coactis.

354

Procne lança-se através dos bosques, seguida pela multidão
das suas companheiras, terrível. Agitada pela ferida da sua dor,
ela finge, Baco, ser agitada pelas tuas. Chega, por fim,
ao recôndito estábulo, solta gritos, faz soar o "evoé",
arromba as portas, arrebata a irmã e veste-a com os atavios de Baco,
oculta-lhe a face com as folhas da parra e, levando-a aturdida,
condu-la ao interior das suas muralhas.

Ao aperceber-se de que havia entrado na nefanda casa,
a infeliz Filomela enche-se de pavor e toda ela empalidece.
Tendo encontrado um lugar apropriado, Procne retira à sua irmã
a veste dos rituais, descobre-lhe a face envergonhada
e procura abraçá-la. Mas, vendo-se como rival da irmã,
Filomela não suporta erguer os olhos para ela.
Cabisbaixa, querendo jurar e invocar os deuses como testemunhas
de que aquela desonra lhe fora infligida à força,
foi a mão que substituiu a voz. Procne exaspera-se e não controla
a ira e, contendo o choro de sua irmã, proclama:
"Não é com lágrimas que neste caso se deve agir, mas com o ferro,
a menos que conheças algum meio que possa superar o ferro.
Eu, minha irmã, estou pronta para qualquer crime.
Eu, ou vou destruir nas chamas o palácio real, lançando
Tereu, o culpado, para o meio delas; ou, com a espada,
hei de arrancar-lhe os olhos e cortar a língua e os membros
que te roubaram a honra; ou, com mil feridas, hei de
despachar essa vida criminosa. É grande o que imaginei!
O que seja, não sei ainda!" Enquanto Procne conclui,
Ítis aproxima-se da mãe. Ele sugere-lhe o que poderia ser.
Fixando-o com olhar terrível, desabafa: "Como és parecido
com teu pai!" E, sem mais dizer, prepara um horrível crime,
enquanto ferve em contida ira. Todavia, quando o filho
se aproximou e saudou a mãe rodeando-lhe o pescoço
com seus pequeninos braços, acrescentando beijos
de mistura com carícias pueris, a mãe comoveu-se realmente
e a cólera, aplacada, foi contida e os olhos umedeceram-se
involuntariamente de lágrimas não contidas.

sed simul ex nimia mentem pietate labare
sensit, ab hoc iterum est ad uultus uersa sororis 630
inque uicem spectans ambos 'cur admouet' inquit
'alter blanditias, rapta silet altera lingua?
quam uocat hic matrem, cur non uocat illa sororem?
cui sis nupta uide, Pandione nata, marito:
degeneras; scelus est pietas in coniuge Terei.' 635
    Nec mora, traxit Ityn, ueluti Gangetica ceruae
lactentem fetum per siluas tigris opacas;
utque domus altae partem tenuere remotam,
tendentemque manus et iam sua fata uidentem
et 'mater, mater' clamantem et colla petentem 640
ense ferit Procne, lateri qua pectus adhaeret,
nec uultum uertit. satis illi ad fata uel unum
uulnus erat; iugulum ferro Philomela resoluit,
uiuaque adhuc animaeque aliquid retinentia membra
dilaniant. pars inde cauis exsultat aenis, 645
pars ueribus stridunt; manant penetralia tabo.
his adhibet coniunx ignarum Terea mensis
et patrii moris sacrum mentita, quod uni
fas sit adire uiro, comites famulosque remouit.
ipse sedens solio Tereus sublimis auito 650
uescitur inque suam sua uiscera congerit aluum;
tantaque nox animi est, 'Ityn huc accersite' dixit.
dissimulare nequit crudelia gaudia Procne;
iamque suae cupiens exsistere nuntia cladis
'intus habes quem poscis' ait. circumspicit ille 655
atque ubi sit quaerit; quaerenti iterumque uocanti,
sicut erat sparsis furiali caede capillis,
prosiluit Ityosque caput Philomela cruentum
misit in ora patris nec tempore maluit ullo
posse loqui et meritis testari gaudia dictis. 660
Thracius ingenti mensas clamore repellit
uipereasque ciet Stygia de ualle sorores;
et modo, si posset, reserato pectore diras

356

Ao aperceber-se, porém, de que seu espírito vacila em razão
de um excessivo carinho, leva de novo os olhos, do filho para o rosto
da irmã e, olhando alternadamente um e o outro, desabafa: "Por que
me dirige um palavras de afeto e a outra, de língua cortada, se cala?
Àquela a quem este chama mãe, por que não há de aquela chamar irmã?
Vê, filha de Pândion, com que marido estás casada!
Estás a degenerar? Crime é haver amor conjugal na esposa de Tereu!"
    E logo arrasta Ítis como o tigre do Ganges arrasta,
pelas sombrias florestas, o filho que a corsa aleitava.
Ao chegarem à parte mais afastada do soberbo palácio,
ao filho que lhe estende os braços e, pressentindo já o seu destino,
grita: "Mãe! Mãe!", e se lhe prende ao pescoço, Procne fere-o com
o ferro no ponto onde o peito se liga ao flanco e não desvia o olhar.
Bastava-lhe uma ferida apenas para o entregar ao destino.
Mas Filomela, de espada na mão, corta-lhe a garganta com o ferro
e ambas esquartejam aqueles membros que ainda palpitam de vida.
Uma parte é cozida, depois, em fundos potes de bronze,
a outra crepita no espeto. Nesse lugar escorre o sangue.
Com estas carnes serve a esposa a Tereu, que o ignorava, um banquete,
inventando que era um ritual da sua pátria, a que só
o marido tem direito de assistir, e afasta companheiros e criados.
Tereu tomou a refeição no elevado trono de seus antepassados,
enchendo o estômago com a sua própria carne.
É tão grande a noite em seu espírito que ordena: "Trazei-me Ítis"
Procne não consegue esconder uma alegria cruel.
Ardendo no desejo de ser ela a mensageira do seu crime, responde:
"Tens dentro de ti aquele por quem chamas!" Tereu olha em volta
e pergunta onde está. Enquanto ele de novo pergunta e chama,
tal como estava, de cabelos salpicados por aquela morte atroz,
Filomela irrompe e arremessa a cabeça ensanguentada de Ítis
à cara do pai. Em nenhuma outra ocasião desejou tanto poder falar
e confirmar a sua alegria com palavras merecidas.
Com um grito atroz, o trácio empurra a mesa
e invoca as irmãs do vale estígio coroadas de víboras.
E ora deseja ardentemente, se isso lhe fosse possível, rasgando o peito,

egerere inde dapes semesaque uiscera gestit,　　　　　　　　　　　665
flet modo seque uocat bustum miserabile nati,
nunc sequitur nudo genitas Pandione ferro.
corpora Cecropidum pennis pendere putares;
pendebant pennis! quarum petit altera siluas,
altera tecta subit; neque adhuc de pectore caedis
excessere notae, signataque sanguine pluma est.　　　　　　　　　670
ille dolore suo poenaeque cupidine uelox
uertitur in uolucrem, cui stant in uertice cristae,
prominet immodicum praelonga cuspide rostrum.
[nomen epops uolucri, facies armata uidetur.]

　　Hic dolor ante diem longaeque extrema senectae　　　　　　　675
tempora Tartareas Pandiona misit ad umbras.
sceptra loci rerumque capit moderamen Erectheus,
iustitia dubium ualidisne potentior armis.
quattuor ille quidem iuuenes totidemque crearat
femineae sortis, sed erat par forma duarum.　　　　　　　　　　680
e quibus Aeolides Cephalus te coniuge felix,
Procri, fuit; Boreae Tereus Thracesque nocebant,
dilectaque diu caruit deus Orithyia,
dum rogat et precibus mauult quam uiribus uti.
ast ubi blanditiis agitur nihil, horridus ira,　　　　　　　　　　685
quae solita est illi nimiumque domestica uento,
'et merito!' dixit 'quid enim mea tela reliqui,
saeuitiam et uires iramque animosque minaces,
admouique preces, quarum me dedecet usus?
apta mihi uis est; ui tristia nubila pello,　　　　　　　　　　　690
ui freta concutio nodosaque robora uerto
induroque niues et terras grandine pulso.

arrancar dali as horríveis iguarias e expelir as carnes em digestão,
ora chora e se interpela a si como deplorável sepulcro do filho,
ora, de espada desembainhada, persegue as filhas de Pândion.
Julgar-se-ia que os corpos das Cecrópidas estavam suspensos por asas.
E, de fato, estavam! Encaminha-se uma para a floresta. A outra
trepa ao telhado. As marcas do assassinato não lhes desapareceram
do peito. De fato, sua plumagem ostenta sinais de sangue.[22]
Tereu, levado pela dor e pela ausência de castigo,
muda-se em ave. No cimo da cabeça ostenta uma crista,
no lugar da longa lança, prolonga-se um desmesurado bico.
O nome da ave é poupa, sua cabeça parece a de um guerreiro.

[Bóreas e Oritia]

Esta dor mandou Pândion para as sombras do Tártaro
antes da hora marcada e dos últimos tempos de uma duradoira velhice.
Foi Erecteu quem assumiu o cetro do país e a gestão dos negócios
do poder, sendo incerto se era mais poderoso por sua justiça,
se pelo poder das armas. Havia ele tido quatro filhos varões
e outras tantas filhas. Duas delas eram de igual beleza.
Afortunado, Prócris, foi Céfalo, descendente de Éolo, por ter-te a ti,
uma delas, por esposa. A Bóreas prejudicaram-no Tereu e os trácios,
já que o deus, enquanto prefere rogar e recorrer mais à súplica
do que à força, por muito tempo se viu privado da sua querida Oritia.
Como, porém, nada se consegue com afagos, terrível na ira
que é própria e muito familiar a um vento destes, exclama:
"É bem feito! Por que deixei eu as minhas armas,
a crueldade, a força, a ira, o espírito ameaçador,
e recorri às súplicas, cujo uso me deslustra?!
Comigo condiz a força. É com ela que eu disperso a nuvem
sombria. Com ela agito o mar, derrubo o nodoso carvalho,
enrijeço a neve, flagelo a terra com o granizo.

---

[22] Segundo a lenda, Procne transformou-se numa andorinha, e Filomela, num
rouxinol.

idem ego cum fratres caelo sum nactus aperto
(nam mihi campus is est), tanto molimine luctor,
ut medius nostris concursibus insonet aether   695
exsiliantque cauis elisi nubibus ignes;
idem ego cum subii conuexa foramina terrae
supposuique ferox imis mea terga cauernis,
sollicito manes totumque tremoribus orbem.
hac ope debueram thalamos petiisse, socerque   700
non orandus erat mihi sed faciendus Erectheus.'
haec Boreas aut his non inferiora locutus
excussit pennas, quarum iactatibus omnis
adflata est tellus latumque perhorruit aequor;
puluereamque trahens per summa cacumina pallam   705
uerrit humum pauidamque metu caligine tectus
Orithyian amans fuluis amplectitur alis.
dum uolat, arserunt agitati fortius ignes,
nec prius aerii cursus suppressit habenas,
quam Ciconum tenuit populos et moenia raptor.   710
illic et gelidi coniunx Actaea tyranni
et genetrix facta est, partus enixa gemellos,
cetera qui matris, pennas genitoris haberent.
non tamen has una memorant cum corpore natas,
barbaque dum rutilis aberat subnixa capillis,   715
implumes Calaisque puer Zetesque fuerunt;
mox pariter pennae ritu coepere uolucrum
cingere utrumque latus, pariter flauescere malae.
ergo ubi concessit tempus puerile iuuentae,
uellera cum Minyis nitido radiantia uillo   720
per mare non notum prima petiere carina.

Quando encontro os meus irmãos em pleno céu,
pois esse é o meu campo de ação, luto com tal afinco
que entre nós o céu ressoa com os nossos embates
e, despedidos pelas grossas nuvens, saltam os fogos.
Quando, penetrando nas ocas cavidades da terra
e subvertendo, indomavelmente, com o meu dorso as fundas cavernas,
atormento os manes e o orbe inteiro com a minha agitação.
Deste modo deveria eu ter procurado esposa.
Não era pedindo, mas forçando, que eu devia ter Erecteu por sogro."
Tendo Bóreas dito isto, ou algo a isto não inferior,
bate as asas, com cujo movimento a terra toda
foi varrida e o extenso mar se eriçou.
Arrastando pelos altos cumes seu manto de pó, varreu o chão
e, encoberto numa nuvem, envolve em suas douradas asas
sua amada Oritia, que tremia de medo.
Seus fogos, estimulados de novo, ardem com mais força.
E não puxou as rédeas da sua aérea corrida antes de alcançar
o povo e as muralhas dos Cícones com o objeto do rapto.
Ali, esta filha da Ática tornou-se esposa do gelado tirano
e tornou-se mãe. Deu à luz dois gêmeos que, do pai,
tinham as asas, tinham da mãe tudo o mais.
Diz-se que as asas não nasceram ao mesmo tempo do corpo,
mas que, enquanto, sob os rútilos cabelos, lhes faltou a barba,
os jovens Cálais e Zetes eram implumes.
Depois, como nas aves, as asas começaram a cobrir cada um dos lados,
ao mesmo tempo que uma loura penugem lhes cobria as faces.
Por isso, quando o tempo da meninice deu lugar à juventude,
partiram com os Mínias, pelo mar ignoto, na primeira embarcação,
em busca do radiante velo da brilhante lã.

Liber Septimus

Iamque fretum Minyae Pagasaea puppe secabant,
perpetuaque trahens inopem sub nocte senectam
Phineus uisus erat, iuuenesque Aquilone creati
uirgineas uolucres miseri senis ore fugarant,
multaque perpessi claro sub Iasone tandem   5
contigerant rapidas limosi Phasidos undas.
    Dumque adeunt regem Phrixeaque uellera poscunt
lexque datur Minyis magnorum horrenda laborum,
concipit interea ualidos Aeetias ignes
et luctata diu, postquam ratione furorem   10
uincere non poterat, 'frustra, Medea, repugnas;
nescioquis deus obstat' ait 'mirumque nisi hoc est,
aut aliquid certe simile huic, quod amare uocatur.
nam cur iussa patris nimium mihi dura uidentur?
(sunt quoque dura nimis!) cur, quem modo denique uidi,   15
ne pereat, timeo? quae tanti causa timoris?
excute uirgineo conceptas pectore flammas,
si potes, infelix. si possem, sanior essem!
sed trahit inuitam noua uis, aliudque cupido,
mens aliud suadet; uideo meliora proboque,   20
deteriora sequor. quid in hospite regia uirgo
ureris et thalamos alieni concipis orbis?
haec quoque terra potest quod ames dare. uiuat an ille
occidat, in dis est; uiuat tamen! idque precari
uel sine amore licet; quid enim commisit Iason?   25

Livro VII

[Jasão e Medeia]

Os Mínias sulcavam já o mar na nau de Págasa.
Arrastando uma desvalida velhice, encerrada em noite perpétua,
Fineu havia sido visitado. Os jovens filhos do Aquilão haviam
afugentado da face do infeliz ancião as aves com cabeça de donzela.
Depois de muitas desventuras, sob o comando de Jasão,
haviam finalmente alcançado as rápidas águas do lamacento Fásis.
Visitam o rei e pedem-lhe o velo de ouro de Frixo, mas ele impõe
aos descendentes de Mínias um número de terríveis e incomensuráveis
tarefas. Entretanto a filha de Eeto arde num violento fogo.
Depois de lutar por largo tempo sem dominar racionalmente
a louca paixão, desabafa: "Resistes em vão, Medeia!
Não sei que deus se te opõe. Admiro-me se isto ou algo
a isto semelhante não for aquilo a que se chama amor.
Por que é então que se me afiguram excessivas as decisões de meu pai?
São, de fato, excessivas! Por que receio que pereça aquele que acabei
de conhecer? Qual a causa de tão grande temor? Varre, infeliz,
se puderes, do teu coração de donzela as chamas que o consomem!
Se eu pudesse, curar-me-ia! Mas arrasta-me, contra minha vontade,
uma força desconhecida. Aconselha-me o desejo uma coisa,
a razão aconselha-me outra. Sei onde está o bem e como tal o reconheço,
mas prefiro fazer o mal. Por que ardes de desejo por um estrangeiro,
ó filha de um rei, e sonhas com um marido de uma outra terra?
Também o teu país te pode oferecer alguém a quem ames!
Viver ele ou morrer é obra dos deuses! Mas que viva!
Isto poderia eu suplicá-lo, mesmo sem amor. Mas o que é que fez Jasão?

quem nisi crudelem non tangat Iasonis aetas
et genus et uirtus? quem non, ut cetera desint,
ore mouere potest? certe mea pectora mouit.
at nisi opem tulero, taurorum adflabitur ore
concurretque suae segeti, tellure creatis   30
hostibus, aut auido dabitur fera praeda draconi.
hoc ego si patiar, tum me de tigride natam,
tum ferrum et scopulos gestare in corde fatebor.
cur non et specto pereuntem oculosque uidendo
conscelero? cur non tauros exhortor in illum   35
terrigenasque feros insopitumque draconem?
di meliora uelint! quamquam non ista precanda,
sed facienda mihi. prodamne ego regna parentis
atque ope nescioquis seruabitur aduena nostra,
ut per me sospes sine me det lintea uentis   40
uirque sit alterius, poenae Medea relinquar?
si facere hoc aliamue potest praeponere nobis,
occidat ingratus! sed non is uultus in illo,
non ea nobilitas animo est, ea gratia formae,
ut timeam fraudem meritique obliuia nostri;   45
et dabit ante fidem cogamque in foedera testes
esse deos. quid tuta times? accingere et omnem
pelle moram! tibi se semper debebit Iason,
te face sollemni iunget sibi, perque Pelasgas
seruatrix urbes matrum celebrabere turba.   50
ergo ego germanam fratremque patremque deosque
et natale solum uentis ablata relinquam?
nempe pater saeuus, nempe est mea barbara tellus,
frater adhuc infans; stant mecum uota sororis,
maximus intra me deus est. non magna relinquam,   55
magna sequar: titulum seruatae pubis Achiuae
notitiamque loci melioris et oppida quorum
hic quoque fama uiget, cultusque artesque uirorum,
quemque ego cum rebus, quas totus possidet orbis,
Aesoniden mutasse uelim, quo coniuge felix   60

Quem, se não fosse desumano, não seria sensível à idade, à nobreza
e ao valor de Jasão? Faltasse tudo isto, poderia alguém não se comover
com a sua beleza? O meu coração comoveu-se, não há dúvida!
Mas se eu não lhe prestar auxílio, será atingido pelo sopro de fogo
dos touros, entrará em combate com a sua sementeira,
inimigos criados da terra, ou será entregue como presa selvagem
ao voraz dragão. Se eu aceitar isto, terei então de me considerar
nascida de tigre e que em meu coração há apenas ferro e pedras.
Por que não hei de presenciar sua morte, conspurcando meus olhos
com o espetáculo? Por que não incito contra ele os touros,
e as ferozes criaturas nascidas da terra e o insone dragão?
Melhor sorte me deem os deuses! Mas o que é preciso é que aja
e não que eu ore. Mas hei de trair o reino de meu pai, vindo a salvar-se
com a minha ajuda um estrangeiro, que eu nem sei quem é,
para que, salvo graças a mim, dê ao vento as velas e se torne o marido
de uma outra e fique eu, Medeia, abandonada ao castigo?
Se ele puder fazer isso e preferir outra, que morra,
esse ingrato! Mas nem a expressão do seu rosto,
nem a sua nobreza de espírito e o encanto da sua presença
são de molde a que eu receie a perfídia ou o olvido da minha ajuda.
Há de dar-me antes a sua palavra e procurarei que nesse acordo
sejam os deuses as nossas testemunhas. Que receias, se tens garantias?
Está pronta e evita a demora. Jasão estará sempre em dívida para contigo.
Unir-se-á a ti em solene himeneu. Por todas as cidades dos pelasgos
as mães, em multidão, hão de proclamar-te salvadora.
Hei de, então, eu, levada pelos ventos, deixar irmã, irmão, pai,
deuses e o solo pátrio? Sem dúvida que meu pai é cruel,
é bárbara a minha terra, meu irmão é criança ainda,
os votos da minha irmã estão do meu lado, levo comigo
o mais poderoso dos deuses. Não deixando nada de importante,
importante é o que persigo: a glória de haver salvo a juventude
da Acaia, conhecer um lugar mais nobre e cidades cuja fama
também aqui é manifesta, a civilização e as artes de outros povos,
e o filho de Éson, por quem eu estaria disposta a trocar tudo
quanto o mundo tem. Ao ser meu marido, serei proclamada feliz

et dis cara ferar et uertice sidera tangam.
quid quod nescioqui mediis concurrere in undis
dicuntur montes ratibusque inimica Charybdis
nunc sorbere fretum, nunc reddere cinctaque saeuis
Scylla rapax canibus Siculo latrare profundo?   65
nempe tenens quod amo gremioque in Iasonis haerens
per freta longa ferar; nihil illum amplexa uerebor
aut, si quid metuam, metuam de coniuge solo —
coniugiumne putas speciosaque nomina culpae
imponis, Medea, tuae? quin aspice quantum   70
adgrediare nefas et, dum licet, effuge crimen!'
dixit, et ante oculos Rectum Pietasque Pudorque
constiterant et uicta dabat iam terga Cupido.
    Ibat ad antiquas Hecates Perseidos aras
quas nemus umbrosum secretaque silua tegebat,   75
et iam fortis erat pulsusque resederat ardor
cum uidet Aesoniden extinctaque flamma reluxit;
erubuere genae totoque recanduit ore,
utque solet uentis alimenta adsumere quaeque
parua sub inducta latuit scintilla fauilla   80
crescere et in ueteres agitata resurgere uires,
sic iam lenis amor, iam quem languere putares,
ut uidit iuuenem, specie praesentis inarsit.
et casu solito formosior Aesone natus
illa luce fuit; posses ignoscere amanti.   85
spectat et in uultu ueluti tum denique uiso
lumina fixa tenet nec se mortalia demens
ora uidere putat nec se declinat ab illo.
ut uero coepitque loqui dextramque prehendit
hospes et auxilium submissa uoce rogauit   90
promisitque torum, lacrimis ait illa profusis:

e amada dos deuses, e atingirei os astros com a cabeça.
Fala-se de não sei que montes que se entrechocam
no meio do mar; de Caribde, perdição das embarcações,
que ora sorve, ora vomita o mar; e de uma Cila voraz,
rodeada de raivosos cães que ladram no abismo siciliano?
Seguramente que, ao ter o que amo e protegida no regaço de Jasão,
poderei seguir pelo mar infindo. Abraçada a ele, nada temerei
ou, se acaso temer alguma coisa, só por meu marido sentirei o medo.
Por que falas de um casamento e cobres, Medeia, a tua infâmia
com a beleza de um nome? Considera antes quão grande é o delito
que te preparas para cometer e, enquanto podes, evita a desonra."
Dizendo isto, passam perante ela Virtude, Piedade filial e Pudor.
Ao ver-se vencido, o Amor voltava já as costas.

Ela dirige-se aos antigos altares de Hécate, a filha de Perses,[1]
que um sombrio bosque escondia no interior de uma floresta.
Está já restabelecida e o ardor tinha sido vencido e acalmado.
Quando vê o filho de Éson a chama extinta reacende-se,
as faces cobrem-se de rubor, todo o seu rosto se incendeia.
Como a pequena fagulha que ficou mortiça debaixo da cinza
costuma alimentar-se e crescer com a ação do vento
e, ao ser atiçada, ressurge nas suas forças primeiras,
assim o já apaziguado amor de Medeia, que se julgava ter já perdido
a força, se reacendeu, por efeito da beleza dele, quando viu o jovem.
E quis o acaso que o filho de Éson, naquele dia, estivesse mais belo
do que é costume. Havia razões para desculpar a apaixonada!
Contempla-o e mantém os olhos cravados na sua face
como se o visse agora pela primeira vez. E nem pensa, na sua loucura,
que olha para um rosto humano, nem se afasta dele.
Mas quando o estrangeiro começa a falar e lhe toma a mão
e, em voz suave, lhe pede auxílio e lhe promete casamento,
banhada em lágrimas, ela confessa:

---

[1] Hécate, deusa triforme da magia e das encruzilhadas, era filha de Perses e Astéria. Seu pai era filho do Sol e de Perseis, e irmão de Eeto, Circe e Pasífae. Medeia, por sua vez, era filha de Eeto.

'quid faciam uideo, nec me ignorantia ueri
decipiet, sed amor. seruabere munere nostro;
seruatus promissa dato!' per sacra triformis
ille deae lucoque foret quod numen in illo   95
perque patrem soceri cernentem cuncta futuri
euentusque suos et tanta pericula iurat;
creditus accepit cantatas protinus herbas
edidicitque usum laetusque in tecta recessit.
     Postera depulerat stellas Aurora micantes: 100
conueniunt populi sacrum Mauortis in aruum
consistuntque iugis; medio rex ipse resedit
agmine purpureus sceptroque insignis eburno.
ecce adamanteis Vulcanum naribus efflant
aeripedes tauri tactaeque uaporibus herbae   105
ardent, utque solent pleni resonare camini,
aut ubi terrena silices fornace soluti
concipiunt ignem liquidarum aspergine aquarum,
pectora sic intus clausas uoluentia flammas
gutturaque usta sonant. tamen illis Aesone natus   110
obuius it; uertere truces uenientis ad ora
terribiles uultus praefixaque cornua ferro,
puluereumque solum pede pulsauere bisulco
fumificisque locum mugitibus impleuerunt.
deriguere metu Minyae; subit ille nec ignes   115
sentit anhelatos (tantum medicamina possunt!),
pendulaque audaci mulcet palearia dextra
suppositosque iugo pondus graue cogit aratri
ducere et insuetum ferro proscindere campum.
mirantur Colchi, Minyae clamoribus augent   120
adiciuntque animos. galea tum sumit aena
uipereos dentes et aratos spargit in agros.
semina mollit humus ualido praetincta ueneno
et crescunt fiuntque sati noua corpora dentes;

"Sei o que vou fazer, não me trai o desconhecimento da verdade,
é o amor. Serás salvo por mim. Quando fores salvo,
cumpre a tua promessa." Ele jura pelos altares da deusa triforme,
pela divindade que habita aquele bosque,
pelo deus que a tudo preside, pai do futuro sogro,
pelos seus sucessos e por tão grandes perigos.
Medeia acreditou; logo ele recebe as ervas encantadas,
aprende a usá-las e retira-se, feliz, para seus aposentos.

A última Aurora havia afugentado as cintilantes estrelas.
O povo converge para o campo sagrado de Marte
e ocupa as encostas. Rodeado pelo seu séquito, revestido
de púrpura e reconhecido pelo cetro de marfim, senta-se o rei.
Chegam os touros, cascos de bronze, soprando pelas ventas de ferro
os vapores de Vulcano. Atingidas pelo fogo, as ervas incendeiam-se.
Como costumam ressoar as fornalhas cheias, ou quando, em forno
subterrâneo, a cal viva começa a arder ao ser regada com água,
assim ardem aqueles peitos e aquelas gargantas em brasa,
ao vomitarem as chamas aprisionadas em seu interior.
Apesar disso, o filho de Éson caminha ao seu encontro.
Ameaçadores, voltam para ele, enquanto se aproxima,
suas frontes medonhas e os chifres com as pontas revestidas a ferro.
Com o casco fendido escavam o chão poeirento
e enchem o ar com seus fumegantes mugidos.
Os Mínias gelam de medo. Jasão avança e nem sente o fogo
que os touros exalavam (tal é o poder da poção).
Audaciosamente afaga-lhes a barbela pendente e impõe-lhes o jugo,
força-os a puxarem a pesada carga do arado
e a lavrarem um campo não acostumado ao ferro.
Maravilham-se os Colcos. Com seus clamores, os Mínias
aumentam e infundem-lhe coragem. De um elmo de bronze tira, então,
os dentes de serpente[2] e semeia-os nos campos acabados de lavrar.
A terra amolece as sementes impregnadas de um poderoso veneno
e os dentes semeados desenvolvem-se e tornam-se novos corpos.

---

[2] Os dentes da serpente que Cadmo matou.

utque hominis speciem materna sumit in aluo 125
perque suos intus numeros componitur infans
nec nisi maturus communes exit in auras,
sic ubi uisceribus grauidae telluris imago
effecta est hominis, feto consurgit in aruo,
quodque magis mirum est, simul edita concutit arma. 130
quos ubi uiderunt praeacutae cuspidis hastas
in caput Aesonii iuuenis torquere parantes,
demisere metu uultumque animumque Pelasgi.
ipsa quoque extimuit quae tutum fecerat illum,
utque peti uidit iuuenem tot ab hostibus unum, 135
palluit et subito sine sanguine frigida sedit;
neue parum ualeant a se data gramina, carmen
auxiliare canit secretasque aduocat artes.
ille grauem medios silicem iaculatus in hostes
a se depulsum Martem conuertit in ipsos; 140
terrigenae pereunt per mutua uulnera fratres
ciuilique cadunt acie. gratantur Achiui
uictoremque tenent auidisque amplexibus haerent.
tu quoque uictorem complecti, barbara, uelles;
[obstitit incepto pudor. at complexa fuisses, 145
sed te ne faceres tenuit reuerentia famae.]
quod licet, adfectu tacito laetaris agisque
carminibus grates et dis auctoribus horum.
    Peruigilem superest herbis sopire draconem,
qui crista linguisque tribus praesignis et uncis 150
dentibus horrendus custos erat arboris aureae.
hunc postquam sparsit Lethaei gramine suci
uerbaque ter dixit placidos facientia somnos,
quae mare turbatum, quae concita flumina sistunt,
somnus in ignotos oculos †ubi uenit† et auro 155
heros Aesonius potitur spolioque superbus
muneris auctorem secum, spolia altera, portans
uictor Iolciacos tetigit cum coniuge portus.

Assim como no seio materno a criança assume a forma humana
e, aí, se vai formando membro a membro e não surge no ar
que é comum a todos senão já formada, assim também, quando
a figura humana se forma nas entranhas da veiga fecunda,
surge sobre a terra-mãe e, o que é mais digno
de admiração, brande as armas com ela nascidas.
Quando os veem preparar-se para arremessarem as lanças
de afiada ponta sobre a cabeça do filho de Éson,
os pelasgos assustam-se e deixam cair a fronte e a coragem.
E até aquela que o tornara imune começa a ter medo
e, ao ver que um jovem só é acometido por inimigos tantos,
empalidece e logo se senta gelada e exangue.
E para que as ervas que lhe havia dado não fiquem sem efeito,
entoa um eficaz conjuro e recorre às suas artes mágicas.
Lançando para o meio deles uma enorme pedra,
Jasão desvia para eles a luta e afasta-a de si.
Os irmãos, filhos da terra, perecem por ação de feridas recíprocas.
Tombam em guerra civil. Os aqueus exultam,
rodeiam o vencedor e estreitam-no em efusivos abraços.
Também tu, bárbara, gostarias de abraçar o vencedor!
A teu desejo opõe-se o recato. Tê-lo-ias abraçado,
mas a consideração de tua reputação leva-te a que não o ouses.
Experimentar secretas alegrias é o que te é dado, dar graças
a teus sortilégios e aos deuses, que tos inspiraram, é o que tu podes.
    Com as ervas, falta adormecer o dragão sempre vigilante
que, sendo distinguido pela crista, por suas três línguas
e pelas curvas garras, era o horrendo guardião da árvore do ouro.
Depois de sobre ele lançar ervas com seiva do Letes,
Medeia pronuncia por três vezes conjuros que infundem sonos tranquilos,
que acalmam mares encapelados e impetuosos rios.
O sono sobrevem àqueles olhos que o ignoravam.
O herói, filho de Éson, apodera-se do ouro e, ufano com seu espólio,
levando consigo seu segundo espólio — aquela que esse poder
lhe outorgar — vitorioso, arribou com a esposa ao porto de Iolco.

Haemoniae matres pro natis dona receptis
grandaeuique ferunt patres, congestaque flamma   160
tura liquefaciunt inductaque cornibus aurum
uictima uota cadit; sed abest gratantibus Aeson
iam propior leto fessusque senilibus annis.
tum sic Aesonides: 'o cui debere salutem
confiteor, coniunx, quamquam mihi cuncta dedisti   165
excessitque fidem meritorum summa tuorum,
si tamen hoc possunt (quid enim non carmina possunt?),
deme meis annis et demptos adde parenti.'
nec tenuit lacrimas. mota est pietate rogantis,
[dissimilemque animum subiit Aeeta relictus;]   170
nec tamen adfectus talis confessa 'quod' inquit
'excidit ore tuo, coniunx, scelus? ergo ego cuiquam
posse tuae uideor spatium transcribere uitae?
nec sinat hoc Hecate, nec tu petis aequa. sed isto,
quod petis, experiar maius dare munus, Iason;   175
arte mea soceri longum temptabimus aeuum,
non annis renouare tuis, modo diua triformis
adiuuet et praesens ingentibus adnuat ausis.'
    Tres aberant noctes ut cornua tota coirent
efficerentque orbem. postquam plenissima fulsit   180
et solida terras spectauit imagine luna,
egreditur tectis uestes induta recinctas,
nuda pedem, nudos umeris infusa capillos,
fertque uagos mediae per muta silentia noctis
incomitata gradus. homines uolucresque ferasque   185
soluerat alta quies; nullo cum murmure saepes,
[sopitae similis, nullo cum murmure serpens;]   186a
immotaeque silent frondes, silet umidus aer.
sidera sola micant, ad quae sua bracchia tendens
ter se conuertit, ter sumptis flumine crinem
inrorauit aquis ternisque ululatibus ora   190

[Éson]

As mães de Hemônia e os pais, já idosos, trazem oferendas
por haverem recuperado seus filhos. O incenso, amontoado,
vai-se consumindo nas chamas. A vítima prometida, de cornos
recobertos a ouro, tomba imolada. Mas entre os que dão graças
falta Éson, próximo já da morte e esgotado pela velhice.
Diz então o filho de Éson: "Esposa, a quem confesso
dever a vida, embora me hajas dado tudo
e a soma dos teus favores exceda o imaginável,
se os teus feitiços isto puderem (o que é que eles não podem?)
tira de mim alguns anos e dá-os a meu pai!"
E não conteve as lágrimas. Medeia foi tocada pela piedade filial
do pedido dele e acorreu-lhe ao espírito, dividido, a lembrança
de Eeto abandonado. E, sem mostrar as suas emoções, responde:
"Que infelicidade te saiu da boca, marido? Julgas, então, que eu
poderia transferir para quem quer que fosse uma porção da tua vida?
Que Hécate mo não consinta! Não é justo o que pedes!
Vou tentar, Jasão, dar-te mais do que me pedes.
Com as minhas artes vou experimentar uma vida longa para meu sogro
e não renová-la à custa dos teus anos, assim a deusa triforme
me ajude agora e assinta, propícia, à minha desmedida ousadia."
Faltavam três noites para que os cornos se unissem
para completar o disco. Quando, na sua plenitude,
a lua brilhou e contemplou a terra com toda a sua face,
Medeia abandona o palácio, levando soltas as vestes,
descalços os pés, os cabelos desapertados e caídos sobre os ombros
e, pelo mudo silêncio da meia-noite, caminha só e errante.
Um sono profundo adormecera homens, aves e feras.
Nas sebes não há ruído. Sem ruído se desloca ela,
como uma sonâmbula. As folhas estão imóveis e silenciosas.
Em silêncio está o úmido ar. Só as estrelas cintilam.
Estendendo os braços, para elas
Medeia se voltou três vezes. Três vezes aspergiu o cabelo
com água colhida no rio. Soltou três imprecações.

soluit et in dura submisso poplite terra
'Nox' ait, 'arcanis fidissima, quaeque diurnis
aurea cum luna succeditis ignibus astra,
tuque, triceps Hecate, quae coeptis conscia nostris
adiutrixque uenis cantusque artisque †magorum†,   195
quaeque magos, Tellus, pollentibus instruis herbis,
auraeque et uenti montesque amnesque lacusque,
dique omnes nemorum dique omnes noctis, adeste!
quorum ope, cum uolui, ripis mirantibus amnes
in fontes rediere suos, concussaque sisto,   200
stantia concutio cantu freta, nubila pello
nubilaque induco, uentos abigoque uocoque,
uipereas rumpo uerbis et carmine fauces,
uiuaque saxa sua conuulsaque robora terra
et siluas moueo iubeoque tremescere montes   205
et mugire solum manesque exire sepulcris.
te quoque, Luna, traho, quamuis Temesaea labores
aera tuos minuant; currus quoque carmine nostro
pallet aui, pallet nostris Aurora uenenis.
uos mihi taurorum flammas hebetastis et unco   210
impatiens oneris collum pressistis aratro,
uos serpentigenis in se fera bella dedistis
custodemque rudem somni sopistis et aurum
uindice decepto Graias misistis in urbes.
nunc opus est sucis per quos renouata senectus   215
in florem redeat primosque recolligat annos.
et dabitis. neque enim micuerunt sidera frustra,
nec frustra uolucrum tractus ceruice draconum
currus adest.' (aderat demissus ab aethere currus.)
    Quo simul ascendit frenataque colla draconum   220
permulsit manibusque leues agitauit habenas,
sublimis rapitur subiectaque Thessala Tempe
despicit et certis regionibus applicat angues;

E, ajoelhando na terra dura, clama:
"Ó Noite, amiga fiel dos mistérios; douradas estrelas
que, com a lua, sucedeis aos raios do dia;
e tu, Hécate de três cabeças, que, conhecedora dos meus intentos,
vens em meu auxílio, tu, mestra dos encantamentos e das artes mágicas;
terra, que aos magos propicias ervas eficazes;
brisas e ventos, montes, rios e lagos;
deuses todos da floresta; todos os deuses da noite, vinde!
Com a vossa ajuda, quando assim o quis, tornaram à nascente os rios,
com espanto das margens. Com meus encantamentos
acalmo o mar encapelado e encrespo o mar calmo;
disperso as nuvens e volto a acumulá-las; disperso e convoco os ventos.
Com os meus conjuros e encantamentos anulo as fauces da víbora,
arranco ao solo e ponho em movimento a rocha viva,
o carvalho e a floresta; abalo as montanhas
e faço a terra rugir e os mortos surgir do sepulcro.
Também a ti, Lua, te faço baixar,[3] embora os bronzes de Têmesas
reduzam as tuas fadigas. Com meus encantamentos, até o carro
de meu avô empalidece; com os meus feitiços, empalidece a Aurora.
Por mim, vós amortecestes as chamas dos touros
e impusestes o curvo arado à sua cerviz rebelde ao peso,
provocastes entre os filhos da serpente uma feroz guerra,
adormecestes o guardião que não conhecia o sono e, tendo ludibriado
o seu guardião, enviastes o ouro para as cidades gregas.
Agora, tenho necessidade de um elixir que renove a velhice,
a faça retornar à flor da idade e recobrar os anos primeiros.
Sei que mo concedereis, pois nem cintilaram em vão as estrelas,
nem é por acaso que o carro tirado pela cerviz de dragões alados
se encontra aqui." Descido do céu, ali estava o carro.

Ao mesmo tempo que sobe para o carro, afaga a cerviz dos dragões
sujeitos ao peso e agita com a sua mão as leves rédeas,
é arrebatada às alturas. Baixa o olhar sobre o Tempe Tessálio,
encaminha as serpentes para os lugares selecionados

---

[3] A feiticeira cólquida acreditava ter poderes para fazer baixar a Lua à terra.

et quas Ossa tulit, quas altum Pelion herbas,
Othrysque Pindusque et Pindo maior Olympus 225
perspicit et placitas partim radice reuellit,
partim succidit curuamine falcis aenae.
multa quoque Apidani placuerunt gramina ripis,
multa quoque Amphrysi, neque eras immunis, Enipeu;
nec non Peneos, nec non Spercheides undae 230
contribuere aliquid iuncosaque litora Boebes;
carpsit et Euboica uiuax Anthedone gramen,
nondum mutato uulgatum corpore Glauci.
et iam nona dies curru pennisque draconum
nonaque nox omnes lustrantem uiderat agros 235
cum rediit; neque erant tacti nisi odore dracones,
et tamen annosae pellem posuere senectae.
  Constitit adueniens citra limenque foresque
et tantum caelo tegitur refugitque uiriles
contactus statuitque aras e caespite binas, 240
dexteriore Hecates, at laeua parte Iuuentae.
has ubi uerbenis siluaque incinxit agresti,
haud procul egesta scrobibus tellure duabus
sacra facit cultrosque in guttura uelleris atri
conicit et patulas perfundit sanguine fossas. 245
tum super inuergens liquidi carchesia mellis
alteraque inuergens tepidi carchesia lactis
uerba simul fudit terrenaque numina ciuit,
umbrarumque rogat rapta cum coniuge regem,
ne properent artus anima fraudare seniles. 250
quos ubi placauit precibusque et murmure longo,
Aesonis effetum proferri corpus ad auras

e procura as ervas que produz o Ossa, as que produz
o alto Pélion, o Ótris, o Pindo e o Olimpo, mais alto que o Pindo,
e arranca pela raiz parte das que lhe agradam,
com a curva foice de bronze ceifa as outras.
Escolheu também muitas outras ervas das margens do Apídano,
e também muitas das do Anfriso. Nem tu, Enipeu, ficaste isento.
Também o Peneu e as águas do Esperquio
e as margens juncosas do Bebe contribuíram com alguma coisa.
No Antédon da Eubeia colheu uma erva vivificante
que ainda não se celebrizara pela metamorfose do corpo de Glauco.[4]
Tinham-na visto já o nono dia e a nona noite a percorrer
em seu carro de dragões alados todos os campos, quando regressou.
Os dragões foram tocados só pelo odor das ervas
e, mesmo assim, largaram a pele de uma velhice carregada de anos.

Ao chegar, deteve-se em frente às portas do palácio,
tendo apenas o céu por teto. Evita o contato com os homens,
e ergue dois altares de terra, o da direita a Hécate,
à Juventude o da esquerda.[5] Tendo-os coberto de verdura
e de ramagem silvestre, na terra, ali ao lado,
abre duas covas e celebra um sacrifício.
Mergulhando a faca na garganta de uma ovelha negra,
derrama o sangue nas amplas covas.
Depois, enquanto derrama numa vasos de mel líquido
e derrama na outra vasos de leite quente,
pronuncia esconjuros e convoca as divindades da terra.
Pede ao rei das Sombras e à esposa que ele raptou
para não terem pressa em privar da vida aquele corpo envelhecido.
Depois de ter captado a sua benevolência com preces longamente
murmuradas, ordena que o corpo exausto de Éson seja trazido para fora

---

[4] Glauco era um pescador que, ao comer a erva que concedia a imortalidade, se tornou em deus do mar.

[5] Juventude, deusa romana protetora dos adolescentes, acabou por se identificar com a Hebe grega, a personificação da juventude, que casou com Héracles, garantindo-lhe acesso à eterna juventude própria dos deuses.

iussit et in plenos resolutum carmine somnos
exanimi similem stratis porrexit in herbis.
hinc procul Aesoniden, procul hinc iubet ire ministros   255
et monet arcanis oculos remouere profanos.
diffugiunt iussi, passis Medea capillis
bacchantum ritu flagrantis circuit aras
multifidasque faces in fossa sanguinis atra
tingit et infectas geminis accendit in aris   260
terque senem flamma, ter aqua, ter sulphure lustrat.
interea ualidum posito medicamen aeno
feruet et exsultat spumisque tumentibus albet.
illic Haemonia radices ualle resectas
seminaque floresque et sucos incoquit atros;   265
adicit extremo lapides Oriente petitos
et quas Oceani refluum mare lauit harenas;
addit et exceptas luna pernocte pruinas
et strigis infamis ipsis cum carnibus alas
inque uirum soliti uultus mutare ferinos   270
ambigui prosecta lupi; nec defuit illis
squamea Cinyphii tenuis membrana chelydri
uiuacisque iecur cerui, quibus insuper addit
ora caputque nouem cornicis saecula passae.
his et mille aliis postquam sine nomine rebus   275
propositum instruxit mortali barbara maius,
arenti ramo iampridem mitis oliuae
omnia confudit summisque immiscuit ima.
ecce uetus calido uersatus stipes aeno
fit uiridis primo nec longo tempore frondes   280
induit et subito grauidis oneratur oliuis;
at quacumque cauo spumas eiecit aeno
ignis et in terram guttae cecidere calentes,
uernat humus, floresque et mollia pabula surgunt.

e, depois de o mergulhar em sono profundo por meio de encantamentos,
estende-o como morto sobre um leito de ervas. Ordena que
o filho de Éson se afaste dali, que dali se afastem aqueles que o servem,
e adverte-os para que desviem dos mistérios seu olhar profano.
Obedecem e afastam-se. De cabelos em desalinho, conforme o rito
das bacantes, Medeia corre em volta dos altares onde o fogo arde;
embebe na cova negra de sangue tochas várias vezes fendidas, que acende
em ambos os altares, e por três vezes purifica o ancião com o fogo,
por três vezes o purifica com água, e com enxofre outras três.
Entretanto, num pote ali colocado, ferve e transborda
uma poderosa poção que branqueja no borbulhar da espuma.
Nele coze Medeia as raízes colhidas no vale de Hemônia,
as sementes, as flores e as negras seivas.
Adiciona-lhe pedras trazidas do Extremo Oriente
e areias que o mar Oceano lava no seu fluxo e refluxo.
Adiciona-lhe ainda geada recolhida durante uma noite de luar,
as funestas asas de um vampiro com a própria carne,
e as entranhas de um esquivo lobo, habituado a mudar
em face humana a sua forma de fera. E não faltou
a pele escamosa de uma diminuta hidra do Cínife[6]
e o fígado de um longevo veado. Acrescenta a estes
o bico e a cabeça de uma gralha que suportou nove séculos.
Depois de, com estas e outras inomináveis coisas,
ter a bárbara ordenado o seu plano, excessivo para uma mortal,
remexe tudo com o ramo de uma pacífica oliveira,
seco desde há muito, misturando o do fundo com o que estava em cima.
Eis que o seco ramo que remexeu o pote que fervia,
primeiro, reverdece, logo em seguida cobre-se de folhas
e logo se carrega de gradas azeitonas.
E por onde quer que o fogo tenha lançado a espuma
do fundo pote e as quentes gotas tenham caído à terra,
esta reverdece e crescem flores e erva tenra.

---

[6] Pequeno curso de água da Líbia.

quae simul ac uidit, stricto Medea recludit 285
ense senis iugulum ueteremque exire cruorem
passa replet sucis; quos postquam conbibit Aeson
aut ore acceptos aut uulnere, barba comaeque
canitie posita nigrum rapuere colorem,
pulsa fugit macies, abeunt pallorque situsque, 290
adiectoque cauae supplentur corpore rugae,
membraque luxuriant. Aeson miratur et olim
ante quater denos hunc se reminiscitur annos.
    Viderat ex alto tanti miracula monstri
Liber et admonitus iuuenes nutricibus annos 295
posse suis reddi capit hoc a Colchide munus.

    Neue doli cessent, odium cum coniuge falsum
Phasias adsimulat Peliaeque ad limina supplex
confugit; atque illam, quoniam grauis ipse senecta est,
excipiunt natae. quas tempore callida paruo 300
Colchis amicitiae mendacis imagine cepit,
dumque refert inter meritorum maxima demptos
Aesonis esse situs atque hac in parte moratur,
spes est uirginibus Pelia subiecta creatis
arte suum parili reuirescere posse parentem, 305
idque petunt pretiumque iubent sine fine pacisci.
illa breui spatio silet et dubitare uidetur
suspenditque animos ficta grauitate rogantum;
mox ubi pollicita est, 'quo sit fiducia maior
muneris huius' ait, 'qui uestri maximus aeuo est 310
dux gregis inter oues, agnus medicamine fiet.'
protinus innumeris effetus laniger annis
attrahitur flexo circum caua tempora cornu.
cuius ut Haemonio marcentia guttura cultro
fodit et exiguo maculauit sanguine ferrum, 315

Logo que disto se apercebe, pegando na espada,
Medeia abre a garganta do ancião, deixa que o sangue velho saia
e substitui-o pela poção. Quando, introduzida pela boca
ou pela abertura, Éson a absorve, barba e cabelo
perdem as cãs e recobram a cor escura,
desaparece a magreza, somem-se a palidez e a decrepitude,
as fundas rugas são preenchidas por carne nova,
os membros recobram vigor. Éson maravilha-se
e lembra-se de que era assim há quarenta anos.

Lá do céu, Líber tinha visto prodígio tão extraordinário
e, percebendo que poderiam ser restituídos a suas amas
os anos da juventude, recebe da cólquida esse favor.

[Pélias]

Para que os seus artifícios não fiquem inativos, a feiticeira
de Fásis simula uma desavença com o marido e refugia-se,
suplicante, em casa de Pélias. Recebem-na as filhas,
dada a avançada idade dele. Sob a falsa capa da amizade,
a astuta cólquida cativa-as em pouco tempo.
Refere as suas mais meritórias ações, o ter eliminada
a decrepitude de Éson, e demora-se neste pormenor.
Nas filhas de Pélias foi surgindo a esperança de que seu pai
pudesse ser rejuvenescido pela mesma arte. Isso mesmo lhe pedem
e convidam-na a estabelecer um preço, qualquer que seja.
Medeia fica em silêncio por algum tempo. Parece hesitar.
E, com afetada gravidade, deixa em suspenso aquelas almas suplicantes.
Por fim compromete-se e afirma: "Para que seja maior a vossa confiança
no meu desempenho, o carneiro mais velho do vosso rebanho, o que vai
à frente das ovelhas, será mudado em cordeiro com as minhas poções."
É de imediato trazido um carneiro, comido por incontáveis anos
e de chifres enrolados em voltas das têmporas.
A feiticeira mergulha-lhe na definhada goela a faca hemônia,
sujando o ferro com umas gotas de sangue.

membra simul pecudis ualidosque uenefica sucos
mergit in aere cauo; minuunt medicamina corpus
cornuaque exurunt nec non cum cornibus annos,
et tener auditur medio balatus aeno;
nec mora, balatum mirantibus exsilit agnus 320
lasciuitque fuga lactentiaque ubera quaerit.
obstipuere satae Pelia, promissaque postquam
exhibuere fidem, tum uero impensius instant.
    Ter iuga Phoebus equis in Hibero flumine mersis
dempserat et quarta radiantia nocte micabant 325
sidera, cum rapido fallax Aeetias igni
imponit purum laticem et sine uiribus herbas.
iamque neci similis resoluto corpore regem
et cum rege suo custodes somnus habebat,
quem dederant cantus magicaeque potentia linguae. 330
intrarant iussae cum Colchide limina natae
ambierantque torum; 'quid nunc dubitatis inertes?
stringite' ait 'gladios ueteremque haurite crurorem,
ut repleam uacuas iuuenali sanguine uenas.
in manibus uestris uita est aetasque parentis; 335
si pietas ulla est nec spes agitatis inanes,
officium praestate patri telisque senectam
exigite et saniem coniecto emittite ferro.'
his ut quaeque pia est hortatibus impia prima est
et, ne sit scelerata, facit scelus; haud tamen ictus 340
ulla suos spectare potest, oculosque reflectunt,
caecaque dant saeuis auersae uulnera dextris.
ille cruore fluens cubito tamen adleuat artus,
semilacerque toro temptat consurgere et inter
tot medius gladios pallentia bracchia tendens 345
'quid facitis, natae? quis uos in fata parentis
armat?' ait: cecidere illis animique manusque;

Introduz no fundo pote, simultaneamente, o corpo do animal
e as poderosas seivas. As drogas minguam o corpo,
consomem os chifres e, com os chifres, consomem os anos.
E, dentro do pote, ouve-se um débil balido.
Em seguida, enquanto se espantam com o balido, salta um cordeiro
que, em alegre corrida, busca um úbere que o aleite.
As filhas de Pélias ficaram espantadas e, uma vez que as promessas
se mostraram credíveis, insistem, então, com mais veemência.

Por três vezes havia Febo tirado o jugo a seus cavalos,
mergulhados no rio da Ibéria,[7] e pela quarta noite
as estrelas cintilavam radiantes, quando a pérfida filha de Eeto
põe ao lume devorador água pura e simples ervas.
Já um sono semelhante à morte, que os seus encantamentos
e o poder da sua mágica língua produziram, se assenhoreara do corpo
distendido do rei e, juntamente com ele, do corpo de seus guardas.
Seguindo instruções, as filhas do rei entram com Medeia nos aposentos
do pai e rodeiam-lhe o leito: "Por que duvidais agora e ficais paradas?
Puxai das vossas espadas", diz, "e retirai o sangue velho,
a fim de que eu encha as veias vazias com sangue novo.
Nas vossas mãos estão a vida e a idade de vosso pai!
Se em vós há uma réstia de piedade e não alimentais esperanças vãs,
fazei a vosso pai esse favor e expulsai a sua velhice com as armas.
Cravai-lhe o ferro e derramai seu sangue corrompido."
Obedecendo a estas exortações, aquela que é a mais piedosa[8]
torna-se a primeira a ser impiedosa e comete um crime
para não ser criminosa. Nenhuma, contudo, pode ver
os golpes que dá e desvia os olhos. De cara voltada,
desferem feridas cegas. A escorrer sangue, o ancião soergue-se
apoiado no cotovelo e, meio ferido, tenta levantar-se do leito.
Estendendo os braços exangues no meio de tantas espadas, clama:
"Que estais a fazer, filhas? Quem vos arma para matardes
vosso pai?" Desfalecem-lhes a coragem e as mãos.

---

[7] O Oceano.

[8] Trata-se da piedade filial.

Livro VII

plura locuturo cum uerbis guttura Colchis
abstulit et calidis laniatum mersit in undis.

Quod nisi pennatis serpentibus isset in auras,   350
non exempta foret poenae. fugit alta superque
Pelion umbrosum, Philyreia tecta, superque
Othryn et euentu ueteris loca nota Cerambi;
hic ope nympharum sublatus in aera pennis,
cum grauis infuso tellus foret obruta ponto,   355
Deucalioneas effugit inobrutus undas.
Aeoliam Pitanen a laeua parte relinquit
factaque de saxo longi simulacra draconis
Idaeumque nemus, quo nati furta iuuencum
occuluit Liber falsi sub imagine cerui,   360
quaque pater Corythi parua tumulatus harena est,
et quos Maera nouo latratu terruit agros,
Eurypylique urbem, qua Coae cornua matres
gesserunt tum, cum discederet Herculis agmen,
Phoebeamque Rhodon et Ialysios Telchinas,   365
quorum oculos ipso uitiantes omnia uisu
Iuppiter exosus fraternis subdidit undis.
transit et antiquae Cartheia moenia Ceae,
qua pater Alcidamas placidam de corpore natae
miraturus erat nasci potuisse columbam.   370
inde lacus Hyries uidet et Cycneia Tempe,
quae subitus celebrauit olor. (nam Phylius illic

Pélias ia continuar a falar quando a cólquida lhe cortou a garganta
e a palavra e lhe mergulhou o corpo dilacerado na água a ferver.

[A fuga de Medeia]

Se não se tivesse elevado em suas aladas serpentes,
não fugiria ao castigo. Foge pelas alturas, por cima das sombras
do Pélion,[9] morada de Fílira, por cima do Ótris e dos lugares
que o sucedido no passado a Cerambo[10] tornou célebres.
Este, quando a terra firme foi submersa pelas ondas do mar,
elevou-se no ar em suas asas, com a ajuda das ninfas,
e fugiu a afogar-se nas águas de Deucalião.
À esquerda, Medeia deixa a Eólia Pítane
e a estátua de pedra de uma longa serpente;
deixa a floresta do Ida onde, sob a falsa figura de um veado,
Líber ocultou um novilho roubado por seu filho
e onde o pai de Córito foi sepultado sob fina camada de areia;
deixa os campos que Mera aterrorizou com um estranho ladrar,
e a cidade de Eurípilo, onde as mães de Cós ostentaram chifres,
enquanto o exército de Hércules se afastava;
deixa Rodes, cidade de Febo, e os Telquines de Ialisso,
cujos olhos tudo corrompiam no ato de olhar,
a quem Júpiter, indignado, submergiu nas águas de seu irmão.
Passa as muralhas de Carteia, na antiga Cea,[11]
onde Alcidamante haveria de se assombrar
por ter podido nascer do corpo de sua filha uma pacífica pomba.
Em seguida, avista o lago Hírie e o Tempe de Cicno,
que a súbita metamorfose em cisne tornou célebre. Com efeito,

---

[9] Montanha da Tessália onde vivia Fílira, a mãe do Centauro Quíron.

[10] Cerambo era pastor no monte Ótris, no tempo do dilúvio de Deucalião. Refugiando-se nas montanhas, foi presenteado com asas pelas ninfas e transformado em escaravelho.

[11] Ilha do mar Egeu, a mais importante das Cíclades, também conhecida como Ceos.

imperio pueri uolucrisque ferumque leonem
tradiderat domitos; taurum quoque uincere iussus
uicerat, at spreto totiens iratus amore 375
praemia poscenti taurum suprema negabat.
ille indignatus 'cupies dare' dixit et alto
desiluit saxo. cuncti cecidisse putabant;
factus olor niueis pendebat in aere pennis.
at genetrix Hyrie, seruari nescia, flendo 380
delicuit stagnumque suo de nomine fecit.)
adiacet his Pleuron, in qua trepidantibus alis
Ophias effugit natorum uulnera Combe.
inde Calaureae Letoidos aspicit arua
in uolucrem uersi cum coniuge conscia regis. 385
dextera Cyllene est, in qua cum matre Menephron
concubiturus erat saeuarum more ferarum.
Cephison procul hinc deflentem fata nepotis
respicit in tumidam phocen ab Apolline uersi
Eumelique domum lugentis in aere natum. 390
tandem uipereis Ephyren Pirenida pennis
contigit; hic aeuo ueteres mortalia primo
corpora uulgarunt pluuialibus edita fungis.

Sed postquam Colchis arsit noua nupta uenenis
flagrantemque domum regis mare uidit utrumque, 395
sanguine natorum perfunditur impius ensis,
ultaque se male mater Iasonis effugit arma.
hinc Titaniacis ablata draconibus intrat
Palladias arces, quae te, iustissima Phene,
teque, senex Peripha, pariter uidere uolantes 400

por ordem deste jovem, Fílio havia domado e ali feito a entrega
de umas aves e de um feroz leão. Fora-lhe imposto que vencesse
um touro e venceu-o também. Mas, irritado pelo continuado desprezo
do seu amor, nega o touro àquele que lho havia pedido como
último prêmio. Indignado, diz-lhe o jovem: "Hás de desejar dar-mo."
E atirou-se do alto de um penedo. Todos julgavam que havia caído.
Virou cisne e planava no ar em suas brancas asas.
Ignorando que se havia salvo, Hírie, sua mãe, desfez-se em lágrimas
e tornou-se um lago, que herdou seu nome.
Perto destes ergue-se Plêuron, onde, em suas trepidantes asas,
Combe, filha de Ófio, escapou aos golpes dos filhos.
Vê, em seguida, os campos da Caláuria,[12] filha de Latona, que foram
testemunhas da transformação de um rei e de sua esposa em aves.
À direita fica Cilene, onde Menéfron haveria de se ligar
a sua mãe, conforme é hábito entre os animais selvagens.
Atrás de si, ao longe, vê Cefiso a chorar a sorte do neto,
transformado por Apolo em corpulenta foca,
e vê a casa de Eumelo, que chora seu filho elevado no ar.
Chega, por fim, em suas asas de serpente, a Éfira da fonte Pirene.
Aí, no início do mundo, dos fungos nascidos da chuva
surgiram, segundo os antigos, os corpos humanos.

[Egeu e Teseu]

Mas, depois de a nova esposa de Jasão ser consumida pelos venenos
da cólquida e de ambos os mares contemplarem o palácio real a arder,
a sua ímpia espada banhou-se no sangue dos filhos
e, depois de os vingar, esta horrenda mãe escapou às armas de Jasão.
Tirada dali pelos dragões de Titã, ela entra
na cidade de Palas, que a ti, justíssima Fene,
e a ti, velho Perifas,[13] vos viu a voar juntos,

---

[12] Epíteto de Diana.

[13] Rei justo e piedoso da Ática, a quem os súditos ergueram um templo sob a
invocação de Zeus. Zeus não gostou e preparava-se para o fulminar, mas Apolo, que

innixamque nouis neptem Polypemonis alis.
excipit hanc Aegeus, facto damnandus in uno;
nec satis hospitium est: thalami quoque foedere iungit.

Iamque aderat Theseus, proles ignara parenti,
qui uirtute sua bimarem pacauerat Isthmon; 405
huius in exitium miscet Medea, quod olim
attulerat secum Scythicis aconiton ab oris.
illud Echidnaeae memorant e dentibus ortum
esse canis. specus est tenebroso caecus hiatu
et uia decliuis, per quam Tirynthius heros 410
restantem contraque diem radiosque micantes
obliquantem oculos nexis adamante catenis
Cerberon abstraxit, rabida qui concitus ira
impleuit pariter ternis latratibus auras
et sparsit uirides spumis albentibus agros. 415
has concresse putant nactasque alimenta feracis
fecundique soli uires cepisse nocendi;
quae quia nascuntur dura uiuacia caute,
agrestes aconita uocant. ea coniugis astu
ipse parens Aegeus nato porrexit ut hosti; 420
sumpserat ignara Theseus data pocula dextra,
cum pater in capulo gladii cognouit eburno
signa sui generis facinusque excussit ab ore.
effugit illa necem nebulis per carmina motis.

At genitor, quamquam laetatur sospite nato, 425
attonitus tamen est ingens discrimine paruo
committi potuisse nefas; fouet ignibus aras
muneribusque deos implet, feriuntque secures
colla torosa boum uinctorum tempora uittis.
nullus Erecthidis fertur celebratior illo 430
illuxisse dies; agitant conuiuia patres
et medium uulgus, nec non et carmina uino

e viu a neta de Polipêmon a planar em insólitas asas.
Recebeu-a Egeu, digno de censura por este único fato. E não lhe bastou
a hospitalidade. Une-se a ela também pelos laços do matrimônio.

Nessa altura, chegava Teseu, que seu pai desconhecia,
que por seu valor tinha pacificado o Istmo entre os dois mares.
Medeia, para o perder, prepara o acônito
que consigo trouxera da região da Cítia.
Diz-se que esse veneno saíra dos dentes do cão de Equidna.
Há uma caverna escura, com uma entrada sombria,
de acesso em declive, pelo qual o herói de Tirinte,
com cadeias feitas de aço, arrastou Cérbero, que resistia
e desviava os olhos da luz do dia e dos brilhantes raios do sol.
Alvoroçado, em sua raivosa cólera, o monstro
atroou os ares com seu tríplice ladrar e, ao mesmo tempo,
cobriu os campos verdes de uma espuma branca.
Julga-se que essa espuma se condensou e, encontrando alimento
no solo fértil e fecundo, desenvolveu as propriedades nocivas.
Porque nascem e se desenvolvem bem em locais inóspitos, a estas ervas
chamam os camponeses acônito. Foram essas que, por astúcia
da esposa, Egeu ofereceu a seu filho, como a um inimigo.
Sem suspeitar, Teseu tinha já na mão a taça que lhe fora oferecida,
quando, no punho de marfim da espada, seu pai reconheceu
as insígnias da família, e da boca lhe arrancou o crime.
Medeia escapou à morte entre nuvens formadas pelo seu feitiço.

O pai, contudo, embora se alegre por ver são e salvo o filho,
ficou assombrado por ter sido possível que tão grande crime
estivesse quase a cometer-se. Nos altares alimenta o fogo,
cumula os deuses de oferendas, e as achas ferem
a musculosa cerviz de bois com as têmporas cingidas por fitas.
Diz-se que dia nenhum amanheceu mais celebrado
pelo povo de Erecteu do que aquele. Nobres e povo comum
realizam banquetes e cantam este hino, que o vinho inspirou:

---

o rei venerava, intercedeu por ele, acabando Zeus por mudá-lo em águia e mudar sua
mulher em falcão.

ingenium faciente canunt: 'te, maxime Theseu,
mirata est Marathon Cretaei sanguine tauri,
quodque suis securus arat Cromyona colonus,   435
munus opusque tuum est; tellus Epidauria per te
clauigeram uidit Vulcani occumbere prolem,
uidit et immitem Cephisias ora Procrusten,
Cercyonis letum uidit Cerealis Eleusin;
occidit ille Sinis magnis male uiribus usus,   440
qui poterat curuare trabes et agebat ab alto
ad terram late sparsuras corpora pinus;
tutus ad Alcathoen, Lelegeia moenia, limes
composito Scirone patet, sparsisque latronis
terra negat sedem, sedem negat ossibus unda,   445
quae iactata diu fertur durasse uetustas
in scopulos; scopulis nomen Scironis inhaeret.
si titulos annosque tuos numerare uelimus,
facta premant annos. pro te, fortissime, uota
publica suscipimus, Bacchi tibi sumimus haustus.'   450
consonat adsensu populi precibusque fauentum
regia, nec tota tristis locus ullus in urbe est.

Nec tamen (usque adeo nulla est sincera uoluptas,
sollicitumque aliquid laetis interuenit) Aegeus
gaudia percepit nato secura recepto;   455
bella parat Minos, qui quamquam milite, quamquam
classe ualet, patria tamen est firmissimus ira
Androgeique necem iustis ulciscitur armis.
ante tamen bello uires adquirit amicas,
quaque potens habitus, uolucri freta classe pererrat: 460
hinc Anaphen sibi iungit et Astypaleia regna,
promissis Anaphen, regna Astypaleia bello;
hinc humilem Myconon cretosaque rura Cimoli
florentemque thymo Syron planamque Seriphon

"Foi a ti, grande Teseu, que Maratona admirou
por causa do sangue do touro de Creta;
é dom e obra tua que o agricultor are Crômion
sem medo do javali; graças a ti, a região do Epidauro
viu sucumbir o filho de Vulcano armado de uma maça;
as margens do Cefiso viram desaparecer o cruel Procrustes;
Elêusis, cidade de Ceres, assistiu à morte de Cércion;
desapareceu aquele Sínis que fazia mau uso da força,
que podia vergar os troncos das árvores e curvava até o chão
a copa do pinheiro para atirar ao longe os corpos das vítimas;
derrotado Círon, está aberto e seguro o caminho que leva a Alcátoe,
às muralhas dos Léleges. Aos ossos espalhados deste bandido
nega sepultura a terra e nega sepultura o mar.
Baldeados por tempo infindo, diz-se que o tempo os mudou
em rochas e às rochas se deu o nome de Círon.
Se quiséssemos contar os teus títulos de glória e os teus anos,
os feitos passariam os anos. Por ti, ó maior dos heróis,
fazemos públicos votos, em tua honra bebemos do licor de Baco."
O palácio real retumba com a ovação popular e com as preces
dos que o admiram. Em toda a cidade não há tristeza em lugar nenhum.

[Éaco]

Egeu, contudo (não há, de fato, alegria pura; à felicidade
mistura-se sempre algum desassossego), ao reencontrar o filho,
não experimentou uma alegria sem inquietações.
Minos, que embora seja forte por seu exército e por sua frota,
é muito mais forte em sua ira de pai, prepara-se para a guerra
e procura nas armas a justa vingança pela morte de Andrógeo.
Mas, antes, reúne forças aliadas para esta guerra e, em sua frota veloz,
pela qual é tido por poderoso, percorre o mar em todos os sentidos.
Associa a si, de um lado, Ânafe e os reinos de Astipaleia;
a Ânafe por meio de promessas, pela força, os reinos de Astipaleia;
do outro, a humilde Míconos, os argilosos campos de Cimolo,
Siros, rica em tomilho, a plana Serifos,

marmoreamque Paron, quamque impia prodidit Arne 465
Siphnon et accepto, quod auara poposcerat, auro
mutata est in auem quae nunc quoque diligit aurum,
nigra pedes, nigris uelata monedula pennis.
nec non Oliaros Didymeque et Tenos et Andros
et Gyaros nitidaeque ferax Peparethos oliuae 470
Cnosiacas iuuere rates. latere inde sinistro
Oenopiam Minos petit, Aeacideia regna.
(Oenopiam ueteres appellauere, sed ipse
Aeacus Aeginam genetricis nomine dixit.)
　　Turba ruit tantaeque uirum cognoscere famae 475
expetit; occurrunt illi Telamonque minorque
quam Telamon Peleus et proles tertia Phocus;
ipse quoque egreditur tardus grauitate senili
Aeacus et quae sit ueniendi causa requirit.
admonitus patrii luctus suspirat et illi 480
dicta refert rector populorum talia centum:
'arma iuues oro pro nato sumpta piaeque
pars sis militiae; tumulo solacia posco.'
huic Asopiades 'petis inrita' dixit 'et urbi
non facienda meae; neque enim coniunctior ulla 485
Cecropidis hac est tellus. ea foedera nobis.'
tristis abit 'stabunt' que 'tibi tua foedera magno'
dixit et utilius bellum putat esse minari
quam gerere atque suas ibi praeconsumere uires.
　　Classis ab Oenopiis etiamnum Lyctia muris 490
spectari poterat, cum pleno concita uelo
Attica puppis adest in portusque intrat amicos,
quae Cephalum patriaeque simul mandata ferebat.
Aeacidae longo iuuenes post tempore uisum
agnouere tamen Cephalum dextrasque dedere 495
inque patris duxere domum. spectabilis heros
et ueteris retinens etiamnum pignora formae
ingreditur ramumque tenens popularis oliuae

Paros, a do mármore, Sifnos, que a ímpia Arne atraiçoou
e, depois de haver recebido o ouro que a sua cobiça exigira,
foi a cobiçosa mudada em ave de negras patas,
coberta de penas negras, gralha que ainda hoje aprecia o ouro.
Mas Oléaro, Dídime, Tenos e Andros,
Gíaros, e Peparetos, fértil em reluzentes azeitonas,
não apoiaram as forças cretenses.
Daí, Minos segue para a esquerda, para Enópia, o reino de Éaco.
Enópia lhe chamavam os antigos, mas Éaco,
esse chamou-lhe Egina, do nome de sua mãe.
    A multidão acorre, na esperança de conhecer
homem de tão grande fama. Ao seu encontro saem Télamon
e Peleu, mais novo que Télamon, e Foco, o terceiro filho.
Sai também o próprio Éaco, mais lento, por força da idade,
que quer saber a razão da vinda.
Informando-o da sua dor de pai, o senhor de cem povos
suspira e diz-lhe o seguinte: "Peço-te que te associes
às forças que eu reunir para vingar meu filho e que tomes parte
na minha piedosa expedição. Busco consolo para um morto."
"O que pedes é impossível, e a minha cidade não o pode satisfazer",
responde o neto de Asopo. "Não há país mais estreitamente ligado
ao povo de Cécrope do que este. Mantemos essa aliança."
Minos retirou-se triste e ameaçou: "Vai custar-te caro a tua aliança!",
considerando que é melhor ameaçar com a guerra do que fazê-la
e desgastar aí, de antemão, as suas forças.
    Das muralhas enópias podia ver-se ainda a armada de Licto,
quando uma nau ática, movida a todo o pano, se apresenta
e entra no porto aliado, trazendo ao mesmo tempo
Céfalo e uma mensagem da sua pátria.
Os filhos de Éaco, ao verem Céfalo tanto tempo depois,
reconheceram-no, estenderam-lhe a mão
e conduziram-no ao palácio de seu pai.
Majestoso, conservando traços da antiga beleza,
o herói entra, segurando na mão um ramo de oliveira da sua pátria.

a dextra laeuaque duos aetate minores
maior habet, Clyton et Buten, Pallante creatos.   500
   Postquam congressus primi sua uerba tulerunt,
Cecropidae Cephalus peragit mandata rogatque
auxilium foedusque refert et iura parentum
imperiumque peti totius Achaidos addit.
sic ubi mandatam iuuit facundia causam,   505
Aeacus in capulo sceptri nitente sinistra
'ne petite auxilium, sed sumite' dixit, 'Athenae!
[nec dubie uires, quas haec habet insula, uestras
dicite, et omnia, quae rerum status iste mearum;]
robora non desunt; superat mihi miles et hoc est,   510
(gratia dis!) felix et inexcusabile tempus.'
'immo ita sit,' Cephalus; 'crescat tua ciuibus opto
urbs,' ait. 'adueniens equidem modo gaudia cepi,
cum tam pulchra mihi, tam par aetate iuuentus
obuia processit; multos tamen inde requiro,   515
quos quondam uidi uestra prius urbe receptus.'
Aeacus ingemuit tristique ita uoce locutus:
'flebile principium melior fortuna secuta est;
hanc utinam possem uobis memorare sine illo!
ordine nunc repetam, neu longa ambage morer uos,   520
ossa cinisque iacent, memori quos mente requiris.
[et quota pars illi rerum periere mearum!]

   'Dira lues ira populis Iunonis iniquae
incidit exosae dictas a paelice terras.
[dum uisum mortale malum tantaeque latebat   525
causa nocens cladis, pugnatum est arte medendi;
exitium superabat opem, quae uicta iacebat.]
principio caelum spissa caligine terras
pressit et ignauos inclusit nubibus aestus,
dumque quater iunctis expleuit cornibus orbem   530

Tem, como mais velho, à sua direita e à sua esquerda,
os filhos de Palante, Clito e Butes, mais novos do que ele.
    Depois de admitido à presença do rei e de lhe dirigir
as palavras protocolares, Céfalo expõe as pretensões dos filhos
de Cécrope, pede ajuda, lembra o tratado e os laços ancestrais
e acrescenta que é o domínio de toda a Acaia o que Minos pretende.
Depois de a sua eloquência sustentar a causa de que fora
incumbido, apoiando a mão esquerda no punho do cetro,
Éaco responde: "Não peças auxílio, Atenas. Toma-o!
E não hesites em considerar tuas as forças que esta ilha tem,
e tudo o que o estado atual dos meus domínios possui.
Poder não me falta! Sobram-me soldados! E estes são,
graças aos deuses, tempos felizes e que não admitem escusa."
"Seja como dizes", volveu Céfalo, "e que a tua cidade cresça
em habitantes são os meus votos. Na verdade, há pouco, ao chegar,
senti-me feliz, quando jovens tão belos e tão iguais na idade
foram ao meu encontro. Mas, no meio deles, procurei muitos que vi
quando, pela primeira vez, fui recebido na tua cidade."
Éaco soltou um gemido e, com voz triste, acrescentou:
"A um começo de lágrimas melhor sorte se seguiu.
Pudesse eu falar-te desta sem falar daquele!
Vou agora recordá-los por ordem, para não te prender em rodeios.
Jazem na sepultura os ossos e as cinzas daqueles de que te recordas.
E eles são parte diminuta de quanto do meu reino pereceu!"

[A peste de Egina]

    "Peste terrível se abateu sobre o meu povo por causa da injusta ira
de Juno, que odeia estas terras que levam o nome da sua rival.
Enquanto pareceu que o mal era humano e a nociva causa de tanta
desgraça era desconhecida, combateu-se com recurso ao saber médico.
A catástrofe ganhava dianteira ao saber, que era derrotado.
A princípio, o céu cobriu a terra de uma densa nuvem negra
e encerrou nela um calor sufocante.
E enquanto a lua completou o disco por quatro vezes, juntando

luna, quater plenum tenuata retexuit orbem,
letiferis calidi spirarunt aestibus Austri.
constat et in fontes uitium uenisse lacusque,
miliaque incultos serpentum multa per agros
errasse atque suis fluuios temerasse uenenis.   535
strage canum primo uolucrumque ouiumque boumque
inque feris subiti deprensa potentia morbi.
concidere infelix ualidos miratur arator
inter opus tauros medioque recumbere sulco;
lanigeris gregibus balatus dantibus aegros   540
sponte sua lanaeque cadunt et corpora tabent;
acer equus quondam magnaeque in puluere famae
degenerat palmas ueterumque oblitus honorum
ad praesepe gemit leto moriturus inerti;
non aper irasci meminit, non fidere cursu   545
cerua nec armentis incurrere fortibus ursi.
omnia languor habet. siluisque agrisque uiisque
corpora foeda iacent, uitiantur odoribus aurae.
mira loquar: non illa canes auidaeque uolucres,
non cani tetigere lupi; dilapsa liquescunt   550
adflatuque nocent et agunt contagia late.
   'Peruenit ad miseros damno grauiore colonos
pestis et in magnae dominatur moenibus urbis.
uiscera torrentur primo flammaeque latentis
indicium rubor est et ductus anhelitus aegre;   555
aspera lingua tumet tepidisque arentia uentis
ora patent auraeque graues captantur hiatu;
non stratum, non ulla pati uelamina possunt,
nuda sed in terra ponunt praecordia, nec fit
corpus humo gelidum, sed humus de corpore feruet.   560
nec moderator adest inque ipsos saeua medentes
erumpit clades obsuntque auctoribus artes;
quo propior quisque est seruitque fidelius aegro,
in partem leti citius uenit. utque salutis
spes abiit finemque uident in funere morbi,   565

seus cornos, e por quatro vezes, minguando, reduziu o disco completo,
os cálidos Austros sopravam uns calores de morte.
A epidemia chegou, sabe-se, a fontes e lagos.
Pelos campos, incultos, erravam muitos milhares de serpentes
que, com seu veneno, contaminavam os rios.
Foi na morte de cães, aves, ovelhas, bois e animais selvagens
que primeiro se detectou a violência dessa repentina praga.
Espanta-se o infeliz lavrador de que seus possantes bois
sucumbam em pleno trabalho e fiquem estendidos
com o rego a meio. Soltam os ovinos balidos de dor,
cai-lhes por si só a lã, os corpos ficam em chaga.
Impetuoso outrora, muito famoso na arena, o cavalo
desonra os seus troféus e, esquecendo as velhas glórias,
geme junto à manjedoura, prestes a morrer sem honra.
Esquece o javali a ira, de confiar na corrida se esquece
a cerva, e o urso de investir contra as grandes manadas.
A doença invade tudo. Nos bosques, nos campos e nos caminhos,
há corpos disformes que viciam os ares com seus odores.
E, coisa extraordinária, nem cães, nem aves carnívoras,
nem lobos lhes tocam. Caem no chão e decompõem-se,
espalham a contaminação e propagam longe o contágio.
   Com mais dano chega a peste às pobres gentes do campo
e se assenhoreia das muralhas desta grande cidade.
Primeiro, as entranhas assam. São sintoma desse fogo oculto
a cor avermelhada e a respiração ofegante.
A língua fica áspera e incha; ressequida pelos ventos quentes,
a boca mantém-se aberta e respira por entre os lábios um ar pesado.
Não toleram, nem a cama, nem cobertura nenhuma,
mas encostam à terra o peito desnudo. E não é o corpo
que se esfria na terra, é a terra que ferve com o calor do corpo.
E não há quem pare o mal. O terrível flagelo irrompe
por entre os médicos, e o saber volta-se contra quem o exerce.
Quanto mais próximo alguém está e com maior fidelidade serve
o doente, mais depressa partilha o mal. E quando a esperança
da saúde se esfuma e na morte se vê o fim da doença,

Livro VII

indulgent animis et nulla quid utile cura est.
(utile enim nihil est.) passim positoque pudore
fontibus et fluuiis puteisque capacibus haerent.
[nec sitis est extincta prius quam uita bibendo]
inde graues multi nequeunt consurgere et ipsis   570
immoriuntur aquis; aliquis tamen haurit et illas.
tantaque sunt miseris inuisi taedia lecti,
prosiliunt aut, si prohibent consistere uires,
corpora deuoluunt in humum fugiuntque Penates
quisque suos, sua cuique domus funesta uidetur.   575
[et, quia causa latet, locus est in crimine paruus.]
semianimes errare uiis, dum stare ualebant,
aspiceres, flentes alios terraque iacentes
lassaque uersantes supremo lumina motu.
[membraque pendentis tendunt ad sidera caeli,   580
hic illic, ubi mors deprenderat, exhalantes.]
    'Quid mihi tunc animi fuit aut quid debuit esse,
ni uitam odissem et cuperem pars esse meorum?
quo se cumque acies oculorum flexerat, illic
uulgus erat stratum, ueluti cum putria motis   585
poma cadunt ramis agitataque ilice glandes.
templa uides contra gradibus sublimia longis
(Iuppiter illa tenet); quis non altaribus illis
inrita tura dedit? quotiens pro coniuge coniunx,
pro nato genitor, dum uerba precantia dicit,   590
non exoratis animam finiuit in aris,
inque manu turis pars inconsumpta reperta est!
admoti quotiens templis, dum uota sacerdos
concipit et fundit purum inter cornua uinum,
haud exspectato ceciderunt uulnere tauri!   595
ipse ego sacra Ioui pro me patriaque tribusque
cum facerem natis, mugitus uictima diros
edidit et subito conlapsa sine ictibus ullis
exiguo tinxit subiectos sanguine cultros.
exta quoque aegra notas ueri monitusque deorum   600

cada um se entrega a seus instintos, sem cuidar do remédio útil.
De fato, nada há que seja útil. Sem pejo, por todo o lado
se aferram a fontes, a rios, a poços fundos.
E, enquanto bebem, a sede não se apaga antes da vida.
Pesados da água, muitos não conseguem erguer-se do lugar
e morrem na mesma água. Entretanto, alguém dela bebe.
É tal a aversão que os infelizes têm ao odioso leito,
que dele saltam ou, se as forças os impedem de se manterem em pé,
fazem rolar os corpos para o chão e cada um foge da própria casa.
Cada um tem a sua casa como a causa da morte. E uma vez que
a causa do mal é desconhecida, culpa-se a pequenez do lugar.
Podiam ver-se uns, enquanto conseguiam manter-se de pé,
a errar pelos caminhos; outros, por terra, a chorar,
revirando, num supremo esforço, os olhos cansados.
Erguem os braços para as estrelas do céu, suspenso sobre eles,
e expiram uns aqui, outros ali, onde a morte os surpreende.

Qual foi o meu estado de espírito, ou qual podia ter sido,
senão odiar a vida e desejar partilhar a sorte dos meus?
Para onde quer que os meus olhos se voltassem, aí, por terra,
jazia o meu povo, como cai a fruta podre com a agitação
dos ramos, e as bolotas, quando se abana a azinheira.
À tua frente vês um templo, erguido sobre altos degraus.
Nele habita Júpiter. Quem não ofertou sobre aquele altar
incenso inútil? Quantas vezes um marido não exalou a vida
sobre o altar em que orava, ao formular uma prece pela esposa,
ou um pai por seu filho, e na mão se lhes não encontrou o incenso
que não haviam queimado! Quantas vezes não caíram,
sem o esperado golpe, os touros trazidos ao templo,
enquanto o sacerdote pronunciava os votos
e lhes derramava entre os cornos o vinho puro?
Eu próprio oferecia a Júpiter um sacrifício por mim,
pela minha pátria e pelos meus três filhos, quando a vítima
soltou três sinistros mugidos e, caindo de repente,
sem qualquer golpe, mal manchou de sangue a faca do sacrifício.
As entranhas, doentes também, haviam perdido os sinais da verdade

perdiderant; tristes penetrant ad uiscera morbi.
ante sacros uidi proiecta cadauera postes,
ante ipsas, quo mors foret inuidiosior, aras.
pars animam laqueo claudunt mortisque timorem
morte fugant ultroque uocant uenientia fata.   605
corpora missa neci nullis de more feruntur
funeribus (neque enim capiebant funera portae);
aut inhumata premunt terras aut dantur in altos
indotata rogos. et iam reuerentia nulla est
deque rogis pugnant alienisque ignibus ardent;   610
qui lacriment desunt indefletaeque uagantur
natorumque uirumque animae iuuenumque senumque;
nec locus in tumulos, nec sufficit arbor in ignes.

'Attonitus tanto miserarum turbine rerum,
"Iuppiter o!" dixi, "si te non falsa loquuntur   615
dicta sub amplexus Aeginae Asopidos isse,
nec te, magne pater, nostri pudet esse parentem,
aut mihi redde meos, aut me quoque conde sepulcro."
ille notam fulgore dedit tonitruque secundo.
"accipio sintque ista, precor, felicia mentis   620
signa tuae," dixi; "quod das mihi, pigneror omen."
forte fuit iuxta patulis rarissima ramis
sacra Ioui quercus de semine Dodonaeo;
hic nos frugilegas aspeximus agmine longo
grande onus exiguo formicas ore gerentes   625
rugosoque suum seruantes cortice callem.
dum numerum miror, "totidem, pater optime" dixi,
"tu mihi da ciues et inania moenia supple."
intremuit ramisque sonum sine flamine motis
alta dedit quercus. pauido mihi membra timore   630
horruerant stabantque comae; tamen oscula terrae
roboribusque dedi nec me sperare fatebar,

e as advertências dos deuses. A funesta doença penetra até as vísceras.
Vi cadáveres abandonados às portas dos templos. Vi-os em frente
aos próprios altares, para que a morte se tornasse mais odiosa.
Estrangulam-se uns com um laço e, com a morte, afugentam
o temor da morte e chamam o instante fatal, que se avizinha.
Os cadáveres são conduzidos sem o cortejo fúnebre, contra o que
é costume, nem as portas da cidade seriam suficiente para esses cortejos.
Jazem na terra insepultos ou são lançados em grandes piras
sem qualquer oferenda. Deixou de existir respeito.
Luta-se por umas piras e ardem uns nas piras dos outros.
Já não há quem chore. E, ao não serem choradas,
vagueiam errantes as almas de filhos, maridos, de jovens e velhos.
Não chega a terra para túmulos, nem para as piras chega a lenha.

[Os Mirmidões]

Assombrado pelo turbilhão de tanta miséria, supliquei:
'Ó Júpiter! Se não é mentira o que dizem,
que tu te entregaste nos braços de Egina, filha de Asopo,
e não te envergonha, poderoso deus, seres meu progenitor,
devolve-me os meus ou faz-me baixar ao sepulcro a mim também.'
O deus manifestou a sua decisão favorável num relâmpago, seguido
de um trovão. 'Aceito', disse eu, 'e oro para que estes sejam sinais
favoráveis da tua vontade. Tomo como penhor o presságio que me dás.'
Por sinal, havia ali perto um carvalho raro, de frondosa ramagem,
da família do de Dodona, que era consagrado a Júpiter.
Nele vi eu formigas recoletoras que, em longa fila,
transportavam em sua diminuta boca uma grande carga
e que, na rugosa casca, mantinham seu trilho. Surpreendido
com o seu número, supliquei: 'Dá-me, Pai Supremo,
igual número de súditos e repovoa a minha cidade vazia!'
O nobre carvalho estremeceu e, movendo sua copa sem ação do vento,
produziu um ruído. Aterrorizado de medo, o corpo tremeu-me
e eriçaram-se-me os cabelos. Mesmo assim, dei beijos à terra
e beijei o carvalho, mas não confessava a minha esperança.

Livro VII

sperabam tamen atque animo mea uota fouebam.
nox subit et curis exercita corpora somnus
occupat; ante oculos eadem mihi quercus adesse   635
et ramos totidem totidemque animalia ramis
ferre suis uisa est pariterque tremescere motu
graniferumque agmen subiectis spargere in aruis,
crescere quod subito maius maiusque uidetur
ac se tollere humo rectoque adsistere trunco   640
et maciem numerumque pedum nigrumque colorem
ponere et humanam membris inducere formam.
   'Somnus abit. damno uigilans mea uisa querorque
in superis opis esse nihil; at in aedibus ingens
murmur erat uocesque hominum exaudire uidebar   645
iam mihi desuetas. dum suspicor has quoque somni
esse, uenit Telamon properus foribusque reclusis
"speque fideque, pater" dixit, "maiora uidebis;
egredere!" egredior, qualesque in imagine somni
uisus eram uidisse uiros, ex ordine tales   650
aspicio noscoque; adeunt regemque salutant.
uota Ioui soluo populisque recentibus urbem
partior et uacuos priscis cultoribus agros,
Myrmidonasque uoco nec origine nomina fraudo.
corpora uidisti; mores, quos ante gerebant,   655
nunc quoque habent: parcum genus est patiensque laborum
quaesitique tenax et quod quaesita reseruet.
hi te ad bella pares annis animisque sequentur,
cum primum, qui te feliciter attulit, Eurus'
(Eurus enim attulerat) 'fuerit mutatus in Austros.'   660

   Talibus atque aliis longum sermonibus illi
impleuere diem; lucis pars ultima mensae
est data, nox somnis. iubar aureus extulerat sol;
flabat adhuc Eurus redituraque uela tenebat:

Contudo, esperava e, no meu coração, acalentava os meus sonhos.
A noite chegou e o sono toma conta do corpo, fatigado
pelas preocupações. Pareceu-me que à minha frente
se erguia o mesmo carvalho, que tinha igual número de ramos
e, nos ramos, mantinha igual número de insetos,
e estremecia com igual movimento, e espalhava no solo
em que se implantava a fila das formigas que, de repente, pareciam
crescer e crescer ainda mais e elevar-se do chão, mantendo-se
de pé com o tronco direito. Perdiam a magreza, o número de patas
e a cor negra e o seu corpo assumia a feição humana.
    O sono deixou-me. Já desperto, reprovo as minhas visões
e lamento que nos deuses não haja amparo nenhum. No palácio,
porém, ia grande o alarido e parecia-me ouvir vozes humanas,
já estranhas para mim. Na dúvida de também elas serem
obra do sonho, chega a correr Télamon e, abrindo a porta, grita:
'Pai, vem cá fora e vem ver coisas inesperadas e inacreditáveis.'
Saio, vejo e reconheço um por um os mesmos homens
que me parecera ter visto na imagem do sonho.
Aproximam-se e saúdam-me como seu rei.
Cumpro os votos feitos a Júpiter e reparto pelos meus novos súditos
a cidade e os campos, livres de quem os cuidava.
Chamo-os Mirmidões e mantenho no nome o significado da origem.
Viste seus corpos. Hoje mantêm o mesmo caráter
que ostentavam antes. É um povo poupado, infatigável,
obstinado no amealhar e que guarda o que aprovisionou.
Iguais em anos e em valor, são eles que te vão acompanhar
à guerra, logo que o Euro, que tão rapidamente te trouxe até aqui
(o Euro, de fato, havia-o trazido) dê lugar ao Austro."

[Céfalo e Prócris]

    Com estas e outras conversas esgotaram eles o longo dia.
As últimas horas de luz foram dadas à mesa. Ao sono
foi dada a noite. O dourado Sol havia trazido a luz da manhã.
O Euro soprava ainda e retinha as velas, prontas a partirem.

ad Cephalum Pallante sati, cui grandior aetas,   665
ad regem Cephalus simul et Pallante creati
conueniunt, sed adhuc regem sopor altus habebat.
excipit Aeacides illos in limine Phocus;
nam Telamon fraterque uiros ad bella legebant.
Phocus in interius spatium pulchrosque recessus   670
Cecropidas ducit, cum quis simul ipse resedit.
aspicit Aeoliden ignota ex arbore factum
ferre manu iaculum, cuius fuit aurea cuspis;
pauca prius mediis sermonibus ante locutus
'sum nemorum studiosus' ait 'caedisque ferinae;   675
qua tamen e silua teneas hastile recisum
iamdudum dubito. certe, si fraxinus esset,
fulua colore foret; si cornus, nodus inesset.
unde sit ignoro, sed non formosius isto
uiderunt oculi telum iaculabile nostri.'   680
excipit Actaeis e fratribus alter et 'usum
maiorem specie mirabere' dixit 'in isto.
consequitur quodcumque petit fortunaque missum
non regit et reuolat nullo referente cruentum.'
tum uero iuuenis Nereius omnia quaerit,   685
cur sit et unde datum, quis tanti muneris auctor;
[quae petit ille refert et cetera nota pudori,   687
quae patitur pudor, ille refert et cetera narrat;   687a
quae petit ille refert; ceterum narrari pudori   687b
qua tulerit mercede, silet tactusque dolore]   688
ipse diu reticet Cephalus tactusque dolore   688a
coniugis amissae lacrimis ita fatur obortis:
'Hoc me, nate dea, (quis possit credere?) telum   690
flere facit facietque diu, si uiuere nobis
fata diu dederint; hoc me cum coniuge cara
perdidit; hoc utinam caruissem munere semper!
   'Procris erat, si forte magis peruenit ad aures
Orithyia tuas, raptae soror Orithyiae;   695
si faciem moresque uelis conferre duarum,

404

Os filhos de Palante dirigem-se a Céfalo, mais velho do que eles.
Céfalo e os filhos de Palante dirigem-se ao rei.
Mas um sono profundo dominava ainda o rei.
É um filho de Éaco, Foco, quem os recebe no limiar,
pois Télamon e o irmão andavam a recrutar os homens para a guerra.
Foco conduz os cecrópidas ao interior do palácio,
aos belos salões e toma assento com eles.
Foco repara que o eólida sustenta na mão um dardo
feito de madeira desconhecida, cuja ponta era de ouro.
Depois de algumas palavras prévias, diz-lhe:
"Interesso-me por florestas e pela caça,
mas há um pouco que estou na dúvida de que floresta
foi cortada a haste do dardo que tens na mão.
Se fosse de freixo, teria com certeza cor amarela.
Se de corniso, teria nós. Não sei de que é, mas nunca
os meus olhos viram dardo de arremesso mais belo do que esse."
Um dos irmãos vindos de Acte tomou a palavra e disse:
"Nele poderás admirar uma utilidade superior à beleza.
Atinge sempre o objetivo. Ao ser lançado, não o dirige o acaso
e, sem que ninguém o devolva, retorna sempre, e ensanguentado."
O jovem neto de Nereu quer então tudo saber:
por que lhe foi dado, de onde provém
e quem lhe ofertou presente de tanto valor.
Céfalo conta o que a dignidade consente, mas conta tudo.
Quanto ao preço por que o obteve,
faz silêncio. Tocado, porém, pela dor
de ter perdido a esposa, diz entre lágrimas:
"Este dardo, filho de uma deusa (quem poderia crê-lo),
faz-me chorar e há de fazê-lo por muito tempo,
se por muito tempo os deuses concederem que eu viva.
Foi ele que causou a minha perdição e a da minha querida esposa.
Quem dera que eu nunca o houvesse tido!
    Prócris (talvez que Oritia seja mais familiar a teus ouvidos)
era irmã de Oritia, aquela que foi raptada. Se quisesses comparar
a beleza e o caráter de ambas, era Prócris quem mais merecia

dignior ipsa rapi. pater hanc mihi iunxit Erectheus,
hanc mihi iunxit Amor; felix dicebar eramque.
(non ita dis uisum est, aut nunc quoque forsitan essem.)
alter agebatur post sacra iugalia mensis,   700
cum me cornigeris tendentem retia ceruis
uertice de summo semper florentis Hymetti
lutea mane uidet pulsis Aurora tenebris
inuitumque rapit. liceat mihi uera referre
pace deae: quod sit roseo spectabilis ore,   705
quod teneat lucis, teneat confinia noctis,
nectareis quod alatur aquis, ego Procrin amabam.
pectore Procris erat, Procris mihi semper in ore.
sacra tori coitusque nouos thalamosque recentes
primaque deserti referebam foedera lecti;   710
mota dea est et "siste tuas, ingrate, querellas;
Procrin habe!" dixit "quod si mea prouida mens est,
non habuisse uoles." meque illi irata remisit.
dum redeo mecumque deae memorata retracto,
esse metus coepit ne iura iugalia coniunx   715
non bene seruasset. facies aetasque iubebat
credere adulterium, prohibebant credere mores;
sed tamen afueram, sed et haec erat, unde redibam,
criminis exemplum, sed cuncta timemus amantes.
quaerere quod doleam statuo donisque pudicam   720
sollicitare fidem; fauet huic Aurora timori
immutatque meam (uideor sensisse) figuram.
Palladias ineo non cognoscendus Athenas
ingrediorque domum; culpa domus ipsa carebat
castaque signa dabat dominoque erat anxia rapto.   725
uix aditus per mille dolos ad Erecthida factus:
ut uidi, obstipui meditataque paene reliqui
temptamenta fide; male me quin uera faterer
continui, male quin, ut oportuit, oscula ferrem.
tristis erat (sed nulla tamen formosior illa   730
esse potest tristi) desiderioque dolebat

ser raptada. Foi ela que Erecteu, seu pai, me concedeu;
ela ma concedeu o Amor. Consideravam-me e, de fato, era feliz.
Os deuses assim não pensaram, caso contrário, ainda hoje o seria.
Decorria o segundo mês depois da cerimônia nupcial;
eu armava as redes aos cornígeros veados, quando,
pela manhã, do ponto mais alto do sempre florido Himeto,
depois de varrer as trevas, a dourada Aurora me avista
e, contra minha vontade, me rapta. Possa eu dizer a verdade
sem ofender esta deusa. Por belo que seja seu róseo rosto,
seja ela senhora dos confins do dia e dos confins da noite,
alimente-se ela de néctar, eu amava Prócris. Tinha Prócris no coração,
tinha-a sempre em minha boca. Eu alegava as sagradas leis
do matrimônio, a novidade do nosso relacionamento,
a nossa união recente e os primeiros encontros no leito
que acabava de deixar. A deusa irritou-se e disse-me: 'Para, ingrato,
com as tuas lamúrias! Fica com Prócris! Mas, se é que o meu espírito
pode ler o futuro, hás de desejar não ter ficado!' E, furiosa,
devolve-me a Prócris. No caminho, enquanto rememoro
o que a deusa disse, nasce em mim o receio de que minha esposa
não tenha guardado escrupulosamente os deveres conjugais.
A sua beleza e a sua juventude levam-me a acreditar no adultério.
Impede-me o seu caráter de nisso acreditar. Mas eu tinha estado fora.
E aquela de quem eu voltava era disso exemplo.
Mas quem ama tudo teme. Decido investigar o motivo por que me aflijo
e pôr à prova, com presentes, a sua casta fidelidade. Aurora secunda
o meu receio e transforma (pareceu-me senti-lo) o meu aspecto.
Entro irreconhecível na Atenas de Palas — e avanço para casa.
Em casa, nem sinal de culpa. Sinais, se os havia,
eram de inocência. E havia angústia pelo rapto do dono.
Foi com mil ardis e com dificuldade que me aproximei
da filha de Erecteu. Ao vê-la, pasmei,
e quase me esqueci do plano para testar a sua fidelidade.
Mal me contive de lhe contar a verdade e de a beijar,
como devia ter feito. Estava triste. Mas, mesmo triste,
nenhuma poderia ser mais bela do que ela estava.

407   Livro VII

coniugis abrepti. tu collige, qualis in illa,
Phoce, decor fuerit, quam sic dolor ipse decebat!
quid referam quotiens temptamina nostra pudici
reppulerint mores, quotiens "ego" dixerit "uni   735
seruor; ubicumque est, uni mea gaudia seruo"?
cui non ista fide satis experientia sano
magna foret? non sum contentus et in mea pugno
uulnera, dum census dare me pro nocte paciscor
muneraque augendo tandem dubitare coegi.   740
exclamo male uictor: "ego en, ego fictus adulter
uerus eram coniunx! me, perfida, teste teneris."
illa nihil; tacito tantummodo uicta pudore
insidiosa malo cum coniuge limina fugit;
offensaque mei genus omne perosa uirorum   745
montibus errabat, studiis operata Dianae.
tum mihi deserto uiolentior ignis ad ossa
peruenit; orabam ueniam et peccasse fatebar
et potuisse datis simili succumbere culpae
me quoque muneribus, si munera tanta darentur.   750
haec mihi confesso, laesum prius ulta pudorem,
redditur et dulces concorditer exigit annos;
dat mihi praeterea, tamquam se parua dedisset
dona, canem munus, quem cum sua traderet illi
Cynthia, "currendo superabit" dixerat "omnes."   755
dat simul et iaculum, manibus quod (cernis) habemus.
muneris alterius quae sit fortuna, requiris?
accipe; mirandi nouitate mouebere facti.
    'Carmina Laiades non intellecta priorum
soluerat ingeniis, et praecipitata iacebat   760
immemor ambagum uates obscura suarum.
[scilicet alma Themis nec talia linquit inulta.]
protinus Aoniis immittitur altera Thebis
pestis et exitio multi pecorumque suoque
rurigenae pauere feram. uicina iuuentus   765
uenimus et latos indagine cinximus agros;

408

E chorava de saudade pelo marido raptado.
Imagina, Foco, quão bela seria, ela a quem até a dor ficava tão bem!
Que dizer das vezes que o seu pudor atalhou as minhas tentativas?
Das vezes que afirmou: 'Guardo-me só para um.
Onde quer que esteja, para ele guardo as minhas alegrias.'
A quem, em seu perfeito juízo, não bastaria esta prova
de fidelidade? Eu não me contento e luto para me ferir.
Prometo dar-lhe uma fortuna por uma noite só e, aumentando a oferta,
levo-a, por fim, a hesitar. Infeliz vencedor, grito: 'Olha, sou eu.
Eu, o teu falso amante, era o teu marido autêntico!
Foste desmascarada, pérfida, e tens-me como testemunha.'
Ela nada disse. Somente, vencida por vergonha íntima,
abandona a casa que a atraiçoou e o marido pérfido.
Magoada comigo, odiando os homens,
deambula pelos montes, ocupada nas artes de Diana.
Ao ver-me abandonado, a paixão invade-me com mais
violência. Peço-lhe perdão e confesso que errei
e que também eu, em face dos presentes, teria podido cair
em culpa igual, se tão grandes presentes me fossem oferecidos.
Depois de eu confessar isto e de ela ver reparada a ofensa inicial
à sua honra, volta para mim e vive comigo, em harmonia,
encantadores anos. Dá-me, além disso, como se fora coisa pouca
o dar-se a si mesma, um cão por presente; cão que, lhe dissera
a deusa Cíntia quando lho deu: 'A todos vencerá na corrida!'
Dá-me, ao mesmo tempo, o dardo que, vês, tenho em minhas mãos.
Queres saber qual foi a sorte do outro presente?
Ouve. A natureza da história vai encher-te de espanto.
    O filho de Laio tinha solucionado os enigmas que o talento
dos seus predecessores não havia entendido, e a estranha Sibila
jazia no ponto onde se havia precipitado, esquecida dos seus enigmas.
É claro que a venerável Têmis não deixou isso sem punição.
Logo foi enviado à Aônia, em Tebas, um segundo flagelo
e muitos dos habitantes do campo recearam que a fera
fosse a ruína dos rebanhos e a própria. A juventude das regiões
vizinhas acorreu e cercamos a extensa planície com uma rede.

illa leui uelox superabat retia saltu
summaque transibat positarum lina plagarum:
copula detrahitur canibus, quas illa sequentes
effugit et coetum non segnior alite ludit.   770
poscor et ipse meum consensu Laelapa magno
(muneris hoc nomen): iamdudum uincula pugnat
exuere ipse sibi colloque morantia tendit.
uix bene missus erat nec iam poteramus ubi esset
scire; pedum calidus uestigia puluis habebat,   775
ipse oculis ereptus erat. non ocior illo
hasta nec excussae contorto uerbere glandes
nec Gortyniaco calamus leuis exit ab arcu.
collis apex medii subiectis imminet aruis:
tollor eo capioque noui spectacula cursus,   780
quo modo deprendi, modo se subducere ab ipso
uulnere uisa fera est; nec limite callida recto
in spatiumque fugit, sed decipit ora sequentis
et redit in gyrum, ne sit suus impetus hosti;
imminet hic sequiturque parem similisque tenenti   785
non tenet et uanos exercet in aera morsus.
ad iaculi uertebar opem; quod dextera librat
dum mea, dum digitos amentis addere tempto,
lumina deflexi. reuocataque rursus eodem
rettuleram: medio (mirum) duo marmora campo   790
aspicio; fugere hoc, illud captare putares.
scilicet inuictos ambo certamine cursus
esse deus uoluit, si quis deus adfuit illis.'
    Hactenus, et tacuit. 'iaculo quod crimen in ipso est?'
Phocus ait; iaculi sic crimina reddidit ille: 795
    'Gaudia principium nostri sunt, Phoce, doloris;
illa prius referam. iuuat o meminisse beati
temporis, Aeacide, quo primos rite per annos
coniuge eram felix, felix erat illa marito!
mutua cura duos et amor socialis habebat,   800

Com um salto rápido, a veloz fera vence a rede e passa
por cima das malhas da rede estendida.
Soltamos os cães. Ela escapa-se à sua perseguição
e ilude a matilha, mais veloz do que um pássaro.
Todos em uníssono me pedem o meu Lelaps.
Era este o nome do presente que recebera. Já ele se debatia
para se libertar, esticando a trela que lhe prendia o pescoço.
Mal havia sido solto e já não conseguíamos saber onde estava.
A poeira indicava a linha da sua marcha. Ele desaparecera
da nossa vista. Nem a lança, nem as balas despedidas
pelo voltear da funda, nem a leve seta sai
do arco de Gortina mais depressa do que ele.
No meio da extensão dos campos eleva-se o cabeço de um morro.
Subo até lá e contemplo o espetáculo de uma estranha corrida
em que a fera ora parece estar presa, ora parece furtar-se
à mesma dentada. Astuta, não corta o espaço em linha reta,
mas furta-se às garras do perseguidor andando em círculo,
de modo a que o inimigo não mantenha a impetuosidade da carreira.
Este persegue-a, segue a par, parecendo já tê-la,
mas não a tem e dá no ar dentadas inúteis.
Peço ajuda ao meu dardo. Enquanto a mão o balança,
enquanto procuro ajustar os dedos à corda, desvio o olhar.
Quando retorno e volto a olhar para o mesmo ponto,
vejo no meio do campo, coisa espantosa, duas estátuas de mármore.
Julgar-se-ia que uma foge e outra procura apanhar. Parece que um deus,
se é que um deus os assistiu, pretendeu que, na corrida,
nenhum deles ficasse vencido." Aqui chegado, calou-se.
   "Qual a culpa", inquire Foco, "que o dardo tem?"
Foi deste modo que ele relatou a culpa do dardo:
   "A minha felicidade, Foco, foi a causa da minha dor.
É daquela que te vou falar primeiro. É doce recordar, filho de Éaco,
um tempo de felicidade em que, como de costume, durante os primeiros
anos, era feliz com minha esposa e ela era feliz com o marido!
Um afeto recíproco e o amor conjugal dominava os dois.

nec Iouis illa meo thalamos praeferret amori,
nec me quae caperet, non si Venus ipsa ueniret,
ulla erat; aequales urebant pectora flammae.
sole fere radiis feriente cacumina primis
uenatum in siluas iuuenaliter ire solebam,   805
nec mecum famuli nec equi nec naribus acres
ire canes nec lina sequi nodosa solebant;
tutus eram iaculo. sed cum satiata ferinae
dextera caedis erat, repetebam frigus et umbras
et quae de gelidis exibat uallibus auram.   810
aura petebatur medio mihi lenis in aestu,
auram exspectabam, requies erat illa labori.
"aura" (recordor enim), "uenias" cantare solebam,
"meque iuues intresque sinus, gratissima, nostros,
utque facis, releuare uelis, quibus urimur aestus."   815
forsitan addiderim (sic me mea fata trahebant),
blanditias plures et "tu mihi magna uoluptas"
dicere sim solitus, "tu me reficisque fouesque,
tu facis ut siluas, ut amem loca sola, meoque
spiritus iste tuus semper captatur ab ore."   820
uocibus ambiguis deceptam praebuit aurem
nescioquis nomenque aurae tam saepe uocatum
esse putat nymphae, nympham me credit amare.
criminis extemplo ficti temerarius index
Procrin adit linguaque refert audita susurra.   825
credula res amor est; subito conlapsa dolore
(ut mihi narratur) cecidit longoque refecta
tempore se miseram, se fati dixit iniqui
deque fide questa est et crimine concita uano
quod nihil est metuit, metuit sine corpore nomen.   830
[et dolet infelix ueluti de paelice uera]
saepe tamen dubitat speratque miserrima falli
indicioque fidem negat et, nisi uiderit ipsa,
damnatura sui non est delicta mariti.

Nem ela teria preferido ao meu amor a união com Júpiter;
nem havia outra, mesmo que viesse Vênus, que me cativasse.
Era a mesma a chama que inflamava os nossos corações.
Mal o sol tocava com seus raios a crista dos montes,
era hábito meu de juventude sair para caçar nos bosques.
Nem criados, nem cavalos, nem cães de apurado faro,
nem as nodosas redes de linho costumavam ir comigo.
Estava seguro com o meu dardo. E quando o meu braço
estava já cansado da caça abatida, procurava a frescura
da sombra e a brisa que subia dos frescos vales.
No auge do calor, era esta brisa, que me era cara,
que eu procurava; brisa que eu buscava, repouso do meu cansaço.
Costumava eu cantar, recordo-me bem: 'Vem, brisa,
acaricia-me, desliza pelo meu seio, suavidade,
e, como é teu hábito, acalma os calores que me consomem.'
Talvez eu tenha acrescentado (levava-me assim o destino!)
muitas outras frases doces. Podia ter dito: 'Tu és para mim
a satisfação suprema, tu reconfortas-me e acaricias-me,
levas-me a gostar dos bosques e dos locais solitários,
e a que o teu sopro seja aspirado pela minha boca.'
Alguém, não sei quem, terá escutado estas palavras ambíguas,
que interpretou mal, e julga que o nome Brisa, vezes sem conta
evocado, é o nome de uma ninfa, e crê-me enamorado dela.
Logo o temerário delator de um erro inexistente,
vai junto de Prócris e lhe segreda o que ouviu.
Crédula coisa é o amor! Atingida por esta dor inesperada,
foi-me dito, desmaiou. Tempos depois, reanimada,
considera-se infeliz, vítima de um destino injusto.
Queixa-se da minha infidelidade e, atormentada por um erro imaginário,
teme o que não existe, receia um nome sem corpo. A infeliz sofre
como se realmente tivesse uma rival. Muitas vezes, contudo,
duvida e tem esperança, a infeliz, de que a tenham enganado.
Recusa acreditar no delator e, a menos que ela própria veja,
não está disposta a condenar os erros do marido.

'Postera depulerant Aurorae lumina noctem.   835
egredior siluasque peto uictorque per herbas
"aura, ueni" dixi, "nostroque medere labori!"
et subito gemitus inter mea uerba uidebar
nescioquos audisse; "ueni" tamen, "optima" dixi.
fronde leuem rursus strepitum faciente caduca   840
sum ratus esse feram telumque uolatile misi;
Procris erat medioque tenens in pectore uulnus
"ei mihi!" conclamat. uox est ubi cognita fidae
coniugis, ad uocem praeceps amensque cucurri;
semianimem et sparsas foedantem sanguine uestes   845
et sua (me miserum!) de uulnere dona trahentem
inuenio, corpusque meo mihi carius ulnis
mollibus attollo scissaque a pectore ueste
uulnera saeua ligo conorque inhibere cruorem,
neu me morte sua sceleratum deserat oro.   850
uiribus illa carens et iam moribunda coegit
haec se pauca loqui: "per nostri foedera lecti
perque deos supplex oro superosque meosque,
per si quid merui de te bene perque manentem
nunc quoque cum pereo, causam mihi mortis, amorem: 855
ne thalamis Auram patiare innubere nostris."
dixit, et errorem tum denique nominis esse
et sensi et docui. sed quid docuisse iuuabat?
labitur, et paruae fugiunt cum sanguine uires,
dumque aliquid spectare potest, me spectat et in me   860
infelicem animam nostroque exhalat in ore;
sed uultu meliore mori secura uidetur.'
     Flentibus haec lacrimans heros memorabat; et ecce
Aeacus ingreditur duplici cum prole nouoque
milite, quem Cephalus cum fortibus accipit armis.   865

No dia seguinte, a luz da Aurora tinha varrido a noite.
Saio e dirijo-me ao bosque. Depois do triunfo, deitado na erva,
repito: 'Brisa, vem e alivia a minha fadiga!'
De repente, no meio das minhas palavras, pareceu-me
ter ouvido gemidos indefiníveis. Repeti então: 'Vem, ó Bem!'
Um ramo que caía produziu, de novo, outro ruído ligeiro.
Convenci-me de que era uma fera. Atiro o dardo voador.
Era Prócris. Tinha em pleno peito uma ferida.
Grita: 'Ai de mim!' Reconheço a voz da minha esposa fiel.
Precipito-me, enlouquecido, na direção da voz.
Encontro-a moribunda, vestidos em desalinho, manchados
de sangue, a tentar arrancar da ferida o presente que me dera.
Tomo ternamente em meus braços o corpo que me é
mais querido que o meu e, rasgando a veste no peito,
comprimo a ferida cruel, tentando estancar o sangue.
Suplico que não me abandone manchado pela sua morte.
Sem forças, já no limiar da morte, tentou dizer-me
estas poucas palavras: 'Pelos laços conjugais que nos unem,
pelos deuses celestes, e pelos meus, pelo bem
que te fiz e pelo amor, causa da minha morte,
que ainda agora, ao morrer, te dedico, peço-te:
não consintas que essa Brisa ocupe o meu lugar de esposa!'
Calou-se. Compreendi então, finalmente, que o que havia
era uma confusão de nomes e expliquei-lho. De que servia explicar-lho?
Perde a consciência. As suas poucas forças esvaem-se com o sangue!
Enquanto pode fitar alguma coisa, olha-me. E é nos meus braços
e sobre os meus lábios que a infeliz exala seu último alento.
Pela paz da sua face parece ter morrido confiante."

Todos choravam enquanto o herói relatava tudo isto.
Éaco entra então com os dois filhos e a nova força
que Céfalo recebe com as respectivas armas.

Liber Octauus

Iam nitidum retegente diem noctisque fugante
tempora Lucifero cadit Eurus et umida surgunt
nubila; dant placidi cursum redeuntibus Austri
Aeacidis Cephaloque, quibus feliciter acti
ante exspectatum portus tenuere petitos.   5
    Interea Minos Lelegeia litora uastat
praetemptatque sui uires Mauortis in urbe
Alcathoi, quam Nisus habet, cui splendidus ostro
inter honoratos medioque in uertice canos
crinis inhaerebat, magni fiducia regni.   10
sexta resurgebant orientis cornua lunae
et pendebat adhuc belli fortuna, diuque
inter utrumque uolat dubiis Victoria pennis.
regia turris erat uocalibus addita muris,
in quibus auratam proles Letoia fertur   15
deposuisse lyram; saxo sonus eius inhaesit.
saepe illuc solita est ascendere filia Nisi
et petere exiguo resonantia saxa lapillo,
tum cum pax esset; bello quoque saepe solebat
spectare ex illa rigidi certamina Martis,   20
iamque mora belli procerum quoque nomina norat,
armaque equosque habitusque Cydoneasque pharetras.

Livro VIII

[Niso e Cila]

Quando Lúcifer[1] fazia já o dia romper e afugentava
as horas da noite, o Euro amaina e surgem nuvens de chuva.
Suave, o Austro facilita o regresso aos Eácidas e a Céfalo
que, favoravelmente impulsionados por ele,
alcançaram o porto de destino antes do tempo.
Entretanto, Minos assola as costas dos Léleges
e testa a sua força militar contra a cidadela de Alcátoe,
onde reinava Niso. Tinha este no alto da cabeça,
a meio das veneráveis cãs, um tufo de cabelo
com o brilho da púrpura, penhor do seu invencível poder.
Os cornos da Lua voltavam a erguer-se a oriente pela sexta vez,
e o desfecho da guerra mantinha-se indeciso.
De asa vacilante, faz tempo que a Vitória sobrevoa um e outro lado.
Adossada às harmoniosas muralhas, onde, diz-se,
o filho da Latona havia depositado sua lira de ouro,
cujo som se comunicara às pedras, havia majestosa torre.
Costumava a filha de Niso, em tempo de paz, ali subir
com frequência e percutir com uma pedra os ressonantes blocos.
Também, durante a guerra, costuma, muitas vezes,
contemplar dali os combates do fero Marte.
O arrastar da guerra permitira-lhe conhecer até os nomes dos principais,
suas armas, seus corcéis, seus hábitos e as aljavas de Cidônia.

---

[1] Lúcifer, a Estrela da Manhã, é a tradução latina do Fósforo grego, o astro que
anuncia a Aurora e traz a luz do dia.

nouerat ante alios faciem ducis Europaei,
plus etiam quam nosse sat est. hac iudice Minos,
seu caput abdiderat cristata casside pennis,　　　　　　　　25
in galea formosus erat; seu sumpserat aere
fulgentem clipeum, clipeum sumpsisse decebat;
torserat adductis hastilia lenta lacertis,
laudabat uirgo iunctam cum uiribus artem;
imposito calamo patulos sinuauerat arcus,　　　　　　　　30
sic Phoebum sumptis iurabat stare sagittis;
cum uero faciem dempto nudauerat aere
purpureusque albi stratis insignia pictis
terga premebat equi spumantiaque ora regebat,
uix sua, uix sanae uirgo Niseia compos　　　　　　　　35
mentis erat: felix iaculum, quod tangeret ille,
quaeque manu premeret felicia frena uocabat.
impetus est illi, liceat modo, ferre per agmen
uirgineos hostile gradus, est impetus illi
turribus e summis in Cnosia mittere corpus　　　　　　　40
castra uel aeratas hosti recludere portas,
uel si quid Minos aliud uelit.
　　　　　　　　　　　　　Vtque sedebat
candida Dictaei spectans tentoria regis,
'laeter' ait 'doleamne geri lacrimabile bellum
in dubio est; doleo quod Minos hostis amanti est　　　　45
sed, nisi bella forent, numquam mihi cognitus esset.
me tamen accepta poterat deponere bellum
obside; me comitem, me pacis pignus haberet.
si quae te peperit talis, pulcherrime rerum,
qualis es, ipsa fuit, merito deus arsit in illa.　　　　　　50
o ego ter felix, si pennis lapsa per auras
Cnosiaci possem castris insistere regis

Mais do que a qualquer outro, mais até do que devia,
conhecera os traços do chefe, o filho de Europa.
A seus olhos, Minos era belo com o elmo ou se cobrisse a cabeça
com um capacete ornado de penas; empunhasse ele o escudo
de reluzente bronze, empunhar o escudo ficava-lhe bem.
Dobrando o braço, brandira sua flexível lança.
A donzela admirava a destreza associada à força.
Dobrava ele seu amplo arco ao pôr a seta na corda;
jurava ela que essa era a força de Febo, quando empunhava as setas.
Mas quando descobria a face, ao depor o elmo,
e montava, revestido a púrpura, um cavalo branco ajaezado
com xairel vistoso e lhe guiava a boca, que expirava espuma,
com dificuldade a filha de Niso mantinha o controle,
com dificuldade se mantinha senhora de si. Achava ditoso o dardo
que ele empunhava e ditosas as rédeas que na mão retinha.
Arde no desejo, pudesse ela agora, de conduzir seus passos de virgem
pelo meio da força contrária; domina-a a ânsia de lançar seu corpo
do alto da torre para o meio da força de Cnosso,[2]
ou de abrir ao inimigo as portas de bronze, ou de fazer
o que quer que seja que Minos deseje.
                                Sentada como estava
a contemplar as brancas tendas do rei de Dicta,[3] desabafa:
"Não sei se hei de regozijar-me ou se choro esta deplorável guerra.
Dói-me que Minos tenha por inimigo a quem o ama,
mas, se não fora a guerra, nunca o teria conhecido.
Talvez pudesse pôr fim à guerra, tomando-me a mim por refém.
Ter-me-ia por companheira e por penhor da paz.
Se aquela que te deu à luz, ó beleza sem par, era igual ao que tu és,
razão teve o deus para arder de amores por ela.[4]
Oh!, três vezes feliz eu seria, se, pelos ares levada em asas,
pudesse pousar no acampamento do rei de Cnosso,

---

[2] Cidade, residência do rei Minos, na parte setentrional de Creta.

[3] Montanha de Creta.

[4] Europa, mãe de Minos, a quem Zeus raptou debaixo da figura de um touro.

fassaque me flammasque meas qua dote rogare
uellet emi; tantum patrias ne posceret arces!
nam pereant potius sperata cubilia, quam sim   55
proditione potens — quamuis saepe utile uinci
uictoris placidi fecit clementia uictis.
iusta gerit certe pro nato bella perempto
et causaque ualet causamque tuentibus armis
et, puto, uincemur. qui si manet exitus urbem,   60
cur suus haec illi reseret mea moenia Mauors
et non noster amor? melius sine caede moraque
impensaque sui poterit superare cruoris.
non metuam certe ne quis tua pectora, Minos,
uulneret imprudens; quis enim tam durus ut in te   65
derigere immitem non inscius audeat hastam?
coepta placent, et stat sententia tradere mecum
dotalem patriam finemque imponere bello;
uerum uelle parum est. aditus custodia seruat,
claustraque portarum genitor tenet; hunc ego solum   70
infelix timeo, solus mea uota moratur.
di facerent sine patre forem! sibi quisque profecto
est deus; ignauis precibus Fortuna repugnat.
altera iamdudum succensa cupidine tanto
perdere gauderet quodcumque obstaret amori.   75
et cur ulla foret me fortior? ire per ignes
et gladios ausim; nec in hoc tamen ignibus ullis
aut gladiis opus est, opus est mihi crine paterno.
ille mihi est auro pretiosior, illa beatam
purpura me uotique mei factura potentem.'   80
    Talia dicenti curarum maxima nutrix
nox interuenit tenebrisque audacia creuit.
prima quies aderat, qua curis fessa diurnis
pectora somnus habet; thalamos taciturna paternos
intrat et (heu facinus!) fatali nata parentem   85
crine suum spoliat praedaque potita nefanda
[fert secum spolium sceleris progressaque porta]

dizer-lhe quem sou, falar-lhe do fogo que me devora e perguntar-lhe
por que dote estaria disposto a ser comprado, desde que não reclamasse
a cidadela de meu pai! Mas antes se esfumem as esperanças
de matrimônio a ser feliz por traição, apesar de, muitas vezes,
a clemência de um vencedor magnânimo ser vantajosa aos vencidos.
É justa, sem dúvida, a guerra que trava pela morte do filho.
Prevalece em razão da causa e das armas que a defendem.
E, estou segura, seremos vencidos. Se esse é o destino que resta à cidade,
por que há de ser o favor de Marte e não o meu amor
a abrir-lhe as minhas muralhas? Melhor será, se puder vencer
sem carnificina, sem demora e sem o custo do próprio sangue.
Ao menos, Minos, não temerei que um imprudente
fira teu peito. Realmente, quem será tão cruel que ouse
deliberadamente dirigir contra ti sua cruel lança?
O plano satisfaz-me. A decisão está tomada.
Comigo entregarei a pátria por dote, porei fim à guerra.
Mas não basta querê-lo. Vigia a entrada uma guarda,
as chaves das portas estão com meu pai. Só a ele temo,
infeliz de mim, só ele os meus intentos refreia.
Quisessem os deuses que eu pai não tivesse! Na verdade, cada um
é o deus de si mesmo. A Fortuna resiste às preces dos fracos.
Há muito que outra, dominada por esta tão grande paixão,
com prazer destruiria o que a seu amor se opusesse. E por que
haveria uma outra de ser mais corajosa do que eu? Ousaria passar
pelo meio do fogo e entre espadas. Aqui não há necessidade
nem de fogos nem de espadas. Preciso apenas do cabelo de meu pai.
É para mim mais precioso que o ouro. É essa púrpura
que me fará feliz e senhora do objeto do meu desejo."

Enquanto assim discorria, surpreendeu-a a noite, o mais fértil
terreno para cuidados. E, com as trevas, foi crescendo a audácia.
Era a hora do primeiro sono, aquela em que, cansados pelas
preocupações diárias, os corações são por ela dominados.
Em silêncio, penetra nos aposentos paternos e (oh!, crime!) é a filha
quem expolia o pai do fatal cabelo. Na posse de sua criminosa presa,
leva consigo o espólio do crime e, depois de transpor a porta,

421   Livro VIII

per medios hostes (meriti fiducia tanta est)
peruenit ad regem, quem sic adfata pauentem est:
'suasit amor facinus; proles ego regia Nisi   90
Scylla tibi trado patriaeque meosque Penates.
praemia nulla peto nisi te; cape pignus amoris
purpureum crinem nec me nunc tradere crinem,
sed patrium tibi crede caput' scelerataque dextra
munera porrexit. Minos porrecta refugit   95
turbatusque noui respondit imagine facti:
'di te submoueant, o nostri infamia saecli,
orbe suo, tellusque tibi pontusque negetur.
certe ego non patiar Iouis incunabula, Creten,
qui meus est orbis, tantum contingere monstrum.'   100
dixit et, ut leges captis iustissimus auctor
hostibus imposuit, classis retinacula solui
iussit et aeratas impelli remige puppes.
   Scylla freto postquam deductas nare carinas
nec praestare ducem sceleris sibi praemia uidit,   105
consumptis precibus uiolentam transit in iram
intendensque manus passis furibunda capillis
'quo fugis' exclamat 'meritorum auctore relicta,
o patriae praelate meae, praelate parenti?
quo fugis immitis, cuius uictoria nostrum   110
et scelus et meritum est? nec te data munera nec te
noster amor mouit nec quod spes omnis in unum
te mea congesta est? nam quo deserta reuertar?
in patriam? superata iacet. sed finge manere:
proditione mea clausa est mihi. patris ad ora?   115
quem tibi donaui. ciues odere merentem,
finitimi exemplum metuunt: obstruximus orbem
terrarum, nobis ut Crete sola pateret.
hac quoque si prohibes et nos, ingrate, relinquis,
non genetrix Europa tibi est sed inhospita Syrtis, 120
Armeniae tigres austroque agitata Charybdis.

cruza as linhas inimigas (tão grande é a confiança em seu mérito)
e chega junto do rei que, atônito, a ouve dizer:
"O amor levou-me ao crime. Eu, Cila, filha do rei Niso,
entrego-te os penates da minha pátria e da minha casa.
Não peço outro prêmio que não sejas tu. Em sinal do meu amor,
aceita este cabelo de púrpura e não penses que, neste momento,
te entrego o cabelo; entrego-te, sim, a cabeça de meu pai."
E sua criminosa mão estendia-lhe o presente. Perante o presente ofertado,
Minos recua e, toldado pela visão de um crime inaudito, responde:
"Desterrem-te os deuses de seu mundo, ó infâmia do nosso tempo,
que eles te desterrem da terra e do mar. Quanto a mim, não vou tolerar
que Creta, o berço de Júpiter, Creta, que é o meu mundo, seja tocada
por tão grande monstro." Assim disse e, depois de, como o mais justo
dos legisladores, haver imposto as condições aos inimigos vencidos,
ordenou que fossem soltas as amarras da sua esquadra
e que fizessem avançar as popas de bronze à força de remos.

Vendo Cila que, lançadas ao mar, as quilhas cortavam as águas,
e que o rei não lhe concedia o prêmio do crime,
esgotadas as súplicas, entra em violenta cólera.
De mãos estendidas, cabelos ao vento, cabeça perdida:
"Para onde foges", grita, "deixando quem a vitória te deu,
tu, a quem preferi à pátria, a quem preferi a meu pai?
Para onde foges, cruel, tu, cuja vitória é crime
e merecimento meus? Não te moveram nem os meus serviços,
nem o meu amor, nem o fato de só em ti se concentrar
toda a minha esperança? Deixando-me tu, para onde hei de voltar?
Para a minha pátria? Foi vencida! Está arrasada!
Supõe que havia subsistido? Estar-me-ia vedada pela minha traição!
Para junto de meu pai? Entreguei-to! Os meus concidadãos
odeiam-me pelo que fiz! Os povos vizinhos têm medo do meu exemplo!
Fechei toda a terra para que só Creta se abrisse para mim!
Se também me recusas essa, ingrato, e me abandonas,
não tens Europa por mãe, mas a inóspita Sirtes,
os tigres da Armênia, e Caribde, que o Austro subleva.

423   Livro VIII

nec Ioue tu natus nec mater imagine tauri
ducta tua est (generis falsa est ea fabula); uerus
[et ferus et captus nullius amore iuuencae]
qui te progenuit taurus fuit. exige poenas,   125
Nise pater! gaudete malis modo prodita nostris
moenia! nam, fateor, merui et sum digna perire.
sed tamen ex illis aliquis quos impia laesi
me perimat. cur qui uicisti crimine nostro
insequeris crimen? scelus hoc patriaeque patrique est,   130
officium tibi sit. te uere coniuge digna est,
quae toruum ligno decepit adultera taurum
discordemque utero fetum tulit. ecquid ad aures
perueniunt mea dicta tuas, an inania uenti
uerba ferunt idemque tuas, ingrate, carinas?   135
[iam iam Pasiphaen non est mirabile taurum
praeposuisse tibi; tu plus feritatis habebas.]
me miseram! properare iubet diuulsaque remis
unda sonat mecumque simul mea terra recedit.
nil agis, o frustra meritorum oblite meorum;   140
insequar inuitum puppemque amplexa recuruam
per freta longa trahar.' uix dixerat, insilit undis
consequiturque rates faciente cupidine uires
Cnosiacaeque haeret comes inuidiosa carinae.
quam pater ut uidit (nam iam pendebat in aura   145
et modo factus erat fuluis haliaeetus alis),
ibat ut haerentem rostro laceraret adunco.
illa metu puppem dimisit et aura cadentem
sustinuisse leuis, ne tangeret aequora, uisa est;
†pluma fuit plumis† in auem mutata uocatur   150
Ciris et a tonso est hoc nomen adepta capillo.

Nem tu és filho de Júpiter, nem foi tua mãe seduzida
pela figura de um touro, é falsa a lenda da tua linhagem.
Um touro de verdade, bravo e nunca dominado pelo amor
de uma novilha, foi aquele que te gerou. Niso, meu pai,
castiga-me! E vós, muralhas que acabo de trair, regozijai-vos
com os meus males! Pois eu mereço e sou digna de morrer, confesso!
Mas seja um daqueles a quem lesei com a minha impiedade a dar-me
a morte! Por que hás de ser tu, que venceste graças a meu crime,
a punir o crime? Isto que fiz é, para minha pátria e para meu pai,
um ato criminoso. Seja para ti um serviço. É realmente
digno de ti ter por esposa a adúltera que, sob a madeira,
enganou um terrível touro e em seu ventre trouxe um híbrido feto.
Sei que as minhas palavras chegam aos teus ouvidos, ou será,
injusto, que, como levam tuas naus, levam os ventos meus ais?
Já não me espanta que a ti haja Pasífae[5]
preferido um touro! Em ti havia maior fereza.
Infeliz de mim, ordena que acelerem! Fendidas pelo remo,
as águas ressoam. Comigo fica para trás minha terra.
Não vais conseguir, tu que em vão esqueces os meus favores.
Hei de seguir-te contra tua vontade e, abraçada à recurva popa,
serei levada pelos ventos do mar." Mal acabara de falar,
salta para a água e persegue as embarcações, fazendo do desejo força.
E prende-se, odiosa companheira, à nau do rei de Cnosso.
Seu pai, ao vê-la assim presa à popa (na verdade pairava já no ar,
tendo acabado de ser transformado em águia marinha com asas
de fulva cor), preparava-se para a rasgar com seu bico adunco.
Com medo, solta-se da popa e, ao cair,
parecia que uma leve brisa a sustinha para não tocar o mar.
Eram as penas. Mudada em ave com penas, chama-se Ciris,
nome tirado do corte que fez no cabelo.

---

[5] Esposa de Minos e mãe do Minotauro.

Vota Ioui Minos taurorum corpora centum
soluit, ut egressus ratibus Curetida terram
contigit, et spoliis decorata est regia fixis.
creuerat obprobrium generis, foedumque patebat   155
matris adulterium monstri nouitate biformis;
destinat hunc Minos thalamo remouere pudorem
multiplicique domo caecisque includere tectis.
Daedalus ingenio fabrae celeberrimus artis
ponit opus turbatque notas et lumina flexa   160
ducit in errorem uariarum ambage uiarum.
non secus ac liquidus Phrygiis Maeandros in undis
ludit et ambiguo lapsu refluitque fluitque
occurrensque sibi uenturas aspicit undas
et nunc ad fontes, nunc ad mare uersus apertum   165
incertas exercet aquas, ita Daedalus implet
innumeras errore uias uixque ipse reuerti
ad limen potuit; tanta est fallacia tecti.
quo postquam geminam tauri iuuenisque figuram
clausit, et Actaeo bis pastum sanguine monstrum   170
tertia sors annis domuit repetita nouenis,
utque ope uirginea nullis iterata priorum
ianua difficilis filo est inuenta relecto,
protinus Aegides rapta Minoide Dian
uela dedit comitemque suam crudelis in illo   175
litore destituit; desertae et multa querenti
amplexus et opem Liber tulit, utque perenni
sidere clara foret, sumptam de fronte coronam
immisit caelo: tenues uolat illa per auras
dumque uolat gemmae nitidos uertuntur in ignes   180
consistuntque loco, specie remanente coronae,
qui medius Nixique genu est Anguemque tenentis.

[O Minotauro e Ariadne]

Com o sacrifício de cem touros, Minos satisfez os votos
feitos a Júpiter, logo que, depois de desembarcar,
chegou à terra dos Curetes e decorou seu palácio,
nele pendurando os despojos. O opróbrio da sua linhagem
havia crescido, e o hediondo adultério da mãe tornava-se evidente
na estranheza do monstro biforme. Minos decide afastar
do seu lar esta infâmia, encerrando-a num labirinto.
Dédalo, celebérrimo na arte da construção, encarrega-se da obra.
Emaranha os pontos de referência e ludibria a vista
com o voltear de caminhos sem conta. Assim como o frígio Meandro
brinca com suas límpidas águas e, no seu deslizar incerto,
flui e reflui e, correndo ao encontro de si mesmo,
contempla as águas que vem e força, ora em direção às fontes,
ora em direção ao mar aberto, suas águas incertas,
assim Dédalo enche de voltas os incontáveis caminhos,
de tal modo que, mesmo ele, teve dificuldade em retornar à entrada,
tal é, no palácio, a capacidade de engano.
Depois de aí encerrar a biforme figura de touro e jovem,
e de as terceiras vítimas do destino, em cada nove anos repetido,
haverem vencido o monstro por duas vezes alimentado
do sangue da Ática; e logo que, com a ajuda de uma donzela,
a difícil porta, que nunca ninguém cruzou duas vezes,
foi encontrada com o enrolar do fio,
logo o descendente de Egeu, levando consigo a filha de Minos,
dá à vela para Dia e, cruel, nessa praia abandona sua companheira.
É Líber quem socorre e ampara a abandonada queixosa,
que, para a tornar brilhante qual astro perene, lhe arrebata da fronte
a coroa que atira ao céu. Voa esta pelo ar transparente
e, enquanto vai, vertem-se suas pedras em estrelas brilhantes
que, mantendo a forma de coroa, se fixaram num ponto que está
a meio entre o deus que está de joelhos e o que sustém a serpente.

Livro VIII

Daedalus interea Creten longumque perosus
exilium tactusque soli natalis amore
clausus erat pelago. 'terras licet' inquit 'et undas   185
obstruat, et caelum certe patet; ibimus illac!
omnia possideat, non possidet aera Minos.'
dixit et ignotas animum dimittit in artes
naturamque nouat. nam ponit in ordine pennas,
[a minima coeptas, longam breuiore sequente,]   190
ut cliuo creuisse putes: sic rustica quondam
fistula disparibus paulatim surgit auenis.
tum lino medias et ceris alligat imas
atque ita compositas paruo curuamine flectit,
ut ueras imitetur aues. puer Icarus una   195
stabat et, ignarus sua se tractare pericla,
ore renidenti modo quas uaga mouerat aura
captabat plumas, flauam modo pollice ceram
mollibat lusuque suo mirabile patris
impediebat opus. postquam manus ultima coepto   200
imposita est, geminas opifex librauit in alas
ipse suum corpus motaque pependit in aura.
instruit et natum 'medio' que 'ut limite curras,
Icare' ait, 'moneo, ne, si demissior ibis,
unda grauet pennas, si celsior, ignis adurat.   205
inter utrumque uola, nec te spectare Booten
aut Helicen iubeo strictumque Orionis ensem;
me duce carpe uiam.' pariter praecepta uolandi
tradit et ignotas umeris accommodat alas.
inter opus monitusque genae maduere seniles,   210
et patriae tremuere manus. dedit oscula nato
non iterum repetenda suo pennisque leuatus
ante uolat comitique timet, uelut ales ab alto
quae teneram prolem produxit in aera nido,
hortaturque sequi damnosasque erudit artes   215

[Dédalo e Ícaro]

Entretanto Dédalo, saturado de Creta e do longo exílio
e mordido de saudade da terra natal, estava rodeado de mar.
"Embora Minos me barre o caminho por terra e por mar",
diz, "aberto fica-me o céu. É por aí que eu irei!
Seja de tudo senhor, não há de sê-lo do ar."
Depois de assim falar, entregou-se a artes desconhecidas
então e inova a natureza. Dispõe as penas em filas,
começando pelas mais pequenas, seguindo-se à mais curta
a mais comprida, de modo a parecer que crescem em declive
tal como vai crescendo com canas desiguais a flauta rústica.
Ata-as a meio com um fio, liga-as na base com cera
e, assim dispostas, flecte-as em suave curva
de modo a imitarem aves autênticas. Junto dele estava um jovem,
Ícaro, desconhecendo que dava forma a seus perigos.
De face risonha, ora tentava agarrar as penas,
que a passageira brisa agitava, ora com o polegar
amaciava a dourada cera, atrasando com suas brincadeiras
o labor do pai. Depois de dar à obra o último retoque,
o próprio artífice balanceou seu corpo em ambas as asas
e ficou suspenso no ar que agitava. Instruiu também o filho,
dizendo-lhe: "Aconselho-te, Ícaro, a que voes a meia altura,
não vá a água, se fores mais baixo, tornar-te as asas pesadas,
ou queimar-tas o fogo, se voares mais alto. Voa entre um
ponto e o outro. Não fixes o Boieiro, nem Hélice,
nem a espada desembainhada de Órion, aconselho-te.
Segue sempre atrás de mim." Enquanto lhe dá
as instruções de voo, adapta-lhe aos ombros as estranhas asas.
A meio da obra e das advertências, na velha face deslizaram lágrimas
e as paternas mãos tremeram. Deu a seu filho beijos
que não mais daria e, elevando-se com o bater das asas,
toma a dianteira do voo, temeroso pelo companheiro,
qual ave que do alto ninho lança no espaço o filho inexperiente,
exorta-o a segui-lo e dá-lhe instruções sobre a perniciosa arte.

[et mouet ipse suas et nati respicit alas.]
hos aliquis tremula dum captat harundine pisces
aut pastor baculo stiuaue innixus arator
uidit et obstipuit, quique aethera carpere possent
credidit esse deos. et iam Iunonia laeua   220
parte Samos (fuerant Delosque Parosque relictae),
dextra Lebinthos erat fecundaque melle Calymne,
cum puer audaci coepit gaudere uolatu
deseruitque ducem caelique cupidine tractus
altius egit iter. rapidi uicinia solis   225
mollit odoratas, pennarum uincula, ceras.
tabuerant cerae; nudos quatit ille lacertos,
remigioque carens non ullas percipit auras,
oraque caerulea patrium clamantia nomen
excipiuntur aqua, quae nomen traxit ab illo.   230
at pater infelix nec iam pater 'Icare' dixit,
'Icare' dixit, 'ubi es? qua te regione requiram?'
'Icare' dicebat: pennas aspexit in undis
deuouitque suas artes corpusque sepulcro
condidit; est tellus a nomine dicta sepulti.   235

   Hunc miseri tumulo ponentem corpora nati
garrula limoso prospexit ab elice perdix
et plausit pennis testataque gaudia cantu est,
unica tunc uolucris nec uisa prioribus annis
factaque nuper auis, longum tibi, Daedale, crimen. 240
namque huic tradiderat fatorum ignara docendam
progeniem germana suam, natalibus actis
bis puerum senis, animi ad praecepta capacis.
ille etiam medio spinas in pisce notatas
traxit in exemplum ferroque incidit acuto   245
perpetuos dentes et serrae repperit usum;

Enquanto se volta a olhar as do filho, bate ele suas asas.
O pescador que segurava a instável cana, ou o pastor
apoiado no cajado, ou o lavrador à rabiça do arado, ao vê-los,
ficam maravilhados e, uma vez que podiam sobrevoar os ares,
acreditaram que eles eram deuses. Tinham já Samos,
a ilha de Juno, à esquerda (para trás ficaram Delos e Paros),
tinham à direita Lebinto e Calimne, rica em mel,
quando o jovem começou a comprazer-se com a audácia do voo.
Abandonou o guia e, atraído pela voragem do céu,
buscou caminho mais alto. A proximidade do Sol
amolece a aromática cera que ligava as penas.
A cera começa a fundir-se. Ícaro bate os braços desnudos,
mas, sem o batimento das asas, não há ar
a que se prenda. A sua boca, que gritava o nome do pai,
é acolhida pelas azuladas águas que dele tomam o nome.
Seu infeliz pai, que já pai não é, clama:
"Ícaro! Ícaro! Onde estás? Onde posso procurar-te?
Ícaro!", gritava. Viu nas águas as penas,
amaldiçoou suas artes e deu à terra o corpo do filho.
Do nome do sepultado tirou essa terra o seu.

[Perdiz]

A Dédalo, que depositava o corpo do malogrado filho no sepulcro,
viu-o, do fundo de uma pantanosa vala, a loquaz perdiz.
Ave única da sua espécie e nunca vista em tempos idos, aplaudiu-o
com o bater das asas, com o canto deu testemunho da sua alegria.
Tornada ave recentemente, havia, Dédalo, de ser para ti
uma acusação perpétua. Efetivamente, ignorando o destino,
a irmã de Dédalo confiara-lhe o filho, jovem de doze anos
e de espírito pronto para aprender, para ser educado.
Tendo ele observado a espinha dorsal de um peixe,
logo a tomou para modelo e, no ferro afiado,
talhou uma fileira de dentes e inventou o uso da serra.

primus et ex uno duo ferrea bracchia nodo
uinxit ut aequali spatio distantibus illis
altera pars staret, pars altera duceret orbem.
Daedalus inuidit sacraque ex arce Mineruae   250
praecipitem misit lapsum mentitus; at illum
quae fauet ingeniis, excepit Pallas auemque
reddidit et medio uelauit in aere pennis.
sed uigor ingenii quondam uelocis in alas
inque pedes abiit; nomen, quod et ante, remansit.   255
non tamen haec alte uolucris sua corpora tollit
nec facit in ramis altoque cacumine nidos;
propter humum uolitat ponitque in saepibus oua
antiquique memor metuit sublimia casus.

Iamque fatigatum tellus Aetnaea tenebat   260
Daedalon et sumptis pro supplice Cocalus armis
mitis habebatur, iam lamentabile Athenae
pendere desierant Thesea laude tributum.
templa coronantur bellatricemque Mineruam
cum Ioue disque uocant aliis, quos sanguine uoto   265
muneribusque datis et acerris turis honorant.
   Sparserat Argolicas nomen uaga fama per urbes
Theseos, et populi quos diues Achaia cepit,
huius opem magnis implorauere periclis;
huius opem Calydon, quamuis Meleagron haberet,   270
sollicita supplex petiit prece. causa petendi
sus erat, infestae famulus uindexque Dianae.
Oenea namque ferunt pleni successibus anni
primitias frugum Cereri, sua uina Lyaeo,
Palladios flauae latices libasse Mineruae.   275

Foi também ele o primeiro que articulou dois braços de ferro
de modo a que, mantendo entre si distância igual,
permanecesse um deles estável e o outro definisse um círculo.[6]
Dédalo invejou-o e, havendo-o precipitado da cidadela
de Minerva, fez falsamente constar que havia caído.
Mas Palas, protetora do talento, susteve-o,
fez dele uma ave e, no ar, cobriu-o de penas.
O vigor do seu espírito, antes tão célere, transmitiu-se
às asas e às patas. O nome, manteve o que antes tinha.
Ave esta, contudo, que não eleva seu voo,
nem faz o ninho nos ramos nem nas alturas;
voa rente ao chão, põe os ovos nas sebes
e, por se lembrar da queda passada, receia as alturas.

[O javali de Cálidon]

Já a região do Etna havia acolhido o exausto Dédalo
e, tendo pegado em armas a favor do suplicante,
Cócalo passava por bondoso; já Atenas deixara de pagar
o terrível tributo, graças a Teseu. Os templos são adornados
com coroas, invoca-se a guerreira Minerva com Júpiter
e os outros deuses, a quem se honra com o sangue prometido,
oferendas e grande quantidade de incenso.
A errática fama espalhara pelas cidades da Argólida
o nome de Teseu e, no meio de seus grandes perigos,
os povos que a rica Acaia acolheu imploram o seu auxílio.
Embora tivesse Meléagro, Cálidon, suplicante, requer
com angustiada prece a sua ajuda. A razão desta súplica
estava num javali, executor das vinganças de Diana.
Diz-se que Eneu, por um ano de boas colheitas,
ofertara a Ceres as primícias dos cereais;
a Lieu,[7] seus vinhos; à loura Minerva, o licor de Palas.

---

[6] É uma referência à invenção do compasso.

[7] Um dos nomes de Dioniso.

coeptus ab agricolis superos peruenit ad omnes
ambitiosus honor; solas sine ture relictas
praeteritae cessasse ferunt Letoidos aras.
tangit et ira deos; 'at non impune feremus,
quaeque inhonoratae, non et dicemur inultae'   280
inquit et Olenios ultorem spreta per agros
misit aprum, quanto maiores herbida tauros
non habet Epiros, sed habent Sicula arua minores:
sanguine et igne micant oculi, riget horrida ceruix,
[et saetae similes rigidis hastilibus horrent: 285
stantque uelut uallum, uelut alta hastilia saetae.]
feruida cum rauco latos stridore per armos
spuma fluit, dentes aequantur dentibus Indis,
fulmen ab ore uenit, frondes afflatibus ardent.
is modo crescentes segetes proculcat in herba,   290
nunc matura metit fleturi uota coloni
et Cererem in spicis intercipit; area frustra
et frustra exspectant promissas horrea messes.
sternuntur grauidi longo cum palmite fetus
bacaque cum ramis semper frondentis oliuae.   295
saeuit et in pecudes; non has pastorue canisue,
non armenta truces possunt defendere tauri.

    Diffugiunt populi nec se nisi moenibus urbis
esse putant tutos, donec Meleagros et una
lecta manus iuuenum coiere cupidine laudis: 300
Tyndaridae gemini, spectandus caestibus alter,
alter equo, primaeque ratis molitor Iason

Começando pelas agrícolas, a ambicionada honra estendeu-se
a todas as divindades. Diz-se que, abandonados e sem incenso,
ficaram só os altares do filho da Latona, que ficou esquecido.
A cólera atinge também os deuses. "Não ficará impune", assevera.
"Poderão dizer que fiquei sem honras, sem vingança, não."
E, para vingar a ofensa, encaminha para os campos de Eneu
um javali. O viçoso Épiro não tem touros maiores
do que ele, e são menores os dos prados sicilianos.
Os olhos faíscam fogo e sangue, a medonha cerviz eriça-se
(semelhantes a duras estacas, eriçam-se as cerdas; erguem-se
qual paliçada, semelhantes às hastes de longas lanças);
com estridente grunhido, escorre-lhe pelas espáduas
férvida espuma; seus dentes assemelham-se aos do animal da Índia;
da boca salta-lhe um raio; o sopro das ventas queima as folhas.
Ora espezinha a seara verde, em erva ainda,
ora ceifa as esperanças maduras do lavrador, que irá chorar,
e destrói, nas espigas, o dom de Ceres. A eira espera em vão,
esperam em vão os celeiros pela prometida colheita.
São derrubadas as videiras de longo sarmento e as azeitonas,
em conjunto com os ramos da oliveira de folha perene. Também
se encarniça com os animais. A estes, nem o pastor, nem seus cães,
podem defender. Nem a manada defender podem os touros bravos.

[Meléagro]

As populações dispersam-se e só se julgam seguras
nas muralhas da cidade, até se lhes haverem junto
Meléagro e uma plêiade de jovens desejosos de glória:
os gêmeos, filhos de Tíndaro,[8] admirável um no manejo do cesto[9]
e o outro na equitação; Jasão, o construtor da primeira nau;[10]

---

[8] Castor e Pólux.

[9] Correia de couro guarnecida de bolas de chumbo ou ferro enrolada em volta
da mão e do braço e usada pelos pugilistas.

[10] A nau Argo.

et cum Pirithoo, felix concordia, Theseus,
et duo Thestiadae prolesque Aphareia, Lynceus
et uelox Idas et iam non femina Caeneus 305
Leucippusque ferox iaculoque insignis Acastus
Hippothousque Dryasque et cretus Amyntore Phoenix
Actoridaeque pares et missus ab Elide Phyleus.
nec Telamon aberat magnique creator Achillis
cumque Pheretiade et Hyanteo Iolao 310
impiger Eurytion et cursu inuictus Echion
Naryciusque Lelex Panopeusque Hyleusque feroxque
Hippasos et primis etiamnum Nestor in annis
et quos Hippocoon antiquis misit Amyclis
Penelopesque socer cum Parrhasio Ancaeo 315
Ampycidesque sagax et adhuc a coniuge tutus
Oeclides nemorisque decus Tegeaea Lycaei.
rasilis huic summam mordebat fibula uestem,
crinis erat simplex, nodum collectus in unum,
ex umero pendens resonabat eburnea laeuo 320
telorum custos, arcum quoque laeua tenebat.
talis erat cultus; facies, quam dicere uere
uirgineam in puero, puerilem in uirgine possis.
hanc pariter uidit, pariter Calydonius heros
optauit renuente deo flammasque latentes 325
hausit et 'o felix, si quem dignabitur' inquit
'ista uirum!' nec plura sinit tempusque pudorque
dicere; maius opus magni certaminis urget.

 Silua frequens trabibus, quam nulla ceciderat aetas,
incipit a plano deuexaque prospicit arua; 330

e, admirável harmonia entre amigos, Pirítoo e Teseu;
os dois filhos de Téstio; o filho de Afareu; Linceu
e o veloz Idas; Ceneu, que já não era mulher;[11]
o fero Leucipo, Acasto, notável no dardo,
Hipótoo e Drias; Fênix, filho de Amintor;
os filhos gêmeos de Actor, e Fileu, enviado da Élida.
Nem faltava Télamon, nem o pai do grande Aquiles.[12]
E, com o filho de Feres e Iolau de Hiante,
o infatigável Eurítion, e Equíon, infatigável na corrida,
e Lélege de Narícia, Panopeu, Hileu e o terrível
Hípaso; e Nestor, ainda na flor da idade;
e aqueles que Hipocoonte enviou de Amiclas;
o sogro de Penélope,[13] com Anceu de Parrásia;
o sagaz filho de Âmpix; o filho de Ecles, ainda a salvo da esposa;[14]
e a heroína de Tégea, a glória da floresta do Liceu.[15]
A esta abrochava-lhe a parte superior do vestido polido alfinete.
Era simples o penteado, apanhado num nó único;
pendente do ombro esquerdo, ressoava a aljava de marfim;
também a mão esquerda empunhava o arco.
Era este o seu trajar. Num jovem, a sua beleza poder-se-ia considerar
a de uma donzela; numa donzela, poderia ser a de um jovem.
Ao vê-la, e contra a vontade divina, logo a desejou
o herói de Cálidon. Devorado por um fogo oculto, sussurra:
"Oh!, feliz aquele a quem esta se dignar escolher para marido!"
Nem as circunstâncias, nem a honra lhe permitiram dizer
mais nada. Insta com ele tarefa maior, a da grande caçada.

Um bosque de espesso arvoredo que nenhuma idade havia cortado,
começa na planície e estende-se pelas encostas.

---

[11] Ver XII, 168 e seguintes.

[12] Peleu.

[13] Laertes.

[14] Anfiarau, guerreiro e adivinho, cunhado de Adrasto, casado com irmã deste, Erífile que, na disputa entre os cunhados, traiu o marido a favor do irmão.

[15] Atalanta, nascida em Tégea, na Arcádia.

Livro VIII

quo postquam uenere uiri, pars retia tendunt,
uincula pars adimunt canibus, pars pressa sequuntur
signa pedum, cupiuntque suum reperire periclum.
concaua uallis erat, quo se demittere riui
adsuerant pluuialis aquae; tenet ima lacunae   335
lenta salix uluaeque leues iuncique palustres
uiminaque et longa paruae sub harundine cannae.
hinc aper excitus medios uiolentus in hostes
fertur ut excussis elisi nubibus ignes.
sternitur incursu nemus et propulsa fragorem   340
silua dat; exclamant iuuenes praetentaque forti
tela tenent dextra lato uibrantia ferro.
ille ruit spargitque canes, ut quisque furenti
obstat, et obliquo latrantes dissipat ictu.
    Cuspis Echionio primum contorta lacerto   345
uana fuit truncoque dedit leue uulnus acerno.
proxima, si nimiis mittentis uiribus usa
non foret, in tergo uisa est haesura petito:
longius it; auctor teli Pagasaeus Iason.
'Phoebe' ait, Ampycides 'si te coluique coloque,   350
da mihi quod petitur certo contingere telo.'
qua potuit, precibus deus adnuit: ictus ab illo est,
sed sine uulnere, aper; ferrum Diana uolanti
abstulerat iaculo, lignum sine acumine uenit.
ira feri mota est, nec fulmine lenius arsit;   355
emicat ex oculis, spirat quoque pectore flamma,
utque uolat moles adducto concita neruo
cum petit aut muros aut plenas milite turres,
in iuuenes certo sic impete uulnificus sus
fertur et Hippalmon Pelagonaque dextra tuentes   360
cornua prosternit; socii rapuere iacentes.
at non letiferos effugit Enaesimus ictus
Hippocoonte satus; trepidantem et terga parantem
uertere succiso liquerunt poplite nerui.

Chegados ali os heróis, uns estendem as redes,
outros soltam as trelas dos cães, seguem outros os trilhos
das patas do animal, ansiosos por enfrentar o perigo próprio.
Havia um profundo vale onde habitualmente escorre
a torrente das águas da chuva. Povoavam-lhe o fundo
o flexível salgueiro, a ulva leve, o junco dos pântanos,
os vimes e as finas canas de longo caule.
Acossado, furioso, daí arremete o javali contra seus perseguidores
como das nuvens que se entrechocam salta o raio.
No assalto, fica o bosque devastado e a floresta ressoa
ao ser derrubada. Os jovens gritam. Com braço forte, sustêm
em riste os dardos cujo extenso ferro brilha. A fera investe,
dispersa os cães. À medida que cada um se opõe à sua fúria,
com golpe oblíquo, afugenta a ululante matilha.
    Foi inócua a lança primeiro brandida pelo braço de Equíon,
desferindo leve golpe no tronco de um ácer.
A segunda parecia ir cravar-se no dorso da besta, não fora ela
arremessada com força demais. Foi demasiado longe.
Foi Jasão de Págasa quem a arremessou. "Concede-me,
Febo", sussurra o filho de Âmpix, "se te venerei e te venero,
que atinja com o meu dardo o objetivo que busco."
O deus acedeu a seus rogos, na medida do possível. O javali
foi atingido por si, mas sem ser ferido. Diana havia tirado o ferro
ao dardo, enquanto voava. A haste chegou sem ponta.
A ira da fera foi excitada e não ardeu de modo mais suave que o raio.
Dos olhos saltam-lhe chamas, também se exalam do peito.
E, tal como, expelida pela corda tensa, a pedra voa quando
é arremessada contra muros ou torres pejadas de soldados,
assim se lança em certeiro assalto o mortífero javali.
E derruba Hipalmo e Pelagão, que guardavam a ala direita.
Estando estes prostrados, foram os companheiros que os socorreram.
Mas Enésimo, filho de Hipocoonte, não pôde furtar-se
ao golpe fatal. A tremer, preparava-se para a fuga, quando,
tendo os jarretes cortados, os músculos não lhe respondem.

forsitan et Pylius citra Troiana perisset   365
tempora, sed sumpto posita conamine ab hasta
arboris insiluit, quae stabat proxima, ramis
despexitque loco tutus quem fugerat hostem.
dentibus ille ferox in querno stipite tritis
imminet exitio fidensque recentibus armis   370
Eurytidae magni rostro femur hausit adunco.
  At gemini, nondum caelestia sidera, fratres,
ambo conspicui, niue candidioribus ambo
uectabantur equis, ambo uibrata per auras
hastarum tremulo quatiebant spicula motu.   375
uulnera fecissent, nisi saetiger inter opacas
nec iaculis isset nec equo loca peruia siluas.
persequitur Telamon studioque incautus eundi
pronus ab arborea cecidit radice retentus.
dum leuat hunc Peleus, celerem Tegeaea sagittam   380
imposuit neruo sinuatoque expulit arcu;
fixa sub aure feri summum destrinxit harundo
corpus et exiguo rubefecit sanguine saetas.
nec tamen illa sui successu laetior ictus
quam Meleagros erat; primus uidisse putatur   385
et primus sociis uisum ostendisse cruorem
et 'meritum' dixisse 'feres uirtutis honorem.'
erubuere uiri seque exhortantur et addunt
cum clamore animos iaciuntque sine ordine tela;
turba nocet iactis et quos petit impedit ictus.   390
ecce furens contra sua fata bipennifer Arcas
'discite femineis quid tela uirilia praestent,
o iuuenes, operique meo concedite,' dixit;
'ipsa suis licet hunc Latonia protegat armis,
inuita tamen hunc perimet mea dextra Diana.'   395

Também o herói de Pilos[16] poderia ter caído antes dos tempos
troianos, mas, apoiando-se na lança que firmara em terra,
saltou para os ramos de uma árvore que estava próxima
e, dali, olhou tranquilo o inimigo de que havia fugido.
Furioso, afiando os dentes no tronco de um carvalho, o animal
ameaça destruição. Confiado nas armas que ainda agora afiara,
trespassa com suas recurvas presas a perna do ilustre filho de Êurito.

Ora, os dois irmãos gêmeos, que ainda não eram astros celestes,
ambos notáveis, ambos montados em cavalos mais brancos
que a neve, agitavam ambos, em irregular movimento,
o ferro das lanças que brandiam no ar.
Tê-lo-iam ferido, se a fera, de cerdas eriçadas, não se tivesse refugiado
no opaco da floresta, em lugar inacessível a dardos e a cavalos.
Persegue-o Télamon. Mas, imprudente, na ânsia da perseguição,
cai de borco ao tropeçar na raiz de uma árvore.
Enquanto Peleu o levanta, a heroína de Tégea[17] leva ao arco
uma rápida seta. Curvando o arco, despede-a. Suspenso
abaixo da orelha da fera, o dardo tocou de leve a superfície
do corpo, tingindo de rubro as sedas com umas gotas de sangue.
Mas ela não ficou mais contente com o resultado do seu golpe
do que Meléagro. Parece haver sido ele o primeiro a ver
e o primeiro a mostrar a seus companheiros o sangue que vira,
e a dizer: "Terás o merecido prêmio do teu valor."
Os homens coraram. Incitam-se entre si e encorajam-se aos gritos.
Voam projéteis a esmo. A algazarra prejudica os lançamentos
e impede os golpes que busca. Armado com a machadinha de dois gumes,
enfurecido, grita então, ao invés do seu destino, o arcadiano:[18]
"Vede, amigos meus, quanto as armas de um homem levam
vantagem às de uma mulher. Deixai isto a meu cuidado.
Apesar de a própria filha da Latona o proteger com suas armas,
vai o meu braço destruí-lo, embora pese a Diana."

---

[16] Nestor.

[17] Atalanta.

[18] Anceu.

talia magniloquo tumidus memorauerat ore
ancipitemque manu tollens utraque securim
institerat digitis, primos suspensus in artus:
occupat audentem, quaque est uia proxima leto,
summa ferus geminos derexit ad inguina dentes.   400
concidit Ancaeus glomerataque sanguine multo
uiscera lapsa fluunt; madefacta est terra cruore.
ibat in aduersum proles Ixionis hostem
Pirithous, ualida quatiens uenabula dextra;
cui 'procul' Aegides 'o me mihi carior' inquit,   405
'pars animae consiste meae! licet eminus esse
fortibus; Ancaeo nocuit temeraria uirtus.'
dixit et aerata torsit graue cuspide cornum;
quo bene librato uotique potente futuro
obstitit aesculea frondosus ab arbore ramus.   410
misit et Aesonides iaculum, quod casus ab illo
uertit in immeriti fatum latrantis et inter
ilia coniectum tellure per ilia fixum est.
   At manus Oenidae uariat, missisque duabus
hasta prior terra, medio stetit altera tergo.   415
nec mora, dum saeuit, dum corpora uersat in orbem
stridentemque nouo spumam cum sanguine fundit,
uulneris auctor adest hostemque inritat ad iram
splendidaque aduersos uenabula condit in armos.
gaudia testantur socii clamore secundo   420
uictricemque petunt dextrae coniungere dextram,
immanemque ferum multa tellure iacentem
mirantes spectant neque adhuc contingere tutum
esse putant, sed tela tamen sua quisque cruentat.
ipse pede imposito caput exitiabile pressit   425
atque ita 'sume mei spolium, Nonacria, iuris'
dixit 'et in partem ueniat mea gloria tecum.'

Depois de tais despropósitos ter proferido orgulhosamente,
agarrando com ambas as mãos a machada de dois gumes,
erguera-se em bicos de pés, apoiado sobre os dedos.
A fera previne-lhe a ousadia e aponta-lhe ambas as presas
à parte superior da virilha, onde o caminho para a morte
é mais curto. Anceu rola e, de mistura com golfadas de sangue,
derramam-se no chão e espalham-se as suas entranhas.
A terra fica embebida de sangue. Contra o inimigo avança Pirítoo,
o filho de Ixíon, brandindo em sua poderosa destra o venábulo.
Grita-lhe o filho de Egeu: "Afasta-te, tu, que, para mim, és mais caro
do que eu! Para, ó metade da minha vida! Também de longe se pode
mostrar valentia. A Anceu foi fatal a temeridade do seu valor!"
Disse, e brandiu pesado dardo de corniso com ponta de bronze.
Bem direcionado, podendo atingir o objetivo,
interceptou-o o ramo de um frondoso carvalho.
Também o filho de Éson faz voar um dardo, que o acaso
desviou da fera, para desgraça de um inocente cão. Cravando-se-lhe
nas entranhas, trespassou-as e foi espetar-se na terra.
   Sorte diferente tem a mão do filho de Eneu.[19] Das duas lanças
arremessadas, a primeira cravou-se na terra. Em pleno dorso
cravou-se a outra. Logo, logo, enquanto se enfurece a fera,
enquanto faz rodar o corpo em círculo, lança grunhidos e espuma
de mistura com mais sangue, aproxima-se o autor da ferida,
assanha o adversário e, de frente para ele, afunda-lhe entre as espáduas
uma espada refulgente. É com brados de júbilo que os seus companheiros
exprimem a alegria. Procuram unir suas mãos com a mão do vencedor.
Olham admirados a enorme fera que, jazendo por terra,
ocupa uma grande extensão. E acham que ainda não é prudente
tocar-lhe, mas todos mancham no seu sangue a própria arma.
Meléagro, de pé sobre a funesta cabeça, pisa-a e diz:
"Aceita, donzela de Nonácris, o espólio que me pertence.
Que a minha glória seja partilhada contigo."

---

[19] Meléagro.

443   Livro VIII

protinus exuuias rigidis horrentia saetis
terga dat et magnis insignia dentibus ora.
illi laetitiae est cum munere muneris auctor;   430
inuidere alii totoque erat agmine murmur.
e quibus ingenti tendentes bracchia uoce
'pone age nec titulos intercipe femina nostros'
Thestiadae clamant, 'nec te fiducia formae
decipiat, ne sit longe tibi captus amore   435
auctor'; et huic adimunt munus, ius muneris illi.
non tulit et tumida frendens Mauortius ira
'discite, raptores alieni' dixit 'honoris,
facta minis quantum distent!' hausitque nefando
pectora Plexippi nil tale timentia ferro.   440
Toxea quid faciat dubium pariterque uolentem
ulcisci fratrem fraternaque fata timentem
haud patitur dubitare diu calidumque priori
caede recalfecit consorti sanguine telum.

Dona deum templis nato uictore ferebat,   445
cum uidet extinctos fratres Althaea referri.
quae plangore dato maestis clamoribus urbem
implet et auratis mutauit uestibus atras;
at simul est auctor necis editus, excidit omnis
luctus et a lacrimis in poenae uersus amorem est.   450
stipes erat quem, cum partus enixa iaceret
Thestias, in flammam triplices posuere sorores
staminaque impresso fatalia pollice nentes
'tempora' dixerunt 'eadem lignoque tibique,
o modo nate, damus.' quo postquam carmine dicto   455
excessere deae, flagrantem mater ab igne
eripuit ramum sparsitque liquentibus undis.

Em seguida, oferece-lhe como despojo a pele eriçada de cerdas
e a cabeça adornada com as grandes presas.
Ela encheu-se de alegria pelo presente e pelo autor do mesmo.
Os outros sentiram inveja e em todo o grupo havia murmúrio.
No meio deles, de braços estendidos, os filhos de Téstio clamam
com voz terrível: "Deixa isso, vamos, mulher! Não te assenhoreis
dos nossos troféus, não vá a confiança na tua beleza desiludir-te,
ou abandonar-te, tomado de amores, o seu autor!"
E retiram-lhe, a ela, o presente; a ele, o direito de presentear.
O filho de Marte não tolerou isso e, rangendo os dentes,
a explodir de cólera, grita: "Aprendei, ladrões da glória alheia,
a distância que vai entre fatos e ameaças." E mergulhou
o abominável ferro no peito de Plexipo, que isso não receava.
Não sabendo Toxeu que fazer, desejando ao mesmo tempo
vingar o irmão, mas receando destino igual, Meléagro
não lhe consente longa hesitação e de novo aquece as armas,
ainda quentes da primeira morte, no sangue do outro irmão.

[Alteia e a morte de Meléagro]

Alteia levava aos templos dos deuses oferendas
pela vitória do filho, quando vê chegar seus irmãos mortos.
Batendo no peito, faz atroar a cidade com seus gritos de dor
e troca os vestidos recamados a ouro por vestidos negros.
Mas, ao tomar conhecimento da identidade do assassino,
todo o luto foi esquecido, passando das lágrimas à ânsia de vingança.
Na altura em que a filha de Téstio repousava, depois de dar à luz,
havia um tronco que as três irmãs[20] puseram ao lume.
E enquanto, sob a pressão do polegar, fiavam os fios do destino,
afirmaram: "Concedemos-te, recém-nascido,
a ti e ao tronco, duração igual." Revelada a profecia,
as deusas partiram. A mãe retirou do lume
o tronco a arder e borrifou-o com água.

---

[20] As Parcas.

445   Livro VIII

ille diu fuerat penetralibus abditus imis
seruatusque tuos, iuuenis, seruauerat annos.
protulit hunc genetrix taedasque et fragmina poni   460
imperat et positis inimicos admouet ignes.
tum conata quater flammis imponere ramum
coepta quater tenuit; pugnat materque sororque
et diuersa trahunt unum duo nomina pectus.
saepe metu sceleris pallebant ora futuri,   465
saepe suum feruens oculis dabat ira ruborem,
et modo nescioquid similis crudele minanti
uultus erat, modo quem misereri credere posses;
cumque ferus lacrimas animi siccauerat ardor,
inueniebantur lacrimae tamen. utque carina   470
quam uentus uentoque rapit contrarius aestus,
uim geminam sentit paretque incerta duobus,
Thestias haud aliter dubiis adfectibus errat
inque uices ponit positamque resuscitat iram.
incipit esse tamen melior germana parente   475
et, consanguineas ut sanguine leniat umbras,
impietate pia est. nam postquam pestifer ignis
conualuit, 'rogus iste cremet mea uiscera' dixit
utque manu dira lignum fatale tenebat,
ante sepulcrales infelix adstitit aras   480
'poenarum' que 'deae triplices, furialibus' inquit,
'Eumenides, sacris uultus aduertite uestros.
ulciscor facioque nefas; mors morte pianda est,
in scelus addendum scelus est, in funera funus:
per coaceruatos pereat domus impia luctus.   485
an felix Oeneus nato uictore fruetur,
Thestius orbus erit? melius lugebitis ambo.
uos modo, fraterni manes animaeque recentes,
officium sentite meum magnoque paratas

Havia-se mantido guardado no mais recôndito da casa
e, preservado ele, preservara os anos do filho.
A mãe foi buscá-lo. Manda amontoar achas de pinho
e restos de madeira. Amontoados estes, lança-lhes o funesto fogo.
Por quatro vezes tenta lançar ao lume o tição,
por quatro vezes sustém a iniciativa. Lutam nela a mãe e a irmã,
e os dois títulos arrastam em sentidos opostos um coração único.
Ora empalidece com o pavor do crime que vai cometer,
ora o borbulhar da cólera transmite seu rubor aos olhos.
Tinha, umas vezes, feição igual à de quem ameaça
não sei que cruel ação; ser-se-ia, outras, levado a acreditar
na de quem se compadece. E, tendo-lhe o fero ardor da alma
secado as lágrimas, há, apesar disso, lágrimas ainda.
Assim como a embarcação que o vento arrebata
e arrebata a corrente marítima ao vento contrária
sofre o efeito de ambas as forças e, indecisa, a ambas obedece,
assim vaga a filha de Téstio entre sentimentos contrários.
Ora se esquece da cólera, ora esta se inflama, depois de esquecida.
Começa, porém, a ser melhor irmã do que mãe. E, para apaziguar
com sangue as sombras fraternas, torna-se piedosa por meio
da impiedade. De fato, quando o funesto fogo recobrou forças, clama:
"Que este fogo queime o fruto das minhas entranhas!"
E, segurando o tição fatal na bárbara mão, de pé, frente àquele
altar sepulcral, prossegue: "Deusas da vingança, Eumênides,
voltai as três vossa face para este sacrifício digno de vossas fúrias![21]
Vingo um crime e cometo outro! É com a morte que a morte
se há de vingar, somar-se a um crime outro crime, um a outro funeral!
Que esta ímpia casa pereça pela acumulação de dor!
Há de Eneu, feliz, desfrutar de seu filho vitorioso,
e Téstio ficar sozinho? É melhor que ambos choreis.
Experimentai vós agora, manes de meus irmãos, sombras recentes,
a minha homenagem e aceitai esta tão cara oferenda fúnebre,

---

[21] Meléagro violou as leis sagradas da família ao matar os tios. As Eumênides, protetoras dessas leis, exigiram seu castigo.

accipite inferias uteri mala pignora nostri.   490
ei mihi, quo rapior? fratres, ignoscite matri!
deficiunt ad coepta manus. meruisse fatemur
illum, cur pereat; mortis mihi displicet auctor.
ergo impune feret uiuusque et uictor et ipso
successu tumidus regnum Calydonis habebit,   495
uos cinis exiguus gelidaeque iacebitis umbrae?
haud equidem patiar; pereat sceleratus et ille
spemque patris regnumque trahat patriaeque ruinam.
mens ubi materna est? ubi sunt pia iura parentum
et quos sustinui bis mensum quinque labores?   500
o utinam primis arsisses ignibus infans,
idque ego passa forem! uixisti munere nostro,
nunc merito moriere tuo. cape praemia facti
bisque datam, primum partu, mox stipite rapto,
redde animam, uel me fraternis adde sepulcris.   505
et cupio et nequeo. quid agam? modo uulnera fratrum
ante oculos mihi sunt et tantae caedis imago,
nunc animum pietas maternaque nomina frangunt.
me miseram! male uincetis, sed uincite, fratres,
dummodo quae dedero uobis solacia uosque   510
ipsa sequar.' dixit dextraque auersa trementi
funereum torrem medios coniecit in ignes.
aut dedit aut uisus gemitus est ipse dedisse
stipes ut inuitis correptus ab ignibus arsit.

Inscius atque absens flamma Meleagros ab illa   515
uritur et caecis torreri uiscera sentit
ignibus ac magnos superat uirtute dolores.
quod tamen ignauo cadat et sine sanguine leto
maeret et Ancaei felicia uulnera dicit
grandaeuumque patrem fratresque piasque sorores   520
cum gemitu sociamque tori uocat ore supremo,
forsitan et matrem. crescunt ignisque dolorque
languescuntque iterum; simul est extinctus uterque,

o fruto das minhas entranhas! Ai de mim!
Para onde me arrasta a cólera? Irmãos, perdoai a uma mãe!
Não tenho mãos para este feito! Confesso que ele merece morrer,
mas confrange-me ser eu o agente dessa morte!
Ficará ele, então, impune, vivo e vitorioso,
e, ufano com o seu triunfo, reinará em Cálidon,
e vós, punhado de cinza, gélidas sombras, debaixo da terra?
Não. Não vou tolerá-lo. Que esse celerado morra e arraste consigo
a esperança do pai, o reino e a ruína da pátria! Onde está
a minha alma de mãe? Onde estão os piedosos cuidados parentais
e as canseiras durante duas vezes cinco meses por mim suportadas?
Oxalá tivesse ardido, criança ainda, com as primeiras chamas
e tivesse eu sofrido o mesmo! Foi graças a mim que tu viveste!
Agora, é por culpa tua que irás morrer. Recebe a recompensa da tua ação
e devolve a vida que duas vezes te dei, no parto, primeiro,
depois, no tição guardado, ou junta-me aos meus irmãos, no sepulcro.
Quero e não consigo! Que fazer? Ante mim tenho, umas vezes,
os golpes de meus irmãos e o quadro de tão grande carnificina;
outras, quebram-me a coragem, o afeto e a condição de mãe!
Infeliz de mim! Alcançareis triste vitória, mas triunfai, meus irmãos,
contanto que eu mesma vos siga! É a retribuição que vou
prestar-vos!" Disse, e desviando o olhar, com a mão a tremer,
arremessou para o meio do fogo o funesto tição.
Este ou soltou ou pareceu ter soltado um gemido.
Envolto nas chamas, foi ardendo com dificuldade.

Alheio ao que acontecia e dali ausente, Meléagro é queimado
por aquela chama. Sente as entranhas devoradas por um fogo
desconhecido, mas domina com coragem as insuportáveis dores.
Lamenta o fato de sucumbir a uma morte inútil e incruenta
e declara ditosas as feridas de Anceu. Entre gemidos,
as últimas palavras são para o seu velho pai, para os irmãos,
para as ternas irmãs, para a companheira de seu leito e, talvez,
também para a mãe. Crescem o fogo e a dor.
Voltam a esmorecer. Extinguem-se ambos ao mesmo tempo.

inque leues abiit paulatim spiritus auras
paulatim cana prunam uelante fauilla.   525

   Alta iacet Calydon; lugent iuuenesque senesque,
uulgusque proceresque gemunt, scissaeque capillos
planguntur matres Calydonides Eueninae.
puluere canitiem genitor uultusque seniles
foedat humi fusus spatiosumque increpat aeuum;   530
nam de matre manus diri sibi conscia facti
exegit poenas acto per uiscera ferro.
non, mihi si centum deus ora sonantia linguis
ingeniumque capax totumque Helicona dedisset,
tristia persequerer miserarum uota sororum.   535
immemores decoris liuentia pectora tundunt
dumque manet corpus, corpus refouentque fouentque.
oscula dant ipsi, posito dant oscula lecto;
post cinerem cineres haustos ad pectora pressant
adfusaeque iacent tumulo signataque saxo   540
nomina complexae lacrimas in nomina fundunt.
quas Porthaoniae tandem Latonia clade
exsatiata domus praeter Gorgenque nurumque
nobilis Alcmenae natis in corpore pennis
adleuat et longas per bracchia porrigit alas   545
corneaque ora facit uersasque per aera mittit.

   Interea Theseus sociati parte laboris
functus Erectheas Tritonidos ibat ad arces.
clausit iter fecitque moras Achelous eunti
imbre tumens: 'succede meis' ait, 'inclite, tectis,   550
Cecropide, nec te committe rapacibus undis.

O espírito esvai-se paulatinamente na brisa ligeira.
Paulatinamente cobre o tição uma cinza branca.

[As Meleágrides]

A alta Cálidon está mergulhada na dor. Choram os novos
e os velhos. Povo e nobres soluçam. De cabelos cortados,
junto ao Eveno, as mães de Cálidon choram e batem no peito.
Prostrado por terra, o pai cobre de cinzas as cãs,
tapa seu rosto de velho e maldiz a longa vida. A mãe,
consciente de seu ato criminoso, recebe das próprias mãos o castigo,
trespassando as entranhas com o ferro. Quanto a mim,
se um deus me houvesse dado cem bocas que vibrassem
com cem línguas, um gênio incomparável e o Hélicon inteiro,
eu não reproduziria os tristes lamentos de suas pobres irmãs.
Ignorando o decoro, batem em seus brancos peitos.
E, enquanto o corpo existe, afagam-no sem cessar.
Beijam o corpo e beijam o leito que o leva à pira.
Depois de ser cinza, estreitam ao peito as cinzas colhidas.
Jazem prostradas no túmulo e, abraçadas ao nome
gravado na pedra, regam o nome com lágrimas.
Por fim, confortada com a ruína da casa de Partáon,
a filha da Latona, tendo-lhes feito nascer penas no corpo,
eleva-as do chão, com exceção de Gorge e da nora da nobre Alcmena,
estende-lhes asas ao longo dos braços, muda-lhes em córneo bico
a face e, assim transformadas, manda-as através do espaço.

[Teseu em casa de Aqueloo]

Entretanto, Teseu, tendo cumprido a sua parte do comum
empreendimento, dirigia-se à cidadela de Erecteu e da Tritônia.
Barrou-lhe o caminho e atrasou-lhe a viagem o Aqueloo,
que transbordava por causa da chuva. "Ilustre descendente
de Cécrope", lhe diz, "entra nos meus aposentos, não te exponhas

ferre trabes solidas obliquaque uoluere magno
murmure saxa solent. uidi contermina ripae
cum gregibus stabula alta trahi; nec fortibus illic
profuit armentis nec equis uelocibus esse.   555
multa quoque hic torrens niuibus de monte solutis
corpora turbineo iuuenalia uertice mersit.
tutior est requies, solito dum flumina currant
limite, dum tenues capiat suus alueus undas.'
adnuit Aegides 'utor' que, 'Acheloe, domoque   560
consilioque tuo' respondit; et usus utroque est.
    Pumice multicauo nec leuibus atria tofis
structa subit; molli tellus erat umida musco,
summa lacunabant alterno murice conchae.
iamque duas lucis partes Hyperione menso   565
discubuere toris Theseus comitesque laborum;
hac Ixionides, illa Troezenius heros
parte Lelex, raris iam sparsus tempora canis,
quosque alios parili fuerat dignatus honore
amnis Acarnanum, laetissimus hospite tanto.   570
protinus appositas nudae uestigia nymphae
instruxere epulis mensas dapibusque remotis
in gemma posuere merum. tum maximus heros
aequora prospiciens oculis subiecta 'quis' inquit
'ille locus?' digitoque ostendit 'et insula nomen   575
quod gerit illa, doce; quamquam non una uidetur.'

amnis ad haec 'non est' inquit 'quod cernitis unum;
quinque iacent terrae; spatium discrimina fallit.
quoque minus spretae factum mirere Dianae,
Naides hae fuerant, quae cum bis quinque iuuencos   580
mactassent rurisque deos ad sacra uocassent,
immemores nostri festas duxere choreas.

à violência das águas. Costumam arrastar árvores inteiras
e fazer rolar com grande ruído as pedras que colhem no seu caminho.
Vi grandes estábulos das suas margens serem levados
com seus rebanhos. Ali, nada adiantou aos bois serem fortes,
nem aos cavalos, o serem velozes. Ao fundirem-se as neves
na montanha, esta torrente arrastou já no seu turbilhão
os corpos de muitos jovens. É mais seguro descansares
até que a corrente se atenue e retorne ao leito."
O filho de Egeu, assentindo, respondeu: "Servir-me-ei, Aqueloo,
da tua casa e do teu conselho." E de ambos se serviu.
    Entra num átrio construído da porosa pedra-pomes
e de tufo não polido. O chão, coberto de musgo, era úmido.
Adornavam o teto conchas que se alternavam com múrices.
Hiperíon havia feito já dois terços do percurso do seu dia.
Teseu e seus companheiros de trabalho puseram-se à mesa.
De um lado, o filho de Ixíon, do outro, o herói de Trezena,
Lélege, de têmporas já salpicadas com raras cãs,
e quantos o rio da Acarnânia, encantado com tão ilustre hóspede,
se dignara distinguir com semelhante honra.
Primeiro, as ninfas, descalças, serviram as iguarias
nas mesas postas à frente deles; depois, levantada a mesa,
serviram o vinho em recipientes de pedras preciosas.
Então o glorioso herói, olhando o mar que se espraiava
frente a seus olhos, pergunta: "Diz-me o nome
daquela ilha, ainda que não pareça uma só."

[As Equínades]

Responde-lhe o rio: "O que vês não é uma só ilha.
Ali estão cinco porções de terra. A distância disfarça os contornos.
Para que a atitude de Diana, ao ser desprezada, te surpreenda menos,
estas foram cinco Náiades. Havendo elas sacrificado
duas vezes cinco touros, convidaram para o banquete
os deuses do campo. Esquecidas de mim, dançaram festivamente.

intumui, quantusque feror cum plurimus umquam,
tantus eram pariterque animis immanis et undis
a siluis siluas et ab aruis arua reuelli,   585
cumque loco nymphas memores tum denique nostri
in freta prouolui. fluctus nosterque marisque
continuam diduxit humum partesque resoluit
in totidem, mediis quot cernis Echinadas undis.'

'Vt tamen ipse uides, procul en procul una recessit   590
insula, grata mihi; Perimelen nauita dicit.
huic ego uirgineum dilectae nomen ademi;
quod pater Hippodamas aegre tulit inque profundum
propulit e scopulo periturae corpora natae.
excepi nantemque ferens 'o proxima mundi   595
regna uagae' dixi 'sortite tridentifer undae,
[in quo desinimus, quot sacri currimus amnes,
huc ades atque audi placidus, Neptune, precantem.
huic ergo, quam porto, nocui. si mitis et aequus,
si pater Hippodamas, aut si minus impius esset,   600
debuit illius misereri, ignoscere nobis.   600a
cui quoniam tellus clausa est feritate paterna]   600b
adfer opem mersaeque, precor, feritate paterna
da, Neptune, locum — uel sit locus ipsa licebit.'
[hunc quoque complectar.' mouit caput aequoreus rex
concussitque suis omnes adsensibus undas.
extimuit nymphae, nabat tamen; ipse natantis   605
pectora tangebam trepido salientia motu.
dumque ea contrecto, totum durescere sensi
corpus et inductis condi praecordia terris.]
dum loquor, amplexa est artus noua terra natantes
et grauis increuit mutatis insula membris.'   610

454

Explodi de raiva. Avanço com um caudal tão grande
como nunca havia tido. Medonho na alma e nas águas,
aos bosques arranco bosques e arranco prados aos prados.
Com aquele lugar, arrasto para o mar as ninfas,
já então de mim lembradas. A minha corrente e a do mar
dividiram uma terra que era única, fazendo tantas partes
quantas as Equínades que vês no meio do mar."

[Perimele]

"Mas, como tu mesmo observas, há uma, que me é querida,
a quem o nauta chama Perimele, que se retirou para bem longe.
A essa, a quem amava, roubei eu a condição de virgem.
Indignado com o fato, seu pai, Hipodamante, do alto de um rochedo,
precipitou-a no abismo com a intenção de a matar. Recebi-a e,
sustendo-a enquanto nadava, clamei: "Ó deus do tridente, a quem
coube em sorte o segundo reino do universo, deus das águas instáveis
onde nos finamos todos os rios sagrados que fluímos, atende-me,
Netuno, e ouve propício a minha súplica. Esta que levo, eu lesei-a.
Se Hipodamante, seu pai, fosse terno e justo, ou fosse menos cruel,
devia ter-se apiedado dela e ter-me desculpado a mim.
Visto que a terra, por crueldade paterna, se fechou para ela,
concede, Netuno, peço-te, àquela a quem a crueldade paterna
precipitou nas águas, concede um lugar ou, se for possível,
que o lugar seja ela. A esse, abraçá-lo-ei também."
O senhor dos mares inclinou a cabeça e, com seu assentimento,
agitou as águas todas. A ninfa assustou-se, mas continuava a nadar.
Enquanto ela nadava, eu acariciava-lhe o peito,
que palpitava de trepidante emoção.
Enquanto lho acaricio, sinto que todo seu corpo enrijece
e que todo o seu seio se cobre com o acumular de terra.
Enquanto falo, nova terra envolve seus membros, que flutuam.
E dos membros transformados formou-se pesada ilha."

Amnis ab his tacuit. factum mirabile cunctos
mouerat; inridet credentes, utque deorum
spretor erat mentisque ferox, Ixione natus:
'ficta refers nimiumque putas, Acheloe, potentes
esse deos' dixit, 'si dant adimuntque figuras.'   615
obstipuere omnes nec talia dicta probarunt,
ante omnesque Lelex animo maturus et aeuo,
sic ait: 'immensa est finemque potentia caeli
non habet et quidquid superi uoluere peractum est
quoque minus dubites, tiliae contermina quercus   620
collibus est Phrygiis modico circumdata muro.
(ipse locum uidi, nam me Pelopeia Pittheus
misit in arua suo quondam regnata parenti.)
haud procul hinc stagnum est, tellus habitabilis olim,
nunc celebres mergis fulicisque palustribus undae.   625
Iuppiter huc specie mortali cumque parente
uenit Atlantiades positis caducifer alis.
mille domos adiere locum requiemque petentes,
mille domos clausere serae. tamen una recepit,
parua quidem stipulis et canna tecta palustri,   630
sed pia Baucis anus parilique aetate Philemon
illa sunt annis iuncti iuuenalibus, illa
consenuere casa paupertatemque fatendo
effecere leuem nec iniqua mente ferendo.
nec refert, dominos illic famulosne requiras: 635
tota domus duo sunt, idem parentque iubentque.
  'Ergo ubi caelicolae paruos tetigere Penates
summissoque humiles intrarunt uertice postes,
membra senex posito iussit releuare sedili,
cui superiniecit textum rude sedula Baucis.   640

[Filêmon e Báucis]

Depois destas palavras, o rio calou-se. Este fato espantoso
a todos tocara. O filho de Ixíon[22] escarnece da credulidade de todos
e, na sua soberba, visto que desprezava os deuses, adianta:
"São histórias, Aqueloo, aquilo que contas, e julgas que os deuses
são demasiado poderosos se dão e retiram as formas dos corpos."
Todos ficaram estupefatos e não aprovaram aquelas palavras.
E antes de todos, Lélege, prudente pelo espírito e pela idade,
diz o seguinte: "É imenso e não tem limite o poder do céu!
O que os deuses desejam, isso acontece. E, para teres
menos dúvidas, nas colinas da Frígia, contíguo a uma tília,
há um carvalho rodeado por um muro baixo.
Eu mesmo vi o lugar, pois Piteu mandou-me
aos campos de Pélops, governados antes por seu pai.
Não longe dali há um lago, terra habitável outrora,
hoje, terra conhecida de mergulhões e gaivotas lacustres.
Debaixo de aparência humana, chegou ali Júpiter.
O neto de Atlas, o deus do caduceu, havendo deposto as asas,
chega na companhia do pai. Buscando um lugar para repousar,
bateram a mil portas. Mil trancas fecharam mil portas.
Apenas uma os recebe. Pequena, é verdade, e coberta de palha
e do junco das ribeiras. Mas nela, piedosa anciã, Báucis,
e Filêmon, de idade igual, vivem unidos desde a juventude.
Nela envelheceram e, proclamando sua pobreza
e aceitando-a de bom grado, tornaram-na leve.
E de nada serve procurar ali senhor ou escravo.
Toda a casa são eles dois. Cumprem as ordens que dão.
    Quando, pois, os habitantes do céu chegaram àquele
modesto lugar e, inclinando-se, transpuseram a humilde
porta, o ancião oferece-lhes um banco que, pressurosa,
Báucis cobre com manta grosseira e convida-os a descansar.

---

[22] Pirítoo, condenado ao suplício eterno nos Infernos.

inque foco tepidum cinerem dimouit et ignes
suscitat hesternos foliisque et cortice sicco
nutrit et ad flammas anima producit anili,
multifidasque faces ramaliaque arida tecto
detulit et minuit paruoque admouit aeno,   645
quodque suus coniunx riguo collegerat horto
truncat holus foliis; furca leuat ille bicorni
sordida terga suis nigro pendentia tigno
seruatoque diu resecat de tergore partem
exiguam sectamque domat feruentibus undis.   650
interea medias fallunt sermonibus horas
sentirique moram prohibent. erat alueus illic
fagineus, dura clauo suspensus ab ansa;
is tepidis impletur aquis artusque fouendos   654
accipit. in medio torus est de mollibus uluis   655a
impositus lecto sponda pedibusque salignis;   656a
[concutiuntque torum de molli fluminis ulua   655
impositum lecto sponda pedibusque salignis;]   656
uestibus hunc uelant quas non nisi tempore festo
sternere consuerant, sed et haec uilisque uetusque
uestis erat, lecto non indignanda saligno.   659
accubuere dei. mensam succincta tremensque   660
ponit anus, mensae sed erat pes tertius impar;
testa parem fecit; quae postquam subdita cliuum
sustulit, aequatam mentae tersere uirentes.
ponitur hic bicolor sincerae baca Mineruae
conditaque in liquida corna autumnalia faece   665
intibaque et radix et lactis massa coacti
ouaque non acri leuiter uersata fauilla,
omnia fictilibus; post haec caelatus eodem
sistitur argento crater fabricataque fago
pocula, qua caua sunt, flauentibus inlita ceris.   670
parua mora est, epulasque foci misere calentes;
nec longae rursus referuntur uina senectae
dantque locum mensis paulum seducta secundis:

Depois, Báucis tira a cinza ainda morna, espevita o fogo
da véspera, que alimenta com folhas e cascas secas
e, com seu sopro de velha, ateia a chama.
Da moreia de lenha, tira cavacos rachados e ramagem seca,
que parte e põe à volta do pote de bronze.
Corta as folhas de uma couve que o marido
tinha trazido da horta. Com um garfo de dois dentes,
Filêmon tira do negro tirante, de onde pendia,
a peça fumada de um porco e dela, há tanto tempo guardada,
corta pequena porção, que coze em água a ferver.
Entretanto, conversando, enganam as horas de espera,
na esperança de que a demora não se faça sentir.
Havia lá uma celha, pendurada de um prego por tosca asa.
É cheia de água morna e mergulham nela os pés para os aliviarem.
No meio da casa, sobre um leito com estrutura
e pés de salgueiro, está um colchão de ulva fofa.
Sacodem o colchão de fofa ulva do rio posto
sobre o leito com estrutura e pés de salgueiro.
Lançam nele uma coberta que só em dias de festa
se costumava estender. Mas esta era também velha e simples
e não envergonhava o salgueiro do leito.
Sobre o leito recostam-se os deuses. Cingida e tremendo,
a anciã traz a mesa. Mas a mesa tinha mais curta uma das pernas.
Nivelou-as com um caco. Suprimida com o calço a inclinação,
assim nivelada, a mesa foi limpa com um ramo verde de hortelã.
Sobre ela põe as bagas pretas e verdes da casta Minerva,
pilritos-de-outono conservados em calda líquida,
endivas, rábanos, requeijão e ovos
revolvidos com presteza em cinza morna.
Tudo em pratos de barro. Põe depois uma cratera,
na mesma prata cinzelada, e copos feitos de faia,
interiormente revestidos com cera dourada.
Após curta espera, da lareira vêm as iguarias quentes.
Em seguida é trazido um vinho de não longa idade
que, logo retirado, deixa o espaço livre para a sobremesa.

459   Livro VIII

hic nux, hic mixta est rugosis carica palmis
prunaque et in patulis redolentia mala canistris   675
et de purpureis collectae uitibus uuae;
candidus in medio fauus est. super omnia uultus
accessere boni nec iners pauperque uoluntas.
   'Interea totiens haustum cratera repleri
sponte sua per seque uident succrescere uina;   680
attoniti nouitate pauent manibusque supinis
concipiunt Baucisque preces timidusque Philemon
et ueniam dapibus nullisque paratibus orant.
unicus anser erat, minimae custodia uillae,
quem dis hospitibus domini mactare parabant;   685
ille celer penna tardos aetate fatigat
eluditque diu tandemque est uisus ad ipsos
confugisse deos: superi uetuere necari
"di" que "sumus, meritasque luet uicinia poenas
impia" dixerunt; "uobis immunibus huius   690
esse mali dabitur. modo uestra relinquite tecta
ac nostros comitate gradus et in ardua montis
ite simul." parent ambo baculisque leuati   693
[ite simul." parent et dis praeeuntibus ambo   693a
membra leuant baculis tardique senilibus annis]   693b
nituntur longo uestigia ponere cliuo.   694
tantum aberant summo quantum semel ire sagitta   695
missa potest; flexere oculos et mersa palude
cetera prospiciunt, tantum sua tecta manere.
dumque ea mirantur, dum deflent fata suorum,
illa uetus dominis etiam casa parua duobus
uertitur in templum; furcas subiere columnae,   700
stramina flauescunt aurataque tecta uidentur
caelataeque fores adopertaque marmore tellus.
talia tum placido Saturnius edidit ore:
"dicite, iuste senex et femina coniuge iusto
digna, quid optetis." cum Baucide pauca locutus   705
iudicium superis aperit commune Philemon:

460

Aparece a noz, aparece o figo de mistura com a enrugada tâmara
e, em cestos largos, aparece a ameixa, a perfumada maçã
e uvas colhidas na purpúrea vide. No meio, está um
branco favo de mel. Acima de tudo, há rostos afáveis
e um acolhimento não pobre nem indiferente.
   Veem, entretanto, que a cratera, sempre que vazia,
se enche sozinha, e que o vinho sobe espontaneamente.
De mãos levantadas, Báucis e Filêmon, aterrorizados,
rezam e pedem perdão pela mesa simples.
Tinham apenas um ganso, guardião de sua humilde morada.
Preparam-se para o sacrificar aos divinos hóspedes.
Ele, veloz graças às asas, estafa-os a eles,
que são lentos em razão da idade, e troca-lhes as voltas.
Por fim, veem que se refugia junto dos próprios deuses.
Impedindo que ele fosse morto, os deuses disseram:
'Somos deuses. A vossa vizinhança
será castigada merecidamente por sua infidelidade.
A vós, ser-vos-á concedido fugir a este castigo.
Saí já de casa, segui nossos passos
e juntos subamos ao cimo do monte.'
Ambos obedecem e, presos aos cajados,
esforçam-se por avançar na longa subida.
Estavam tão longe do cimo como o espaço que uma seta
pode percorrer ao ser disparada. Olharam para trás
e viram que tudo estava submerso num pântano,
que só a sua casa se mantinha. Enquanto olham admirados,
enquanto choram a sorte dos seus vizinhos,
aquela velha casa, pequena até para seus dois donos,
muda-se num templo. Os esteios viram colunas,
o colmo vai-se tornando amarelo, o teto parece de ouro,
cinzeladas as portas, e o chão coberto a mármore.
Em tom amigável, diz, então, o filho de Saturno:
'Velho justo, e tu, mulher, esposa digna de um justo,
dizei-me o que desejais.' Depois de dialogar com Báucis,
Filêmon transmite aos deuses a decisão que tomaram:

"esse sacerdotes delubraque uestra tueri
poscimus, et quoniam concordes egimus annos,
auferat hora duos eadem, nec coniugis umquam
busta meae uideam neu sim tumulandus ab illa."   710
uota fides sequitur; templi tutela fuere,
donec uita data est. annis aeuoque soluti
ante gradus sacros cum starent forte locique
narrarent casus, frondere Philemona Baucis,
Baucida conspexit senior frondere Philemon.   715
iamque super geminos crescente cacumine uultus
mutua, dum licuit, reddebant dicta "uale" que
"o coniunx" dixere simul, simul abdita texit
ora frutex. ostendit adhuc Thyneius illic
incola de gemino uicinos corpore truncos.   720
haec mihi non uani (neque erat cur fallere uellent)
narrauere senes; equidem pendentia uidi
serta super ramos ponensque recentia dixi:
"cura deum di sint, et qui coluere coluntur."'

Desierat, cunctosque et res et mouerat auctor,   725
Thesea praecipue; quem facta audire uolentem
mira deum innixus cubito Calydonius amnis
talibus adloquitur: 'sunt, o fortissime, quorum
forma semel mota est et in hoc renouamine mansit;
sunt quibus in plures ius est transire figuras,   730
ut tibi, complexi terram maris incola, Proteu.
nam modo te iuuenem, modo te uidere leonem;
nunc uiolentus aper, nunc quem tetigisse timerent,
anguis eras; modo te faciebant cornua taurum;
saepe lapis poteras, arbor quoque saepe uideri,   735
interdum faciem liquidarum imitatus aquarum
flumen eras, interdum undis contrarius ignis.

'Ser sacerdotes e guardiães do vosso templo, é o que pedimos.
E, uma vez que vivemos a vida harmoniosamente,
que a mesma hora nos leve a ambos e que eu nunca veja
a tumba da minha mulher, nem ela me enterre a mim.'
Aos votos seguem-se os fatos. Foram os guardiães do templo,
enquanto a vida lhes foi concedida. Gastos pelos anos e pela longa vida,
encontravam-se um dia em frente aos degraus do templo e relatavam
a história do lugar, quando Báucis vê Filêmon cobrir-se de folhas,
e o velho Filêmon vê as folhas a cobrirem Báucis.
Já sobre a face de ambos se alargava a copa; enquanto podiam,
iam conversando. Disseram um ao outro simultaneamente:
'Adeus, meu amor!' E logo a casca lhes cobre e lhes esconde a face.
Ainda hoje o habitante da Bitínia mostra ali dois troncos vizinhos,
nascido cada um de seu corpo. Foi-me isto contado por anciãos
merecedores de fé (e não havia razão para quererem enganar-me).
Eu de fato vi, pendentes dos ramos, grinaldas de flores
e, pondo eu outras frescas, sussurrei: 'são deuses, por amor dos deuses,
e objeto de culto, eles que o culto prestavam.'"

[Erisícton]

   Acabara de falar. A todos, mas principalmente a Teseu,
tocaram matéria e autor. Desejando ele ouvir
os feitos admiráveis dos deuses, apoiado no cotovelo,
diz-lhe o rio Cálidon: "Há corpos, ó mais valente dos heróis,
cuja forma, uma vez mudada, se mantém no seu novo estado;
há outros que têm o privilégio de se mudar em figuras várias,
como tu, Proteu, habitante do mar que circunda a terra.
Ora te veem como rapaz, logo te veem como leão;
és hoje javali violento; amanhã, serpente
em que se teme tocar. Faziam-te os cornos touro;
podias, às vezes, figurar a pedra; outras, parecias árvore;
imitando a límpida face das águas, podias parecer um rio;
entretanto eras fogo, às águas contrário.

'Nec minus Autolyci coniunx, Erysicthone nata,
iuris habet; pater huius erat, qui numina diuum
sperneret et nullos aris adoleret odores. 740
ille etiam Cereale nemus uiolasse securi
dicitur et lucos ferro temerasse uetustos.
stabat in his ingens annoso robore quercus,
una nemus; uittae mediam memoresque tabellae
sertaque cingebant, uoti argumenta potentum. 745
saepe sub hac Dryades festas duxere choreas,
saepe etiam manibus nexis ex ordine trunci
circuiere modum, mensuraque roboris ulnas
quinque ter implebat, nec non et cetera tantum
silua sub hac, silua quantum fuit herba sub omni. 750
non tamen idcirco ferrum Triopeius illa
abstinuit famulosque iubet succidere sacrum
robur et, ut iussos cunctari uidit, ab uno
edidit haec rapta sceleratus uerba securi:
"non dilecta deae solum, sed et ipsa licebit 755
sit dea, iam tanget frondente cacumine terram."
dixit et, obliquos dum telum librat in ictus,
contremuit gemitumque dedit Deoia quercus,
et pariter frondes, pariter pallescere glandes
coepere ac longi pallorem ducere rami. 760
cuius ut in trunco fecit manus impia uulnus,
haud aliter fluxit discusso cortice sanguis
quam solet, ante aras ingens ubi uictima taurus
concidit, abrupta cruor e ceruice profundi.
obstipuere omnes aliquisque ex omnibus audet 765
deterrere nefas saeuamque inhibere bipennem;
aspicit hunc "mentis" que "piae cape praemia!" dixit
Thessalus inque uirum conuertit ab arbore ferrum
detruncatque caput repetitaque robora caedit.
redditus e medio sonus est cum robore talis: 770
"nympha sub hoc ego sum Cereri gratissima ligno,
quae tibi factorum poenas instare tuorum

E a esposa de Autólico, a filha de Erisícton, não tinha
menor privilégio. Seu pai era um homem capaz de desprezar
a divindade dos deuses e de em seus altares não queimar incenso.
Diz-se até que, de machada em punho, violara um bosque
consagrado a Ceres e profanara com o ferro as suas vetustas árvores.
Erguia-se entre estas, com a robustez de séculos,
um imponente carvalho, um bosque ele só. Rodeavam-no fitas,
tabuinhas votivas e grinaldas, testemunhos de votos cumpridos.
À sua sombra, muitas vezes, dançavam as Dríades
suas danças festivas. Muitas vezes também, de mãos dadas,
dançaram, em fila, à volta do tronco, cujo perímetro
somava três vezes cinco braças. As restantes árvores
distavam dele tanto quanto de todas elas distava a erva,
mas nem por isso o filho de Tríopas dela desviou o ferro.
Aos servos ordena que cortem o carvalho sagrado.
Ao vê-los hesitar, o sacrílego arranca a um deles
a machada que tinha e profere estas palavras:
'Seja ela a predileta da deusa, seja até a própria deusa,
com sua frondosa copa vai tocar a terra já.'
Disse, e ao brandir a arma num golpe lateral,
o carvalho de Deo estremeceu e soltou um gemido.
Bolotas e folhas, a um tempo, começaram a empalidecer,
e a invadir os longos ramos igual palidez.
Quando a ímpia mão lhe desferiu um golpe no tronco,
da casca fendida brotou sangue como da cerviz esmagada
de um enorme touro, quando tomba como vítima
em frente ao altar, costuma o sangue escorrer.
Todos foram tomados de espanto. Um deles ousou
impedir aquele sacrilégio e deter a cruel machadinha.
Fixando-o, o tessálio grita: 'Toma o prêmio
da tua alma piedosa.' E desvia o ferro da árvore para ele,
decapita-o e atinge o carvalho repetidas vezes.
Do interior da casca brotou então o lamento seguinte:
'Sob esta madeira estou eu, a ninfa predileta de Ceres,
que, ao morrer, te vaticino que o castigo dos teus feitos,

465

Livro VIII

uaticinor moriens, nostri solacia leti."
persequitur scelus ille suum, labefactaque tandem
ictibus innumeris adductaque funibus arbor 775
corruit et multam prostrauit pondere siluam.

'Attonitae Dryades damno nemorumque suoque
omnes germanae, Cererem cum uestibus atris
maerentes adeunt poenamque Erysicthonis orant.
adnuit his capitisque sui pulcherrima motu 780
concussit grauidis oneratos messibus agros
moliturque genus poenae miserabile, si non
ille suis esset nulli miserabilis actis,
pestifera lacerare Fame. quae quatenus ipsi
non adeunda deae est (neque enim Cereremque Famemque 785
fata coire sinunt), montani numinis unam
talibus agrestem compellat Oreada dictis:
"est locus extremis Scythiae glacialis in oris,
triste solum, sterilis sine fruge, sine arbore tellus.
Frigus iners illic habitant Pallorque Tremorque 790
et ieiuna Fames; ea se in praecordia condat
sacrilegi scelerata iube, nec copia rerum
uincat eam superetque meas certamine uires.
neue uiae spatium te terreat, accipe currus,
accipe quos frenis alte moderere, dracones," 795
et dedit; illa dato subuecta per aera curru
deuenit in Scythiam: rigidique cacumine montis
(Caucason appellant) serpentum colla leuauit,
quaesitamque Famem lapidoso uidit in agro
unguibus et raras uellentem dentibus herbas. 800
hirtus erat crinis, caua lumina, pallor in ore,
labra incana situ, scabrae rubigine fauces,
dura cutis, per quam spectari uiscera possent;
ossa sub incuruis exstabant arida lumbis,

alívio da minha morte, está iminente.'
Erisícton persevera no seu crime. Por fim, enfraquecida
por incontáveis golpes, puxada por uma corda, a árvore tomba
e arrasta com seu peso grande quantidade de árvores.

[A Fome]

Estupefatas com a sua perda e a perda da floresta,
as irmãs todas, vestidas de negro e a chorar, dirigem-se a Ceres
e reclamam o castigo de Erisícton. A deusa assentiu e, toda bela,
abala com o movimento da sua cabeça os campos cobertos
de gradas searas e imagina um gênero de castigo que seria
digno de comiseração, se, pelos seus atos, aquele não se houvesse
tornado indigno da comiseração de quem quer que seja,
a saber, atormentá-lo com a terrífica Fome. Visto que desta
nem a própria deusa deve aproximar-se (de fato,
os fados não consentem que Ceres e a Fome se encontrem),
dirige-se a uma divindade das montanhas, a rústica Oréades,
com estas palavras: 'Nos confins da Cítia há um lugar gelado,
desolado e triste, estéril, sem searas nem árvores.
Moram lá o Frio entorpecedor, a Palidez, o Medo e a mirrada Fome.
Manda que esta se instale nas criminosas entranhas
daquele sacrílego, a abundância de bens não a vença
e, na disputa, leve ela de vencida as minhas forças.
E, para que a extensão do caminho não te assuste, tens aqui o carro,
tens os meus dragões que, nas alturas, guiarás com freio.'
E entregou-lhos. Levada pelo espaço no carro que lhe fora entregue,
chega a ninfa à Cítia e, no cimo de um galado monte,
a que chamam Cáucaso, solta do jugo as serpentes
e vê a Fome, que busca, num campo pedregoso,
com as unhas e os dentes, as poucas ervas que há.
De cabelo hirsuto; olhos cavados; palidez na face;
lábios esbranquiçados pela inação; fauces cobertas de sarro;
endurecida a pele, através da qual podem ver-se as vísceras;
no lombo encurvado sobressaem os descarnados ossos;

uentris erat pro uentre locus; pendere putares 805
pectus et a spinae tantummodo crate teneri;
auxerat articulos macies genuumque tumebat
orbis et immodico prodibant tubere tali.
hanc procul ut uidit (neque enim est accedere iuxta
ausa), refert mandata deae paulumque morata, 810
quamquam aberat longe, quamquam modo uenerat illuc,
uisa tamen sensisse famem est retroque dracones
egit in Haemoniam uersis sublimis habenis.
  'Dicta Fames Cereris, quamuis contraria semper
illius est operi, peragit perque aera uento 815
ad iussam delata domum est et protinus intrat
sacrilegi thalamos altoque sopore solutum
(noctis enim tempus) geminis amplectitur ulnis,
seque uiro inspirat faucesque et pectus et ora
adflat et in uacuis spargit ieiunia uenis, 820
functaque mandato fecundum deserit orbem
inque domos inopes adsueta reuertitur arua.
lenis adhuc Somnus placidis Erysicthona pennis
mulcebat; petit ille dapes sub imagine somni,
oraque uana mouet dentemque in dente fatigat 825
exercetque cibo delusum guttur inani
proque epulis tenues nequiquam deuorat auras.
ut uero est expulsa quies, furit ardor edendi
perque auidas fauces incensaque uiscera regnat.
nec mora, quod pontus, quod terra, quod educat aer, 830
poscit et appositis queritur ieiunia mensis
inque epulis epulas quaerit; quodque urbibus esse
quodque satis poterat populo non sufficit uni,
plusque cupit, quo plura suam demittit in aluum.
utque fretum recipit de tota flumina terra 835
nec satiatur aquis peregrinosque ebibit amnes,
utque rapax ignis non umquam alimenta recusat
innumerasque faces cremat et, quo copia maior
est data, plura petit turbaque uoracior ipsa est,

468

em vez do ventre, há o lugar; o peito parece que pende,
apenas suspenso da espinha dorsal. A magreza aumentara
as articulações, a rótula dos joelhos estava inchada,
eram enormes as excrescências dos artelhos.
Ao vê-la de longe (não ousou, de fato, aproximar-se dela),
transmite-lhe as ordens da deusa. Demorando-se pouco,
apesar de se manter afastada e de ter acabado de chegar,
pareceu-lhe, mesmo assim, sentir fome. Puxa as rédeas
para cima e conduz os dragões de volta a Hemônia.
    Apesar de sempre se opor à ação de Ceres,
a Fome cumpre as suas ordens. Levada pelo vento
através do espaço até a casa que lhe fora indicada,
entra de pronto nos aposentos do sacrílego,
que está mergulhado em sono profundo (é de noite),
cerra-o entre seus braços, insufla-se nele, sopra-lhe a garganta,
o peito e a boca e, nas veias, esparge-lhe a fome.
Cumpridas as ordens, deixa o mundo da abundância
e retorna à casa da indigência, seu mundo habitual.
Com suas suaves asas, o doce sono ainda afagava Erisícton.
Sob o domínio do sono, ele procura que comer,
mexe as mandíbulas em vão, bate dente contra dente,
excita a garganta enganada por alimento imaginário
e, em vez de alimento, engole ele, sem proveito, fino ar.
Mas quando o repouso termina, a ânsia de comer, que em sua
insaciável garganta e em seu abrasado estômago reina, enlouquece-o.
Logo exige o que o mar produz, o que produzem a terra e o ar.
E, de mesa posta, queixa-se de fome e busca alimento
entre outro alimento. E o que bastaria a uma cidade,
o que a um povo podia bastar, não basta a um só.
E deseja mais do que o muito que manda para o estômago.
Como o mar recebe os rios da terra toda e não se farta de água,
e absorve os cursos de água vindos de longe;
como o fogo voraz nunca recusa alimento,
queima montões de madeira, e, quanto mais se lhe dá, mais pede,
mais sôfrego se tornando com a mesma quantidade,

Livro VIII

sic epulas omnes Erysicthonis ora profani 840
accipiunt poscuntque simul; cibus omnis in illo
causa cibi est, semperque locus fit inanis edendo.

'Iamque fame patrias altique uoragine uentris
attenuarat opes, sed inattenuata manebat
tum quoque dira fames implacataeque uigebat 845
flamma gulae. tandem, demisso in uiscera censu,
filia restabat, non illo digna parente.
hanc quoque uendit inops. dominum generosa recusat
et uicina suas tendens super aequora palmas
"eripe me domino, qui raptae praemia nobis 850
uirginitatis habes" ait. haec Neptunus habebat,
qui prece non spreta, quamuis modo uisa sequenti
esset ero, formamque nouat uultumque uirilem
induit et cultus piscem capientibus aptos.
hanc dominus spectans "o qui pendentia paruo 855
aera cibo celas, moderator harundinis" inquit,
"sic mare compositum, sic sit tibi piscis in unda
credulus et nullos nisi fixus sentiat hamos:
quae modo cum uili turbatis ueste capillis
litore in hoc steterat (nam stantem in litore uidi) 860
dic ubi sit; neque enim uestigia longius exstant."
illa dei munus bene cedere sensit et a se
se quaeri gaudens his est resecuta rogantem:
"quisquis es, ignoscas; in nullam lumina partem
gurgite ab hoc flexi studioque operatus inhaesi. 865
quoque minus dubites, sic has deus aequoris artes
adiuuet, ut nemo iamdudum litore in isto
me tamen excepto nec femina constitit ulla."
credidit et uerso dominus pede pressit harenam
el“lususque abiit; illi sua reddita forma est. 870
ast ubi habere suam transformia corpora sensit,

assim a boca do ímpio Erisícton recebe e, ao mesmo tempo,
reclama tudo que seja alimento. Nele, todo o alimento é motivo
para mais alimento. Comendo sempre, cria um espaço vazio.

[Mnestra]

Com a fome e a voracidade de seu fundo estômago,
havia reduzido já o seu patrimônio, mas ainda então
mantinha intocada a terrível fome, e a cruel gula conservava
toda a sua força. Por fim, devorados todos os seus bens,
restava-lhe a filha, que não merecia semelhante pai.
Na miséria, vende-a a ela também. De ascendência nobre,
ela recusa um dono. Estendendo as mãos para o mar vizinho, suplica:
'Tu, que deténs o prêmio de a virgindade me haveres roubado,
livra-me deste dono!' Era Netuno quem tinha esse prêmio.
E não rejeita a prece. Embora ainda agora vista pelo dono,
que a seguia, assume uma nova forma, reveste a feição
de um homem e a roupagem própria de quem vai pescar.
Pergunta-lhe o amo, olhando para ela: 'Ó pescador
que escondes os anzóis de cobre no pequeno isco,
seja-te o mar calmo, que nas águas tenhas crédulos peixinhos
e que só pressintam teus anzóis quando estiverem presos,
diz-me onde possa estar aquela que ainda agora estava aqui na praia,
de pobre vestida e despenteada, pois eu ainda agora a vi,
e as suas pegadas não seguem para a frente.'
Ela sentiu que o dom do deus resultara bem e, divertida por lhe
perguntarem a si por si mesma, responde à pergunta
nos seguintes termos: 'Desculpa, quem quer que tu sejas,
não desviei o olhar deste vasto mar para lado nenhum,
com a alma entregue ao que estou a fazer. E, para não teres dúvidas,
assim o deus do mar me ajude nos meus afazeres como ninguém,
nem mulher nenhuma, desde há muito, salvo eu, esteve aqui na praia.'
Seu dono acreditou nela e, dando meia volta, partiu enganado,
pisando a areia. A ela, foi-lhe restituída a forma. Mas quando o pai
se apercebeu de que sua filha tinha um corpo que se transformava,

saepe pater dominis Triopeida tradit, at illa
nunc equa, nunc ales, modo bos, modo ceruus abibat
praebebatque auido non iusta alimenta parenti.
uis tamen illa mali postquam consumpserat omnem 875
materiam deerantque graui noua pabula morbo,
ipse suos artus lacerans diuellere morsu
coepit et infelix minuendo corpus alebat.
　‘Quid moror externis? etiam mihi nempe nouandi est
corporis, o iuuenis, numero finita potestas. 880
nam modo qui nunc sum uideor, modo flector in anguem,
armenti modo dux uires in cornua sumo —
cornua, dum potui. nunc pars caret altera telo
frontis, ut ipse uides.’ gemitus sunt uerba secuti.

vendeu muitas vezes a donos diferentes a neta de Tríopas. E ela,
como égua agora, depois como ave, como boi, a seguir, como veado
depois, deixava-os e fornecia a seu ávido pai injusto alimento.
Mas depois de a violência daquele mal haver consumido tudo
quanto havia, e de deixar de haver alimento novo para a grave doença,
Erisícton começou a arrancar com ferozes dentadas os próprios membros
e, infeliz, alimentava o corpo à medida que o reduzia.

Mas por que me detenho no que aos outros respeita? Também eu,
jovens, tenho a possibilidade, se bem que reduzida, de mudar meu corpo.
Ora apareço como agora estou; ora me mudo em cobra; ora, chefe
da manada, nos cornos tenho a coragem... nos cornos, enquanto pude!
Como tu próprio vês, agora um dos lados da minha fronte
está desarmado." Os soluços deram continuidade às palavras.

Liber Nonus

Quae gemitus truncaeque deo Neptunius heros
causa rogat frontis; cui sic Calydonius amnis
coepit, inornatos redimitus harundine crines:
'Triste petis munus. quis enim sua proelia uictus
commemorare uelit? referam tamen ordine, nec tam   5
turpe fuit uinci quam contendisse decorum est,
magnaque dat nobis tantus solacia uictor.
nomine si qua suo fando peruenit ad aures
Deianira tuas, quondam pulcherrima uirgo
multorumque fuit spes inuidiosa procorum.   10
cum quibus ut soceri domus est intrata petiti,
"accipe me generum" dixi, "Porthaone nate."
dixit et Alcides: alii cessere duobus.
ille Iouem socerum dare se famamque laborum,
et superata suae referebat iussa nouercae.   15
contra ego "turpe deum mortali cedere" dixi
(nondum erat ille deus); "dominum me cernis aquarum
cursibus obliquis inter tua regna fluentum.
nec gener externis hospes tibi missus ab oris
sed popularis ero et rerum pars una tuarum.   20
tantum ne noceat quod me nec regia Iuno
odit et omnis abest iussorum poena laborum.
nam, quo te iactas, Alcmena nate, creatum,
Iuppiter aut falsus pater est aut crimine uerus.

Livro IX

[Aqueloo e Hércules]

O herói, filho de Netuno, pergunta ao deus pelos gemidos
e por sua fronte mutilada. Cabelos em desalinho e rodeados
por canas, o rio de Cálidon começa a responder-lhe assim:
"É desagradável aquilo que me pedes. Quem, de fato,
gosta de recordar os combates em que foi vencido?
Apesar disso, vou contar-to ordenadamente. E ser vencido
não foi tão vergonhoso quanto foi honroso haver lutado.
E vencedor tão ilustre enche-me de orgulho. Se acaso ouviste
pronunciar o nome Dejanira, foi, no passado, jovem belíssima,
a esperança de muitos pretendentes rivais. Quando, com eles,
cheguei à casa daquele que pretendíamos para sogro,
eu declarei: 'Filho de Partáon, aceita-me como genro.'
O mesmo pediu Alcides.[1] Perante nós, os outros desistiram.
Ele protestava dar Júpiter por sogro, a glória dos seus trabalhos
e a satisfação das incumbências de sua madrasta.
Eu repliquei: 'Vergonhoso seria que um deus cedesse
perante um mortal (Alcides ainda não era deus). Em mim vês
o deus das águas que correm pelo teu reino em sinuoso leito.
Não serei para ti um genro estranho, enviado de terras distantes,
mas serei do teu povo, uma parte dos teus domínios,
desde que não me prejudique o fato de Juno, a rainha dos deuses,
não me odiar e estar isento de todo o castigo de trabalhos impostos.
Pois, ou Júpiter, ó filho de Alcmena, de quem te glorias de ser filho,
é falsamente teu pai, ou é verdadeiro o crime.

---

[1] Hércules (Alcides) e Aqueloo pedem a mão de Dejanira a Eneu.

matris adulterio patrem petis; elige, fictum 25
esse Iouem malis an te per dedecus ortum."
talia dicentem iamdudum lumine toruo
spectat et accensae non fortiter imperat irae
uerbaque tot reddit: "melior mihi dextera lingua.
dummodo pugnando superem, tu uince loquendo" 30
congrediturque ferox. puduit modo magna locutum
cedere; reieci uiridem de corpore uestem
bracchiaque opposui tenuique a pectore uaras
in statione manus et pugnae membra paraui.

'Ille cauis hausto spargit me puluere palmis 35
inque uicem fuluae tactu flauescit harenae;
et modo ceruicem, modo crura, micantia captat,
aut captare putes, omnique a parte lacessit.
me mea defendit grauitas frustraque petebar,
haud secus ac moles, quam magno murmure fluctus 40
oppugnant; manet illa suoque est pondere tuta.
digredimur paulum rursusque ad bella coimus
inque gradu stetimus certi non cedere; eratque
cum pede pes iunctus, totoque ego pectore pronus
et digitos digitis et frontem fronte premebam. 45
non aliter uidi fortes concurrere tauros,
cum pretium pugnae toto nitidissima saltu
expetitur coniunx; spectant armenta pauentque
nescia quem maneat tanti uictoria regni.
ter sine profectu uoluit nitentia contra 50
reicere Alcides a se mea pectora; quarto
excutit amplexus adductaque bracchia soluit
impulsumque manu (certum est mihi uera fateri)
protinus auertit tergoque onerosus inhaesit.
si qua fides (neque enim ficta mihi gloria uoce 55
quaeritur), imposito pressus mihi monte uidebar.
uix tamen inserui sudore fluentia multo
bracchia, uix solui duros a corpore nexus;
instat anhelanti prohibetque resumere uires

Reclamas um pai com o adultério de tua mãe. Escolhe,
preferes Júpiter por pai presuntivo, ou preferes ser fruto da desonra?'
Enquanto falo, fita-me com olhar ameaçador
e, sem controlar a ira desencadeada, responde o seguinte:
'No que me toca, tem mais valor o meu braço
que a minha língua', e avança contra mim com ar feroz.
Tendo eu dito tais coisas, era vergonha ceder.
Arremessei do corpo a veste verde, estendi os braços,
pus-me em guarda, com os punhos cerrados
frente ao peito, e preparei-me para a luta.

Ele esparge-me com a poeira que apanhara com as mãos em concha
e, por sua vez, fica de cor amarela, no contato com a areia dourada.
Ora me agarra, ou parece agarrar-me, pelo pescoço,
ora pelas pernas, que lhe escapam, e ataca por todo o lado.
O meu peso me defende e sou acometido em vão,
tal como a rocha que as ondas batem com grande fragor
e fica estável, protegida pelo próprio peso.
Separados por instantes, voltamos novamente à luta.
Mantivemo-nos firmes no mesmo lugar, decididos a não ceder.
Eu, com fé, com todo o meu tronco inclinado para a frente,
esmago-lhe os dedos com os meus dedos e a fronte com a minha fronte.
Não é diferente o modo como vi os grandes touros lutarem,
quando o prêmio da luta é a vaca mais bela
de toda a pastagem. A manada observa receosa,
sem saber a qual deles espera a vitória de tão glorioso reinado.
Por três vezes Alcides pretendeu, em vão,
afastar de si o meu peito esmagado contra o seu. À quarta,
liberta-se do aperto em que estava, soltando os meus braços,
que o envolviam e, com um murro (é imperioso que eu diga a verdade),
volta-se de repente e fila-me pelas costas com todo o seu peso.
Se acreditas em mim (de fato não procuro a fama com a mentira),
parecia esmagado por uma montanha que estava em cima de mim.
Consegui, contudo, introduzir entre nós os braços,
que escorriam suor, consegui afrouxar o terrível nó
que me envolvia o corpo. Eu estava ofegante. Ele insiste,

477   Livro IX

et ceruice mea potitur. tum denique tellus 60
pressa genu nostro est, et harenas ore momordi.
  'Inferior uirtute meas deuertor ad artes
elaborque uiro longum formatus in anguem.
qui postquam flexos sinuaui corpus in orbes
cumque fero moui linguam stridore bisulcam, 65
risit et inludens nostras Tirynthius artes
"cunarum labor est angues superare mearum"
dixit, "et ut uincas alios, Acheloe, dracones,
pars quota Lernaeae serpens eris unus echidnae?
uulneribus fecunda suis erat illa, nec ullum 70
de comitum numero caput est impune recisum,
quin gemino ceruix herede ualentior esset.
hanc ego ramosam natis e caede colubris
crescentemque malo domui domitamque †reduxi†.
quid fore te credis, falsum qui uersus in anguem 75
arma aliena moues, quem forma precaria celat?"
dixerat et summo digitorum uincula collo
inicit; angebar ceu guttura forcipe pressus
pollicibusque meas pugnabam euellere fauces.
sic quoque deuicto restabat tertia tauri 80
forma trucis; tauro mutatus membra rebello.
induit ille toris a laeua parte lacertos
admissumque trahens sequitur depressaque dura
cornua figit humo meque alta sternit harena.
nec satis hoc fuerat; rigidum fera dextera cornu, 85
dum tenet, infregit truncaque a fronte reuellit.
Naides hoc pomis et odoro flore repletum
sacrarunt, diuesque meo Bona Copia cornu est.'
  Dixerat, et nymphe ritu succincta Dianae,
una ministrarum, fusis utrimque capillis, 90
incessit totumque tulit praediuite cornu
autumnum et mensas, felicia poma, secundas.
lux subit et primo feriente cacumina sole
discedunt iuuenes; neque enim dum flumina pacem

impede-me de recuperar forças e prende-me pelo pescoço.
Por fim, vou de joelhos ao chão e mordo a terra com a boca.

   Inferior em poder, recorro às minhas artes e escapo-lhe,
transformando-me em longa serpente.
Depois de recurvar meu corpo em ondulantes anéis
e de fazer vibrar minha bífida língua num silvo terrífico,
o herói de Tirinte riu-se e, escarnecendo dos meus artifícios, diz-me:
'Dominar cobras, Aqueloo, é obra minha desde o berço.
E, embora tu superes as outras serpentes, que parte representarás tu,
sendo serpente única, da hidra de Lerna? Esta reproduzia-se
a partir das feridas, e nenhuma de quantas cabeças tinhas
foi impunemente cortada sem que a sua cerviz se robustecesse
com outras duas. A essa, que formava corpo com as cabeças nascidas
de cada corte e que com cada ferida se multiplicava, dominei-a eu
e, depois de dominada, exterminei-a. Que pensas que te irá acontecer,
a ti que, mudado em falsa serpente, manejas armas alheias
a quem esconde uma forma tomada de empréstimo?'
Acabando de falar, lança-me a mão à parte superior do pescoço.
Sufocava como se estivesse a ser estrangulado com uma tenaz
e debatia-me para, de seus dedos, libertar a garganta.
Vencido também sob esta forma, restava-me a terceira,
a de um bravo touro. Mudado em touro, retorno à luta.
Ele enlaça-me a cabeça pelo lado esquerdo e, arrastando eu o intruso,
ele segue-me. Rebaixando-me os cornos, crava-mos na terra dura
e estende-me sobre a areia. Mas isto não lhe bastava.
Agarrando com sua mão brutal um dos meus cornos, parte-o
e arranca-mo da fronte, que ficou mutilada. Enchendo-o de frutos
e de perfumadas flores, as Náiades consagraram-no aos deuses.
É graças ao meu corno que a benfazeja Abundância é rica."

   Acabando ele de falar, uma das ninfas que o serviam
cingida ao modo de Diana, cabelo solto de ambos os lados,
avança, trazendo no opulento corno, para a sobremesa,
o outono completo na delícia dos frutos.
O dia rompe e, quando os primeiros raios de sol ferem
os picos dos montes, os jovens partem sem esperar que os rios

et placidos habeant lapsus totaeque residant 95
opperiuntur aquae. uultus Achelous agrestes
et lacerum cornu mediis caput abdidit undis.

Huic tamen ablati doluit iactura decoris,
cetera sospes habet; capitis quoque fronde saligna
aut superimposita celatur harundine damnum. 100
at te, Nesse ferox, eiusdem uirginis ardor
perdiderat uolucri traiectum terga sagitta.
namque noua repetens patrios cum coniuge muros
uenerat Eueni rapidas Ioue natus ad undas.
uberior solito nimbis hiemalibus auctus 105
uerticibusque frequens erat atque imperuius amnis.
intrepidum pro se, curam de coniuge agentem
Nessus adit membrisque ualens scitusque uadorum
'officio' que 'meo ripa sistetur in illa
haec' ait, 'Alcide; tu uiribus utere nando.' 110
[pallentemque metu fluuiumque ipsumque timentem]
tradidit Aonius pauidam Calydonida Nesso;
mox, ut erat, pharetraque grauis spolioque leonis
(nam clauam et curuos trans ripam miserat arcus)
'quandoquidem coepi, superentur flumina' dixit; 115
nec dubitat nec qua sit clementissimus amnis
quaerit et obsequio deferri spernit aquarum.
iamque tenens ripam, missos cum tolleret arcus,
coniugis agnouit uocem Nessoque paranti
fallere depositum 'quo te fiducia' clamat 120
'uana pedum, uiolente, rapit? tibi, Nesse biformis,
dicimus; exaudi, nec res intercipe nostras.
si te nulla mei reuerentia mouit, at orbes
concubitus uetitos poterant inhibere paterni.
haud tamen effugies, quamuis ope fidis equina; 125
uulnere, non pedibus te consequar.' ultima dicta

480

tenham recobrado a calma e seu tranquilo fluir, e as águas
de todo retomem seu leito. Aqueloo afunda no meio das águas
sua rude face e a fronte a que fora arrancado o corno.

[Hércules, Nesso e Dejanira]

A este, enfim, penalizou-o a perda do ornamento
que lhe fora arrancado, conservando tudo o mais intacto.
E até dissimula a lesão, cobrindo a cabeça com um ramo de salgueiro
ou umas canas. Mas a ti, violento Nesso, perdeu-te a paixão
pela mesma jovem, ao trespassar-te o dorso uma veloz seta.
Efetivamente, de regresso aos pátrios muros com a nova esposa,
o filho de Júpiter tinha chegado junto à torrente do Eveno.
Mais caudaloso que o habitual, engrossado com as chuvas de inverno,
o rio formava frequentes remoinhos e apresentava-se intransponível.
Por si, nada temia o herói, mas estava preocupado com a esposa.
De corpo robusto e conhecedor dos vaus, Nesso abeira-se de Alcides
e diz-lhe: "Esta será posta na outra margem à minha
responsabilidade. Quanto a ti, serve-te de tuas forças e nada."
Pálida de medo, assustada com o rio e com o barqueiro,
o Aônio confia a Nesso a apavorada filha de Cálidon.
E logo, tal como estava, carregado com a aljava e a pele do leão
(a clava e seu curvo arco havia-os atirado para a outra margem)
proclama: "Uma vez que já comecei, sejam vencidos os rios!"
E nem hesita, nem quer saber por onde a corrente é mais calma,
nem aceita deixar-se ir ao sabor das águas.
Chegado à outra margem, quando pegava no arco que havia atirado,
reconhece a voz da esposa e grita para Nesso, que se preparava
para violar o depósito que confiado lhe fora: "Para onde te conduz,
desalmado, a louca confiança em teus pés? É a ti, Nesso biforme,
que eu me dirijo. Ouve, e não ouses roubar o que me pertence!
Se não te move a mínima consideração por mim,
talvez que a rocha de teu pai possa dissuadir-te de uniões proibidas.
Não escaparás, ainda que confies na tua capacidade equina.
É com um golpe, e não com os pés, que hei de alcançar-te."

re probat et missa fugientia terga sagitta
traicit; exstabat ferrum de pectore aduncum.
quod simul euulsum est, sanguis per utrumque foramen
emicuit, mixtus Lernaei tabe ueneni.   130
excipit hunc Nessus 'neque enim moriemur inulti'
secum ait et calido uelamina tincta cruore
dat munus raptae uelut inritamen amoris.

   Longa fuit medii mora temporis, actaque magni
Herculis implerant terras odiumque nouercae.   135
uictor ab Oechalia Cenaeo sacra parabat
uota Ioui, cum Fama loquax praecessit ad aures,
Deianira, tuas, quae ueris addere falsa
gaudet et e minimo sua per mendacia crescit,
Amphitryoniaden Ioles ardore teneri.   140
credit amans Venerisque nouae perterrita fama
indulsit primo lacrimis flendoque dolorem
diffudit miseranda suum; mox deinde 'quid autem
flemus?' ait 'paelex lacrimis laetabitur istis.   144
quae quoniam adueniet, properandum aliquidque nouandum est,
dum licet et nondum thalamos tenet altera nostros.
[conquerar an sileam? repetam Calydona morerne?
excedam tectis an, si nihil amplius, obstem?]
quid si me, Meleagre, tuam memor esse sororem
forte paro facinus, quantumque iniuria possit   150
femineusque dolor, iugulata paelice testor?'
   In cursus animus uarios abit: omnibus illis
praetulit inbutam Nesseo sanguine uestem
mittere, quae uires defecto reddat amori.
ignaroque Lichae quid tradat nescia luctus   155
ipsa suos tradit blandisque miserrima uerbis
dona det illa uiro mandat. capit inscius heros
induiturque umeris Lernaeae uirus echidnae.

482

As suas últimas palavras são confirmadas pelos fatos,
e uma seta disparada trespassa-lhe o dorso, ao fugir.
O recurvo ferro deixava-se ver a sair do peito. Ao ser arrancado,
dos dois buracos esguichou sangue misturado à peçonha do veneno
de Lerna. Nesso recolhe-o e desabafa para consigo: "Não hei de morrer
sem vingança." E dá, como elixir de amor, àquela que havia raptado,
a sua túnica embebida no sangue ainda quente.

[A morte de Hércules]

Foi longo o lapso de tempo decorrido e os feitos do grande Hércules
tinham enchido a terra e saciado o ódio de sua madrasta.
Retornava vitorioso da Ecália e preparava a Júpiter Ceneu
os sacrifícios prometidos, quando a Fama de cem bocas,
que sente prazer em misturar mentira à verdade e, por sua mentira,
se desenvolve a partir de indícios, se lhe antecipa, Dejanira,
e a teus ouvidos trouxe a nova de que o filho de Anfitríon
estava preso dos amores de Iole. Porque o amava, acreditou.
Apavorada com a notícia da nova paixão, primeiro,
entrega-se às lágrimas a infeliz e, no choro, alivia a dor.
Logo a seguir, desabafa: "Chorar, por quê? A outra iria ficar feliz
com as minhas lágrimas. Uma vez que ele vai chegar,
há que andar depressa e imaginar qualquer coisa enquanto é tempo
e ela não ocupa ainda o meu lugar na cama. Hei de chorar ou calar-me?
Retornar a Cálidon ou ficar? Sair de casa ou, no mínimo, resistir?
Além disso, Meléagro, se, lembrada de que sou tua irmã,
eu preparar com ousadia um golpe e mostrar, degolando a minha rival,
de quanto são capazes o agravo e a dor de uma mulher?"
O seu espírito planeia as mais diversas saídas. Dentre todas,
escolhe remeter-lhe a túnica impregnada com o sangue de Nesso
para revigorar o seu esfriado amor. Sem suspeitar do que entrega,
ela mesma entrega a Licas, que nada sabia também,
seu próprio luto e, com palavras amáveis, ordena, a infeliz,
que leve aquele presente ao marido. Sem de nada suspeitar, o herói
aceita o presente e aos ombros põe o veneno da hidra de Lerna.

tura dabat primis et uerba precantia flammis
uinaque marmoreas patera fundebat in aras;   160
incaluit uis illa mali, resolutaque flammis
Herculeos abiit late dilapsa per artus.
dum potuit, solita gemitum uirtute repressit;
uicta malis postquam est patientia, reppulit aras
impleuitque suis nemorosam uocibus Oeten.   165
nec mora, letiferam conatur scindere uestem;
qua trahitur, trahit illa cutem, foedumque relatu,
aut haeret membris frustra temptata reuelli,
aut laceros artus et grandia detegit ossa.
ipse cruor, gelido ceu quondam lammina candens   170
tincta lacu, stridit coquiturque ardente ueneno.
nec modus est, sorbent auidae praecordia flammae,
caeruleusque fluit toto de corpore sudor
ambustique sonant nerui, caecaque medullis
tabe liquefactis tollens ad sidera palmas   175
'cladibus' exclamat, 'Saturnia, pascere nostris,
pascere et hanc pestem specta, crudelis, ab alto
corque ferum satia. uel si miserandus et hostis,
[hoc est, si tibi sum, diris cruciatibus aegram]
inuisamque animam natamque laboribus aufer.   180
mors mihi munus erit; decet haec dare dona nouercam.
ergo ego foedantem peregrino templa cruore
Busirin domui saeuoque alimenta parentis
Antaeo eripui nec me pastoris Hiberi
forma triplex nec forma triplex tua, Cerbere, mouit.   185
uosne, manus, ualidi pressistis cornua tauri?
uestrum opus Elis habet, uestrum Stymphalides undae
Partheniumque nemus, uestra uirtute relatus
Thermodontiaco caelatus balteus auro
pomaque ab insomni concustodita dracone.   190
nec mihi centauri potuere resistere nec mi
Arcadiae uastator aper, nec profuit hydrae
crescere per damnum geminasque resumere uires.

Lançava às chamas o primeiro incenso e as primeiras palavras de prece
e, da pátera, derramava o vinho nos altares de mármore.
A matéria daquele veneno incendeia-se e, liquefeita pelas chamas,
difunde-se e espalha-se pelo corpo de Hércules.
Enquanto pôde, este conteve os gemidos com a habitual coragem.
Depois de haver sido vencida pelo mal a sua capacidade de resistência,
derruba os altares e enche com seus gritos a floresta do Eta.
Logo tenta rasgar a veste fatal. Onde é arrancada, ela arranca a pele
e, coisa triste para ser contada, ao tentar, em vão, arrancá-la,
ou ela adere a seus membros, ou deixa a descoberto
os músculos dilacerados e os gigantescos ossos.
O próprio sangue rechina como quando uma lâmina incandescente
é metida em água fria e é cozido com o veneno abrasador.
E não é tudo. Devoram-lhe as entranhas chamas vorazes.
De todo o corpo lhe escorre um suor amarelo. Calcinados,
os nervos ressoam. Com a medula dos ossos liquefeita
pelo mal oculto, erguendo ao céu as mãos, exclama:
"Sacia-te, filha de Saturno, regozija-te com a minha
desgraça e, lá do céu, contempla, cruel, esta ruína
e farta teu bárbaro coração. Ou, se eu for merecedor de compaixão,
sendo inimigo, isto é, se o for para ti, tira-me esta odiosa vida
esmagada por horríveis torturas e para canseiras nascida.
Para mim, a morte seria um bem, seria um presente
digno de uma madrasta. Eu que, todavia, dominei Busíres
que maculava os templos com o sangue de estrangeiros;
que arrebatei ao cruel Anteu o alimento de sua mãe;
eu a quem não impressionou nem o corpo triplo do pastor da Ibéria,
nem a tua tripla cabeça, Cérbero. Não fostes vós, minhas mãos,
que mergulhastes até o solo os cornos do terrível touro?
Testemunhas da vossa ação são Élis, as águas do Estinfalo e o bosque
de Partênio; pela vossa força foi arrebatado o cinturão cinzelado a ouro
de Termodonte e as maçãs guardadas pelo insone dragão.
Nem os Centauros, nem o javali que devastava a Arcádia
me puderam resistir. E nada adiantou à hidra de Lerna
crescer na proporção das perdas e reganhar forças dobradas.

quid, cum Thracis equos humano sanguine pingues
plenaque corporibus laceris praesepia uidi   195
uisaque deieci dominumque ipsosque peremi?
his elisa iacet moles Nemeaea lacertis,
hac caelum ceruice tuli. defessa iubendo est
saeua Iouis coniunx; ego sum indefessus agendo.
sed noua pestis adest, cui nec uirtute resisti   200
nec telis armisque potest; pulmonibus errat
ignis edax imis, perque omnes pascitur artus.
at ualet Eurystheus! et sunt qui credere possint
esse deos?' dixit perque altam saucius Oeten
haud aliter graditur, quam si uenabula taurus   205
corpore fixa gerat factique refugerit auctor.
saepe illum gemitus edentem, saepe frementem,
saepe retemptantem totas infringere uestes
sternentemque trabes irascentemque uideres
montibus aut patrio tendentem bracchia caelo.   210

Ecce Lichan trepidum latitantem rupe cauata
aspicit, utque dolor rabiem conlegerat omnem,
'tune, Licha' dixit, 'feralia dona dedisti?
tune meae necis auctor eris?' tremit ille pauetque
pallidus et timide uerba excusantia dicit;   215
dicentem genibusque manus adhibere parantem
corripit Alcides et terque quaterque rotatum
mittit in Euboicas tormento fortius undas.
ille per aerias pendens induruit auras,
utque ferunt imbres gelidis concrescere uentis,   220
inde niues fieri, niuibus quoque molle rotatis
adstringi et spissa glomerari grandine corpus,
sic illum ualidis iactum per inane lacertis
exsanguemque metu nec quicquam umoris habentem
in rigidos uersum silices prior edidit aetas.   225

E quando vi as éguas da Trácia engordadas com sangue
humano, e as cavalariças repletas de corpos dilacerados,
as destruí e matei o dono e as éguas.
O leão de Nemeia está morto, estrangulado por estes meus braços.
Com a minha cerviz sustentei o céu. A cruel esposa de Júpiter
cansou-se de me dar ordens; de as cumprir não me cansei eu.
Mas perante mim tenho novo flagelo. Não há armas ofensivas
ou defensivas que possam enfrentá-lo. No fundo dos meus pulmões
espalha-se um fogo que devora, que consome todos
os meus membros. Euristeu, esse continua de boa saúde!
E ainda há quem possa acreditar que os deuses existem?"
Disse e, atingido pela dor, erra pelo cimo do Eta
qual touro que leva cravado no corpo o venábulo de um caçador
que se pôs a salvo. Ora se podia ver, soltando gemidos,
ora gritando de raiva, ora tentando de novo rasgar suas vestes,
a derrubar árvores, a saciar contra os montes a ira,
ou a erguer os braços ao céu, morada paterna.

[Licas]

Eis que descobre Licas, a tremer, escondido no recôncavo
de uma rocha. Depois de a dor haver concentrado a fúria toda,
grita-lhe: "Licas, foste tu quem me entregou este fúnebre presente?
Serás tu o autor da minha morte?" Licas treme
e, pálido de pavor, pronuncia tímidas palavras de escusa.
Enquanto fala, tentando abraçar-lhe os joelhos, Alcides agarra-o
e, fazendo-o rodar três ou quatro vezes, atira-o para as águas
da Eubeia com mais violência que a da catapulta.
Enquanto sulca os ares superiores, Licas enrijece.
E assim como se diz que a chuva se condensa
por ação dos ventos gelados e, depois, se torna neve,
e a neve, ao rolar, comprime seu suave corpo e se aglomera
em compacto granizo, assim reza a história que ele,
lançado para o vazio por tão poderosos braços,
lívido de medo e sem pinga de sangue, se mudou em dura pedra.

nunc quoque in Euboico scopulus breuis eminet alto
gurgite et humanae seruat uestigia formae,
quem, quasi sensurum, nautae calcare uerentur,
appellantque Lichan.   At tu, Iouis inclita proles,
arboribus caesis, quas ardua gesserat Oete,   230
inque pyram structis, arcum pharetramque capacem
regnaque uisuras iterum Troiana sagittas
ferre iubes Poeante satum, quo flamma ministro est
subdita; dumque auidis comprenditur ignibus agger,
congeriem siluae Nemeaeo uellere summam   235
sternis et imposita clauae ceruice recumbis,
haud alio uultu, quam si conuiua iaceres
inter plena meri redimitus pocula sertis.

Iamque ualens et in omne latus diffusa sonabat
securosque artus contemptoremque petebat   240
flamma suum; timuere dei pro uindice terrae.
quos ita (sensit enim) laeto Saturnius ore
Iuppiter adloquitur: 'nostra est timor iste uoluptas,
o superi, totoque libens mihi pectore grator,
quod memoris populi dicor rectorque paterque   245
et mea progenies uestro quoque tuta fauore est.
nam quamquam ipsius datur hoc inmanibus actis,
obligor ipse tamen. sed enim nec pectora uano
fida metu paueant, Oetaeas spernite flammas.
omnia qui uicit uincet quos cernitis ignes,   250
nec nisi materna Vulcanum parte potentem
sentiet; aeternum est a me quod traxit et expers

Ainda hoje se ergue no profundo mar da Eubeia
pequeno rochedo que conserva os traços da figura humana,
que os marinheiros receiam pisar, como se ele sentisse,
e a que chamam Licas.
                              Mas tu, ilustre filho de Júpiter,
depois de cortares as árvores que o escarpado Eta havia criado
e de as dispores em pira, ordenas que o filho de Peante,
a quem incumbiste de lhe atear fogo, leve o arco, a imensa aljava
e as setas que haveriam de voltar a ver o reino de Troia.[2]
E enquanto a pilha de troncos é envolvida pela voragem das chamas,
sobre a fogueira estendes a pele do leão de Nemeia
e recostas-te, cabeça apoiada na clava, com semblante igual
ao que terias num festim, entre taças repletas de vinho puro
e a cabeça cingida de grinaldas.

[A apoteose de Hércules]

   Violenta, crepitante, a chama lavrava já por todo o lado
e encaminhava-se para os membros do herói, que se mantinham
tranquilos e desdenhosos. Os deuses é que temeram pelo salvador
da terra! Apercebendo-se disso, com ar jovial, Júpiter,
o filho de Saturno, diz-lhes: "O vosso receio, habitantes do céu,
é para mim motivo de alegria. Felicito-me e congratulo-me
de todo o coração por ser chamado senhor e pai de um povo reconhecido,
e por meu filho estar a salvo também por vosso favor.
Pois, embora isso lhe seja concedido por suas prodigiosas façanhas,
eu sinto-me em dívida para convosco. Mas, para que vossos fiéis corações
não se perturbem com vão temor, esquecei as chamas do Eta.
Aquele que tudo venceu vencerá o fogo que vedes. É que a força
de Vulcano só na parte que tem da mãe a sentirá. O que de mim tem
é eterno, isento e livre da morte, indestrutível, seja por que chama for.

---

   [2] Filoctetes, filho de Peante, herda o arco e as flechas de Hércules, com os quais
mata Páris na guerra de Troia.

atque immune necis nullaque domabile flamma.
idque ego defunctum terra caelestibus oris
accipiam cunctisque meum laetabile factum 255
dis fore confido. si quis tamen Hercule, si quis
forte deo doliturus erit, data praemia nolet,
sed meruisse dari sciet inuitusque probabit.'
adsensere dei; coniunx quoque regia uisa est
cetera non duro, duro tamen ultima uultu 260
dicta tulisse Iouis seque indoluisse notatam.
interea quodcumque fuit populabile flammae
Mulciber abstulerat, nec cognoscenda remansit
Herculis effigies, nec quidquam ab imagine ductum
matris habet, tantumque Iouis uestigia seruat. 265
utque nouus serpens posita cum pelle senecta
luxuriare solet squamaque nitere recenti,
sic, ubi mortales Tirynthius exuit artus,
parte sui meliore uiget maiorque uideri
coepit et augusta fieri grauitate uerendus. 270
quem pater omnipotens inter caua nubila raptum
quadriiugo curru radiantibus intulit astris.

Sensit Atlas pondus; neque adhuc Stheneleius iras
soluerat Eurystheus odiumque in prole paternum
exercebat atrox. at longis anxia curis 275
Argolis Alcmene, questus ubi ponat aniles,
cui referat nati testatos orbe labores
cuiue suos casus, Iolen habet; Herculis illam

A parte que cumpriu na Terra a sua função recebê-la-ei
nas moradas celestes. Acredito que a minha decisão será motivo
de satisfação para todos os deuses. Mas se algum, se acaso algum
dentre vós se sentir chocado com o fato de Hércules vir a ser deus,
não há de querer que o prêmio lhe seja atribuído, reconhecerá
que o mereceu e há de concordar comigo, ainda que contrariado."
Os deuses deram o seu assentimento. Por sua face distendida, também
a régia esposa pareceu aceitar a maior parte das afirmações de Júpiter,
mas foi de cenho franzido que ouviu as últimas, e doeu-se por ser
apontada. Entretanto, Mulcíbero levara tudo quanto era suscetível
de ser pasto das chamas, e de Hércules nada restou para ser reconhecido,
nem a efígie, nem o que quer que fosse que tivesse trazido
da imagem da mãe. Apenas mantém os traços de Júpiter.
E tal como a serpente rejuvenescida, ao largar a velhice quando
larga a pele, costuma mostrar-se vigorosa e brilhar com novas escamas,
assim o herói de Tirinte, ao livrar-se do corpo mortal,
se mostra cheio de vida na sua parte mais nobre e começa a parecer
maior e a tornar-se mais respeitável na sua ingente gravidade.
O pai onipotente levou-o num carro de quatro cavalos,
no meio de ligeiras nuvens e deixou-o entre os astros radiantes.

[Alcmena e Galântis]

Atlas sentiu o peso. E Euristeu, filho de Estênelo, ainda não tinha
acalmado suas iras e descarregava no filho o ódio implacável
que nutria contra o pai.[3] Atormentada por longos cuidados,
Alcmena de Argos[4] tem em Iole[5] a quem confiar os lamentos
da sua velhice, contar os trabalhos do filho por todo o mundo
testemunhados e as desventuras próprias. A esta, por decisão

---

[3] Hilo, filho de Hércules e Dejanira.

[4] Mulher de Anfitríon e mãe de Hércules.

[5] Filha de Êurito, rei da Ecália, oferecida pelo pai a Hércules, teve de ser arrebatada à força e foi a razão pela qual Dejanira lhe entregou a túnica que foi a causa da sua morte.

imperiis thalamoque animoque receperat Hyllus,
impleratque uterum generoso semine. cui sic   280
incipit Alcmene: 'faueant tibi numina saltem
corripiantque moras, tum cum matura uocabis
praepositam timidis parientibus Ilithyiam,
quam mihi difficilem Iunonis gratia fecit.
namque laboriferi cum iam natalis adesset   285
Herculis et decimum premeretur sidere signum,
tendebat grauitas uterum mihi, quodque ferebam
tantum erat ut posses auctorem dicere tecti
ponderis esse Iouem. nec iam tolerare labores
ulterius poteram; quin nunc quoque frigidus artus,   290
dum loquor, horror habet, parsque est meminisse doloris.
septem ego per noctes, totidem cruciata diebus,
fessa malis tendensque ad caelum bracchia magno
Lucinam Nixosque pares clamore uocabam.
illa quidem uenit, sed praecorrupta meumque   295
quae donare caput Iunoni uellet iniquae.
utque meos audit gemitus, subsedit in illa
ante fores ara, dextroque a poplite laeuum
pressa genu et digitis inter se pectine iunctis
sustinuit partus; tacita quoque carmina uoce   300
dixit et inceptos tenuerunt carmina partus.
nitor et ingrato facio conuicia demens
uana Ioui cupioque mori moturaque duros
uerba queror silices; matres Cadmeides adsunt,
uotaque suscipiunt exhortanturque dolentem.   305
una ministrarum, media de plebe, Galanthis
flaua comas, aderat, faciendis strenua iussis,
officiis dilecta suis. ea sensit iniqua
nescioquid Iunone geri, dumque exit et intrat

de Hércules, recebera-a Hilo em seu leito e em seu coração
e fecundara-lhe o seio com seu nobre sêmen. Alcmena fala-lhe
nestes termos: "Que pelo menos a ti te ajudem os deuses,
que te reduzam a espera, quando, completado o tempo,
invocares Ilitia,[6] a protetora das parturientes assustadas,
ela que, para agradar a Juno, foi cruel comigo.
De fato, ao chegar a hora de o incansável Hércules nascer,
o sol escondia já o décimo signo. O peso distendia-me
o ventre e o que nele trazia era tão grande
que se poderia dizer ser Júpiter o autor desse peso oculto.
E eu já não podia suportar as dores por muito mais tempo.
Mesmo agora, enquanto falo, ainda me invade o corpo
um tremor gelado. E a recordação é parte dessa dor.
Atormentada por sete noites e outros tantos dias, esgotada
pelo sofrimento, erguia as mãos ao céu e, em altos gritos,
invocava Lucina[7] e as deusas que presidem aos partos.
Lucina apareceu, mas comprometida antecipadamente
com Juno, a quem pretendia entregar a minha vida.
Ao ouvir meus gemidos, sentou-se em cima do altar,
frente à porta, sobre a esquerda traçou a perna direita,
entrelaçou os dedos das mãos uns nos outros e reteve o parto.
Em voz baixa, pronunciou também palavras de encantamento,
que suspenderam os trabalhos iniciados já.
Faço mais força. Enlouquecida, lanço contra Júpiter
acusações injustas de ingratidão. Desejo morrer e solto lamentos
que comoveriam as pedras. Assistiam-me as mães de família
da cidade de Cadmo, que elevam preces ao céu e me encorajam na dor.
Tinha comigo uma das minhas servas do povo simples,
a loura Galântis, diligente no cumprimento das minhas ordens,
a minha preferida pela sua eficiência. Apercebeu-se
de que alguma coisa se tramava por ação da malévola Juno.

---

[6] Gênio feminino que preside ao parto.

[7] É um dos epítetos de Juno, que preside ao nascimento das crianças.

saepe fores, diuam residentem uidit in ara 310
bracchiaque in genibus digitis conexa tenentem
et "quaecumque es" ait, "dominae gratare; leuata est
Argolis Alcmene potiturque puerpera uoto."
exsiluit iunctasque manus pauefacta remisit
diua potens uteri; uinclis leuor ipsa remissis. 315
numine decepto risisse Galanthida fama est:
ridentem prensamque ipsis dea saeua capillis
traxit et e terra corpus releuare uolentem
arcuit inque pedes mutauit bracchia primos.
strenuitas antiqua manet, nec terga colorem 320
amisere suum; forma est diuersa priori.
quae quia mendaci parientem iuuerat ore,
ore parit nostrasque domos, ut et ante, frequentat.'

Dixit et admonitu ueteris commota ministrae
ingemuit; quam sic nurus est adfata dolentem: 325
'te tamen, o genetrix, alienae sanguine uestro
rapta mouet facies. quid si tibi mira sororis
fata meae referam? quamquam lacrimaeque dolorque
impediunt, prohibentque loqui. fuit unica matri
(me pater ex alia genuit) notissima forma 330
Oechalidum Dryope, quam uirginitate carentem
uimque dei passam Delphos Delonque tenentis
excipit Andraemon et habetur coniuge felix.
est lacus adcliuis deuexo margine formam
litoris efficiens; summum myrteta coronant. 335
uenerat huc Dryope fatorum nescia, quoque
indignere magis, nymphis latura coronas;
inque sinu puerum, qui nondum impleuerat annum,
dulce ferebat onus tepidique ope lactis alebat.

Saindo e entrando em casa repetidas vezes, vê a deusa sentada
em cima do altar, braços em cima dos joelhos e dedos entrelaçados,
e diz-lhe: 'Quem quer que tu sejas, felicita a minha senhora.
Alcmena de Argos levantou-se, é mãe, seus votos foram satisfeitos.'
A deusa, senhora da gravidez, saltou e, na sua perturbação,
desligou as mãos. Ao soltá-las, fico eu aliviada.
Diz-se que, ao ver a deusa enganada, Galântis se riu.
Ria ainda, quando a cruel deusa a agarra pelos cabelos
e a arrasta. Ao querer erguer-se do chão, reteve-a a deusa
e mudou-lhe os braços nas patas dianteiras.
Mantém-se nela a diligência anterior. O dorso
não perde a cor primitiva. A forma é que é diferente.
Por ter auxiliado com boca mentirosa uma parturiente,
é pela boca que pare.[8] Continua a frequentar nossas casas."

[Dríope e Lótis]

Acabou de falar e, emocionada com a lembrança
da sua antiga serva, soltou um gemido. Soluçando ela,
diz-lhe a nora: "A ti, mãe, comove-te a metamorfose
de uma estranha a teu sangue. O que seria se eu te contasse
a triste sina da minha irmã? Mas a dor e as lágrimas impedem-me
e proíbem-me de falar. Filha única de sua mãe
(a mim, teve-me meu pai de uma outra), Dríope era,
por sua beleza, a mais distinta das mulheres da Ecália.
Deflorada pela violência do deus de Delfos e Delos,
Andrêmon tomou-a por esposa e era tido por feliz.
Há um lago de margens em declive, que tem a forma
de uma costa escarpada. Coroa-lhe o cimo uma sebe de murta.
Ignorando o destino, Dríope fora até lá e, para maior
indignação tua, para levar coroas às ninfas. Ao colo levava,
doce fardo, uma criança que ainda não tinha completado
um ano e alimentava-a com a riqueza do seu tépido leite.

---

[8] A doninha, que se acreditava emprenhar pelos ouvidos e parir pela boca.

haut procul a stagno Tyrios imitata colores 340
in spem bacarum florebat aquatica lotos.
carpserat hinc Dryope quos oblectamina nato
porrigeret flores, et idem factura uidebar
(namque aderam); uidi guttas e flore cruentas
decidere et tremulo ramos horrore moueri. 345
scilicet, ut referunt tardi nunc denique agrestes,
Lotis in hanc nymphe fugiens obscena Priapi,
contulerat uersos, seruato nomine, uultus.
nescierat soror hoc. quae cum perterrita retro
ire et adoratis uellet discedere nymphis, 350
haeserunt radice pedes; conuellere pugnat
nec quidquam nisi summa mouet. subcrescit ab imo
totaque paulatim lentus premit inguina cortex.
ut uidit conata manu laniare capillos
fronde manum impleuit; frondes caput omne tenebant. 355
    'At puer Amphissos (namque hoc auus Eurytus illi
addiderat nomen) materna rigescere sentit
ubera, nec sequitur ducentem lacteus umor.
spectatrix aderam fati crudelis opemque
non poteram tibi ferre, soror; quantumque ualebam, 360
crescentem truncum ramosque amplexa morabar
et, fateor, uolui sub eodem cortice condi.
ecce uir Andraemon genitorque miserrimus adsunt
et quaerunt Dryopen; Dryopen quaerentibus illis
ostendi †loton†. tepido dant oscula ligno 365
adfusique suae radicibus arboris haerent.
nil nisi iam faciem, quod non foret arbor, habebat
cara soror; lacrimae misero de corpore factis
inrorant foliis ac, dum licet oraque praestant
uocis iter, tales effundit in aera questus: 370
"si qua fides miseris, hoc me per numina iuro
non meruisse nefas; patior sine crimine poenam.
uiximus innocuae; si mentior, arida perdam
quas habeo frondes et caesa securibus urar.

496

Não longe do lago, imitando a cor púrpura,
na expectativa das bagas, florescia um loto aquático.
Dele havia Dríope colhido uma flor que dera
como brinquedo ao filho. E eu pensava fazer o mesmo,
pois também lá estava. Vejo da flor escorrerem gotas de sangue
e vejo os ramos a agitarem-se com trêmulo movimento.
Ou seja, como agora conta a gente do campo, embora já seja tarde,
a ninfa Lótis, fugindo à obscena perseguição de Priapo,
mantendo o nome, mudara seu aspecto no desta árvore.
A minha irmã desconhecia o fato. Apavorada, ao pretender
voltar para trás e despedir-se das ninfas, que já tinha adorado,
seus pés ficaram presos pela raiz. Luta por arrancá-los,
mas apenas move a parte superior do corpo. A partir do chão,
vai crescendo flexível casca que, aos poucos, lhe comprime o ventre.
Ao isso sentir, tenta com a mão arrancar os cabelos.
Fica-lhe a mão repleta de folhas. As folhas cobriam-lhe a cabeça toda.
   O pequeno Anfisso (era este o nome que seu avô Êurito
lhe havia dado) apercebe-se de que os seios da mãe endurecem,
e que, ao puxá-lo, o leite não corre. Ali estava eu,
espectadora de um cruel destino, e não podia, irmã, ajudar-te,
mas, abraçando o tronco e os ramos, tentava, quanto podia,
retardar a sua progressão. E, tenho de o confessar,
desejei ficar encerrada nessa mesma casca.
Eis que chegam, procurando Dríope, seu marido, Andrêmon,
e seu desventurado pai. Enquanto eles a procuram,
mostro-lhes um loto. Cobrem de beijos o tronco ainda quente
e, estendidos no chão, abraçam as raízes da árvore.
A minha querida irmã já não tinha nada que não fosse árvore
a não ser a face. As lágrimas orvalham as folhas
nascidas de seu infeliz corpo. E, enquanto pede e a boca
lhe dá caminho à voz, derrama no ar as queixas seguintes:
'Se alguma fé os infelizes merecem, pelos deuses juro
que não merecia esta atrocidade. Sou punida sem culpa.
A minha vida foi inofensiva. Se minto, perca eu as folhas que tenho
e arda, cortada por uma machada. Mas esta criança,

hunc tamen infantem maternis demite ramis 375
et date nutrici; nostraque sub arbore saepe
lac facitote bibat nostraque sub arbore ludat,
cumque loqui poterit, matrem facitote salutet
et tristis dicat 'latet hoc in stipite mater.'
stagna tamen timeat nec carpat ab arbore flores 380
et frutices omnes corpus putet esse dearum.
care uale coniunx et tu, germana, paterque;
qui, si qua est pietas, ab acutae uulnere falcis,
a pecoris morsu frondes defendite nostras.
et quoniam mihi fas ad uos incumbere non est, 385
erigite huc artus et ad oscula nostra uenite,
dum tangi possunt, paruumque attollite natum.
plura loqui nequeo; nam iam per candida mollis
colla liber serpit, summoque cacumine condor.
ex oculis remouete manus; sine munere uestro 390
contegat inductus morientia lumina cortex."
desierant simul ora loqui, simul esse; diuque
corpore mutato rami caluere recentes.'

Dumque refert Iole factum mirabile, dumque
Eurytidos lacrimas admoto pollice siccat 395
Alcmene (flet et ipsa tamen), compescuit omnem
res noua tristitiam. nam limine constitit alto
paene puer dubiaque tegens lanugine malas
ora reformatus primos Iolaus in annos.
hoc illi dederat Iunonia muneris Hebe, 400
uicta uiri precibus; quae cum iurare pararet
dona tributuram post hunc se talia nulli,

tirai-a aos ramos da mãe e entregai-a a uma ama.
Procurai que ela beba, muitas vezes, o leite debaixo
da árvore que sou, que debaixo dela brinque.
E, quando puder falar, trazei-a a saudar a mãe e a dizer
com tristeza: 'Neste tronco esconde-se a minha mãe.'
Mas que tenha medo dos lagos, não colha flores de árvore nenhuma
e considere que todas as plantas são corpos de deuses.
Adeus, marido amado, adeus, minha irmã, e tu, meu pai.
E, se tendes por mim afeto algum, protegei meus ramos
da afiada foice e dos dentes dos rebanhos.
Porque não me é possível inclinar-me até vós,
vinde vós a mim, chegai junto a meus lábios,
enquanto puderem ser tocados; erguei até mim meu filho querido.
Não consigo falar mais. Vai subindo por meu níveo colo
uma casca flexível que até o cimo da cabeça me cobre.
Tirai vossas mãos de meus olhos. Que a casca que me envolve
os feche sem a vossa ajuda.' Ao mesmo tempo que deixou de falar,
sua boca deixou de existir. E por longo tempo, depois da metamorfose
de seu corpo, se mantiveram quentes os ramos novos."

[Iolau]

Enquanto Iole narra estes extraordinários acontecimentos,
enquanto Alcmena enxuga com o polegar as lágrimas
da filha de Êurito, e ela chora também, nova maravilha
vem pôr fim à tristeza toda. No nobre umbral
surge Iolau[9] quase criança, maçãs do rosto cobertas
de um buço, face rejuvenescida dos primeiros anos.
Concedera-lhe esse dom a filha de Juno, Hebe,
vencida pela insistência do marido. Ia jurar que,
depois deste, a mais ninguém concedeu favor igual.

---

[9] Sobrinho de Hércules, filho de seu meio-irmão Íficles, que, por sua vez, era filho
de Alcmena e Anfitríon, enquanto Hércules era filho de Alcmena e Zeus.

non est passa Themis. 'nam iam discordia Thebae
bella mouent' dixit, 'Capaneusque nisi ab Ioue uinci
haud poterit, fientque pares in uulnere fratres,   405
subductaque suos manes tellure uidebit
uiuus adhuc uates, ultusque parente parentem
natus erit facto pius et sceleratus eodem
attonitusque malis, exul mentisque domusque,
uultibus Eumenidum matrisque agitabitur umbris,   410
donec eum coniunx fatale poposcerit aurum
cognatumque latus Phegeius hauserit ensis.
tum demum magno petet hos Acheloia supplex
ab Ioue Calliroe natis infantibus annos;
[neue necem sinat esse diu ultoris inultam.]   415
Iuppiter his motus priuignae dona nurusque
praecipiet facietque uiros impubibus annis.'

Haec ubi faticano uenturi praescia dixit
ore Themis, uario superi sermone fremebant,
et cur non aliis eadem dare dona liceret   420
murmur erat. queritur ueteres Pallantias annos
coniugis esse sui; queritur canescere mitis
Iasiona Ceres; repetitum Mulciber aeuum
poscit Ericthonio; Venerem quoque cura futuri
tangit et Anchisae renouare paciscitur annos.   425

Têmis[10] não o consentiu. "Tebas agita-se já
com a guerra civil", diz. "Capaneu[11] só por Júpiter
poderá ser vencido. Os irmãos tornar-se-ão iguais na morte.
Vivendo ainda, há de um adivinho ver seus manes,
ao abrir-se a terra. Vingando seu pai na morte da mãe,
há de um filho tornar-se, pelo mesmo ato, criminoso e pio.
Apavorado com sua má ação, privado da razão e da pátria,
será acossado pelo rosto das Eumênides e pela sombra materna,
até que a esposa lhe reclame o ouro fatal e a espada de Fegeu[12]
trespasse um flanco familiar. Então, finalmente, a filha de Aqueloo,
Calírroe, suplicante, pedirá ao grande Júpiter estes anos para
seu filho ainda criança, e que não permita que a morte dos vencidos
fique impune por muito tempo. Tocado por estas preces,
Júpiter destinar-lhes-á os dons pedidos por sua enteada e nora
e fará deles homens desde seus impúberes anos."

[Bíblis e Cauno]

Quando, com profética voz, Têmis, conhecedora do futuro,
disse o que precede, os deuses, em burburinho, manifestavam
a sua indignação e murmuravam por que é que aos outros não era
permitido concederem semelhantes dons. Lamenta a filha de Palas
o envelhecimento de seu marido; a benfazeja Ceres lamenta que Iásion
se cubra de cãs; Mulcíbero pede para Erictônio a repetição da vida;
a preocupação com o futuro também toca a Vênus,
que reclama o rejuvenescimento dos anos de Anquises.

---

[10] Deusa da Lei, personificação da Justiça e da Lei Eterna, conselheira de Zeus.

[11] Príncipe de Argos, sem temor aos deuses e violento, é um dos que marcharam contra Tebas, a quem só o raio de Zeus detém no assalto à cidade.

[12] Fegeu é rei de Fégio, na Arcádia. É em sua casa que se refugia Alcméon depois de matar a mãe, Erífile, para vingar o pai, Anfiarau. Casado com a filha de Fegeu, Arsínoe, a quem ofertara o colar e o vestido, a que andava ligada uma maldição, que Harmonia usara para corromper sua mãe, requereu-lhos para com eles presentear Calírroe, filha de Aqueloo. Traído por um dos seus quanto às intenções que motivaram o pedido da devolução dos presentes, Alcméon foi morto pelos filhos de Fegeu.

cui studeat deus omnis habet, crescitque fauore
turbida seditio, donec sua Iuppiter ora
soluit et 'o nostri si qua est reuerentia' dixit,
'quo ruitis? tantumne aliquis sibi posse uidetur
fata quoque ut superet? fatis Iolaus in annos, 430
quos egit, rediit; fatis iuuenescere debent
Calliroe geniti, non ambitione nec armis.
uos etiam, quoque hoc animo meliore feratis,
me quoque fata regunt. quae si mutare ualerem,
nec nostrum seri curuarent Aeacon anni, 435
perpetuumque aeui florem Rhadamanthus haberet
cum Minoe meo, qui propter amara senectae
pondera despicitur nec quo prius ordine regnat.'
dicta Iouis mouere deos; nec sustinet ullus,
cum uideat fessos Rhadamanthon et Aeacon annis 440
et Minoa, queri; qui, dum fuit integer aeui,
terruerat magnas ipso quoque nomine gentes.
tunc erat inualidus, Deionidenque iuuentae
robore Miletum Phoeboque parente superbum
pertimuit credensque suis insurgere regnis 445
haud tamen est patriis arcere Penatibus ausus.
sponte fugis, Milete, tua celerique carina
Aegaeas metiris aquas et in Aside terra
moenia constituis positoris habentia nomen.
   Hic tibi, dum sequitur patriae curuamina ripae, 450
filia Maeandri totiens redeuntis eodem
cognita Cyanee praestanti corpora forma,
Byblida cum Cauno, prolem est enixa gemellam.
Byblis in exemplo est ut ament concessa puellae,
Byblis Apollinei correpta cupidine fratris. 455

Não há deus que não tenha motivo de preocupação. Com o zelo,
cresce um medonho tumulto, até que Júpiter, tomando a palavra,
diz: "Se tendes por mim algum respeito, para onde ides?
Será que algum de vós se considera com tanto poder que possa
superar até o Destino? Foi o Destino que reconduziu Iolau
aos anos que já vivera! É graças ao Destino e não à adulação
ou à força que os filhos de Calírroe[13] devem rejuvenescer.
A vós, e para que leveis isto de ânimo tranquilo, como a mim
também, nos rege o destino. Se eu pudesse alterá-lo,
os longos anos não curvariam meu filho Éaco,
e sempre viveriam na flor da idade Radamante e Minos.
Este, que por causa do peso amargo da velhice,
é desprezado e não reina com o mesmo nível de outrora."
As palavras de Júpiter acalmaram os deuses e, ao verem
Radamante, Éaco e Minos acabrunhados pelos anos,
nenhum ousa queixar-se. Na força da idade, Minos,
só com seu nome, fora o terror das maiores nações.
Presentemente estava fraco e temia Mileto, filho de Deioneu,
orgulhoso da idade e de ter a Febo por pai.
Persuadido de que ameaçava seu reino, Minos,
apesar disso, não ousava afastá-lo dos Penates paternos.
É de livre vontade, Mileto, que te exilas. Sulcas em veloz
embarcação as águas do Egeu e eriges, em terra asiática,
muralhas que herdam o nome do seu fundador.
    Aí, Ciane, a filha do Meandro, que tantas vezes
retorna sobre si mesmo, corpo de beleza sem par,
por ti conhecida enquanto seguia as curvas da ribeira paterna,
deu à luz uns gêmeos, Bíblis e Cauno. Bíblis serve
de exemplo às moças, para que amem o que é permitido
— ela, arrebatada de paixão pelo neto de Apolo, o seu irmão.

---

[13] Alcméon deixou Calírroe com dois filhos, Anfótero e Acarnane. Após a morte
do marido, foi amada por Zeus, a quem pediu para que eles crescessem de imediato
para poderem vingar o pai.

[non soror ut fratrem nec qua debebat, amabat.]
illa quidem primo nullos intellegit ignes
nec peccare putat, quod saepius oscula iungat,
quod sua fraterno circumdet bracchia collo,
mendacique diu pietatis fallitur umbra.   460
paulatim declinat amor, uisuraque fratrem
culta uenit nimiumque cupit formosa uideri,
et si qua est illic formosior, inuidet illi.
sed nondum manifesta sibi est nullumque sub illo
igne facit uotum; uerumtamen aestuat intus.   465
iam dominum appellat, iam nomina sanguinis odit,
Byblida iam mauult quam se uocet ille sororem.
spes tamen obscenas animo demittere non est
ausa suo uigilans; placida resoluta quiete
saepe uidet quod amat; uisa est quoque iungere fratri   470
corpus et erubuit, quamuis sopita iacebat.
somnus abit; silet illa diu repetitque quietis
ipsa suae speciem dubiaque ita mente profatur:
'me miseram! tacitae quid uult sibi noctis imago?
quam nolim rata sit! cur haec ego somnia uidi?   475
ille quidem est oculis quamuis formosus iniquis
et placet et possim, si non sit frater, amare,
et me dignus erat: uerum nocet esse sororem.
dummodo tale nihil uigilans committere temptem,
saepe licet simili redeat sub imagine somnus;   480
testis abest somno, nec abest imitata uoluptas.
pro Venus et tenera uolucer cum matre Cupido,
gaudia quanta tuli! quam me manifesta libido
contigit! ut iacui totis resoluta medullis!
ut meminisse iuuat! quamuis breuis illa uoluptas   485
noxque fuit praeceps et coeptis inuida nostris.
o ego, si liceat mutato nomine iungi,
quam bene, Caune, tuo poteram nurus esse parenti!
quam bene, Caune, meo poteras gener esse parenti!
omnia di facerent essent communia nobis,   490

Sendo irmã, não o amava como a um irmão, nem, até onde devia,
o amava. De fato, a princípio não se dá conta de qualquer paixão,
nem considera pecado o fato de o beijar frequentemente
e de enlaçar seus braços no colo fraterno.
Por muito tempo a engana a aparência de afeto fraterno.
O amor, aos poucos, extravia-se. Quando tem de ver o irmão,
esmera-se e deseja ardentemente parecer-lhe bela.
E, se junto dele há uma mais bela, dela tem ciúmes.
Mas ainda não tem consciência do que se passa consigo.
Sob aquele fogo não há um desejo. Por dentro, contudo, crepita.
Já o trata por senhor, detesta os nomes que têm.
Prefere que a trate por Bíblis a tratá-la por irmã. Apesar
disso, não ousa, enquanto acordada, acalentar em seu
espírito impudicas esperanças. Abandonada ao doce repouso,
vê muitas vezes o objeto do seu amor. Pareceu-lhe até que unia
o seu ao corpo do irmão, e corou, apesar de estar a dormir.
O sono abandona-a. Em silêncio, por muito tempo evoca
a imagem do sonho e, perturbada de espírito, assim diz:
"Infeliz que eu sou! Que pretende a visão da quietude da noite?
Gostaria que não se concretizasse! Por que tive eu estes sonhos?
Não há dúvida de que Cauno é belo a meus, ainda que desgraçados,
olhos. Agrada-me e poderia amá-lo, se não fosse meu irmão.
E seria digno de mim! Mas contra mim tenho o ser sua irmã.
Contanto que nada de semelhante tente eu fazer acordada,
oxalá volte o sonho muitas vezes sob forma semelhante.
No sonho não há testemunhas, mas não me falta o prazer,
que até parece real. Por Vênus, pelo alado Cupido com sua doce mãe,
que prazer que eu tive! Como foi real o gozo que me coube!
Deitada na minha cama, derreti-me toda até a medula dos ossos!
Como é doce recordar! Apesar de aquele prazer existir, foi curta a noite
e a meus desejos hostil! Oh! Se me fosse dado mudar de nome
e unir-me a ti, Cauno! Que bom seria ser a nora de teu pai!
Que bom seria poderes tu, Cauno, ser o genro do meu!
Prouvesse aos deuses que tudo tivéssemos em comum, exceto os avós!
Como gostava que tu tivesses um nascimento mais nobre que o meu!

praeter auos; tu me uellem generosior esses.
nescioquam facies igitur, pulcherrime, matrem;
at mihi, quae male sum quos tu sortita parentes,
nil nisi frater eris; quod obest, id habebimus unum.
quid mihi significant ergo mea uisa? quod autem 495
somnia pondus habent? an habent et somnia pondus?
di melius! — di nempe suas habuere sorores;
sic Saturnus Opem iunctam sibi sanguine duxit,
Oceanus Tethyn, Iunonem rector Olympi.
sunt superis sua iura; quid ad caelestia ritus 500
exigere humanos diuersaque foedera tempto?
aut nostro uetitus de corde fugabitur ardor
aut, hoc si nequeo, peream, precor, ante toroque
mortua componar positaeque det oscula frater.
et tamen arbitrium quaerit res ista duorum. 505
finge placere mihi; scelus esse uidebitur illi.
at non Aeolidae thalamos timuere sororum.
unde sed hos noui? cur haec exempla paraui?
quo feror? obscenae procul hinc discedite flammae,
nec nisi qua fas est germanae frater ametur. 510
si tamen ipse mei captus prior esset amore,
forsitan illius possem indulgere furori.
ergo ego quem fueram non reiectura petentem
ipsa petam. poterisne loqui? poterisne fateri?
coget amor, potero; uel, si pudor ora tenebit, 515
littera celatos arcana fatebitur ignes.'
    Hoc placet, haec dubiam uicit sententia mentem.
in latus erigitur cubitoque innixa sinistro
'uiderit; insanos' inquit 'fateamur amores'
[ei mihi, quo labor? quem mens mea concipit ignem?] 520
et meditata manu componit uerba trementi;
dextra tenet ferrum, uacuam tenet altera ceram.
incipit et dubitat; scribit damnatque tabellas;
et notat et delet; mutat culpatque probatque,
inque uicem sumptas ponit positasque resumit; 525

Agora, não sei a quem tu, ó mais belo dos homens, irás tornar mãe!
Para mim, a quem coube em sorte, desgraçadamente,
os mesmos pais que a ti, serás apenas irmão.
Em comum teremos somente o que nos separa.
Que me anunciam, então, as minhas visões? Qual o valor
destes sonhos? Será mesmo que os sonhos têm valor?
Que os deuses me valham! Os deuses, é verdade, possuíram
as suas irmãs. Saturno casou com Opes, a si unida pelo sangue;
Oceano casou com Tétis; e com Juno casou o senhor do Olimpo.
Os deuses têm leis próprias! Por que tento medir
os costumes humanos pelas leis celestes, que são diferentes?
Ou esta paixão proibida será corrida de meu coração,
ou que eu morra, peço, se não o conseguir e, uma vez morta,
seja amortalhada em meu leito e, aí deposta, que meu irmão
me beije nesse lugar. Mas este assunto exige a decisão de ambos.
Supõe que me agrada a mim. A ele vai parecer-lhe um crime.
Mas os filhos de Éolo não recearam partilhar o leito de suas irmãs!
Como eu sei isto? Por que recolhi tais exemplos?
Para onde me deixo levar? Deixai-me, ó chamas impuras!
Que o meu irmão não seja amado senão na medida
a uma irmã permitida. Se, contudo, tivesse sido ele o primeiro
a ficar preso de amor por mim, talvez eu pudesse ceder à sua paixão.
Hei de, pois, eu procurar aquele a quem não rejeitaria
se me procurasse? Será que podes responder? Poderás tu afirmá-lo?
Poderei. A isso me compele o amor! E, se a vergonha me calar a boca,
uma carta secreta há de revelar-lhe a paixão escondida."

Este plano recebeu o seu assentimento. Esta ideia venceu a indecisão
da sua alma. Ergue-se de lado, apoiada no cotovelo esquerdo e diz:
"Irá conhecê-lo. Confessemos este desvairado amor. Ai de mim!
Para onde me deixo resvalar? Que fogo é este que arde no meu coração?"
E, com mão trêmula, escreve as palavras em que meditara.
A mão direita segura o estilete, segura na outra a tabuinha ainda intacta.
Começa, mas hesita. Escreve e arreda a tabuinha. Escreve e apaga.
Corrige, rejeita, aprova. Ora põe de lado a tabuinha em que pegara,
ora volta a pegar na que havia deixado. Não sabe o que quer.

quid uelit ignorat; quidquid factura uidetur
displicet; in uultu est audacia mixta pudori.
scripta 'soror' fuerat; uisum est delere sororem
uerbaque correctis incidere talia ceris:
'quam, nisi tu dederis, non est habitura salutem,   530
hanc tibi mittit amans; pudet, a, pudet edere nomen!
et si quid cupiam quaeris, sine nomine uellem
posset agi mea causa meo, nec cognita Byblis
ante forem quam spes uotorum certa fuisset.
esse quidem laesi poterat tibi pectoris index   535
et color et macies et uultus et umida saepe
lumina nec causa suspiria mota patenti
et crebri amplexus et quae, si forte notasti,
oscula sentiri non esse sororia possent.
ipsa tamen, quamuis animi graue uulnus habebam,   540
quamuis intus erat furor igneus, omnia feci
(sunt mihi di testes) ut tandem sanior essem,
pugnauique diu uiolenta Cupidinis arma
effugere infelix, et plus quam ferre puellam
posse putes ego dura tuli; superata fateri   545
cogor opemque tuam timidis exposcere uotis.
tu seruare potes, tu perdere solus amantem;
elige utrum facias. non hoc inimica precatur,
sed quae, cum tibi sit iunctissima, iunctior esse
expetit et uinclo tecum propiore ligari.   550
iura senes norint et quid liceatque nefasque
fasque sit inquirant legumque examina seruent;
conueniens Venus est annis temeraria nostris.
quid liceat nescimus adhuc et cuncta licere
credimus et sequimur magnorum exempla deorum.   555
nec nos aut durus pater aut reuerentia famae
aut timor impediet; tamen ut sit causa timendi,
dulcia fraterno sub nomina furta tegemus.
est mihi libertas tecum secreta loquendi,
et damus amplexus et iungimus oscula coram;   560

Tudo quanto lhe parece que deve fazer lhe desagrada.
Audácia e pudor misturam-se em seu rosto.
Havia escrito "irmã". Achou que devia apagar "irmã"
e, na cera rasurada, gravar estas palavras:
"A saúde que, se tu lha não deres, nunca a terá, essa ta envia
aquela que te ama. Envergonha-a, oh!, envergonha-a revelar o nome!
E se perguntas o que é que eu pretendo, gostaria que a minha causa
fosse defendida sem revelar meu nome, e de não ser conhecida
como Bíblis antes de a esperança dos meus votos estar garantida.
Poderiam ser para ti indícios de um coração ferido a cor
e a magreza do meu rosto, os meus olhos tantas vezes úmidos,
os meus suspiros, soltos sem causa aparente,
os repetidos abraços e os beijos que, se acaso deste por isso,
poderia perceber-se que não eram beijos de irmã.
Eu, entretanto, embora tivesse ferida profunda no coração,
apesar do delírio ardente que tinha na alma, tudo fiz,
são os deuses testemunhas minhas, para manter total sensatez;
lutei sem resultado por tempo demais para escapar
às armas cruéis de Cupido, e lutei mais do que poderia esperar-se
que uma donzela pudesse suportar. Sou forçada a confessar-me
vencida e a pedir com tímidas súplicas o teu auxílio.
Só tu podes salvar, só tu podes perder aquela que te ama.
Escolhe entre uma e outra das alternativas. Não é uma inimiga
a que isto te pede, mas aquela que, mais que ninguém a ti unida,
anseia por estar mais próxima ainda e ligar-se a ti por vínculo
ainda mais estrito. O direito, deixemo-lo aos velhos. Investiguem
eles o que é lícito, o que não o é, e o que é crime. Guardem
a balança da justiça. Próprio da nossa idade é um amor louco.
Ainda não sabemos o que é lícito, acreditamos que tudo
o seja e seguimos o exemplo dos grandes deuses.
Nem um pai severo, nem a reputação ou o medo nos poderão deter.
Se, todavia, houver motivo de medo, ocultaremos nosso
doce e monstruoso amor sob a capa da amizade fraterna.
Tenho a liberdade de falar contigo em privado. Em público,
trocamos abraços e beijos. Que mais nos falta? Tem compaixão

quantum est quod desit? miserere fatentis amorem
et non fassurae, nisi cogeret ultimus ardor,
neue merere meo subscribi causa sepulchro.'
   Talia nequiquam perarantem plena reliquit
cera manum summusque in margine uersus adhaesit.   565
protinus impressa signat sua crimina gemma,
quam tinxit lacrimis (linguam defecerat umor),
deque suis unum famulis pudibunda uocauit
et paulum blandita 'fer has, fidissime, nostro —'
dixit et adiecit longo post tempore 'fratri.'   570
cum daret, elapsae manibus cecidere tabellae;
omine turbata est, misit tamen. apta minister
tempora nactus adit traditque latentia uerba.
attonitus subita iuuenis Maeandrius ira
proicit acceptas lecta sibi parte tabellas   575
uixque manus retinens trepidantis ab ore ministri,
'dum licet, o uetitae scelerate libidinis auctor,
effuge' ait, 'qui, si nostrum tua fata pudorem
non traherent secum, poenas mihi morte dedisses.'
ille fugit pauidus dominaeque ferocia Cauni   580
dicta refert. palles audita, Bybli, repulsa,
et pauet obsessum glaciali frigore corpus;
mens tamen ut rediit, pariter rediere furores,
linguaque uix tales icto dedit aere uoces:
'et merito! quid enim temeraria uulneris huius   585
indicium feci? quid quae celanda fuerunt
tam cito commisi properatis uerba tabellis?
ante erat ambiguis animi sententia dictis
praetemptanda mihi. ne non sequeretur euntem,
parte aliqua ueli, qualis foret aura, notare   590
debueram tutoque mari decurrere, quae nunc
non exploratis impleui lintea uentis.
auferor in scopulos igitur subuersaque toto
obruor Oceano, neque habent mea uela recursus.

daquela que te confessa o seu amor e que jamais to confessaria
se a isso não a forçasse o fogo mais violento. Não te tornes
merecedor de constar no meu sepulcro como a sua causa."

A cera, uma vez cheia, deixou sem espaço a mão que estas
palavras lavrava em vão. A última frase foi escrita na margem.
Logo assina seu crime, imprimindo nele a pedra do seu anel,
que molha com lágrimas (faltara umidade à língua).
Chama, envergonhada, um dos servos e diz-lhe em tom carinhoso:
"Tu, ó mais fiel dos meus servos, leva isto ao meu...",
e largo tempo depois acrescenta "... irmão". Ao entregar-lhas,
das mãos escorregam-lhe as tabuinhas e caem no chão.
O agouro perturbou-a, mas enviou-as. Ao achar ocasião favorável,
o servo abeirou-se de Cauno e entregou-lhe a secreta mensagem.
Aturdido por súbita ira, o jovem neto de Meandro arremessa
para longe, sem acabar de as ler, as tabuinhas recebidas. Contendo-se
com dificuldade para não esbofetear a cara do apavorado servo,
grita-lhe: "Desaparece enquanto podes, ó celerado cúmplice
de uma paixão proibida! Se a tua morte não arrastasse consigo
a minha dignidade, seria com a morte que saldarias teu crime."
Foge aquele espavorido e transmite a sua senhora
as terríveis palavras de Cauno. Ao ouvires a recusa, Bíblis,
empalideces e, presa de frio glacial, teu corpo treme de medo.
Ao retornar a razão, também retorna o furor. E a sua língua,
que mal faz vibrar o ar, solta as palavras seguintes:
"Bem feito! Realmente, por que ousei mostrar esta ferida?
Como é que me precipitei a confiar tão facilmente a umas tabuinhas
palavras que devia guardar em silêncio? Antes, havia de ter-lhe
sondado o ânimo com palavras dúbias. Para não ir atrás de quem
não quer ir, devia ter procurado saber, com uma parte da vela,
de que lado estava o vento e vagar por mar seguro, eu que agora
deixei inflar as velas por ventos que não explorei.
Sou, pois, atirada contra as rochas e, depois de naufragar,
afogo-me no abismo do Oceano. Não há retorno para as minhas velas.
Como foi possível, uma vez que presságios claros se opunham

quid quod et ominibus certis prohibebar amori 595
indulgere meo, tum cum mihi ferre iubenti
excidit et fecit spes nostras cera caducas?
nonne uel illa dies fuerat uel tota uoluntas,
sed potius mutanda dies? deus ipse monebat
signaque certa dabat, si non male sana fuissem. 600
et tamen ipsa loqui nec me committere cerae
debueram praesensque meos aperire furores.
uidisset lacrimas, uultum uidisset amantis;
plura loqui poteram, quam quae cepere tabellae;
inuito potui circumdare bracchia collo 605
et, si reicerer, potui moritura uideri
amplectique pedes adfusaque poscere uitam.
omnia fecissem, quorum si singula duram
flectere non poterant, potuissent omnia, mentem.
forsitan et missi sit quaedam culpa ministri; 610
non adiit apte nec legit idonea, credo,
tempora nec petiit horamque animumque uacantem.
haec nocuere mihi; neque enim est de tigride natus
nec rigidas silices solidumue in pectore ferrum
aut adamanta gerit nec lac bibit ille leaenae. 615
uincetur; repetendus erit, nec taedia coepti
ulla mei capiam, dum spiritus iste manebit.
nam primum, si facta mihi reuocare liceret,
non coepisse fuit; coepta expugnare secundum est.
quippe nec ille potest, ut iam mea uota relinquam, 620
non tamen ausorum semper memor esse meorum.
et, quia desierim, leuiter uoluisse uidebor,
aut etiam temptasse illum insidiisque petisse;
uel certe non hoc, qui plurimus urget et urit
pectora nostra, deo, sed uicta libidine credar. 625
denique iam nequeo nil commisisse nefandum:
et scripsi et petii, temerata est nostra uoluntas;
ut nihil adiciam, non possum innoxia dici.
quod superest multum est in uota, in crimina paruum.'

512

a que cedesse à minha paixão, quando, ao mandar entregá-las,
as tabuinhas de cera me caíram das mãos,
tornando caducas as minhas esperanças?
Não devera eu ter mudado o dia ou ter mudado todo
o meu propósito, embora melhor fosse ter mudado o dia?
Advertia-me um deus e dava-me seguros sinais, não estivesse
eu desvairada! Devera ter-lhe falado eu mesma e não confiar-me
à cera, abrir perante ele os meus desvarios. Teria ele visto
as lágrimas e a face de quem o ama. Poderia dizer-lhe mais
do que as tabuinhas diziam. Tive a possibilidade de lhe lançar
os braços ao pescoço, embora constrangido, e, se tivesse sido rejeitada,
poderia ter parecido decidida a morrer e, estendida no chão,
abraçada a seus pés, suplicar-lhe a vida.
Tudo teria feito e, se cada atitude, por si só, não houvesse podido
flectir o seu duro coração, todas juntas tê-lo-iam podido.
Talvez tenha havido alguma culpa do servo que mandei.
Não o abordou do modo que devia, nem escolheu, assim creio,
o momento oportuno, nem procurou a hora em que o espírito
está livre de preocupações. Foi isso que me prejudicou.
Ele não é filho de um tigre, nem tem coração de pedra dura
ou de ferro maciço, ou de aço, nem bebeu o leite de uma leoa.
Há de ser vencido. Vai ser de novo atacado. E, enquanto viver,
não me enfastiarei do meu desígnio. Pois, se me fosse dado
trazer de novo os fatos à minha presença, o primeiro era
não ter começado; o segundo é levar de vencida o que comecei.
Pois, ainda que aos meus propósitos renuncie agora,
não pode ele não se lembrar sempre da minha ousadia.
E, uma vez que desisti, vai parecer que o quis por capricho,
ou ainda, que o pus a ele à prova e tentei conquistá-lo por perfídia.
Ou acreditará que fui dominada, não por este deus
que violenta e consome o meu coração, mas por um capricho?
Enfim, já não consigo não ter cometido uma infâmia.
Escrevi e supliquei, foi manchada a minha vontade.
Ainda que nada mais faça, não posso dizer-me inocente.
É muito o que falta para cumprir meu desejo; é pouco para ser crime."

Dixit, et (incertae tanta est discordia mentis)   630
cum pigeat temptasse, libet temptare; modumque
exit et infelix committit saepe repelli.
mox ubi finis abest, patriam fugit ille nefasque
inque peregrina ponit noua moenia terra.
tum uero maestam tota Miletida mente   635
defecisse ferunt, tum uero a pectore uestem
diripuit planxitque suos furibunda lacertos,
iamque palam est demens inconcessaeque fatetur
spem Veneris, siquidem patriam inuisosque Penates
deserit et profugi sequitur uestigia fratris.   640
utque tuo motae, proles Semeleia, thyrso
Ismariae celebrant repetita triennia Bacchae,
Byblida non aliter latos ululasse per agros
Bubasides uidere nurus; quibus illa relictis
Caras et armiferos Lelegas Lyciamque pererrat.   645
iam Cragon et Limyren Xanthique reliquerat undas,
quoque Chimaera iugo mediis in partibus ignem,
pectus et ora leae, caudam serpentis habebat.
deficiunt siluae, cum tu lassata sequendo
concidis et dura positis tellure capillis,   650
Bybli, iaces frondesque tuo premis ore caducas.
saepe illam nymphae teneris Lelegeides ulnis
tollere conantur, saepe ut medeatur amori,
praecipiunt surdaeque adhibent solacia menti.
muta iacet uiridesque suis tenet unguibus herbas   655
Byblis et umectat lacrimarum gramina riuo.
Naidas his uenam quae numquam arescere posset,
supposuisse ferunt; quid enim dare maius habebant?

Concluiu. E é tão grande a desordem em seu indeciso espírito
que, embora lamente o ter tentado, pretende voltar a fazê-lo.
Ultrapassa os limites e sujeita-se, infeliz, a ser rejeitada mais vezes.
Ao ser ultrapassado o limite, deixou de existir fronteira,
Cauno deixa a pátria[14] e o incesto e funda novas muralhas
em terra estranha. Diz-se que, então, desolada,
a filha de Mileto perdeu por completo a razão;
então, arrancou do peito as vestes e, furibunda,
feriu com fragor os seus braços. É pública a sua loucura
e, confessando a esperança num amor proibido, deixa a pátria
e os odiados Penates e segue os passos do irmão, que fugia.
Tal como as bacantes do Ísmaro[15] excitadas pelo tirso,
ó filho de Sêmele, celebram de novo as festas trienais,
assim as donzelas de Búbaso[16] viram Bíblis soltando por campos sem fim
retumbantes uivos. Ao deixá-las, deambula pela região da Cária,
entre os Léleges[17] sempre de arma cingida, e pela Lícia.
Havia deixado já Crago, Límira, as águas do Xanto[18]
e o cimo das montanhas onde a Quimera, com fogo na parte média
do corpo, peito e cabeça de leoa, cauda de serpente, habitava.
Deixou de haver floresta, Bíblis, quando tu, cansada pelo
teu deambular, sucumbes e jazes estendida sobre a terra dura,
que os teus cabelos cobrem, e calcas com tua face as folhas caídas.
Muitas vezes tentam as ninfas do Lélege reerguê-la
em seus ternos braços, muitas vezes a aconselham
a medicar seu amor e tentam consolar sua surda mente.
Estendida no chão, Bíblis mantém-se muda. Agarra com as unhas
a erva verde e, com um rio de lágrimas, ensopa a relva.
Diz-se que, por debaixo dela, puseram as Náiades
um veio de água que não poderá secar nunca.

---

[14] Mileto.

[15] Montanha da Trácia.

[16] Cidade da Cária.

[17] Povo pré-histórico da Grécia e da Ásia Menor.

[18] Montanha, cidade e rio da Lícia.

protinus, ut secto piceae de cortice guttae
utue tenax grauida manat tellure bitumen,   660
utque sub aduentum spirantis lene Fauoni
sole remollescit, quae frigore constitit, unda,
sic lacrimis consumpta suis Phoebeia Byblis
uertitur in fontem, qui nunc quoque uallibus illis
nomen habet dominae nigraque sub ilice manat.   665

   Fama noui centum Cretaeas forsitan urbes
implesset monstri, si non miracula nuper
Iphide mutata Crete propiora tulisset.
proxima Cnosiaco nam quondam Phaestia regno
progenuit tellus ignotum nomine Ligdum,   670
ingenua de plebe uirum; nec census in illo
nobilitate sua maior, sed uita fidesque
inculpata fuit. grauidae qui coniugis aures
uocibus his monuit, cum iam prope partus adesset:
'quae uoueam duo sunt, minimo ut releuere dolore   675
utque marem parias. onerosior altera sors est,
et uires fortuna negat. quod abominor, ergo,
edita forte tuo fuerit si femina partu
(inuitus mando; Pietas, ignosce!) necetur.'
dixerat, et lacrimis uultum lauere profusis   680
tam qui mandabat quam cui mandata dabantur.
sed tamen usque suum uanis Telethusa maritum
sollicitat precibus, ne spem sibi ponat in arto;
certa sua est Ligdo sententia. iamque ferendo
uix erat illa grauem maturo pondere uentrem,   685
cum medio noctis spatio sub imagine somni
Inachis ante torum pompa comitata sacrorum
aut stetit aut uisa est; inerant lunaria fronti

De imediato, como da casca fendida a resina escorre em gotas,
como da terra embebida mana o pegajoso pez,
e como, com a chegada do Favônio de sopro suave,
se derrete a água que o frio parara, assim, consumida
pelas lágrimas, Bíblis, a neta de Febo, se transformara em fonte
que, naqueles vales, ainda hoje ostenta o nome da dona
e brota de debaixo de uma negra azinheira.

[Ífis e Iante]

A notícia deste inaudito prodígio talvez tivesse invadido
as cem cidades de Creta, se Creta não tivesse sido
recentemente dominada por portento mais chegado,
a transformação de Ífis. Efetivamente, a região de Festo,
vizinha do reino de Cnosso, viu um dia nascer Ligdo,
homem do povo, mas de condição livre. Nele, a riqueza
não era superior à nobreza, mas vida e honra eram
sem mancha. Aos ouvidos de sua mulher, que estava grávida,
quando a hora do parto se aproximava já, sussurrou estas palavras:
"São dois os votos que faço — que a hora chegue com o mínimo de dor,
e que dês à luz um rapaz. Um filho de outro sexo é encargo mais pesado
e a Fortuna nega os recursos. Por isso, se por acaso, o que eu recuso
como mau agouro, do teu parto nascer uma filha (contra vontade
te ordeno, que o afeto paternal me perdoe!), dá-lhe a morte."
Acabara de falar e as lágrimas derramadas inundaram a face
tanto do que mandava como daquela a quem eram dadas as ordens.
Mas, enquanto Teletusa, com inúteis súplicas,
insiste com seu marido para que não ponha em aperto
sua esperança, Ligdo mantém como definitiva a sua decisão.
Completado o tempo, já ela mal podia mover o peso do ventre,
quando, a meio da noite, num sonho, se apresentou,
ou assim pareceu, frente a seu leito, a filha de Ínaco[19]
rodeada do seu cortejo sagrado. Tinha na fronte

---

[19] Io, identificada com Ísis.

cornua cum spicis nitido flauentibus auro
et regale decus. cum qua latrator Anubis 690
sanctaque Bubastis uariusque coloribus Apis,
quique premit uocem digitoque silentia suadet;
sistraque erant numquamque satis quaesitus Osiris
plenaque somniferis serpens peregrina uenenis.
tum uelut excussam somno et manifesta uidentem 695
sic adfata dea est: 'pars o Telethusa mearum,
pone graues curas mandataque falle mariti;
nec dubita, cum te partu Lucina leuarit,
tollere quidquid erit. dea sum auxiliaris opemque
exorata fero, nec te coluisse quereris 700
ingratum numen.' monuit thalamoque recessit.
laeta toro surgit purasque ad sidera supplex
Cressa manus tollens, rata sint sua uisa, precatur.
ut dolor increuit seque ipsum pondus in auras
expulit et nata est ignaro femina patre, 705
iussit ali mater puerum mentita; fidemque
res habuit, neque erat ficti nisi conscia nutrix.
uota pater soluit nomenque imponit auitum;
Iphis auus fuerat. gauisa est nomine mater,
quod commune foret nec quemquam falleret illo. 710
indetecta pia mendacia fraude latebant.
cultus erat pueri; facies, quam siue puellae
siue dares puero, fierat formosus uterque.
    Tertius interea decimo successerat annus,
cum pater, Iphi, tibi flauam despondit Ianthen, 715
inter Phaestiadas quae laudatissima formae
dote fuit uirgo, Dictaeo nata Teleste.

o crescente da Lua com duas espigas de ouro brilhante
e a insígnia real. Tinha com ela o latrante Anúbis;
a santa Bubástis; Ápis, de cores variegadas, o deus
que reprime a voz e, com o dedo, convida ao silêncio.[20]
Estavam os sistros[21] e o nunca por demais procurado Osíris,[22]
e a serpente estrangeira, cheia de soníferos venenos.
Então, como que desperta do sono e tudo vendo claramente,
assim lhe diz a deusa: "Teletusa, tu, uma das minhas,
deixa tuas graves preocupações e furta-te às ordens de teu marido.
Quando Lucina te aliviar do parto, não hesites em criar aquele que nascer,
seja de que sexo for. Sou deusa auxiliadora e socorro a quem me implora.
Não te lamentarás de haver venerado a um deus ingrato."
Depois de transmitir sua advertência, retirou-se dos aposentos.
Cheia de alegria, a Cretense sai do leito e, erguendo ao céu
as mãos purificadas, pede suplicante que o sonho se cumpra.
Quando a dor aumentou e a carga saiu, por si, à luz do dia
e, sem o pai saber, nasceu uma menina,
a mãe, mentindo, decidiu que como rapaz ia ser criada.
Todos acreditaram e só a ama tinha conhecimento do engano.
O pai cumpre o seu voto e dá-lhe o nome do avô.
Chamava-se este Ífis. A mãe ficou feliz com o nome,
que era comum aos dois sexos e, com ele, a ninguém enganaria.
Sua piedosa mentira mantinha-se encoberta pela fraude.
Era de rapaz a roupa. As feições, atribuíssem-se
a menina ou a rapaz, a ambos tornariam belos.

Entretanto, Ífis, ao teu décimo havia sucedido um terceiro ano,
quando teu pai te dá por noiva a loura Iante, filha de Telestes,
de Dicta,[23] que era, por sua beleza, a mais elogiada entre
as donzelas de Festo. Iguais em idade, eram iguais em beleza,

---

[20] Hórus.

[21] Instrumento musical usado nos sacrifícios em honra de Ísis.

[22] Osíris foi despedaçado por Tífon. Ísis, depois de muito procurar seus pedaços, reconstituiu-lhe o corpo.

[23] Montanha de Creta.

519   Livro IX

par aetas, par forma fuit, primasque magistris
accepere artes, elementa aetatis, ab isdem.
hinc amor ambarum tetigit rude pectus et aequum 720
uulnus utrique dedit, sed erat fiducia dispar.
coniugium pactaeque exspectat tempora taedae,
quamque uirum putat esse, uirum fore credit Ianthe;
Iphis amat, qua posse frui desperat, et auget
hoc ipsum flammas ardetque in uirgine uirgo. 725
uixque tenens lacrimas 'quis me manet exitus' inquit
'cognita quam nulli, quam prodigiosa nouaeque
cura tenet Veneris? si di me [parcere uellent,
parcere debuerant; si non, et] perdere uellent,
naturale malum saltem et de more dedissent. 730
nec uaccam uaccae, nec equas amor urit equarum.
urit oues aries, sequitur sua femina ceruum.
sic et aues coeunt, interque animalia cuncta
femina femineo correpta cupidine nulla est.
uellem nulla forem! ne non tamen omnia Crete 735
monstra ferat, taurum dilexit filia Solis.
femina nempe marem; meus est furiosior illo,
si uerum profitemur, amor. tamen illa secuta est
spem Veneris, tamen illa dolis et imagine uaccae
passa bouem est, et erat qui deciperetur adulter. 740
huc licet ex toto sollertia confluat orbe,
ipse licet reuolet ceratis Daedalus alis,
quid faciet? num me puerum de uirgine doctis
artibus efficiet? num te mutabit, Ianthe?
quin animum firmas teque ipsa recolligis, Iphi, 745
consiliique inopes et stultos excutis ignes?
quid sis nata, uides, nisi te quoque decipis ipsam:
et pete quod fas est, et ama quod femina debes.
spes est quae faciat, spes est quae pascat amorem;
hanc tibi res adimit. non te custodia caro 750
arcet ab amplexu nec cauti cura mariti,
non patris asperitas, non se negat ipsa roganti;

e dos mesmos mestres tinham recebido os primeiros
ensinamentos, rudimentos próprios da infância.
Neste convívio, o amor tocou o coração de ambas
e em cada uma fez ferida igual, sendo diferente a esperança.
Iante aguarda pelo matrimônio e pelas tochas do prometido himeneu,
julgando ser homem aquela que, acredita, virá a ser seu marido.
Ífis ama sem esperança de poder desfrutar daquela a quem ama.
E isso atiça a chama. Sendo donzela, arde de paixão por outra donzela.
Retendo com dificuldade as lágrimas, questiona: "Que saída me resta
a mim, a quem domina um amor estranho, a mim, a quem domina
uma paixão monstruosa e desconhecida? Se os deuses queriam salvar-me,
deviam salvar-me. Se não, e me quisessem perder, tivessem-me dado
ao menos uma enfermidade conforme à natureza e conforme
aos costumes. Não arde de paixão uma vaca por outra,
nem uma égua por outras éguas. Arde o carneiro de paixão pelas ovelhas;
busca o veado as suas fêmeas. É deste modo que acasalam as aves
e, entre todos os animais, nenhuma fêmea é arrebatada de paixão
por outra. Desejava nem sequer ter existido! Mas para que Creta
gerasse toda a espécie de monstros, amou um touro a filha do Sol.
Sim, mas foi uma fêmea a amar um macho. O meu amor, para dizer
a verdade, é bem mais violento que esse. Ela foi seduzida pela esperança
do prazer de Vênus e foi com astúcia e sob o disfarce de vaca
que se uniu ao touro. E aquele que foi enganado era um amante.
Ainda que para mim conflua o ardil do mundo inteiro,
ainda que o próprio Dédalo aqui retorne nas suas asas de cera,
que poderá ele fazer? Com as suas doutas artes, fará ele que,
de donzela, me torne eu rapaz? Transformar-te-á ele a ti, Iante?
Por que não revigoras, Ífis, a tua coragem, recobras teu ânimo
e expulsas de ti esse amor insano e irracional?
Sabes o que, por natureza, és, a não ser que a ti mesma te enganes.
Busca o que é lícito e ama o que deves enquanto mulher!
É a esperança que cativa o amor, é a esperança que o alimenta!
É a natureza que dela te priva. Não é um guardião que te afasta
do abraço dela, nem a vigilância de um marido ciumento,
nem a severidade de um pai, nem ela se recusa ao que tu lhe pedes.

Livro IX

nec tamen est potienda tibi, nec, ut omnia fiant,
esse potes felix, ut dique hominesque laborent.
[nunc quoque uotorum nulla est pars uana meorum,   755
dique mihi faciles quidquid ualuere, dederunt.]
quod uolo uult genitor, uult ipsa socerque futurus;
at non uult natura, potentior omnibus istis,
quae mihi sola nocet. uenit ecce optabile tempus,
luxque iugalis adest, et iam mea fiet Ianthe   760
nec mihi continget; mediis sitiemus in undis.
pronuba quid Iuno, quid ad haec, Hymenaee, uenitis
sacra, quibus qui ducat abest, ubi nubimus ambae?'
    Pressit ab his uocem. nec lenius altera uirgo
aestuat utque celer uenias, Hymenaee, precatur.   765
quod petit haec Telethusa timens modo tempora differt,
nunc ficto languore moram trahit, omina saepe
uisaque causatur. sed iam consumpserat omnem
materiam ficti, dilataque tempora taedae
institerant, unusque dies restabat. at illa   770
crinalem capiti uittam nataeque sibique
detrahit et passis aram complexa capillis
'Isi, Paraetonium Mareoticaque arua Pharonque
quae colis et septem digestum in cornua Nilum,
fer, precor' inquit, 'opem nostroque medere timori.   775
te, dea, te quondam tuaque haec insignia uidi
[cunctaque cognoui, sonitum comitesque facesque]
†sistrorum† memorique animo tua iussa notaui.
quod uidet haec lucem, †quod non ego punior, ecce†
consilium munusque tuum est; miserere duarum,   780
auxilioque iuua.' lacrimae sunt uerba secutae.
uisa dea est mouisse suas (et mouerat) aras,
et templi tremuere fores imitataque lunam
cornua fulserunt crepuitque sonabile sistrum.
non secura quidem, fausto tamen omine laeta   785
mater abit templo. sequitur comes Iphis euntem,
quam solita est, maiore gradu; nec candor in ore

Contudo, tu não podes possuí-la, e ainda que tudo se conjugue,
ser feliz não podes, mesmo que deuses e homens se empenhem nisso.
Até agora, parte alguma dos meus votos ficou por cumprir. Os deuses,
favoráveis, concederam-me tudo quanto estava ao seu alcance.
Meu pai quer o que eu quero, ela quere-o, e quere-o também
o meu futuro sogro. Mas, mais que todos poderosa, a única
que contra mim está, não o quer a natureza! O desejado momento
está prestes a chegar, o dia do casamento avizinha-se. Iante será minha,
mas não me pertencerá. No meio da água irei passar sede.
Juno, tu que presides aos casamentos, e tu, Himeneu, por que vindes
a esta solenidade onde falta marido e as noivas são duas?"
　　Depois destas palavras, calou-se. Mas não arde
em ânsias menores a outra donzela e pede-te, Himeneu,
que célere venhas. O que esta deseja Teletusa o teme.
E, ora faz recuar a data, ora ganha tempo,
fingindo doenças, muitas vezes alega visões e presságios.
Mas havia esgotado já a inventiva toda e a adiada data
das núpcias estava iminente. Faltava apenas um dia.
Da cabeça da filha e da sua, Teletusa arranca a fita
que prende os cabelos e, com eles ao vento, abraça o altar e ora:
"Ísis, tu que habitas Paretônio, os campos Mareóticos,
Faros e o Nilo, que em sete braços se parte,
eu te peço, socorre-nos, dá solução à nossa angústia!
A ti, deusa, a ti vi-te eu, faz tempo, e vi os teus atributos.
Tudo reconheci, o som dos sistros, o cortejo, as tochas.
E registrei tuas ordens na fiel memória. Foi por teu conselho,
por proteção tua que esta vê a luz do dia e eu não sou punida.
Tem piedade de ambas. Socorre-nos com a tua ajuda."
As lágrimas seguem-se às palavras. Pareceu-lhe que a deusa
movera os altares. E tinha-os movido. Tremeram as portas do templo,
brilharam os cornos que imitam a Lua, vibrou o sonoro sistro.
Ainda não tranquila, mas alegre com o ditoso presságio,
a mãe sai do templo. Acompanha-a Ífis com passo mais largo
do que é costume. Não ostenta já brancura na face.
As forças aumentam-lhe. É mais enérgica a própria feição.

523

Livro IX

permanet et uires augentur et acrior ipse est
uultus et incomptis breuior mensura capillis,
plusque uigoris adest habuit quam femina. nam quae 790
femina nuper eras, puer es. date munera templis,
nec timida gaudete fide. dant munera templis,
addunt et titulum; titulus breue carmen habebat:
DONA · PUER · SOLVIT · QUAE · FEMINA · VOVERAT · IPHIS
postera lux radiis latum patefecerat orbem, 795
cum Venus et Iuno sociosque Hymenaeus ad ignes
conueniunt, potiturque sua puer Iphis Ianthe.

Os cabelos estão mais curtos e em desalinho.

Há nela vigor maior do que havia em mulher.

De fato, tu que eras mulher ainda há pouco, agora és já rapaz.

Levai oferendas aos templos, alegrai-vos com fé, sem temor.

Aos templos levam oferendas e juntam-lhes uma inscrição.

A inscrição era um pequeno poema:

ÍFIS, RAPAZ, FEZ A ENTREGA DOS PRESENTES QUE PROMETEU EM MULHER.

O dia seguinte iluminara com seus raios a extensão do universo,

quando Vênus, Juno e Himeneu juntos convergem

para as tochas nupciais, e Ífis, o jovem, possui a sua Iante.

Liber Decimus

Inde per immensum croceo uelatus amictu
aethera digreditur Ciconumque Hymenaeus ad oras
tendit et Orphea nequiquam uoce uocatur.
adfuit ille quidem, sed nec sollemnia uerba
nec laetos uultus nec felix attulit omen;   5
fax quoque quam tenuit lacrimoso stridula fumo
usque fuit nullosque inuenit motibus ignes.
exitus auspicio grauior; nam nupta per herbas
dum noua Naiadum turba comitata uagatur,
occidit in talum serpentis dente recepto.   10
quam satis ad superas postquam Rhodopeius auras
defleuit uates, ne non temptaret et umbras,
ad Styga Taenaria est ausus descendere porta;
perque leues populos simulacraque functa sepulcro
Persephonen adiit inamoenaque regna tenentem   15
umbrarum dominum, pulsisque ad carmina neruis
sic ait: 'o positi sub terra numina mundi,
in quem reccidimus, quidquid mortale creamur,
si licet et falsi positis ambagibus oris
uera loqui sinitis, non huc ut opaca uiderem   20
Tartara descendi nec uti uillosa colubris

Livro X

[Orfeu e Eurídice]

Coberto com o manto cor de açafrão, Himeneu parte dali
e encaminha-se, pelo céu imenso, para a região dos Cícones,[1]
debalde chamado pela voz de Orfeu. Ele compareceu realmente,
mas sem palavras solenes, sem alegria no rosto
e sem augúrio favorável. Até o facho que trazia crepitou
com um fumo que provoca lágrimas e, nos seus movimentos,
não se viu chama nenhuma. Mas foi pior o desfecho
do que o fora o presságio. Efetivamente, quando, acompanhada
de um grupo de Náiades, a recém-casada[2] passeava na relva,
picada por uma víbora, caiu morta. Depois de o cantor
de Ródope a chorar à luz do dia, para não deixar
de tentar as sombras também, ousa descer ao Estige pela porta
do Tênaro.[3] Por entre gente sem peso e fantasmas que haviam
recebido as honras de sepultura, chegou junto de Perséfone
e daquele que governa o lúgubre reino, o senhor das Sombras.
Fazendo vibrar as cordas para acompanhar o poema,
cantou assim: "Senhor do mundo subterrâneo
a que todos quantos nascemos mortais vimos dar,
se for possível e consentirdes que, deixando os rodeios
de um discurso mentiroso, eu diga a verdade, não desci até aqui
para contemplar o tenebroso Tártaro, nem para amarrar

---

[1] Um dos povos da Trácia.

[2] Eurídice.

[3] Promontório e cidade da Lacônia, Tênaro é também uma das entradas para os Infernos.

terna Medusaei uincirem guttura monstri;
causa uiae est coniunx, in quam calcata uenenum
uipera diffudit crescentesque abstulit annos.
posse pati uolui nec me temptasse negabo;   25
uicit Amor. supera deus hic bene notus in ora est;
an sit et hic dubito. sed et hic tamen auguror esse,
famaque si ueteris non est mentita rapinae,
uos quoque iunxit Amor. per ego haec loca plena timoris,
per Chaos hoc ingens uastique silentia regni,   30
Eurydices, oro, properata retexite fata.
omnia debemur uobis, paulumque morati
serius aut citius sedem properamus ad unam;
tendimus huc omnes, haec est domus ultima, uosque
humani generis longissima regna tenetis.   35
haec quoque, cum iustos matura peregerit annos,
iuris erit uestri; pro munere poscimus usum.
quod si fata negant ueniam pro coniuge, certum est
nolle redire mihi; leto gaudete duorum.'
   Talia dicentem neruosque ad uerba mouentem   40
exsangues flebant animae; nec Tantalus undam
captauit refugam, stupuitque Ixionis orbis,
nec carpsere iecur uolucres, urnisque uacarunt
Belides, inque tuo sedisti, Sisyphe, saxo.
tunc primum lacrimis uictarum carmine fama est   45
Eumenidum maduisse genas; nec regia coniunx
sustinet oranti nec qui regit ima negare,
Eurydicenque uocant. umbras erat illa recentes
inter et incessit passu de uulnere tardo.

as três gargantas eriçadas de cobras do monstro, o filho da Medusa.[4]
É razão desta viagem a minha mulher, em quem, ao ser pisada,
uma víbora inoculou veneno, roubando-lhe os verdes anos.
Pensei poder suportar, e não dizer que não o tenha tentado.
O Amor venceu. É este um deus bem conhecido nas regiões superiores.
Não sei se também o será aqui, mas presumo que o seja.
E, se não for fábula a história do antigo rapto,[5] foi também o Amor
quem vos uniu a vós. Por estes lugares de pavor repletos, por este
incomensurável caos, por este amplo e silencioso reino, eu vos conjuro,
tecei de novo o destino tão velozmente cumprido de Eurídice!
Tudo está em dívida para convosco e, daqui a algum tempo,
mais tarde ou mais cedo, todos nos encaminhamos
para a mesma morada, todos aqui vimos dar. Esta é a última morada,
e vós sois senhores do reino mais duradouro do gênero humano.
Também ela, quando, chegada a seu termo, tiver cumprido os anos
que lhe são devidos, à vossa lei ficará sujeita. Em vez de um presente,
peço o usufruto. Pois, se o destino me negar o favor da minha esposa,
certo é que não me irei daqui. Ficai felizes com a morte de ambos!"

Enquanto entoava este canto e tangia as cordas a acompanhar
os versos, as exangues sombras choravam, Tântalo parou
de colher a água que lhe voltava a fugir, parou a roda de Ixíon,
nem as aves devoravam o fígado,[6] as netas de Belo[7]
deram descanso às urnas, e tu, Sísifo, sentaste-te na tua pedra.
Diz-se que, então, pela primeira vez vencidas pelo canto,
se salpicaram de lágrimas as faces das Eumênides. Nem a esposa real,
nem aquele que governa as profundezas ousaram recusar
o que lhes era pedido. Chamaram Eurídice. Estava no meio das sombras
recentemente chegadas e avançou lentamente por causa da sua ferida.

---

[4] Cérbero.

[5] O de Prosérpina por Plutão.

[6] Tício, gigante que Zeus fulminou, quando, movido por Hera, se preparava para violentar Leto, a rival da deusa, e precipitou nos Infernos, onde duas águias lhe devoram o fígado, que se renova.

[7] As Danaides, filhas de Dânao e netas de Belo, rei do Egito.

hanc simul et legem Rhodopeius accipit heros,   50
ne flectat retro sua lumina, donec Auernas
exierit ualles; aut inrita dona futura.
   Carpitur accliuis per muta silentia trames,
arduus, obscurus, caligine densus opaca,
nec procul abfuerunt telluris margine summae;   55
hic ne deficeret metuens auidusque uidendi
flexit amans oculos, et protinus illa relapsa est,
bracchiaque intendens prendique et prendere certans
nil nisi cedentes infelix arripit auras.
iamque iterum moriens non est de coniuge quicquam   60
questa suo (quid enim nisi se quereretur amatam?)
supremumque 'uale', quod iam uix auribus ille
acciperet, dixit reuolutaque rursus eodem est.
   Non aliter stupuit gemina nece coniugis Orpheus
quam tria qui Stygii, medio portante catenas,   65
colla canis uidit; quem non pauor ante reliquit,
quam natura prior, saxo per corpus oborto;
quique in se crimen traxit uoluitque uideri
Olenos esse nocens, tuque, o confisa figurae,
infelix Lethaea, tuae, iunctissima quondam   70
pectora, nunc lapides, quos umida sustinet Ide.
orantem frustraque iterum transire uolentem
portitor arcuerat. septem tamen ille diebus
squalidus in ripa Cereris sine munere sedit;
cura dolorque animi lacrimaeque alimenta fuere.   75
esse deos Erebi crudeles questus in altam
se recipit Rhodopen pulsumque aquilonibus Haemum.

Recebe-a o herói de Ródope,[8] ao mesmo tempo que recebia
a determinação de não olhar para trás, enquanto não deixasse
os vales do Averno, ou ficaria o favor sem efeito.

Em profundo silêncio, seguem por vereda íngreme,
escarpada, escura, envolta em espessa neblina.
Não estavam longe do rebordo superior da terra.
Cheio de amor, com medo de que Eurídice desfaleça
e ansioso por vê-la, Orfeu volta o olhar. Logo ela cai de novo.
De braços estendidos, lutando por que a agarrem e por ela
se agarrar, a infeliz apenas agarra a inconsistência do ar.
Ao morrer de novo, do marido não tem queixa alguma
(de que haveria ela de se queixar senão de ser amada?),
diz-lhe o último adeus, que mal lhe chega aos ouvidos,
e retorna ao lugar de onde partira.

Com a segunda morte da esposa, Orfeu fica tão transido
como o homem que do cão do Estige viu as três cabeças,
tendo a do meio as cadeias, a quem o pavor não deixou
antes da primitiva natureza, tornada pedra em seu corpo;
e como Óleno, que chamou a si o crime,
pretendendo passar ele por culpado, e como tu,
infeliz Leteia, fiada em tua beleza, corações tão unidos,
antes, pedras que o úmido Ida guarda, agora.[9]
O barqueiro tinha afastado Orfeu, que pedia
e em vão tentava passar outra vez. Sujo, privado dos dons
de Ceres, ficou sete dias sentado na margem.
Foram seu alimento o amor, a dor da alma e as lágrimas.
Acusando de injustos os deuses do Érebo, refugia-se nas alturas
do Ródope e do Hemo,[10] batido pelos Aquilões.

---

[8] Montanha da Trácia.

[9] Leteia, mulher de Óleno, pretendera rivalizar em beleza com uma deusa. O marido quis chamar a si a responsabilidade da falta, acabando ambos por ser transformados em pedra.

[10] Ródope e Hemo haviam sido transformados em montanhas por terem desafiado os deuses. Ver VI, 87-9.

tertius aequoreis inclusum Piscibus annum
finierat Titan, omnemque refugerat Orpheus
femineam Venerem, seu quod male cesserat illi,   80
siue fidem dederat. multas tamen ardor habebat
iungere se uati; multae doluere repulsae.
ille etiam Thracum populis fuit auctor amorem
in teneros transferre mares citraque iuuentam
aetatis breue uer et primos carpere flores.   85

Collis erat collemque super planissima campi
area, quam uiridem faciebant graminis herbae.
umbra loco deerat; qua postquam parte resedit
dis genitus uates et fila sonantia mouit,
umbra loco uenit: non Chaonis abfuit arbor,   90
non nemus Heliadum, non frondibus aesculus altis,
nec tiliae molles, nec fagus et innuba laurus,
et coryli fragiles et fraxinus utilis hastis
enodisque abies curuataque glandibus ilex
et platanus genialis acerque coloribus impar   95
amnicolaeque simul salices et aquatica lotos
perpetuoque uirens buxum tenuesque myricae
et bicolor myrtus et bacis caerula tinus.
uos quoque, flexipedes hederae, uenistis et una
pampineae uites et amictae uitibus ulmi   100
ornique et piceae pomoque onerata rubenti
arbutus et lentae, uictoris praemia, palmae

Pela terceira vez tinha Titã posto fim ao ano fechado pelos Peixes
que habitam as águas, e Orfeu recusava toda a relação amorosa
com as mulheres, seja porque lhe havia corrido mal, seja porque
tinha comprometido a sua palavra. A muitas, porém, dominava
o desejo de ao vate se unirem, a muitas fez a rejeição sofrer.
Foi ele também quem ensinou os povos da Trácia
a transferirem seu amor para rapazinhos e a acolherem da vida
a curta primavera que precede a juventude, e as primeiras flores.

[As árvores que se deslocam]

Havia uma colina e sobre ela uma extensa veiga plana
a que a relva dava um tom verde. Nela não havia sombra.
Depois de o poeta nascido dos deuses aí se haver sentado
e de haver feito vibrar as sonoras cordas, chegou a sombra
a esse lugar. Não faltou a árvore de Caônia,[11]
nem o bosque das Helíadas,[12] nem o carvalho de altaneira copa,[13]
nem a aprazível tília, nem a faia, nem o virginal loureiro,[14]
nem a frágil aveleira, nem o freixo, apropriado para lanças,
nem o abeto sem nós, nem a azinheira, vergada ao peso das bolotas,
nem o plátano, abrigo de diversões, nem o bordo de cores matizadas
e, com eles, o salgueiro que cresce ao pé das ribeiras
e o loto das águas, o buxo de um eterno verde, o esguio tamarindo,
a murta de dupla cor e o loureiro silvestre de baga escura.
Também vós viestes, heras de pé flexível, e convosco,
cobertas de parras, as vides, e os olmos cobertos de vides,
e os freixos, e os pinheiros, e os medronheiros, carregados
de frutos coloridos, e a dúctil palma, prêmio dos vencedores,

---

[11] O carvalho. Dodona, cidade da Caônia, no Épiro, tinha os mais belos.

[12] O bosque de choupos resultante da metamorfose das irmãs de Faetonte, as filhas de Hélio. Ver II, 346.

[13] Outra variedade de carvalho.

[14] Virginal porque esconde Dafne, que era virgem. Ver I, 475-86.

et succincta comas hirsutaque uertice pinus,
grata deum Matri, siquidem Cybeleius Attis
exuit hac hominem truncoque induruit alto.   105

Adfuit huic turbae metas imitata cupressus,
nunc arbor, puer ante deo dilectus ab illo,
qui citharam neruis et neruis temperat arcum.
namque sacer nymphis Carthaea tenentibus arua
ingens ceruus erat, lateque patentibus altas   110
ipse suo capiti praebebat cornibus umbras.
cornua fulgebant auro, demissaque in armos
pendebant tereti gemmata monilia collo;
bulla super frontem paruis argentea loris
uincta mouebatur; parilesque ex aere nitebant   115
auribus e geminis circum caua tempora bacae.
isque metu uacuus naturalique pauore
deposito celebrare domos mulcendaque colla
quamlibet ignotis manibus praebere solebat.
sed tamen ante alios, Ceae pulcherrime gentis,   120
gratus erat, Cyparisse, tibi; tu pabula ceruum
ad noua, tu liquidi ducebas fontis ad undam,
tu modo texebas uarios per cornua flores,
nunc eques in tergo residens huc laetus et illuc
mollia purpureis frenabas ora capistris.   125
aestus erat mediusque dies, solisque uapore
concaua litorei feruebant bracchia Cancri;
fessus in herbosa posuit sua corpora terra
ceruus et arborea frigus ducebat ab umbra.

o pinheiro, que só no cimo tem copa, e, com o vértice eriçado,
amado da mãe dos deuses, visto que Átis, favorito de Cibele, em favor
dela depõe a figura de homem, endurecendo-se no cerne do tronco.

[Ciparisso]

A esta multidão juntou-se o cipreste, que imita a meta do circo.
Hoje é árvore, no passado foi um jovem amado por aquele deus
que tange as cordas da lira e tange as cordas do arco.
Havia um enorme veado, sagrado para as ninfas
que habitam as regiões de Carteia, de cornos tão grandes
que davam uma sombra espessa à sua própria cabeça
e tinham o brilho do ouro. Do cachaço arredondado
pendiam colares de pedras preciosas que desciam pelas espáduas.
Na fronte, presa por pequenas correias, baloiçava
a bula de prata.[15] Nas duas orelhas, em torno da cavidade
das têmporas, brilhavam bagas iguais, em bronze.
Sem medo, ignorando por completo a natural timidez,
costumava ele frequentar as casas e oferecer o pescoço
às carícias, mesmo de mãos desconhecidas.
Mas eras tu, Ciparisso, o mais belo dos de Cea,[16]
quem mais o amava. Tu conduzia-lo a novas pastagens,
levava-lo às águas da cristalina fonte, entrelaçavas-lhe
nas hastes flores variegadas. Montado em seu dorso,
conduzias, qual alegre cavaleiro, sua boca obediente
para um e outro lado com rédeas de púrpura.
Era verão. Era meio-dia. Com o calor do sol,
os curvos braços do Câncer da praia ferviam.[17]
Cansado, o veado estendeu seu corpo num chão de erva
e recebia o fresco da sombra das árvores.

---

[15] Espécie de medalha que os jovens traziam ao pescoço desde o nascimento até os dezessete anos.

[16] Ilha do mar Egeu, também conhecida como Ceos.

[17] Signo do Zodíaco correspondente ao mês de julho, época do calor.

hunc puer imprudens iaculo Cyparissus acuto 130
fixit et, ut saeuo morientem uulnere uidit,
uelle mori statuit. quae non solacia Phoebus
dixit et, ut leuiter pro materiaque doleret,
admonuit! gemit ille tamen munusque supremum
hoc petit a superis, ut tempore lugeat omni. 135
iamque per immensos egesto sanguine fletus
in uiridem uerti coeperunt membra colorem,
et modo qui niuea pendebant fronte capilli
horrida caesaries fieri, sumptoque rigore
sidereum gracili spectare cacumine caelum. 140
ingemuit tristisque deus 'lugebere nobis
lugebisque alios aderisque dolentibus' inquit.

Tale nemus uates attraxerat inque ferarum
concilio medius turba uolucrumque sedebat.
ut satis impulsas temptauit pollice chordas 145
et sensit uarios, quamuis diuersa sonarent,
concordare modos, hoc uocem carmine mouit:
'Ab Ioue, Musa parens (cedunt Iouis omnia regno)
carmina nostra moue. Iouis est mihi saepe potestas
dicta prius; cecini plectro grauiore Gigantas 150
sparsaque Phlegraeis uictricia fulmina campis.
nunc opus est leuiore lyra; puerosque canamus
dilectos superis inconcessisque puellas
ignibus attonitas meruisse libidine poenam.
'Rex superum Phrygii quondam Ganymedis amore 155
arsit, et inuentum est aliquid, quod Iuppiter esse

Inadvertidamente, o jovem Ciparisso trespassou-o com
pontiagudo dardo e, ao vê-lo agonizar por causa da ferida cruel,
decidiu que queria morrer. Que palavras de consolo não lhe
endereçou Febo! E aconselhou-o a sentir de modo mais moderado,
tendo em conta o que perdera. Mas ele continua a soluçar
e pede aos deuses o supremo favor de chorar a vida toda.
E, consumindo seu sangue em torrentes de lágrimas,
começaram seus membros a assumir cor verde e os cabelos,
que ainda há pouco desciam por sua nívea fronte,
a converterem-se em eriçada cabeleira que, tornando-se rígida,
contempla o céu estrelado com um esguio pináculo.[18]
O deus chorou e, com tristeza, afirmou: "Por mim hás de ser chorado.
Tu hás de chorar os outros e acompanhar os que choram."[19]

[Ganimedes]

Fora esta a floresta que o divino cantor atraíra a si, e estava sentado
no meio de animais selvagens e de um incontável bando de aves.
Depois de experimentar as cordas, que fez vibrar com o polegar,
e de se certificar de que os vários sons se harmonizavam,
ainda que soando distintos, entoou esta canção:
"Musa, minha mãe, inspira o meu canto, que parte de Júpiter
(pois às leis de Júpiter tudo está sujeito). No passado, cantei
muitas vezes o poder de Júpiter. Com plectro mais pesado cantei
os Gigantes e os raios vitoriosos lançados sobre o campo de Flegra.
Agora, preciso de uma lira mais ligeira. Cantemos os jovens
amados pelos deuses e as donzelas que, delirantes
com amores proibidos, mereceram o castigo de sua luxúria.
Um dia, o rei dos deuses inflamou-se de amores pelo frígio
Ganimedes, e foi encontrado aquilo que Júpiter preferiu ser

---

[18] Ciparisso, filho de Télefo, tem o nome da árvore (*cyparissus*) em que se trans-
formou, o cipreste.

[19] Símbolo fúnebre, o cipreste era consagrado aos deuses infernais e crescia jun-
to aos cemitérios.

quam quod erat mallet. nulla tamen alite uerti
dignatur, nisi quae posset sua fulmina ferre.
nec mora, percusso mendacibus aere pennis
abripit Iliaden; qui nunc quoque pocula miscet   160
inuitaque Ioui nectar Iunone ministrat.

'Te quoque, Amyclide, posuisset in aethere Phoebus,
tristia si spatium ponendi fata dedissent.
qua licet, aeternus tamen es, quotiensque repellit
uer hiemem Piscique Aries succedit aquoso,   165
tu totiens oreris uiridique in caespite flores.
te meus ante omnes genitor dilexit, et orbe
in medio positi caruerunt praeside Delphi,
dum deus Eurotan immunitamque frequentat
Sparten. nec citharae nec sunt in honore sagittae;   170
immemor ipse sui non retia ferre recusat,
non tenuisse canes, non per iuga montis iniqui
ire comes, longaque alit adsuetudine flammas.
iamque fere medius Titan uenientis et actae
noctis erat spatioque pari distabat utrimque;   175
corpora ueste leuant et suco pinguis oliui
splendescunt latique ineunt certamina disci.
quem prius aerias libratum Phoebus in auras
misit et oppositas disiecit pondere nubes;
reccidit in solidam longo post tempore terram   180
pondus et exhibuit iunctam cum uiribus artem.
protinus imprudens actusque cupidine lusus
tollere Taenarides orbem properabat; at illum
dura repercusso subiecit pondere tellus

a ser aquilo que era. Não se dignou, contudo, tornar-se uma
ave qualquer, senão aquela que pudesse transportar seu raio.
De imediato, batendo o ar com enganadoras asas,
arrebata o neto de Ilo, que agora é também copeiro
e serve o néctar a Júpiter contra a vontade de Juno.

[Jacinto]

Também a ti, filho de Amiclas, haveria Febo de te pôr no céu,
se os tristes fados lhe houvessem dado tempo para o fazer.
És, contudo, eterno quanto é possível! Quantas as vezes que
a primavera remove o inverno, e ao pluvioso Peixes sucede Áries,
tantas são as vezes que renasces tu, e na erva verde as flores renascem.
Amou-te meu pai a ti mais que a todos, e Delfos,
situada no centro do mundo, viu-se privada do seu deus tutelar,
enquanto ele frequentava o Eurotas, e viu-se Esparta desprovida
de muralhas. Nem cítara nem flechas merecem a sua atenção.
Esquecido de si, não recusa transportar as redes,
nem segurar os cães, nem seguir-te pela crista de escarpados
montes e, na longa convivência, alimenta a chama.
Titã estava quase a meio entre a noite que vem
e a já passada e mantinha de ambas distância igual.
Do corpo arrancam as vestes e, brilhando de gordo azeite,
dão início ao lançamento do amplo disco.
Foi Febo quem, balançando-o, primeiro o arremessou
para o alto, rasgando, com o peso, as nuvens
que encontrou pela frente.[20] Bom tempo depois, de novo
cai a pesada massa na terra dura, deixando entrever
a perícia aliada à força. Logo, movido pela paixão
do jogo, o imprudente jovem de Tênaro[21]
se precipita a apanhar o disco, mas a dura terra, Jacinto,

---

[20] O disco lançado não em distância, mas em altura.

[21] Tênero é promontório e cidade da Lacônia, ao sul do Peloponeso, onde se situava uma das entradas dos Infernos.

in uultus, Hyacinthe, tuos. expalluit aeque 185
quam puer ipse deus conlapsosque excipit artus;
et modo te refouet, modo tristia uulnera siccat,
nunc animam admotis fugientem sustinet herbis.
nil prosunt artes; erat immedicabile uulnus.
ut, si quis uiolas riguoque papauera in horto 190
liliaque infringat fuluis horrentia linguis,
marcida demittant subito caput illa grauatum
nec se sustineant spectentque cacumine terram,
sic uultus moriens iacet, et defecta uigore
ipsa sibi est oneri ceruix umeroque recumbit. 195
"laberis, Oebalide, prima fraudate iuuenta"
Phoebus ait, "uideoque tuum, mea crimina, uulnus.
tu dolor es facinusque meum; mea dextera leto
inscribenda tuo est. ego sum tibi funeris auctor.
[quae mea culpa tamen, nisi si lusisse uocari 200
culpa potest, nisi culpa potest et amasse uocari?]
atque utinam pro te uitam tecumue liceret
reddere! quod quoniam fatali lege tenemur,
semper eris mecum memorique haerebis in ore."
[te lyra pulsa manu, te carmina nostra sonabunt, 205
flosque nouus scripto gemitus imitabere nostros.
tempus et illud erit, quo se fortissimus heros
addat in hunc florem folioque legatur eodem.]
talia dum uero memorantur Apollinis ore,
ecce cruor, qui fusus humo signauerat herbas, 210
desinit esse cruor, Tyrioque nitentior ostro
flos oritur formamque capit quam lilia si non
purpureus color his, argenteus esset in illis.
non satis hoc Phoebo est (is enim fuit auctor honoris);

repelindo o peso, projeta-o contra o teu rosto. Empalidece
o deus da mesma forma que o jovem e recolhe o corpo caído.
E ora tenta reanimar-te, ora te enxuga as horríveis feridas,
ora, aplicando ervas, sustém o sopro que foge.
De nada servem as artes. A ferida é incurável.
Se num jardim bem tratado alguém colher violetas,
papoulas e lírios eriçados de estames amarelos,
ao murcharem, estes deixam logo tombar sua débil corola
e não se sustentam, olhando a terra com o cimo;
assim se inclina seu vulto, ao morrer, e, sem força,
o próprio pescoço é um peso para si mesmo e cai sobre o ombro.
'Sucumbes, filho de Ébalo,[22] arrancado à flor da idade',
desabafa Febo. 'Olho a tua ferida, que é crime meu.
Tu és a minha dor e o meu delito. Fique minha mão inscrita
como a causa da tua morte. Eu sou o autor da tua morte.
E a minha culpa qual é, afinal? A menos que se possa chamar culpa
ao ter jogado, ou se possa chamar culpa ao ter amado!
Pudesse eu dar minha vida em vez da tua ou dar a vida contigo!
Visto que, pela lei do destino, sou neste ponto impedido,
hás de sempre estar comigo, hei de sempre ter-te na minha boca fiel.
Em tua honra há de soar a lira pulsada pela minha mão,
em tua honra soarão meus versos e, nova flor, no teu escrito
hás de imitar meus gemidos. E há de vir um dia em que um
valoroso herói se associe a esta flor e na mesma folha seja lido.'[23]
Enquanto estes fatos eram referidos pela verídica boca de Apolo,
eis que o sangue que, ao ser derramado na terra, tingira a erva,
deixa de ser sangue e, mais brilhante do que a púrpura de Tiro,
brota uma flor que assume forma semelhante ao lírio,
não fora de púrpura a cor deste, sendo de prata a daquela.
A Febo não basta isto (foi ele, de fato, o autor desta honra);

---

[22] Rei de Esparta.

[23] Ver XIII, 396. O herói é Ájax, cujas duas primeiras letras do nome se acreditava poderem ler-se nas pétalas.

ipse suos gemitus foliis inscribit et AI AI 215
flos habet inscriptum funestaque littera ducta est.
nec genuisse pudet Sparten Hyacinthon honorque
durat in hoc aeui celebrandaque more priorum
annua praelata redeunt Hyacinthia pompa.

'At si forte roges fecundam Amathunta metallis 220
an genuisse uelit Propoetidas, abnuat aeque
atque illos, gemino quondam quibus aspera cornu
frons erat; unde etiam nomen traxere Cerastae.
ante fores horum stabat Iouis Hospitis ara,
ignarus sceleris quam si quis sanguine tinctam 225
aduena uidisset, mactatos crederet illic
lactentes uitulos Amathusiacasque bidentes;
hospes erat caesus! sacris offensa nefandis
ipsa suas urbes Ophiusiaque arua parabat
deserere alma Venus. "sed quid loca grata, quid urbes 230
peccauere meae? quod" dixit "crimen in illis?
exilio poenam potius gens impia pendat
uel nece uel si quid medium est mortisque fugaeque.
idque quid esse potest, nisi uersae poena figurae?"
dum dubitat quo mutet eos ad cornua uultum 235
flexit et admonita est haec illis posse relinqui;
grandiaque in toruos transformat membra iuuencos.
'Sunt tamen obscenae Venerem Propoetides ausae
esse negare deam; pro quo sua numinis ira
corpora cum fama primae uulgasse feruntur; 240
utque pudor cessit sanguisque induruit oris,
in rigidum paruo silicem discrimine uersae.

ele mesmo grava nas folhas os seus gemidos, e a flor ostenta
a inscrição AI, AI, letras de luto que um deus traçou.
Esparta não se envergonha de haver gerado Jacinto,
e o culto deste perdura ainda. Em cada ano as Jacintas retornam,
devendo ser celebradas com solene pompa, ao modo de outrora.

[Os Cerastas e as Propétidas]

Mas, se acaso perguntares a Amatunte, rica em minas,
se queria ter gerado as Propétidas, ela dirá que não,
da mesma forma que recusa aqueles que no passado tinham dois cornos
na dura fronte, daí lhes ter vindo também o nome de Cerastas.
Em frente às suas portas erguia-se o altar de Júpiter Hospitaleiro.
Se, ao ignorar o crime, algum estrangeiro o visse manchado
de sangue, iria acreditar que ali haviam sido sacrificados
vitelos de leite e ovelhas de Amatunte. Foi um hóspede
que fora ali morto! Ofendida por este abominável sacrifício,
a própria benéfica Vênus dispunha-se a abandonar as suas cidades
e os campos de Ofiúsa. 'Mas', pergunta ela, 'que falta cometeram
estes aprazíveis lugares, e as cidades que eu amo? De que são culpados?
Seja esse ímpio povo a satisfazer seu castigo com o exílio ou a morte,
ou com alguma coisa, se é que existe, entre o exílio e a morte.
E que pode ser isso senão a pena de uma mudança?'
Enquanto pondera em que é que os há de mudar, volve os olhos
para os cornos e foi-lhe sugerido que poderia deixar-lhos,
e transforma seus corpos colossais em ameaçadores novilhos.
Entretanto, as impudicas Propétidas ousam negar que Vênus
seja deusa. Por isso se conta que, em razão da ira da deusa,
foram elas as primeiras a prostituírem seus corpos e sua beleza.
E quando o pudor desapareceu e o sangue se congelou na face,
com pequena alteração, foram elas mudadas em dura pedra.

'Quas quia Pygmalion aeuum per crimen agentes
uiderat, offensus uitiis quae plurima menti
femineae natura dedit, sine coniuge caelebs   245
uiuebat thalamique diu consorte carebat.
interea niueum mira feliciter arte
sculpsit ebur formamque dedit, qua femina nasci
nulla potest, operisque sui concepit amorem.
uirginis est uerae facies, quam uiuere credas   250
et, si non obstet reuerentia, uelle moueri;
ars adeo latet arte sua. miratur et haurit
pectore Pygmalion simulati corporis ignes.
saepe manus operi temptantes admouet, an sit
corpus an illud ebur, nec adhuc ebur esse fatetur.   255
[oscula dat reddique putat loquiturque tenetque]
sed credit tactis digitos insidere membris
et metuit pressos ueniat ne liuor in artus.
et modo blanditias adhibet, modo grata puellis
munera fert illi conchas teretesque lapillos   260
et paruas uolucres et flores mille colorum
liliaque pictasque pilas et ab arbore lapsas
Heliadum lacrimas. ornat quoque uestibus artus;
dat digitis gemmas, dat longa monilia collo,
aure leues bacae, redimicula pectore pendent.   265
cuncta decent; nec nuda minus formosa uidetur.
conlocat hanc stratis concha Sidonide tinctis
adpellatque tori sociam adclinataque colla
mollibus in plumis tamquam sensura reponit.

[Pigmalião]

Porque as havia visto levar a vida entregues ao crime,
ofendido pelos vícios que a natureza deu em abundância
à alma feminina, Pigmalião vivia celibatário, sem esposa,
e há muito não tinha companheira em seu leito.
Esculpiu, então, talentosamente e com admirável arte,
uma estátua de níveo marfim e emprestou-lhe uma beleza
com que mulher alguma pode nascer. E enamorou-se da sua obra.
O rosto é de autêntica donzela, que se poderia julgar
que vive e, se o respeito não se constituísse em óbice,
que quer mover-se, a tal ponto a arte se esconde na sua arte.
Pigmalião olha-a com espanto e haure em seu peito
as chamas de um corpo fingido. Muitas vezes aproxima
a mão para tocar sua obra, saber se aquilo é um corpo
ou se é marfim, e não reconhece que ainda é marfim.
Beija-a e julga que os beijos são retribuídos. Fala-lhe, agarra-a,
e crê que os dedos se afundam nos membros que tocam,
e receia que os membros agarrados se manchem de negro.
Ora usa de carícias, ora lhe oferta presentes
de que as donzelas gostam — conchas, pedrinhas polidas,
pequeninas aves, flores de mil cores e lírios, esferas pintadas[24]
e lágrimas caídas da árvore das Helíades.[25] Também lhe recobre
de vestidos o corpo. Adorna-lhe os dedos com joias,
enfeita-lhe o pescoço com longos colares, nas orelhas,
elegantes pérolas, pendem-lhe do peito cordões. Tudo nela fica bem.
E nua não parece menos bela. Deita-a num leito recoberto
de púrpura, chama-lhe esposa e, inclinando-lhe o pescoço,
reclina-a em suaves penas, como se as sentisse.

---

[24] Destinadas ao jogo.

[25] Helíades são as filhas do Sol e Clímene. Transformadas em choupos nas margens do rio Erídano quando choravam a sorte de seu irmão Faetonte, as suas lágrimas deram origem às gotas do âmbar (ver II, 364).

'Festa dies Veneris tota celeberrima Cypro   270
uenerat, et pandis inductae cornibus aurum
conciderant ictae niuea ceruice iuuencae,
turaque fumabant, cum munere functus ad aras
constitit et timide "si, di, dare cuncta potestis,
sit coniunx, opto", non ausus "eburnea uirgo"   275
dicere Pygmalion "similis mea" dixit "eburnae."
sensit, ut ipsa suis aderat Venus aurea festis,
uota quid illa uelint et, amici numinis omen,
flamma ter accensa est apicemque per aera duxit.
ut rediit, simulacra suae petit ille puellae   280
incumbensque toro dedit oscula; uisa tepere est.
admouet os iterum, manibus quoque pectora temptat;
temptatum mollescit ebur positoque rigore
subsedit digitis ceditque, ut Hymettia sole
cera remollescit tractataque pollice multas   285
flectitur in facies ipsoque fit utilis usu.
dum stupet et dubie gaudet fallique ueretur,
rursus amans rursusque manu sua uota retractat.
corpus erat; saliunt temptatae pollice uenae.
tum uero Paphius plenissima concipit heros   290
uerba quibus Veneri grates agit, oraque tandem
ore suo non falsa premit; dataque oscula uirgo
sensit et erubuit, timidumque ad lumina lumen
attollens pariter cum caelo uidit amantem.
coniugio, quod fecit, adest dea, iamque coactis   295
cornibus in plenum nouiens lunaribus orbem
illa Paphon genuit, de qua tenet insula nomen.

'Editus hac ille est, qui si sine prole fuisset,
inter felices Cinyras potuisset haberi.
dira canam; procul hinc, natae, procul este, parentes!   300
aut, mea si uestras mulcebunt carmina mentes,

Havia chegado o dia das festividades de Vênus, o mais celebrado
em toda a ilha de Chipre. Atingidas em sua nívea cerviz, haviam sido
imoladas novilhas de recurvos chifres dourados, o incenso exalava-se
no ar quando, tendo-se desempenhado do dever da oferenda,
se deteve diante do altar e, timidamente: 'Se tudo podeis conceder,
ó deuses, desejo que seja minha esposa...' Não ousando dizer
a donzela de marfim, Pigmalião disse: '... uma igual à de marfim.'
Dado que a dourada Vênus assistia em pessoa às festividades
em sua honra, percebeu o que pretendiam aqueles votos
e, como presságio de divindade amiga, por três vezes se acendeu
a chama e elevou às alturas a língua de fogo. Ao voltar, Pigmalião
dirigiu-se à estátua da sua amada e, reclinando-se no leito, beijou-a.
Pareceu-lhe estar quente. Aproxima outra vez a boca e, com as mãos,
toca-lhe o peito também. Ao ser tocado, o marfim torna-se mole
e, perdendo a dureza sob os dedos, cede-lhes, como a cera do Himeto
amolece ao sol e, manuseada pelo polegar, se molda em formas diversas
e se torna útil pelo mesmo uso. Enquanto fica espantado
e se alegra de modo duvidoso e receia enganar-se,
de novo enamorado, toca outra vez com a mão o seu desejo.
Era um corpo. As veias palpitam sob o polegar.
Então, o herói de Pafo pronunciou palavras plenas de eloquência
com que deu graças a Vênus. Por fim, beijou com sua boca
uma boca não fingida. A donzela sentiu os beijos
que lhe eram dados e corou. E, erguendo seu tímido olhar
para os olhos dele, de par com o céu viu o seu enamorado.
A deusa assistiu à boda, que organizou. E depois de os cornos
da Lua se unirem por nove vezes em círculo completo,
aquela gerou Pafo, de quem a ilha tirou o nome.

[Mirra]

Desta nasceu Cíniras, aquele que, se tivesse ficado sem descendência,
poderia ser contado no número dos felizes. Vou contar coisas terríveis.
Afastai-vos daqui, filhas, afastai-vos daqui, mães de família!,
ou, se os meus versos apaziguarem vossos corações,

desit in hac mihi parte fides, nec credite factum,
uel, si credetis, facti quoque credite poenam.
si tamen admissum sinit hoc natura uideri,
gentibus Ismariis et nostro gratulor orbi,   305
gratulor huic terrae, quod abest regionibus illis
quae tantum genuere nefas. sit diues amomo,
cinnamaque costumque suum sudataque ligno
tura ferat floresque alios Panchaia tellus,
dum ferat et murram; tanti noua non fuit arbor.   310
ipse negat nocuisse tibi sua tela Cupido,
Myrrha, facesque suas a crimine uindicat isto;
stipite te Stygio tumidisque adflauit echidnis
e tribus una soror: scelus est odisse parentem;
hic amor est odio maius scelus.   315
                                'Vndique lecti
te cupiunt proceres, totoque oriente iuuentus
ad thalami certamen adest. ex omnibus unum
elige, Myrrha, uirum — dum ne sit in omnibus unus.
illa quidem sentit foedoque repugnat amori,
et secum "quo mente feror? quid molior?" inquit   320
"di, precor, et pietas sacrataque iura parentum,
hoc prohibete nefas scelerique resistite nostro,
si tamen hoc scelus est. sed enim damnare negatur
hanc Venerem pietas, coeunt animalia nullo
cetera dilectu, nec habetur turpe iuuencae   325
ferre patrem tergo; fit equo sua filia coniunx,
quasque creauit init pecudes caper, ipsaque, cuius
semine concepta est, ex illo concipit ales.
felices quibus ista licent! humana malignas
cura dedit leges, et quod natura remittit,   330
inuida iura negant. gentes tamen esse feruntur,
in quibus et nato genetrix et nata parenti
iungitur, ut pietas geminato crescat amore.
me miseram, quod non nasci mihi contigit illic
fortunaque loci laedor! quid in ista reuoluor?   335

neste ponto não me deis crédito, nem acrediteis no sucedido
ou, se nele acreditardes, acreditai também na punição.
Se, contudo, a natureza permite que isto seja visto,
congratulo-me com os povos do Ísmaro e com o nosso mundo,
congratulo-me com esta terra por estar tão distante daquelas regiões
que deram origem a tão horrendo crime. Seja rica em amomo,
produza cinamomo, o costo que lhe é próprio, o incenso destilado
das árvores e outras flores a terra de Pancaia, enquanto produzir
também mirra. Não tinha tanto valor esta nova árvore!
O próprio Cupido, Mirra, nega que os seus dardos
te hajam ferido e isenta deste crime as suas tochas.
Foi uma das três irmãs quem, com o bastão do Estige
e as víboras entumecidas, te inspirou. É crime odiar o pai;
este amor é crime maior que o ódio.

      Por toda a parte
a elite da nobreza te deseja; de todo o Oriente acorre
a juventude a disputar teu tálamo. De todos eles, Mirra,
escolhe um marido, desde que entre eles todos não esteja um.
Mirra sente-o, combate seu vergonhoso amor e desabafa consigo:
'Para onde me arrasta a imaginação? O que é que imagino eu?
Deuses, piedade filial, direitos sagrados dos pais, preveni, peço-vos,
este incesto, oponde-vos ao meu crime, se é que isto é crime!
Mas a piedade filial nega-se a condenar este amor,
todos os outros animais acasalam indistintamente
e não se considera vergonhoso que uma novilha suporte no dorso
o próprio pai. Para o cavalo, a filha torna-se esposa,
o bode cobre as cabras que gerou, e até a própria ave
concebe daquele de cujo sêmen foi concebida.
Felizes aqueles a quem isso é permitido! Os exemplos humanos
ditaram daninhas leis e, o que a Natureza deu,
proíbe-o o odioso Direito. Diz-se, contudo, que há povos
em que a mãe se une ao filho e a filha se une ao pai,
para que a piedade filial se desenvolva com a duplicação do afeto.
Pobre de mim que não me coube nascer entre eles! Sou vítima
do acaso do lugar onde nasci. Por que me enredo em tudo isto?

spes interdictae, discedite! dignus amari
ille, sed ut pater, est. ergo si filia magni
non essem Cinyrae, Cinyrae concumbere possem.
nunc, quia iam meus est, non est meus, ipsaque damno
est mihi proximitas: aliena potentior essem. 340
ire libet procul hinc patriaeque relinquere fines,
dum scelus effugiam; retinet malus ardor amantem,
ut praesens spectem Cinyran tangamque loquarque
osculaque admoueam, si nil conceditur ultra.
ultra autem sperare aliquid potes, impia uirgo, 345
et quot confundas et iura et nomina, sentis?
tune eris et matris paelex et adultera patris?
tune soror nati genetrixque uocabere fratris?
nec metues atro crinitas angue sorores,
quas facibus saeuis oculos atque ora petentes 350
noxia corda uident? at tu, dum corpore non es
passa nefas, animo ne concipe, neue potentis
concubitu uetito naturae pollue foedus.
uelle puta; res ipsa uetat. pius ille memorque est
moris — et o uellem similis furor esset in illo!" 355
    'Dixerat. at Cinyras, quem copia digna procorum,
quid faciat dubitare facit, scitatur ab ipsa,
nominibus dictis, cuius uelit esse mariti.
illa silet primo patriisque in uultibus haerens
aestuat et tepido suffundit lumina rore. 360
uirginei Cinyras haec credens esse timoris
flere uetat siccatque genas atque oscula iungit.
Myrrha datis nimium gaudet consultaque, qualem
optet habere uirum, "similem tibi" dixit; at ille
non intellectam uocem conlaudat et "esto 365
tam pia semper" ait. pietatis nomine dicto
demisit uultus sceleris sibi conscia uirgo.
    'Noctis erat medium, curasque et corpora somnus
soluerat; at uirgo Cinyreia peruigil igni
carpitur indomito furiosaque uota retractat 370

Deixai-me, proibidas esperanças! Ele é digno
de ser amado, mas como pai! Não fora eu filha
do grande Cíniras e com Cíniras poderia deitar-me.
Mas, porque já é meu, não me pertence. E é a própria familiaridade
que é meu mal. Sendo-lhe estranha, mais segura estaria.
Gostava de fugir para longe daqui, deixar as fronteiras da pátria,
enquanto fugia ao crime. Um amor funesto retém a quem ama,
para que, na sua presença, eu veja Cíniras, lhe toque,
lhe fale, o beije, se nada mais me é concedido.
Podes tu, filha ímpia, esperar algo mais? Dar-te-ás conta
de quantas leis, de quantos títulos tu confundes?
Queres tu, ao seres amante de teu pai, ser rival de tua mãe?
Queres que te chamem irmã de teu filho e mãe do teu irmão?
Não temes as irmãs com cabeleiras de negras serpentes que os corações
criminosos veem com terríficas tochas a ameaçar os olhos e a faces?
Ora tu, enquanto não consentires em teu corpo nefando crime,
não o imagines na tua mente, nem violes com uma relação proibida
as poderosas leis da natureza. Supõe que o desejas! Proíbe-to
a própria realidade! Ele é piedoso e respeitador dos costumes.
Oh! quanto desejava eu que nele ardesse a mesma loucura.'

   Acabara a sua reflexão. Entretanto, Cíniras, a quem o número
de dignos pretendentes faz duvidar do que deve fazer, enquanto faz
à filha o relato dos nomes, pergunta-lhe de qual deles quer ser esposa.
Ela, primeiro, fica em silêncio e, fixando-se no rosto do pai,
arde de paixão, e seus olhos inundam-se de tépidas lágrimas.
Crendo Cíniras que isso se deve ao temor virginal,
pretende suster-lhe as lágrimas, enxuga-lhe a face e beija-a.
Mirra regozija-se sem limite com os beijos dados e, interrogada
sobre que marido desejava ter, responde: 'Um que seja
semelhante a ti!' Ele elogia resposta que não entendeu e acrescenta:
'Conserva sempre essa piedade filial!' Ao ouvir pronunciar
'piedade filial', consciente do crime, a jovem baixou a fronte.

   A noite ia a meio. O sono havia distendido preocupações
e corpos. Desperta, a filha de Cíniras é devorada
por fogo indômito e volta de novo a seus loucos desejos.

et modo desperat, modo uult temptare, pudetque
et cupit, et quid agat non inuenit; utque securi
saucia trabs ingens, ubi plaga nouissima restat,
quo cadat in dubio est omnique a parte timetur,
sic animus uario labefactus uulnere nutat   375
huc leuis atque illuc momentaque sumit utroque.
nec modus et requies, nisi mors, reperitur amoris;
mors placet. erigitur laqueoque innectere fauces
destinat, et zona summo de poste reuincta
"care uale Cinyra, causam te intellege mortis"   380
dixit et aptabat pallenti uincula collo.
   'Murmura uerborum fidas nutricis ad aures
peruenisse ferunt limen seruantis alumnae;
surgit anus reseratque fores mortisque paratae
instrumenta uidens spatio conclamat eodem   385
seque ferit scinditque sinus ereptaque collo
uincula dilaniat. tum denique flere uacauit,
tum dare complexus laqueique requirere causam.
muta silet uirgo terramque immota tuetur
et deprensa dolet tardae conamina mortis.   390
instat anus canosque suos et inania nudans
ubera per cunas alimentaque prima precatur
ut sibi committat quidquid dolet. illa rogantem
auersata gemit; certa est exquirere nutrix
nec solam spondere fidem. "dic" inquit "opemque   395
me sine ferre tibi; non est mea pigra senectus.
seu furor est, habeo quae carmine sanet et herbis;
siue aliquis nocuit, magico lustrabere ritu;
ira deum siue est, sacris placabilis ira.
quid rear ulterius? certe fortuna domusque   400
sospes et in cursu est; uiuit genetrixque paterque."
Myrrha patre audito suspiria duxit ab imo
pectore. nec nutrix etiamnum concipit ullum
mente nefas, aliquemque tamen praesentit amorem;
propositique tenax quodcumque est orat ut ipsi   405

E ora desespera, ora quer tentar, envergonha-se e deseja,
sem encontrar o caminho a seguir. Como a grande árvore
ferida pelo machado, quando falta o último golpe, não se
sabe para que lado cai e em todo o lado se teme, assim,
abalado por diferentes feridas, este espírito pende vacilante
para um e outro lado e recebe impulso em ambos os sentidos,
e só na morte encontra termo e repouso para o amor.
E é pela morte que opta. Levanta-se e decide dar um laço
no pescoço. Tendo atado no topo da ombreira da porta a faixa
que a cingia, remata: 'Adeus, Cíniras querido! Sabe que és
a causa da minha morte!' E ajustava o laço a seu níveo colo.
   Diz-se que o som destas palavras chegou aos dedicados ouvidos
da ama, que guardava a porta daquela que havia criado.
A anciã levanta-se, empurra as portas e, ao ver os instrumentos
da morte que se prepara, do lugar em que se achava, grita
e fere-se e rasga o peito e, arrebatando-lhe do pescoço o laço,
fá-lo em pedaços. Só então está livre para chorar,
para a abraçar e lhe perguntar pela razão de ser daquele laço.
Em silêncio, imóvel e cabisbaixa, a jovem lamenta que seus
demorados preparativos para a morte hajam sido descobertos.
Insiste a anciã e, pondo a descoberto suas cãs e seus secos seios,
roga pelo berço e pela primeira mamada que lhe confie
o motivo da sua dor. Afastando-se da ama, que a interroga,
ela geme. A ama está determinada a indagar até o fim
e não só a prometer fidelidade. 'Diz-me', insiste, 'e deixa-me
ajudar-te. Não é inútil a minha velhice. Se for desvario,
conheço quem, com ervas e encantamentos, o cure;
se alguém te fez mal, serás purificada com ritual mágico;
se for a ira divina, com sacrifícios se aplaca a ira.
Que mais poderei eu supor? A tua fortuna e a tua família estão
com certeza em segurança e em boa ordem. Tua mãe e teu pai
estão bem de saúde.' Ao ouvir referir o pai, Mirra solta do fundo
do peito um suspiro. Nem mesmo então passou pela mente da ama
qualquer ideia de crime. Pressentiu, contudo, que havia amor.
Firme em seu propósito, suplica que lhe conte o que há

indicet, et gremio lacrimantem tollit anili
atque ita complectens infirmis membra lacertis
"sensimus" inquit; "amas. sed et hic mea (pone timorem)
sedulitas erit apta tibi, nec sentiet umquam
hoc pater." exsiluit gremio furibunda torumque   410
ore premens "discede, precor, miseroque pudori
parce" ait; instanti "discede, aut desine" dixit
"quaerere quid doleam; scelus est quod scire laboras."
horret anus tremulasque manus annisque metuque
tendit et ante pedes supplex procumbit alumnae;   415
et modo blanditur, modo, si non conscia fiat,
terret et indicium laquei coeptaeque minatur
mortis, et officium commisso spondet amori.
extulit illa caput lacrimisque impleuit obortis
pectora nutricis conataque saepe fateri   420
saepe tenet uocem pudibundaque uestibus ora
texit et "o" dixit "felicem coniuge matrem!"
hactenus, et gemuit. gelidus nutricis in artus
ossaque (sensit enim) penetrat tremor, albaque toto
uertice canities rigidis stetit hirta capillis.   425
multaque ut excuteret diros, si posset, amores,
addidit; at uirgo scit se non falsa moneri,
certa mori tamen est, si non potiatur amore.
"uiue" ait haec, "potiere tuo" — et non ausa "parente"
dicere conticuit promissaque numine firmat.   430
   'Festa piae Cereris celebrabant annua matres
illa, quibus niuea uelatae corpora ueste
primitias frugum dant spicea serta suarum
perque nouem noctes Venerem tactusque uiriles
in uetitis numerant. turba Cenchreis in illa   435
regis adest coniunx arcanaque sacra frequentat.
ergo legitima uacuus dum coniuge lectus,
nacta grauem uino Cinyran male sedula nutrix
nomine mentito ueros exponit amores
et faciem laudat; quaesitis uirginis annis   440

e, tomando-a, a ela banhada em lágrimas, em seu cansado regaço
e estreitando-lhe o corpo em seus débeis braços, confirma:
'Eu sei, estás enamorada. Mas fica tranquila, também neste caso
tens o meu apoio, e nunca teu pai virá a ter disso conhecimento.'
Furibunda, Mirra salta do regaço e, de bruços sobre seu leito,
grita: 'Sai, eu te conjuro, e perdoa ao pudor de uma infeliz!'
Insistindo a ama, ela repete: 'Sai ou deixa de querer saber
por que choro. O que queres saber é crime.' Horrorizada,
a anciã ergue as mãos, trêmulas pelos anos e pelo medo,
e, suplicante, cai de joelhos aos pés daquela que ajudou a criar.
E ora a afaga, ora lhe mete medo, se não fizer dela cúmplice,
e ameaça denunciar o laço e a tentativa de morte,
e promete apoio ao amor que lhe confiar. Mirra levanta a cabeça.
Com as lágrimas vertidas, inunda o peito da ama.
Tenta muitas vezes falar, sustém muitas vezes a fala.
E, cobrindo com o vestido a envergonhada face, desabafa:
'Mãe feliz com o teu marido!' Afogada em soluços, cala-se.
Gélido tremor, pois ela apercebeu-se, invade os membros
e os ossos da ama. Na sua cabeça, suas brancas cãs eriçam-se.
Acumula argumentos para banir, se isso puder ser, o abominável amor.
Sabe a jovem que não são falsas as razões que a advertem,
mas está certa de morrer se não fruir desse amor.
'Vive', diz-lhe a ama, 'e terás teu...'
e, não ousando pronunciar 'pai', cala-se,
mas confirma, invocando da divindade, a promessa feita.
    As devotas mães de família celebram as festas anuais de Ceres
em que, revestindo com nívea veste os corpos, ofertam,
em coroas de espigas, as primícias das searas e, por nove noites,
contam entre as proibições os prazeres de Vênus
e o contato com os maridos. Naquela multidão conta-se Cencreis,
a esposa do rei, que toma parte nos mistérios sacros.
Enquanto o leito não conta com a legítima esposa,
encontrando Cíniras adormentado pelo vinho, a ama,
no seu malévolo zelo, ocultando o nome, fala-lhe de um
amor autêntico e exalta-lhe a beleza. Perguntando ele

"par" ait "est Myrrhae." quam postquam adducere iussa est
utque domum rediit, "gaude, mea" dixit "alumna;
uicimus!" infelix non toto pectore sentit
laetitiam uirgo, praesagaque pectora maerent,
sed tamen et gaudet; tanta est discordia mentis.   445

   'Tempus erat quo cuncta silent, interque Triones
flexerat obliquo plaustrum temone Bootes;
ad facinus uenit illa suum. fugit aurea caelo
luna, tegunt nigrae latitantia sidera nubes,
nox caret igne suo; primus tegis, Icare, uultus,   450
Erigoneque pio sacrata parentis amore.
ter pedis offensi signo est reuocata, ter omen
funereus bubo letali carmine fecit;
it tamen, et tenebrae minuunt noxque atra pudorem,
nutricisque manum laeua tenet, altera motu   455
caecum iter explorat. thalami iam limina tangit,
iamque fores aperit, iam ducitur intus; at illi
poplite succiduo genua intremuere fugitque
et color et sanguis animusque relinquit euntem.
quoque suo propior sceleri est, magis horret et ausi   460
paenitet et uellet non cognita posse reuerti.
cunctantem longaeua manu deducit et alto
admotam lecto cum traderet "accipe" dixit,
"ista tua est, Cinyra" deuotaque corpora iunxit.

   'Accipit obsceno genitor sua uiscera lecto   465
uirgineosque metus leuat hortaturque timentem.
forsitan aetatis quoque nomine "filia" dixit,
dixit et illa "pater", sceleri ne nomina desint.
plena patris thalamis excedit et impia diro
semina fert utero conceptaque crimina portat.   470

pela idade da jovem, responde ela: 'A mesma de Mirra.'
Mandando o rei que lha traga, ao retornar a casa, a ama clama:
'Vencemos, alegra-te, minha filha!' A infeliz jovem não se abre
de todo à alegria, os presságios amarguram-lhe o coração.
Mesmo assim, alegra-se, tal é a contradição em seu espírito.

Era a hora do silêncio de todas as coisas. Entre os Triões,
o Boieiro inclinara seu carro no sentido do cabeçalho.[26]
Mirra abeira-se do crime. A dourada lua retira-se do céu.
Nuvens negras ocultam os astros. A noite perdeu seu luzeiro.
Tu, Icário, com Erígone, elevada às honras celestes
pelo piedoso amor a seu pai, és o primeiro a tapar a face.[27]
Pelo presságio do tropeçar do pé, três vezes Mirra é convidada
a voltar para trás. Por três vezes, com seu lúgubre pio,
faz o sinistro bufo ouvir o agouro. Mirra, contudo, avança.
As trevas e a negra noite reduzem o pejo. Com a esquerda
segura a mão da ama. A outra, tateando, explora o caminho.
Toca já a soleira da porta dos aposentos. Abre já as portas.
É já conduzida para o seu interior. Dobram-se-lhe as pernas,
tremem-lhe os joelhos. Foge-lhe a cor e o sangue. Perde a coragem,
enquanto avança. Quanto mais próxima está de seu crime,
mais se horroriza. Arrepende-se de haver ousado. Gostaria de poder
fugir sem ser reconhecida. Enquanto hesita, conduzindo-a pela mão,
a velha leva-a até o elevado leito. Sussurra, ao entregá-la:
'Aqui está, Cíniras. É tua.' E une os corpos amaldiçoados.

O pai recebe em seu impuro leito o fruto de suas entranhas.
Tranquiliza os receios da jovem e conforta-a no seu temor.
Talvez por força da idade, chama-lhe filha.
Também ela lhe chama pai, para que ao crime nem o nome falte.
Grávida do pai, sai do leito, levando ímpia semente
no ventre funesto. Transporta em si o fruto do crime.

---

[26] Ou seja, passava da meia-noite.

[27] Erígone, filha do ateniense Icário, enforcou-se junto ao cadáver do pai, que havia sido morto por pastores a quem dera a beber vinho, bebida então desconhecida, deixando-o insepulto.

postera nox facinus geminat, nec finis in illa est,
cum tandem Cinyras, auidus cognoscere amantem
post tot concubitus, inlato lumine uidit
et scelus et natam; uerbisque dolore retentis
pendenti nitidum uagina deripit ensem. 475
Myrrha fugit tenebrisque et caecae munere noctis
intercepta neci est, latosque uagata per agros
palmiferos Arabas Panchaeaque rura relinquit
perque nouem errauit redeuntis cornua lunae,
cum tandem terra requieuit fessa Sabaea; 480
uixque uteri portabat onus. tum nescia uoti
atque inter mortisque metus et taedia uitae
est tales complexa preces: "o si qua patetis
numina confessis, merui nec triste recuso
supplicium. sed ne uiolem uiuosque superstes 485
mortuaque extinctos, ambobus pellite regnis
mutataeque mihi uitamque necemque negate."
numen confessis aliquod patet; ultima certe
uota suos habuere deos. nam crura loquentis
terra superuenit, ruptosque obliqua per ungues 490
porrigitur radix, longi firmamina trunci,
ossaque robur agunt, mediaque manente medulla
sanguis it in sucos, in magnos bracchia ramos,
in paruos digiti, duratur cortice pellis.
iamque grauem crescens uterum praestrinxerat arbor 495
pectoraque obruerat collumque operire parabat;
non tulit illa moram uenientique obuia ligno
subsedit mersitque suos in cortice uultus.
quae quamquam amisit ueteres cum corpore sensus,
flet tamen, et tepidae manant ex arbore guttae. 500
est honor et lacrimis, stillataque robore murra
nomen erile tenet nulloque tacebitur aeuo.

A noite seguinte duplica o crime. E não lhe põe termo.
Por fim, Cíniras, depois de tantos encontros,
ansioso por conhecer aquela a quem ama, ao aproximar a luz,
reconhece ao mesmo tempo a filha e o crime. No silêncio da dor,
da bainha, que estava pendente, saca a reluzente espada.
Mirra foge e, graças à escuridão da noite, nas trevas,
furta-se à morte. Percorrendo amplas planícies,
deixa a Arábia, fértil em palmeiras, e deixa as terras
de Pancaia. Erra durante nove voltas dos cornos da lua,
quando, por fim, cansada, repousa na terra de Sabá.
Mal aguentava o peso do ventre. Entre o medo da morte
e o cansaço da vida, sem saber que pedir, socorre-se
desta oração: 'Ó deuses, se acaso vos abris a quem
confessa seu crime, mereci, não recuso, um terrível suplício.
Mas, para não ofender os vivos, mantendo-me viva,
nem os mortos, se morrer, excluí-me de ambos os reinos
e, transformando-me, recusai-me, quer a vida, quer a morte.'
Há uma divindade que atende a quem confessa. Seus últimos votos
encontraram, com certeza, os deuses certos, pois, enquanto fala,
a terra cobre-lhe as pernas; pelas unhas, que se fendem,
projeta-se obliquamente a raiz que suporta o alto tronco;
os ossos viram madeira e, enquanto a medula se mantém no cerne,
o sangue torna-se seiva; tornam-se os braços em ramos longos,
e os dedos formam os curtos. Ganha a pele da casca a forma.
A árvore, ao crescer, molestava o ventre grávido;
havia coberto o peito e preparava-se para cobrir o pescoço.
Mirra não esperou mais. Sai ao encontro da madeira,
que avança, baixa-se e mergulha a face na casca.
Embora tenha perdido, com o corpo, os sentimentos,
mesmo assim chora e manam da árvore tépidas gotas.
As lágrimas têm alto preço. Retirada do tronco, de sua dona
tem a mirra o nome. Dela se irá falar em todos os tempos.

'At male conceptus sub robore creuerat infans
quaerebatque uiam, qua se genetrice relicta
exsereret; media grauidus tumet arbore uenter.   505
tendit onus matrem, neque habent sua uerba dolores,
nec Lucina potest parientis uoce uocari.
nitenti tamen est similis curuataque crebros
dat gemitus arbor lacrimisque cadentibus umet.
constitit ad ramos mitis Lucina dolentes   510
admouitque manus et uerba puerpera dixit:
arbor agit rimas et fissa cortice uiuum
reddit onus, uagitque puer, quem mollibus herbis
Naides impositum lacrimis unxere parentis.
laudaret faciem Liuor quoque: qualia namque   515
corpora nudorum tabula pinguntur Amorum,
talis erat; sed, ne faciat discrimina cultus,
aut huic adde leues aut illis deme pharetras.
   'Labitur occulte fallitque uolatilis aetas,
et nihil est annis uelocius. ille sorore   520
natus auoque suo, qui conditus arbore nuper,
nuper erat genitus, modo formosissimus infans,
iam iuuenis, iam uir, iam se formosior ipso est;
iam placet et Veneri matrisque ulciscitur ignes.
namque pharetratus dum dat puer oscula matri,   525
inscius exstanti destrinxit harundine pectus.
laesa manu natum dea reppulit; altius actum
uulnus erat specie primoque fefellerat ipsam.
capta uiri forma non iam Cythereia curat
litora, non alto repetit Paphon aequore cinctam   530
piscosamque Cnidon grauidamue Amathunta metallis.
abstinet et caelo; caelo praefertur Adonis.
hunc tenet, huic comes est, adsuetaque semper in umbra
indulgere sibi formamque augere colendo
per iuga, per siluas dumosaque saxa uagatur   535

[Vênus e Adônis]

Ora, a criança gerada numa situação de crime tinha-se desenvolvido
no interior do tronco e procurava caminho por onde se libertasse,
para abandonar o ventre materno. O ventre, cheio, entumece
a meio da árvore. O peso faz a mãe dilatar-se, e não há palavras
que expressem suas dores, nem, ao dar à luz, pode Lucina
ser por sua voz invocada. A árvore, essa, faz lembrar a mulher
que faz força e, curvada, solta gemidos frequentes e fica úmida
com as lágrimas que jorram. Afável, Lucina para junto
aos ramos dolentes, estende a mão e pronuncia as palavras
para um parto feliz. A árvore fende-se e, pela casca rasgada,
devolve seu fardo vivo. A criança solta vagidos. Deitada
na relva tenra, ungem-na as Náiades com as lágrimas maternas.
Até a Inveja elogiaria a sua beleza, pois assemelhava-se
aos corpos nus dos Amores que as pinturas mostram.
Mas, para que as vestes os não discriminem,
dai àquele uma leve aljava ou a estes retirai as suas.
Corre o tempo sem se dar por ele, voa sem dele nos apercebermos,
e nada existe mais veloz que os anos. Filho de sua irmã
e de seu avô filho, ainda há pouco encerrado na árvore,
ainda há pouco nascido, é já criança belíssima, é já um jovem,
já é um homem, já se ultrapassa em beleza a si mesmo.
Até a Vênus inspira amor, vingando-se nela das paixões
que inspirou a sua mãe. Efetivamente, ao beijar a mãe,
o jovem deus da aljava, sem disso se aperceber, roça-lhe o peito
com uma flecha desalinhada. Ferida, a deusa, com a mão,
afasta o filho. A ferida sofrida era mais profunda do que parecia
e, inicialmente, até a deusa enganara. Arrebatada pela beleza do jovem,
a deusa até se esquece das praias de Citera, não volta a Pafo,
que um mar profundo rodeia, a Cnido, rica em peixe,
nem a Amatunte, terra rica em minas. Até do céu se ausenta.
Prefere Adônis ao céu. Não o larga, torna-se companheira sua.
Acostumada a sempre se comprazer com a sombra,
a realçar com cuidados a sua beleza, vai e vem por serras,

561   Livro X

fine genus uestem ritu succincta Dianae
hortaturque canes tutaeque animalia praedae,
aut pronos lepores aut celsum in cornua ceruum
aut agitat dammas; a fortibus abstinet apris
raptoresque lupos armatosque unguibus ursos   540
uitat et armenti saturatos caede leones.
te quoque ut hos timeas si quid prodesse monendo
possit, Adoni, monet, "fortis" que "fugacibus esto,"
inquit; "in audaces non est audacia tuta.
parce meo, iuuenis, temerarius esse periclo,   545
neue feras quibus arma dedit natura lacesse,
stet mihi ne magno tua gloria. non mouet aetas
nec facies nec quae Venerem mouere leones.
[saetigerosque sues oculosque animosque ferarum.]
fulmen habent acres in aduncis dentibus apri,   550
impetus est fuluis et uasta leonibus ira,
inuisumque mihi genus est." quae causa roganti
"dicam" ait "et ueteris monstrum mirabere culpae.
sed labor insolitus iam me lassauit, et ecce
opportuna sua blanditur populus umbra   555
datque torum caespes; libet hac requiescere tecum"
— et requieuit — "humo" pressitque et gramen et ipsum,
inque sinu iuuenis posita ceruice reclinis
sic ait ac mediis interserit oscula uerbis:

'"Forsitan audieris aliquam certamine cursus   560
ueloces superasse uiros; non fabula rumor
ille fuit (superabat enim). nec dicere posses
laude pedum formaene bono praestantior esset.
scitanti deus huic de coniuge 'coniuge' dixit
'nil opus est, Atalanta, tibi; fuge coniugis usum.   565
nec tamen effugies teque ipsa uiua carebis.'
territa sorte dei per opacas innuba siluas

por florestas, por outeiros eriçados de sarças, puxando,
como Diana, o vestido à altura do joelho. Acirra os cães,
acomete os animais que são presa fácil: as velozes lebres,
o veado de alta armadura ou os gamos. Do valente javali,
distancia-se, evita o lobo predador, os ursos armados
de garras e leões saciados com os bois que mataram.
Também a ti te adverte, Adônis, se é que as advertências
podem ter algum proveito, que deles tenhas receio, aconselhando-te:
'Com os que fogem, sê corajoso; com os audazes não está segura
a coragem! Evita, jovem, ser temerário, para perigo meu!
Não acometas os animais a que a natureza dotou de armas,
não seja que a tua glória me custe caro a mim! A idade e a beleza
que impressionaram Vênus, não impressionarão leões
ou hirsutos javalis, nem os olhos e o coração das feras selvagens.
Nas recurvas presas traz o intrépido javali o raio;
os fulvos leões são senhores de investida e de ira incontidas.
Para mim são raça odiosa.' Perguntando Adônis a causa,
a deusa responde: 'Vou dizer-ta. Ficarás surpreendido com o insólito
de uma culpa antiga. Mas este inusitado trabalho deixou-me lassa.
Olha, aquele choupo com sua oportuna sombra desafia-nos,
e a erva proporciona-nos o leito. Apetece-me descansar aqui,
no chão, contigo.' E descansou, reclinando-se sobre a erva e sobre ele.
Deitada de costas, com a cabeça apoiada no colo do jovem,
intercalando a história com beijos, assim contou:

[Hipômenes e Atalanta]

'Provavelmente terás ouvido falar de uma mulher que, na corrida,
vence até a homens rápidos. Não era mentira essa história.
De fato vencia-os. E não se podia afirmar se ela se distinguia
mais pela glória dos pés, se pelo dom da beleza. Consultando o oráculo
quanto à possibilidade de um marido, responde-lhe o deus:
"Atalanta, não precisas de um marido! Evita as relações com um marido!
Não irás fugir, contudo! E, vivendo, ver-te-ás de ti privada."
Assustada com a predição do deus, passou a viver, solteira,

563   Livro X

uiuit et instantem turbam uiolenta procorum
condicione fugat 'nec sum potienda nisi' inquit
'uicta prius cursu. pedibus contendite mecum;   570
praemia ueloci coniunx thalamique dabuntur,
mors pretium tardis. ea lex certaminis esto.'
illa quidem immitis; sed (tanta potentia formae est)
uenit ad hanc legem temeraria turba procorum.
sederat Hippomenes cursus spectator iniqui   575
et 'petitur cuiquam per tanta pericula coniunx?'
dixerat ac nimios iuuenum damnarat amores;
ut faciem et posito corpus uelamine uidit
(quale meum, uel quale tuum, si femina fias),
obstipuit tollensque manus 'ignoscite' dixit,   580
'quos modo culpaui; nondum mihi praemia nota,
quae peteretis, erant.' laudando concipit ignes
et ne quis iuuenum currat uelocius optat
insidiasque timet. 'sed cur certaminis huius
intemptata mihi fortuna relinquitur?' inquit   585
'audentes deus ipse iuuat.' dum talia secum
exigit Hippomenes, passu uolat alite uirgo.
quae quamquam Scythica non setius ire sagitta
Aonio uisa est iuueni, tamen ille decorem
miratur magis; et cursus facit ipse decorem.   590
aura refert ablata citis talaria plantis,
tergaque iactantur crines per eburnea, quaeque
poplitibus suberant picto genualia limbo;
inque puellari corpus candore ruborem
traxerat, haud aliter quam cum super atria uelum   595
candida purpureum simulatas inficit umbras.
dum notat haec hospes, decursa nouissima meta est
et tegitur festa uictrix Atalanta corona;
dant gemitum uicti penduntque ex foedere poenas.
  '"Non tamen euentu iuuenis deterritus horum   600
constitit in medio uultuque in uirgine fixo
'quid facilem titulum superando quaeris inertes?

nas florestas sombrias e afasta a multidão dos pretendentes
que a perseguem com terrível condição. "Só serei possuída,
se vencida na corrida", informa. "Competi comigo em velocidade!
Ao mais rápido serão dados como prêmio a esposa e o tálamo;
a morte será o preço para os lentos. Será esta a regra da competição."
Desumana era a regra, mas (tão grande é o poder da beleza!)
uma multidão de temerários pretendentes a ela se submete.
Havendo-se sentado como espectador desta luta desigual,
Hipômenes dissera: "Será possível que alguém procure mulher
por meio de tão grandes perigos?" E condenara os insensatos amores
daqueles jovens. Ao ver a face, ao ver o corpo desnudo,
como o meu, ou como seria o teu, se te tornasses mulher,
ficou pasmado e, erguendo as mãos, confessa: "Perdoai-me vós,
os que condenei ainda agora. Eu não conhecia ainda
o prêmio que perseguíeis!" Enquanto a louva, atiça o fogo em si.
Deseja que nenhum jovem seja mais veloz e receia a perfídia.
"Por que não hei de tentar a sorte desta competição?",
desabafa consigo. "Aos audazes é o próprio deus quem os ajuda."
Enquanto Hipômenes vai repassando em seu espírito estas coisas,
voa a donzela em alado passo. Embora ela seja vista
pelo jovem aônio a voar nada mais lenta do que a flecha cítia,
apesar disso, mais este se espanta da sua beleza,
já que a mesma corrida lha faz realçar.
A brisa puxa para trás os laços que pendem de seus pés alados;
em seu dorso de marfim, os cabelos esvoaçam;
na curva da perna, de franja estampada, esvoaça a proteção
dos joelhos; a virginal brancura de seu corpo havia-se recoberto
de um rubor semelhante ao de um branco átrio,
quando um véu de púrpura nele projeta sua sombra.
Enquanto o estrangeiro toma notas destas coisas, a meta final
é ultrapassada e, vitoriosa, Atalanta é cingida com uma festiva coroa.
Os vencidos soltam um gemido e sofrem o castigo acordado.
   Apesar disso, Hipômenes, sem se assustar com a sorte destes,
detém-se a meio da arena e, de olhar fixo nela, desafia-a:
"Por que buscas triunfo fácil ao venceres adversários fracos?

mecum confer' ait. 'seu me fortuna potentem
fecerit, a tanto non indignabere uinci:
namque mihi genitor Megareus Onchestius, illi   605
est Neptunus auus, pronepos ego regis aquarum,
nec uirtus citra genus est. seu uincar, habebis
Hippomene uicto magnum et memorabile nomen.'
talia dicentem molli Schoeneia uultu
aspicit et dubitat, superari an uincere malit.   610
atque ita 'quis deus hunc formosis' inquit 'iniquus
perdere uult caraeque iubet discrimine uitae
coniugium petere hoc? non sum, me iudice, tanti!
nec forma tangor (poteram tamen hac quoque tangi),
sed quod adhuc puer est; non me mouet ipse, sed aetas.   615
quid quod inest uirtus et mens interrita leti?
quid quod ab aequorea numeratur origine quartus?
quid quod amat tantique putat conubia nostra
ut pereat, si me fors illi dura negarit?
dum licet, hospes, abi thalamosque relinque cruentos.   620
coniugium crudele meum est; tibi nubere nulla
nolet, et optari potes a sapiente puella.
cur tamen est mihi cura tui tot iam ante peremptis?
uiderit! intereat, quoniam tot caede procorum
admonitus non est agiturque in taedia uitae.   625
occidet hic igitur, uoluit quia uiuere mecum,
indignamque necem pretium patietur amoris?
non erit inuidiae uictoria nostra ferendae.
sed non culpa mea est. utinam desistere uelles,
aut, quoniam es demens, utinam uelocior esses!   630
at quam uirgineus puerili uultus in ore est!
a! miser Hippomene, nollem tibi uisa fuissem!
uiuere dignus eras. quod si felicior essem,
nec mihi coniugium fata inportuna negarent,
unus eras cum quo sociare cubilia uellem.'   635
dixerat, utque rudis primoque cupidine tacta,
quod facit ignorans amat et non sentit amorem.

Luta comigo! Se o acaso me der a vitória, não terás
que te indignar por seres vencida por alguém como eu,
pois por pai tenho Megareu, o filho de Onquesto.
Ele tem por avô Netuno. Eu sou bisneto do rei das águas,
e o meu valor nada deve à minha origem. Se eu for vencido,
terás nome grande e imortal por haveres vencido Hipômenes."
Enquanto ele fala, a filha de Esqueneu olha-o com um rosto doce
e fica na dúvida se prefere ser vencida ou se prefere vencer.
E diz para si mesma: "Que deus, injusto para com a beleza,
deseja o fim deste e o manda aspirar a esta união com perigo
de sua preciosa vida? Não penso que eu valha tal preço!
E não sou impressionada por sua beleza (embora por ela
pudesse também ser tocada), mas pelo fato de ele ainda ser moço.
Não é ele quem me comove, mas a sua idade! Além disso,
há nele coragem e um espírito que não receia a morte! Além disso,
está contado em quarto lugar na linha do senhor dos mares.
Além disso, ama-me e considera a união comigo tão importante
a ponto de morrer, se a negra sorte a seus intentos me recusar.
Enquanto é tempo, estrangeiro, afasta-te, deixa um tálamo sangrento!
É cruel unir-se a mim! Não há mulher que contigo,
não deseje casar e podes ser desejado por uma donzela sensata!
Mas por que razão hei de preocupar-me contigo depois de tantos
haverem antes morrido? Que se arranje. Pois que morra,
uma vez que não é despertado pela morte de tantos pretendentes
e despreza a vida! Há de este morrer, por desejar viver comigo?
Há de sofrer morte indigna como preço do amor?
Não há de a minha vitória atrair sobre mim a inveja! Mas a culpa
não é minha. Oxalá desistisses, ou então, já que és insensato,
fosses, oxalá, mais rápido! Que ar tão virginal em rosto juvenil!
Ah!, infeliz Hipômenes, quanto eu desejaria não ter sido por ti vista!
Merecias viver! Se eu fosse mais feliz e o destino hostil
não me recusasse o casamento, serias o único com quem
desejaria partilhar meu leito!" Acabara de falar e, inexperiente
e pela primeira vez tocada pelo desejo, sem saber o que
lhe está a acontecer, ama, e não tem consciência do amor.

Livro X

'"Iam solitos poscunt cursus populusque paterque,
cum me sollicita proles Neptunia uoce
inuocat Hippomenes 'Cytherea' que 'conprecor ausis   640
adsit' ait 'nostris et quos dedit adiuuet ignes.'
detulit aura preces ad me non inuida blandas;
motaque sum, fateor, nec opis mora longa dabatur.
est ager, indigenae Tamasenum nomine dicunt,
telluris Cypriae pars optima, quem mihi prisci   645
sacrauere senes templisque accedere dotem
hanc iussere meis; medio nitet arbor in aruo,
fulua comas, fuluo ramis crepitantibus auro.
hinc tria forte mea ueniens decerpta ferebam
aurea poma manu; nullique uidenda nisi ipsi   650
Hippomenen adii docuique quis usus in illis.
signa tubae dederant, cum carcere pronus uterque
emicat et summam celeri pede libat harenam;
posse putes illos sicco freta radere passu
et segetis canae stantes percurrere aristas.   655
adiciunt animos iuueni clamorque fauorque
uerbaque dicentum 'nunc, nunc incumbere tempus;
Hippomene, propera! nunc uiribus utere totis;
pelle moram, uinces!' dubium, Megareius heros
gaudeat an uirgo magis his Schoeneia dictis.   660
o quotiens, cum iam posset transire, morata est
spectatosque diu uultus inuita reliquit!
aridus e lasso ueniebat anhelitus ore,
metaque erat longe; tum denique de tribus unum
fetibus arboreis proles Neptunia misit.   665
obstipuit uirgo nitidique cupidine pomi
declinat cursus aurumque uolubile tollit.
praeterit Hippomenes; resonant spectacula plausu.
illa moram celeri cessataque tempora cursu
corrigit atque iterum iuuenem post terga relinquit;   670
et rursus pomi iactu remorata secundi
consequitur transitque uirum. pars ultima cursus

Já o povo e seu pai reclamam as habituais corridas,
quando, com voz inquieta, o descendente de Netuno,
Hipômenes, me invoca, orando: "Peço que a deusa de Citera
favoreça os meus intentos e proteja a paixão que originou!"
Favorável, a brisa trouxe até mim esta tocante súplica.
Fiquei comovida, confesso, e não dispunha de muito tempo
para o socorrer. Há um campo a que os naturais chamam de Tâmaso.
É o melhor bocado de terra da ilha de Chipre. Os primitivos anciãos
consagraram-ma e decidiram acrescentar essa dádiva aos meus templos.
A meio desse terreno resplandece uma árvore de copa dourada,
com ramos que crepitam com um amarelado ouro.
Vinha eu daí, por acaso, e trazia na mão três maçãs douradas,
que havia colhido. Só Hipômenes me via. Abeiro-me dele
e indico-lhe o uso que delas há de fazer. Tinham as tubas dado sinal,
quando, inclinados para a frente, salta cada um da barreira
e, com pé ligeiro, mal toca a superfície da areia.
Julgar-se-ia que pudessem rasar a pé enxuto a superfície do mar
e rapidamente correr sobre as espigas de uma dourada seara
sem as tombar. O brado, os aplausos, as aclamações dos presentes
incutiam ânimo ao jovem, ao dizerem: "É a hora, é a hora de dar tudo
por tudo! Vamos, Hipômenes, dá quanto tens! Não desistas,
vai, vencerás!" É duvidoso se, com estas palavras, se alegrava
mais o filho de Megareu ou a donzela, a filha de Esqueneu.
Oh! quantas vezes, podendo já passar-lhe à frente, ela se atrasou
e, depois de, por largo tempo, contemplar o seu rosto,
o deixou, contrariada. De sua boca cansada saía um hálito seco.
E a meta estava ainda longe! Foi então que,
dos três frutos da árvore, o neto de Netuno arremessou um.
Maravilha-se a donzela e, levada pelo desejo do fruto que brilha,
sustém a corrida e recolhe o ouro que rola.
Hipômenes passou-a. As bancadas ressoam com o aplauso.
Em corrida célere, ela reganha o atraso e o tempo cedido
e de novo deixa para trás o jovem. Atrasada pelo lançamento
do segundo fruto, de novo alcança e ultrapassa o homem.
Faltava o final da corrida. De novo ele roga:

restabat. 'nunc' inquit 'ades, dea muneris auctor!'
inque latus campi, quo tardius illa rediret,
iecit ab obliquo nitidum iuuenaliter aurum.   675
an peteret, uirgo uisa est dubitare; coegi
tollere et adieci sublato pondera malo
inpediique oneris pariter grauitate moraque,
neue meus sermo cursu sit tardior ipso,
praeterita est uirgo, duxit sua praemia uictor.   680
   '"Dignane, cui grates ageret, cui turis honorem
ferret, Adoni, fui? nec grates immemor egit
nec mihi tura dedit. subitam conuertor in iram,
contemptuque dolens ne sim spernenda futuris
exemplo caueo meque ipsa exhortor in ambos.   685
templa, deum Matri quae quondam clarus Echion
fecerat ex uoto, nemorosis abdita siluis,
transibant, et iter longum requiescere suasit.
illic concubitus intempestiua cupido
occupat Hippomenen, a numine concita nostro.   690
luminis exigui fuerat prope templa recessus,
speluncae similis, natiuo pumice tectus,
religione sacer prisca, quo multa sacerdos
lignea contulerat ueterum simulacra deorum;
hunc init et uetito temerat sacraria probro.   695
sacra retorserunt oculos, turritaque Mater
an Stygia sontes dubitauit mergeret unda;
poena leuis uisa est. ergo modo leuia fuluae
colla iubae uelant, digiti curuantur in ungues,
ex umeris armi fiunt, in pectora totum   700
pondus abit, summae cauda uerruntur harenae;
iram uultus habet, pro uerbis murmura reddunt,
pro thalamis celebrant siluas aliisque timendi
dente premunt domito Cybeleia frena leones.
hos tu, care mihi, cumque his genus omne ferarum   705
quod non terga fugae, sed pugnae pectora praebet
effuge, ne uirtus tua sit damnosa duobus."

"Ajuda-me agora, ó deusa, a quem devo este favor!"
e, com juvenil determinação, atira obliquamente para um
dos lados do campo o ouro brilhante, para que ela mais demorasse
a voltar. Pareceu duvidar a donzela se havia de o apanhar.
Forcei-a a fazê-lo. E, com a maçã que havia apanhado,
aumentei-lhe o peso e atrasei-a, não só com a carga, mas com a demora.
Não vá a minha exposição ser mais demorada que a própria corrida,
a donzela foi ultrapassada e o vencedor arrecadou seu prêmio.

Adônis, não fui merecedora de que ele me agradecesse,
de que me prestasse as honras do incenso? Nem se lembrou
de dar graças, nem de me oferecer incenso! Entro em súbita fúria
e, ferida pelo insulto, previno o exemplo, para que as gerações futuras
não me desprezem e incito-me a mim mesma contra eles ambos.
Passavam pelo templo, escondido na espessa floresta,
que o ilustre Equíon erigira um dia em honra da mãe dos deuses,
para cumprimento de uma promessa. A duração da viagem aconselhou
repouso. Intempestivo desejo de enlace provocado por vontade minha
dominou Hipômenes ali mesmo. Debaixo de uma abóbada natural
de pedra-pomes, junto ao templo, havia um esconderijo semelhante
a uma gruta, venerável para a religião do passado, com uma
pequena abertura, para onde o sacerdote havia levado muitas imagens
em madeira dos deuses antigos. Hipômenes entra nele e ofende
o caráter sagrado do templo com uma ação vergonhosa e proibida.
As imagens sagradas desviam o olhar, e a mãe dos deuses,
coroada de torres, interroga-se se não há de mergulhar os culpados
no lago Estige. Pareceu-lhe leve o castigo. Logo então,
dourada juba lhes cobre o pescoço, tão macio ainda agora;
os dedos curvam-se em garras; nascem-lhes patas a partir dos ombros;
é no peito que todo o seu peso se centra; com a cauda varrem
a superfície da areia; a face revela ira; soltam urros em vez de palavras;
em vez de salas, frequentam as florestas. Leões de todos temidos,
mordem com seus domesticados dentes os freios de Cibele.
Destes, meu amor, e com eles, de toda a espécie de feras
que não dão as costas à fuga, mas à luta o dão o peito,
foge tu, não vá a tua coragem ser fatal para nós ambos.'

'Illa quidem monuit iunctisque per aera cycnis
carpit iter; sed stat monitis contraria uirtus.
forte suem latebris uestigia certa secuti   710
exciuere canes, siluisque exire parantem
fixerat obliquo iuuenis Cinyreius ictu;
protinus excussit pando uenabula rostro
sanguine tincta suo trepidumque et tuta petentem
trux aper insequitur totosque sub inguine dentes   715
abdidit et fulua moribundum strauit harena.
uecta leui curru medias Cytherea per auras
Cypron olorinis nondum peruenerat alis;
agnouit longe gemitum morientis et albas
flexit aues illuc, utque aethere uidit ab alto   720
exanimem inque suo iactantem sanguine corpus,
desiluit pariterque sinum pariterque capillos
rupit et indignis percussit pectora palmis
questaque cum fatis "at non tamen omnia uestri
iuris erunt," dixit; "luctus monimenta manebunt   725
semper, Adoni, mei, repetitaque mortis imago
annua plangoris peraget simulamina nostri.
at cruor in florem mutabitur. an tibi quondam
femineos artus in olentes uertere mentas,
Persephone, licuit, nobis Cinyreius heros   730
inuidiae mutatus erit?" sic fata cruorem
nectare odorato sparsit, qui tactus ab illo
intumuit sic, ut fuluo perlucida caeno

[A morte de Adônis]

Depois de o aconselhar, Vênus atrela os cisnes e toma
o caminho dos ares. A coragem, essa é contrária a conselhos!
Seguindo ocasionalmente o definido rastro de um javali,
os cães fazem-no saltar do seu esconderijo, e o jovem filho de Cíniras,
com um disparo de través, trespassou-o ao sair da floresta.
Enfurecido, logo o javali arranca com seu recurvo focinho
o venábulo tinto com seu sangue e, arremetendo contra Adônis,
trêmulo e em busca de refúgio seguro, crava-lhe os dentes todos
abaixo da virilha, estendendo-o, às portas da morte,
na areia dourada. Pelos ares levada em seu leve carro,
a Citereia ainda não tinha alcançado Chipre nas asas dos cisnes.
Lá longe, reconheceu o gemido do moribundo e para ele
fez retroceder as níveas aves. Ao vê-lo, lá do alto éter,
exangue e rolando o corpo no próprio sangue, lança-se para terra,
dilacerando o seio ao mesmo tempo que arranca os cabelos
e, com mãos não feitas para esse fim, martiriza o peito.
Queixando-se do destino, afirma: 'Nem tudo, porém,
está sujeito ao vosso poder. A lembrança do meu luto, Adônis,
manter-se-á para sempre, e a imagem anualmente repetida
da tua morte atualizará a representação do meu lamento.[28]
Teu sangue mudar-se-á numa flor. Tu, Perséfone, pudeste um dia
mudar em perfumada menta o corpo de uma mulher.[29]
Não hei de, por causa da inveja, dar a este herói, o filho de Cíniras,
nova forma?' Depois destas palavras, aspergiu o sangue
com néctar perfumado. Ao ser por este atingido, começa o sangue
a borbulhar da mesma forma que, à superfície de um lodaçal amarelo,

[28] A lenda de Adônis é de origem fenícia, mas desenvolveu-se na ilha de Chipre, de onde saiu para todo o mundo grego. Filho de Mirra, transformada em árvore para fugir à ira do pai, dela saiu ao fim de dez meses. A beleza de Adônis cativou Afrodite, que acabou por ser a causa da sua morte e o há de chorar anualmente.

[29] Mente era ninfa dos Infernos, amada por Hades. Perséfone maltratou-a por ciúmes e o deus transformou-a em planta, a menta.

surgere bulla solet, nec plena longior hora
facta mora est, cum flos de sanguine concolor ortus,   735
qualem quae lento celant sub cortice granum
punica ferre solent. breuis est tamen usus in illo;
namque male haerentem et nimia leuitate caducum
excutiunt idem, qui praestant nomina, uenti.'

costuma surgir transparente bolha. E não demorou
mais de uma hora até que, do sangue, nascesse uma flor
de cor igual às que a romãzeira, que oculta a semente
debaixo de flexível casca, costuma produzir. Mas é de curta duração
o proveito que dela se colhe, pois, mal fixa e demasiado leve,
cai, sacudida pelos ventos, que lhe dão o nome."[30]

---

[30] A anêmona, cujo nome, em grego, se relaciona com o vento — *ánemos*.

Liber Vndecimus

Carmine dum tali siluas animosque ferarum
Threicius uates et saxa sequentia ducit,
ecce nurus Ciconum tectae lymphata ferinis
pectora uelleribus tumuli de uertice cernunt
Orphea percussis sociantem carmina neruis.   5
e quibus una leues iactato crine per auras,
'en' ait, 'en, hic est nostri contemptor!' et hastam
uatis Apollinei uocalia misit in ora,
quae foliis praesuta notam sine uulnere fecit;
alterius telum lapis est, qui missus in ipso   10
aere concentu uictus uocisque lyraeque est
ac ueluti supplex pro tam furialibus ausis
ante pedes iacuit. sed enim temeraria crescunt
bella modusque abiit insanaque regnat Erinys.
cunctaque tela forent cantu mollita, sed ingens   15
clamor et infracto Berecyntia tibia cornu
tympanaque et plausus et Bacchei ululatus
obstrepuere sono citharae, tum denique saxa
non exauditi rubuerunt sanguine uatis.
ac primum attonitas etiamnum uoce canentis   20
innumeras uolucres anguesque agmenque ferarum
Maenades Orphei titulum rapuere theatri;
inde cruentatis uertuntur in Orphea dextris
et coeunt, ut aues, si quando luce uagantem
noctis auem cernunt, structoque utrimque theatro   25
ceu matutina ceruus periturus harena

Livro XI

[A morte de Orfeu]

Enquanto, com este canto, o poeta da Trácia atraía a si
florestas, a atenção das feras e as rochas, que o seguiam,
eis que, do cimo de uma colina, em delírio, seios cobertos
de rudes peles, as mulheres dos Cícones avistam Orfeu,
que acompanhava o canto com o som das cordas.
Cabelo levado por brisa ligeira, uma delas grita:
"Ei-lo, eis ali aquele que nos despreza!" E arremessa
contra a melodiosa boca do cantor, o filho de Apolo,
o tirso que, coberto de folhas, provoca marca sem ferida.
Da segunda, o projétil era uma pedra, que é vencida,
enquanto corta o ar, pela harmonia da voz e da lira
e, como que a pedir perdão de tão desvairada ousadia,
tomba a seus pés. Temerários, os ataques, esses recrudescem.
Desaparece o bom senso e reina a insana Erínia.
Os projéteis poderiam ser todos domados pelo canto,
mas a grande grita, a flauta berecíntia com o corno grave,
os timbales, o estrépito e os urros das bacantes abafaram
o som da cítara. Deste modo, por fim, ficaram rubras
as pedras com o sangue do poeta, elas que não o ouviram.
Logo se lançam as Mênades sobre as incontáveis aves,
ainda encantadas pela voz do vate, sobre as serpentes e sobre
um turbilhão de animais selvagens, glória da assistência de Orfeu.
Depois, mãos ensanguentadas, voltam-se para Orfeu,
agrupando-se como as aves quando avistam
a ave noturna a pairar à luz do dia, ou como o veado
que, pela manhã, há de morrer na arena, presa dos cães.

praeda canum est; uatemque petunt et fronde uirentes
coniciunt thyrsos non haec in munera factos.
hae glaebas, illae dereptos arbore ramos,
pars torquent silices; neu desint tela furori, 30
forte boues presso subigebant uomere terram,
nec procul hinc multo fructum sudore parantes
dura lacertosi fodiebant arua coloni,
agmine qui uiso fugiunt operisque relinquunt
arma sui, uacuosque iacent dispersa per agros 35
sarculaque rastrique graues longique ligones;
quae postquam rapuere ferae cornuque minaci
diuulsere boues, ad uatis fata recurrunt
tendentemque manus et in illo tempore primum
inrita dicentem nec quidquam uoce mouentem 40
sacrilegae perimunt, perque os (pro Iuppiter!) illud
auditum saxis intellectumque ferarum
sensibus in uentos anima exhalata recessit.
    Te maestae uolucres, Orpheu, te turba ferarum,
te rigidi silices, te carmina saepe secutae 45
fleuerunt siluae, positis te frondibus arbor
tonsa comas luxit; lacrimis quoque flumina dicunt
increuisse suis, obstrusaque carbasa pullo
Naides et Dryades passosque habuere capillos.
membra iacent diuersa locis; caput, Hebre, lyramque 50
excipis: et (mirum!) medio dum labitur amne,
flebile nescioquid queritur lyra, flebile lingua
murmurat exanimis, respondent flebile ripae.
iamque mare inuectae flumen populare relinquunt
et Methymnaeae potiuntur litore Lesbi. 55
hic ferus expositum peregrinis anguis harenis
os petit et sparsos stillanti rore capillos.
tandem Phoebus adest morsusque inferre parantem

Arremetem assim contra o vate e contra ele arremessam
os tirsos de folhas verdes, não feitos para este fim.
Atiram umas torrões, brandem outras ramos de árvores,
outras arremessam pedras. E, para que à sua ira não faleçam armas,
presos ao pesado arado, uns bois aravam a terra e, perto deles,
cavavam a dura leira, preparando com muito suor as colheitas,
musculosos lavradores que, ao verem aquela horda,
se põem em fuga, abandonando os apetrechos de seu labor.
Espalhadas pelos campos, sem vivalma, veem-se enxadas,
pesados ancinhos e compridos enxadões.
Depois de deles se apoderarem e de esquartejarem os bois
de cornos ameaçadores, aquelas sacrílegas mulheres
voltam e apressam-se a sacrificar o poeta, que estendia
as mãos e, pela primeira vez, agora falava em vão,
sem comover ninguém com a sua voz. E por aquela boca,
escutada, ó Júpiter, pelas pedras e compreendida
pelo sentir das feras, se evolou a vida, desfeita no vento.

   As aves aflitas, o turbilhão dos animais selvagens,
as duras pedras, as florestas, que tantas vezes seguiram teus cantos,
choram por ti, Orfeu! De folha caída e copa podada,
as árvores por ti põem luto. Diz-se que até os rios, por causa
das lágrimas, aumentaram seu caudal. Náiades e Dríades
cobriram de negro suas vestes de linho e soltaram os cabelos.
Os membros de Orfeu jazem dispersos por vários lugares.
A cabeça e a lira foste tu, Hebro,[1] quem as recebeu!
E, coisa admirável, enquanto desliza rio abaixo, queixa-se tristemente
a lira não sei bem de quê. Sem vida, a língua lamuria-se e murmura.
As margens respondem, chorando. Arrastadas para o mar,
deixam o pátrio rio e chegam a Metimna, nas costas de Lesbos.
Aí, contra aquela cabeça abandonada em areias estrangeiras
e aqueles cabelos impregnados de água, que escorre, arremete
feroz serpente. É então que Febo intervém. Sustém a serpente,

---

[1] Rio da Trácia.

[arcet et in lapidem rictus serpentis apertos]
congelat et patulos, ut erant, indurat hiatus. 60
umbra subit terras et quae loca uiderat ante
cuncta recognoscit quaerensque per arua piorum
inuenit Eurydicen cupidisque amplectitur ulnis.
hic modo coniunctis spatiantur passibus ambo,
nunc praecedentem sequitur, nunc praeuius anteit 65
Eurydicenque suam iam tuto respicit Orpheus.

Non impune tamen scelus hoc sinit esse Lyaeus
amissoque dolens sacrorum uate suorum
protinus in siluis matres Edonidas omnes,
quae uidere nefas, torta radice ligauit. 70
quippe pedum digitos, in quamtum est quaeque secuta,
traxit et in solidam detrusit acumina terram;
utque suum laqueis, quos callidus abdidit auceps,
crus ubi commisit uolucris sensitque teneri,
plangitur ac trepidans astringit uincula motu, 75
sic, ut quaeque solo defixa cohaeserat harum,
exsternata fugam frustra temptabat; at illam
lenta tenet radix exsultantemque coercet.
dumque ubi sint digiti, dum pes ubi quaerit et ungues,
aspicit in teretes lignum succedere suras 80
et conata femur maerenti plangere dextra
robora percussit; pectus quoque robora fiunt,
robora sunt umeri; porrectaque bracchia ueros
esse putes ramos — et non fallare putando.

que se preparava para morder, petrifica-lhe o movimento
de abertura da boca e paralisa-a de boca aberta, tal como estava.
A sombra de Orfeu desce às entranhas da terra e reconhece
todos os lugares que antes vira. Ao procurá-la na morada
dos justos, encontra Eurídice, a quem, com paixão, abraça.
Passeiam juntos ali, ora lado a lado, ora Orfeu segue Eurídice,
que vai à frente, ora a antecede, à frente indo ele,
que em segurança se volta para a contemplar.

[O castigo das Mênades]

Lieu,[2] porém, não consente que esse crime fique impune.
E, entristecido com a perda do cantor de seus mistérios,
de imediato prende na floresta, por meio de retorcidas raízes,
todas as mulheres Edônias que viram o sacrilégio.
De fato, no ponto onde chegou cada uma, lhe prolongou
os dedos dos pés, mergulhando-lhes as pontas na terra dura.
Como a ave que, tendo metido a pata no laço
que astuto caçador disfarçou e, sentindo-se presa, se debate,
reforçando o laço com o movimento da agitação,
assim cada uma delas, ao estar presa e ligada à terra,
enlouquecida, em vão tentava fugir. Tenaz raiz a prende
e lhe impede os movimentos. E enquanto quer saber
onde seus dedos estão, onde estão os pés e as unhas,
vê a madeira subir por suas roliças pernas. Ao tentar ferir
as coxas em sinal de dor, é na madeira que sua mão bate.
Também o peito se torna madeira; em madeira se volvem
os ombros. E os braços estendidos podiam julgar-se
ramos verdadeiros. E assim julgando, ninguém erraria.

---

[2] Outro nome de Dioniso.

Nec satis hoc Baccho est; ipsos quoque deserit agros 85
cumque choro meliore sui uineta Timoli
Pactolonque petit, quamuis non aureus illo
tempore nec caris erat inuidiosus harenis.
hunc adsueta cohors Satyri bacchaeque frequentant,
at Silenus abest; titubantem annisque meroque 90
ruricolae cepere Phryges uinctumque coronis
ad regem duxere Midan, cui Thracius Orpheus
orgia tradiderat cum Cecropio Eumolpo.
qui simul agnouit socium comitemque sacrorum,
hospitis aduentu festum genialiter egit 95
per bis quinque dies et iunctas ordine noctes;
et iam stellarum sublime coegerat agmen
Lucifer undecimus, Lydos cum laetus in agros
rex uenit et iuueni Silenum reddit alumno.
huic deus optandi gratum, sed inutile, fecit 100
muneris arbitrium gaudens altore recepto.
ille male usurus donis ait: 'effice quidquid
corpore contigero fuluum uertatur in aurum.'
adnuit optatis nocituraque munera soluit
Liber et indoluit quod non meliora petisset. 105
    Laetus abit gaudetque malo Berecyntius heros
pollicitique fidem tangendo singula temptat.
[uixque sibi credens, non alta fronde uirentem]
ilice detraxit uirgam: uirga aurea facta est;
tollit humo saxum: saxum quoque palluit auro; 110
contigit et glaebam: contactu glaeba potenti
massa fit; arentes Cereris decerpsit aristas:
aurea messis erat; demptum tenet arbore pomum:

[Midas]

Mas isto não bastou a Baco. Deixa também aqueles campos
e, com o seu melhor séquito, dirige-se aos vinhedos do seu Tmolo
e ao Pactolo, embora nesse tempo este não fosse aurífero rio,
nem cobiçado por suas areias preciosas.
Acompanha-o o cortejo habitual de sátiros e de bacantes.
Falta aí Sileno. Cambaleando por causa do amor e do vinho,
haviam-no apresado os camponeses da Frígia, levando-o atado
com grinaldas ao rei Midas, a quem o trácio Orfeu
e o cecrópio Eumolpo tinham iniciado nos mistérios.
Logo que reconheceu o amigo e companheiro de culto,
Midas festejou alegremente durante dez dias acrescidos
de outras tantas noites a chegada do deus, seu hóspede.
Pela décima primeira vez, havia Lúcifer guiado já
o celestial rebanho de estrelas, quando, alegre, chega o rei
aos campos da Lídia e restitui Sileno a seu jovem aluno.
Feliz por receber seu aio, o deus concedeu a Midas a grata,
mas vã, faculdade de escolher uma recompensa. Este,
que iria fazer mau uso desse dom, pede: "Faz que tudo quanto
eu venha a tocar com o meu corpo se converta em fulvo ouro."
Líber acedeu à sua escolha, concedendo-lhe a perniciosa recompensa,
mas lamentou-se de que não tivesse pedido algo melhor.
Feliz, o herói de Berecinto[3] parte dali; regozija-se com o seu mal
e, tocando em cada coisa, testa a fidelidade da promessa.
Mal acreditando em si, da baixa copa de uma azinheira
corta um ramo verde; o ramo ficou dourado. Do chão
apanha uma pedra e também ela muda em dourada a sua cor.
Também apanha um torrão; o seu eficaz contato muda o torrão
em barra de ouro. Colhe umas secas espigas de Ceres;
era de ouro a colheita. De uma árvore colhe um fruto;

---

[3] Berecinto, montanha da Frígia onde Cibele era adorada. Midas, rei da Frígia,
era supostamente filho de Cibele.

Hesperidas donasse putes; si postibus altis
admouit digitos, postes radiare uidentur;   115
ille etiam liquidis palmas ubi lauerat undis,
unda fluens palmis Danaen eludere posset.
uix spes ipse suas animo capit aurea fingens
omnia. gaudenti mensas posuere ministri
exstructas dapibus nec tostae frugis egentes.   120
tum uero, siue ille sua Cerealia dextra
munera contigerat, Cerealia dona rigebant;
siue dapes auido conuellere dente parabat,
lammina fulua dapes admoto dente premebat;
miscuerat puris auctorem muneris undis: 125
fusile per rictus aurum fluitare uideres.
attonitus nouitate mali diuesque miserque
effugere optat opes et quae modo uouerat odit.
copia nulla famem releuat, sitis arida guttur
urit, et inuiso meritus torquetur ab auro   130
ad caelumque manus et splendida bracchia tollens
'da ueniam, Lenaee pater! peccauimus' inquit,
'sed miserere, precor, speciosoque eripe damno.'
mite deum numen; Bacchus peccasse fatentem
restituit pactique fide data munera soluit.   135
'neue male optato maneas circumlitus auro,
uade' ait 'ad magnis uicinum Sardibus amnem
perque iugum ripae labentibus obuius undis
carpe uiam, donec uenias ad fluminis ortus,
spumigeroque tuum fonti, qua plurimus exit,   140
subde caput corpusque simul, simul elue crimen.'
rex iussae succedit aquae; uis aurea tinxit
flumen et humano de corpore cessit in amnem.
nunc quoque iam ueteris percepto semine uenae
arua rigent auro madidis pallentia glaebis.   145

dir-se-ia que era oferta das Hespérides. Se leva a mão
à alta ombreira das portas, parece que as ombreiras
irradiam brilho. Ao lavar as mãos em cristalinas águas,
a água, ao cair das mãos, podia enganar Dânae.
Tem dificuldade em medir o alcance de suas esperanças,
ao imaginar que tudo é ouro. Transbordando de felicidade,
puseram-lhe os servos uma mesa cheia de iguarias,
onde nem tostado pão faltava. Se, então, tocava aí
os dons de Ceres, esses dons endureciam.
Ao dispor-se com ávido dente a triturar as iguarias,
dourada lâmina as cobria ao aproximar do dente.
À água pura misturara ele o licor do deus que o atendera.
Podia ver-se ouro fundido a fluir pela comissura dos lábios.
Aturdido pela inesperada desgraça, rico, mas miserável,
deseja fugir à riqueza e odeia o que desejara ainda agora.
Não há abundância que lhe mate a fome; sede ressequida
queima-lhe a garganta; é justamente torturado pelo odiado ouro.
Erguendo ao céu as mãos e os braços refulgentes, suplica:
"Perdoa-me, pai Leneu, pequei, mas tem compaixão.
Livra-me, rogo-te, desta faustosa indigência."
É benevolente a decisão divina. Ao confessar que pecou,
Baco recondu-lo à forma primitiva e anula o dom concedido
por fidelidade ao pacto. "Para não continuares revestido
desse ouro, em má hora desejado, vai", diz-lhe, "até o rio
vizinho de Sardes, a grande. Pela linha da margem, toma
o caminho contrário à corrente das águas até chegares à nascente.
Ali, onde brota mais abundante, mergulha a cabeça na fonte
que espuma e lava ao mesmo tempo o corpo e a culpa."
O rei obedece e entra na água. A propriedade do ouro
tingiu o rio e passou do corpo humano para a água corrente.
Ainda hoje, esgotada já a fonte do filão antigo, os campos
estão endurecidos e amarelados com a terra impregnada de ouro.

Ille perosus opes siluas et rura colebat
Panaque montanis habitantem semper in antris;
pingue sed ingenium mansit nocituraque, ut ante,
rursus erant domino stultae praecordia mentis.
nam freta prospiciens late riget arduus alto   150
Tmolus in ascensu cliuoque extensus utroque
Sardibus hinc, illinc paruis finitur Hypaepis.
Pan ibi dum teneris iactat sua carmina nymphis
et leue cerata modulatur harundine carmen,
ausus Apollineos prae se contemnere cantus   155
iudice sub Tmolo certamen uenit ad impar.
Monte suo senior iudex consedit et aures
liberat arboribus; quercu coma caerula tantum
cingitur, et pendent circum caua tempora glandes.
isque deum pecoris spectans 'in iudice' dixit   160
'nulla mora est.' calamis agrestibus insonat ille
barbaricoque Midan (aderat nam forte canenti)
carmine delenit; post hunc sacer ora retorsit
Tmolus ad os Phoebi; uultum sua silua secuta est.
ille caput flauum lauro Parnaside uinctus   165
uerrit humum Tyrio saturata murice palla
distinctamque fidem gemmis et dentibus Indis
sustinet a laeua, tenuit manus altera plectrum;
artificis status ipse fuit. tum stamina docto
pollice sollicitat, quorum dulcedine captus   170
Pana iubet Tmolus citharae submittere cannas.
    Iudicium sanctique placet sententia montis
omnibus; arguitur tamen atque iniusta uocatur
unius sermone Midae. nec Delius aures
humanam stolidas patitur retinere figuram,   175
sed trahit in spatium uillisque albentibus implet
instabilesque imas facit et dat posse moueri.
cetera sunt hominis; partem damnatur in unam

[Febo e Pã]

Odiando as riquezas, Midas vivia em bosques e prados
e venerava Pã, o deus que sempre morou nas cavernas dos montes,
mas não perdeu o seu caráter rude. Agora, como antes,
sua loucura torna-se prejudicial ao dono. Efetivamente,
dominando o mar, ao longe, ergue-se, com acentuada inclinação
nas duas vertentes, o escarpado Tmolo, que se alonga, de um lado,
até Sardes, e morre, do outro, junto à pequena Hipepos.
Foi aí que Pã, enquanto junto das doces ninfas fazia alarde
de seus poemas e, na sua flauta de canas unidas com cera,
modelava ligeira canção, ousando desdenhar da música
de Apolo, por referência à sua, compareceu,
para um confronto desigual, tendo por juiz o Tmolo.
Senta-se o velho juiz em seu monte e livra de árvores seus ouvidos.
Cinge apenas sua azulada cabeleira com o carvalho,
e bolotas pendem em volta de suas têmporas fundas.
Voltado para o deus dos rebanhos, informa: "O juiz está pronto!"
Pã faz soar sua rústica flauta e, com seu rude canto,
encanta Midas, ocasionalmente presente junto a si.
A seguir, o sagrado Tmolo volta sua face para a face de Febo.
A floresta segue o seu olhar. Com a loura cabeça cingida
de louro do Parnaso, varre Febo o chão com o manto tingido
com a púrpura de Tiro. Na mão esquerda, incrustada de gemas
e marfim da Índia, sustenta a lira, na outra impunha o plectro.
Sua pose era de artista. Com seu hábil polegar,
faz então vibrar as cordas. Fascinado com aquela suavidade,
o Tmolo convida Pã a submeter a cana à cítara.
Todos concordaram com o juízo e a sentença
do divino monte. Só Midas os contesta
e os considera injustos. Não suporta Délio
que aquelas fátuas orelhas mantenham a forma humana.
Alonga-as e cobre-as de pele esbranquiçada,
torna-as flexíveis na base e faz que possam mover-se.
O resto mantém-se humano. Só nesta parte punido,

induiturque aures lente gradientis aselli.
[ille quidem celare cupit turpique pudore]   180
tempora purpureis temptat uelare tiaris;
sed solitus longos ferro resecare capillos
uiderat hoc famulus, qui cum nec prodere uisum
dedecus auderet cupiens efferre sub auras,
nec posset reticere tamen, secedit humumque   185
effodit et domini quales aspexerit aures
uoce refert parua terraeque immurmurat haustae;
indiciumque suae uocis tellure regesta
obruit et scrobibus tacitus discedit opertis.
creber harundinibus tremulis ibi surgere lucus   190
coepit et, ut primum pleno maturuit anno,
prodidit agricolam; leni nam motus ab Austro
obruta uerba refert dominique coarguit aures.

Vltus abit Tmolo liquidumque per aera uectus
angustum citra pontum Nepheleidos Helles   195
Laomedonteis Latoius adstitit aruis.
dextera Sigei, Rhoetei laeua profundi
ara Panomphaeo uetus est sacrata Tonanti;
inde nouae primum moliri moenia Troiae
Laomedonta uidet susceptaque magna labore   200
crescere difficili nec opes exposcere paruas,
cumque tridentigero tumidi genitore profundi
mortalem induitur formam Phrygiaeque tyranno
aedificat muros pactus pro moenibus aurum.
stabat opus; pretium rex infitiatur et addit,   205
perfidiae cumulum, falsis periuria uerbis.

assume orelhas de ronceiro burro. Ao querer escondê-las,
Midas tenta, com grande pejo, cobrir as têmporas
com um capuz vermelho. Mas, habituado a lhe cortar os cabelos,
quando crescidos, com uma lâmina, o servo tinha visto tudo.
Ansioso por difundir tal fato, não ousando, embora,
revelar a desonra vista, sem poder, também, guardar silêncio,
afasta-se, abre na terra uma cova e, em voz baixa,
num murmúrio, relata à terra escavada
que tipo de orelhas vira a seu senhor. Com a terra tirada,
cobre o som da sua voz e, tapado o buraco,
parte em silêncio. Espesso tufo de trêmulas canas
começa a brotar ali e, logo que, passado um ano,
atinge a maturação, atraiçoa aquele que as semeou.
De fato, agitado por um suave Austro,
repete a palavra ouvida e denuncia as orelhas de seu senhor.

[Laomedonte]

Assim vingado, o filho da Latona deixa o Tmolo
e, voando na límpida atmosfera, detém-se aquém do estreito
de Hele, a filha de Néfele,[4] na terra de Laomedonte.
À direita do Sigeu,[5] à esquerda do Reteu profundo
há um antigo altar consagrado ao Tonante Panonfeu.
Vê daí Laomedonte a construir as muralhas de Troia,
que começava a surgir. Vê que o magno empreendimento
se desenvolve com penoso esforço e que exige recursos
nada pequenos. Com o deus do mar profundo, senhor do tridente,
assume a figura humana. Depois de, pelas muralhas,
acordar uma recompensa em ouro, ergue os muros ao senhor
da Frígia. A obra estava acabada. O rei nega a recompensa
e, à mentira, como cúmulo da perfídia, faz acrescer o perjúrio.

---

[4] Néfele, mulher de Átamas, rei de Tebas, que a abandonou para casar com Ino,
e mãe de Frixo e de Hele.

[5] Promontório da Tróade.

'non impune feres' rector maris inquit, et omnes
inclinauit aquas ad auarae litora Troiae
inque freti formam terras conuertit opesque
abstulit agricolis et fluctibus obruit agros.   210
poena neque haec satis est: regis quoque filia monstro
poscitur aequoreo, quam dura ad saxa reuinctam
uindicat Alcides promissaque munera dictos
poscit equos, tantique operis mercede negata
bis periura capit superatae moenia Troiae.   215
nec, pars militiae, Telamon sine honore recessit
Hesioneque data potitur. nam coniuge Peleus
clarus erat diua nec aui magis ille superbit
nomine quam soceri, siquidem Iouis esse nepoti
contigit haut uni, coniunx dea contigit uni.   220

Namque senex Thetidi Proteus 'dea' dixerat 'undae,
concipe: mater eris iuuenis, qui fortibus actis
acta patris uincet maiorque uocabitur illo.'
ergo, ne quidquam mundus Ioue maius haberet,
quamuis haud tepidos sub pectore senserat ignes,   225
Iuppiter aequoreae Thetidis conubia fugit
in suaque Aeaciden succedere uota nepotem
iussit et amplexus in uirginis ire marinae.
    Est sinus Haemoniae curuos falcatus in arcus.
bracchia procurrunt ubi, si foret altior unda,   230
portus erat; summis inductum est aequor harenis.
litus habet solidum, quod nec uestigia seruet
nec remoretur iter nec opertum pendeat alga.
myrtea silua subest bicoloribus obsita bacis;
est specus in medio (natura factus an arte   235
ambiguum, magis arte tamen), quo saepe uenire
frenato delphine sedens, Theti, nuda solebas.
illic te Peleus, ut somno uincta iacebas,

"Não hás de ficar impune", afirma o senhor dos mares.
E desvia as águas para as costas da avarenta Troia,
transforma as terras numa planície de água, arrebata
as colheitas aos agricultores e, com a água, afoga os campos.
Mas este não é castigo que baste. Também a filha do rei é reclamada
para um monstro marinho. Presa a um duro rochedo, é resgatada
por Alcides, que reclama os cavalos, fixados como o prêmio prometido.
Negado, porém, o prêmio de tão arriscada aventura,
acomete e expugna as, por duas vezes perjuras, muralhas de Troia.
Membro da expedição, Télamon não sai sem glória. Recebe Hesíone
a si dada por esposa. Efetivamente, Peleu já era ilustre por ter
por esposa uma deusa, e não se orgulha mais do nome do seu avô
que do nome do seu sogro. Ser neto de Júpiter não é sorte que caiba
a um só. Ter por esposa uma deusa só pode caber a um.

[Peleu e Tétis]

De fato o velho Proteu havia dito a Tétis: "Deusa da onda,
concebe! Serás mãe de um jovem que, por seus grandes
feitos, há de ultrapassar os feitos do pai, e será considerado
maior do que ele!" Então, para que no mundo não houvesse
nada maior do que Júpiter, embora no peito sentisse nada
tépida a chama, Júpiter evita a união com a ninfa Tétis
e determina que o filho de Éaco, seu neto, nos desejos
o substitua e vá para os braços da virgem do mar.
Há em Hemônia uma enseada de curvos arcos em forma de foice.
Seus braços estendem-se até onde, se as águas fossem mais fundas,
haveria um porto. O mar mal cobre a superfície da areia.
A praia é tão dura que não registra as pegadas,
não retarda a marcha, nem o mar é coberto pela alga flutuante.
Há ali perto um bosque de mirto carregado de bagas bicolores.
Ao centro tem uma gruta. Não se sabe se é obra da natureza
ou se é obra de arte. Talvez pareça mais obra de arte. Aí, Tétis,
costumavas tu ir muitas vezes, nua e sentada sobre um delfim,
que conduzias. Aí te surpreende Peleu, quando repousavas

occupat et, quoniam precibus temptata repugnas,
uim parat, innectens ambobus colla lacertis; 240
quod nisi uenisses uariatis saepe figuris
ad solitas artes, auso foret ille potitus.
sed modo tu uolucris (uolucrem tamen ille tenebat),
nunc grauis arbor eras (haerebat in arbore Peleus).
tertia forma fuit maculosae tigridis; illa 245
territus Aeacides a corpore bracchia soluit.
isde deos pelagi uino super aequora fuso
et pecoris fibris et fumo turis adorat,
donec Carpathius medio de gurgite uates
'Aeacide' dixit, 'thalamis potiere petitis; 250
tu modo, cum rigido sopita quiescet in antro,
ignaram laqueis uincloque innecte tenaci.
nec te decipiat centum mentita figuras,
sed preme quidquid erit, dum quod fuit ante reformet.'
dixerat haec Proteus et condidit aequore uultum 255
admisitque suos in uerba nouissima fluctus.
pronus erat Titan inclinatoque tenebat
Hesperium temone fretum, cum pulchra relicto
Nereis ingreditur consueta cubilia ponto.
uix bene uirgineos Peleus inuaserat artus; 260
illa nouat formas, donec sua membra teneri
sentit et in partes diuersas bracchia tendi.
tum demum ingemuit 'neque' ait 'sine numine uincis'
exhibita estque Thetis. confessam amplectitur heros
et potitur uotis ingentique implet Achille. 265

Felix et nato, felix et coniuge Peleus,
et cui, si demas iugulati crimina Phoci,

dominada pelo sono. Porque resistes a suas súplicas de sedução,
recorre à força, enlaçando os braços no teu pescoço.
Se não tivesses recorrido aos artifícios de várias vezes
mudar de imagem, teria ele dado corpo à sua ousadia.
Mas tu eras, umas vezes, ave; e ele agarrava a ave;
eras, outras, árvore rija; Peleu prendia-se à árvore.
A forma terceira foi a de mosqueado tigre.
Aterrorizado, o filho de Éaco soltou-lhe os braços do corpo.
Com vinho derramado na superfície do mar, com as entranhas
de uma rês e o fumo do incenso, venera ele os deuses marinhos,
até que do fundo do mar o adivinho dos Cárpatos lhe diz:
"Filho de Éaco, tu vais lograr o enlace por que aspiras.
Quando descansar, dormindo naquele fresco antro,
sem ela se aperceber, amarra-a com os laços de uma corda forte.
Que a centena de figuras que ela assuma não te engane, mas,
seja delas qual for, prende-a até que torne à forma que antes tinha."
Depois desta palavras, Proteu mergulha no mar seu vulto
e deixa que as ondas de seus domínios cubram suas últimas palavras.
Pendendo para a frente, em seu carro inclinado,
Titã tocava o mar da Hespéria, quando, deixando o mar,
a bela Nereide penetra, como faz habitualmente, na sua alcova.
Mal Peleu tinha abraçado o seu corpo virginal,
assume ela novas formas até sentir que seus membros estão bem presos
e os braços abertos um para cada lado. Então, por fim,
solta um gemido e diz: "Não é sem a ajuda divina que vences!"
E mostrou-se Tétis. Assim manifestada, colhe-a o herói em seus braços,
concretizando seus sonhos, e engravida-a do grande Aquiles.

[Peleu em casa de Céix]

Feliz com o filho, feliz com a esposa, a Peleu,
excetuado o crime de haver estrangulado Foco,[6]

---

[6] Peleu, pai de Aquiles, era filho de Éaco e de Endeis, irmão de Télamon e meio-

omnia contigerant. fraterno sanguine sontem
expulsumque domo patria Trachinia tellus
accipit. hic regnum sine ui, sine caede regebat   270
Lucifero genitore satus patriumque nitorem
ore ferens Ceyx, illo qui tempore maestus
dissimilisque sui fratrem lugebat ademptum.
quo postquam Aeacides fessus curaque uiaque
uenit et intrauit paucis comitantibus urbem,   275
quosque greges pecorum et quae secum armenta trahebat,
haud procul a muris sub opaca ualle reliquit.
copia cum facta est adeundi tecta tyranni,
uelamenta manu praetendens supplice qui sit
quoque satus memorat, tantum sua crimina celat   280
mentiturque fugae causam; petit urbe uel agro
se iuuet. hunc contra placido Trachinius ore
talibus adloquitur: 'mediae quoque commoda plebi
nostra patent, Peleu, nec inhospita regna tenemus.
adicis huic animo momenta potentia, clarum   285
nomen auumque Iouem. ne tempora perde precando;
quod petis omne feres tuaque haec pro parte uocato,
qualiacumque uides. utinam meliora uideres!'
et flebat. moueat tantos quae causa dolores
Peleusque comitesque rogant, quibus ille profatur: 290

'Forsitan hanc uolucrem, rapto quae uiuit et omnes
terret aues, semper pennas habuisse putetis;
uir fuit (et tanta est animi constantia) iam tum
acer erat belloque ferox ad uimque paratus
nomine Daedalion. illo genitore creatus,   295

tudo lhe correra bem. Manchado pelo sangue do irmão,
expulso do lar paterno, recebeu-o a terra de Tráquis.
Reinava aí, sem violência nem sangue, o filho de Lúcifer,
Céix, que ostentava na fronte o brilho paterno.
Triste e irreconhecível, chorava então o irmão,
que havia perdido. Acabrunhado pelas preocupações
e pela viagem, depois de aí chegar acompanhado de uns poucos,
o filho de Éaco entra na cidade, depois de, num fresco vale,
junto às muralhas, haver acomodado os rebanhos
e as manadas que trazia. Ao ter permissão para entrar
nos aposentos reais, entendendo em suas mãos suplicantes
um ramo de oliveira, lembra quem é e de quem é filho.
Apenas cala seu crime e inventa a razão de seu exílio.
Pede para ser recebido, seja na cidade ou no campo.
De rosto sereno, o rei de Tráquis responde-lhe nestes termos:
"O nosso bem-estar, Peleu, estende-se também
à simples plebe. Nem o nosso é um reino inospitaleiro.
A meu modo de ser somas tu poderosas recomendações,
um nome ilustre e o teres por avô a Júpiter. Não percas tempo
com súplicas. Terás tudo quanto pedes. Considera teu,
em parte, tudo aquilo que vês. Visses tu coisas melhores!"
E chorava. Peleu e os companheiros perguntam-lhe
qual o motivo de tão grande dor. Assim lhes responde ele:

[Dedálion e Quíone]

"Talvez julgueis que essa ave que vive de rapina
e aterroriza todas as outras haja tido sempre penas.
Era homem e, tão forte é a constância do caráter,
já então era arrojado, era terrível na guerra e dado à violência.
Chamava-se Dedálion, tinha por pai o astro

-irmão de Foco, que tinha por mãe a ninfa Psâmate. Invejando a destreza de Foco, os
irmãos decidiram matá-lo. Éaco expulsou-os para longe de Egina.

qui uocat Auroram caeloque nouissimus exit.
culta mihi pax est, pacis mihi cura tenendae
coniugiique fuit; fratri fera bella placebant.
illius uirtus reges gentesque subegit,
quae nunc Thisbaeas agitat mutata columbas.   300
nata erat huic Chione, quae dotatissima forma
mille procos habuit bis septem nubilis annis.
forte reuertentes Phoebus Maiaque creatus,
ille suis Delphis, hic uertice Cyllenaeo,
uidere hanc pariter, pariter traxere calorem.   305
spem Veneris differt in tempora noctis Apollo;
non fert ille moras uirgaque mouente soporem
uirginis os tangit: tactu iacet illa potenti
uimque dei patitur. nox caelum sparserat astris;
Phoebus anum simulat praereptaque gaudia sumit.   310
ut sua maturus compleuit tempora uenter,
alipedis de stirpe dei uersuta propago
nascitur Autolycus, furtum ingeniosus ad omne,
candida de nigris et de candentibus atra
qui facere adsuerat, patriae non degener artis;   315
nascitur e Phoebo (namque est enixa gemellos)
carmine uocali clarus citharaque Philammon.
quid peperisse duos et dis placuisse duobus,
et forti genitore et progenitore nitenti
esse satam prodest? an obest quoque gloria multis?   320

que chama a Aurora[7] e que é o último a deixar o céu.
Eu tenho o culto da paz. Foi sempre preocupação minha
manter a paz e o meu casamento. O prazer do meu irmão
estava nos duros combates. A sua coragem dominou,
outrora, reis e povos. A mesma coragem, depois de mudada,
atormenta hoje as pombas de Tisbe. Tinha uma filha,
Quíone, que, dotada de grande beleza, teve, na idade núbil
dos catorze anos, pretendentes mil. Retornando, um dia,
Febo e o filho de Maia,[8] aquele, de Delfos, este, do monte Cilene,[9]
ambos a viram e ambos arderam de amores por ela.
Apolo adia a esperança de uma noite de amor.
Mercúrio não suporta a espera e, com a varinha que infunde
o sono, toca no rosto da virgem. Com toque tão forte,
ela jaz dormente e sofre a paixão do deus. A noite semeara
de estrelas o céu. Disfarçado de velha, Febo goza os prazeres
que outro já gozara. Quando a gravidez, chegada a seu termo,
completou o tempo, da raça do deus de alados pés[10] nasceu,
digno herdeiro das artes do pai, Autólico, astuto rebento,
hábil em toda a espécie de fraudes, que se acostumara
a do preto fazer branco e a fazer do branco preto.[11]
De Febo nasceu Filêmon (era gravidez de gêmeos),
ilustre pela cítara e pela harmonia do canto.
Que adiantou dar à luz dois filhos, ser por dois deuses amada,
ter pai valoroso e ilustre avô? Não foi a glória prejudicial
a muitos? A esta, que pretendeu antepor-se a Diana

---

[7] Lúcifer, filho de Júpiter e de Aurora, é a tradução latina do grego Fósforo, personificação do astro que anuncia a Aurora.

[8] Maia era uma ninfa do monte Cilene, onde se uniu a Zeus para gerar Hermes. Mercúrio é o deus latino identificado com o grego Hermes. Ambos são protetores de comerciantes e viajantes.

[9] Monte da Arcádia, onde nasceu Hermes (ou Mercúrio).

[10] São atributos de Mercúrio o caduceu, o chapéu de abas largas, as sandálias aladas e a bolsa, símbolo do lucro.

[11] Filho de Hermes e de Quíone, avô de Ulisses, Autólico tem, como o pai, o dom de roubar sem ser surpreendido.

obfuit huic certe, quae se praeferre Dianae
sustinuit faciemque deae culpauit. at illi
ira ferox mota est "factis" que "placebimus" inquit.
nec mora, curuauit cornum neruoque sagittam
impulit et meritam traiecit harundine linguam.   325
lingua tacet, nec uox temptataque uerba sequuntur,
conantemque loqui cum sanguine uita reliquit.
quam miser amplexans ego tum patriumque dolorem
corde tuli fratrique pio solacia dixi;
quae pater haud aliter quam cautes murmura ponti   330
accipit et natam delamentatur ademptam.
ut uero ardentem uidit, quater impetus illi
in medios fuit ire rogos; quater inde repulsus
concita membra fugae mandat similisque iuuenco
spicula crabronum pressa ceruice gerenti,   335
qua uia nulla, ruit. iam tum mihi currere uisus
plus homine est, alasque pedes sumpsisse putares.
effugit ergo omnes ueloxque cupidine leti
uertice Parnasi potitur; miseratus Apollo,
cum se Daedalion saxo misisset ab alto,   340
fecit auem et subitis pendentem sustulit alis
oraque adunca dedit, curuos dedit unguibus hamos,
uirtutem antiquam, maiores corpore uires.
et nunc accipiter, nulli satis aequus, in omnes
saeuit aues aliisque dolens fit causa dolendi.'   345

   Quae dum Lucifero genitus miracula narrat
de consorte suo, cursu festinus anhelo
aduolat armenti custos Phoceus Onetor
et 'Peleu, Peleu! magnae tibi nuntius adsum
cladis' ait. quodcumque ferat, iubet edere Peleus,   350
[pendet et ipse metu trepidi Trachinius oris.]
ille refert: 'fessos ad litora curua iuuencos

598

e criticou a beleza da deusa, sem dúvida que o foi.
Abalada por terrível cólera, diz-lhe a deusa:
'É com os meus feitos que vou agradar-te.'
Logo curva o arco; com a corda, despede uma seta;
e, com a flecha, trespassa a culpada língua.
A língua calou-se. Não se segue a voz, nem as palavras tentadas.
Com o sangue, a vida abandona-a ao tentar falar.
Ao abraçá-la, infeliz de mim, sofri em meu peito a dor de um pai,
e a meu irmão, que a venerava, dirigi palavras de consolação.
A estas recebe-as ele de modo semelhante àquele que o rochedo
recebe os rumores do mar e continua a chorar a filha perdida.
Mas, ao vê-la a arder, tenta quatro vezes lançar-se na pira.
Por quatro vezes retido, entrega-se a veloz corrida,
qual touro que, na cerviz, leva cravado o aguilhão
do moscardo e se lança por onde nem caminho há.
Parece-me então que corre mais do que a um homem
é dado correr e julgar-se-ia que seus pés alcançaram asas.
A todos escapa. E, com ânsias de morte, alcança, veloz,
os cumes do Parnaso. Ao lançar-se Dedálion do cimo da rocha,
compadecido, Apolo transforma-o em ave, mantém-no
suspenso por imprevistas asas. Dota-o de bico adunco
e de curvas garras armadas com unhas, da antiga coragem
e de forças superiores ao corpo. É hoje um falcão pouco amistoso
seja para quem for, terrível para as aves todas.
Sofrendo por causa de outros, torna-se ele motivo de dor."

[O lobo de Peleu]

Enquanto o filho de Lúcifer narra as estranhas aventuras
de seu irmão, precipitadamente, em ofegante corrida,
chega Onetor da Fócida, o pastor dos rebanhos, que grita:
"Peleu, Peleu, venho anunciar-te uma grande catástrofe."
Peleu intima-o a falar, seja o que for que tem a dizer.
O herói de Tráquis está também suspenso daquela boca trepidante.
Começa ele então: "Tinha eu tocado, até junto da sinuosa praia,

599   Livro XI

adpuleram, medio cum Sol altissimus orbe
tantum respiceret, quantum superesse uideret;
parsque boum fuluis genua inclinarat harenis   355
latarumque iacens campos spectabat aquarum,
pars gradibus tardis illuc errabat et illuc,
nant alii celsoque exstant super aequora collo.
templa mari subsunt nec marmore clara neque auro,
sed trabibus densis lucoque umbrosa uetusto;   360
Nereides Nereusque tenent (hos nauita templi
edidit esse deos, dum retia litore siccat).
iuncta palus huic est densis obsessa salictis,
quam restagnantis fecit maris unda paludem:
inde fragore graui strepitans loca proxima terret   365
belua uasta lupus uluisque palustribus exit,
oblitus et spumis et crasso sanguine rictus
fulmineos, rubra suffusus lumina flamma.
qui quamquam saeuit pariter rabieque fameque,
acrior est rabie; neque enim ieiunia curat   370
caede boum diramque famem finire, sed omne
uulnerat armentum sternitque hostiliter omne.
pars quoque de nobis funesto saucia morsu,
dum defensamus, leto est data; sanguine litus
undaque prima rubet demugitaeque paludes.   375
sed mora damnosa est, nec res dubitare remittit;
dum superest aliquid, cuncti coeamus et arma,
arma capessamus coniunctaque tela feramus.'

    Dixerat agrestis; nec Pelea damna mouebant,
sed memor admissi Nereida conligit orbam   380
damna sua inferias extincto mittere Phoco.
induere arma uiros uiolentaque sumere tela
rex iubet Oetaeus, cum quis simul ipse parabat

os novilhos já cansados, quando o sol, no ponto mais alto
de seu curso, via tanto atrás de si, quanto via faltar-lhe ainda.
Uma parte deles dobrara os joelhos na dourada areia
e, deitada, contemplava o campo das extensas águas;
outra ia e vinha a passo lento; nadam os restantes e,
de pescoço alçado, mostram-se acima das águas. Junto ao mar
há um templo que não brilha nem com ouro nem com mármore,
mas é escurecido por denso arvoredo e por um bosque antigo.
Pertence a Nereu e às Nereidas (informou-me um pescador,
enquanto na praia secava as redes, serem estes os deuses do templo).
A seu lado, rodeada por um denso salgueiral,
há uma lagoa que a água do mar formou ao acumular-se.
Uivando fragorosamente, um lobo, animal de grande porte,
presas temíveis como raios, sujo de baba e de sangue
coagulado, olhos que despedem chamas rubras,
sai dessa pantanosa selva e aterroriza as redondezas.
Entra em fúria naturalmente e por fome.
É pior por violência. Não procura saciar-se,
nem matar a cruel fome com a morte de uns bois,
mas fere a manada inteira, a toda prostra, sem piedade, por terra.
Mesmo até alguns de nós, atingidos por sua fatal dentada,
morrem enquanto dele se defendem. A praia, as primeiras ondas
e a lagoa, que repercute os mugidos, estão cobertas de sangue.
Demorar-se é criminoso. A situação não consente hesitações.
Corramos todos, enquanto resta alguma coisa;
peguemos todos em armas; dêmo-lhe caça em conjunto."

O pastor acabara de falar. A Peleu nem estas perdas o tocam,
mas, recordado do seu crime, deduz que a Nereide, privada do filho,
envia aquela hecatombe como oferenda fúnebre aos manes de Foco.[12]
O rei do Eta manda seus homens vestir a armadura
e empunhar os terríveis dardos, dispondo-se a seguir com eles.

---

[12] Ver o verso 267. Peleu matara Foco, seu meio-irmão, filho de Éaco e da Nereide Psâmate.

ire; sed Alcyone coniunx excita tumultu
prosilit et, nondum totos ornata capillos,   385
disicit hos ipsos colloque infusa mariti,
mittat ut auxilium sine se, uerbisque precatur
et lacrimis, animasque duas ut seruet in una.
Aeacides illi: 'pulchros, regina, piosque
pone metus; plena est promissi gratia uestri.   390
non placet arma mihi contra noua monstra moueri;
numen adorandum pelagi est.' erat ardua turris,
arce focus summa, fessis loca grata carinis.
ascendunt illuc stratosque in litore tauros
cum gemitu aspiciunt uastatoremque cruento   395
ore ferum longos infectum sanguine uillos.
inde manus tendens in aperti litora ponti
caeruleam Peleus Psamathen ut finiat iram,
orat opemque ferat. nec uocibus illa rogantis
flectitur Aeacidae; Thetis hanc pro coniuge supplex   400
accepit ueniam. sed enim reuocatus ab acri
caede lupus perstat dulcedine sanguinis asper,
donec inhaerentem lacerae ceruice iuuencae
marmore mutauit. corpus praeterque colorem
omnia seruauit; lapidis color indicat illum   405
iam non esse lupum, iam non debere timeri.
nec tamen hac profugum consistere Pelea terra
fata sinunt; Magnetas adit uagus exul et illic
sumit ab Haemonio purgamina caedis Acasto.

   Interea fratrisque sui fratremque secutis   410
anxia prodigiis turbatus pectora Ceyx,

Alertada pela agitação, eis que Alcíone, sua esposa,
se precipita, sem acabar de pentear os cabelos.
Despenteia os penteados e, presa ao pescoço do marido,
roga, entre súplicas e lágrimas, que faça o socorro seguir sem ele,
que, com a sua, ele salve a vida de ambos. Contrapõe o filho de Éaco:
"São belos, rainha, são dignos de vós tais receios. Não temais!
Vossa atitude enche-me de gratidão! Não está em meus planos
pegar em armas contra um monstro desconhecido.
Cabe-me venerar a divindade do mar!" Havia ali alta torre
com uma chama no cimo, sinal de esperança para navios
em perigo. Sobem lá, de lá veem, estendidos na praia,
os bois a gemer, e veem, de boca ensanguentada
e com os longos pelos tingidos de sangue, a devastadora fera.
Estendendo daí as mãos para a praia do mar aberto,
Peleu suplica à azulada Psâmate[13] que aplaque sua ira
e que venha em seu auxílio. A ninfa, essa, não cede às preces
do filho de Éaco. Foi Tétis quem, intercedendo por seu marido,
lhe alcançou o perdão. O lobo, intimado a deixar
a feroz carnificina, esse, excitado pelo deleite do sangue,
persiste até ser transformado em mármore,
enquanto se assanha contra a cerviz de uma toura morta.
Excetuada a cor, tudo manteve e também o corpo.
A cor da pedra deixa ver já não ser lobo, já não dever ser temido.
O destino, esse, não consente que o fugitivo Peleu
se instale neste país. Exilado, errante, chega à Magnésia.
Aí, pela mão do hemônio Acasto, obtém a purificação de seu crime.

[Céix e Alcíone]

Entretanto Céix, coração angustiado, perturbado
pelos prodígios de seu irmão e por aqueles que o irmão

---

[13] Psâmate é a Nereide a quem Éaco se uniu e que deu à luz Foco. Foi ela quem
enviou o monstruoso lobo contra os rebanhos de Peleu para o punir pela morte de seu
filho, meio-irmão de Peleu.

consulat ut sacras, hominum oblectamina, sortes,
ad Clarium parat ire deum; nam templa profanus
inuia cum Phlegyis faciebat Delphica Phorbas.
consilii tamen ante sui, fidissima, certam   415
te facit, Alcyone; cui protinus intima frigus
ossa receperunt buxoque simillimus ora
pallor obit lacrimisque genae maduere profusis.
ter conata loqui ter fletibus ora rigauit
singultuque pias interrumpente querellas   420
'quae mea culpa tuam,' dixit, 'carissime, mentem
uertit? ubi est quae cura mei prior esse solebat?
iam potes Alcyone securus abesse relicta?
iam uia longa placet? iam sum tibi carior absens?
at, puto, per terras iter est, tantumque dolebo,   425
non etiam metuam, curaeque timore carebunt.
aequora me terrent et ponti tristis imago;
et laceras nuper tabulas in litore uidi
et saepe in tumulis sine corpore nomina legi.
neue tuum fallax animum fiducia tangat,   430
quod socer Hippotades tibi sit, qui carcere fortes
contineat uentos et, cum uelit, aequora placet:
cum semel emissi tenuerunt aequora uenti,
nil illis uetitum est, incommendataque tellus
omnis et omne fretum est; caeli quoque nubila uexant   435
excutiuntque feris rutilos concursibus ignes.
quo magis hos noui (nam noui et saepe paterna
parua domo uidi), magis hoc reor esse timendos.
quod tua si flecti precibus sententia nullis,
care, potest, coniunx, nimiumque es certus eundi,   440
me quoque tolle simul. certe iactabimur una,
nec nisi quae patiar metuam; pariterque feremus,
quidquid erit, pariter super aequora lata feremur.'

lhe arrebataram, dispõe-se a ir ao templo do deus de Claros,
a fim de consultar os oráculos divinos, conforto dos homens;
pois o ímpio Forbas inviabilizava, com os Flégios,
o acesso ao templo de Delfos. Mas antes, fidelíssima Alcíone,
certifica-te do seu projeto. A medula dos seus ossos
foi logo invadida pelo frio; seu rosto foi tomado por uma
palidez de buxo; suas faces foram inundadas de lágrimas.
Por três vezes tenta falar, por três vezes o pranto lhe afoga a boca.
Com soluços a interromper suas queixas de esposa fiel,
pergunta: "Que culpa minha, meu amor, fez teu coração
mudar? Onde está o afeto que me tinhas antes?
Podes hoje partir tranquilo, deixando Alcíone?
Pretendes hoje uma longa viagem? Serei para ti mais querida,
estando longe? A tua viagem, suponho, será por terra.
Irei sofrer, sim, mas não terei medo. Terei preocupações, medo não.
A mim é o mar que me assusta, e a sombria visão das ondas.
Ainda há pouco, na praia, vi eu pranchas despedaçadas.
E em túmulos vazios, li eu nomes, tantas vezes!
Não invada tua mente a enganadora certeza de teres
por sogro o descendente de Hípotes[14] que, quando quer,
aprisiona a violência dos ventos e apazigua o mar!
Os ventos, uma vez soltos, são senhores do mar imenso,
nada lhes é interdito. A terra e a extensão do mar
são ultrajados por eles. Também acometem as nuvens do céu
e, com terríveis colisões, fazem saltar fogos brilhantes.
Quanto melhor os conheço, pois, em pequena, conheci-os
e muitas vezes os vi na casa de meu pai, por mais terríveis os tenho.
Ora, se não há súplicas que possam alterar a tua decisão,
marido amado, tão decidido tu estás a partir, leva-me contigo!
Ambos seremos joguete das ondas, mas só temerei
o que suportar! Sofreremos juntos o que quer que seja,
seguiremos ambos pelo mar sem fim!"

---

[14] Éolo.

Talibus Aeolidis dictis lacrimisque mouetur
siderus coniunx; neque enim minor ignis in ipso est.   445
sed neque propositos pelagi dimittere cursus
nec uult Alcyonen in partem adhibere pericli,
multaque respondit timidum solantia pectus.
non tamen idcirco causam probat; addidit illis
hoc quoque lenimen, quo solo flexit amantem: 450
'longa quidem est nobis omnis mora; sed tibi iuro
per patrios ignes, si me modo fata remittant,
ante reuersurum, quam luna bis impleat orbem.'
his ubi promissis spes est admota recursus,
protinus eductam naualibus aequore tingi   455
aptarique suis pinum iubet armamentis.
qua rursus uisa, ueluti praesaga futuri,
horruit Alcyone lacrimasque emisit obortas
amplexusque dedit tristique miserrima tandem
ore 'uale' dixit conlapsaque corpore toto est.   460
ast iuuenes quaerente moras Ceyce, reducunt
ordinibus geminis ad fortia pectora remos
aequalique ictu scindunt freta. sustulit illa
umentes oculos stantemque in puppe recurua
concussaque manu dantem sibi signa maritum   465
prima uidet redditque notas; ubi terra recessit
longius atque oculi nequeunt cognoscere uultus,
dum licet insequitur fugientem lumine pinum;
haec quoque ut haud poterat spatio summota uideri,
uela tamen spectat summo fluitantia malo;   470
ut nec uela uidet, uacuum petit anxia lectum
seque toro ponit: renouat lectusque torusque
Alcyones lacrimas et quae pars admonet absit.
   Portibus exierant, et mouerat aura rudentes;
obuertit lateri pendentes nauita remos   475
cornuaque in summa locat arbore totaque malo
carbasa deducit uenientesque accipit auras.
aut minus aut certe medium non amplius aequor

Com estas palavras e as lágrimas da filha de Éolo, é tocado
seu marido, o filho de um astro. Na realidade, não arde nele menor
fogo! Mas ele não quer abandonar o projeto de viajar por mar,
nem quer expor Alcíone aos mesmos perigos e, na resposta,
dá-lhe mil razões que sosseguem seu angustiado coração.
Mas não consegue justificar sua causa. A estas, acrescenta
este lenitivo, único com que tranquiliza aquela que o ama:
"É claro que, para nós, qualquer demora é excessiva.
Mas pelos fogos de meu pai te juro, se o destino mo consentir,
estarei de volta antes de, por duas vezes, a lua encher seu disco."
Depois de, com esta promessa, acalentar a esperança do retorno,
logo ordena que a embarcação seja retirada do estaleiro,
seja lançada à água, e seja apetrechada com o seu equipamento.
Ao voltar a vê-la, como que pressagiando o futuro,
Alcíone estremece, debulha-se em lágrimas,
abraça o marido e, por fim, do abismo de sua infelicidade,
com voz aflita, sussurra: "Adeus!" E cai logo, desfalecida.
Em dupla fila, os jovens marinheiros, embora Céix buscasse
razões para se atrasar, puxam os remos de encontro
ao valente peito e, em golpes ritmados, fendem as vagas.
Alcíone ergue os olhos úmidos e, na popa recurva,
vê o marido, de pé, que, agitando a mão, lhe diz adeus.
Ela devolve-lhe os mesmos sinais. Quando a terra
se afasta mais e a vista deixa de poder distinguir o rosto,
enquanto pode, segue com a vista a embarcação que se afasta.
Quando também esta, sumida pela distância, deixa de poder
ser vista, ela contempla a vela que flutua no topo do mastro.
Quando nem a vela vê, ansiosa, retorna ao leito vazio
e estende-se sobre a coberta. O leito e o casamento renovam-lhe
as lágrimas e lembram-lhe a parte de si que está ausente.

Haviam deixado o porto. A brisa agita o cordame.
A tripulação levanta os remos, que pendem da amurada,
no topo do mastro, de onde desdobra por completo as velas,
coloca as vergas e colhe os ventos que correm. A nave sulcava o mar,
mais ou menos a meio, não mais, do seu curso. A terra estava

607

Livro XI

puppe secabatur, longeque erat utraque tellus,
cum mare sub noctem tumidis albescere coepit   480
fluctibus et praeceps spirare ualentius Eurus.
'ardua iamdudum demittite cornua' rector
clamat 'et antemnis totum subnectite uelum.'
hic iubet: impediunt aduersae iussa procellae,
nec sinit audiri uocem fragor aequoris ullam.   485
sponte tamen properant alii subducere remos,
pars munire latus, pars uentis uela negare;
egerit hic fluctus aequorque refundit in aequor,
hic rapit antemnas; quae dum sine lege geruntur,
aspera crescit hiems omnique e parte feroces   490
bella gerunt uenti fretaque indignantia miscent.
ipse pauet nec se, qui sit status, ipse fatetur
scire ratis rector nec quid iubeatue uetetue;
tanta mali moles tantoque potentior arte est.
quippe sonant clamore uiri, stridore rudentes,   495
undarum incursu grauis unda, tonitribus aether.
fluctibus erigitur caelumque aequare uidetur
pontus et inductas aspergine tangere nubes;
et modo, cum fuluas ex imo uertit harenas,
concolor est illis, Stygia modo nigrior unda,   500
sternitur interdum spumisque sonantibus albet.
ipsa quoque his agitur uicibus Trachinia puppis
et nunc sublimis ueluti de uertice montis
despicere in ualles imumque Acheronta uidetur,
nunc, ubi demissam curuum circumstetit aequor,   505
suspicere inferno summum de gurgite caelum.
saepe dat ingentem fluctu latus icta fragorem
nec leuius pulsata sonat quam ferreus olim
cum laceras aries ballistaue concutit arces;
[utque solent sumptis incursu uiribus ire   510
pectore in arma feri protentaque tela leones,
sic, ubi se uentis admiserat unda coortis,
ibat in alta ratis multoque erat altior illis.]

a igual distância de um e de outro lado, quando, ao cair da noite,
com a sublevação das ondas, começa o mar a ficar branco.
E, violento, o Euro começa a soprar com mais força.
"Rápido", grita o piloto, "arreai as vergas do topo
e amarrai a vela toda às antenas!" Ele ordena;
frontal, a tempestade entrava as suas ordens.
O fragor das vagas não deixa que qualquer voz seja ouvida.
Correm uns, por instinto, a tirar os remos,
outros, a reforçar o casco, outros recolhem do vento as velas.
Esvazia um a água que entrou, devolvendo ao mar o mar,
outro recolhe as antenas. Enquanto isto se faz, ao acaso,
a tempestade redobra de violência. Terríveis, os ventos
travam batalha por todo o lado e sublevam o mar revoltoso.
O próprio piloto está em pânico e confessa não conhecer
a posição do navio, nem o que há de ordenar ou proibir,
tão grande é o perigo e tão superior a qualquer arte.
Ressoam os gritos dos homens, range o cordame, chocam as ondas
com a onda mais alta, o éter ribomba com os trovões.
O mar eriça-se de ondas e parece confundir-se com o céu,
atingindo com o borrifo as nuvens que o cobrem.
E ora, quando, do fundo, revolve a dourada areia, tem dela a cor,
ora é mais negro que as águas do Estige. Por vezes,
espraia-se e torna-se branco com a espuma das ondas sonoras.
Também a nave traquínia sofre tais vicissitudes.
E, ora parece, como do cimo de uma alta montanha,
olhar os vales e o fundo Aqueronte,
ora parece, do abismo do inferno,
erguer os olhos para o céu, lá em cima.
Batida no flanco pela onda, solta um enorme fragor
e ao ser batida, ressoa como a cidadela, quando
o aríete de ferro ou a balista a batem e a rasgam.
Tal como os feros leões, recobrando ânimo para o assalto,
costumam acometer de frente armas e lanças em riste,
assim a onda, ao formar-se por ação dos ventos que se levantam,
se lança contra a amurada da nau e era mais alta do que ela.

iamque labant cunei, spoliataque tegmine cerae
rima patet praebetque uiam letalibus undis.   515
ecce cadunt largi resolutis nubibus imbres,
inque fretum credas totum descendere caelum,
inque plagas caeli tumefactum ascendere pontum.
uela madent nimbis, et cum caelestibus undis
aequoreae miscentur aquae. caret ignibus aether,   520
caecaque nox premitur tenebris hiemisque suisque;
discutiunt tamen has praebentque micantia lumen
fulmina; fulmineis ardescunt ignibus ignes.
dat quoque iam saltus intra caua texta carinae
fluctus; et ut miles, numero praestantior omni,   525
cum saepe adsiluit defensae moenibus urbis,
spe potitur tandem laudisque accensus amore
inter mille uiros murum tamen occupat unus,
sic, ubi pulsarunt nouiens latera ardua fluctus,
uastius insurgens decimae ruit impetus undae,   530
nec prius absistit fessam oppugnare carinam
quam uelut in captae descendat moenia nauis.
pars igitur temptabat adhuc inuadere pinum,
pars maris intus erat; trepidant haud setius omnes,
quam solet urbs aliis murum fodientibus extra   535
atque aliis murum trepidare tenentibus intus.
    Deficit ars animique cadunt totidemque uidentur,
quot ueniunt fluctus, ruere atque inrumpere mortes.
non tenet hic lacrimas, stupet hic, uocat ille beatos,
funera quos maneant, hic uotis numen adorat   540
bracchiaque ad caelum, quod non uidet, inrita tollens
poscit opem; subeunt illi fraterque parensque,
huic cum pignoribus domus et quod cuique relictum est;
Alcyone Ceyca mouet, Ceycis in ore
nulla nisi Alcyone est et, cum desideret unam,   545
gaudet abesse tamen. patriae quoque uellet ad oras
respicere inque domum supremos uertere uultus,
uerum ubi sit nescit: tanta uertigine pontus

As cavilhas começam a ceder. Ao perderem a calafetagem da cera,
as junturas abrem-se e deixam passar a água fatal.
Das nuvens, que se fundem, caem dilúvios de chuva.
Dir-se-ia que o céu descia todo sobre o mar,
e que, enraivecido, o mar subia às regiões celestes.
As velas estão ensopadas da água da chuva. As águas do mar
misturam-se às águas do céu. No céu não brilham os astros.
A escuridão da noite é reforçada pelas trevas próprias
e pelas da tempestade. Coruscantes raios as rasgam
e as iluminam. Inflamam-se os fogos com o fogo dos raios.
A onda já galga para dentro do cavo casco da nau.
E tal como o soldado que a todos supera em coragem, depois de,
vezes sem conta, assaltar as muralhas defendidas de uma cidadela,
alcança, por fim, seus objetivos e, ardendo em ânsias de glória,
ocupa os muros sozinho entre mil, assim, depois de, por nove vezes,
as ondas baterem na alta amurada da nau, cai sobre ela
o ímpeto da décima, que se ergue mais alta e não deixa
de assediar o esfalfado casco de noz enquanto não desabar
no interior de suas muralhas, como que tomando-a de assalto.
Uma parte do mar tentava ainda invadir a embarcação.
A outra já estava lá dentro. Todos se afanam
como costuma afanar-se a cidade cujos muros são, por uns,
minados a partir de fora e são, por dentro, tomados por outros.

    A perícia fracassa, desfalecem os ânimos. E quantas são as ondas,
tantas são as mortes que parecem desabar e cair sobre eles.
Este não sustém as lágrimas; aquele está aterrorizado;
o outro considera felizes os que aguardam pelas honras fúnebres;
outro ainda formula votos à divindade e, erguendo, em vão,
os braços ao céu, que está invisível, pede socorro. A um
vem ao pensamento o irmão e o pai; a outro, junto com os filhos,
vem-lhe a casa e quanto deixou. Alcíone preocupa Céix;
na boca de Céix está somente Alcíone. E, embora só por ela suspire,
está, porém, feliz por ela estar longe. Gostaria também
de voltar a ver as costas da pátria, de volver o último olhar
para sua casa. Mas não sabe para que lado ficam, de modo

feruet, et inducta piceis e nubibus umbra
omne latet caelum, duplicataque noctis imago est.   550
frangitur incursu nimbosi turbinis arbor,
frangitur et regimen, spoliisque animosa superstes
unda uelut uictrix, sinuataque despicit undas;
nec leuius, quam si quis Atho Pindumue reuulsos
sede sua totos in apertum euerterit aequor,   555
praecipitata cadit pariterque et pondere et ictu
mergit in ima ratem; cum qua pars magna uirorum
gurgite pressa graui neque in aera reddita fato
functa suo est. alii partes et membra carinae
trunca tenent; tenet ipse manu, qua sceptra solebat,   560
fragmina nauigii Ceyx socerumque patremque
inuocat (heu!) frustra. sed plurima nantis in ore est
Alcyone coniunx: illam meminitque refertque,
illius ante oculos ut agant sua corpora fluctus
optat et exanimis manibus tumuletur amicis;   565
dum natat, absentem, quotiens sinit hiscere fluctus,
nominat Alcyonen ipsisque immurmurat undis.
ecce super medios fluctus niger arcus aquarum
frangitur et rupta mersum caput obruit unda.
Lucifer obscurus nec quem cognoscere posses   570
illa luce fuit, quoniamque excedere caelo
non licuit, densis texit sua nubibus ora.
  Aeolis interea tantorum ignara malorum
dinumerat noctes et iam, quas induat ille,
festinat uestes, iam quas, ubi uenerit ille,   575
ipsa gerat, reditusque sibi promittit inanes.
omnibus illa quidem superis pia tura ferebat,
ante tamen cunctos Iunonis templa colebat
proque uiro, qui nullus erat, ueniebat ad aras,
utque foret sospes coniunx suus utque rediret   580
optabat, nullamque sibi praeferret; at illi
hoc de tot uotis poterat contingere solum.
at dea non ultra pro functo morte rogari

tão vertiginoso se revolve o mar e, induzida por nuvem de pez,
a sombra, que é imagem dobrada da noite, esconde todo o céu.
O mastro parte-se com o embate de uma tromba de água.
Parte-se o leme também. Ufana, com ar vitorioso, ergue-se a onda
sobre os despojos e, encurvando-se, olha de cima as ondas restantes.
Precipita-se e cai. E, com o peso e o impacto juntos,
como se alguém, arrancando pela base o Atos ou o Pindo,
os mergulhasse em pleno mar, leva ela ao fundo a pequena nau.
Engolida por tão grande torvelinho e sem poder tornar à superfície,
com ela cumpre seu destino grande parte dos homens.
Socorre-se outra parte dos destroços e do que resta da despedaçada nau.
Até Céix, na mão em que costumava ter o cetro,
segura fragmentos da embarcação. E invoca, infelizmente em vão,
o sogro e o pai. Mas é o nome da esposa, Alcíone,
que ocupa sua boca enquanto nada. É nela que pensa, a ela invoca,
e faz votos para que as ondas conduzam seu corpo até junto dela
e seus restos sejam sepultados por aquelas amorosas mãos.
Enquanto nada, sempre que a onda lhe permite que a boca abra,
é o nome da ausente Alcíone que pronuncia. E mesmo debaixo de água
é esse nome que murmura. Mas eis que, da crista, a meio da onda,
se abate negra abóbada de água que a cabeça lhe afunda e o afoga.
Nessa madrugada, Lúcifer ficou encoberto,
sem poder se distinguir. Não podendo abandonar o céu,
cobriu a face com espessa nuvem.

   Ignorando desgraça tão grande, a filha de Éolo conta,
entretanto, as noites. E dá-se pressa em aprontar as vestes
que ele há de vestir e as que há de ela ostentar na chegada dele.
E formula votos, que serão inúteis, pelo seu regresso.
Piedosa, oferece incenso a todos os deuses,
mas, dentre todos, é o templo de Juno que ela mais frequenta.
Junto ao seu altar, vai pedir pelo marido, que já não existe.
Vai suplicar que ele esteja são e salvo,
que regresse e não se enamore de nenhuma outra.
De todos os votos, apenas o último pudera cumprir-se.
A deusa, essa não suporta mais que a invoquem a favor de um morto.

sustinet, utque manus funestas arceat aris,
'Iri, meae' dixit 'fidissima nuntia uocis,   585
uise soporiferam Somni uelociter aulam
exstinctique iube Ceycis imagine mittat
somnia ad Alcyonen ueros narrantia casus.'
dixerat; induitur uelamina mille colorum
Iris et arcuato caelum curuamine signans   590
tecta petit iussi sub nube latentia regis.

  Est prope Cimmerios longo spelunca recessu,
mons cauus, ignaui domus et penetralia Somni,
quo numquam radiis oriens mediusue cadensue
Phoebus adire potest; nebulae caligine mixtae   595
exhalantur humo dubiaeque crepuscula lucis.
non uigil ales ibi cristati cantibus oris
euocat Auroram, nec uoce silentia rumpunt
sollicitiue canes canibusue sagacior anser;
[non fera, non pecudes, non moti flamine rami   600
humanaeue sonum reddunt conuicia linguae;]
muta quies habitat. saxo tamen exit ab imo
riuus aquae Lethes, per quem cum murmure labens
inuitat somnos crepitantibus unda lapillis.
ante fores antri fecunda papauera florent   605
innumeraeque herbae, quarum de lacte soporem
Nox legit et spargit per opacas umida terras.
ianua ne uerso stridorem cardine reddat,
nulla domo tota est, custos in limine nullus;
at medio torus est ebeno sublimis in antro,   610
plumeus, atricolor, pullo uelamine tectus,
quo cubat ipse deus membris languore solutis.
hunc circa passim uarias imitantia formas
somnia uana iacent totidem quot messis aristas,
silua gerit frondes, eiectas litus harenas.   615

E, para afastar de seus altares aquelas mãos que a morte manchou,
intima: "Íris, fiel mensageira das minhas determinações,
acorre de imediato ao soporífero palácio do Sono
e diz-lhe que, sob a figura do extinto Céix, envie ele a Alcíone
um sonho que, com verdade, a informe do que aconteceu."
Às suas ordens, põe Íris seu manto de mil cores
e, marcando o céu com a curva do seu arco, para executar a ordem,
dirige-se ao palácio real, que se esconde atrás das nuvens.

[O Sono]

No país dos Cimérios há uma caverna profunda,
oca montanha, morada e santuário do ocioso Sono,
onde Febo nunca pode chegar com seus raios, nem ao nascer,
nem a meio de seu curso, nem quando se põe. Da terra
exala-se uma neblina envolta em treva, crepúsculo de incerta luz.
Aí, nem a vigilante ave da cabeça cristada chama
com seu canto a Aurora, nem os solícitos cães ou o ganso,
ainda mais sagaz que os cães, põem o silêncio em risco.
Não há ruído de animais selvagens, nem de rebanhos,
nem de ramos agitados pelo vento, nem da altercação
da voz humana. Reina a muda quietude. Da raiz da rocha, contudo,
brota um ribeiro de água do Letes que, correndo murmurante
em leito de seixos rumorejantes, convida ao sono.
Frente à entrada da caverna, crescem incontáveis ervas
e a fecunda papoula de cuja seiva a Noite colhe um narcótico
que, com a sua umidade, espalha sobre a terra escura.
Para não ranger, ao rodar no gonzo, não há porta nenhuma
na casa toda, nenhum guarda à entrada.
Mas, a meio da caverna, ergue-se um leito de ébano,
colchão de penas, cor preta, coberto de negra colcha,
onde o mesmo deus se deita, dissolvido na preguiça.
Em volta dele, ao acaso, imitando formas várias,
deitam-se tantos quiméricos sonhos como espigas tem a messe,
folhas tem a floresta e grãos de areia tem a praia.

Quo simul intrauit manibusque obstantia uirgo
somnia dimouit, uestis fulgore reluxit
sacra domus, tardaque deus grauitate iacentes
uix oculos tollens iterumque iterumque relabens
summaque percutiens nutanti pectora mento   620
excussit tandem sibi se cubitoque leuatus,
quid ueniat (cognouit enim) scitatur; at illa:
'Somne, quies rerum, placidissime, Somne, deorum,
pax animi, quem cura fugit, qui corpora duris
fessa ministeriis mulces reparasque labori,   625
somnia quae ueras aequent imitamine formas
Herculea Trachine iube sub imagine regis
Alcyonen adeant simulacraque naufraga fingant.
imperat hoc Iuno.' postquam mandata peregit,
Iris abit; neque enim ulterius tolerare soporis   630
uim poterat, labique ut somnum sensit in artus,
effugit et remeat per quos modo uenerat arcus.
   At pater e populo natorum mille suorum
excitat artificem simulatoremque figurae
Morphea. non illo quisquam sollertius alter   635
exprimit incessus uultumque sonumque loquendi;
adicit et uestes et consuetissima cuique
uerba. sed hic solos homines imitatur, at alter
fit fera, fit uolucris, fit longo corpore serpens;
hunc Icelon superi, mortale Phobetora uulgus   640
nominat. est etiam diuersae tertius artis
Phantasos; ille in humum saxumque undamque trabemque,
quaeque uacant anima, fallaciter omnia transit.
regibus hi ducibusque suos ostendere uultus
nocte solent, populos alii plebemque pererrant.   645
praeterit hos senior cunctisque e fratribus unum
Morphea, qui peragat Thaumantidos edita, Somnus

Logo que Íris ali entrou e afastou com a mão os sonhos
que lhe impediam a passagem, ilumina-se a divina morada
com o brilho de seu vestido. Erguendo com dificuldade os olhos
tocados por pesada sonolência e deixando-se adormecer uma
e outra vez, roçando com o movimento da barba a parte superior
do peito, o deus desperta, por fim. Erguido sobre um cotovelo,
pergunta-lhe ao que vem, pois que a reconheceu. "Sono, quietação
das coisas", adianta ela, "Sono, o mais doce dos deuses, sossego
da alma, de quem as preocupações fogem, tu que alivias os corpos
esgotados por pesados afazeres e os retemperas para o trabalho,
ordena que, sob a figura do rei, os sonhos que, pela imitação,
se assemelham às formas reais, se abeirem de Alcíone, em Tráquis,
na cidade de Hércules, e assumam a aparência de um náufrago.
É Juno quem o ordena." Cumprida a missão, Íris afasta-se.
De fato, não poderia suportar por mais tempo a força do torpor.
E, logo que sente o sono a insinuar-se em seus membros,
foge e retorna pelo arco por onde ainda agora viera.
Da multidão de seus mil filhos, desperta o deus
o artífice e simulador da figura humana, Morfeu.
Não há outro que melhor do que ele reproduza
o andar, o aspecto e a voz e até as vestes e as expressões
mais típicas de cada um. Mas este apenas imita os homens.
Há outro que se torna fera, se torna ave,
se torna serpente de corpo alongado.
Àquele chamam os deuses Ícelo e os mortais Fobetor.
Há ainda um terceiro, Fântaso, senhor de multifacetado
talento. Disfarça-se de terra, de pedra, de água,
de árvore, de qualquer coisa inanimada, de tudo.
Estes, de noite, costumam mostrar suas faces a príncipes
e reis. Outros deambulam entre a multidão da plebe.
Morfeu a todos supera. Foi a ele que o Sono escolheu
para dar cumprimento à mensagem da filha de Taumas.[15]

---

[15] Taumas é filho do Ponto e de Gaia. Divindade marinha, une-se à filha de Oceano, Electra, que lhe dá as filhas Íris e as Harpias.

eligit et rursus molli languore solutus
deposuitque caput stratoque recondidit alto.
   Ille uolat nullos strepitus facientibus alis   650
per tenebras intraque morae breue tempus in urbem
peruenit Haemoniam, positisque e corpore pennis
in faciem Ceycis abit sumptaque figura
luridus, exanimi similis, sine uestibus ullis
coniugis ante torum miserae stetit; uda uidetur   655
barba uiri, madidisque grauis fluere unda capillis.
tum lecto incumbens, fletu super ora profuso,
haec ait: 'agnoscis Ceyca, miserrima coniunx?
an mea mutata est facies nece? respice: nosces
inueniesque tuo pro coniuge coniugis umbram.   660
nil opis, Alcyone, nobis tua uota tulerunt:
occidimus. falso tibi me promittere noli.
nubilus Aegaeo deprendit in aequore nauem
Auster et ingenti iactatam flamine soluit,
oraque nostra tuum frustra clamantia nomen   665
implerunt fluctus. non haec tibi nuntiat auctor
ambiguus, non ista uagis rumoribus audis;
ipse ego fata tibi praesens mea naufragus edo.
surge, age, da lacrimas lugubriaque indue nec me
indeploratum sub inania Tartara mitte.'   670
adicit his uocem Morpheus, quam coniugis illa
crederet esse sui; (fletus quoque fundere ueros
uisus erat, gestumque manus Ceycis habebat.
   Ingemit Alcyone; lacrimas mouet atque lacertos
per somnum corpusque petens amplectitur auras   675
exclamatque: 'mane! quo te rapis? ibimus una.'
uoce sua specieque uiri turbata soporem
excutit et primo si sit circumspicit illic
qui modo uisus erat; nam moti uoce ministri
intulerant lumen. postquam non inuenit usquam,   680

Cedendo o Sono de novo à doce indolência, deixa, em seguida,
tombar a cabeça, mergulhando-a na macia coberta do leito.

Pela treva, sem que suas asas produzam qualquer ruído,
voa Morfeu. Chega logo à cidade da Hemônia[16]
e, depostas as asas, assume a feição de Céix.
Sob essa figura, lívido, semelhante a um cadáver,
sem qualquer roupa, detém-se em frente do leito de sua esposa.
Sua barba afigura-se úmida. De seus cabelos molhados parecem
escorrer grossas gotas de água. Inclinando-se então sobre o leito,
face inundada de lágrimas, diz o seguinte: "Reconheces Céix,
ó mais infeliz das esposas? Ou será que a minha face foi alterada
com a morte? Olha para mim. Por certo me reconhecerás.
Mas, em vez de teu marido, reconhecerás sua sombra.
De nada me valeram as tuas preces, Alcíone.
Estou morto. Não alimentes a esperança vã do meu regresso.
O sombrio Austro surpreendeu minha nau no mar Egeu.
Investindo contra ela com violência, despedaçou-a.
As ondas afogaram minha boca, que gritava o teu nome.
Não é duvidoso o mensageiro que isto te anuncia.
Não é por vagos rumores que isto sabes.
Naufragado, eu mesmo em pessoa te comunico o meu destino.
Anda, levanta-te. Pranteia-me e veste-te de dor.
Não me remetas para o vazio Tártaro sem ser chorado!"
A estas palavras acrescentou Morfeu o tom de voz que levaria
Alcíone a crer ser a do marido. Até as lágrimas que derramava
pareciam verdadeiras, e tinha os gestos de mão de Céix.

Alcíone solta um gemido. Enquanto dorme, derrama lágrimas
e agita os braços. Procurando abraçar um corpo, é o ar que abraça.
E exclama: "Espera! Para onde vais? Irei contigo!"
Assustada com a própria voz e com o espectro do marido,
acorda e, primeiro, procura em volta para ver se aquele
que acabara de ver lá estava, pois, alarmados com os gritos,
seus servos haviam acorrido com luzes. Não o havendo encontrado

---

[16] Isto é, Tráquis, cidade da Tessália.

percutit ora manu laniatque a pectore uestes
pectoraque ipsa ferit; nec crines soluere curat:
scindit et altrici quae luctus causa roganti
'nulla est Alcyone, nulla est,' ait; 'occidit una
cum Ceyce suo. solantia tollite uerba;   685
naufragus interiit: uidi agnouique manusque
ad discedentem cupiens retinere tetendi.
umbra fuit, sed et umbra tamen manifesta uirique
uera mei. non ille quidem, si quaeris, habebat
adsuetos uultus nec quo prius, ore nitebat;   690
pallentem nudumque et adhuc umente capillo
infelix uidi. stetit hoc miserabilis ipso,
ecce, loco' (et quaerit, uestigia si qua supersint).
'hoc erat, hoc, animo quod diuinante timebam,
et ne me fugiens uentos sequerere rogabam.   695
at certe uellem, quoniam periturus abibas,
me quoque duxisses tecum! fuit utile tecum
ire mihi; neque enim de uitae tempore quidquam
non simul egissem, nec mors discreta fuisset.
nunc absens perii, iactor quoque fluctibus absens,   700
et sine me me pontus habet. crudelior ipso
sit mihi mens pelago, si uitam ducere nitar
longius et tanto pugnem superesse dolori;
sed neque pugnabo nec te, miserande, relinquam
et tibi nunc saltem ueniam comes, inque sepulcro   705
si non urna, tamen iunget nos littera; si non
ossibus ossa meis, at nomen nomine tangam.'
plura dolor prohibet uerboque interuenit omni
plangor et attonito gemitus a corde trahuntur.
    Mane erat. egreditur tectis ad litus et illum   710
maesta locum repetit, de quo spectarat euntem;
dumque moratur ibi dumque 'hic retinacula soluit,
hoc mihi discedens dedit oscula litore' dicit
dumque notata locis reminiscitur acta fretumque

620

em nenhuma parte, fere a face, arranca do peito as vestes
e fere-se no mesmo peito. Nem cuida de soltar os cabelos, arranca-os.
À ama que lhe pergunta a razão da dor, responde:
"Alcíone já não vive, já não vive, não! Morreu
com o seu Céix! Poupai as palavras de conforto.
O naufrágio matou-o. Vi-o e reconheci-o. Estendi-lhe os braços
na ânsia de o prender, quando ele se afastava.
Era uma sombra, mas inconfundível sombra, a verdadeira sombra
do meu marido. Se queres saber, realmente não tinha
a expressão habitual, nem o brilho com que o seu rosto
se apresentava antes. Vi-o pálido, nu, com o cabelo
molhado ainda, infeliz de mim! Olha, estava neste
preciso lugar." E procura se deixou alguma marca.
"Isto, era isto que, pressentindo-o em meu coração,
eu previa. E pedia-te que não te afastasses de mim,
que não corresses atrás dos ventos. Quanto eu não teria gostado
que me tivesses levado contigo, uma vez que partias para a morte!
Acompanhar-te seria lucro para mim! Não passaria sem ti
nenhum momento da vida, nem a morte seria separação.
Agora, morri sem lá ter estado! Não estando lá,
sou igualmente joguete das ondas! O mar engole-me sem eu lá estar!
Mais cruel que o próprio mar seria o meu coração,
se tentasse prolongar a vida e lutasse por sobreviver a tão grande dor!
Mas nem vou lutar, nem te abandonarei, meu desditado amor!
Pelo menos agora, serei tua companheira. No sepulcro,
se nos não unir a urna, unir-nos-á o epitáfio. Se não tocar
os teus ossos com os meus, com o meu hei de tocar o teu nome."
A dor impede-a de continuar a falar, o pranto intromete-se entre
cada palavra, de seu consternado coração brotam soluços.
    Era manhã. Sai de casa para a praia. Desolada,
retorna ao mesmo lugar de onde o vira partir.
Enquanto aí se demora, enquanto diz: "Aqui soltou as amarras,
nesta praia me beijou ele ao partir", enquanto rememora
os fatos naquele lugar registrados e contempla o mar,

prospicit, in liquida spatio distante, tuetur 715
nescioquid quasi corpus aqua, primoque, quid illud
esset erat dubium; postquam paulum adpulit unda,
et, quamuis aberat, corpus tamen esse liquebat,
qui foret ignorans, quia naufragus, omine mota est
et, tamquam ignoto lacrimam daret, 'heu! miser,' inquit 720
'quisquis es, et si qua est coniunx tibi.' fluctibus actum
fit propius corpus; quod quo magis illa tuetur,
hoc minus et minus est mentis sua, iamque propinquae
admotum terrae, iam quod cognoscere posset,
cernit: erat coniunx. 'ille est!' exclamat et una 725
ora, comas, uestem lacerat tendensque trementes
ad Ceyca manus 'sic, o carissime coniunx,
sic ad me, miserande, redis?' ait. adiacet undis
facta manu moles, quae primas aequoris iras
frangit et incursus quae praedelassat aquarum. 730
insilit huc, mirumque fuit potuisse; uolabat
percutiensque leuem modo natis aera pennis
stringebat summas ales miserabilis undas;
dumque uolat, maesto similem plenumque querelae
ora dedere sonum tenui crepitantia rostro. 735
ut uero tetigit mutum et sine sanguine corpus,
dilectos artus amplexa recentibus alis
frigida nequiquam duro dedit oscula rostro.
senserit hoc Ceyx an uultum motibus undae
tollere sit uisus, populus dubitabat; at ille 740
senserat, et, tandem superis miserantibus, ambo
alite mutantur. fatis obnoxius isdem
tum quoque mansit amor, nec coniugiale solutum est
foedus in alitibus; coeunt fiuntque parentes,
perque dies placidos hiberno tempore septem 745
incubat Alcyone pendentibus aequore nidis.
tum iacet unda maris; uentos custodit et arcet
Aeolos egressu praestatque nepotibus aequor.

622

vê ao longe, na superfície das águas, algo semelhante
a um corpo. Primeiro, não se percebe o que seja.
Depois de a onda o aproximar, embora estivesse longe,
ficou claro que era um corpo. Sem saber quem ele fosse,
o presságio impressionou-a. E, como se chorasse
um desconhecido, desabafa: "Oh! infeliz, quem quer que tu sejas,
e infeliz tua esposa, se é que a tens." Empurrado pelas ondas,
o corpo aproxima-se. Quanto mais o olha, menos senhora
é de seu espírito. Aproximando-se agora da terra,
a ponto de poder reconhecê-lo, fixa-o. Era o marido.
"É ele", exclama. E, ao mesmo tempo, fere a face,
arranca os cabelos e rasga os vestidos. Estendendo para Céix
as mãos a tremer, desabafa: "É assim, meu adorado marido,
é assim que voltas para mim, infeliz?" Junto às águas
ergue-se um dique, obra da mão do homem, que quebra
os primeiros avanços do mar e amortece a investida das águas.
É para lá que ela salta. Estranho foi que o tivesse conseguido.
Voava. E, batendo a branda brisa com asas ora nascidas,
ave lastimosa, roçava a crista das ondas.
Enquanto voa, sua boca, que crepita como fino bico,
solta um som de plena tristeza, semelhante a um lamento.
Ao pousar no corpo mudo e exangue,
abraça, com asas recentes, os membros queridos
e dá-lhe, em vão, frios beijos com o bico duro.
Duvidava o povo se Céix os sentira, ou se parecia levantar
a face com o mover das ondas. Mas ele havia-os sentido.
Por compaixão dos deuses, são ambos, por fim, mudados em ave.
Ligados a comum destino, seu amor mantém-se o mesmo,
e não se rompe, ao serem aves, o seu pacto conjugal.
Acasalam, reproduzem-se e, por sete calmos dias,
na estação de inverno, Alcíone incuba o ninho,
que balança sobre as águas. Nesse tempo, a onda do mar
acalma-se. Éolo aprisiona os ventos, proíbe-lhes a saída
e a seus netos proporciona um mar tranquilo.

Livro XI

Hos aliquis senior iunctim freta lata uolantes
spectat et ad finem seruatos laudat amores. 750
proximus, aut idem, si fors tulit, 'hic quoque' dixit,
'quem mare carpentem substrictaque crura gerentem
aspicis' (ostendens spatiosum in guttura mergum),
'regia progenies; et si descendere ad ipsum
ordine perpetuo quaeris, sunt huius origo 755
Ilus et Assaracus raptusque Ioui Ganymedes
Laomedonque senex Priamusque nouissima Troiae
tempora sortitus. frater fuit Hectoris iste;
qui nisi sensisset prima noua fata iuuenta,
forsitan inferius non Hectore nomen haberet, 760
quamuis est illum proles enixa Dymantis,
Aesacon umbrosa furtim peperisse sub Ida
fertur Alexiroe, Granico nata bicorni.
oderat hic urbes nitidaque remotus ab aula
secretos montes et inambitiosa colebat 765
rura nec Iliacos coetus nisi rarus adibat.
non agreste tamen nec inexpugnabile amori
pectus habens siluas captatam saepe per omnes
aspicit Hesperien patria Cebrenida ripa
iniectos umeris siccantem sole capillos. 770
uisa fugit nymphe, ueluti perterrita fuluum
cerua lupum longeque lacu deprensa relicto
accipitrem fluuialis anas; quam Troius heros
insequitur celeremque metu celer urget amore.
ecce latens herba coluber fugientis adunco 775
dente pedem strinxit uirusque in corpore liquit;

[Ésaco]

Ao vê-los a voar juntos na imensidão do mar,
um ancião enaltece aquele amor, mantido até o fim.
Diz um vizinho, ou talvez seja ele mesmo:
"Também aquele que se vê, de pernas finas, a rasar o mar
(e mostra um mergulhão de pescoço longo)
é de família real. Se até ele se quiser descer
em ininterrupta linha, são antepassados seus Ilo, Assáraco,
Ganimedes, aquele que por Júpiter foi raptado,
o velho Laomedonte e Príamo, a quem couberam em sorte
os últimos dias de Troia. Era irmão de Heitor.
Se não tem experimentado, no início da juventude,
um incomum destino, não teria, por certo, nome inferior
ao dele, apesar de este ser dado à luz pela filha de Dimas,[17]
e se diga que Ésaco foi posto no mundo, em segredo,
na floresta do Ida, por Alexírroe, filha de Granico de duplo corno.[18]
Ésaco detestava as cidades e, afastando-se do esplendor da corte,
vivia nas solitárias montanhas e na simplicidade dos campos.
Só raramente comparecia às assembleias de Ílion.
Mas não era rude o seu coração, nem inacessível ao amor.
Depois de muitas vezes a ter procurado por toda a floresta,
vê Hespéria, a filha de Cébren,[19] a secar ao sol
os cabelos caídos sobre os ombros, na margem paterna.
A ninfa, ao ser vista, foge, como apavorada foge
do pardo lobo a corça, e foge o pato do rio do açor
que o surpreendeu distante do lago. A ela, veloz por medo,
persegue-a, veloz por amor, o herói troiano.
Eis que, escondida na erva, uma cobra crava seu curvo dente
no pé da fugitiva. Inocula-lhe no corpo o veneno.

---

[17] Hécuba, mulher de Príamo.

[18] Granico foi o fundador da cidade frígia de Adramiteu, próxima de Troia, mas é também um curso de água representado com dois cornos na fronte.

[19] Deus-rio na região de Tróade.

Livro XI

cum uita suppressa fuga est. amplectitur amens
exanimem clamatque "piget, piget esse secutum!
sed non hoc timui, neque erat mihi uincere tanti.
perdidimus miseram nos te duo: uulnus ab angue,   780
a me causa data est. ego sum sceleratior illo,
qui tibi morte mea mortis solacia mittam."
dixit et e scopulo, quem rauca subederat unda,
dedicit in pontum. Tethys miserata cadentem
molliter excepit nantemque per aequora pennis   785
texit, et optatae non est data copia mortis.
indignatur amans inuitum uiuere cogi
obstarique animae misera de sede uolenti
exire, utque nouas umeris adsumpserat alas,
subuolat atque iterum corpus super aequora mittit.   790
pluma leuat casus; furit Aesacos inque profundum
pronus abit letique uiam sine fine retemptat.
fecit amor maciem; longa internodia crurum,
longa manet ceruix, caput est a corpore longe.
aequor amat, nomenque tenet, quia mergitur illo.'   795

Com a vida, foi parada a fuga. Fora dele, Ésaco toma-a, já sem vida,
em seus braços e chora: 'Quanto me pesa haver-te perseguido!
Nunca, porém, receei nada disto, nem esperava conquistar-te
por preço tão alto. Infeliz! Fomos dois que te perdemos:
a serpente, que te provocou a ferida; e eu, que lhe dei a ocasião.
Eu sou mais culpado do que ela, eu que, com a minha morte,
vou enviar um refrigério à tua.' Dito isto, do cimo de um rochedo,
que a retumbante vaga havia escavado na base, precipita-se no mar.
Tétis, compadecida, acolhe-o docemente e reveste-o de penas,
enquanto nada. Não lhe é concedido o benefício da morte desejada.
Indigna-se o enamorado por ser forçado, contra a vontade, a viver
e por se contrariar uma alma que deseja abandonar a triste morada.
Mas, logo que, em seus ombros, adquire asas, eleva-se no ar
e precipita, de novo, seu corpo nas águas. As asas sustêm-lhe a queda.
Enfurecido, Ésaco precipita-se em voo picado sobre o abismo
e busca, sem fim, o caminho da morte. O amor emagreceu-o,
alongou-se o espaço entre as articulações das pernas,
manteve-se longo o pescoço, sua cabeça distante do corpo.
Ama o mar. E conserva o nome por nele mergulhar."[20]

---

[20] É o pássaro conhecido como mergulhão.

Liber Duodecimus

Nescius adsumptis Priamus pater Aesacon alis
uiuere lugebat; tumulo quoque nomen habenti
inferias dederat cum fratribus Hector inanes.
defuit officio Paridis praesentia tristi,
postmodo qui rapta longum cum coniuge bellum   5
attulit in patriam; coniurataeque sequuntur
mille rates gentisque simul commune Pelasgae.
nec dilata foret uindicta, nisi aequora saeui
inuia fecissent uenti Boeotaque tellus
Aulide piscosa puppes tenuisset ituras.   10
hic patrio de more Ioui cum sacra parassent,
ut uetus accensis incanduit ignibus ara,
serpere caeruleum Danai uidere draconem
in platanum, coeptis quae stabat proxima sacris.
nidus erat uolucrum bis quattuor arbore summa: 15
quas simul et matrem circum sua damna uolantem
corripuit serpens auidaque recondidit aluo.
obstipuere omnes, at ueri prouidus augur
Thestorides 'uincemus,' ait; 'gaudete, Pelasgi!
Troia cadet, sed erit nostri mora longa laboris'   20
atque nouem uolucres in belli digerit annos.
ille, ut erat uirides amplexus in arbore ramos,
fit lapis et seruat serpentis imagine saxum.
    Permanet Aoniis Nereus uiolentus in undis
bellaque non transfert; et sunt qui parcere Troiae   25
Neptunum credant, quia moenia fecerat urbi.

Livro XII

[Os gregos em Áulis — Ifigênia]

Ignorando que Ésaco, tendo adquirido asas, vivia, Príamo,
seu pai, fazia luto por ele. Também Heitor, com seus irmãos,
oferecera sacrifícios inúteis ao túmulo com o seu nome.
Àquele triste dever faltou a presença de Páris, ele que,
pouco depois, com a esposa raptada, trouxe à pátria
uma longa guerra. Perseguem-no mil embarcações aliadas
em conjunto com a força da nação pelasga. A vingança
não seria diferida se a violência dos ventos não tornasse
impraticável o mar e a região da Beócia não houvesse
retido em Áulis, rica em peixe, as naus que partiam.
Tendo preparado aí, segundo o pátrio rito, um sacrifício
em honra de Júpiter, ao iluminar-se o altar com a chama
que ardia, viram os Dânaos um dragão azulado a subir
a um plátano que ficava próximo do lugar do sacrifício.
No cimo da árvore havia um ninho com oito avezinhas.
A serpente arrebata-as juntamente com a mãe, que esvoaçava
à volta do ninho vazio e remete-as para seu ávido ventre.
Ficaram todos atônitos. Mas o filho de Testor, previdente áugure
da verdade, afirma: "Venceremos! Alegrai-vos, Pelasgos!
Troia cairá! Mas longa será a duração da nossa empresa!"
E distribui as nove aves em anos de guerra. Abraçada como
estava aos ramos verdes da árvore, a serpente vira pedra.
A pedra conserva a imagem da serpente.
Nas águas Aônias, Nereu mantém-se medonho
e não dá saída à frota. Há quem pense que Netuno,
por lhe haver construído as muralhas, quer poupar Troia.

at non Thestorides; nec enim nescitue tacetue
sanguine uirgineo placandam uirginis iram
esse deae. postquam pietatem publica causa
rexque patrem uicit castumque datura cruorem 30
flentibus ante aram stetit Iphigenia ministris,
uicta dea est nubemque oculis obiecit et inter
officium turbamque sacri uocesque precantum
supposita fertur mutasse Mycenida cerua.
ergo ubi qua decuit lenita est caede Diana, 35
et pariter Phoebes, pariter maris ira recessit,
accipiunt uentos a tergo mille carinae
multaque perpessae Phrygia potiuntur harena.

Orbe locus medio est inter terrasque fretumque
caelestesque plagas, triplicis confinia mundi; 40
unde quod est usquam, quamuis regionibus absit,
inspicitur, penetratque cauas uox omnis ad aures.
Fama tenet summaque domum sibi legit in arce,
innumerosque aditus ac mille foramina tectis
addidit et nullis inclusit limina portis; 45
nocte dieque patet. tota est ex aere sonanti,
tota fremit uocesque refert iteratque quod audit.
nulla quies intus nullaque silentia parte,
nec tamen est clamor, sed paruae murmura uocis,
qualia de pelagi, si quis procul audiat, undis 50
esse solent, qualemue sonum, cum Iuppiter atras
increpuit nubes, extrema tonitrua reddunt.
atria turba tenet; ueniunt, leue uulgus, euntque
mixtaque cum ueris passim commenta uagantur
milia rumorum confusaque uerba uolutant. 55
e quibus hi uacuas implent sermonibus aures.
hi narrata ferunt alio, mensuraque ficti
crescit, et auditis aliquid nouus adicit auctor.

Assim não pensa o filho de Testor. Não ignora e não esconde
que a ira da virgem deusa deva ser aplacada pelo sangue
de uma virgem. Depois de a causa pública vencer o amor paterno,
e de o rei vencer o pai, disposta a verter seu casto sangue,
Ifigênia para em frente ao altar, enquanto os sacerdotes choram.
A deusa comove-se, com uma nuvem, impede a visão
e, no meio da cerimônia, da multidão e das vozes suplicantes,
diz-se que substituíra a filha de Micenas por uma corça.
Quando, pois, Diana foi aplacada por um sacrifício que lhe agradou,
e a ira das ondas abrandou juntamente com a ira de Febo,
o mar acalmou, as mil embarcações recebem o vento da popa
e, depois de peripécias várias, alcançam as areias frígias.

[A Fama]

No centro do universo, entre a terra, o mar e as regiões
celestes, há um lugar, limite dos três mundos, de onde
se vê o que esteja em qualquer parte, ainda que distante
dessas regiões. Toda a voz chega aí a ouvidos ávidos.
Aí mora a Fama, que escolheu para si lugar no ponto
mais alto da cidadela. Dotou a sua morada de inúmeros
acessos, de mil aberturas, e não pôs portas à entrada.
Fica aberta noite e dia. É toda de sonante bronze, toda retumba,
repercute as vozes e repete o que ouve. Não há sossego
em seu interior. Não há silêncio em parte nenhuma.
Também não há gritos, mas murmúrios em sumida voz,
como costumam ser os das ondas do mar, se alguém
as ouvir ao longe, ou como o som que longínquos trovões
produzem, quando Júpiter faz ressoar negras nuvens.
Ocupa os átrios a multidão, populaça instável, vai e vem.
De mistura com a verdade, erram por toda parte milhares
de invenções e boatos. Fazem-se ouvir confusas palavras.
Uns enchem com rumores ouvidos ávidos; outros contam
a terceiros o que lhes foi referido. Cresce a dimensão do falso.
Ao que ouviu, faz novo autor acrescer qualquer coisa.

631   Livro XII

illic Credulitas, illic temerarius Error
uanaque Laetitia est consternatique Timores 60
Seditioque repens dubioque auctore Susurri.
ipsa quid in caelo rerum pelagoque geratur
et tellure uidet totumque inquirit in orbem.

Fecerat haec notum Graias cum milite forti
aduentare rates, neque inexspectatus in armis 65
hostis adest. prohibent aditus litusque tuentur
Troes, et Hectorea primus fataliter hasta,
Protesilae, cadis, commissaque proelia magno
stant Danais, fortisque animae nece cognitus Hector;
nec Phryges exiguo, quid Achaica dextera posset 70
sanguine senserunt. et iam Sigea rubebant
litora, iam leto proles Neptunia Cycnus
mille uiros dederat, iam curru instabat Achilles
totaque Peliacae sternebat cuspidis ictu
agmina; perque acies aut Cycnum aut Hectora quaerens 75
congreditur Cycno (decimum dilatus in annum
Hector erat). tum colla iugo canentia pressos
exhortatus equos currum derexit in hostem
concutiensque suis uibrantia tela lacertis
'quisquis es, o iuuenis' dixit, 'solamen habeto 80
mortis, ab Haemonio quod sis iugulatus Achille.'
hactenus Aeacides; uocem grauis hasta secuta est.
sed quamquam certa nullus fuit error in hasta,
nil tamen emissi profecit acumine ferri.
utque hebeti pectus tantummodo contudit ictu, 85
'nate dea, nam te fama praenouimus' inquit
ille, 'quid a nobis uulnus miraris abesse?'
(mirabatur enim) 'non haec, quam cernis, equinis
fulua iubis cassis neque onus caua parma sinistrae
auxilio mihi sunt; decor est quaesitus ab istis. 90

De um lado está a Credulidade, do outro está o Erro
impudente, a falsa Alegria, o consternado Temor,
a Sedição repentina, os Sussurros de autoria duvidosa.
A Fama em pessoa vê o que sucede no céu,
no mar e na terra, e procura no universo inteiro.

[Aquiles e Cicno]

Dera a Fama a conhecer que iam chegar com grande poder
os navios gregos. O inimigo em armas não chega sem ser esperado.
Os Troianos impedem o desembarque, defendem as praias.
E tu, Protesilau, foste o primeiro a cair fatalmente
sob a lança de Heitor. O combate que se segue custa caro
aos Dânaos. Heitor deu mostras da sua grande coragem
com uma carnificina. E não foi com pouco sangue que
os Frígios experimentaram quanto podia a mão da Acaia.
Tingiam-se de rubro as praias Sigeias. Cicno, filho de Netuno,
entregara já à morte mil homens. Em seu carro, Aquiles
investia já e, com o golpe da sua lança do Pélion,
prostrava forças inteiras. Procurando nas linhas inimigas
Cicno ou Heitor, é com Cicno que se depara. Heitor fica adiado
para daí a nove anos. Incita então os cavalos sujeitos ao jugo
por seu brilhante pescoço e dirige o carro contra o inimigo.
Brandindo com seu braço dardos vibrantes, clama:
"Jovem, quem quer que tu sejas, tem por consolo na morte
o fato de seres degolado pelo hemônio Aquiles!"
Ficou por aqui o Eácida. Seguiu sua voz pesada lança.
Mas, ainda que em lança certa não houvesse erro,
nada alcançou com a ponta do ferro atirado.
Dado haver-lhe atingido o peito com golpe fraco,
aquele retorque: "Filho de deusa, já te conhecia por tua fama!
Por que te espantas de em mim não haver ferida?"
De fato espantara-se. "Nem o elmo de crina de cavalo que vês,
nem o côncavo escudo suspenso de meu braço esquerdo
me dão qualquer proteção. Neles apenas busco ornamento.

Livro XII

Mars quoque ob hoc capere arma solet. remouebitur omne
tegminis officium, tamen indestrictus abibo.
est aliquid non esse satum Nereide, sed qui
Nereaque et natas et totum temperat aequor.'
dixit et haesurum clipei curuamine telum   95
misit in Aeaciden, quod et aes et proxima rupit
terga nouena boum, decimo tamen orbe moratum est.
excutit hoc heros rursusque trementia forti
tela manu torsit; rursus sine uulnere corpus
sincerumque fuit. nec tertia cuspis apertum   100
et se praebentem ualuit destringere Cycnum.
   Haud secus exarsit quam circo taurus aperto,
cum sua terribili petit inritamina cornu,
poeniceas uestes, elusaque uulnera sentit.
num tamen exciderit ferrum considerat hastae: 105
haerebat ligno. 'manus est mea debilis ergo,
quasque' ait 'ante habuit uires, effudit in uno?
nam certe ualuit, uel cum Lyrnesia primum
moenia deieci, uel cum Tenedonque suoque
Eetioneas impleui sanguine Thebas,   110
uel cum purpureus populari caede Caicus
fluxit opusque meae bis sensit Telephus hastae.
hic quoque tot caesis, quorum per litus aceruos
et feci et uideo, ualuit mea dextra ualetque.'
dixit et, ante actis ueluti male crederet, hastam   115
misit in aduersum Lycia de plebe Menoeten
loricamque simul subiectaque pectora rupit.

É também por isso que Marte costuma envergar a armadura.
Retire-se-lhe toda a função protetora, mesmo assim sairei ileso.
Algum valor tem não ser filho de Nereu, mas daquele que o governa,
que governa as suas filhas e governa o mar inteiro."[1]
Acabando de falar, contra o descendente de Éaco[2] arremessa
um dardo que havia de se cravar na curvatura do elmo.
Havia este de romper o bronze e as nove primeiras peles de boi,
detendo-se, contudo, no décimo disco. O herói arranca-o
e, com seu poderoso braço, de novo desfere um dardo
vibrante. O corpo ficou outra vez imune. E nem o terceiro
consegue atingir Cicno, que se descobre e se expõe.

Aquiles exaspera-se qual touro na arena, quando com
seu temível corno investe contra o estímulo que o provoca
e sente frustrado o seu golpe contra uma veste vermelha.
"Será que", considera ele, "o ferro se desprendeu da haste?"
Estava fixo à madeira. "É então o meu braço que está fraco",
interroga-se, "e esgotou neste só as forças que antes tinha?
Foi valoroso, sem dúvida, quando fui o primeiro a derrubar
as muralhas de Lirnesso, ou quando enchi Tênedos[3]
e a Tebas de Eécion[4] com o sangue dos seus, ou quando
o Caíco fluía cor de púrpura com a carnificina do povo,
e Télefo experimentou por duas vezes a ação da minha lança.
Também aqui, com tantas mortes que fiz e de que vejo
na praia um tal acervo, foi forte o meu braço, e ainda é."
Assim falou. E, como se duvidasse dos seus feitos anteriores,
arremessa a lança contra Menetes, um dos Lícios, e trespassa-lhe
a couraça ao mesmo tempo que, por baixo dela, lhe trespassa o peito.

---

[1] Netuno.

[2] Aquiles.

[3] Tênedos é uma ilha ao largo da costa troiana cujo nome se relaciona com Tenes, filho de Cicno.

[4] Pai de Andrômaca, é rei de Tebas da Mísia. Ele e os filhos foram mortos por Aquiles. Também Lirnesso é cidade da Mísia.

quo plangente grauem moribundo pectore terram
extrahit illud idem calido de uulnere telum
atque ait: 'haec manus est, haec, qua modo uicimus, hasta.   120
utar in hoc isdem; sit in hoc, precor, exitus idem!'
sic fatus Cycnum repetit, nec fraxinus errat
inque umero sonuit non euitata sinistro;
inde uelut muro solidaque a caute repulsa est.
qua tamen ictus erat, signatum sanguine Cycnum   125
uiderat et frustra fuerat gauisus Achilles;
uulnus erat nullum, sanguis fuit ille Menoetae.
    Tum uero praeceps curru fremebundus ab alto
desilit et nitido securum comminus hostem
ense petens parmam gladio galeamque cauari   130
cernit, at in duro laedi quoque corpore ferrum.
haud tulit ulterius clipeoque aduersa reducto
ter quater ora uiri, capulo caua tempora pulsat
cedentique sequens instat turbatque ruitque
attonitoque negat requiem; pauor occupat illum   135
ante oculosque natant tenebrae retroque ferenti
auersos passus medio lapis obstitit aruo.
quem super impulsum resupino corpore Cycnum
ui multa uertit terraeque adflixit Achilles.
tum clipeo genibusque premens praecordia duris   140
uincla trahit galeae, quae presso subdita mento
elidunt fauces et respiramen iterque
eripiunt animae. uictum spoliare parabat:
arma relicta uidet. corpus deus aequoris albam
contulit in uolucrem, cuius modo nomen habebat.   145
    Hic labor, haec requiem multorum pugna dierum
attulit, et positis pars utraque substitit armis.
dumque uigil Phrygios seruat custodia muros
et uigil Argolicas seruat custodia fossas,
festa dies aderat, qua Cycni uictor Achilles   150
Pallada mactatae placabat sanguine uaccae;
cuius ut imposuit prosecta calentibus aris

Fazendo este ressoar a terra com seu peito moribundo,
de sua ferida ainda quente, arranca Aquiles o dardo e clama:
"É este o braço, é esta a lança com que acabo de vencer.
Deles me vou servir contra Cicno. Contra ele espero obter o mesmo
resultado." Dito isto, volta a Cicno. Não erra a lança de freixo
que, ao não ser evitada, ressoa no ombro esquerdo daquele.
É dele sacudida como de um muro ou de uma rocha maciça.
Mas, no ponto de impacto, Aquiles vira Cicno
com sinais de sangue e em vão regozijara-se.
Nenhuma ferida existia. O sangue era o de Menetes.
     Fremente de raiva, salta então do carro e, acometendo
diretamente com sua brilhante espada o inimigo impassível,
vê o escudo e o elmo de Cicno serem fendidos pela espada,
mas vê igualmente o ferro embotar-se na rigidez daquele corpo.
Não aguenta mais e, por três ou quatro vezes, bate com o escudo
na face exposta do seu adversário. Com o punho fechado,
fere-lhe as cavas têmporas. Cicno recua, Aquiles segue-o,
acomete-o e derruba-o. Perante o espanto daquele,
não lhe dá tréguas. Apossa-se dele o medo. Bailam-lhe as trevas
frente aos olhos. Enquanto recua, trava-lhe o passo uma pedra
colocada no meio do campo. Caído de costas sobre ela,
Aquiles volta-o com esforço e comprime-o contra o chão.
Então, esmagando-lhe o peito com o escudo e seus robustos joelhos,
puxa-lhe os cordões do capacete que, passando por debaixo do queixo
amassado contra o chão, estrangulam a garganta e a traqueia
e cortam o caminho da respiração. Prepara-se para espoliar o vencido.
As armas, vê-as ele abandonadas. O corpo, esse mudara-o o deus do mar
na ave de brancas penas de que ainda há pouco ostentava o nome.
     Este feito, este combate, trouxe um descanso de dias.
Depostas as armas, cada uma das partes suspende as hostilidades.
E, enquanto sentinela vigilante guarda os muros da Frígia,
e as trincheiras argólicas são guardadas por outra vigilante sentinela,
chega o dia da festa em que Aquiles, vencedor de Cicno,
vai aplacar Palas com o sangue de uma novilha imolada.
Quando depôs as entranhas cortadas nas chamas do altar,

et dis acceptus penetrauit in aethera nidor,
sacra tulere suam, pars est data cetera mensis.
discubuere toris proceres et corpora tosta   155
carne replent uinoque leuant curasque sitimque.
non illos citharae, non illos carmina uocum
longaue multifori delectat tibia buxi,
sed noctem sermone trahunt, uirtusque loquendi
materia est; pugnas referunt hostisque suamque,   160
inque uices adita atque exhausta pericula saepe
commemorare iuuat. quid enim loqueretur Achilles,
aut quid apud magnum potius loquerentur Achillem?
proxima praecipue domito uictoria Cycno
in sermone fuit; uisum mirabile cunctis,   165
quod iuuenis corpus nullo penetrabile telo
inuictumque a uulnere erat ferrumque terebat.

Hoc ipse Aeacides, hoc mirabantur Achiui,
cum sic Nestor ait: 'uestro fuit unicus aeuo
contemptor ferri nulloque forabilis ictu   170
Cycnus. at ipse olim patientem uulnera mille
corpore non laeso Perrhaebum Caenea uidi,
Caenea Perrhaebum, qui factis inclitus Othryn
incoluit; quoque id mirum magis esset in illo,
femina natus erat.' monstri nouitate mouentur,   175
quisquis adest, narretque rogant; quos inter Achilles:
'dic age, nam cunctis eadem est audire uoluntas,
o facunde senex, aeui prudentia nostri,
quis fuerit Caeneus, cur in contraria uersus,

e o odor agradável aos deuses subiu aos céus, uma parte
é destinada ao culto, a outra foi reservada às mesas.
Recostam-se os próceres em seus leitos, saciam-se de carne
assada e apaziguam com vinho as preocupações e a sede.
Não é a cítara, não são as canções, não é a longa
flauta de buxo com orifícios vários que os deleitam.
Levam a noite a conversar, e o tema da conversa é a coragem.
Falam das suas lutas, falam dos inimigos. Comprazem-se
a recordar, muitas vezes, uns após outros, os perigos
enfrentados e superados. De que haveria de falar Aquiles,
ou de que haveria de se falar junto do grande Aquiles?
Tema principal de conversa foi a recente vitória sobre Cicno,
que foi subjugado. A todos se afigurava prodigioso
que aquele jovem corpo fosse impenetrável a qualquer dardo,
fosse invulnerável e embotasse o ferro.

[Ceneu]

Disso se admirava o filho de Éaco, com isso estavam
surpreendidos os Gregos, quando Nestor afirma:
"No vosso tempo, é só Cicno que desdenha o ferro,
o único impenetrável a qualquer golpe. Mas eu mesmo vi,
um dia, Ceneu da Perrébia sofrer mil golpes de corpo ileso,
o perrebo Ceneu que, célebre por seus feitos, vivia no Ótris.[5]
E, para isso ser nele mais estranho, havia nascido mulher."
Todos os presentes são surpreendidos pela estranheza
do prodígio e pedem-lhe que o conte. Aquiles é um deles.
"Vamos, conta, eloquente ancião, pois todos temos
a mesma ânsia de ouvir contar, ó prudência do nosso tempo,[6]
quem foi Ceneu, por que é que mudou de sexo,

---

[5] Perrébia era uma região da Tessália onde se situava o monte Ótris.

[6] Deste modo registra Ovídio o sentir da antiguidade sobre a prudência e a sabedoria de Nestor.

qua tibi militia, cuius certamine pugnae   180
cognitus, a quo sit uictus, si uictus ab ullo est.'
tum senior: 'quamuis obstet mihi tarda uetustas
multaque me fugiant primis spectata sub annis,
plura tamen memini; nec quae magis haereat ulla
pectore res nostro est inter bellique domique   185
acta tot, ac si quem potuit spatiosa senectus
spectatorem operum multorum reddere, uixi
annos bis centum; nunc tertia uiuitur aetas.
  'Clara decore fuit proles Elateia Caenis,
Thessalidum uirgo pulcherrima, perque propinquas   190
perque tuas urbes (tibi enim popularis, Achille)
multorum frustra uotis optata procorum.
temptasset Peleus thalamos quoque forsitan illos,
sed iam aut contigerant illi conubia matris,
aut fuerant promissa, tuae, nec Caenis in ullos   195
denupsit thalamos secretaque litora carpens
aequorei uim passa dei est (ita fama ferebat);
utque nouae Veneris Neptunus gaudia cepit,
"sint tua uota licet" dixit "secura repulsae:
elige quid uoueas!" (eadem hoc quoque fama ferebat.)   200
"magnum" Caenis ait "facit haec iniuria uotum,
tale pati iam posse nihil. da femina ne sim:
omnia praestiteris." grauiore nouissima dixit
uerba sono poteratque uiri uox illa uideri,
sicut erat; nam iam uoto deus aequoris alti   205
adnuerat dederatque super, nec saucius ullis
uulneribus fieri ferroue occumbere posset.
munere laetus abit studiisque uirilibus aeuum
exigit Atracides Peneiaque arua pererrat.

em que campanha, no fragor de que batalha o conheceste,
por que foi vencido, se é que alguém o venceu!"
"Ainda que o peso da idade seja para mim um óbice
e me fuja muito do que vi nos primeiros anos", diz o ancião,
"são muitas, contudo, as coisas de que me lembro. E, de quantas
aconteceram, seja em tempo de paz, seja em tempo de guerra,
não há outra que mais se tenha gravado na minha memória.
E se uma longa velhice pode fazer de alguém espectador de muitos
feitos, eu vivi duzentos anos e agora vivo a terceira centúria.

Cênis, a filha de Élato, a mais bela donzela
da Tessália, célebre por sua beleza, foi em vão
desejada por muitos dos nobres das cidades vizinhas,
e também da tua, Aquiles, pois era tua concidadã.
Parece que também Peleu[7] pretendeu esse matrimônio,
mas, ou tinha casado já com a tua mãe, ou lhe havia
sido prometido. E Cênis não se casou com ninguém.
Mas, reza assim a lenda, enquanto gozava uma praia isolada,
foi violentada pelo deus do mar. Depois de colher as alegrias
dessa nova aventura, Netuno afirma: 'Teus desejos,
sejam eles quais forem, pede o que quiseres, estão ao abrigo
de qualquer recusa.' Isto mesmo rezava a lenda também.
Cênis terá respondido: 'Esta injúria exige o voto supremo.
Que jamais possa eu sofrer o mesmo! Concede-me que jamais
seja mulher e ter-me-ás dado tudo.' As últimas palavras
pronunciou-as já com voz mais grave. Aquela voz podia parecer,
tal como era, a voz de um homem, pois o deus dos abismos
havia assentido já ao seu desejo e concedera-lhe, ainda,
poder ser imune a qualquer ferida e não sucumbir ao ferro.
Feliz com o dom, o filho de Átrax parte, leva vida dada
a afazeres viris e percorre os campos que o Peneu atravessa.

---

[7] O pai de Aquiles.

'Duxerat Hippodamen audaci Ixione natus   210
nubigenasque feros positis ex ordine mensis
arboribus tecto discumbere iusserat antro.
Haemonii proceres aderant, aderamus et ipsi,
festaque confusa resonabat regia turba.
ecce canunt Hymenaeon, et ignibus atria fumant,   215
cinctaque adest uirgo matrum nuruumque caterua,
praesignis facie. felicem diximus illa
coniuge Pirithoum; quod paene fefellimus omen.
nam tibi, saeuorum saeuissime Centaurorum,
Euryte, quam uino pectus tam uirgine uisa   220
ardet, et ebrietas geminata libidine regnat.
protinus euersae turbant conuiuia mensae,
raptaturque comis per uim noua nupta prehensis.
Eurytus Hippodamen, alii quam quisque probabant
aut poterant rapiunt, captaeque erat urbis imago.   225
femineo clamore sonat domus; ocius omnes
surgimus et primus "quae te uecordia" Theseus,
"Euryte, pulsat" ait, "qui me uiuente lacessas
Pirithoum uiolesque duos ignarus in uno?"
[neue ea magnanimus frustra memorauerit heros,   230
submouet instantes raptamque furentibus aufert.]
ille nihil contra (neque enim defendere uerbis
talia facta potest), sed uindicis ora proteruis
insequitur manibus generosaque pectora pulsat.

[A batalha dos Centauros e Lápitas]

O filho do ousado Ixíon[8] casara com Hipodâmia.
Postas ordenadamente as mesas numa gruta que as árvores cobriam,
convida os selvagens filhos da nuvem[9] a tomarem seus lugares.
Estavam lá os notáveis de Hemônia. Nós estávamos também.
Os aposentos reais, em festa, ressoam com a multidão em desordem.
Canta-se então o Himeneu. Nos átrios fumegam tochas.
Rodeada por um séquito de mulheres casadas e de donzelas solteiras,
surge a noiva em sua beleza rara. Por ela, felicitamos Pirítoo.
Quase nos enganamos nesse augúrio. Efetivamente, Êurito,
a ti, o mais cruel dos cruéis Centauros, queimava-te o coração
tanto o vinho como a visão da noiva. Duplicada pela luxúria,
reinava a embriaguez. De repente, as mesas são derrubadas.
No banquete, instala-se a confusão. Agarrada pelos cabelos,
a recém-casada é levada pela força. Êurito agarra Hipodâmia.
Cada um dos outros arrebata a que mais lhe agrada ou a que
lhe é possível. Era a imagem de uma cidade tomada. O palácio
retumba com os gritos das mulheres. Todos saltamos de um pulo,
mas Teseu foi o primeiro. E diz-lhe: 'Que loucura te comanda,
Êurito? Por que provocas Pirítoo na minha presença e,
sem te dares por isso, ofendes os dois ao ofenderes um só?'
Para não fazer em vão tais afirmações, o magnânimo herói afasta
os agressores e arranca àqueles desvairados a que fora raptada.
Êurito nada responde. De fato, não pode com palavras
defender tais ações. Mas com seus violentos punhos
acomete a face do defensor e golpeia-lhe o nobre peito.

---

[8] Pirítoo.

[9] Os Centauros. Ixíon, rei dos Lápitas, fez grandes promessas a Dioneu para casar com sua filha Dia. Além de não cumprir as promessas, acabou por ser responsável pela morte do sogro. O horror do seu crime, perjúrio e morte de um familiar, só de Zeus mereceu misericórdia. Ixíon pagou o favor do deus com a tentativa de violação de Hera. Zeus moldou uma nuvem semelhante à deusa. Ixíon uniu-se a esse fantasma e gerou dele os Centauros.

forte fuit iuxta signis exstantibus asper 235
antiquus crater, quem uastum uastior ipse
sustulit Aegides aduersaque misit in ora;
sanguinis ille globos pariter cerebrumque merumque
uulnere et ore uomens madida resupinus harena
calcitrat. ardescunt germani caede bimembres 240
certatimque omnes uno ore "arma, arma" loquuntur.
uina dabant animos, et prima pocula pugna
missa uolant fragilesque cadi curuique lebetes,
res epulis quondam, tum bello et caedibus aptae.
   'Primus Ophionides Amycus penetralia donis 245
haud timuit spoliare suis et primus ab aede
lampadibus densum rapuit funale coruscis,
elatumque alte, ueluti qui candida tauri
rumpere sacrifica molitur colla securi,
illisit fronti Lapithae Celadontis et ossa 250
non cognoscendo confusa relinquit in ore.
exsiluere oculi, disiectisque ossibus oris
acta retro naris medioque est fixa palato.
hunc pede conuulso mensae Pellaeus acernae
strauit humi Pelates deiecto in pectora mento 255
cumque atro mixtos sputantem sanguine dentes
uulnere Tartareas geminato mittit ad umbras.
   'Proximus ut steterat spectans altaria uultu
fumida terribili "cur non" ait "utimur istis?"
cumque suis Gryneus immanem sustulit aram 260
ignibus et medium Lapitharum iecit in agmen
depressitque duos, Brotean et Orion; Orio
mater erat Mycale, quam deduxisse canendo
saepe reluctanti constabat cornua lunae.
"non impune feres, teli modo copia detur" 265

Ali perto estava, por acaso, uma cratera antiga, com figuras
em relevo. Era enorme! Maior do que ele, é arrebatada
pelo filho de Egeu, que a arremessa à face do adversário.
Expelindo ao mesmo tempo pelo golpe e pela boca golfadas
de sangue, de cérebro e de vinho, estrebucha, caído de costas
na areia molhada. Exasperam-se os Centauros com a morte
de um deles e, à porfia, gritam todos: 'Às armas! Às armas!'
A coragem dá-a o vinho. No início, os projéteis são os copos a voar,
os frágeis jarros e os curvos lavabos, antes, instrumentos
de festins, prontos agora para a guerra e a carnificina.
     Primeiro foi Âmico, o filho de Ofíon,[10] que não
receou espoliar de seus ornamentos o altar doméstico
e foi o primeiro a arrebatar do templo um candelabro
carregado de brilhantes tochas. Erguendo-o bem alto,
como quem se prepara para brandir a acha sacrificial
sobre a branca cerviz e um touro, esfacela a fronte
do Lápita Celadonte, deixando-lhe uma amálgama de ossos
num rosto irreconhecível. Saltam-lhe os olhos. O nariz,
desconjuntados os ossos da face, recuou e ficou a meio do palato.
Arrancando a perna de uma mesa de bordo, Pélates, de Pela,
prostra aquele por terra, queixo caído sobre o peito.
E enquanto vomita os dentes de mistura com um sangue negro,
despacha-o com um segundo golpe para as sombras do Tártaro.
     Estando próximo, Grineu fixa com um ar terrível o altar,
que fumega, e diz: 'Por que não hei de usá-lo?'
Arranca o enorme altar com o fogo e atira-o para o meio
do grupo dos Lápitas, abatendo dois, Bróteas e Oríon.
Oríon tinha Mícale por mãe, de quem se dizia que,
muitas vezes, com seus encantamentos, fizera baixar à terra
os cornos da Lua, contrariada.[11] 'Não hás de ficar impune',
gritara Exádio, 'assim eu tenha arma que baste.'

---

[10] Ofíon e Eurínome reinavam sobre os Titãs. Crono e Reia apareceram, destronaram Ofíon e a esposa e lançaram-nos no Tártaro.

[11] Espelha-se a ideia de que os eclipses da Lua eram obra do poder da magia.

dixerat Exadius telique habet instar, in alta
quae fuerant pinu uotiui cornua cerui.
figitur hinc duplici Gryneus in lumina ramo
eruiturque oculos, quorum pars cornibus haeret,
pars fluit in barbam concretaque sanguine pendet.   270

'Ecce rapit mediis flagrantem Rhoetus ab aris
pruniceum torrem dextraque a parte Charaxi
tempora perfringit fuluo protecta capillo.
correpti rapida, ueluti seges arida, flamma
arserunt crines, et uulnere sanguis inustus   275
terribilem stridore sonum dedit, ut dare ferrum
igne rubens plerumque solet, quod forcipe curua
cum faber eduxit lacubus demittit; at illud
stridet et in tepida submersum sibilat unda.
saucius hirsutis auidum de crinibus ignem   280
excutit inque umeros limen tellure reuulsum
tollit, onus plaustri, quod ne permittat in hostem,
ipsa facit grauitas; socium quoque saxea moles
oppressit spatio stantem propiore Cometen.
gaudia nec retinet Rhoetus: "sic, conprecor" inquit,   285
"cetera sit fortis castrorum turba tuorum!"
semicremoque nouat repetitum stipite uulnus
terque quaterque graui iuncturas uerticis ictu
rupit, et in liquido sederunt ossa cerebro.

'Victor ad Euagrum Corythumque Dryantaque transit.   290
e quibus ut prima tectus lanugine malas
procubuit Corythus, "puero quae gloria fuso
parta tibi est?" Euagrus ait; nec dicere Rhoetus
plura sinit rutilasque ferox in aperta loquentis
condidit ora uiri perque os in pectora flammas.   295
te quoque, saeue Drya, circum caput igne rotato
insequitur, sed non in te quoque constitit idem

E, em vez da arma, tem ele a armação de um veado
que estava como ex-voto na copa de um pinheiro.[12]
Daí arrancada, a dupla haste crava-se nas órbitas de Grineu
e vaza-lhe os olhos. Um deles fica cravado nas hastes,
escorre-lhe o outro da barba, pendendo com sangue coagulado.

 Do meio do altar arranca então Reto um tição
de ameixeira em brasa e esmigalha a Caraxo a têmpora direita
coberta de cabelo louro. Tomado pela voraz chama,
o cabelo arde qual seara seca. O sangue, queimado
na ferida, tem um rechinar tão forte como, muitas vezes,
costuma ter o ferro em brasa, quando, com a recurva
tenaz, o ferreiro o retira e o mergulha numa tina.
O ferro crepita e silva mergulhado na água, que ficou tépida.
Ferido, aquele sacode dos cabelos desgrenhados o fogo
devorador e ergue até os ombros a soleira de uma porta,
peso para um carro, que ele arranca do chão.
O peso da pedra impede o seu arremesso contra o inimigo.
A enorme pedra, em contrapartida, esmaga Cometes,
companheiro deste, que estava mais próximo.
Reto não contém a satisfação e clama: 'Rogo que se porte
com igual valentia o resto do grupo dos teus companheiros!'
E com o tição meio queimado renova repetidamente a ferida.
Com fortes golpes, rasga por três ou quatro vezes as junturas
do crânio. Os olhos mergulharam no cérebro liquefeito.

 Vitorioso, passa a Évagro, Córito e Drias. Córito,
cujas faces se cobriam da primeira lanugem, foi deles o primeiro
a tombar. 'Que glória te advém de haveres morto um jovem?',
pergunta Évagro. Reto não deixa que ele diga mais nada.
Enquanto fala, mergulha-lhe na boca as rútilas chamas
e, pela boca, leva-as até o peito. Também a ti te persegue,
Drias cruel, fazendo rodar o tição em volta da tua cabeça.
Mas não obtém contigo o mesmo resultado.

---

[12] Consagrado a Diana depois de uma boa caçada.

Livro XII

exitus; adsiduae successu caedis ouantem,
qua iuncta est umero ceruix, sude figis obusta.
ingemuit duroque sudem uix osse reuelit   300
Rhoetus et ipse suo madefactus sanguine fugit.
fugit et Orneus Lycabasque et saucius armo
dexteriore Medon et cum Pisenore Thaumas,
quique pedum nuper certamine uicerat omnes
Mermeros (accepto tum uulnere tardius ibat),   305
et Pholus et Melaneus et Abas praedator aprorum,
quique suis frustra bellum dissuaserat augur
Asbolos; ille etiam metuenti uulnera Nesso
"ne fuge! ad Herculeos" inquit "seruaberis arcus."
at non Eurynomus Lycidasque et Areos et Imbreus   310
effugere necem; quos omnes dextra Dryantis
perculit aduersos. aduersum tu quoque, quamuis
terga fugae dederas, uulnus, Crenaee, tulisti;
nam graue respiciens inter duo lumina ferrum,
qua naris fronti committitur accipis imae.   315
    'In tanto fremitu cunctis sine fine iacebat
sopitus uenis et inexperrectus Aphidas
languentique manu carchesia mixta tenebat,
fusus in Ossaeae uillosis pellibus ursae;
quem procul ut uidit frustra nulla arma mouentem,   320
inserit amento digitos "miscenda" que dixit
"cum Styge uina bibes" Phorbas; nec plura moratus
in iuuenem torsit iaculum, ferrataque collo
fraxinus, ut casu iacuit resupinus, adacta est.
mors caruit sensu, plenoque e gutture fluxit   325
inque toros inque ipsa niger carchesia sanguis.
    'Vidi ego Petraeum conantem tollere terra
glandiferam quercum; quam dum complexibus ambit
et quatit huc illuc labefactaque robora iactat,

Triunfante pelo resultado da sua contínua carnificina, trespassá-lo tu,
no ponto onde a cerviz se liga com o ombro, com um dardo
endurecido ao fogo. Reto solta um gemido e é com dificuldade
que do duro osso arranca o dardo e foge banhado no seu
próprio sangue. Também foge Orneu, foge também Lícabas.
Ferido no ombro direito, foge Medon e, com Pisenor, foge Taumas,
ele que, ainda há pouco, a todos vencera na corrida a pé.
Foge Mérmero, agora mais devagar, por estar ferido.
Foge Folo e Melaneu, foge Abas, caçador de javalis.
Foge Ásbolo, o áugure que, em vão, da guerra havia dissuadido
os seus. Também ele disse a Nesso, que se furtava a seus golpes:
'Não fujas! Estás reservado para o arco de Hércules.'[13]
À morte não se furtaram Eurínomo, Lícidas, Areu e Imbreu.
A todos abateu de frente o braço de Drias.
Também tu, Creneu, recebeste o golpe de frente,
embora voltado para fugir. De fato, ao olhares para trás,
recebes o pesado ferro a meio dos olhos, no ponto
onde o nariz se liga à parte superior da fronte.

Mergulhado num sono total e sem fim, no meio
do grande alarido, jazia Afidas, sem que nada o despertasse.
Estirado na hirsuta pele de um urso de Ossa, segurava
na mão dormente um copo de vinho. Ao vê-lo de longe,
mesmo sem empunhar qualquer arma, Forbas leva os dedos
à correia e diz: 'Esse vinho vais bebê-lo temperado
com água do Estige.' E, sem mais, lança o dardo contra
o jovem. O ferro do freixo crava-se no pescoço da vítima,
que jazia já deitada de costas. A morte nem foi sentida.
De sua garganta corre em abundância para o leito
e para o próprio corpo um sangue que é negro.

A Petreio, vi-o eu tentar arrancar um carvalho
carregado de bolotas. Enquanto o abraça, o balança
para um lado e outro e sacode sua oscilante robustez,

---

[13] Ver IX, 101-33.

lancea Pirithoi costis immissa Petraei 330
pectora cum duro luctantia robore fixit.
Pirithoi cecidisse Lycum uirtute ferebant,
Pirithoi uirtute Chromin. sed uterque minorem
uictori titulum quam Dictys Helopsque dederunt;
fixus Helops iaculo, quod peruia tempora fecit 335
et missum a dextra laeuam penetrauit ad aurem;
Dictys ab ancipiti delapsus acumine montis,
dum fugit instantem trepidans Ixione natum,
decidit in praeceps et pondere corporis ornum
ingentem fregit suaque induit ilia fractae. 340
ultor adest Aphareus saxumque e monte reuulsum
mittere conatur; mittentem stipite querno
occupat Aegides cubitique ingentia frangit
ossa. nec ulterius dare corpus inutile leto
aut uacat aut curat, tergoque Bienoris alti 345
insilit, haud solito quemquam portare nisi ipsum,
opposuitque genu costis prensamque sinistra
caesariem retinens uultum minitantiaque ora
robore nodoso praeduraque tempora fregit.
robore Nedymnum iaculatoremque Lycotan 350
sternit et immissa protectum pectora barba
Hippason et summis exstantem Riphea siluis
Thereaque, Haemoniis qui prensos montibus ursos
ferre domum uiuos indignantesque solebat.
    'Haud tulit utentem pugnae successibus ultra 355
Thesea Demoleon, solidoque reuellere dumo
annosam pinum magno molimine temptat;
quod quia non potuit, praefractam misit in hostem.
sed procul a telo Theseus ueniente recessit
Pallados admonitu (credi sic ipse uolebat). 360
non tamen arbor iners cecidit; nam Crantoris alti

a lança de Pirítoo, cravada nas suas costas,
fixa ao duro carvalho o peito que com ele lutava.
Dizia-se que Lico caíra às mãos de Pirítoo,
que às mãos de Pirítoo caíra Crômis. Mas ambos granjearam
ao vencedor glória inferior à obtida contra Dictis e Hélope.
Este foi trespassado por um dardo, que abriu caminho
através das têmporas. Lançado do lado direito, afundou-se
até a orelha esquerda. Assustado, ao fugir do filho de Ixíon,
que o perseguia quando descia do pico de um monte por uma
das vertentes, Dictis precipita-se e, com o peso do corpo, derruba
um enorme freixo, recobrindo os destroços com as suas vísceras.
Para o vingar, surge Afareu, que procura rolar um pedregulho
que arrancou ao monte. Enquanto o faz, com um pau de carvalho,
investe contra ele o filho de Egeu,[14] que lhe parte o braço
pelo cotovelo. Sem tempo nem disposição para dar à morte
um corpo fora de combate, salta para o dorso do enorme Bienor,
só habituado a transportar-se a si mesmo; nas costelas
crava-lhe os joelhos, com a mão esquerda puxa-lhe o cabelo,
que havia agarrado, e com nodoso tronco esfacela-lhe
o rosto, a ameaçadora boca e as pétreas têmporas.
Com o mesmo tronco prostra Nedimno, o arqueiro Licotas,
Hípaso, cujo peito estava protegido por comprida barba,
Rifeu, que ultrapassava a copa das árvores,
e Tereu, que costumava levar para casa vivos e domados
os ursos que caçava nos montes de Hemônia.[15]
    Demoleonte não suporta que Teseu leve mais longe
o seu sucesso na luta. De uma densa moita,
tenta com grande esforço, arrancar um velho pinheiro.
Não o conseguindo, parte-o e arremessa-o ao adversário.
Teseu, por ação de Palas (ele mesmo queria que nisso
se acreditasse), furtou-se ao projétil. A árvore, contudo,
não caiu em vão. Do pescoço do elevado Crantor

---

14 Teseu.

15 Antigo nome da Tessália.

abscidit iugulo pectusque umerumque sinistrum.
(armiger ille tui fuerat genitoris, Achille,
quem Dolopum rector, bello superatus, Amyntor
Aeacidae dederat pacis pignusque fidemque.) 365
hunc procul ut foedo disiectum uulnere Peleus
uidit, "at inferias, iuuenum gratissime Crantor,
accipe" ait ualidoque in Demoleonta lacerto
fraxineam misit contentis uiribus hastam,
quae laterum cratem praerupit et ossibus haerens 370
intremuit; trahit ille manu sine cuspide lignum
(id quoque uix sequitur), cuspis pulmone retenta est.
ipse dolor uires animo dabat; aeger in hostem
erigitur pedibusque uirum proculcat equinis.
excipit ille ictus galea clipeoque sonantes 375
defensatque umeros praetentaque sustinet arma
perque armos uno duo pectora perforat ictu.

'Ante tamen leto dederat Phlegraeon et Hylen
eminus, Iphinoum collato Marte Claninque;
additur his Dorylas, qui tempora tecta gerebat 380
pelle lupi saeuique uicem praestantia teli
cornua uara boum multo rubefacta cruore.
huic ego (nam uiris animus dabat) "aspice" dixi
"quantum concedant nostro tua cornua ferro"
et iaculum torsi; quod cum uitare nequiret, 385
opposuit dextram passurae uulnera fronti.
adfixa est cum fronte manus; fit clamor, at illum
haerentem Peleus et acerbo uulnere uictum
(stabat enim propior) mediam ferit ense sub aluum.
prosiluit terraque ferox sua uiscera traxit 390
tractaque calcauit calcataque rupit et illis
crura quoque impediit et inani concidit aluo.

'Nec te pugnantem tua, Cyllare, forma redemit,
si modo naturae formam concedimus illi.

652

separa o peito e o ombro esquerdo. Este Crantor, Aquiles,
fora escudeiro de teu pai. Amintor, rei dos Dólopes,
vencido na guerra, dera-o ao filho de Éaco[16]
como penhor e garantia de paz. Ao avistá-lo à distância
destroçado por aquela horrorosa ferida, diz Peleu:
'Crantor, ó mais gratos dos jovens, aceita esta oferenda.'
E com seu valente braço e a explodir de raiva, arremessa contra
Demoleonte a lança de freixo que lhe rasga as costelas e,
ao cravar-se-lhe nos ossos, neles fica a vibrar. Com a sua mão,
este arranca a haste, que ficou sem ponta. E até a haste sai
com dificuldade. A ponta ficara agarrada aos pulmões.
E a própria dor lhe infunde coragem. Débil como está, ergue-se
contra o inimigo e com as patas de cavalo desfere coices no homem.
Peleu suporta os sonoros golpes com o elmo e o escudo,
protege os ombros, mantém as armas em riste e, com um único
golpe, perfura-lhe, pelas axilas, ambos os lados do peito.

    Mas antes, de longe, havia dado já a morte a Flegreu
e a Hileu; na luta corpo a corpo matara Ifínoo e Clânis.
Somara-se a estes Dórilas, que cobria as têmporas
com a pele de um lobo e tinha por armas mortíferas
os arqueados cornos de um boi avermelhados de sangue.
Já que a raiva me dava forças, a este fiz eu questão de gritar:
'Vê quão inferiores teus cornos são a meu ferro!'
E disparei minha lança. Ao não poder evitá-la,
protege com a mão a fronte prestes a suportar o golpe.
Mão e fronte ficam presas. Solta um urro.
Assim preso e dominado por acerba dor, Peleu, que, de fato,
estava próximo, com a espada atinge-o em pleno ventre.
Dá um salto. Enfurecido, arrasta por terra as próprias vísceras.
Ao arrastá-las, pisa-as. Ao pisá-las, rasga-as
e nelas enreda as patas, caindo sobre seu ventre vazio.

    A ti, Cílaro, no combate, nem tua beleza te salva,
se beleza se pode reconhecer nessa forma.

---

[16] A Peleu, pai de Aquiles.

barba erat incipiens, barbae color aureus, aurea 395
ex umeris medios coma dependebat in armos.
gratus in ore uigor; ceruix umerique manusque
pectoraque artificum laudatis proxima signis,
et quacumque uir est. nec equi mendosa sub illo
deteriorque uiro facies; da colla caputque, 400
Castore dignus erit: sic tergum sessile, sic sunt
pectora celsa toris. totus pice nigrior atra,
candida cauda tamen; color est quoque cruribus albus.
multae illum petiere sua de gente, sed una
abstulit Hylonome, qua nulla decentior inter 405
semiferos altis habitauit femina siluis.
haec et blanditiis et amando et amare fatendo
Cyllaron una tenet; cultu quoque, quantus in illis
esse potest membris, ut sit coma pectine leuis,
ut modo rore maris, modo se uiolaue rosaue 410
implicet, interdum candentia lilia gestet,
bisque die lapsis Pagasaeae uertice siluae
fontibus ora lauet, bis flumine corpora tingat,
nec nisi quae deceant electarumque ferarum
aut umero aut lateri praetendat uellera laeuo. 415
par amor est illis; errant in montibus una,
antra simul subeunt; et tum Lapitheia tecta
intrarant pariter, pariter fera bella gerebant:
auctor in incerto est, iaculum de parte sinistra
uenit et inferius quam collo pectora subsunt, 420
Cyllare, te fixit; paruo cor uulnere laesum
corpore cum toto post tela educta refrixit.
protinus Hylonome morientes excipit artus
impositaque manu uulnus fouet oraque ad ora
admouet atque animae fugienti obsistere temptat; 425
ut uidet extinctum, dictis, quae clamor ad aures
arcuit ire meas, telo, quod inhaeserat illi,
incubuit moriensque suum complexa maritum est.

A barba despontava. A sua cor era de ouro. Dourado
era o cabelo, que dos ombros desce até meio das costas.
Na face ostenta vigor agradável. Pescoço, ombros, mãos,
peito e quanto nele é humano fazem lembrar estátuas
de escultores famosos. Nele, a beleza equina não era imperfeita
nem inferior à humana, desse-lhe um pescoço, desse-lhe uma cabeça.
Será digno de Castor, tão bela é sua garupa, a tal ponto salientes
são em seu peito os músculos. É todo mais negro que o negro pez.
A cauda, essa é branca. Branca é a cor das patas.
Foi requestado por muitas da sua espécie, mas só uma,
Hilônome, o conquistou. Entre os Centauros,
não houve outra mais bela a habitar os bosques profundos.
Foi a única que, amando-o e declarando-lhe amor,
com carícias cativou Cílaro. Conquistou-o também
com a atenção dada à sua pessoa, como seja com o pente
alisar os cabelos, adornar-se de rosmaninho, uma vez,
outra, de violetas ou rosas, ostentado, às vezes, lírios brancos,
lavar duas vezes a cara nas fontes que nascem no cimo
da floresta de Págasa, banhar-se duas vezes no rio,
ou lançar sobre seus ombros ou só sobre o lado esquerdo
peles de animais escolhidos, que lhe fiquem bem.
Há nos dois amor igual. Vagam juntos pelos montes,
juntos penetram nas grutas. Entraram juntos, então,
nas habitações dos Lápitas. Juntos travam feroz guerra.
Sem saber de quem, vem do lado esquerdo um dardo
que em ti se crava, Cílaro, um pouco abaixo do ponto
onde o peito se liga ao pescoço. Atingido com ligeira ferida,
junto com o corpo, começa a arrefecer também o seu coração,
ao tirar o dardo. Logo Hilônome ampara aquele corpo
às portas da morte e, aplicando a mão, acalenta a ferida.
Une à dele sua boca na esperança de impedir que a vida lhe fuja.
Quando o vê morto, com palavras que a gritaria impede
de atingir meus ouvidos, lança-se sobre o dardo
que nele se cravara e morre unida ao marido.

Livro XII

'Ante oculos stat et ille meos, qui sena leonum
uinxerat inter se conexis uellera nodis,   430
Phaeocomes, hominemque simul protectus equumque;
caudice qui misso, quem uix iuga bina mouerent,
Tectaphon Oleniden a summo uertice fregit.   433
ast ego, dum parat hic armis nudare iacentem   439
(scit tuus hoc genitor) gladium spoliantis in ima   440
ilia demisi. Cthonius quoque Teleboasque
ense iacent nostro; ramum prior ille bifurcum
gesserat, hic iaculum. iaculo mihi uulnera fecit;
signa uides, apparet adhuc uetus inde cicatrix.
tunc ego debueram capienda ad Pergama mitti,   445
tum poteram magni, si non superare, morari
Hectoris arma meis. illo sed tempore nullus
aut puer Hector erat, nunc me mea deficit aetas.
  'Quid tibi uictorem gemini Periphanta Pyraethi,
Ampyca quid referam, qui quadripedantis Echecli   450
fixit in aduerso cornum sine cuspide uultu?
uecte Pelethronium Macareus in pectus adacto
strauit Erigdupum; memini et uenabula condi
inguine Nesseis manibus coniecta Cymeli.
nec tu credideris tantum cecinisse futura   455
Ampyciden Mopsum; Mopso iaculante biformis
occubuit frustraque loqui temptauit Hodites
ad mentum lingua mentoque ad guttura fixo.

  'Quinque neci Caeneus dederat, Styphelumque Bromumque
Antimachumque Elymumque securiferumque Pyracmon;   460
uulnera non memini, numerum nomenque notaui.
prouolat Emathii spoliis armatus Halesi,
quem dederat leto, membris et corpore Latreus
maximus; huic aetas inter iuuenemque senemque,
uis iuuenalis erat, uariabant tempora cani.   465

Perante meus olhos está também Feócomes,
que unira entre si, entrelaçando-as com nós, seis peles de leão
que cobriam simultaneamente a parte humana e a equina.
Arremessando um tronco que duas juntas de bois moveriam
com dificuldade, esmaga Téctafo, filho de Óleno, de cima a baixo.
Mas, enquanto o usurpador se prepara para espoliar de suas armas
o morto, eu (teu pai sabe-o bem) afundo-lhe a espada
no baixo ventre. Sob a minha espada tombam igualmente
Ctônio e Teléboas. O primeiro brandia uma haste em forquilha,
o segundo brandia um dardo com que me feriu.
Vês aqui o sinal? Ainda se nota a velha cicatriz.
Deveria ser então mandado à conquista de Pérgamo.
Se não pudesse vencer, poderia, com os meus, retardar os feitos
de Heitor. Mas nesse tempo, Heitor ou não existia
ou era criança ainda. Agora, a idade atraiçoa-me.
Que dizer-te de Perifas, vencedor do híbrido Pireto?
Que dizer-te de Âmpix, ele que cravou na face
do quadrúpede Equeclo um dardo sem ponta?
A Erígdupo prostrou-o Macareu de Peletrônio, esmagando-lhe
o peito com uma tranca. Lembro-me ainda do dardo lançado
pela mão de Nesso e que se cravou na virilha de Cimelo.
E não penses que Mopso, o filho de Âmpix,
se limitou a predizer o futuro. Com um dardo seu
sucumbiu o biforme Odites, que em vão tentava falar,
por ter a língua presa ao queixo e o queixo preso à garganta.

[A morte de Ceneu]

A cinco, Estífelo, Bromo, Antímaco, Élimo e Pirácmon
armado de machadinha, Ceneu entregara à morte. Das feridas
eu não me recordo, registrei o número e o nome daqueles
que tombaram. Revestido com os despojos de Alesso da Emátia,
a quem entregara à morte, acorre Latreu, de membros e corpo
descomunais. Tinha uma idade entre o novo e o velho.
De jovem era a força. As cãs matizavam-lhe as têmporas.

Livro XII

qui clipeo gladioque Macedoniaque sarisa
conspicuus faciemque obuersus in agmen utrumque
armaque concussit certumque equitauit in orbem
uerbaque tot fudit uacuas animosus in auras:
"et te, Caeni, feram? nam tu mihi femina semper,   470
tu mihi Caenis eris. nec te natalis origo
commonuit, mentemque subit, quo praemia facto
quaque uiri falsam speciem mercede pararis?
quid sis nata uide, uel quid sis passa, columque,
i, cape cum calathis et stamina pollice torque;   475
bella relinque uiris!" iactanti talia Caeneus
extentum cursu missa latus eruit hasta,
qua uir equo commissus erat. furit ille dolore
nudaque Phyllei iuuenis ferit ora sarisa;
non secus haec resilit, quam tecti a culmine grando,   480
aut si quis paruo feriat caua tympana saxo.
comminus adgreditur laterique recondere duro
luctatur gladium; gladio loca peruia non sunt.
"haud tamen effugies! medio iugulaberis ense,
quandoquidem mucro est hebes" inquit et in latus ensem   485
obliquat longaque amplectitur ilia dextra;
plaga facit gemitus ut corpore marmoris icti,
fractaque dissiluit percusso lammina callo.
ut satis inlaesos miranti praebuit artus,
"nunc age" ait Caeneus, "nostro tua corpora ferro   490
temptemus" capuloque tenus demisit in armos
ensem fatiferum caecamque in uiscera mouit
uersauitque manum uulnusque in uulnere fecit.

'Ecce ruunt uasto rapidi clamore bimembres   495
telaque in hunc omnes unum mittuntque feruntque.
tela retusa cadunt, manet imperfossus ab omni
inque cruentatus Caeneus Elateius ictu.
fecerat attonitos noua res. "heu dedecus ingens!"
Monychus exclamat. "populus superamur ab uno
uixque uiro; quamquam ille uir est, nos segnibus actis   500

Distinguindo-se pelo escudo, pela espada
e pela lança macedônia, olha as duas forças,
entrechoca as armas e galopa em círculo perfeito,
derramando no ar vazio tão insolentes palavras:
'Terei também de te aturar a ti, Cênis? Para mim, tu serás
sempre mulher. Para mim, sempre serás Cênis. A tua origem,
o teu nascimento não te advertem? Não te recordas tu
do fato pelo qual recebeste esse prêmio? Por que preço
recebeste essa falsa aparência de homem? Vê o que nasceste
ou o que passaste e vai, pega na roca e no açafate e fia.
Deixa a guerra para homens.' Enquanto profere tais palavras,
Ceneu arremessa-lhe a lança e atravessa-lhe o lado,
tenso com a corrida, no ponto onde o cavaleiro se liga ao cavalo.
Louco de dor, atinge com sua lança o rosto descoberto do jovem Fileu.
A lança resvala como o granizo na cobertura de uma habitação,
ou como se alguém atirasse uma pedra pequena à pele de um tambor.
Ataca-o à espada, esforçando-se por cravar-lha em seu rijo flanco.
A espada não tem lugar por onde entre. 'Seja como for,
não hás de escapar-me', grita. 'Serás degolado a fio de espada,
já que a ponta está romba.' Desfere-lhe no flanco um golpe de espada
e rodeia-lhe o ventre com sua longa destra. O impacto produz
um ruído como o de um golpe num corpo de mármore. Ao embater
na sua pele clara, a lâmina salta em pedaços. Depois de tanto
haver exposto seu invulnerável corpo a um adversário atônito,
Ceneu grita: 'Vejamos agora, ponhamos à prova o teu corpo
com o meu ferro.' E mergulha-lhe no peito, até o punho,
a mortífera espada. Leva a cega mão até as vísceras
e fá-la rodar, fazendo sobre a ferida uma nova ferida.

    Furibundos, os Centauros precipitam-se então com grande clamor
e, empunhando todos as armas, arremessam-nas contra ele só.
As armas são repelidas e caem. Ceneu, filho de Élato,
permanece incólume a todos os golpes e sem pinta de sangue.
Este prodígio assombra-os. 'Ó inaudita desonra', exclama Mônico,
'nós, um povo, somos vencidos por um só e, para mais, um homem.
Embora ele seja homem, nós, por nossa covardia, somos hoje

quod fuit ille, sumus. quid membra immania prosunt,
quid geminae uires et quod fortissima rerum
in nobis duplex natura animalia iunxit?
nec nos matre dea, nec nos Ixione natos
esse reor, qui tantus erat, Iunonis ut altae   505
spem caperet; nos semimari superamur ab hoste.
saxa trabesque super totosque inuoluite montes
uiuacemque animam missis elidite siluis!
silua premat fauces, et erit pro uulnere pondus."
dixit et insani deiectam uiribus Austri   510
forte trabem nactus ualidum coniecit in hostem
exemplumque fuit; paruoque in tempore nudus
arboris Othrys erat, nec habebat Pelion umbras.
obrutus immani cumulo sub pondere Caeneus
aestuat arboreo congestaque robora duris   515
fert umeris; sed enim postquam super ora caputque
creuit onus neque habet quas ducat spiritus auras,
deficit interdum, modo se super aera frustra
tollere conatur iactasque euoluere siluas,
interdumque mouet, ueluti, quam cernimus, ecce,   520
ardua si terrae quatiatur motibus Ide.
exitus in dubio est. alii sub inania corpus
Tartara detrusum siluarum mole ferebant;
abnuit Ampycides medioque ex aggere fuluis
uidit auem pennis liquidas exire sub auras,   525
quae mihi tum primum, tunc est conspecta supremum.
hanc ubi lustrantem leni sua castra uolatu
Mopsus et ingenti circum clangore sonantem
aspexit pariterque animo est oculisque secutus,
"o salue" dixit, "Lapithaeae gloria gentis,   530
maxime uir quondam, sed auis nunc unica, Caeneu!"
credita res auctore suo est. dolor addidit iram,
oppressumque aegre tulimus tot ab hostibus unum;
nec prius abstitimus ferro exercere dolorem,
quam data pars leto, partem fuga noxque remouit.'   535

o que ele foi antes. De que nos servem nossos gigantescos corpos
e as forças da dupla natureza, e o fato de a dupla natureza
ter reunido em nós os seres vivos mais fortes de todos?
Não creio que tenhamos por mãe uma deusa e por pai tenhamos
Ixíon, ele que era tão grande, a ponto de alimentar esperanças
em relação à divina Juno. Nós somos vencidos por um inimigo
que é meio homem. Rolai sobre ele rochas e troncos,
montes inteiros, sufocai sua tenaz vida debaixo de florestas!
Que a floresta o sufoque, e o peso fará as vezes do golpe.'
Acabando de falar, encontrou por acaso um tronco
derrubado pelas forças do furioso Austro e arremessa-o contra
o inimigo invencível. Serviu de exemplo. Em pouco tempo
estava o Ótris despido de árvores e o Pélion sem sombras.
Soterrado por gigantesca mole, Ceneu esbraceja sob o peso
das árvores e suporta em seus fortes ombros a madeira
amontoada. Mas quando o peso aumenta sobre sua boca
e sua cabeça e a respiração deixa de ter ar que a alimente,
ora desfalece, ora, esforçando-se em vão por se libertar
e tirar de si as florestas que sobre ele lançaram,
sacode-as como faz o escarpado Ida, que estamos a ver,
ao ser abalado pelos tremores de terra.
O resultado é incerto. Dizem uns que, debaixo daquela montanha
de árvores, foi o corpo remetido para o vazio do Tártaro.
Diz que não o filho de Âmpix. Do meio do amontoado,
viu ele uma ave de asas brilhantes voar para um céu transparente.
Também então eu a vi pela primeira vez e também pela última.
Quando Mopso a vê voltear em suave voo sobre os seus arraiais,
fazendo em volta soar seu forte grasnado, segue-a com
os olhos e o pensamento simultaneamente e saúda-a:
'Salve, Ceneu, glória do povo Lápita, outrora herói invencível,
agora ave sem par. O prodígio é crível em razão do seu autor!'
A dor redobrou a cólera. Não suportámos que um só
fosse esmagado por tantos inimigos. E não cessamos
de desafogar no ferro a dor antes de dar morte a uma parte
e de a fuga e a noite dali levarem a outra."

661   Livro XII

Haec inter Lapithas et semihomines Centauros
proelia Tlepolemus Pylio referente dolorem
praeteriti Alcidae tacito non pertulit ore
atque ait: 'Herculeae mirum est obliuia laudis
acta tibi, senior. certe mihi saepe referre   540
nubigenas domitos a se pater esse solebat.'
tristis ad haec Pylius: 'quid me meminisse malorum
cogis et obductos annis rescindere luctus
inque tuum genitorem odium offensasque fateri?
ille quidem maiora fide (di!) gessit et orbem   545
impleuit meritis, quod mallem posse negare;
sed neque Deiphobum nec Pulydamanta nec ipsum
Hectora laudamus — quis enim laudauerit hostem?
ille tuus genitor Messenia moenia quondam
strauit et immeritas urbes Elinque Pylonque   550
diruit inque meos ferrum flammamque Penates
impulit. utque alios taceam, quos ille peremit,
bis sex Nelidae fuimus, conspecta iuuentus;
bis sex Herculeis ceciderunt me minus uno
uiribus. atque alios uinci potuisse ferendum est;   555
mira Periclymeni mors est, cui posse figuras
sumere quas uellet rursusque reponere sumptas
Neptunus dederat, Nelei sanguinis auctor.
hic ubi nequiquam est formas uariatus in omnes,
uertitur in faciem uolucris, quae fulmina curuis   560
ferre solet pedibus, diuum gratissima regi;
uiribus usus auis pennis rostroque redunco
hamatisque uiri laniauerat unguibus ora.

[Periclímeno]

Enquanto o herói de Pilos relatava estes combates entre os Lápitas
e os semi-humanos Centauros, Tlepólemo[17] não suporta
de boca calada a dor de ver Alcides omitido e proclama:
"É espantoso, ancião, que passes em silêncio as façanhas de Hércules.
Na verdade, meu pai costumava contar-me, muitas vezes,
que os filhos da nuvem foram por ele derrotados."
Agastado, responde o senhor de Pilos: "Por que me forças
a recordar os males, a reviver a dor que o tempo sarou
e a confessar o ódio para com teu pai, e as suas ofensas?
Ele realizou, ó deusa, feitos inauditos, encheu o mundo
com seus favores, preferia poder negá-lo!
Mas não tecemos loas a Deífobo, nem a Polidamante,
nem sequer a Heitor. Quem realmente haveria de fazer o elogio
de um inimigo? O senhor teu pai arrasou um dia
as muralhas de Messina, sem razão destruiu as cidades
de Élis e Pilos e, a ferro e fogo, levou meus Penates.
E para não falar de outros aniquilados por ele,
doze éramos nós os filhos de Neleu, admirável juventude.
Os doze, com exceção de mim, caíram sob a fúria de Hércules.
Que os outros pudessem ser vencidos, é de aceitar.
Estranha é a morte de Periclímeno, a quem Netuno,
fundador da linhagem de Neleu, concedera o dom de poder
assumir a forma que quisesse e, de novo, a abandonar.
Depois de, em vão, se haver mudado em todas as formas,
toma a da ave que costuma levar em suas garras
o raio e é muito querida do rei dos deuses.
Usando a força de ave, com as asas, com o adunco bico
e com as recurvas garras rasga a face do herói.

---

[17] Filho de Hércules, participou na guerra de Troia à frente da esquadra de Ro-
des, cidade onde se refugiara.

663   Livro XII

tendit in hunc nimium certos Tirynthius arcus
atque inter nubes sublimia membra ferentem   565
pendentemque ferit, lateri qua iungitur ala;
nec graue uulnus erat, sed rupti uulnere nerui
deficiunt motumque negant uiresque uolandi.
decidit in terram non concipientibus auras
infirmis pennis, et quae leuis haeserat alae   570
corporis adfixi pressa est grauitate sagitta
perque latus summum iugulo est exacta sinistro.
nunc uideor debere tui praeconia rebus
Herculis, o Rhodiae rector pulcherrime classis?
nec tamen ulterius, quam fortia facta silendo   575
ulciscor fratres; solida est mihi gratia tecum.'
   Haec postquam dulci Neleius edidit ore,
a sermone senis repetito munere Bacchi
surrexere toris; nox est data cetera somno.

   At deus aequoreas qui cuspide temperat undas   580
in uolucrem corpus nati Phaethontida uersum
mente dolet patria saeuumque perosus Achillem
exercet memores plus quam ciuiliter iras.
iamque fere tracto duo per quinquennia bello
talibus intonsum compellat Sminthea dictis: 585
'o mihi de fratris longe gratissime natis,
inrita qui mecum posuisti moenia Troiae,
ecquid, ubi has iamiam casuras aspicis arces,
ingemis? aut ecquid tot defendentia muros

Contra ela aponta o herói de Tirinte[18] o infalível arco
e, enquanto aquele se eleva e plana entre as nuvens, atinge-o
no ponto onde a asa se liga ao tronco. Nem era grave a ferida.
Mas, dilacerados pelo golpe, os tendões perdem a força,
deixam de se mover e de ter energia para o voo.
Debilitadas as asas, sem poderem colher o ar, cai por terra.
E, em razão da gravidade do corpo a que estava presa,
a leve seta afunda-se no ponto em que na asa se havia cravado.
Atravessando o flanco, sai da garganta pelo lado esquerdo.
Consideras tu que eu deva loas às façanhas desse teu amigo Hércules,
ó mui ilustre comandante da esquadra de Rodes? Nem é por mais
nenhuma outra coisa que silenciar os valorosos feitos que eu vingo
os meus irmãos, tendo por sólida a minha amizade contigo."

Depois de o filho de Neleu[19] haver eloquentemente exposto tudo o que
precede, repetidos os dons de Baco,[20] no fim da exposição do ancião,
todos se erguem dos leitos da mesa. O resto da noite é entregue ao sono.

[A morte de Aquiles]

Entretanto, o deus que, com o tridente, governa as ondas marinhas,[21]
lamenta em seu coração de pai que o corpo de seu filho houvesse
sido mudado na ave de Faetonte. Cheio de ódio para com o cruel
Aquiles, nutre um rancor e uma cólera para lá do admissível.
E, quando a guerra se arrastava já por quase dez anos,
interpela o intonso Esminteu[22] com estas palavras:
"Ó tu, para mim de longe o mais querido dos filhos de meu irmão,
que comigo assentaste as inúteis muralhas de Troia,
será que nem sequer te lamentas ao veres esta cidadela prestes a cair?
Será que não te dói a morte de tantos milhares que defendem

---

[18] Cidade da Argólida onde Hércules foi criado.

[19] Nestor.

[20] Ou seja, voltando a beber.

[21] Netuno.

[22] Epíteto de Apolo.

milia caesa doles? ecquid, ne persequar omnes, 590
Hectoris umbra subit circum sua Pergama tracti?
cum tamen ille ferox belloque cruentior ipso
uiuit adhuc, operis nostri populator, Achilles.
det mihi se; faxo triplici quid cuspide possim
sentiat. at quoniam concurrere comminus hosti 595
non datur, occulta necopinum perde sagitta.'
adnuit atque animo pariter patruique suoque
Delius indulgens nebula uelatus in agmen
peruenit Iliacum mediaque in caede uirorum
rara per ignotos spargentem cernit Achiuos 600
tela Parin fassusque deum, 'quid spicula perdis
sanguine plebis?' ait 'si qua est tibi cura tuorum,
uertere in Aeaciden caesosque ulciscere fratres.'
dixit et ostendens sternentem Troica ferro
corpora Peliden, arcus obuertit in illum 605
certaque letifera derexit spicula dextra.
quod Priamus gaudere senex post Hectora posset,
hoc fuit. ille igitur tantorum uictor, Achille,
uictus es a timido Graiae raptore maritae!
at si femineo fuerat tibi Marte cadendum, 610
Thermodontiaca malles cecidisse bipenni.

    Iam timor ille Phrygum, decus et tutela Pelasgi
nominis, Aeacides, caput insuperabile bello,
arserat; armarat deus idem idemque cremarat.
iam cinis est, et de tam magno restat Achille 615
nescioquid, paruam quod non bene compleat urnam.
at uiuit totum quae gloria compleat orbem;
haec illi mensura uiro respondet et hac est
par sibi Pelides nec inania Tartara sentit.

seus muros? Será que, para não falar de todos, não tens presente
a sombra de Heitor arrastado em volta da sua Pérgamo,
quando esse fero Aquiles, mais sanguinário que a própria guerra,
demolidor da nossa obra, vive ainda? Ponha-se-me ele a jeito!
Far-lhe-ei sentir de que sou capaz com o meu tridente!
Mas, uma vez que não me é dado enfrentar o inimigo num
corpo a corpo, abate-o tu, de surpresa, com uma flecha invisível!"
Anuiu o deus de Delos[23] e, cedendo à ira do tio, enquanto cedia
à sua, coberto por uma nuvem, chega às fileiras troianas.
No meio da carnificina, descobre Páris a desferir alguns dardos
sobre aqueus desconhecidos. Dá sinais de que é um deus
e adianta: "Por que desperdiças flechas no sangue do povo?
Se os teus te preocupam, volta-te para o neto de Éaco
e vinga os teus irmãos mortos!" Depois de o informar
e lhe mostrar o filho de Peleu que com seu ferro na mão
prostrava corpos troianos, volta para este o arco de Páris
e, com sua mortífera destra, dispara seta infalível. Se coisa houve
de que, depois da morte de Heitor, o velho Príamo pudesse alegrar-se
foi esta. Tu, Aquiles, o vencedor de tão grandes guerreiros,
foste vencido pelo medroso raptor de uma grega casada!
Ora se houveras de cair em feminino combate,
melhor fora que caísses à machada de Termodonte.[24]

O terror dos Frígios, glória e proteção dos Pelasgos,
o neto de Éaco, chefe invencível na luta, fora já consumido pelo fogo.
O deus que o havia armado era o mesmo que o consumia.
É apenas cinza. Do tão grande Aquiles resta um não sei quê
que mal enche uma pequena urna. Mas a sua glória, que enche
o universo inteiro, essa vive. Esta é a medida proporcional
a tão grande herói e, por ela, o filho de Peleu é igual a si mesmo
e nem conheceu o Tártaro, morada das sombras.

---

[23] Apolo, nascido em Delos, segundo a lenda, onde é adorado.

[24] Termodonte é um rio da Capadócia que corre no reino das Amazonas. Estas, comandadas por Pentesileia, foram em auxílio de Troia. Aquiles ter-se-á enamorado de Pentesileia.

Ipse etiam, ut cuius fuerit cognoscere posses, 620
bella mouet clipeus, deque armis arma feruntur.
non ea Tydides, non audet Oileos Aiax,
non minor Atrides, non bello maior et aeuo
poscere, non alii; solis Telamone creato
Laertaque fuit tantae fiducia laudis. 625
a se Tantalides onus inuidiamque remouit
Argolicosque duces mediis considere castris
iussit et arbitrium litis traiecit in omnes.

E, para se poder fazer uma ideia daquele a quem pertenceu,
até o seu escudo desencadeia uma guerra. Pega-se em armas
pelas suas armas. Não ousa reclamá-las o filho de Tideu,[25]
nem Ájax, o filho de Oileu, nem o mais novo dos Atridas,
nem o melhor dos guerreiros e de mais idade, nem outros. Só o filho
de Télamon e o de Laertes tiveram a audácia de tão grande glória.
O neto de Tântalo recusou tamanha responsabilidade
e convidou os chefes argólicos a sentarem-se no meio
do acampamento e a todos entregou a decisão do litígio.

---

[25] Diomedes.

Liber Tertius Decimus

Consedere duces et uulgi stante corona
surgit ad hos clipei dominus septemplicis Aiax,
utque erat impatiens irae, Sigeia toruo
litora respexit classemque in litore uultu
intendensque manus 'agimus, pro Iuppiter' inquit,　　　5
'ante rates causam, et mecum confertur Vlixes!
at non Hectoreis dubitauit cedere flammis,
quas ego sustinui, quas hac a classe fugaui.
tutius est igitur fictis contendere uerbis
quam pugnare manu, sed nec mihi dicere promptum　　　10
nec facere est isti, quantumque ego Marte feroci
inque acie ualeo, tantum ualet iste loquendo.
nec memoranda tamen uobis mea facta, Pelasgi,
esse reor; uidistis enim. sua narret Vlixes,
quae sine teste gerit, quorum nox conscia sola est.　　　15
praemia magna peti fateor, sed demit honorem
aemulus; Aiaci non est tenuisse superbum,
sit licet hoc ingens, quidquid sperauit Vlixes.
iste tulit pretium iam nunc temptaminis huius,
quod, cum uictus erit, mecum certasse feretur.　　　20
　'Atque ego, si uirtus in me dubitabilis esset,
nobilitate potens essem, Telamone creatus,

Livro XIII

[A disputa das armas de Aquiles — Ájax e Ulisses]

Os chefes sentaram-se. Do meio da força formada em círculo,
levanta-se à sua frente o dono do escudo de sete peles, Ájax.
Incapaz como estava de conter a cólera, percorre com olhar
terrível a costa Sigeia e a esquadra aí fundeada. Apontando
para ela, exclama: "Júpiter, é diante destas embarcações
que eu defendo a minha causa, e o meu adversário é Ulisses!
Ora ele não hesitou em fugir diante das chamas ateadas
por Heitor, chamas que eu parei e afastei desta esquadra.
Pois é bem mais seguro lutar com belas palavras do que combater
de armas na mão. Mas eu não sou dado ao uso da palavra,
nem ele é inclinado a agir. Ao meu valor na guerra cruel
e no campo de batalha corresponde o dele no uso da palavra.
Não penso, todavia, que seja necessário, Pelasgos, lembrar-vos
meus feitos, pois que vós os vistes! Narre Ulisses os seus,
realizados sem testemunhas, que só a noite conhece.[1]
É grande o prêmio que peço, reconheço-o,
mas o meu rival deslustra-o. Por grande que seja,
Ájax não tem por demais vir a ter o que Ulisses esperou.
Deste debate já ele, entretanto, colheu o prêmio,
pois se dirá, depois de vencido, que foi comigo que o disputou.
E se acaso o meu valor fosse posto em dúvida,
teria a superioridade da nobreza, eu, descendente de Télamon

---

[1] Referência à Dolonia, ou seja, a prisão e morte do troiano Dólon. Enviado por
Heitor como espião aos acampamentos gregos, foi surpreendido, preso e morto por
Ulisses e Diomedes, depois de ser forçado a revelar-lhes a posição das forças troianas.

moenia qui forti Troiana sub Hercule cepit
litoraque intrauit Pagasaea Colcha carina.
Aeacos huic pater est, qui iura silentibus illic   25
reddit, ubi Aeoliden saxum graue Sisyphon urget.
Aeacon agnoscit summus prolemque fatetur
Iuppiter esse suam; sic a Ioue tertius Aiax.
nec tamen haec series in causam prosit, Achiui,
si mihi cum magno non est communis Achille.   30
frater erat; fraterna peto. quid sanguine cretus
Sisyphio furtisque et fraude simillimus illi
inseris Aeacidis alienae nomina gentis?
    'An quod in arma prior nulloque sub indice ueni,
arma neganda mihi? potiorque uidebitur ille,   35
ultima qui cepit detractauitque furore
militiam ficto, donec sollertior isto
sed sibi inutilior timidi commenta retexit
Naupliades animi uitataque traxit ad arma?
optima num sumat, quia sumere noluit ulla?   40
nos inhonorati et donis patruelibus orbi,
obtulimus quia nos ad prima pericula, simus?
atque utinam aut uerus furor ille aut creditus esset,
nec comes hic Phrygias umquam uenisset ad arces
hortator scelerum! non te, Poeantia proles,   45
expositum Lemnos nostro cum crimine haberet,
qui nunc, ut memorant, siluestribus abditus antris
saxa moues gemitu Laertiadaeque precaris
quae meruit; quae, si di sunt, non uana precaris.
et nunc ille eadem nobis iuratus in arma,   50
heu! pars una ducum, quo successore sagittae
Herculis utuntur, fractus morboque fameque

que, sob o comando do valoroso Hércules, tomou as muralhas
de Troia e, na nau de Págasa, arribou às costas da Cólquida.
Seu pai era Éaco, aquele que administra a justiça às sombras
silenciosas, lá onde a pesada rocha ameaça Sísifo, filho de Éolo.
Júpiter, o deus soberano, reconhece Éaco e afirma que é filho seu.
Deste modo, Ájax é terceiro na linha de Júpiter,
mas esta linhagem em nada favorece a minha causa,
se não me for comum a mim e a Aquiles. Aquiles era meu irmão.
Reclamo a herança fraterna. Por que associas tu, nascido
do sangue de Sísifo, a ele tão semelhante no furto e na fraude,[2]
aos Eácidas o nome de uma família que lhe era estranha?

Será porque fui o primeiro a pegar em armas, e sem a delação
de ninguém, que estas armas me hão de ser negadas? Parecerá que
as merece mais aquele que foi o último a empunhá-las, fugindo
aos riscos, ao simular-se louco, até que um outro, mais sagaz
do que ele, mas a si mesmo menos proveitoso, o filho de Náuplio,[3]
desvendou o seu pusilânime plano e o arrastou para a guerra?
Há de ele empunhar as mais nobres por não ter querido empunhar
nenhuma, e vou eu ficar frustrado e privado dos presentes
de meu primo por haver sido o primeiro a enfrentar os perigos?
Fosse real, quem dera, ou como tal reconhecida, a sua loucura,
e jamais este instigador do crime nos teria acompanhado
até junto das muralhas frígias! A ti, filho de Peante,[4]
abandonado por culpa nossa, não te restaria a ilha de Lemnos,
tu que agora, segundo se diz, oculto nos antros das florestas,
comoves com teu lamento as pedras e pedes para o filho de Laertes
merecida punição. As tuas preces, se os deuses existem,
não hão de ser vãs e, ainda hoje, aquele que conosco fez
o mesmo juramento de guerra, oh!, um dos comandantes gregos,
herdeiro das flechas de Hércules, alquebrado pela doença

---

[2] Ulisses é filho de Laertes e Anticleia. Na visão dos trágicos, Anticleia se casou com Laertes já grávida de Sísifo, o mais astuto e o menos escrupuloso dos mortais.

[3] Palamedes.

[4] Filoctetes.

673   Livro XIII

uelaturque aliturque auibus uolucresque petendo
debita Troianis exercet spicula fatis.
ille tamen uiuit, quia non comitauit Vlixem;   55
uellet et infelix Palamedes esse relictus,
[uiueret aut certe letum sine crimine haberet.]
quem male conuicti nimium memor iste furoris
prodere rem Danaam finxit fictumque probauit
crimen et ostendit, quod iam praefoderat, aurum.   60
ergo aut exilio uires subduxit Achiuis
aut nece; sic pugnat, sic est metuendus Vlixes.

'Qui licet eloquio fidum quoque Nestora uincat,
haud tamen efficiet, desertum ut Nestora crimen
esse rear nullum; qui cum inploraret Vlixem   65
uulnere tardus equi fessusque senilibus annis,
proditus a socio est. non haec mihi crimina fingi
scit bene Tydides, qui nomine saepe uocatum
corripuit trepidoque fugam exprobrauit amico.
aspiciunt oculis superi mortalia iustis: 70
en eget auxilio, qui non tulit, utque reliquit,
sic linquendus erat; legem sibi dixerat ipse.
conclamat socios; adsum uideoque trementem
pallentemque metu et trepidantem morte futura.
opposui molem clipei texique iacentem   75
seruauique animam (minimum est hic laudis) inertem.
si perstas certare, locum redeamus in illum;
redde hostem uulnusque tuum solitumque timorem
post clipeumque late et mecum contende sub illo.
at postquam eripui, cui standi uulnera uires   80
non dederant, nullo tardatus uulnere fugit.

'Hector adest secumque deos in proelia ducit,
quaque ruit, non tu tantum terreris, Vlixe,
sed fortes etiam; tantum trahit ille timoris.
hunc ego sanguineae successu caedis ouantem   85

674

e pela fome, se veste e se alimenta de aves e, perseguindo-as,
contra elas dispara os dardos destinados à destruição dos Troianos.
Ele, contudo, vive, porque não acompanhou Ulisses.
Até o infeliz Palamedes teria preferido ser abandonado.
Viveria ou seguramente haveria tido morte sem labéu de crime.
Profundamente ressentido por haver sido desmascarada a sua fingida
loucura, Ulisses inventa que Palamedes traíra a causa dos Dânaos,
faz prova da calúnia, apresentando o ouro que ele previamente havia
enterrado. Deste modo, pelo exílio ou pela morte, minou a força
dos Aqueus. É assim que ele luta. É nisto que Ulisses é temível.
   Ainda que em eloquência ultrapasse o leal Nestor,
não conseguirá fazer-me pensar que não é um crime o abandono deste.
Atrasado devido à ferida de um cavalo e fatigado devido aos anos,
ao pedir ajuda a Ulisses, Nestor foi traído pelo companheiro.
O filho de Tideu,[5] que o censurou, a ele tantas vezes chamado
pelo próprio nome, e lançou em rosto a seu apavorado amigo a sua fuga,
sabe bem que estes não são crimes que eu tenha inventado.
Os deuses observam com justo olhar as ações dos homens!
Eis que precisa de auxílio aquele que não o prestou. Do mesmo
modo que abandonou, devia então ser ele largado. Ele mesmo
havia pronunciado a sua sentença. Grita pelos companheiros. Acorro.
Vejo-o a tremer, pálido de medo e apavorado por uma morte iminente.
Cubro-o com o meu largo escudo, protejo-lhe o corpo estendido
no chão e salvo (ato digno de magro louvor) uma vida inútil.
Se persistes na disputa, voltemos àquele lugar, traz de volta o inimigo,
os teus ferimentos, o teu medo habitual, esconde-te atrás do meu escudo
e disputa comigo debaixo dele! Ora, depois de eu o arrancar ao perigo,
aquele a quem as forças não consentiam que em pé se mantivesse,
pôs-se em fuga, sem que qualquer ferida o pudesse reter.
   Heitor apresenta-se. Consigo para o combate traz seus deuses.
Por onde quer que invista, não és, Ulisses, o único que te apavoras,
apavoram-se também os valentes, tal é o terror por ele semeado.
Fui eu que, de longe, o derrubei com uma enorme pedra,

---

[5] Diomedes.

675   Livro XIII

eminus ingenti resupinum pondere fudi;
hunc ego poscentem, cum quo concurreret, unus
sustinui, sortemque meam uouistis, Achiui,
et uestrae ualuere preces. si quaeritis huius
fortunam pugnae, non sum superatus ab illo.   90
ecce ferunt Troes ferrumque ignesque Iouemque
in Danaas classes; ubi nunc facundus Vlixes?
nempe ego mille meo protexi pectore puppes,
spem uestri reditus; date pro tot nauibus arma.
quod si uera licet mihi dicere, quaeritur istis   95
quam mihi maior honos, coniunctaque gloria nostra est,
atque Aiax armis, non Aiaci arma petuntur.
　'Conferat his Ithacus Rhesum inbellemque Dolona
Priamidenque Helenum rapta cum Pallade captum;
luce nihil gestum, nihil est Diomede remoto.   100
si semel ista datis meritis tam uilibus arma,
diuidite, et pars sit maior Diomedis in illis.
quo tamen haec Ithaco, qui clam, qui semper inermis
rem gerit et furtis incautum decipit hostem?
ipse nitor galeae claro radiantis ab auro   105
insidias prodet manifestabitque latentem.
sed neque Dulichius sub Achillis casside uertex
pondera tanta feret, nec non onerosa grauisque
Pelias hasta potest imbellibus esse lacertis,
nec clipeus uasti caelatus imagine mundi   110
conueniet timidae nataeque ad furta sinistrae.
debilitaturum quid te petis, improbe, munus?
quod tibi si populi donauerit error Achiui,
cur spolieris erit, non cur metuaris ab hoste;
et fuga, qua sola cunctos, timidissime, uincis,   115
tarda futura tibi est gestamina tanta trahenti.
adde quod iste tuus, tam raro proelia passus,
integer est clipeus; nostro, qui tela ferendo
mille patet plagis, nouus est successor habendus.
denique quid uerbis opus est? spectemur agendo.   120

quando se ufanava pelo sucesso da sua cruenta carnificina.
Reclamando alguém com quem se enfrentar em combate singular,
fui eu o único a enfrentá-lo, tendo vós, Aqueus, feito votos para que
a sorte me designasse a mim. E as vossas preces foram atendidas.
Se quereis saber o desfecho deste combate, não fui vencido por ele.
Acometem os Troianos com ferro e fogo, e até com o próprio Júpiter,
a armada dos Dânaos. Onde está, nesse momento, o eloquente Ulisses?
Fui eu que com o meu peito protegi as mil embarcações, a esperança
do vosso regresso. Por tantas embarcações, sejam-me as armas entregues!
Pois, se me é permitido dizer a verdade, a honra que busco
é maior para elas do que para mim. A glória de ambos é a mesma.
E não é Ájax que reclama as armas, são as armas a reclamar Ájax.

Com estes feitos, o rei de Ítaca compare Reso, o timorato Dólon,
a captura de Heleno, filho de Príamo, e o roubo do Paládio.
Nada disto foi feito à luz do dia, nada sem a colaboração de Diomedes.
Se definitivamente essas armas forem entregues a tão vulgares serviços,
dividi-as e seja a maior parte pertença de Diomedes.
Para que dá-las ao rei de Ítaca, que age sempre às ocultas e desarmado
e é pela astúcia que surpreende o adversário desprevenido?
O próprio reflexo do capacete, que refulge com o brilho do ouro,
denunciará seus ardis e revelará seu esconderijo.
Nem a cabeça do rei de Dulíquio, sob o capacete de Aquiles,
suportará tão grande peso, nem a lança do Pélion poderá deixar
de ser peso insuportável para braços não feitos para a guerra,
nem um escudo cinzelado com a imagem do vasto mundo
se adaptará à sua temerosa esquerda nascida para o furto.
Por que pretendes, perverso, um presente que irá te tornar mais débil?
Se, por erro, o povo Aqueu to conceder, haverá razão
para seres espoliado, mas não para seres temido pelo inimigo.
E a fuga, pela qual a todos vences, ó mais medroso dos homens,
será penosa para ti, ao teres de arrastar armas tão pesadas.
Acresce o fato de esse teu escudo, tão raramente exposto
a combate, estar intacto. O meu, que suportou os dardos,
apresenta mil golpes. Por fim, palavras para quê?
Que nos vejam a agir. Sejam as armas do mais valente

arma uiri fortis medios mittantur in hostes;
inde iubete peti et referentem ornate relatis.'
   Finierat Telamone satus, uulgique secutum
ultima murmur erat, donec Laertius heros
adstitit atque oculos paulum tellure moratos   125
sustulit ad proceres exspectatoque resoluit
ora sono, neque abest facundis gratia dictis.
   'Si mea cum uestris ualuissent uota, Pelasgi,
non foret ambiguus tanti certaminis heres,
tuque tuis armis, nos te poteremur, Achille.   130
quem quoniam non aequa mihi uobisque negarunt
fata' (manuque simul ueluti lacrimantia tersit
lumina), 'quis magno melius succedat Achilli,
quam per quem magnus Danais successit Achilles?
huic modo ne prosit, quod, uti est, hebes esse uidetur,   135
neue mihi noceat, quod uobis semper, Achiui,
profuit ingenium, meaque haec facundia, si qua est,
quae nunc pro domino, pro uobis saepe locuta est,
inuidia careat, bona nec sua quisque recuset.
   'Nam genus et proauos et quae non fecimus ipsi,   140
uix ea nostra uoco; sed enim, quia rettulit Aiax
esse Iouis pronepos, nostri quoque sanguinis auctor
Iuppiter est, totidemque gradus distamus ab illo.
nam mihi Laertes pater est, Arcesius illi,
Iuppiter huic — neque in his quisquam damnatus et exul. 145
est quoque per matrem Cyllenius addita nobis
altera nobilitas; deus est in utroque parente.
sed neque materno quod sum generosior ortu,
nec mihi quod pater est fraterni sanguinis insons,
proposita arma peto: meritis expendite causam,   150
dummodo, quod fratres Telamon Peleusque fuerunt,
Aiacis meritum non sit nec sanguinis ordo,

dos heróis postas entre os dois inimigos. Ordenai, depois,
que as tomemos e revesti com elas aquele que as apresentar."

O filho de Télamon acabara de falar. O sussurro da multidão
sobrepôs-se às suas últimas palavras, até que o herói, o filho de Laertes,
se levanta. Demorando por algum tempo o olhar fixo no chão,
ergue-o na direção dos chefes e dá início ao aguardado discurso,
a cujas eloquentes palavras não faltava encanto:
"Se os meus e os vossos votos, Pelasgos, tivessem sido atendidos,
dúvidas não haveria quanto ao herdeiro do objeto de tão importante
disputa, e tu, Aquiles, terias as tuas armas, e nós ter-te-íamos a ti.
Uma vez que o injusto destino no-lo negou, a vós e a mim
(entretanto, limpa os olhos com a mão, como se chorasse),
que melhor herdeiro do grande Aquiles do que aquele por cuja ação
o grande Aquiles se juntou aos Dânaos? Que a esse aí não o favoreça
o fato de parecer, tal como é, inepto. E que o meu talento, Argivos,
que tão proveitoso sempre foi para vós, a mim não me prejudique.
Que a minha eloquência, se alguma tenho, tantas vezes
exercitada a vosso favor, que agora se exercita a favor do dono,
não seja objeto de inveja, e que nenhum de nós renuncie a seus dons.

Ora, é difícil considerar meus a nobreza, os antepassados e os feitos
que eu não realizei. Mas uma vez que Ájax afirmou ser
bisneto de Júpiter, também da minha linhagem é Júpiter
o autor, e de Júpiter disto em igual medida, pois tenho a Laertes
por pai, Laertes tinha Arcésio, que tinha por pai a Júpiter.
E nenhum deles foi condenado nem destronado.
Também pela mãe, o deus de Cilene me acrescenta um segundo grau
de nobreza. Há um deus na linhagem de cada um de meus pais.
Mas não é por ser mais nobre pelo lado da mãe, nem por ter
um pai que não é culpado da morte de um irmão que reclamo
as armas em causa. Julgai a demanda em função dos méritos,
contanto que não sejam méritos de Ájax o fato de serem irmãos
Télamon e Peleu,[6] nem a proximidade de parentesco,

---

[6] Referência irônica ao fato de Télamon, pai de Ájax, e Peleu serem responsáveis
pela morte de seu meio-irmão Foco.

sed uirtutis honor spoliis quaeratur in istis.
aut si proximitas primusque requiritur heres,
est genitor Peleus, est Pyrrhus filius illi;   155
quis locus Aiaci? Pthiam haec Scyrumue ferantur.
nec minus est isto Teucer patruelis Achilli;
num petit ille tamen? num, si petat, auferat ille?
    'Ergo operum quoniam nudum certamen habetur,
plura quidem feci quam quae comprendere dictis   160
in promptu mihi sit; rerum tamen ordine ducar.
    'Praescia uenturi genetrix Nereia leti
dissimulat cultu natum, et deceperat omnes,
in quibus Aiacem, sumptae fallacia uestis:
arma ego femineis animum motura uirilem   165
mercibus inserui, neque adhuc proiecerat heros
uirgineos habitus, cum parmam hastamque tenenti
"nate dea" dixi, "tibi se peritura reseruant
Pergama. quid dubitas ingentem euertere Troiam?"
iniecique manum fortemque ad fortia misi.   170
ergo opera illius mea sunt. ego Telephon hasta
pugnantem domui, uictum orantemque refeci;
quod Thebae cecidere, meum est; me credite Lesbon,
me Tenedon Chrysenque et Cillan, Apollinis urbes,
et Scyrum cepisse; mea concussa putate   175
procubuisse solo Lyrnesia moenia dextra.
utque alios taceam, qui saeuum perdere posset
Hectora, nempe dedi; per me iacet inclitus Hector!
illis haec armis, quibus est inuentus Achilles,
arma peto; uiuo dederam, post fata reposco.   180
    'Vt dolor unius Danaos peruenit ad omnes,
Aulidaque Euboicam conplerunt mille carinae,
exspectata diu, nulla aut contraria classi
flamina erant, duraeque iubent Agamemnona sortes
immeritam saeuae natam mactare Dianae.   185

mas procure-se nestes despojos homenagear o mérito.
Ou, se é o parentesco ou um herdeiro em primeiro grau,
está aí Peleu, o pai de Aquiles, aí está Pirro, seu filho.
Que faz Ájax aqui? Sejam as armas levadas a Ftia ou a Ciros.[7]
Nem sequer Teucro é primo mais afastado de Aquiles
do que ele. E acaso as reclama ele?
     E obtê-las-ia se as reclamasse? Pois bem,
uma vez que o debate versa só sobre os nossos feitos,
eu realizei mais do que me é possível abarcar com palavras.
     Conhecendo antecipadamente a morte que sobreviria
a Aquiles, sua mãe, a filha de Nereu, esconde-o sob o disfarce
das vestes, disfarce que a todos enganou, incluindo Ájax.
Aos atavios femininos acrescentei eu armas suscetíveis
de impressionarem um espírito varonil e, ainda o herói
não havia se livrado dos vestidos de mulher, quando,
segurando em sua mão escudo e lança, lhe disse:
'Filho de uma deusa, Pérgamo reserva-se para cair em tuas mãos.
Por que demoras em destruir a poderosa Troia?'
Desmascarei e enviei este herói para mais heroicas tarefas.
Portanto, são meus os seus feitos. Eu, em combate, derrubei Télefo
com a lança; eu curei-o quando, uma vez vencido, mo suplicou;
pertence-me a queda de Troia; fui eu, acreditai-me, quem tomou Lesbos,
Tênedos, Crises e Cila, cidades de Apolo, e ainda Ciros;
sabei que, feridas pela minha destra, ruíram as muralhas de Lirnesso;
dei-vos, para não falar de outros, o único que podia vencer Heitor.
Por meu intermédio, o glorioso Heitor jaz morto!
Por aquelas armas com que Aquiles foi descoberto peço eu estas!
Dei-lhas enquanto ele vivia; reclamo-as depois de ele morrer.
     Quando a dor de um só atingiu os Gregos todos,
e mil embarcações coalharam o porto de Áulis, frente a Eubeia,
os ventos por tanto tempo esperados ou não sopravam,
ou eram contrários à frota, cruel oráculo ordena que Agamêmnon
sacrifique sua inocente filha à implacável Diana.

---

[7] Ftia, na Tessália, era a morada de Peleu; Ciros, a ilha onde Pirro foi criado.

denegat hoc genitor diuisque irascitur ipsis
atque in rege tamen pater est; ego mite parentis
ingenium uerbis ad publica commoda uerti.
nunc equidem fateor, fassoque ignoscat Atrides:
difficilem tenui sub iniquo iudice causam.   190
hunc tamen utilitas populi fraterque datique
summa mouet sceptri, laudem ut cum sanguine penset.
mittor et ad matrem, quae non hortanda, sed astu
decipienda fuit; quo si Telamonius isset,
orba suis essent etiamnum lintea uentis.   195
    'Mittor et Iliacas audax orator ad arces,
uisaque et intrata est altae mihi curia Troiae,
plenaque adhuc erat illa uiris. interritus egi
quam mihi mandarat communis Graecia causam,
accusoque Parin praedamque Helenamque reposco   200
et moueo Priamum Priamoque Antenora iunctum;
at Paris et fratres et qui rapuere sub illo
uix tenuere manus (scis hoc, Menelae) nefandas,
primaque lux nostri tecum fuit illa pericli.
    'Longa referre mora est quae consilioque manuque   205
utiliter feci spatiosi tempore belli.
post acies primas urbis se moenibus hostes
continuere diu, nec aperti copia Martis
ulla fuit; decimo demum pugnauimus anno.
quid facis interea, qui nil nisi proelia nosti?   210
quis tuus usus erat? nam si mea facta requiris,
hostibus insidior, fossa munimina cingo,
consolor socios ut longi taedia belli
mente ferant placida, doceo quo simus alendi
armandique modo, mittor, quo postulat usus.   215
    'Ecce Iouis monitu deceptus imagine somni
rex iubet incepti curam dimittere belli.
ille potest auctore suam defendere uocem;
non sinat hoc Aiax delendaque Pergama poscat,

Sendo pai, recusa isso e revolta-se contra os mesmos deuses,
pois no rei existe o pai. Fui eu quem, com a minha palavra,
fiz com que a ternura paterna se voltasse para o bem comum.
Hoje confesso-o, e que o Atrida me perdoe a confissão,
defendi causa difícil perante juiz parcial. A este, contudo, são
o interesse geral, seu irmão e a majestade do cetro que lhe foi
confiado que o movem a comprar a glória com o sangue.
Também sou enviado junto da mãe, a quem não tive de persuadir,
mas de enganar com astúcia. Se lá tivesse ido o filho de Télamon,
ainda agora as velas estariam sem ventos favoráveis.

Orador ousado, sou mandado ainda aos baluartes de Ílion.
Vi e entrei na assembleia da cidade alta de Troia.
Estava ainda repleta de guerreiros. Sem me perturbar,
defendi a causa de todos que a Grécia me confiara. Acuso Páris,
reclamo os tesouros e reclamo Helena. Convoco Príamo
e, com Príamo, convoco Antenor. Mas Páris e os irmãos,
e quantos com eles perpetraram o rapto, foi a custo
(e tu, Menelau, sabes isso) que contiveram as mãos criminosas.
E esse foi o primeiro dia em que contigo partilhei o perigo.

Longo seria o relato de quanto de útil fiz com o meu conselho
e a minha espada no tempo de tão longa guerra. Depois dos
primeiros embates, o inimigo manteve-se por muito tempo remetido
às muralhas da cidadela e nenhuma ocasião surgiu para combates
em campo aberto. Combatemos apenas no decurso do décimo ano.
Tu, que não sabes senão combater, que fazes tu entretanto?
Que préstimos eram os teus? Se queres saber o que faço,
monto emboscadas ao inimigo, cerco as trincheiras com valas,
encorajo os aliados a suportar com paciência os incômodos
de uma longa guerra, ensino-lhes o modo de se sustentarem
e de se armarem, e sou enviado para onde a necessidade o exige.

Enganado pela imagem de um sonho, advertência de Júpiter,
eis que o nosso rei nos ordena que ponhamos fim à guerra
que havíamos começado. Ele pode apoiar sua ordem na autoridade
divina. Não consinta Ájax nisso e reclame a destruição de Pérgamo;

quodque potest, pugnet. cur non remoratur ituros?   220
cur non arma capit, dat quod uaga turba sequatur?
non erat hoc nimium numquam nisi magna loquenti.
quid quod et ipse fugit? uidi, puduitque uidere,
cum tu terga dares inhonestaque uela parares.
nec mora, "quid facitis? quae uos dementia" dixi   225
"concitat, o socii, captam dimittere Troiam?
quidue domum fertis decimo nisi dedecus anno?"
talibus atque aliis, in quae dolor ipse disertum
fecerat, auersos profuga de classe reduxi.
conuocat Atrides socios terrore pauentes,   230
nec Telamoniades etiam nunc hiscere quidquam
audet; at ausus erat reges incessere dictis
Thersites etiam, per me haud impune, proteruis.
erigor et trepidos ciues exhortor in hostem
amissamque mea uirtutem uoce repono.   235
tempore ab hoc quodcumque potest fecisse uideri
fortiter iste, meum est, qui dantem terga retraxi.
   'Denique de Danais quis te laudatue petitue?
at sua Tydides mecum communicat acta,
me probat et socio semper confidit Vlixe.   240
est aliquid de tot Graiorum milibus unum
a Diomede legi. nec me sors ire iubebat,
sic tamen et spreto noctisque hostisque periclo
ausum eadem quae nos Phrygia de gente Dolona
interimo, non ante tamen quam cuncta coegi   245
prodere et edidici quid perfida Troia pararet.
omnia cognoram nec quod specularer habebam
et iam promissa poteram cum laude reuerti;
haud contentus eo petii tentoria Rhesi
inque suis ipsum castris comitesque peremi   250
atque ita captiuo uictor uotisque potitus
ingredior curru laetos imitante triumphos.
cuius equos pretium pro nocte poposcerat hostis.
arma negate mihi, fueritque benignior Aiax!

lute, que é o que pode fazer. Por que não detém os que estão prontos
a partir? Por que não toma ele as armas e faz que a indecisa multidão
o siga? Isso não era demais para quem só sabe gabar-se.
Mas o que, se também ele foge? Eu vi, e corei de vergonha
ao ver, quando tu, Ájax, voltavas as costas e vergonhosamente
aprestavas as velas. Clamei logo: 'Que fazeis? Que loucura
vos impele, companheiros, a abandonar Troia já tomada?
Ao fim de dez anos, que levais para casa senão a desonra?'
Com esta exortação e outras do mesmo gênero,
para as quais a minha indignação me tornara eloquente,
fiz voltar os fugitivos da armada desertora. O Atrida convoca
os aliados transidos de terror e nem aí o filho de Télamon
ousa abrir a boca. Com insolentes palavras, até Tersites
ousara injuriar os reis. Por ação minha não ficou impune.
Levanto-me e incito contra o inimigo os nossos cidadãos temerosos.
Com a minha palavra restauro a coragem perdida.
Quanto, desde então, possa parecer que cada um haja feito
é obra minha, pois que o trouxe de volta, quando já fugia.

    Pois a ti, quem é que, dentre os Dânaos, te elogia ou te procura?
A mim, o filho de Tideu associa-me a seus feitos, tem consideração
por mim, confia na companhia de Ulisses. É significativo que,
dentre tantos milhares de gregos, fosse eu o único a ser escolhido
por Diomedes. Não foi um sorteio que me escalou para ir.
E, deste modo, desprezando o perigo da noite e do inimigo,
liquido o frísio Dólon, que ousava o mesmo que eu,
mas não antes de o obrigar a tudo me revelar,
inteirando-me assim de quanto preparava a pérfida Troia.
Sabia tudo, e não tinha que o espiar. Podia regressar
já com a prometida glória. Não satisfeito com isso,
dirijo-me à tenda de Reso e liquido-o em seu campo,
a ele e seus companheiros. Vitorioso, com meus
desejos cumpridos, avanço no carro capturado,
reproduzindo alegres triunfos. Negai-me as armas daquele
cujos cavalos eram o preço que Dólon pedira pelo trabalho
da noite, e Ájax teria sido bem mais generoso comigo!

'Quid Lycii referam Sarpedonis agmina ferro   255
deuastata meo? cum multo sanguine fudi
Coeranon Iphitiden et Alastoraque Chromiumque
Alcandrumque Haliumque Noemonaque Prytaninque
exitioque dedi cum Chersidamante Thoona
et Charopem fatisque immitibus Ennomon actum,   260
quique minus celebres nostra sub moenibus urbis
procubuere manu. sunt et mihi uulnera, ciues,
ipso pulchra loco; nec uanis credite uerbis —
aspicite en!' uestemque manu diduxit et 'haec sunt
pectora semper' ait 'uestris exercita rebus!   265
at nihil impendit per tot Telamonius annos
sanguinis in socios et habet sine uulnere corpus.
      'Quid tamen hoc refert, si se pro classe Pelasga
arma tulisse refert contra Troasque Iouemque?
confiteorque, tulit; neque enim benefacta maligne   270
detractare meum est. sed ne communia solus
occupet, atque aliquem uobis quoque reddat honorem;
reppulit Actorides sub imagine tutus Achillis
Troas ab arsuris cum defensore carinis.
ausum etiam Hectoreis solum concurrere telis   275
se putat, oblitus regisque ducumque meique,
nonus in officio et praelatus munere sortis.
sed tamen euentus uestrae, fortissime, pugnae
quis fuit? Hector abit uiolatus uulnere nullo.
      'Me miserum, quanto cogor meminisse dolore   280
temporis illius, quo Graium murus Achilles
procubuit! nec me lacrimae luctusque timorque
tardarunt, quin corpus humo sublime referrem.
his umeris, his, inquam, umeris ego corpus Achillis
et simul arma tuli; quae nunc quoque ferre laboro.   285
sunt mihi quae ualeant in talia pondera uires,
est animus certe uestros sensurus honores.

Para que referir os batalhões do lício Sarpédon dizimados
pela minha espada, quando afoguei em sangue Cérano,
filho de Ífito, Alastor, Crômio, Alcandro, Hálio, Némon
e Prítanis, e com Quersidamente entreguei à morte Toas,
Cárope e Ênomo, este movido por cruel destino,
e outros menos famosos que às minhas mãos tombaram
diante das muralhas de Troia? Também eu ostento feridas,
compatriotas, gloriosas pelo lugar onde estão. Não deis
crédito a palavras vãs, olhai!" Com a mão, afasta a roupa
e prossegue: "Este peito sempre se moveu pelas vossas
causas. Em contrapartida, o filho de Télamon, ao longo
de tantos anos, não derramou por seus companheiros de luta
nem uma gota de sangue, não tem em seu corpo uma só ferida.

Que importa que diga que pegou em armas na defesa
da armada pelasga contra Troia e contra Júpiter?
Eu confirmo-o, pegou! Não está de acordo comigo negar
por maldade os méritos alheios. Mas não reclame só para si
o que é de todos, e partilhe convosco alguma glória.
Foi o neto de Actor[8] quem, protegido sob a aparência de Aquiles,
repeliu os Troianos das naus prestes a arderem com o seu defensor.
Considera-se ainda o único que ousou medir-se com as armas
de Heitor, esquecendo o nosso rei, esquecendo os chefes,
esquecendo-me a mim, ele, o nono na função e escolhido
por sorteio. E qual foi, valente guerreiro, o resultado
da tua luta? Heitor retirou sem sofrer um arranhão.

Infeliz de mim! Com quanta dor me vejo forçado a lembrar
o dia em que ruiu Aquiles, a muralha dos Gregos!
E nem as lágrimas, nem a dor, nem o medo me impediram
de o arrancar à terra e trazer seu corpo! Nestes ombros,
nestes ombros, repito, carreguei eu ao mesmo tempo o corpo
e as armas de Aquiles, armas que também agora me esforço
por carregar. Tenho forças para suportar esse peso e, seguramente,
tenho um coração capaz de se sintonizar com as honras

---

[8] Pátroclo.

scilicet idcirco pro nato caerula mater
ambitiosa suo fuit, ut caelestia dona,
artis opus tantae, rudis et sine pectore miles   290
indueret? neque enim clipei caelamina nouit,
Oceanum et terras cumque alto sidera caelo
Pleiadasque Hyadasque immunemque aequoris Arcton.
[diuersosque orbes nitidumque Orionis ensem.
postulat ut capiat quae non intellegit arma.]   295
    'Quid quod me duri fugientem munera belli
arguit incepto serum accessisse labori,
nec se magnanimo maledicere sentit Achilli?
si simulasse uocas crimen, simulauimus ambo;
si mora pro culpa est, ego sum maturior illo.   300
me pia detinuit coniunx, pia mater Achillem,
primaque sunt illis data tempora, cetera uobis;
haud timeo, si iam nequeam defendere crimen
cum tanto commune uiro. deprensus Vlixis
ingenio tamen ille, at non Aiacis Vlixes.   305
    'Neue in me stolidae conuicia fundere linguae
admiremur eum, uobis quoque digna pudore
obicit. an falso Palamedem crimine turpe est
accusasse mihi, uobis damnasse decorum?
sed neque Naupliades facinus defendere tantum   310
tamque patens ualuit, nec uos audistis in illo
crimina: uidistis, pretioque obiecta patebant.
nec Poeantiaden quod habet Vulcania Lemnos
esse reus merui; factum defendite uestrum
(consensistis enim). nec me suasisse negabo   315
ut se subtraheret bellique uiaeque labori
temptaretque feros requie lenire dolores.
paruit — et uiuit! non haec sententia tantum
fida, sed et felix, cum sit satis esse fidelem.
quem quoniam uates delenda ad Pergama poscunt,   320

que me concedereis. Ou será que a azulada mãe foi tão cuidadosa
com seu filho para que um guerreiro rude e desprovido de sentimentos
envergasse esses dons celestes, essa obra de tão esmerada arte?
Pois ele nem sequer reconhece as imagens cinzeladas no escudo,
o Oceano, a Terra, as constelações no alto céu,
as Plêiades, as Híades, a Ursa, que não se banha no mar,
o curso dos vários astros e a refulgente espada de Órion.
Pretende ficar com umas armas de que nem o significado entende.

E que dizer do fato de me acusar de fugir às duras obrigações
da guerra e de tarde me associar a um empreendimento já iniciado,
sem se aperceber de que está a caluniar o valoroso Aquiles?
Se é crime a dissimulação, ambos simulamos; se se tem por culpa
a demora, a minha é menor que a dele. A mim deteve-me carinhosa
esposa, a Aquiles, uma terna mãe. A elas dedicamos os primeiros tempos,
todo o outro foi dedicado a vós. Nem tenho medo, se já não puder
defender-me de um crime que partilho com um tão nobre herói.
Como quer que seja, Aquiles foi descoberto pelo engenho
de Ulisses, mas Ulisses não o foi pelo engenho de Ájax.

Não nos surpreenda que sobre mim derrame as injúrias de sua
insensata língua. Também contra vós lança infâmias. Ou será que
é para mim infamante haver acusado Palamedes de um falso crime
e é honroso para vós o havê-lo condenado? Por outro lado,
nem o filho de Náuplio conseguiu defender-se de tão grave
e tão manifesto crime, nem vós ouvistes falar das acusações
que lhe eram feitas, foram por vós vistas, o objeto do preço pago
pelo seu serviço estava à vossa frente. Nem mereço ser considerado
réu do fato de a ilha de Lemnos, cara a Vulcano, reter em si
o filho de Peias.[9] Defendei a vossa conduta, pois estivestes de acordo.
Não vou negar que o aconselhei a furtar-se às fadigas da guerra
e às da viagem e a aliviar com o sossego as insuportáveis dores.
Ouviu-me e, por isso, vive! Este conselho não só foi sincero,
foi também sensato, embora bastasse que fosse sincero.
Uma vez que os adivinhos reclamam a presença de Filoctetes para

---

[9] Filoctetes.

ne mandate mihi; melius Telamonius ibit
eloquioque uirum morbis iraque furentem
molliet aut aliqua producet callidus arte.
ante retro Simois fluet et sine frondibus Ide
stabit et auxilium promittet Achaia Troiae,   325
quam cessante meo pro uestris pectore rebus
Aiacis stolidi Danais sollertia prosit.
sis licet infestus sociis regique mihique,
dure Philoctete, licet exsecrere meumque
deuoueas sine fine caput cupiasque dolenti   330
me tibi forte dari nostrumque haurire cruorem:
[utque tui mihi, sic fiat tibi copia nostri:]
te tamen adgrediar mecumque reducere nitar,
tamque tuis potiar (faueat Fortuna) sagittis,
quam sum Dardanio, quem cepi, uate potitus,   335
quam responsa deum Troianaque fata retexi,
quam rapui Phrygiae signum penetrale Mineruae
hostibus e mediis. et se mihi conferat Aiax?
  'Nempe capi Troiam prohibebant fata sine illo.
fortis ubi est Aiax? ubi sunt ingentia magni   340
uerba uiri? cur hic metuis? cur audet Vlixes
ire per excubias et se committere nocti
perque feros enses non tantum moenia Troum,
uerum etiam summas arces intrare suaque
eripere aede deam raptamque auferre per hostes?   345
quae nisi fecissem, frustra Telamone creatus
gestasset laeua taurorum tergora septem.
illa nocte mihi Troiae uictoria parta est;
Pergama tum uici, cum uinci posse coegi.
  'Desine Tydiden uultuque et murmure nobis   350
ostentare meum: pars est sua laudis in illo.
nec tu, cum socia clipeum pro classe tenebas,
solus eras; tibi turba comes, mihi contigit unus.

a destruição de Pérgamo, não me envieis a mim. Melhor é que vá
o filho de Télamon e, com sua eloquência, apazigúe esse homem
a quem a dor e a cólera enlouquecem ou, astuto como ele é,
de lá o retire com qualquer ardil. O Simoente voltará à fonte,
o Ida ficará despido, a Acaia prometerá socorro a Troia
antes de o meu engenho deixar de velar pelo vosso interesse
e de a sagacidade do tardo Ájax poder ser útil aos Dânaos.
Ainda que nos detestes, aos aliados, ao rei e a mim,
ó implacável Filoctetes; ainda que me amaldiçoes e, sem causa,
consagres aos deuses a minha cabeça; ainda que, no teu
sofrimento, anseies por que o acaso me faça cair em teu poder
e pretendas derramar meu sangue e dispor da minha liberdade
como eu dispus da tua, mesmo assim eu irei ao teu encontro,
tentarei trazer-te comigo, assenhorear-me-ei, assim a Fortuna me ajude,
das tuas flechas como me assenhoreei do adivinho de Dárdano,
a quem capturei, como desvendei os oráculos dos deuses
e o destino de Troia, e como roubei do santuário rodeado de inimigos
a estátua da Minerva frígia. Será que comigo se compara Ájax?

Sem essa estátua, os fados não consentiam que Troia fosse tomada.
Onde está o intrépido Ájax? Onde está o arrogante discurso
desse grande herói? Por que tem medo agora? Por que ousa
Ulisses passar pelas sentinelas, confiar-se à noite, penetrar,
no meio de terríveis espadas, não só nas muralhas de Troia,
mas ainda no ponto mais alto da cidadela, arrancar de seu
templo a deusa e trazê-la pelo meio das hostes inimigas?
Se não o tivesse feito, em vão o filho de Télamon
teria em seu braço esquerdo as peles de sete bois.
Naquela noite, eu alcancei a vitória sobre Troia. Venci Pérgamo
no momento em que consegui que pudesse ser vencida.

Deixa de me apontar a meu amigo, o filho de Tideu,[10]
com o olhar e o sussurro. Nisto tem ele parte da glória.
Nem tu estavas só, quando empunhavas o escudo em defesa
da frota aliada, estava contigo uma multidão de companheiros.

---

[10] Diomedes.

qui nisi pugnacem sciret sapiente minorem
esse nec indomitae deberi praemia dextrae,   355
ipse quoque haec peteret; peteret moderatior Aiax
Eurypylusque ferox claroque Andraemone natus,
nec minus Idomeneus patriaque creatus eadem
Meriones, peteret maioris frater Atridae.
quippe manu fortes nec sunt tibi Marte secundi;   360
consiliis cessere meis. tibi dextera bello
utilis, ingenium est quod eget moderamine nostro.
tu uires sine mente geris, mihi cura futuri;
tu pugnare potes, pugnandi tempora mecum
eligit Atrides; tu tantum corpore prodes,   365
nos animo, quantoque ratem qui temperat anteit
remigis officium, quanto dux milite maior,
tantum ego te supero. nec non in corpore nostro
pectora sunt potiora manu; uigor omnis in illis.

   'At uos, o proceres, uigili date praemia uestro   370
proque tot annorum cura, quibus anxius egi,
hunc titulum meritis pensandum reddite nostris.
iam labor in fine est; obstantia fata remoui
altaque posse capi faciendo Pergama cepi.
per spes nunc socias casuraque moenia Troum   375
perque deos oro, quos hosti nuper ademi,
[per si quid superest, quod sit sapienter agendum,
si quid adhuc audax ex praecipitique petendum est,
si Troiae fatis aliquid restare putatis,]
este mei memores! aut si mihi non datis arma,   380
huic date!' et ostendit signum fatale Mineruae.

   Mota manus procerum est, et quid facundia posset
re patuit, fortisque uiri tulit arma disertus.
Hectora qui solus, qui ferrum ignesque Iouemque
sustinuit totiens, unam non sustinet iram,   385

Comigo estava um só. Se ele não soubesse que o aguerrido é inferior
ao sagaz e que não é à destra invencível que este prêmio é devido,
também ele o reclamaria. Reclamá-lo-ia também o outro Ájax,
mais comedido que tu, e o terrível Eurípilo, e o filho
do ilustre Andrêmon, e Idomeneu e seu compatriota Meríones.
Reclamá-lo-ia o irmão do Atrida mais velho. São realmente
valentes e não são inferiores a ti na guerra. Cederam, porém,
diante do meu engenho. Tens uma destra que é útil no combate,
mas tens um espírito que carece da minha orientação.
Tu usas a força sem discernimento, eu tenho a previsão do futuro.
Tu podes lutar. O momento da luta escolhe-o comigo o filho
de Atreu. Tu só com teu corpo és útil, eu sou-o com a minha
mente. Quanto o comandante da embarcação é superior
ao homem do remo e quanto o general é superior ao soldado
é quanto eu te supero. E, no nosso corpo, o coração é mais
importante que o braço, é nele que reside todo o vigor.

E vós, chefes gregos, dai o prêmio à vossa sentinela
pelo desvelo de tantos anos em que vivi angustiado.
Concedei-me este galardão em paga dos meus serviços!
Os trabalhos estão no fim; demovi os fados, que se nos opunham;
tomei a alta Pérgamo ao fazer com que possa ser tomada.
Pelas esperanças que ora partilhamos, pelas muralhas de Troia
prestes a caírem, pelos deuses que há pouco roubei ao inimigo,
por alguma coisa em falta que deva ser feita com sagacidade,
por algo de audaz que deva ser acometido com celeridade,
se julgais que alguma coisa resta ainda ao destino de Troia, vos peço,
lembrai-vos de mim! Ou, se não me derdes a mim as armas,
dai-a a esta", e aponta a estátua de Minerva, instrumento do destino.

[A morte de Ájax]

A assembleia dos chefes ficou impressionada e, com
a sua decisão, tornou evidente o poder da eloquência.
O eloquente levou as armas do herói valente. Aquele que
tantas vezes resistiu sozinho a Heitor, ao ferro, ao fogo e a Júpiter

inuictumque uirum uicit dolor. arripit ensem,
et 'meus hic certe est; an et hunc sibi poscit Vlixes?
hoc' ait 'utendum est in me mihi, quique cruore
saepe Phrygum maduit, domini nunc caede madebit,
ne quisquam Aiacem possit superare nisi Aiax.'   390
dixit et in pectus tum demum uulnera passum,
qua patuit ferrum, letalem condidit ensem.
nec ualuere manus infixum educere telum;
expulit ipse cruor, rubefactaque sanguine tellus
purpureum uiridi genuit de caespite florem,   395
qui prius Oebalio fuerat de uulnere natus.
littera communis mediis pueroque uiroque
inscripta est foliis, haec nominis, illa querelae.

Victor ad Hypsipyles patriam clarique Thoantis
et ueterum terras infames caede uirorum   400
uela dat, ut referat Tirynthia tela sagittas.
quae postquam ad Graios domino comitante reuexit,
imposita est sero tandem manus ultima bello.
[Troia simul Priamusque cadunt; Priameia coniunx
perdidit infelix hominis post omnia formam   405
externasque nouo latratu terruit auras,
longus in angustum qua clauditur Hellespontus.]
Ilion ardebat, neque adhuc consederat ignis,
exiguumque senis Priami Iouis ara cruorem
conbiberat, tractata comis antistita Phoebi   410
non profecturas tendebat ad aethera palmas;
Dardanidas matres patriorum signa deorum,
dum licet, amplexas succensaque templa tenentes

não resiste a uma só coisa — à sua cólera. O ressentimento
venceu um herói invencível. Empunhando a espada, clama:
"Ao menos esta é minha! Ou será que Ulisses também a quer para si?
Preciso de a usar em mim mesmo. Ela, que tantas vezes
se molhou no sangue frígio, molhar-se-á na morte do dono,
para que ninguém, a não ser Ájax, possa vencer Ájax."
Disse e, no ponto que se abriu ao ferro, afundou no peito,
só então ferido, a espada letal. E não houve mãos que pudessem
arrancar a arma cravada, o próprio sangue a cuspiu.
Da erva verde, a terra vermelha de sangue fez brotar a purpúrea flor
que primeiro havia nascido da ferida do filho de Ébalo.[11]
A meio das pétalas estão inscritas letras comuns ao jovem
e ao guerreiro, as do nome deste e a do choro daquele.

[Hécuba, Políxena e Polidoro]

Vitorioso, Ulisses desfralda as velas em direção à pátria
de Hipsípile e do ilustre Toas,[12] terra infame, no passado,
devido à morte dos homens, para consigo trazer as flechas,
armas do herói de Tirinte. Quando retorna com elas
e com seu dono para junto dos Gregos, dá-se início, já tardio,
à última fase da guerra. Caem simultaneamente Troia e Príamo.
Depois de tudo perder, a infeliz esposa de Príamo
também perde a forma humana. Com estranho latido,
espalha o terror pelos ares de outras terras, por onde
o extenso Helesponto se fecha num estreito. Ílion ardia.
O fogo ainda não se acalmara. O altar de Júpiter tinha-se coberto
com o escasso sangue do velho Príamo. A sacerdotisa de Febo
erguia em vão para o céu as mãos suplicantes.
Vitoriosos, os Gregos arrastam, qual prêmio invejável,
as mães dardânias que, enquanto podem, abraçadas às estátuas

---

[11] Jacinto. Ver X, 162.

[12] Filha de Toas, rei de Lemnos, Hipsípile foi designada pelas mulheres da ilha
como sua rainha, depois de haverem morto todos os homens.

inuidiosa trahunt uictores praemia Grai;
mittitur Astyanax illis de turribus, unde 415
pugnantem pro se proauitaque regna tuentem
saepe uidere patrem monstratum a matre solebat.
iamque uiam suadet Boreas flatuque secundo
carbasa mota sonant, iubet uti nauita uentis;
'Troia, uale! rapimur' clamant, dant oscula terrae 420
Troades et patriae fumantia tecta relinquunt.
ultima conscendit classem (miserabile uisu)
in mediis Hecabe natorum inuenta sepulcris:
prensantem tumulos atque ossibus oscula dantem
Dulichiae traxere manus. tamen unius hausit 425
inque sinu cineres secum tulit Hectoris haustos;
Hectoris in tumulo canum de uertice crinem,
inferias inopes, crinem lacrimasque reliquit.

  Est, ubi Troia fuit, Phrygiae contraria tellus
Bistoniis habitata uiris. Polymestoris illic 430
regia diues erat, cui te commisit alendum
clam, Polydore, pater Phrygiisque remouit ab armis,
consilium sapiens, sceleris nisi praemia magnas
adiecisset opes, animi inritamen auari.
ut cecidit fortuna Phrygum, capit impius ensem 435
rex Thracum iuguloque sui demisit alumni
et, tamquam tolli cum corpore crimina possent,
exanimem scopulo subiectas misit in undas.

  Litore Threicio classem religarat Atrides,
dum mare pacatum, dum uentus amicior esset. 440
hic subito, quantus cum uiueret esse solebat,
exit humo late rupta similisque minanti
temporis illius uultum referebat Achilles,
quo ferus iniusto petiit Agamemnona ferro,
'immemores' que 'mei disceditis' inquit, 'Achiui, 445
obrutaque est mecum uirtutis gratia nostrae?

dos deuses pátrios, se apinham nos templos em chamas.
Da mesma torre de onde, tantas vezes, mostrado pela mãe,
costumava ver seu pai a lutar por si e pela defesa
do reino de seus ancestrais, Astíanax é precipitado.
Logo o Bóreas aconselha a partida. Batidas por vento favorável,
as velas retumbam. O piloto manda desfraldá-las ao vento.
"Adeus, Troia", gritam os Troianos, "somos daqui levados à força."
Beijam a terra e deixam para trás, a fumegar, os pátrios tetos.
Encontrada entre os sepulcros dos filhos, comovente visão,
Hécuba é a última a embarcar. Abraçava os túmulos
e beijava os ossos dos filhos, quando mãos Dulíquias[13]
a levam. Arrancou, contudo, as cinzas de um deles,
as de Heitor, que levou consigo escondidas no seio.
No túmulo de Heitor, deixou as cãs de sua cabeça,
pobre oferenda fúnebre, cabelo e lágrimas.

Em frente à Frígia, onde estava Troia, há agora uma terra
que os Bistônios habitam. Erguia-se ali o opulento palácio
do rei Polimestor, a quem teu pai, Polidoro, te entregou,
para que ele te criasse em segredo, afastando-te aí das guerras
da Frígia. Sábia precaução, se não tivesse acrescentado grandes
riquezas, prêmio do crime e aguilhão de um espírito avaro.
Quando a fortuna dos Frígios cessou, o ímpio rei dos Trácios
puxa de uma espada e mergulha-a no pescoço daquele que lhe
fora confiado e, como se o crime pudesse desaparecer com o corpo,
do cimo de um rochedo, precipita o cadáver nas águas profundas.

O filho de Atreu fundeara a esquadra na costa da Trácia
até o mar serenar e o vento se tornar mais favorável.
De repente, de uma ampla abertura da terra,
grande como era em vida, surge Aquiles com ar ameaçador
e mostrando a mesma expressão daquela vez em que,
dominado por ingente furor, atacou Agamêmnon à espada.
"Partis, Aqueus, esquecendo-vos de mim?" clama ele.
"O reconhecimento do meu valor foi enterrado comigo?

---

[13] Dulíquia: ilha vizinha à Ítaca, terra de Ulisses.

ne facite! utque meum non sit sine honore sepulcrum,
placet Achilleos mactata Polyxena manes.'
dixit et, immiti sociis parentibus umbrae,
rapta sinu matris, quam iam prope sola fouebat, 450
fortis et infelix et plus quam femina uirgo
ducitur ad tumulum diroque fit hostia busto.
quae memor ipsa sui, postquam crudelibus aris
admota est sensitque sibi fera sacra parari,
utque Neoptolemum stantem ferrumque tenentem 455
inque suo uidit figentem lumina uultu,
'utere iamdudum generoso sanguine,' dixit;
'nulla mora est. at tu iugulo uel pectore telum
conde meo' (iugulumque simul pectusque retexit);
'scilicet haud ulli seruire Polyxena ferrem. 460
[haud per tale sacrum numen placabitis ullum;]
mors tantum uellem matrem mea fallere posset;
mater obest minuitque necis mihi gaudia, quamuis
non mea mors illi, uerum sua uita tremenda est.
uos modo, ne Stygios adeam non libera manes, 465
ite procul, si iusta peto, tactuque uiriles
uirgineo remouete manus. acceptior illi,
quisquis is est quem caede mea placare paratis,
liber erit sanguis. si quos tamen ultima nostri
uerba mouent oris (Priami uos filia regis, 470
non captiua rogat), genetrici corpus inemptum
reddite, neue auro redimat ius triste sepulcri,
sed lacrimis; tum, cum poterat, redimebat et auro.'
    Dixerat. at populus lacrimas, quas illa tenebat,
non tenet; ipse etiam flens inuitusque sacerdos 475
praebita coniecto rupit praecordia ferro.
illa super terram defecto poplite labens
pertulit intrepidos ad fata nouissima uultus;
tum quoque cura fuit partes uelare tegendas,
cum caderet, castique decus seruare pudoris. 480
Troades excipiunt deploratosque recensent

698

Não o façais! E para que a minha sepultura não fique privada
de honras, aos manes de Aquiles convém o sacrifício de Políxena."
Disse e, obedecendo os aliados à desumana sombra, depois de arrancada
aos braços da mãe, de quem era então quase o único consolo,
corajosa e infeliz, e ultrapassando a sua condição de mulher,
a jovem é conduzida para junto do túmulo e torna-se vítima
propiciatória no sinistro monumento. Consciente de quem é,
depois de levada junto do bárbaro altar e de saber que, para si,
enquanto vítima, se preparava cruel sacrifício, e ao ver Neoptólemo
de pé, empunhando o ferro e fixando em seu rosto o olhar, diz-lhe:
"Derrama logo meu nobre sangue. Não há razão para demoras.
Afunda o ferro no meu pescoço ou no meu peito (ao mesmo tempo
descobre pescoço e peito). É claro que Políxena jamais consentiria
ser escrava de quem quer que fosse. Por este sacrifício, não aplacarás
divindade nenhuma. Gostaria apenas que a minha morte
pudesse passar despercebida a minha mãe. A sua imagem está perante
meus olhos e mingua-me a alegria da minha morte, ainda que
não seja a minha morte, mas a sua vida, que ela deva lamentar.
Agora vós, para que eu desça livre para junto dos manes estígios,
afastai-vos; se é justo o que vos peço, retirai vossas mãos
de homens do contato com o meu corpo de virgem. Mais aceite
será daquele a quem procurais aplacar com a minha morte,
seja ele quem for, um sangue livre. Entretanto, se as minhas
últimas palavras vos comovem (é a filha do rei Príamo
quem vos pede e não uma cativa), entregai a minha mãe
meu corpo por resgatar, para que não compre com ouro,
mas com lágrimas, o triste direito a um sepulcro."

Acabara de falar. E as lágrimas que ela continha, o povo
não as contém. Até o sacerdote, em lágrimas, rasgou
contrariado o peito que se lhe oferecia, ao nele enterrar o ferro.
Sem força nas pernas, ao cair por terra, manteve seu rosto impassível,
até o transe final. Mesmo então, ao cair, teve a preocupação
de cobrir as partes que cobertas devem estar, e de manter
o decoro de um casto pudor. Tomam-na em seus braços
as filhas de Troia e fazem contas aos filhos de Príamo

Priamidas et quot dederit domus una cruores;
teque gemunt, uirgo, teque, o modo regia coniunx,
regia dicta parens, Asiae florentis imago,
nunc etiam praedae mala sors, quam uictor Vlixes   485
esse suam nollet, nisi quod tamen Hectora partu
edideras. dominum matri uix repperit Hector!
quae corpus complexa animae tam fortis inane,
quas totiens patriae dederat natisque uiroque
huic quoque dat lacrimas; lacrimas in uulnera fundit   490
osculaque ore tegit consuetaque pectora plangit
canitiemque suam concreto in sanguine uerrens
plura quidem, sed et haec laniato pectore dixit:
   'Nata, tuae (quid enim superest? dolor ultime matris,
nata, iaces, uideoque tuum, mea uulnera, uulnus.   495
en, ne perdiderim quemquam sine caede meorum,
tu quoque uulnus habes. at te, quia femina, rebar
a ferro tutam; cecidisti et femina ferro,
totque tuos idem fratres, te perdidit idem,
exitium Troiae nostrique orbator, Achilles.   500
at postquam cecidit Paridis Phoebique sagittis,
"nunc certe" dixi "non est metuendus Achilles";
nunc quoque mi metuendus erat. cinis ipse sepulti
in genus hoc saeuit, tumulo quoque sensimus hostem.
Aeacidae fecunda fui! iacet Ilion ingens,   505
euentuque graui finita est publica clades,
sed finita tamen; soli mihi Pergama restant.
in cursuque meus dolor est. modo maxima rerum,
tot generis natisque potens nuribusque uiroque,
nunc trahor exul, inops, tumulis auulsa meorum,   510
Penelopes munus, quae me data pensa trahentem
matribus ostendens Ithacis "haec Hectoris illa est
clara parens, haec est" dicet "Priameia coniunx."
postque tot amissos tu nunc, quae sola leuabas
maternos luctus, hostilia busta piasti.   515
inferias hosti peperi! quo ferrea resto?

que já choraram e a quanto sangue derramou só esta família.
Choram-te a ti, donzela, e a ti, ó ainda há pouco esposa
de um rei e mãe de outros reis, símbolo da florescente Ásia,
e agora ruim dote de um despojo que o vitorioso Ulisses
não quereria para si, se não fosse o fato de seres mãe de Heitor.
Dificilmente Heitor encontra um dono para sua mãe!
Esta, abraçando o corpo sem vida de alma tão valorosa,
também a esta oferece as lágrimas que tantas vezes derramara
pela pátria, pelos filhos e pelo marido. Derrama lágrimas nas feridas,
cobre-lhe os lábios de beijos, fere seu já acostumado peito
e, arrastando pelo sangue coagulado suas cãs, disse muitas coisas,
enquanto rasgava o peito, mas disse estas também:
    "Filha, dor suprema de tua mãe, realmente, o que me resta?
Jazes morta, filha, e eu vejo a tua ferida, que é minha.
Olha, para não perder sem sangue nenhum dos meus,
também tu tens uma ferida. Mas a ti, por seres mulher,
cria-te eu livre do ferro. Sucumbiste ao ferro, apesar de mulher.
E aquele que perdeu teu irmão, a ruína de Troia,
o assassino dos meus, Aquiles, perdeu-te também a ti.
Depois de ele cair sob as setas de Páris e de Febo, desabafei:
'Agora, seguramente, não há que temer Aquiles!'
Ainda então devia eu temê-lo. Sepultado, é a própria cinza
que se assanha contra a minha família. Mesmo no túmulo,
sinto-o como inimigo. Fui fecunda para o filho de Éaco.
A grande Ílion sucumbiu. A calamidade pública terminou
com uma catástrofe, mas terminou. Pérgamo só para mim resta.
A minha dor continua. No vértice do poder há pouco,
poderosa por meus genros, por meus filhos, por minhas noras
e meu marido, levam-me agora exilada, esbulhada de tudo,
arrancada aos túmulos dos meus, presente para Penélope.
Mostrando-me ela, enquanto fio a lã, às mulheres de Ítaca,
dirá: 'Esta é a nobre mãe de Heitor, a esposa de Príamo.'
Depois de tantos perder, tu, que eras a única a aliviar
a dor de tua mãe, aplacaste agora os manes de um inimigo.
(Dei à luz uma vítima para ser oferecida a um inimigo.)

quidue moror? quo me seruas, annosa senectus?
quo, di crudeles, nisi uti noua funera cernam,
uiuacem differtis anum? quis posse putaret
felicem Priamum post diruta Pergama dici?   520
felix morte sua est; nec te, mea nata, peremptam
aspicit et uitam pariter regnumque reliquit.
at, puto, funeribus dotabere regia uirgo,
condeturque tuum monumentis corpus auitis.
non haec est fortuna domus; tibi munera matris   525
contingent fletus peregrinaeque haustus harenae.
omnia perdidimus; superest, cur uiuere tempus
in breue sustineam, proles gratissima matri,
nunc solus, quondam minimus de stirpe uirili,
has datus Ismario regi Polydorus in oras.   530
quid moror interea crudelia uulnera lymphis
abluere et sparsos inmiti sanguine uultus?'
    Dixit et ad litus passu processit anili,
albentes lacerata comas. 'date, Troades, urnam'
dixerat infelix, liquidas hauriret ut undas;   535
aspicit eiectum Polydori in litore corpus
factaque Threiciis ingentia uulnera telis.
Troades exclamant; obmutuit illa dolore,
et pariter uocem lacrimasque introrsus obortas
deuorat ipse dolor, duroque simillima saxo   540
torpet et aduersa figit modo lumina terra,
interdum toruos extollit ad aethera uultus,
nunc positi spectat uultum, nunc uulnera nati,
uulnera praecipue, seque armat et instruit ira.
qua simul exarsit, tamquam regina maneret,   545
ulcisci statuit poenaeque in imagine tota est,
utque furit catulo lactente orbata leaena
signaque nacta pedum sequitur quem non uidet hostem,
sic Hecabe, postquam cum luctu miscuit iram,
non oblita animorum, annorum oblita suorum,   550
uadit ad artificem dirae Polymestora caedis

Para que continuo viva, mulher de ferro? Por que me mantenho?
Para que me reservas, velhice de tão longos anos? E vós,
ó deuses cruéis, por que mantendes velha de tão longa idade
senão para que assista a novos funerais? Quem julgaria que
Príamo se pudesse considerar feliz depois da queda de Pérgamo?
É feliz, sim, mas por sua morte! A ti, minha filha, não te vê morta.
Deixou ao mesmo tempo a vida e o reino. Mas certamente que, como
filha de um rei, terás honras fúnebres, e o teu corpo será sepultado
no panteão da família. Não, esta não é a sorte da nossa casa.
A ti, caber-te-ão, como oferenda, as lágrimas de tua mãe
e um punhado de areia estrangeira. Perdi tudo. Para suportar
viver mais um pouco, resta-me o mais dileto de todos
ao meu coração de mãe, hoje o único, o mais novo dos filhos,
Polidoro, há algum tempo entregue nesta praia ao rei do Ísmaro.
Por que tardo em lavar com água limpa a tua ferida cruel
e o teu rosto por mão cruel salpicado de sangue?"
    Acabou de falar e, com seu passo de velha, avançou
praia adentro, enquanto arrancava os cabelos brancos.
"Troianas, dai-me uma urna", dissera a infeliz, pensando colher
a água pura. Atirado para a praia, vê ela o corpo de Polidoro
com as fundas feridas provocadas pelas armas do Trácio.
As Troianas gritam. Ela, com a dor, fica muda.
Esta afoga-lhe ao mesmo tempo a voz e as lágrimas,
que jorram por dentro. Fica imóvel, semelhante à rocha dura.
Ora crava o olhar na terra que lhe fica em frente, ora eleva
ao céu o rosto carregado de ferocidade. Contempla agora
o rosto de seu filho morto, logo lhe contempla as feridas,
mas as feridas sobretudo. E arma-se e guarnece-se de cólera.
Quando esta explodiu, como se continuasse rainha,
decide vingar-se e concentra-se toda na imagem do castigo.
Como se enfurece a leoa privada do filho que aleitava e, tendo
encontrado o rastro de uns pés, segue um inimigo que não vê,
assim se enfurece Hécuba. Depois de misturar a raiva e o luto,
esquecida de seus anos e não de sua determinação,
dirige-se a Polimestor, autor desta morte abominável,

conloquiumque petit; nam se monstrare relictum
uelle latens illi, quod nato redderet, aurum.
credidit Odrysius praedaeque †adsuetus† amore
in secreta uenit. tum blando callidus ore   555
'tolle moras, Hecabe' dixit, 'da munera nato.
omne fore illius, quod das, quod et ante dedisti,
per superos iuro.' spectat truculenta loquentem
falsaque iurantem tumidaque exaestuat ira
atque ita correpto captiuarum agmina matrum   560
inuocat et digitos in perfida lumina condit
expellitque genis oculos (facit ira nocentem)
immergitque manus foedataque sanguine sonti
non lumen (neque enim superest), loca luminis haurit.
clade sui Thracum gens inritata tyranni   565
Troada telorum lapidumque incessere iactu
coepit; at haec missum rauco cum murmure saxum
morsibus insequitur rictuque in uerba parato
latrauit conata loqui (locus exstat et ex re
nomen habet) ueterumque diu memor illa malorum   570
tum quoque Sithonios ululauit maesta per agros.
illius Troasque suos hostesque Pelasgos,
illius fortuna deos quoque mouerat omnes,
sic omnes, ut et ipsa Iouis coniunxque sororque
euentus Hecaben meruisse negauerit illos.   575

Non uacat Aurorae, quamquam isdem fauerat armis,
cladibus et casu Troiaeque Hecabesque moueri.
cura deam propior luctusque domesticus angit
Memnonis amissi, Phrygiis quem lutea campis

e pede audiência, pois quer mostrar-lhe um ouro
que ficara escondido para que o entregue a seu filho.
O rei dos Odrísios acreditou. Levado pela cupidez do roubo,
comparece em lugar retirado. Diz-lhe o pérfido, com voz doce:
"Rápido, Hécuba, dá-me os presentes para teu filho.
Tudo o que me deres agora e tudo o que antes me deste será seu,
juro pelos deuses do céu." Enquanto ele fala e vai jurando falso,
ela olha-o ameaçadora e ferve em violenta ira.
Agarrando-o bruscamente, chama pelo grupo das mulheres
cativas, crava-lhe os dedos naqueles pérfidos olhos,
que arranca das órbitas (a indignação tornou-a criminosa),
mergulha a mão e, suja de um sangue criminoso,
esvazia-lhe não os olhos, que já não existem, mas o seu lugar.
Revoltado pela morte de seu rei, o povo trácio começou
a perseguir a troiana, arremessando contra ela paus e pedras.
Ela, com surdo rosnar, persegue à dentada uma pedra
contra ela atirada e, de boca aberta para falar, ao esforçar-se
por fazê-lo, ladra. O lugar existe ainda e tirou o nome
deste acontecimento. Lembrada de seus velhos males,
durante muito tempo Hécuba uivou lugubremente pelos campos
da Trácia. Os seus infortúnios comoveram seus amigos,
os Troianos, e seus inimigos, os Pelasgos; comovera até,
de tal modo, os deuses todos que a esposa e irmã de Júpiter
afirmou que Hécuba não merecia aquelas desventuras.

[Mêmnon]

Ainda que tivesse favorecido as forças Troianas, à Aurora
não resta tempo para se emocionar com a ruína de Troia
e a infelicidade de Hécuba. Angustia-a preocupação mais próxima,
um luto familiar, a perda de Mêmnon.[14] A rósea mãe viu-o sucumbir

---

[14] Filho de Éos, a Aurora, e de Títono (um dos filhos de Laomedonte e irmão de
Príamo), Mêmnon vem em apoio do tio. Depois de vencer Antíloco, filho de Nestor, é
morto por Aquiles, que é filho de Tétis.

uidit Achillea pereuntem cuspide mater;   580
uidit, et ille color, quo matutina rubescunt
tempora, palluerat, latuitque in nubibus aether.
at non impositos supremis ignibus artus
sustinuit spectare parens, sed crine soluto,
sicut erat, magni genibus procumbere non est   585
dedignata Iouis lacrimisque has addere uoces:
'omnibus inferior quas sustinet aureus aether
(nam mihi sunt totum rarissima templa per orbem),
diua tamen, ueni, non ut delubra diesque
des mihi sacrificos caliturasque ignibus aras;   590
si tamen aspicias, quantum tibi femina praestem,
tum cum luce noua noctis confinia seruo,
praemia danda putes. sed non ea cura neque hic est
nunc status Aurorae, meritos ut poscat honores;
Memnonis orba mei uenio, qui fortia frustra   595
pro patruo tulit arma suo primisque sub annis
occidit a forti (sic uos uoluistis) Achille.
da, precor, huic aliquem, solacia mortis, honorem,
summe deum rector, maternaque uulnera leni.'

    Iuppiter adnuerat, cum Memnonis arduus alto   600
corruit igne rogus, nigrique uolumina fumi
infecere diem, ueluti cum flumine natas
exhalant nebulas, nec sol admittitur infra;
atra fauilla uolat glomerataque corpus in unum
densetur faciemque capit sumitque calorem   605
atque animam ex igni; leuitas sua praebuit alas
et primo similis uolucri, mox uera uolucris
insonuit pennis; pariter sonuere sorores
innumerae, quibus est eadem natalis origo.
terque rogum lustrant, et consonus exit in auras   610
ter plangor; quarto seducunt castra uolatu.

nos campos frígios sob a lança de Aquiles. Ela viu, e aquela cor
com que o dealbar da manhã se tinge de rubro empalideceu, e o céu
cobriu-se de nuvens. A mãe não suportou ver o corpo do filho
no fogo fatal e, de cabelo solto, tal como estava, não considerou
indigno de si lançar-se aos pés do grande Júpiter e às lágrimas
somar esta súplica: "Inferior a quantos habitam a dourada
região do éter (são raros, de fato, os templos que tenho
em todo o universo), sou deusa, contudo, e não vim para que
me dês santuários ou dias festivos ou altares onde o fogo arda;
se, porém, reparares em quantos serviços te presto,
mesmo sendo mulher, quando com o novo dia preservo
as fronteiras da noite, haverás de pensar que me era devido
um prêmio. Mas não é essa agora a minha preocupação,
nem Aurora está em condições de reclamar honras
merecidas. Venho, depois de privada do meu Mêmnon,
que em vão pegou em armas corajosamente em favor
de seu tio e que sucumbiu nos alvores da vida às mãos
do valente Aquiles (assim vós o quisestes). Concede-lhe,
soberano supremo dos deuses, para consolo da morte,
uma honra qualquer e suaviza a ferida de uma mãe."

[As Mnemônides]

Júpiter havia assentido, quando a elevada pira de Mêmnon
se desmoronou no meio de altas labaredas, e o turbilhão
de um fumo negro escureceu o dia como quando, do rio,
se eleva uma neblina que impede o sol de passar. Rodopia
no ar negra cinza e, aglomerando-se, condensa-se num corpo,
ganha forma e tira do fogo o calor e a vida. A sua leveza
fornece-lhe as asas. Era, primeiro, semelhante a um pássaro,
era, depois, ave verdadeira e, com suas asas, faz vibrar o ar.
O mesmo fizeram irmãs incontáveis que com ela partilham
igual nascimento e a mesma origem. Por três vezes sobrevoam
a pira; por três vezes ressoam os ares com seu lamento uníssono.
À quarta, a força divide-se em voo. Então, acorrendo de posições

tum duo diuersa populi de parte feroces
bella gerunt rostrisque et aduncis unguibus iras
exercent alasque aduersaque pectora lassant,
inferiaeque cadunt cineri cognata sepulto 615
corpora seque uiro forti meminere creatas.
praepetibus subitis nomen facit auctor: ab illo
Memnonides dictae, cum sol duodena peregit
signa, parentali moriturae more rebellant.
ergo aliis latrasse Dymantida flebile uisum est, 620
luctibus est Aurora suis intenta piasque
nunc quoque dat lacrimas et toto rorat in orbe.

Non tamen euersam Troiae cum moenibus esse
spem quoque fata sinunt; sacra et, sacra altera, patrem
fert umeris, uenerabile onus, Cythereius heros. 625
(de tantis opibus praedam pius eligit illam
Ascaniumque suum) profugaque per aequora classe
fertur ab Antandro scelerataque limina Thracum
et Polydoreo manantem sanguine terram
linquit et utilibus uentis aestuque secundo 630
intrat Apollineam sociis comitantibus urbem.
Hunc Anius, quo rege homines, antistite Phoebus
rite colebatur, temploque domoque recepit
urbemque ostendit delubraque nota duasque
Latona quondam stirpes pariente retentas; 635
ture dato flammis uinoque in tura profuso
caesarumque boum fibris de more crematis
regia tecta petunt positique tapetibus altis
munera cum liquido capiunt Cerealia Baccho.
tum pius Anchises: 'o Phoebi lecte sacerdos, 640
fallor, an et natum, cum primum haec moenia uidi,
bisque duas natas, quantum reminiscor, habebas?'

contrárias, os dois grupos guerreiam-se com ferocidade,
atacam-se com bicos e recurvas garras, entrechocam asas e peito
e, membros da mesma família, oferecem-se como vítimas às cinzas
do morto, lembradas de que nasceram de um valoroso herói.
Estas aves, de repente surgidas, tiraram o nome do de seu progenitor,
chamam-se Mnemônides, em memória dele. Depois de o sol
percorrer os doze signos do Zodíaco, retomam o combate,
para morrerem em honra de um antepassado morto.
A uns, pareceu lamentável que a filha de Dimas ladrasse;
Aurora entregou-se à sua dor, e ainda hoje derrama
lágrimas maternais e destila orvalho pela terra inteira.

[A partida de Eneias]

Entretanto, os fados não consentem que a esperança de Troia
sucumba juntamente com suas muralhas. O herói, filho da Citereia,
carrega aos ombros as imagens sagradas e o pai, venerável fardo,
imagem sagrada também. Dentre tantas riquezas, o piedoso
Eneias, além de seu querido Ascânio, escolheu este despojo
e, de Antandro, é levado pelo mar em sua fugitiva esquadra.
Para trás deixa as criminosas fronteiras da Trácia e a terra banhada
pelo sangue de Polidoro e, com ventos favoráveis e maré propícia,
entra com seus companheiros na cidade de Apolo.
Ânio, a quem os homens tinham por rei e Febo por ministro
de seu culto, recebe-o no templo e em casa, mostra-lhe a cidade,
os santuários famosos e os dois troncos a que a Latona se agarrou,
um dia, ao dar à luz. Depois de lançarem incenso às chamas
e de sobre o incenso aspergirem vinho e de queimarem,
conforme o costume, as entranhas das novilhas imoladas,
dirigem-se ao palácio real. Recostados em elevados leitos,
saboreiam os dons de Ceres e o licor de Baco. O piedoso
Anquises falou, então, deste modo: "Ilustre sacerdote de Febo,
estou enganado ou, da primeira vez que vi estas muralhas,
não tinhas tu um filho e, quanto me lembre, quatro filhas?"

Huic Anius niueis circumdata tempora uittis
concutiens et tristis ait: 'non falleris, heros
maxime; uidisti natorum quinque parentem,   645
quem nunc (tanta homines rerum inconstantia uersat)
paene uides orbum. quod enim mihi filius absens
auxilium, quem dicta suo de nomine tellus
Andros habet, pro patre locumque et regna tenentem?
Delius augurium dedit huic, dedit altera Liber   650
femineae stirpi uoto maiora fideque
munera. nam tactu natarum cuncta mearum
in segetem laticemque meri canaeque Mineruae
transformabantur, diuesque erat usus in illis.
hoc ubi cognouit Troiae populator Atrides   655
(ne non ex aliqua uestram sensisse procellam
nos quoque parte putes), armorum uiribus usus
abstrahit inuitas gremio genitoris alantque
imperat Argolicam caelesti munere classem.
effugiunt quo quaeque potest. Euboea duabus   660
et totidem natis Andros fraterna petita est;
miles adest et, ni dedantur, bella minatur:
uicta metu pietas; consortia corpora poenae
dedidit. et timido possis ignoscere fratri:
non hic Aeneas, non, qui defenderet Andron,   665
Hector erat, per quem decimum durastis in annum.
iamque parabantur captiuis uincla lacertis;
illae tollentes etiamnum libera caelo
bracchia "Bacche pater, fer opem!" dixere, tulitque
muneris auctor opem — si miro perdere more   670
ferre uocatur opem. nec qua ratione figuram
perdiderint potui scire aut nunc dicere possum;
summa mali nota est: pennas sumpsere tuaeque
coniugis in uolucres, niueas abiere columbas.'

[As filhas de Ânio]

Meneando a cabeça cingida de nívea fita, entristecido,
Ânio respondeu-lhe: "Não te enganas, ilustre herói!
Viste-me pai de cinco filhos! Vês-me agora (a tal ponto
a inconstância das coisas perturba a vida dos homens!)
quase só. Que auxílio pode dar-me um filho ausente,
ele que habita a ilha de Andros, terra que, do seu,
tirou o nome, que a defende e governa em nome do pai?
A este, concedeu-lhe o deus de Delos o dom de prever
o futuro. À estirpe feminina, Líber concedeu dons superiores
aos que se podem desejar e crer, pois, ao toque de minhas filhas,
tudo era transformado em pão, em vinho e em azeite.
Tinha nelas uma fonte de riqueza. Quando o devastador
de Troia, o filho de Atreu, disso tomou conhecimento
(não penses que nós não sentimos também, de algum modo,
a vossa tempestade), fazendo uso do poder das armas,
arranca-as à força dos braços do pai e ordena que,
com a dádiva celeste, alimentem a armada argólica.
Foge cada uma para onde pode. Duas procuram a Eubeia,
outras duas, a Andros de seu irmão. Aporta ali um exército,
que ameaça com a guerra, a menos que entregues sejam.
Cede ao medo o amor fraterno, entrega as irmãs
ao castigo. Possas tu desculpar o temeroso irmão.
Ali não havia um Eneias que defendesse Andros,
nem um Heitor, graças ao qual pudestes resistir dez anos.
Preparavam-se já grilhões para braços cativos. Erguendo
ao céu os braços ainda livres, elas clamam: 'Baco, ó pai,
vem em nosso auxílio!' E o deus que o dom lhes concedera
vem em socorro delas — se perder alguém de modo prodigioso
se puder considerar vir em seu socorro. De que modo perderam
a forma, não o consegui saber, nem hoje o posso dizer.
O cerne do mal, eu sei-o: assumiram asas e mudaram-se
em brancas pombas, as aves queridas de tua esposa."

Talibus atque aliis postquam conuiuia dictis 675
implerunt, mensa somnum petiere remota
cumque die surgunt adeuntque oracula Phoebi,
qui petere antiquam matrem cognataque iussit
litora. prosequitur rex et dat munus ituris,
Anchisae sceptrum, chlamydem pharetramque nepoti, 680
cratera Aeneae, quem quondam miserat illi
hospes ab Aoniis Therses Ismenius oris.
miserat hunc illi Therses, fabricauerat Alcon
Lindius et longo caelauerat argumento.
urbs erat, et septem posses ostendere portas. 685
(hae pro nomine erant et quae foret illa docebant.)
ante urbem exequiae tumulique ignesque rogique
effusaeque comas et apertae pectora matres
significant luctum; nymphae quoque flere uidentur
siccatosque queri fontes; sine frondibus arbor 690
nuda riget, rodunt arentia saxa capellae.
ecce facit mediis natas Orione Thebis,
hanc non femineum iugulo dare uulnus aperto,
illam demisso per fortia pectora telo
pro populo cecidisse suo pulchrisque per urbem 695
funeribus ferri celebrique in parte cremari.
tum de uirginea geminos exire fauilla,
ne genus intereat, iuuenes, quos fama Coronas
nominat, et cineri materno ducere pompam.
hactenus antiquo signis fulgentibus aere, 700
summus inaurato crater erat asper acantho.
nec leuiora datis Troiani dona remittunt,

[As filhas de Órion]

Depois de haverem ocupado o tempo do banquete
com estes relatos e outros semelhantes, levantou-se a mesa
e foram dormir. Erguem-se com o dia e vão consultar o oráculo
de Febo. Ordena-lhes o deus que procurem a antiga mãe
e as praias familiares. O rei acompanha-os e presenteia-os
na hora da partida. A Anquises dá um cetro; dá a seu neto
uma clâmide e uma aljava; a Eneias dá a cratera que,
um dia, um hóspede das margens do Ismeno, Terses,
lhe mandara da região da Aônia. Mandara-lha Terses,
mas fora Álcon de Lindos quem a fabricara e nela gravara
uma longa história. Via-se uma cidade e podiam ver-se sete portas.
Estas substituíam o nome e indicavam que cidade era aquela.
Em frente à cidade, funerais, túmulos, fogos, piras,
mães de cabelos soltos e peitos desnudos significam luto.
Também as ninfas parecem chorar e lamentar as fontes secas.
Sem folhas, ergue-se nua uma árvore. E as cabras tosam
as rochas ressequidas.[15] No centro de Tebas, cinzela o artista
as filhas de Órion;[16] uma, de pescoço descoberto, a infligir-se
um golpe nada feminino, outra, mergulhando um dardo
em seu valoroso peito, caiu por seu povo, e a serem levadas
em magnífico cortejo através da cidade e a serem queimadas
em lugar coberto por uma multidão. Então, da virginal cinza,
para que não se extinga a raça, saem uns gêmeos,
jovens que a tradição designa Coronas, e presidem ao desfile
das cinzas maternas. Com refulgentes figuras em bronze antigo,
até este ponto, a parte superior da cratera era lavrada
em acanto dourado. Não são inferiores aos que receberam,
os presentes que os Troianos dão. Ao sacerdote dão

---

[15] Tebas, a das sete portas, era devastada por uma peste que atingia homens, animais e a própria natureza.

[16] Sacrificadas voluntariamente para esconjurar a peste.

Livro XIII

dant sacerdoti custodem turis acerram,
dant pateram claramque auro gemmisque coronam.
   Inde recordati Teucros a sanguine Teucri   705
ducere principium, Creten tenuere; locique
ferre diu nequiere Iouem centumque relictis
urbibus Ausonios optant contingere portus.
saeuit hiems iactatque uiros, Strophadumque receptos
portubus infidis exterruit ales Aello.   710
et iam Dulichios portus Ithacenque Samonque
Neritiasque domus, regnum fallacis Vlixis,
praeter erant uecti; certatam lite deorum
Ambraciam uersique uident sub imagine saxum
iudicis, Actiaco quae nunc ab Apolline nota est,   715
uocalemque sua terram Dodonida quercu
Chaoniosque sinus, ubi nati rege Molosso
impia subiectis fugere incendia pennis.

   Proxima Phaeacum felicibus obsita pomis
rura petunt; Epiros ab his regnataque uati   720
Buthrotos Phrygio simulataque Troia tenetur.
inde futurorum certi, quae cuncta fideli
Priamides Helenus monitu praedixerat, intrant
Sicaniam. tribus haec excurrit in aequora linguis,
e quibus imbriferos est uersa Pachynos ad Austros,   725
mollibus oppositum zephyris Lilybaeon, ad Arctos
aequoris expertes spectat Boreanque Peloros.
hac subeunt Teucri, et remis aestuque secundo
sub noctem potitur Zanclaea classis harena.
Scylla latus dextrum, laeuum inrequieta Charybdis   730

uma naveta para guardar o incenso, dão-lhe uma pátera
e uma refulgente coroa de ouro e pedras preciosas.

Partidos dali, lembram-se de que os Teucros procedem
do sangue de Teucro[17] e aportam a Creta, mas não podem
suportar por muito tempo o clima do lugar e, deixando suas
cem cidades, anseiam por alcançar os portos da Ausônia.
Rebenta violenta tempestade que faz dos homens joguete
das ondas. Recolhidos aos perigosos portos das Estrófades,
enche-os de terror a alada Aelo.[18] Tinham ultrapassado já
o porto de Dulíquio, o de Ítaca, o de Samos e as casas de Nérito,
reino do insidioso Ulisses. Veem Ambrácia, disputada
pelos deuses, e, sob a imagem do juiz transformado,
veem a rocha, célebre no presente por causa do Apolo de Ácio,
e a região de Dodona, dotada da voz do seu carvalho,
e o golfo de Caônia, onde o filho do rei Molosso
escapara aos ímpios incêndios, servindo-se de asas.

[Cila]

Dirigem-se aos vizinhos campos dos Feácios plantados
de produtivas árvores; chegam ao Épiro, a Butroto,
imagem de Troia, onde reinava o adivinho da Frígia.
Dali, seguros do seu futuro, que Heleno, filho de Príamo,
lhes revelara integralmente, com infalível certeza,
chegam à Sicília. Esta penetra no mar por três cabos,
o Paquino, voltado para o pluvioso Austro; o Lilibeu,
exposto ao suave Zéfiro; o Peloro, que dirige o olhar
para as Ursas, que não se banham no mar, e para Bóreas.
É por aqui que os Teucros entram e, por ação dos remos
e do favor da maré, a frota alcança ao cair da noite
a praia de Zancle. Cila assola o lado direito. O lado esquerdo

---

[17] Teucro seria um cretense emigrado na Tróade.

[18] Aelo é uma das Harpias que, fugindo aos filhos de Bóreas, se refugiou nas ilhas
Equínades, que depois passaram a chamar-se Estrófades.

infestat; uorat haec raptas reuomitque carinas,
illa feris atram canibus succingitur aluum,
uirginis ora gerens et, si non omnia uates
ficta reliquerunt, aliquo quoque tempore uirgo.
hanc multi petiere proci; quibus illa repulsis   735
ad pelagi nymphas, pelagi gratissima nymphis,
ibat et elusos iuuenum narrabat amores.
quam, dum pectendos praebet Galatea capillos,
talibus adloquitur repetens suspiria dictis:
    'Te tamen, o uirgo, genus haud immite uirorum   740
expetit, utque facis, potes his impune negare.
at mihi, cui pater est Nereus, quam caerula Doris
enixa est, quae sum turba quoque tuta sororum,
non nisi per luctus licuit Cyclopis amorem
effugere' — et lacrimae uocem impediere loquentis.   745
quas ubi marmoreo detersit pollice uirgo
et solata deam est, 'refer, o carissima' dixit,
'neue tui causam tege (sic sum fida) doloris.'
Nereis his contra resecuta Crataeide natam est:

    'Acis erat Fauno nymphaque Symaethide cretus,   750
magna quidem patrisque sui matrisque uoluptas,
nostra tamen maior; nam me sibi iunxerat uni.
pulcher et octonis iterum natalibus actis
signarat teneras dubia lanugine malas.
hunc ego, me Cyclops nulla cum fine petebat;   755
nec, si quaesieris odium Cyclopis amorne
Acidis in nobis fuerit praesentior, edam:
par utrumque fuit. pro, quanta potentia regni
est, Venus alma, tui! nempe ille immitis et ipsis
horrendus siluis et uisus ab hospite nullo   760
impune et magni cum dis contemptor Olympi
quid sit amor sentit ualidaque cupidine captus

é assolado pela irrequieta Caribde. Esta arrebata as embarcações,
ingurgita-as e vomita-as. Cila rodeia seu negro ventre de ferozes
cães, ostenta face de jovem e, se nem tudo o que os poetas
nos deixaram é mentira, tempos houve em que foi jovem.
Muitos foram os pretendentes que a cortejaram.
Ela a todos repelia e, juntando-se às ninfas do mar,
que tanto a amavam, falava-lhes dos amores logrados daqueles.
Um dia, apresentando-lhe Galateia seus cabelos para que
lhos penteasse, entre repetidos suspiros, assim lhe fala:
"A ti, donzela, pretende-te uma espécie não selvagem
de homens e podes, tal como fazes, recusá-los impunemente.
A mim, que tenho a Nereu por pai, a quem deu à luz
a azulada Dóris, que sou protegida por tantas irmãs,
não me foi possível evitar os amores do Ciclope a não ser
pela morte", e as lágrimas afogavam-lhe a voz. Depois de Cila,
com dedos de marmórea cor, lhe enxugar as lágrimas
e consolar a deusa, diz-lhe: "Minha querida amiga, conta-me,
não me ocultes, a razão de tua dor, tão leal eu sou contigo."
Logo a Nereide respondeu à filha de Crateis:

[Ácis e Galateia — Polifemo]

"Ácis era filho de Fauno e da ninfa filha de Simeto.
Grande encanto de seu pai e de sua mãe, maior
encanto era meu, pois havia casado com ele.
Belo, e tendo completado pela segunda vez oito anos,
marcava sua terna face indefinido buço. Eu seguia-o
sem descanso; sem descanso me seguia o Ciclope.
E não saberei dizer, se mo perguntares, se era em mim
mais forte o ódio ao Ciclope, se o amor a Ácis.
Eram iguais. Como é grande, mãe Vênus, o poder
do teu domínio! Efetivamente, aquele selvagem, objeto
de horror para as próprias florestas, que nenhum estranho
pode ver impunemente, que despreza o Olimpo augusto
e os seus deuses, sente os efeitos do amor e arde, dominado

uritur, oblitus pecorum antrorumque suorum.
iamque tibi formae, iamque est tibi cura placendi,
iam rigidos pectis rastris, Polypheme, capillos, 765
iam libet hirsutam tibi falce recidere barbam
et spectare feros in aqua et componere uultus;
caedis amor feritasque sitisque immensa cruoris
cessant, et tutae ueniuntque abeuntque carinae.
Telemus interea Siculam delatus ad Aetnen, 770
Telemus Eurymides, quem nulla fefellerat ales,
terribilem Polyphemon adit "lumen" que, "quod unum
fronte geris media, rapiet tibi" dixit "Vlixes."
risit et "o uatum stolidissime, falleris," inquit;
"altera iam rapuit." sic frustra uera monentem 775
spernit et aut gradiens ingenti litora passu
degrauat aut fessus sub opaca reuertitur antra.
   'Prominet in pontum cuneatus acumine longo
collis; utrumque latus circumfluit aequoris unda.
huc ferus ascendit Cyclops mediusque resedit; 780
lanigerae pecudes nullo ducente secutae.
cui postquam pinus, baculi quae praebuit usum,
ante pedes posita est antemnis apta ferendis
sumptaque harundinibus compacta est fistula centum,
senserunt toti pastoria sibila montes, 785
senserunt undae. latitans ego rupe meique
Acidis in gremio residens procul auribus hausi
talia dicta meis auditaque mente notaui:
   '"Candidior folio niuei, Galatea, ligustri,
floridior pratis, longa procerior alno, 790
splendidior uitro, tenero lasciuior haedo,
leuior adsiduo detritis aequore conchis,
solibus hibernis, aestiua gratior umbra,
nobilior palma, platano conspectior alta,
lucidior glacie, matura dulcior uua, 795
mollior et cycni plumis et lacte coacto,
et, si non fugias, riguo formosior horto;

por paixão violenta, esquecido de seus rebanhos e de seu antro.
Já te preocupas, Polifemo, com o teu aspecto, preocupas-te já
em agradar, usas já o ancinho para penteares teus ásperos
cabelos, achas bem cortar com o podão tua hirsuta barba,
olhar-te na água e alindar teu fero rosto. Suspendem
seus efeitos a paixão do morticínio, a crueldade, a insaciável
sede de sangue; vão e vêm em segurança as embarcações.
Entretanto, Télemo, levado à Sicília junto ao Etna, Télemo,
o filho de Êurimo, a quem ave nenhuma alguma vez enganara,
abeira-se do terrível Polifemo e diz-lhe: 'Ulisses irá
arrancar-te o único olho que ostentas a meio da fronte.'
Riu-se ele e respondeu: 'Enganas-te, ó mais tolo dos adivinhos.
Já outra mo arrancou!' Assim despreza quem em vão
lhe anuncia a verdade e, ora percorre e pisa com gigantesca
passada a praia, ora volta, já cansado, à gruta sombria.
   Em forma de cunha de ponta alongada, penetra no mar
uma colina. De ambos os lados a batem as ondas do mar.
O fero Ciclope sobe para ela e senta-se a meio. Sem que
ninguém o conduza, segue-o o rebanho de suas ovelhas.
Depois de pousar a seus pés um pinheiro capaz de suportar
as antenas de um navio, que lhe servia de cajado,
toma a flauta feita da união de cem canas. Todos os montes
sentiram o sibilar pastoril, sentiram-no todas as águas.
Estava eu escondida sob uma rocha e reclinava a cabeça
no regaço do meu querido Ácis, quando ouvi,
ao longe, estas palavras que guardei na memória:
   'Mais resplandecente do que a nívea pétala da alfena,
mais florida que um prado, mais esbelta que um álamo,
mais reluzente que o cristal, mais jovial que um cabrito,
mais inconstante que as conchas desgastadas pelo vai e vem das ondas,
mais aprazível que o sol de inverno ou a sombra estival,
mais nobre que a palma, mais majestosa que o altaneiro plátano,
mais luminosa que o gelo, mais doce que as uvas maduras,
mais suave que as penas do cisne e o leite coalhado
e, se não fugires, Galateia, mais bela que um jardim bem regado.

saeuior indomitis eadem Galatea iuuencis,
durior annosa quercu, fallacior undis,
lentior et salicis uirgis et uitibus albis,   800
his immobilior scopulis, uiolentior amne,
laudato pauone superbior, acrior igni,
asperior tribulis, feta truculentior ursa,
surdior aequoribus, calcato immitior hydro,
et, quod praecipue uellem tibi demere possem,   805
non tantum ceruo claris latratibus acto,
uerum etiam uentis uolucrique fugacior aura.
'"At bene si noris, pigeat fugisse, morasque
ipsa tuas damnes et me retinere labores.
sunt mihi, pars montis, uiuo pendentia saxo   810
antra, quibus nec sol medio sentitur in aestu,
nec sentitur hiems. sunt poma grauantia ramos,
sunt auro similes longis in uitibus uuae,
sunt et purpureae; tibi et has seruamus et illas.
ipsa tuis manibus siluestri nata sub umbra   815
mollia fraga leges, ipsa autumnalia corna
prunaque, non solum nigro liuentia suco,
uerum etiam generosa nouasque imitantia ceras.
nec tibi castaneae me coniuge, nec tibi deerunt
arbutei fetus; omnis tibi seruiet arbor.   820
hoc pecus omne meum est; multae quoque uallibus errant,
multas silua tegit, multae stabulantur in antris.
nec, si forte roges, possim tibi dicere quot sint;
pauperis est numerare pecus! de laudibus harum
nil mihi credideris; praesens potes ipsa uidere   825
ut uix circueant distentum cruribus uber.
sunt, fetura minor, tepidis in ouilibus agni,
sunt quoque, par aetas, aliis in ouilibus haedi.
lac mihi semper adest niueum; pars inde bibenda
seruatur, partem liquefacta coagula durant.   830
'nec tibi deliciae faciles uulgataque tantum
munera contingent, dammae leporesque caperque,

Mas a mesma Galateia é mais impetuosa que indômitos novilhos,
mais dura que um carvalho velho, mais falaciosa que as ondas,
mais flexivelmente tenaz que o vime do salgueiro ou a videira branca,
mais insensível que estes rochedos, mais violenta que uma torrente,
mais orgulhosa que o admirado pavão, mais cáustica que o fogo,
mais áspera que os abrolhos, mais terrível que uma ursa parida,
mais surda que o mar, mais violenta que uma hidra pisada
e, sobretudo, aquilo que gostaria de poder tirar-te,
mais fugidia não só que o veado acossado por sonoros latidos,
mas mesmo que o vento ou a alada brisa.
    Mas, se tu me conhecesses bem, arrepender-te-ias
de ter fugido, tu mesma lamentarias o tempo perdido
e esforçar-te-ias por me prender. É minha, na encosta da serra,
uma gruta sob a rocha viva, onde não se sente nem o sol,
no verão, nem, no inverno, o frio; tenho fruta que faz vergar
os ramos; em extensas videiras tenho uvas que parecem de ouro
e outras com a cor da púrpura. É para ti que as reservo.
Tu mesma colherás com a própria mão os doces morangos
nascidos na sombra do bosque; colherás, no outono,
o corniso e as ameixas, não só as que escurecem com negro sumo,
mas também as de qualidade superior, semelhantes a cera nova.
Não te vão faltar, se eu for teu marido, nem as castanhas,
nem do medronheiro o fruto. Todas as minhas árvores estão
ao teu dispor. É meu todo este rebanho, pelos vales andam ovelhas,
muitas se escondem nos bosques, muitas se abrigam em grutas.
Nem poderei dizer-te, se mo perguntares, quantas tenho eu.
Contar o rebanho é coisa de pobres! Nem me acreditarias
quanto ao seu valor. Podes ver tu própria com que dificuldade
arrastam os túrgidos úberes. Em redis mais quentes,
tenho também cordeiros, criação mais nova;
tenho também, noutros, cabritos com a mesma idade.
Tenho sempre o branco leite. Reservo uma parte
para eu beber, a outra endurece em queijo.
E não terás prazeres acessíveis e vulgares presentes:
gamos, lebres, cabras, um par de pombas

parue columbarum demptusue cacumine nidus;
inueni geminos, qui tecum ludere possint,
inter se similes, uix ut dignoscere possis,   835
uillosae catulos in summis montibus ursae;
inueni et dixi 'dominae seruabimus istos.'
iam modo caeruleo nitidum caput exere ponto,
iam, Galatea, ueni, nec munera despice nostra!
    '"Certe ego me noui liquidaeque in imagine uidi   840
nuper aquae, placuitque mihi mea forma uidenti.
aspice sim quantus! non est hoc corpore maior
Iuppiter in caelo (nam uos narrare soletis
nescioquem regnare Iouem); coma plurima toruos
prominet in uultus umerosque ut lucus obumbrat.   845
nec, mea quod rigidis horrent densissima saetis
corpora, turpe puta; turpis sine frondibus arbor,
turpis equus, nisi colla iubae flauentia uelent.
pluma tegit uolucres, ouibus sua lana decori est;
barba uiros hirtaeque decent in corpore saetae.   850
unum est in media lumen mihi fronte, sed instar
ingentis clipei. quid? non haec omnia magnus
Sol uidet e caelo? Soli tamen unicus orbis.
adde quod in uestro genitor meus aequore regnat;
hunc tibi do socerum. tantum miserere precesque   855
supplicis exaudi! tibi enim succumbimus uni,
quique Iouem et caelum sperno et penetrabile fulmen,
Nerei, te ueneror; tua fulmine saeuior ira est.
    '"Atque ego contemptus essem patientior huius,
si fugeres omnes; sed cur Cyclope repulso   860
Acin amas praefersque meis complexibus Acin?
ille tamen placeatque sibi placeatque licebit,
quod nollem, Galatea, tibi; modo copia detur,
sentiet esse mihi tanto pro corpore uires.
uiscera uiua traham diuisaque membra per agros   865
perque tuas spargam (sic se tibi misceat!) undas.
uror enim, laesusque exaestuat acrius ignis,

ou um ninho tirado do cimo de uma árvore.
No cimo da serra encontrei uns gêmeos que podem
brincar contigo, entre si tão iguais que mal podes
distingui-los, as crias de peluda ursa. Encontrei-os
e disse: "Vou guardá-los para a minha amada."
Faz surgir agora, Galateia, do azulado mar, a tua bela cabeça,
vem agora e não desprezes os meus presentes!
   Conheço-me bem. Ainda há pouco me vi no espelho
da água transparente e, ao ver-me, gostei da minha figura.
Vê quão grande eu sou! Júpiter, no céu, não tem corpo maior
do que este (vós, de fato, costumais dizer que eu não sei
que Júpiter reina); uma farta cabeleira desce sobre
minha austera face e cobre, qual floresta, os meus ombros.
E não leves à conta de feio o fato de o meu corpo estar
densamente eriçado de ásperas cerdas. Feia é a árvore sem folhas,
feio é o cavalo, se a crina não lhe cobrir a cerviz.
Cobre a pena as aves, as ovelhas têm na lã o seu ornamento.
Aos homens fica bem a barba e os pelos eriçados no corpo.
Tenho só um olho a meio da fronte, mas é semelhante
a um enorme escudo. E, depois, lá do céu, não vê o imenso Sol
todas estas coisas? E, contudo, o Sol é um disco só.
Junta a isto o fato de, no vosso mar, ser meu pai quem reina.
É ele quem te dou por sogro. Basta que te compadeças
e ouças as preces de um suplicante. Só a ti me rendo.
Eu, que desprezo Júpiter, o céu e o penetrante raio, reverencio-te a ti,
filha de Nereu! Mais penetrante que o raio é a tua ira.
   Ora eu seria bem mais paciente com esse desprezo,
se tu a todos fugisses. Mas por que é que rejeitas o Ciclope
e amas a Ácis e preferes aos meus os abraços dele?
Que ele se compraza consigo, e a ti, Galateia, coisa que eu não quereria,
a ti te seja agradável. Somente, dando-se a ocasião, sentirá ele
que a minha força é proporcional ao tamanho do meu corpo.
Hei de arrancar-lhe, ainda vivas, as entranhas, rasgá-lo-ei em pedaços
que espalharei pelos campos e una-se a ti deste modo, pelas tuas águas.
Eu abraso-me, e o fogo contrariado crepita mais cruelmente.

723
      Livro XIII

cumque suis uideor translatam uiribus Aetnen
pectore ferre meo — nec tu, Galatea, moueris!"
    'Talia nequiquam questus (nam cuncta uidebam)   870
surgit et ut taurus uacca furibundus adempta
stare nequit siluaque et notis saltibus errat,
cum ferus ignaros nec quidquam tale timentes
me uidet atque Acin "uideo" que exclamat "et ista
ultima sit faciam Veneris concordia uestrae."   875
tantaque uox, quantam Cyclops iratus habere
debuit, illa fuit; clamore perhorruit Aetne.
ast ego uicino pauefacta sub aequore mergor;
terga fugae dederat conuersa Symaethius heros
et "fer opem, Galatea, precor, mihi! ferte, parentes"   880
dixerat, "et uestris periturum admittite regnis."
insequitur Cyclops partemque e monte reuulsam
mittit, et extremus quamuis peruenit ad illum
angulus e saxo, totum tamen obruit Acin.
at nos, quod fieri solum per fata licebat,   885
fecimus ut uires adsumeret Acis auitas.
puniceus de mole cruor manabat, et intra
temporis exiguum rubor euanescere coepit,
fitque color primo turbati fluminis imbre
purgaturque mora. tum moles iacta dehiscit,   890
uiuaque per rimas proceraque surgit harundo,
osque cauum saxi sonat exsultantibus undis;
miraque res, subito media tenus exstitit aluo
incinctus iuuenis flexis noua cornua cannis,
qui, nisi quod maior, quod toto caerulus ore,   895
Acis erat, et sic quoque erat tamen Acis in amnem
uersus, et antiquum tenuerunt flumina nomen.'

    Desierat Galatea loqui, coetuque soluto
discedunt placidisque natant Nereides undis.

Parece que levo no peito, para aí trasladado com a violência toda,
o Etna. E tu, Galateia, sem te comoveres!'
Depois destes inúteis lamentos, levanta-se (na verdade
eu via tudo) e qual touro furioso de que foi apartada a vaca,
não consegue sossegar e erra pelos bosques e pelas serras
que conhece, quando, em fúria, nos vê, a mim e a Ácis,
desprevenidos e sem recear um tal perigo, e grita:
'Estou a ver-vos e vou fazer com que este seja o vosso último
encontro amoroso!' A sua voz foi tão forte como era de esperar
de um Ciclope irritado. Com o grito, o Etna tremeu de horror.
Eu, apavorada, mergulho no mar, que estava perto.
O herói do Simeto, voltando-se, foge enquanto grita:
'Ajuda-me, Galateia, peço-te! Ajudai-me, pais,
e recebei em vosso reino quem está prestes a morrer!'
O Ciclope persegue-o e contra ele arremessa um pedaço
de monte que arrancara. E embora só o tenha atingido
a extremidade da pedra, esmagou-o por completo.
Então eu, fazendo quanto me permitiam os fados,
fiz com que Ácis assumisse a natureza de seus avós.
Debaixo da enorme pedra corria um sangue de púrpura
que, num instante, começa a perder a cor.
Primeiro, toma a cor de um rio que a chuva toldou
e logo se aclara. Depois, ao ser tocada, a pedra fende-se
e, das fendas, brota uma cana vigorosa e alta.
Da boca funda da rocha sai o som de água corrente.
Logo, coisa estranha!, se eleva, até a cintura,
um jovem de cornos nascentes cingidos por canas
flexíveis, que, se não fosse maior e de face azulada,
seria Ácis. E, mesmo assim, era Ácis mudado
em rio, e o rio manteve o antigo nome."

[Glauco]

Galateia tinha acabado de falar. A reunião chegara ao fim.
As Nereidas retiram-se e vão nadar nas águas calmas.

Scylla redit (neque enim medio se credere ponto   900
audet) et aut bibula sine uestibus errat harena
aut, ubi lassata est, seductos nacta recessus
gurgitis inclusa sua membra refrigerat unda.
ecce fretum stringens alti nouus incola ponti
nuper in Euboica uersis Anthedone membris   905
Glaucus adest uisaeque cupidine uirginis haeret
et quaecumque putat fugientem posse morari
uerba refert; fugit illa tamen ueloxque timore
peruenit in summum positi prope litora montis.
ante fretum est ingens, apicem collectus in unum,   910
longa sub arboribus conuexus in aequora uertex;
constitit hic et tuta loco monstrumne deusne
ille sit ignorans admiraturque colorem
caesariemque umeros subiectaque terga tegentem,
ultimaque excipiat quod tortilis inguina piscis.   915
    Sensit et innitens quae stabat proxima moli
'non ego prodigium nec sum fera belua, uirgo,
sed deus' inquit 'aquae; nec maius in aequora Proteus
ius habet et Triton Athamantiadesque Palaemon.
ante tamen mortalis eram, sed, scilicet altis   920
deditus aequoribus, iam tum exercebar in illis.
nam modo ducebam ducentia retia pisces,
nunc in mole sedens moderabar harundine linum.
sunt uiridi prato confinia litora, quorum
altera pars undis, pars altera cingitur herbis,   925
quas neque cornigerae morsu laesere iuuencae,
nec placidae carpsistis oues hirtaeue capellae;
non apis inde tulit collectos sedula flores,
non data sunt capiti genialia serta, neque umquam
falciferae secuere manus. ego primus in illo   930
caespite consedi, dum lina madentia sicco,
utque recenserem captiuos ordine pisces,
insuper exposui quos aut in retia casus
aut sua credulitas in aduncos egerat hamos.

Cila retorna, pois não ousa confiar-se ao mar alto
e, ou sem vestes erra pela areia úmida, ou,
se encontra, já cansada, um recanto de mar afastado,
refresca nessas águas fechadas seu corpo lasso.
Eis que, cortando as águas, chega Glauco, novo habitante
do mar profundo, cujo corpo acabava de ser metamorfoseado
em Antédon, frente a Eubeia. Prende-o a paixão pela jovem
que avista e dirige-lhe todas as palavras que julga poderem
retardar-lhe a fuga. Ela, porém, foge veloz e alcança, com medo,
o cume do monte situado junto à praia. Ergue-se frente ao mar
um morro enorme, que se termina num pico que,
há muito coberto de árvores, se inclina sobre as águas.
Ali se detém e, na segurança do lugar, sem saber
se ele é um monstro ou se é um deus, admira-lhe a cor,
a cabeleira, que desce sobre os ombros e lhe cobre o dorso,
visto que a cauda de peixe prolonga a última parte da cintura.

   Glauco apercebe-se disso e, apoiando-se numa rocha
que nas proximidades se erguia, diz-lhe: "Não, não sou monstro,
ó donzela, nem sou animal feroz, sou um deus das águas.
E nem Proteu, nem Tritão, nem Palêmon, ó filha de Átamas,
têm no mar poder maior que o meu. Antes, todavia,
eu era um mortal, mas, é claro, dedicado às águas profundas;
já então nelas me exercitava, pois, ora puxava as redes que traziam
o peixe, ora, sentado nas rochas, com a cana orientava a linha.
Há uma praia que confina com um prado verde.
De um lado, cingem-na as águas; do outro, a erva,
que nem as vacas de longas hastes pastaram, nem vós
a tosastes, pacíficas ovelhas ou cabras de hirsuto pelo.
Nele nem a diligente abelha libou das flores o pólen,
nem dele se teceram para a cabeça grinaldas festivas,
nem jamais a cortaram mãos armadas de foice.
Fui eu o primeiro a nela me sentar, enquanto secava
as redes molhadas. E, para contar e distribuir o peixe
pescado, expus sobre a erva aquele que o acaso levara
para as redes ou a boa-fé para o curvo anzol.

res similis fictae (sed quid mihi fingere prodest?):　　　　　935
gramine contacto coepit mea praeda moueri
et mutare latus terraque ut in aequore niti;
dumque moror mirorque simul, fugit omnis in undas
turba suas dominumque nouum litusque relinquunt.
obstipui dubitoque diu causamque requiro,　　　　　940
num deus hoc aliquis, num sucus fecerit herbae.
"quae tamen has" inquam "uires habet herba?" manuque
pabula decerpsi decerptaque dente momordi.
uix bene combiberant ignotos guttura sucos,
cum subito trepidare intus praecordia sensi　　　　　945
alteriusque rapi naturae pectus amore;
nec potui restare diu "repetenda" que "numquam
terra, uale!" dixi corpusque sub aequora mersi.
di maris exceptum socio dignantur honore,
utque mihi quaecumque feram mortalia demant,　　　　　950
Oceanum Tethynque rogant. ego lustror ab illis
et purgante nefas nouiens mihi carmine dicto
pectora fluminibus iubeor supponere centum;
nec mora, diuersis lapsi de partibus amnes
totaque uertuntur supra caput aequora nostrum.　　　　　955
hactenus acta tibi possum memoranda referre,
hactenus et memini; nec mens mea cetera sensit.
quae postquam rediit, alium me corpore toto,
ac fueram nuper, neque eundem mente recepi;
hanc ego tum primum uiridem ferrugine barbam　　　　　960
caesariemque meam, quam longa per aequora uerro,
ingentesque umeros et caerula bracchia uidi
cruraque pennigero curuata nouissima pisce.
quid tamen haec species, quid dis placuisse marinis,
quid iuuat esse deum, si tu non tangeris istis?'　　　　　965
　　Talia dicentem, dicturum plura reliquit
Scylla deum; furit ille inritatusque repulsa
prodigiosa petit Titanidos atria Circes.

Parece mentira (mas que me adianta a mim mentir?),
ao contato com a erva, a minha pescaria começa a mexer-se,
a oscilar para um lado e outro e a deslocar-se em terra
como faz na água. Enquanto paro, espantado, todo o cardume
foge para o mar, abandonando o seu novo dono e abandonando
a praia. Estupefato, fico por largo tempo em suspenso e busco
a razão: terá sido um deus, ou foi a seiva da erva a fazê-lo?
'Mas', pergunto, 'será que esta erva tem esse condão?'
E colho com a mão a erva, que mordisco. Mal a garganta
foi tocada por aquela estranha seiva, logo senti as entranhas
agitarem-se e ser-me o coração levado pelo desejo
de outra natureza. Não pude resistir mais e grito:
'Adeus, terra, para nunca mais voltar!' E mergulho
o corpo nas águas. Os deuses do mar dignificam-me
com a honra de seu companheiro e rogam a Oceano e a Tétis
que me livrem do que de mortal possa ter. Sou por eles
purificado e, depois de sobre mim, por nove vezes,
pronunciarem um esconjuro que apaga os crimes,
ordenam que exponha o corpo à água de um cento de rios.
Logo, correndo de regiões diversas, os rios todos vertem
sua água sobre a minha cabeça. Do que aconteceu até aqui,
posso contar-te a recordação; até aqui, eu recordo.
O meu espírito não sentiu mais nada. Depois de a mim voltar,
diferente em todo o meu corpo daquilo que ainda há pouco era,
nem essas nem outras coisas semelhantes recebi na minha mente.
Então, pela primeira vez, vi eu esta barba verde-azebre
e a cabeleira que arrasto pelo mar infindo, estes já gigantescos
ombros, os braços azuis e as pernas encurvadas no extremo,
em forma de barbatana. Que me interessa a mim este aspecto,
que me interessa ter agradado aos deuses marinhos,
que me interessa a mim ser deus, se isto nada te disser?"

Cila abandona o deus enquanto isto dizia e se preparava para
dizer mais. O deus enfurece-se e, indignado pela rejeição, dirige-se
aos átrios onde Circe, a filha do Titã, realiza os seus prodígios.

Liber Quartus Decimus

Iamque Giganteis iniectam faucibus Aetnen
aruaque Cyclopum quid rastra, quid usus aratri,
nescia nec quicquam iunctis debentia bubus
liquerat Euboicus tumidarum cultor aquarum;
liquerat et Zanclen aduersaque moenia Regi   5
nauifragumque fretum, gemino quod litore pressum
Ausoniae Siculaeque tenet confinia terrae.
inde manu magna Tyrrhena per aequora uectus
herbiferos adiit colles atque atria Glaucus
Sole satae Circes, uariarum plena ferarum.   10
quam simul aspexit, dicta acceptaque salute,
'diua, dei miserere, precor. nam sola leuare
tu potes hunc' dixit, 'uidear modo dignus, amorem.
quanta sit herbarum, Titani, potentia nulli
quam mihi cognitius, qui sum mutatus ab illis.   15
neue mei non nota tibi sit causa furoris,
litore in Italico, Messenia moenia contra,
Scylla mihi uisa est. pudor est promissa precesque
blanditiasque meas contemptaque uerba referre;
at tu, siue aliquid regni est in carmine, carmen   20
ore moue sacro; siue expugnacior herba est,
utere temptatis operosae uiribus herbae.

Livro XIV

[Glauco, Cila e Circe]

O deus da Eubeia,[1] habitante das águas encapeladas,
deixara já para trás, entalado nas fauces de um gigante,[2]
o Etna e as terras dos Ciclopes, que desconhecem a enxada
e o uso do arado e nada devem às juntas de bois.
Deixara também Zancle e as muralhas fronteiras a Régio
e o estreito dos naufrágios que, condicionado pelas duas costas,
a da Ausônia e a da Sicília, marca os limites de ambas as terras.
Cruzando o mar Tirreno a grandes braçadas, Glauco chega
às colinas verdejantes e aos átrios repletos de animais selvagens
de formas enganadoras da filha do Sol, Circe.
Ao vê-la, depois de trocarem saudações, adianta:
"Deusa, peço-te, tem compaixão de um deus, pois só tu
podes apoiar este amor, assim te pareça que eu o mereço.
Ninguém, filha do Titã, melhor do que eu conhece
o poder das ervas, eu que por elas fui mudado.
E para que saibas a razão do meu desvario,
na costa da Itália, frente às muralhas de Messina,
eu vi Cila. Envergonha-me repetir as promessas, as súplicas,
as minhas ternas propostas e palavras, que ela desprezou.
Mas tu, se algum poder há nas encantações, com tua sagrada boca
formula uma; ou, se a erva tiver maiores possibilidades,
usa o poder já provado de uma erva eficaz. Não te peço

---

[1] Glauco. Ver XIII, 905.

[2] Tifeu, vencido por Júpiter e esmagado debaixo da Sicília.

nec medeare mihi sanesque haec uulnera mando
(fine nihil opus est!); partem ferat illa caloris.'
   At Circe (neque enim flammis habet aptius ulla   25
talibus ingenium, seu causa est huius in ipsa,
seu Venus indicio facit hoc offensa paterno)
talia uerba refert: 'melius sequerere uolentem
optantemque eadem parilique cupidine captam.
dignus eras ultro (poteras certeque) rogari,   30
et, si spem dederis, mihi crede, rogaberis ultro.
neu dubites adsitque tuae fiducia formae,
en ego, cum dea sim, nitidi cum filia Solis,
carmine cum tantum, tantum quoque gramine possim,
ut tua sim uoueo. spernentem sperne, sequenti   35
redde uices, unoque duas ulciscere facto.'
talia temptanti 'prius' inquit 'in aequore frondes'
Glaucus 'et in summis nascentur montibus algae,
sospite quam Scylla nostri mutentur amores.'
indignata dea est, et laedere quatenus ipsum   40
non poterat (nec uellet amans), irascitur illi
quae sibi praelata est; Venerisque offensa repulsa
protinus horrendis infamia pabula sucis
conterit et tritis Hecateia carmina miscet
caerulaque induitur uelamina perque ferarum   45
agmen adulantum media procedit ab aula,
oppositumque petens contra Zancleia saxa
Region ingreditur feruentes aestibus undas,
in quibus ut solida ponit uestigia terra
summaque decurrit pedibus super aequora siccis.   50
   Paruus erat gurges curuos sinuatus in arcus;
grata quies Scyllae; quo se referebat ab aestu
et maris et caeli, medio cum plurimus orbe
sol erat et minimas a uertice fecerat umbras.

que me cures, que me sares esta ferida. Não é de todo
necessário pôr-lhe fim. Que Cila carregue parte desta paixão." ʾ
   Mas Circe (de fato, nenhuma mulher tem um temperamento
mais dado a tais ardores, esteja em si a causa disso ou,
ressentida pela delação do seu pai, Vênus lho provoque)
respondeu-lhe assim: "Melhor é que sigas quem queira
e deseje o mesmo e obedeça à mesma paixão. Mais merecedor
eras tu de ser cortejado, e seguramente poderias sê-lo,
e, acredita em mim, sê-lo-ás, se deres esperanças.
Para não teres dúvidas e acreditares na tua beleza,
eis-me a mim que, embora deusa e filha do Sol resplandecente,
e tendo tanto poder com as encantações como tenho com as ervas,
desejo ser tua. Despreza quem te despreza, paga na mesma
moeda e, com um único ato, pune uma e vinga a outra."[3]
A esta tentativa de sedução, responde Glauco:
"Hão de no mar nascer árvores e algas nos altos montes
antes de eu mudar de amores, enquanto Cila viver."
A deusa foi invadida pela indignação e, uma vez que
não podia fazer-lhe mal a ele, nem queria, pois que o amava,
dirige a sua ira contra aquela que foi preferida a si.
Ofendida pela recusa do seu amor, logo tritura funestas ervas
de temível seiva, a que mistura cantos de invocação
a Hécate, põe seu manto azul e sai do palácio
por entre o exército de feras, que a saúdam,
e, dirigindo-se a Régio, em frente à rocha de Zancle,
caminha sobre as ondas encrespadas,
em que pousa os pés como em terra firme,
e corre a pé enxuto sobre a superfície das águas.
   Havia uma garganta estreita que formava um curvo arco,
retiro favorito de Cila, onde se refugiava da agitação do mar
e do rigor do céu, quando, a meio do seu percurso, o Sol era
mais intenso e, do ponto mais alto, tornava mais curta a sombra.

---

[3] A palavra latina *ulcisci* tem os dois significados, punir e vingar. Entregando-se
a Circe, vinga-a da sua rival, que é punida por causa do seu desdém.

hunc dea praeuitiat portentificisque uenenis   55
inquinat, hic pressos latices radice nocenti
spargit et obscurum uerborum ambage nouorum
ter nouiens carmen magico demurmurat ore.
Scylla uenit mediaque tenus descenderat aluo,
cum sua foedari latrantibus inguina monstris   60
aspicit; ac primo, credens non corporis illas
esse sui partes, refugitque abigitque timetque
ora proterua canum. sed quos fugit, attrahit una,
et corpus quaerens femorum crurumque pedumque
Cerbereos rictus pro partibus inuenit illis;   65
statque canum rabie subiectaque terga ferarum
inguinibus truncis uteroque exstante coercet.
   Fleuit amans Glaucus nimiumque hostiliter usae
uiribus herbarum fugit conubia Circes.
Scylla loco mansit, cumque est data copia primum,   70
in Circes odium sociis spoliauit Vlixem.
mox eadem Teucras fuerat mersura carinas,
ni prius in scopulum, qui nunc quoque saxeus exstat,
transformata foret; scopulum quoque nauita uitat.

   Hunc ubi Troianae remis auidamque Charybdin   75
euicere rates, cum iam prope litus adessent
Ausonium, Libycas uento referuntur ad oras.
excipit Aenean illic animoque domoque
non bene discidium Phrygii latura mariti
Sidonis, inque pyra sacri sub imagine facta   80
incubuit ferro deceptaque decipit omnes.
   Rursus harenosae fugiens noua moenia terrae
ad sedes Erycis fidumque relatus Acesten

A deusa começa por degradá-lo, impregnando-o de venenos
monstruosos. Espalha seiva de raízes venenosas e,
numa amálgama obscura de palavras incompreensíveis,
recita três vezes nove vezes um esconjuro mágico. Cila chega.
Tinha submergido até a cintura, quando se apercebe de que
as suas partes estão desfiguradas por monstros latrantes.
Crendo, primeiro, que não pertenciam a seu corpo, foge e afugenta
as ameaçadoras fauces dos cães que a apavoram. Mas arrasta
consigo aqueles de que foge. Tentando encontrar as coxas,
as pernas e os pés, no lugar deles encontra as fauces abertas
de uma matilha de Cérberos. Mantém-se em pé graças
aos raivosos cães e, com as partes mutiladas e o ventre
distendido, comanda o dorso das feras sobre que se ergue.
   Enamorado, Glauco chora e recusa a união com Circe
que tão hostilmente usou o poder das ervas. Cila mantém-se
no mesmo lugar e, logo que a oportunidade surge, arrebata
a Ulisses os seus companheiros por causa do ódio a Circe.
Logo depois, teria submergido as embarcações troianas,
se não houvesse sido transformada em rochedo, cuja massa
ainda hoje se ergue acima das ondas, que os marinheiros evitam.

[Os Cercopes]

   Depois de as naus troianas ultrapassarem, à força de remos,
Cila e a voraz Caribde, estando já perto da costa da Ausónia,
são arremessadas pelos ventos para as costas da Líbia. Ali,
recebe Eneias, em seu coração e em seu palácio, a Sidónia,
que não iria suportar a partida do marido frígio e, numa pira
erguida sob o pretexto de um sacrifício, lança-se sobre
uma espada. Enganada ela, enganou a todos.
   Fugindo das novas muralhas do país da areia,
Eneias é reconduzido ao país de Érice[4] e, junto do fiel Acestes,[5]

---

[4] Herói que deu nome à montanha siciliana célebre pelo santuário de Afrodite.

[5] Filho do deus-rio siciliano Crimiso, que acolheu Eneias e seus companheiros.

sacrificat tumulumque sui genitoris honorat.
quasque rates Iris Iunonia paene cremarat 85
soluit et Hippotadae regnum terrasque calenti
sulphure fumantes Acheloiadumque relinquit
Sirenum scopulos, orbataque praeside pinus
Inarimen Prochytenque legit sterilique locatas
colle Pithecusas habitantum nomine dictas. 90
quippe deum genitor, fraudem et periuria quondam
Cercopum exosus gentisque admissa dolosae,
in deforme uiros animal mutauit; ut idem
dissimiles homini possent similesque uideri,
membraque contraxit naresque a fronte resimas 95
contudit et rugis perarauit anilibus ora
totaque uelatos flauenti corpora uillo
misit in has sedes. nec non prius abstulit usum
uerborum et natae dira in periuria linguae;
posse queri tantum rauco stridore reliquit. 100

Has ubi praeteriit et Parthenopeia dextra
moenia deseruit, laeua de parte canori
Aeolidae tumulum et loca feta palustribus undis,
litora Cumarum uiuacisque antra Sibyllae
intrat et ut manes adeat per Auerna paternos 105
orat. at illa diu uultum tellure moratum
erexit tandemque deo furibunda recepto
'magna petis' dixit, 'uir factis maxime, cuius
dextera per ferrum, pietas spectata per ignes.

oferece um sacrifício e honra o túmulo de seu pai.

Solta as embarcações, que Íris, a mensageira de Juno,
quase havia queimado, e deixa o reino do filho de Hípotes,[6]
as terras que exalam enxofre a ferver e as rochas das Sereias,
as filhas de Aqueloo.[7] Sem piloto, a sua embarcação costeia
Inárime, Prócita e Pitecusa, situada sobre uma colina estéril,
assim chamada em razão do nome de seus habitantes.

De fato, um dia, o pai dos deuses, revoltado com a fraude
e o perjúrio dos Cercopes e com os crimes deste povo pérfido,
mudou os homens em animais disformes. Para poderem
parecer ao mesmo tempo diferentes e iguais a homens,
contraiu-lhes os membros, achatou-lhes o nariz, que se recurva
na frente, sulcou-lhes a face com rugas de velha e remeteu-os,
com o corpo todo coberto de um pelo dourado, para estas paragens,
não sem antes lhes haver retirado o uso da palavra e da língua,
nascida para cruéis perjúrios. Deixou-lhes apenas
a possibilidade de se queixarem com um rouco murmúrio.

[A Sibila]

Depois de ultrapassar estas regiões e deixar, à direita,
as muralhas de Partênope e, à esquerda, o túmulo do canoro
filho de Éolo e as regiões pantanosas, Eneias aborda
as costas de Cumas, entra nos antros da antiga Sibila
e pede para visitar, através do Averno, os manes de seu pai.
Demorando por muito tempo o olhar fixo no chão, a Sibila
ergue-o e, por fim, inspirada pelo deus que a possuiu, afirma:
"É muito aquilo que pedes, herói ilustre por teus feitos, cujo valor
se mostrou pela espada, e cuja piedade foi testada pelo fogo.

---

[6] Éolo.

[7] As Sereias, filhas de Aqueloo, são gênios marinhos, metade mulher e metade pássaro, que com sua música atraíam os marinheiros a quem devoravam depois de naufragarem. Foi para fugir delas que Ulisses mandou os seus marinheiros taparem os ouvidos com cera e ele se prendeu ao mastro.

pone tamen, Troiane, metum; potiere petitis,   110
Elysiasque domos et regna nouissima mundi
me duce cognosces simulacraque cara parentis.
inuia uirtuti nulla est uia.' dixit et auro
fulgentem ramum silua Iunonis Auernae
monstrauit iussitque suo diuellere trunco.   115

    Paruit Aeneas et formidabilis Orci
uidit opes atauosque suos umbramque senilem
magnanimi Anchisae. didicit quoque iura locorum,
quaeque nouis essent adeunda pericula bellis.
inde ferens lassos aduerso tramite passus   120
cum duce Cumaea mollit sermone laborem;
dumque iter horrendum per opaca crepuscula carpit,
'seu dea tu praesens seu dis gratissima' dixit,
'numinis instar eris semper mihi, meque fatebor
muneris esse tui, quae me loca mortis adire,   125
quae loca me uisae uoluisti euadere mortis.
pro quibus aerias meritis euectus ad auras
templa tibi statuam, tribuam tibi turis honores.'

    Respicit hunc uates et suspiratibus haustis
'nec dea sum' dixit 'nec sacri turis honore   130
humanum dignare caput. neu nescius erres,
lux aeterna mihi carituraque fine dabatur,
si mea uirginitas Phoebo patuisset amanti.
dum tamen hanc sperat, dum praecorrumpere donis
me cupit, "elige" ait, "uirgo Cumaea, quid optes: 135
optatis potiere tuis." ego pulueris hausti
ostendens cumulum, quot haberet corpora puluis,
tot mihi natales contingere uana rogaui;
excidit, ut peterem iuuenes quoque protinus annos.
hos tamen ille mihi dabat aeternamque iuuentam,   140
si Venerem paterer. contempto munere Phoebi

Deixa, pois, troiano, de temer, terás o que desejas. Guiado
por mim, conhecerás as mansões do Elísio, os últimos reinos
do mundo e a sombra querida de teu pai. Para a virtude
não há caminhos inacessíveis." Depois de falar, indicou-lhe,
no bosque consagrado à Juno do Averno, um brilhante
ramo de ouro e ordenou-lhe que o arrancasse do tronco.

Eneias obedece e vê o poder do temível Orco,[8] vê os seus
antepassados e vê a sombra de seu velho pai, o magnânimo Anquises.
Toma também conhecimento das leis que regem aquelas paragens
e dos perigos que deve enfrentar em novos combates. Seguidamente,
subindo a passo lento pelo caminho que lhe fica em frente,
ameniza o esforço no diálogo com a Sibila, que o guia. Enquanto
percorre aquele horrendo caminho envolto em negro crepúsculo,
segreda: "Sejas tu uma deusa em pessoa, sejas favorita dos deuses,
para mim tu serás sempre uma divindade. E hei de confessar
que tudo te devo, a ti que quiseste levar-me aos lugares da morte
e arrancar-me desses lugares depois de a morte ver.
Por estes serviços, quando chegar à luz do dia, um templo
hei de erguer-te e hei de prestar-te as honras do incenso."

A Sibila volta-se para ele e, soltando um fundo suspiro,
diz-lhe: "Nem eu sou deusa, nem tu consideres um humano
digno das honras do sagrado incenso. E não erres por ignorância.
A mim, ter-me-ia sido dada uma vida eterna e sem fim,
se a minha virgindade se tivesse entregue ao amor de Febo.
Enquanto espera consegui-la, enquanto espera seduzir-me
com presentes, ele afirma: 'Donzela de Cumas, escolhe o que quiseres,
verás satisfeitos os teus desejos.' Apanhei do chão e mostrei-lhe
um punhado de pó e pedi-lhe, insensata, que tantos anos
me fossem dados quantos os grãos de pó daquele punhado.
Esqueci-me de pedir que os anos fossem todos da juventude.
Ele dava-me esses anos e dava-me uma juventude eterna
se eu me entregasse ao amor. Porque desprezei a proposta de Febo,

---

[8] Orco era inicialmente o espírito da morte. Com o tempo e com a helenização
das divindades romanas, passou a ser apenas um dos nomes de Plutão.

innuba permaneo, sed iam felicior aetas
terga dedit, tremuloque gradu uenit aegra senectus,
quae patienda diu est. nam iam mihi saecula septem
acta uides; superest, numeros ut pulueris aequem, 145
ter centum messes, ter centum musta uidere.
tempus erit, cum de tanto me corpore paruam
longa dies faciet, consumptaque membra senecta
ad minimum redigentur onus, nec amata uidebor
nec placuisse deo, Phoebus quoque forsitan ipse 150
uel non cognoscet uel dilexisse negabit.'
[usque adeo mutata ferar, nullique uidenda,
uoce tamen noscar; uocem mihi fata relinquent.]

Talia conuexum per iter memorante Sibylla
sedibus Euboicam Stygiis emergit in urbem 155
Troius Aeneas sacrisque ex more litatis
litora adit nondum nutricis habentia nomen.
hic quoque substiterat post taedia longa laborum
Neritius Macareus, comes experientis Vlixis.
desertum quondam mediis qui rupibus Aetnae 160
noscit Achaemeniden improuisoque repertum
uiuere miratus 'quis te casusue deusue
seruat, Achaemenide? cur' inquit 'barbara Graium
prora uehit? petitur uestra quae terra carina?'
talia quaerenti iam non hirsutus amictu, 165
iam suus et spinis conserto tegmine nullis
fatur Achaemenides: 'iterum Polyphemon et illos

permaneço virgem, mas a idade de maior felicidade voltou-me
as costas e até mim veio, com trêmulo passo, a triste velhice,
que por muito tempo devo suportar. Vês os sete séculos
já por mim vividos. E, para os grãos de pó igualar, falta-me assistir
a trezentas ceifas e a outras tantas vindimas. Tempo virá
em que tão longa soma de dias, de tão alto corpo que tenho,
me fará exígua e, consumidos pela velhice, os meus membros
serão reduzidos a um peso insignificante, sem parecer que fui amada
e objeto da paixão de um deus.[9] E até Febo, provavelmente,
ou não me reconhecerá ou negará que me tenha amado. Dir-se-á
que fui mudada a ponto de ninguém me poder ver. Serei, contudo,
reconhecida pela voz. Os fados só a voz me deixarão ficar."[10]

[Aquemênides]

Enquanto a Sibila evocava estas coisas no longo percurso do íngreme
caminho, o troiano Eneias transpõe as portas das moradas Estígias
para a cidade da Eubeia. E depois de, conforme o costume,
oferecer um sacrifício, avança para a praia, que ainda não tinha o nome
de sua mãe. Aí se detivera também um dos companheiros
do experiente Ulisses — Macareu, filho de Nirito — depois
de seus longos e penosos trabalhos. Reconheceu Aquemênides,
abandonado um dia junto às rochas do Etna, e, admirado por,
de repente, o encontrar vivo, grita-lhe: "Que acaso, ou que deus,
Aquemênides, te salvou? Por que é que uma proa bárbara
transporta um grego? Que terra busca a vossa embarcação?"
Aquemênides, já sem o aspecto rude de sua veste, senhor de si já,
já sem peles cosidas com espinhos, a quem lhe faz tais perguntas
responde: "Veja eu de novo Polifemo e aquelas fauces

---

[9] Tendo-se esquecido de pedir que os anos fossem de juventude, ressequida pelos
anos, foi-se tornando menor, a ponto de parecer uma cigarra que acabou pendurada
numa gaiola no templo de Apolo.

[10] De acordo com a crença popular, a Sibila continuaria a profetizar mesmo de-
pois de desaparecer, ouvindo-se a sua voz nos subterrâneos do templo.

aspiciam fluidos humano sanguine rictus,
hac mihi si potior domus est Ithaceque carina,
si minus Aenean ueneror genitore; nec umquam
esse satis potero, praestem licet omnia, gratus.
quod loquor et spiro caelumque et sidera solis
respicio, possimne ingratus et immemor esse?
ille dedit, quod non anima haec Cyclopis in ora
uenit, et ut iam nunc lumen uitale relinquam,
aut tumulo aut certe non illa condar in aluo.
   'Quid mihi tunc animi (nisi si timor abstulit omnem
sensum animumque) fuit, cum uos petere alta relictus
aequora conspexi? uolui inclamare, sed hosti
prodere me timui; uestrae quoque clamor Vlixis
paene rati nocuit. uidi, cum monte reuulsum
immanem scopulum medias permisit in undas;
uidi iterum ueluti tormenti uiribus acta
uasta Giganteo iaculantem saxa lacerto,
et ne deprimeret fluctusue lapisue carinam
pertimui, iam me non esse oblitus in illa.
ut uero fuga uos a certa morte reduxit,
ille quidem totam gemebundus obambulat Aetnen
praetemptatque manu siluas et luminis orbus
rupibus incursat foedataque bracchia tabo
in mare protendens gentem exsecratur Achiuam
atque ait: "o si quis referat mihi casus Vlixem
aut aliquem e sociis, in quem mea saeuiat ira,
uiscera cuius edam, cuius iuuentia dextra
membra mea laniem, cuius mihi sanguis inundet
guttur et elisi trepident sub dentibus artus,
quam nullum aut leue sit damnum mihi lucis ademptae!"
haec et plura ferox; me luridus occupat horror
spectantem uultus etiamnum caede madentes
crudelesque manus et inanem luminis orbem
membraque et humano concretam sanguine barbam.

170

175

180

185

190

195

200

banhadas de sangue humano, se a minha casa e a nau
do rei de Ítaca são para mim melhores do que esta nau;
se venero menos Eneias do que venero meu pai.
E nunca poderei ser suficientemente grato para com ele,
ainda que tudo lhe dê. Por que falo, respiro e contemplo
o astro solar, posso eu ser ingrato e não ser reconhecido?
Foi ele quem fez com que a minha vida não acabasse nas fauces
do Ciclope. E ainda que deixe a luz da vida neste momento,
serei sepultado num túmulo e não, seguramente, naquela pança.

Qual não foi o meu sentir, se é que o medo não me tirou
toda a capacidade de sentir e pensar, quando, deixado para trás,
vi que vos fazíeis ao largo? Quis gritar, mas receei estar
a entregar-me ao inimigo. Também o grito de Ulisses esteve
a ponto de afundar a vossa embarcação. Eu vi como o Ciclope
arremessou para o meio do mar a enorme pedra arrancada ao morro;
vi-o também, com o braço próprio de um gigante,
arremessar pedras enormes como se fossem impulsionadas
pela força de um engenho e tive medo de que a onda ou a pedra
afundassem a nau, esquecido de que já não me encontrava nela.
Mas quando a fuga vos arranca a uma morte certa,
fazendo ecoar seus lamentos, ele percorre o Etna inteiro.
Com a mão decepa as árvores; privado da vista, vai de encontro
às rochas; e, estendendo para o mar os braços sujos de sangue,
solta imprecações contra o povo aqueu e desabafa:
'Oh! se algum acaso me trouxesse de volta Ulisses
ou algum dos seus companheiros em quem cevasse a minha ira,
a quem devorasse as entranhas, cujo corpo ainda vivo
a minha destra despedaçasse, cujo sangue me escorresse pela garganta
e cujos membros palpitassem esmagados entre meus dentes,
teria por menor prejuízo ou coisa pouca o ter perdido a vista!'
Enraivecido, solta estas e muitas outras ameaças do mesmo gênero.
Lívido, apossa-se de mim o pavor, ao ver sua face coberta ainda
de carne, suas mãos cruéis, seu olho vazado, seu corpo
e sua barba coalhados de sangue humano.

[mors erat ante oculos, minimum tamen ipsa doloris.]
et iam prensurum, iam nunc mea uiscera rebar
in sua mersurum; mentique haerebat imago
temporis illius, quo uidi bina meorum   205
ter quater affligi sociorum corpora terrae,
cum super ipse iacens hirsuti more leonis
uisceraque et carnes cumque albis ossa medullis
semianimesque artus auidam condebat in aluum.
me tremor inuasit; stabam sine sanguine maestus,   210
mandentemque uidens eiectantemque cruentas
ore dapes et frusta mero glomerata uomentem,
talia fingebam misero mihi fata parari
perque dies multos latitans omnemque tremescens
ad strepitum mortemque timens cupidusque moriri,   215
glande famem pellens et mixta frondibus herba,
solus inops exspes, leto poenaeque relictus,
hanc procul aspexi longo post tempore nauem
orauique fugam gestu ad litusque cucurri,
et moui; Graiumque ratis Troiana recepit.   220
tu quoque pande tuos, comitum gratissime, casus
et ducis et turbae, quae tecum est credita ponto.'

    Aeolon ille refert Tusco regnare profundo,
Aeolon Hippotaden, cohibentem carcere uentos;
quos bouis inclusos tergo, memorabile munus,   225
Dulichium sumpsisse ducem flatuque secundo
lucibus isse nouem et terram aspexisse petitam.
proxima post nonam cum sese aurora moueret,
inuidia socios praedaeque cupidine uictos,
esse ratos aurum, dempsisse ligamina uentis;   230
cum quibus isse retro per quas modo uenerat undas,
Aeoliique ratem portus repetisse tyranni.

Tinha a morte em frente aos olhos, e ela era a dor menor.
Já me supunha agarrado, via já minhas entranhas a mergulharem
nas dele. Tinha gravada na mente a imagem daquele momento
em que vi os corpos de dois de meus companheiros por três
ou quatro vezes esmagados contra o chão, quando ele, acocorado
sobre eles, como hirsuto leão, sepultava no seu ventre vísceras,
carne, ossos de branco tutano e os membros ainda vivos.
Invadiu-me o tremor. Estava estático, sem pingo de sangue,
apavorado, vendo-o mastigar e cuspir carnes ensanguentadas
e vomitar os pedaços de mistura com o vinho. Imaginava
que o destino me preparava fim igual. Escondido por dias
sem conta, receando a morte, mas ansioso por morrer,
tremia de medo a cada ruído. Combatia a fome com bolotas
e ervas misturadas com folhas. Solitário, desprovido de tudo,
sem esperança, abandonado à morte e à vingança,
depois de muito tempo, vejo ao longe esta embarcação.
Por gestos, suplico que me ajudem a fugir e corro para a praia.
Suscitei compaixão. E uma embarcação troiana
recebe em seu seio um grego. Conta tu também, ó mais heroico
dos meus companheiros, tuas desventuras, não só as do chefe,
mas também as da tripulação que contigo se confiou ao mar."

[Macareu, Ulisses e Circe]

Conta-lhe Macareu que Éolo reina no mar da Toscana,
Éolo, o filho de Hípotes, que guarda os ventos num cárcere;
que, encerrados na pele de um boi, memorável presente,
os recebeu o rei de Dulíquio e com favorável brisa navegou nove dias
até ver a terra que buscava; que, aproximando-se a aurora seguinte
à nona, vencidos pela inveja e pela ganância de despojos,
convencidos de que era ouro, os seus companheiros
desataram a atadura dos ventos; que, com eles, a embarcação
retornara pelas mesmas águas por onde acabara de vir,
voltando ao porto do soberano das ilhas Eólicas.

'Inde Lami ueterem Laestrygonis' inquit 'in urbem
uenimus; Antiphates terra regnabat in illa.
missus ad hunc ego sum numero comitante duorum, 235
uixque fuga quaesita salus comitique mihique;
tertius e nobis Laestrygonis impia tinxit
ora cruore suo. fugientibus instat et agmen
concitat Antiphates; coeunt et saxa trabesque
coniciunt merguntque uiros frunguntque carinas. 240
una tamen, quae nos ipsumque uehebat Vlixem,
effugit.
     'Amissa sociorum parte dolentes
multaque conquesti terris adlabimur illis,
quas procul hinc cernis — procul hinc, mihi crede, uidenda
insula, crede mihi! tuque, o iustissime Troum, 245
nate dea (neque enim finito Marte uocandus
hostis es, Aenea), moneo, fuge litora Circes!
nos quoque Circaeo religata in litore pinu
Antiphatae memores immansuetique Cyclopis,
ire negabamus ed tecta ignota subire; 250
sorte sumus lecti, sors me fidumque Politen
Eurylochumque simul nimiique Elpenora uini
bisque nouem socios Circaea ad moenia misit.
quae simul attigimus stetimusque in limine tecti,
mille lupi mixtique lupis ursaeque leaeque 255
occursu fecere metum. sed nulla timenda,
nullaque erat nostro factura in corpore uulnus;
quin etiam blandas mouere per aera caudas
nostraque adulantes comitant uestigia, donec
excipiunt famulae perque atria marmore tecta 260
ad dominam ducunt. pulchro sedet illa recessu,
sollemni solio pallamque induta nitentem
insuper aurato circumuelatur amictu.

"Daí", continua Macareu, "chegamos à velha cidade
do lestrigão Lamo.[11] Reinava aí Antífates. Sou enviado junto dele,
acompanhado por dois guerreiros, e só na fuga encontrei salvação,
eu e um dos meus companheiros. O terceiro tingiu com
o seu sangue a ímpia boca do lestrigão. Enquanto fugíamos,
Antífates persegue-nos e incita contra nós uma chusma.
Correm em bandos, arremessam contra nós pedras e paus,
afundam os homens no mar e esfrangalham as embarcações.
Mas uma delas, a que me levava a mim e ao próprio Ulisses,
consegue fugir.

Pesarosos com a perda de tantos dos nossos
companheiros e depois de muito os havermos chorado,
chegamos àquela terra que vês lá ao longe. É de longe,
acredita em mim, que aquela ilha deve ser vista! A ti, ó mais justo
dos Troianos, a ti, filho de uma deusa (de fato, terminada a guerra,
não devo considerar-te inimigo), aconselho-te, foge das praias
de Circe! Também nós, amarrada a embarcação junto
às costas de Circe, lembrados de Antífates e do cruel Ciclope,
recusávamos ir a terra e entrar em moradas estranhas.
Tiramos à sorte. A sorte enviou-me a mim, ao leal Polites,
a Euríloco, a Elpenor, muito amigo do vinho, e a dezoito
outros companheiros para junto das muralhas de Circe.
Logo que as atingimos e nos detivemos às portas do palácio,
encheu-nos de pavor o encontro com mil lobos,
com ursos e com leoas, misturados entre si. Mas não havia
que temer nenhum deles e nenhum havia de provocar qualquer
ferida em nossos corpos, pelo contrário, agitavam amistosamente
no ar as suas caudas e acompanhavam-nos, fazendo-nos festas,
até as servas nos receberem e, por átrios revestidos de mármores,
nos conduzirem à presença da sua senhora. Num belo aposento,
ela está sentada em solene trono, revestida de um manto
brilhante que tem por cima um amicto dourado.

---

[11] Lamo era rei dos Lestrigões, povo antropófago que habitava a costa da Itália,
ao sul do Lácio, nos arredores de Fórmias.

Nereides nymphaeque simul, quae uellera motis
nulla trahunt digitis nec fila sequentia ducunt; 265
gramina disponunt sparsosque sine ordine flores
secernunt calathis uariasque coloribus herbas.
ipsa quod hae faciunt opus exigit, ipsa quis usus
quoue sit in folio, quae sit concordia mixtis
nouit et aduertens pensas examinat herbas. 270
haec ubi nos uidit, dicta acceptaque salute
diffudit uultus et reddidit omnia uotis;
nec mora, misceri tosti iubet hordea grani
mellaque uimque meri cum lacte coagula passo,
quique sub hac lateant furtim dulcedine, sucos 275
adicit. accipimus sacra data pocula dextra.
quae simul arenti sitientes hausimus ore
et tetigit summos uirga dea dira capillos
(et pudet et referam), saetis horrescere coepi
nec iam posse loqui, pro uerbis edere raucum 280
murmur et in terram toto procumbere uultu,
osque meum sensi pando occallescere rostro,
colla tumere toris, et qua modo pocula parte
sumpta mihi fuerant, illa uestigia feci.
cumque eadem passis (tantum medicamina possunt) 285
claudor hara; solumque suis caruisse figura
uidimus Eurylochum, solus data pocula fugit.
quae nisi uitasset, pecoris pars una manerem
nunc quoque saetigeri, nec tantae cladis ab illo
certior ad Circen ultor uenisset Vlixes. 290
pacifer huic dederat florem Cyllenius album;
moly uocant superi, nigra radice tenetur.
tutus eo monitisque simul caelestibus intrat
ille domum Circes et ad insidiosa uocatus
pocula conantem uirga mulcere capillos 295
reppulit et stricto pauidam deterruit ense.

Nereidas e ninfas, que não fiam lã com o mover dos dedos,
nem urdem o dócil fio, escolhem ervas e distribuem
por açafates flores espalhadas ao acaso e plantas
de cores variadas. A própria Circe dirige o trabalho delas,
conhece a utilidade de cada folha e a proporção da mistura,
supervisiona e controla as ervas, que são pesadas.
Ao ver-nos, depois de ser saudada e de retribuir
a saudação, descontrai as feições do rosto
e responde a todos os nossos desejos. Logo ordena
que se misturem grãos de cevada torrada, mel,
vinho em quantidade e coalhada. Acrescenta
furtivamente seivas que se disfarçam naquela doçura.
Recebemos de sua sagrada mão os copos que nos estendia.
Logo que, dominados pela sede e de boca ressequida, os esvaziamos
e, com sua vara, a cruel deusa aflorou nossos cabelos (tenho vergonha,
mas vou contá-lo) comecei a ficar com o corpo eriçado de cerdas,
a já não poder falar e a emitir, em vez de palavras, um grunhido cavo
e a inclinar completamente a face para a terra. Senti que a minha boca
começava a endurecer em arredondado focinho, que o pescoço
se me entumecia de músculos e, com aquela parte com que acabava
de pegar no copo, com ela caminhava agora. E, na companhia
daqueles que comigo sofreram o mesmo (tal é o poder das mezinhas),
sou encerrado numa pocilga. Vimos que o único que não tinha figura
de porco era Euríloco, o único que evitou o copo que lhe era estendido.
Se ele não o tivesse recusado, ainda hoje eu faria parte de uma vara
coberta de cerdas e Ulisses não teria sido informado por ele de desgraça
tão grande e não teria vindo à presença de Circe para nos salvar.
O deus de Cilene, mensageiro da paz, havia-lhe dado uma flor branca.
Os deuses chamam-lhe *moly*,[12] prende-se à terra por negra raiz.
Confiado nela e nas advertências celestes, entra na residência de Circe
e, ao ser convidado a beber o perigoso copo, procurando ela afagar-lhe
os cabelos com a vara, ele repele-a e, desembainhando a espada,
afasta-a, espavorida. Depois, jurando mútua fidelidade e dando-se

---

[12] Ver *Odisseia*, X, 305.

inde fides dextraeque datae, thalamoque receptus
coniugii dotem sociorum corpora poscit.
spargimur ignotae sucis melioribus herbae
percutimurque caput conuersae uerbere uirgae,   300
uerbaque dicuntur dictis contraria uerbis;
quo magis illa canit, magis hoc tellure leuati
erigimur, saetaeque cadunt bifidosque relinquit
rima pedes, redeunt umeri et subiecta lacertis
bracchia sunt. flentem flentes amplectimur illum   305
haeremusque ducis collo, nec uerba locuti
ulla priora sumus quam nos testantia gratos.

   'Annua nos illic tenuit mora, multaque praesens
tempore tam longo uidi, multa auribus hausi;
hoc quoque cum multis, quod clam mihi rettulit una   310
quattuor e famulis ad talia sacra paratis.
cum duce namque meo Circe dum sola moratur,
illa mihi niueo factum de marmore signum
ostendit iuuenale gerens in uertice picum,
aede sacra positum multisque insigne coronis.   315
quis foret et quare sacra coleretur in aede,
cur hanc ferret auem quaerenti et scire uolenti
"accipe" ait, "Macareu, dominaeque potentia quae sit
hinc quoque disce meae; tu dictis adice mentem.

   '"Picus in Ausoniis, proles Saturnia, terris   320
rex fuit, utilium bello studiosus equorum.
forma uiro, quam cernis, erat; licet ipse decorem
aspicias fictaque probes ab imagine uerum.
par animus formae; nec adhuc spectasse per annos
quinquennem poterat Graia quater Elide pugnam.   325
ille suos Dryadas Latiis in montibus ortas
uerterat in uultus, illum fontana petebant
numina, Naiades, quas Albula, quasque Numici,

as mãos, é recebido no tálamo de Circe. Como recompensa
daquela união, exige os corpos de seus companheiros.
Somos aspergidos com a benéfica seiva de ervas desconhecidas,
na cabeça dá-nos um toque com a vara voltada ao contrário
e recita palavras contrárias àquelas que havia recitado antes.
Quanto mais ela recita tanto mais nós, erguendo-nos da terra,
nos elevamos, as cerdas nos caem, de nossos pés desaparece
a fenda, retomamos ombros e aos antebraços se seguem
os braços. A chorar, abraçamo-lo, a ele que chorava,
e ficamos presos a seu pescoço sem pronunciar palavra
nenhuma antes de testemunharmos a nossa gratidão.
    Ficamos ali retidos pelo período de um ano e,
em tão demorada presença, vi muita coisa e muita outra ouvi.
E, entre muitas, ouvi também esta, que me foi contada
em segredo por uma das quatro servas preparadas
para esses rituais. De fato, enquanto Circe estava sozinha
com o meu comandante, aquela mostrou-me, colocada
num templo e ornada com grinaldas variadas, a estátua
de um jovem esculpida em mármore da brancura da neve,
que no topo da cabeça tinha um picanço. Querendo eu saber,
perguntei quem era e por que era adorado num templo.
'Ouve, Macareu', diz-me ela, 'e disto conclui quão grande
é o poder da minha senhora, escuta as minhas palavras.'

[Pico]

    'Descendente de Saturno, Pico, apaixonado por cavalos
adestrados para a guerra, reinava nas terras da Ausônia.
Tinha, enquanto homem, a beleza que vês. Embora vejas
o seu encanto, a partir da imagem poderás confirmar
a sua veracidade. O seu espírito rivalizava com a sua beleza.
E, em função dos anos, ainda não podia ter presenciado
por quatro vezes a luta quinquenal da Grécia, na Élida.
Seu rosto atraíra as Dríades nascidas nos montes do Lácio;
desejavam-no as divindades das fontes, as Náiades,

quas Anienis aquae cursuque breuissimus Almo
Narue tulit praeceps et opacae Farfarus umbrae,⁣ 330
quaeque colunt Scythicae stagnum nemorale Dianae
finitimosque lacus. spretis tamen omnibus unam
ille colit nymphen, quam quondam in colle Palati
dicitur Ionio peperisse Venilia Iano;
haec ubi nubilibus primum maturuit annis,⁣ 335
praeposito cunctis Laurenti tradita Pico est.
rara quidem facie, sed rarior arte canendi,
unde Canens dicta est; siluas et saxa mouere
et mulcere feras et flumina longa morari
ore suo uolucresque uagas retinere solebat.⁣ 340
‘“Quae dum feminea modulatur carmina uoce,
exierat tecto Laurentes Picus in agros
indigenas fixurus apros; tergumque premebat
acris equi laeuaque hastilia bina ferebat,
poeniceam fuluo chlamydem contractus ab auro.⁣ 345
uenerat in siluas et filia Solis easdem,
utque nouas legeret fecundis collibus herbas,
nomine dicta suo Circaea reliquerat arua.
quae simul ac iuuenem uirgultis abdita uidit,
obstipuit; cecidere manu quas legerat herbae,⁣ 350
flammaque per totas uisa est errare medullas.
ut primum ualido mentem collegit ab aestu,
quid cuperet fassura fuit; ne posset adire
cursus equi fecit circumfususque satelles.
‘non’ ait ‘effugies, uento rapiare licebit,⁣ 355
si modo me noui, si non euanuit omnis
herbarum uirtus nec me mea carmina fallunt.’
dixit et effigiem nullo cum corpore falsi
finxit apri praeterque oculos transcurrere regis
iussit et in densum trabibus nemus ire uideri,⁣ 360
plurima qua silua est et equo loca peruia non sunt.

que deram à luz o Álbula, o Numício, as águas do Ânio,
o Almo, de tão curto leito ou o impetuoso Nar e o Fárfaro,
de abundante sombra,[13] e as que, no bosque, habitam o lago
de Diana Cítia e as dos lagos vizinhos. Mas ele, desprezando-as
a todas, adora uma só, a ninfa que um dia, diz-se, nascera
dos amores de Venília e de Jano Jônico, na colina do Palatino.
Logo que ela atingiu a idade para se casar, foi entregue
a Pico de Laurento, que foi preferido aos demais.
De rara beleza, mais rara era nela ainda a arte do canto,
daqui lhe vindo o nome de Canente. Com seu canto
costumava ela pôr em movimento árvores e rochas,
amansar as feras, parar longos rios e reter aves migradoras.
    Enquanto, na sua voz feminina, ela cantava,
Pico saía de casa em direção aos campos de Laurento para,
na região, caçar javalis. Montava um fogoso cavalo,
na mão esquerda levava dois dardos e, preso por um fecho
de fulvo ouro, ia envolvido numa clâmide de púrpura.
Também a filha do Sol se dirigira àqueles bosques para colher,
naquelas férteis colinas, novas plantas, tendo deixado
os campos designados circeus em razão do seu nome.
Quando, encoberta pela ramagem, avistou o jovem,
ficou aturdida. Caíram-lhe da mão as plantas que havia colhido,
pareceu-lhe que uma chama lhe percorria a medula toda.
Logo que se recompôs daquela agitação violenta,
esteve quase a confessar o seu desejo. Impediu-a de se aproximar
a corrida do cavalo e a escolta que rodeava Pico.
"Se é que eu me conheço, se é que o poder das plantas
não se dissipou de todo, nem os meus encantamentos me enganam,
não me hás de fugir, ainda que sejas levado pelo vento."
Disse-o e, reproduzindo a figura incorpórea de um pretenso javali,
pô-la a correr à frente do rei, de modo a parecer que ia entrar
no bosque de denso arvoredo por onde a mata é cerrada
e não há passagem para um cavalo. De imediato,

---

[13] Rios do Lácio que, na sua maioria, desaguam no Tibre.

haud mora, continuo praedae petit inscius umbram
Picus equique celer spumantia terga relinquit
spemque sequens uanam silua pedes errat in alta.
concipit illa preces et uerba precantia dicit   365
ignotosque deos ignoto carmine adorat,
quo solet et niueae uultum confundere lunae
et patrio capiti bibulas subtexere nubes.
tum quoque cantato densetur carmine caelum
et nebulas exhalat humus, caecisque uagantur   370
limitibus comites, et abest custodia regis.
nacta locum tempusque 'per o tua lumina' dixit,
'quae mea ceperunt, perque hanc, pulcherrime, formam,
quae facit ut supplex tibi sim dea, consule nostris
ignibus et socerum, qui peruidet omnia Solem   375
accipe, nec durus Titanida despice Circen.'
dixerat; ille ferox ipsamque precesque relinquit
et 'quaecumque es' ait, 'non sum tuus; altera captum
me tenet et teneat per longum, comprecor, aeuum,
nec Venere externa socialia foedera laedam,   380
dum mihi Ianigenam seruabunt fata Canentem.'
saepe retemptatis precibus Titania frustra
'non impune feres neque' ait 'reddere Canenti,
laesaque quid faciat, quid amans, quid femina disces.'
[rebus,' ait; 'sed amans et laesa et femina Circe.']   385
'"Tum bis ad occasus, bis se conuertit ad ortus,
ter iuuenem baculo tetigit, tria carmina dixit.
ille fugit, sed se solito uelocius ipse
currere miratur; pennas in corpore uidit,
seque nouam subito Latiis accedere siluis   390
indignatus auem, duro fera robora rostro
figit et iratus longis dat uulnera ramis.
purpureum chlamydis pennae traxere colorem;
fibula quod fuerat uestemque momorderat aurum

sem saber de nada, Pico corre atrás daquele simulacro de presa,
salta rápido da garupa suada do cavalo e, perseguindo
uma esperança vã, deambula a pé no interior da floresta.
Circe recita orações, formula palavras mágicas, invoca
deuses estranhos com os estranhos esconjuros com que
costuma ofuscar a face branca da Lua[14] e tapar a cabeça
de seu pai com nuvens carregadas de água. Também então
o céu se adensa ao recitar das imprecações e a terra
exala vapores. Por caminhos ínvios erram os companheiros
do rei, que ficou só. Tendo encontrado lugar e tempo azados,
a deusa confessa: "Por teus olhos, que roubaram os meus,
por esta beleza, ó mais belo dos homens, que faz com
que eu, sendo deusa, te suplique, atende à minha paixão
e, por sogro, aceita o Sol que tudo vê e não tenhas a crueldade
de desprezar Circe, a filha de um Titã." A deusa falou.
Altivo, Pico despreza-a, a ela e às suas súplicas, e afirma:
"Sejas quem fores, não te pertenço. Outra me tem cativo. E rogo
que assim me tenha por muito tempo. E não violarei a fé conjugal
por um amor ilegítimo, enquanto os fados me conservarem Canente,
a filha de Jano." Depois de, por muito tempo, em vão insistir
nas suas súplicas, a filha do Titã afirma: "Não hás de ficar impune,
nem hás de voltar para junto da tua Canente. Vais ficar a saber
como reage uma mulher enamorada, como reage uma mulher ultrajada.
Com fatos", acrescenta. "A enamorada, a ultrajada, a mulher é Circe."

   Volta-se então duas vezes para o poente, volta-se outras duas
para o nascente, toca por três vezes o jovem com sua vara
e recita três esconjuros. Ele foge, mas ele mesmo se espanta
de ser mais veloz na corrida do que habitualmente.
Descobre penas no corpo. Indignado por se ver
uma nova ave a entrar nos bosques do Lácio, com seu
duro bico golpeia os carvalhos bravios, e na sua raiva
fere seus longos ramos. Suas penas assumiram a cor purpúrea
da clâmide. O ouro que fora fivela e prendera a roupa

---

[14] Provocar um eclipse.

pluma fit, et fuluo ceruix praecingitur auro;   395
nec quidquam antiquum Pico nisi nomina restat.
    '"Interea comites, clamato saepe per agros
nequiquam Pico nullaque in parte reperto,
inueniunt Circen (nam iam tenuauerat auras
passaque erat nebulas uentis ac sole recludi);   400
criminibusque premunt ueris regemque reposcunt
uimque ferunt saeuisque parant incessere telis.
illa nocens spargit uirus sucosque ueneni
et Noctem Noctisque deos Ereboque Chaoque
conuocat et longis Hecaten ululatibus orat.   405
exsiluere loco (dictu mirabile) siluae,
ingemuitque solum, uicinaque palluit arbor,
sparsaque sanguineis maduerunt pabula guttis;
et lapides uisi mugitus edere raucos
et latrare canes et humus serpentibus atris   410
squalere et tenues animae uolitare silentum:
attonitum monstris uulgus pauet; illa pauentum
ora uenenata tetigit mirantia uirga.
cuius ab attactu uariarum monstra ferarum
in iuuenes ueniunt; nulli sua mansit imago.   415

    '"Sparserat occiduus Tartessia litora Phoebus,
et frustra coniunx oculis animoque Canentis
exspectatus erat; famuli populusque per omnes
discurrunt siluas atque obuia lumina portant.
nec satis est nymphae flere et lacerare capillos   420
et dare plangorem (facit haec tamen omnia); seque
proripit ac Latios errat uesana per agros.
sex illam noctes, totidem redeuntia solis
lumina uiderunt inopem somnique cibique

converte-se em penas e dá ao pescoço a sua cor fulva.
A Pico não lhe resta nada do que era antes a não ser o nome.

Entretanto, chamando em vão repetidas vezes,
na extensão dos campos, sem encontrar Pico em parte nenhuma,
os seus companheiros deparam com Circe (ela, de fato,
limpara já a atmosfera e consentira que as nuvens fossem afastadas
por ventos e pelo Sol); responsabilizam-na e, com razão,
reclamam seu rei, maltratam-na e preparam-se para atacá-la
com suas armas temíveis. Circe espalha daninhas peçonhas,
seivas venenosas, e invoca a Noite, os deuses da noite —
Érebo e Caos — e com prolongados gritos dirige preces a Hécate.
Os bosques (coisa estranha para ser dita) saltaram do seu lugar,
a terra gemeu, a árvore próxima empalidece e as ervas,
regadas, gotejavam sangue, parecia que as pedras soltavam
roucos mugidos, que os cães uivavam, que a terra se cobria
de negras serpentes e que as sombras dos mortos esvoaçavam.
Aturdido por estes prodígios, o grupo entra em pânico.
Com sua mágica vara, Circe toca a face assombrada
do apavorado grupo. Ao contato dela, os jovens
assumem a monstruosa forma de vários animais selvagens.
Nenhum deles conserva a forma que tinha.

[Canente]

Febo, ao pôr-se, difundia sua luz sobre as praias
de Tartessos.[15] Em vão era aguardado,
com o coração e os olhos, o marido de Canente.
Servos e povo percorrem, de tochas na mão,
as florestas todas. À ninfa não lhe basta chorar
e arrancar os cabelos, e ferir-se no peito.
Tudo isso ela faz. Sai e, enlouquecida, percorre
todos os campos do Lácio. Seis noites e outros tantos
retornos da luz do Sol a viram, sem sono e sem pão,

---

[15] Cidade na foz do rio Bétis, na Espanha.

per iuga, per ualles, qua fors ducebat, euntem; 425
ultimus aspexit Thybris luctuque uiaque
fessam et iam longa ponentem corpora ripa.
illic cum lacrimis ipsos modulata dolores
uerba sono tenui maerens fundebat, ut olim
carmina iam moriens canit exequialia cycnus; 430
luctibus extremum tenues liquefacta medullas
tabuit inque leues paulatim euanuit auras.
fama tamen signata loco est, quem rite Canentem
nomine de nymphae ueteres dixere Camenae."
'Talia multa mihi longum narrata per annum 435
uisaque sunt. resides et desuetudine tardi
rursus inire fretum, rursus dare uela iubemur.
ancipitesque uias et iter Titania uastum
dixerat et saeui restare pericula ponti;
pertimui, fateor, nactusque hoc litus adhaesi.' 440

Finierat Macareus, urnaque Aeneia nutrix
condita marmorea tumulo breue carmen habebat:
HIC · ME · CAIETAM · NOTAE · PIETATIS · ALUMNUS
EREPTAM · ARGOLICO · QUO · DEBUIT · IGNE · CREMAVIT
Soluitur herboso religatus ab aggere funis 445
et procul insidias infamataeque relinquunt
tecta deae lucosque petunt, ubi nubilus umbra
in mare cum flaua prorumpit Thybris harena.
Faunigenaeque domo potitur nataque Latini,
non sine Marte tamen; bellum cum gente feroci 450
suscipitur, pactaque furit pro coniuge Turnus.
concurrit Latio Tyrrhenia tota diuque
ardua sollicitis uictoria quaeritur armis.
Auget uterque suas externo robore uires,
et multi Rutulos, multi Troiana tuentur 455
castra. neque Aeneas Euandri ad moenia frustra,

a caminhar por montes e vales, por onde o acaso a leva.
Viu-a, por último, o Tibre, cansada de mágoa
e de caminho, a depor seu corpo junto à extensa margem.
Aí, em lágrimas, com voz débil, entoa, entristecida,
palavras que a mesma dor modula, como às vezes o cisne que,
ao morrer, entoa o canto exequial. Por fim, liquefeita pela dor
até a medula dos ossos, consumiu-se e foi desaparecendo
na brisa ligeira. A reputação, essa está inscrita
no lugar a que as antigas Camenas, em razão
do nome da ninfa, justamente chamaram Canente.'
  Muitas coisas deste gênero me foram contadas e muitas vi eu
ao longo de um ano. Inativos e indolentes devido à inação,
recebemos ordens para tornar ao mar e para de novo desfraldar
as velas. A filha do Titã havia-nos dito que nos esperavam
caminhos incertos, um longo percurso e, no mar, perigos terríveis.
Tive medo, confesso, e, tendo alcançado esta praia, fixei-me nela."

[Diomedes e seus companheiros]

  Macareu concluiu o seu relato. Encerrada em urna de mármore,
a ama de Eneias tinha em seu túmulo este epitáfio breve:
AQUI, A MIM, CAIETA, ARREBATADA AO FOGO ARGÓLICO, ME CREMOU,
COM O FOGO QUE ME DEVIA, AQUELE, CONHECIDO PELA PIEDADE FILIAL,
QUE EU CRIEI. Do montículo coberto de erva a que estava ligada,
é solta a amarra. Fogem às cidades e ao palácio da mal afamada
deusa e buscam os bosques onde, escurecido pela sombra,
o Tibre irrompe no mar com sua areia dourada.
Eneias obtém de Latino, filho de Fauno, a hospitalidade
e a filha, mas não sem luta. Inicia-se uma guerra com um povo
corajoso, pois Turno entra em fúria por causa da noiva
que lhe fora prometida. A Tirrênia inteira marcha contra o Lácio
e por longo tempo se busca vitória difícil em agitados combates.
  Cada um dos lados reforça as suas tropas com recurso
a forças externas. Muitos apoiam os Rútulos e, muitos outros,
o campo troiano. Não fora inútil a ida de Eneias até junto

at Venulus frustra profugi Diomedis ad urbem
uenerat; ille quidem sub Iapyge maxima Dauno
moenia condiderat dotaliaque arua tenebat.
sed Venulus Turni postquam mandata peregit   460
auxiliumque petit, uires Aetolius heros
excusat: nec se aut soceri committere pugnae
uelle sui populos, aut quos e gente suorum
armet habere ullos. 'neue haec commenta putetis,
admonitu quamquam luctus renouentur amaro,   465
perpetiar memorare tamen. postquam alta cremata est
Ilion et Danaas pauerunt Pergama flammas,
Naryciusque heros, a uirgine uirgine rapta,
quam meruit poenam solus digessit in omnes,
spargimur et uentis inimica per aequora rapti   470
fulmina noctem imbres, iram caelique marisque
perpetimur Danai cumulumque Capherea cladis;
neue morer referens tristes ex ordine casus,
Graecia tum potuit Priamo quoque flenda uideri.
me tamen armiferae seruatum cura Mineruae   475
fluctibus eripuit; patriis sed rursus ab agris
pellor, et antiquo memores de uulnere poenas
exigit alma Venus. tantosque per alta labores
aequora sustinui, tantos terrestribus armis,
ut mihi felices sint illi saepe uocati,   480
quos communis hiems importunusque Caphereus
mersit aquis, uellemque horum pars una fuissem.
ultima iam passi comites belloque fretoque
deficiunt finemque rogant erroris; at Acmon,
feruidus ingenio, tum uero et cladibus asper,   485
"quid superest quod iam patientia uestra recuset
ferre, uiri?" dixit "quid habet Cytherea quod ultra

das muralhas de Evandro, mas foi em vão a ida de Vênulo
até a cidade do fugitivo Diomedes. Este havia fundado
uma cidade muito importante nos domínios de Dauno Iápige
e governava as terras recebidas em dote. Ora Vênulo, depois
de cumprir as instruções de Turno, pede ajuda; o herói da Etólia
dá como desculpa as forças: ou não pretende empenhar na luta
as gentes do sogro ou, dos seus, não tinha a quem armar.
"Não leveis isto à conta de desculpa. Embora a amargura da dor
se renove ao recordá-la, seja como for, resignar-me-ei a contar.
Depois de a alta Ílion arder, de Pérgamo alimentar as chamas
desencadeadas pelos Dânaos e de o herói de Narícia,
por haver roubado uma virgem a outra virgem, nos fazer partilhar
do castigo que só ele merecia, fomos dispersos. Arrastados
pelos ventos em mar hostil, nós, os Dânaos, suportamos raios,
escuridão, tempestades, a fúria do céu e do mar e, cúmulo
da desdita, Cafareu. Para não me deter a contar seguidamente
as nossas desgraças, até a Príamo teria a Grécia podido parecer
merecedora de compaixão. A mim, contudo, arrancou-me
às ondas e salvou-me a proteção de Minerva, a deusa armada.
Mas de novo sou arrancado aos campos pátrios,
pois a venerável Vênus, recordada de uma ferida antiga,
vinga-se de mim.[16] Foram tão grandes os males
que eu suportei no mar alto, tão cruéis em terra
as guerras que, muitas vezes, considerei felizes aqueles
a quem a tempestade e o perigoso Cafareu mergulharam nas águas.
Quanto eu desejei ter sido um deles! Tendo sofrido já
males extremos na guerra e no mar, os meus companheiros
desanimam e clamam pelo fim da errância. Mas Ácmon,
impetuoso por natureza e agora desesperado com tanta desgraça,
responde-lhes: 'O que é que resta, guerreiros, que a vossa
paciência se recuse a suportar? Que mais pode fazer-vos

---

[16] Diomedes feriu Afrodite em Troia. Regressado a Argos, sua mulher, Egíale,
que, por ação de Afrodite, para se vingar da ferida sofrida, lhe fora infiel, preparou-lhe
uma armadilha a que escapou por pouco, vendo-se obrigado a fugir para a Itália.

(uelle puta) faciat? nam dum peiora timentur,
est locus in uotum; sors autem ubi pessima rerum est,
sub pedibus timor est securaque summa malorum.   490
audiat ipsa licet et, quod facit, oderit omnes
sub Diomede uiros; odium tamen illius omnes
spernimus, et †magno stat magna† potentia nobis."
talibus inritans Venerem Pleuronius Acmon
instimulat uerbis stimulisque resuscitat iram.   495
dicta placent paucis, numeri maioris amici
Acmona conripimus; cui respondere uolenti
uox pariter uocisque uia est tenuata, comaeque
in plumas abeunt, plumis quoque colla teguntur
pectoraque et tergum, maiores bracchia pennas   500
accipiunt, cubitique leues sinuantur in alas;
magna pedis digitos pars occupat, oraque cornu
indurata rigent finemque in acumine ponunt.
hunc Lycus, hunc Idas et cum Rhexenore Nycteus,
hunc miratur Abas, et dum mirantur, eandem   505
accipiunt faciem; numerusque ex agmine maior
subuolat et remos plausis circumuolat alis.
si uolucrum quae sit subitarum forma requiris,
ut non cycnorum, sic albis proxima cycnis.
uix equidem has sedes et Iapygis arida Dauni   510
arua gener teneo minima cum parte meorum.'

Hactenus Oenides. Venulus Calydonia regna
Peucetiosque sinus Messapiaque arua relinquit,
in quibus antra uidet, quae multa nubila silua
et leuibus guttis manantia semicaper Pan   515
nunc tenet, at quodam tenuerunt tempore nymphae.
Apulus has illa pastor regione fugatas
terruit et primo subita formidine mouit;
mox, ubi mens rediit et contempsere sequentem,

a deusa de Citera (supondo que o pretende)? Efetivamente,
enquanto se teme o pior, há lugar para a súplica;
mas, quando se atinge o limite, cavalgar o medo
é a melhor segurança contra o mal. Que Vênus me ouça,
e odeie, o que ela faz, todos os companheiros de Diomedes.
Todos desprezamos seu ódio e este grande poder fica-nos caro.'
Com este discurso e este desafio, Ácmon de Plêuron provoca
a ira de Vênus e acorda um rancor antigo. As suas palavras
agradam a poucos. A maioria dos seus amigos censura Ácmon.
Ao pretender responder, a sua voz enfraquece, enquanto
o seu canal se aperta, os cabelos mudam-se em penas,
de penas se lhe cobre pescoço, peito e dorso; penas maiores
lhe cobrem os braços; e os antebraços curvam-se em leves asas.
Boa parte do pé ocupa o lugar dos dedos. A boca,
endurecida, toma uma rigidez córnea e termina em bico.
Olham-no com espanto Lico, Idas, Nicteu, Rexenor e Abas
e, enquanto se espantam, sofrem idêntica transformação.
A maior parte da tripulação começa a voar
e anda em volta dos remos, batendo as asas. Se queres saber
qual é a forma destas aves repentinamente surgidas,
não é a dos cisnes, mas é próxima da dos brancos cisnes.
É seguramente com dificuldade que, com um reduzido número
dos meus companheiros, habito estas paragens
e os áridos campos de Dauno de Iápige, de quem sou genro."

[A oliveira selvagem]

Foi este o relato do neto de Eneu. Vênulo abandona o reino
da Caledônia, o golfo dos Peucécios e os campos messápios,
onde vê uma gruta que, ensombrada por densa vegetação
e escorrendo em leves gotas, é hoje domínio do sátiro Pã,
sendo noutros tempos habitação das ninfas. Foi um pastor
da Apúlia quem as assustou e as pôs em fuga daquele lugar.
Alvoroçou-as, primeiro, com inopinado susto; depois,
recompostas já do susto, ignoram o perseguidor e começam

ad numerum motis pedibus duxere choreas. 520
improbat has pastor saltuque imitatus agresti
addidit obscenis conuicia rustica dictis,
nec prius obticuit quam guttura condidit arbor.
arbor enim est, sucoque licet cognoscere mores.
quippe notam linguae bacis oleaster amaris 525
exhibet; asperitas uerborum cessit in illas.

Hinc ubi legati rediere negata ferentes
arma Aetola sibi, Rutuli sine uiribus illis
bella instructa gerunt, multumque ab utraque cruoris
parte datur. fert ecce auidas in pinea Turnus 530
texta faces, ignesque timent quibus unda pepercit.
iamque picem et ceras alimentaque cetera flammae
Mulciber urebat perque altum ad carbasa malum
ibat, et incuruae fumabant transtra carinae,
cum memor has pinus Idaeo uertice caesas 535
sancta deum genetrix tinnitibus aera pulsi
aeris et inflati compleuit murmure buxi
perque leues domitis inuecta leonibus auras
'inrita sacrilega iactas incendia dextra,
Turne,' ait; 'eripiam, nec me patiente cremabit 540
ignis edax nemorum partes et membra meorum.'
intonuit dicente dea, tonitrumque secuti
cum saliente graues ceciderunt grandine nimbi,
aeraque et tumidum subitis concursibus aequor
Astraei turbant et eunt in proelia fratres. 545
e quibus alma parens unius uiribus usa
stuppea praerupit Phrygiae retinacula classis
fertque rates pronas medioque sub aequore mergit.
robore mollito lignoque in corpora uerso
in capitum facies puppes mutantur aduncae, 550
in digitos abeunt et crura natantia remi,

a dançar em coro, movendo os pés cadenciadamente.
O pastor, imitando-as, zomba delas e, dançando de modo canhestro,
acrescenta a ditos obscenos insultos grosseiros. E não se calou
antes que de sua garganta brotasse uma árvore. É, de fato,
uma árvore e, pela sua seiva, pode conhecer-se a sua natureza
— oliveira brava que, em suas amargas bagas, mostra o caráter
da sua língua. Para elas passou a rudeza de suas palavras.

[As embarcações de Eneias]

Quando os emissários retornam, trazendo a informação
de que os Etólios recusam pegar em armas, os Rútulos
avançam sem essas forças para a guerra que tinham preparado,
e de ambas as partes se derrama abundante sangue. Então,
Turno ataca com vorazes tochas o cavername das embarcações,
e aquelas que o mar poupou agora temem o fogo.
Mulcíbero queimava já pez, cera e quanto pode ser alimento
das chamas e avançava já pelo mastro alto em direção às velas.
As traves da côncava nau fumegavam, quando a divina mãe dos deuses,
lembrando-se de que aqueles pinheiros haviam sido cortados
no cimo do Ida, enche os ares com o tinido do bronze percutido
e com o som da flauta sagrada e, transportada no ar transparente
por seus domesticados leões, afirma: "É em vão, Turno,
que com tua sacrílega mão arremessas essas tochas incendiárias.
Vou desviá-las e não consentirei que o voraz fogo consuma
o que foi parte e foi elemento dos bosques que me pertencem."
Falava a deusa, e o trovão fez-se ouvir. A seguir ao trovão,
cai uma pesada bátega de água de mistura com granizo,
que saltita. Os irmãos, os filhos de Astreu, subvertem ar e mar,
que se encapela com os repentinos recontros, e partem
para o combate. Servindo-se da força de um deles, a mãe generosa
rebenta as amarras de estopa da armada frígia, arrasta as naus,
que se inclinam à proa, e submerge-as no mar alto.
Quanto era duro torna-se mole, muda-se em corpo
o que era madeira, as recurvas proas assumem a feição da cabeça,

765   Livro XIV

quodque latus fuerat latus est, mediisque carina
subdita nauigiis spinae mutatur in usum;
lina comae molles, antemnae bracchia fiunt,
caerulus, ut fuerat, color est. quasque ante timebant,   555
illas uirgineis exercent lusibus undas
Naides aequoreae, durisque in montibus ortae
molle fretum celebrant, nec eas sua tangit origo.
non tamen oblitae quam multa pericula saeuo
pertulerint pelago, iactatis saepe carinis   560
supposuere manus — nisi si qua uehebat Achiuos.
cladis adhuc Phrygiae memores odere Pelasgos,
Neritiaeque ratis uiderunt fragmina laetis
uultibus et laetis uidere rigescere puppem
uultibus Alcinoi saxumque increscere ligno.   565

  Spes erat, in nymphas animata classe marinas,
posse metu monstri Rutulum desistere bello;
perstat, habetque deos pars utraque, quodque deorum est
instar, habent animos. nec iam dotalia regna
nec sceptrum soceri nec te, Lauinia uirgo,   570
sed uicisse petunt deponendique pudore
bella gerunt. tandemque Venus uictricia nati
arma uidet, Turnusque cadit; cadit Ardea, Turno
sospite dicta potens. quam postquam barbarus ignis
abstulit et tepida latuerunt tecta fauilla,   575
congerie e media tum primum cognita praepes
subuolat et cineres plausis euerberat alis.
et sonus et macies et pallor et omnia captam
quae deceant urbem, nomen quoque mansit in illa
urbis, et ipsa suis deplangitur Ardea pennis.   580

os remos passam a dedos e pernas que cortam as vagas,
o que era lado, lado se mantém, a quilha que sustenta a nau
no meio das águas assume a função de espinha dorsal,
volve-se o cordame em macio cabelo, as antenas transformam-se
em braços, a cor fica azul tal como era antes. Náiades marinhas,
com seus juvenis jogos, provocam ondas num mar que antes
temiam. Nascidas nas ásperas montanhas, frequentam
a suavidade do mar sem se importarem com a sua origem.
Não se esquecendo de quantos perigos enfrentam num mar violento,
muitas vezes socorreram as naus em perigo, excetuada aquela
que levava Aqueus. Lembrando-se ainda do desastre da Frígia,
odeiam os Pelasgos. Viram com ar prazenteiro os destroços
da nau de Nérito, com ar prazenteiro viram a nau de Alcínoo
a tornar-se pedra e em pedra se ir tornando o lenho.

[Árdea]

Reinava a esperança de que, tendo a esquadra ganho vida
nas ninfas marinhas, pudesse o Rútulo, por medo,
desistir da guerra. Persiste. Cada uma das partes tem os seus deuses
e tem algo que é semelhante aos deuses, a coragem.
E não buscam já nem dote, nem reino, nem o cetro de um sogro,
nem a ti, jovem Lavínia, mas a vitória. Fazem a guerra
por vergonha de desistirem dela. Por fim, Vênus vê a vitória
das armas do filho. Turno cai, cai Árdea, a poderosa,
enquanto Turno viveu. Quando o fogo cruel a fez desaparecer,
e os tetos desabaram sobre a cinza ainda quente,
do meio do amontoado levanta voo uma ave,
vista então pela primeira vez,[17] que, batendo as asas,
faz com que as cinzas se espalhem. E grito, e magreza, e palidez,
e tudo condizem com uma cidade saqueada. Até o nome da cidade
se conserva nela. Árdea chora-se a si mesma ao bater as asas.

---

[17] A garça-real europeia (*Ardea cinerea*).

Iamque deos omnes ipsamque Aeneia uirtus
Iunonem ueteres finire coegerat iras,
cum, bene fundatis opibus crescentis Iuli,
tempestiuus erat caelo Cythereius heros.
ambieratque Venus superos colloque parentis   585
circumfusa sui 'numquam mihi' dixerat 'ullo
tempore dure pater, nunc sis mitissimus, opto,
Aeneaeque meo, qui te de sanguine nostro
fecit auum, quamuis paruum des, optime, numen,
dummodo des aliquod. satis est inamabile regnum   590
aspexisse semel, Stygios semel isse per amnes.'
adsensere dei, nec coniunx regia uultus
immotos tenuit placatoque adnuit ore.
tum pater 'estis' ait 'caelesti munere digni,
quaeque petis pro quoque petis; cape, nata, quod optas.' 595
fatus erat. gaudet gratesque agit illa parenti
perque leues auras iunctis inuecta columbis
litus adit Laurens, ubi tectus harundine serpit
in freta flumineis uicina Numicius undis.
hunc iubet Aeneae quaecumque obnoxia morti   600
abluere et tacito deferre sub aequora cursu.
corniger exsequitur Veneris mandata suisque
quidquid in Aenea fuerat mortale repurgat
et respersit aquis; pars optima restitit illi.
lustratum genetrix diuino corpus odore   605
unxit et ambrosia cum dulci nectare mixta
contigit os fecitque deum, quem turba Quirini
nuncupat Indigetem temploque arisque recepit.

Inde sub Ascanii dicione binominis Alba
resque Latina fuit. succedit Siluius illi,   610

[A apoteose de Eneias]

O valor de Eneias forçara já os deuses todos e a própria Juno
a esquecerem ressentimentos antigos, quando, assentando
em sólidas bases o poder de Iulo, homem feito já,
era o herói, o filho da deusa de Citera, reclamado pelo céu.
Vênus havia requerido o favor dos deuses e, abraçada ao pescoço
de seu pai, diz: "Pai, nunca, até hoje, foste severo comigo.
Sê hoje mais bondoso que nunca! Peço-te, ó melhor dos pais,
que concedas ao meu querido Eneias que, pelo meu sangue
te fez seu avô, natureza divina, ainda que menor, contanto que
lhe concedas alguma. Basta que por uma vez tenha visto o odioso
reino, que por uma vez tenha passado pela ribeira do Estige."
Os deuses assentiram, e a régia esposa não ficou de face impassível.
Com ar benevolente, deu o sinal do seu consentimento.
Responde-lhe o pai: "Sois merecedores do favor celeste,
tu, que o pedes, e aquele para quem o pedes. Recebe, filha,
aquilo que desejas." O deus falara. Vênus rejubila, dá graças
a seu pai e, levada numa parelha de pombas pelo ar fluido,
chega às costas de Laurento onde, coberto pelo canavial,
o Numício faz lentamente correr suas águas para o golfo vizinho.
Ordena-lhe a deusa que purifique Eneias de quanto nele
está sujeito à morte e o arraste para o mar em sua silenciosa
corrente. De fronte armada de cornos, o rio executa
as ordens de Vênus, derrama sobre Eneias suas águas e purga-o
de quanto nele era mortal. Ficou nele a melhor parte de si.
Sua mãe unge com um perfume divino o corpo purificado,
toca-lhe os lábios com ambrosia misturada em delicioso
néctar, faz dele um deus a quem o povo de Quirino
chama Indígete, erige um templo e dedica altares.

[Pomona e Vertumno]

Depois, Alba e o Lácio ficaram sob o domínio
de Ascânio de duplo nome. A Ascânio sucedeu Silvio,

quo satus antiquo tenuit repetita Latinus
nomina cum sceptro. clarus subit Alba Latinum;
Epytus ex illo est. post hunc Capetusque Capysque,
sed Capys ante fuit. regnum Tiberinus ab illis
cepit et in Tusci demersus fluminis undis   615
nomina fecit aquae; de quo Remulusque feroxque
Acrota sunt geniti. Remulus maturior annis
fulmineo periit, imitator fulminis, ictu;
fratre suo sceptrum moderatior Acrota forti
tradit Auentino, qui quo regnarat eodem   620
monte iacet positus tribuitque uocabula monti.
    Iamque Palatinae summam Proca gentis habebat.
Rege sub hoc Pomona fuit, qua nulla Latinas
inter Hamadryadas coluit sollertius hortos,
nec fuit arborei studiosior altera fetus;   625
unde tenet nomen. non siluas illa nec amnes,
rus amat et ramos felicia poma ferentes.
nec iaculo grauis est, sed adunca dextera falce,
qua modo luxuriem premit et spatiantia passim
bracchia compescit, fisso modo cortice lignum   630
inserit et sucos alieno praestat alumno.
nec sentire sitim patitur bibulaeque recuruas
radicis fibras labentibus inrigat undis.
hic amor, hoc studium; Veneris quoque nulla cupido est.
uim tamen agrestum metuens pomaria claudit   635
intus et accessus prohibet refugitque uiriles.

cujo filho, Latino, herdou, com o cetro antigo,
um nome que se repetia.[18] A Latino sucedeu o glorioso Alba,
a quem sucedeu Epito. Depois deste, vem Capeto e Cápis,
mas Cápis estava primeiro. Destes recebeu Tiberino
o reino, ele que, afogado nas águas do rio da Etrúria,
lhes legou o nome.[19] É dele que provêm Rêmulo
e o fogoso Ácrota. O mais velho, Rêmulo,
que imitava o raio, morreu atingido por um.
Mais prudente que o irmão, Ácrota transmitiu o cetro
ao valoroso Aventino, que jaz sepultado no monte
onde havia reinado e ao monte transmitiu o nome.

Procas governa já o povo palatino. No seu reinado
viveu Pomona. Entre as Hamadríades[20] do Lácio,
nenhuma cultivou com mais engenho do que ela
os jardins, não houve outra mais atenta aos pomares.
Daí seu nome.[21] Não ama bosques nem rios, ama os campos
e os ramos carregados com a abundância dos frutos.
Não empunha o dardo, mas o podão curvo com que
ora desbasta o que está a mais e orienta luxuriantes
ramos, ora fende a casca e nela insere o garfo,
fornecendo a seiva a um filho estranho. Nem deixa
que a sede sintam e rega com água abundante os sinuosos
filamentos da raiz sequiosa. É esta a sua paixão,
o seu gosto é este. De amor não sente desejo nenhum.
Mas, temendo a violência dos camponeses, fecha por dentro
os pomares, proíbe a aproximação e evita o sexo masculino.

---

[18] Trata-se de Latino Silvio, filho de Eneias Silvio, neto de Póstumo Silvio e bis-
neto de Ascânio.

[19] Antes deste acontecimento, o rio tinha o nome de Álbula.

[20] São ninfas das árvores. Nascem com a árvore, protegem-na e partilham o seu
destino (ver I, 690).

[21] O nome deriva da função. Pomona é a deusa que preside ao crescimento da
fruta — *pomum*.

quid non et Satyri, saltatibus apta iuuentus,
fecere et pinu praecincti cornua Panes
Silenusque suis semper iuuenalior annis
quique deus fures uel falce uel inguine terret, 640
ut poterentur ea? sed enim superabat amando
hos quoque Vertumnus, neque erat felicior illis.
o quotiens habitu duri messoris aristas
corbe tulit uerique fuit messoris imago!
tempora saepe gerens faeno religata recenti 645
desectum poterat gramen uersasse uideri;
saepe manu stimulos rigida portabat, ut illum
iurares fessos modo disiunxisse iuuencos;
falce data frondator erat uitisque putator;
induerat scalas, lecturum poma putares. 650
[miles erat gladio, piscator harundine sumpta.]
denique per multas aditum sibi saepe figuras
repperit, ut caperet spectatae gaudia formae.
  Ille etiam picta redimitus tempora mitra,
innitens baculo, positis per tempora canis, 655
adsimulauit anum cultosque intrauit in hortos
pomaque mirata est †'tanto' que 'potentior!'† inquit,
paucaque laudatae dedit oscula, qualia numquam
uera dedisset anus, glaebaque incurua resedit
suspiciens pandos autumni pondere ramos. 660
ulmus erat contra speciosa nitentibus uuis;
quam socia postquam pariter cum uite probauit,
'at si staret' ait 'caelebs sine palmite truncus,
nil praeter frondes quare peteretur haberet.

Para a possuírem, o que não fizeram os jovens sátiros
dados à dança, os Pãs de cabeça cingida de pinho,
Sileno,[22] sempre mais jovem que os anos que tem,
e aquele deus que, com a foice e o falo, assusta
os ladrões![23] Mas também Vertumno, que em amor
os superava a todos, não era mais feliz do que eles.
Oh!, quantas vezes, na feição de rude ceifeiro,
num cesto carregou espigas, sendo do ceifeiro imagem perfeita!
Trazia muitas vezes as têmporas cobertas com feno ainda verde
e parecia que tinha andado a virar a erva segada.
Outras vezes, na rude mão, trazia a aguilhada,
de forma a jurar-se que havia solto os bois já estafados.
De podão na mão, era o desfolhador e o podador da vinha.
Carrega uma escada, julgar-se-ia que colhia fruta.
Com a espada, era soldado. De cana na mão, era pescador.
Por fim, por meio de tantos disfarces, encontrou, às vezes,
um modo de se aproximar para desfrutar do prazer da beleza amada.

   Cingindo a cabeça com uma mitra colorida,
apoiado num bordão, cabelos brancos nas têmporas,
assemelhou-se a uma velha e penetra nos bem tratados pomares.
Contempla os frutos e diz: "És bem mais bela!"
Dá alguns beijos, que nenhuma velha autêntica poderia dar,
àquela a quem elogia e senta-se no chão, curvada,
a olhar os ramos vergados ao peso do outono.
Tinha à sua frente um olmo adornado com reluzentes uvas.
Admira-o juntamente com a videira que o cinge e diz:
"Se, sem a videira, a árvore se erguesse só,
além da folhagem, nada teria que a recomendasse.

---

[22] Parece haver aqui a sobreposição de Sileno e Silvano. Sileno é um sátiro enve-
lhecido a quem se atribui a responsabilidade de ter criado Dioniso. Velho e feio, era
representado montado num burro em cujo dorso mal se aguentava devido à bebedeira.
Silvano, deus dos bosques, era representado com traços de velho, mas era dotado da
força de um homem novo.

[23] Priapo, representado sob a forma de uma figura de falo ereto. Era o guardião
dos jardins, das vinhas e dos pomares.

haec quoque, quae iuncta uitis requiescit in ulmo,   665
si non nupta foret, terrae acclinata iaceret.
tu tamen exemplo non tangeris arboris huius,
concubitusque fugis nec te coniungere curas.
atque utinam uelles! Helene non pluribus esset
sollicitata procis nec quae Lapitheia mouit   670
proelia nec coniunx †timidi aut audacis† Vlixi.
nunc quoque, cum fugias auerserisque petentes,
mille uiri cupiunt et semideique deique
et quaecumque tenent Albanos numina montes.
sed tu si sapies, si te bene iungere anumque   675
hanc audire uoles, quae te plus omnibus illis,
plus quam credis, amo, uulgares reice taedas
Vertumnumque tori socium tibi selige, pro quo
me quoque pignus habes (neque enim sibi notior ille est
quam mihi). nec passim toto uagus errat in orbe: 680
haec loca sola colit; nec, uti pars magna procorum,
quam modo uidit amat: tu primus et ultimus illi
ardor eris, solique suos tibi deuouet annos.
adde quod est iuuenis, quod naturale decoris
munus habet formasque apte fingetur in omnes   685
et quod erit iussus, iubeas licet omnia, fiet.
quid quod amatis idem, quod quae tibi poma coluntur
primus habet laetaque tenet tua munera dextra?
sed neque iam fetus desiderat arbore demptos,
nec quas hortus alit cum sucis mitibus herbas,   690
nec quidquam nisi te. miserere ardentis et ipsum
quod petit ore meo praesentem crede precari;
ultoresque deos et pectora dura perosam
Idalien memoremque time Rhamnusidis iram.

Também a videira, suspensa do olmo a que se agarra,
se a ele não estivesse unida, rastejaria, inclinada, por terra.
Tu, porém, não és sensível ao exemplo desta árvore,
foges ao enlace carnal e não pensas em casar-te!
Ah!, se nisso pensasses! Helena não teria sido requestada
por mais pretendentes, nem aquela que motivou o combate
dos Lápitas,[24] nem a esposa do medroso ou audaz Ulisses.[25]
Mesmo agora, embora fujas e afastes os que te cortejam,
só homens são mil, são semideuses, são deuses, são quantas
divindades habitam nos montes Albanos aqueles que te desejam.
Mas, se fores sensata, se quiseres bem casar-te e ouvir esta velha,
que mais que todos te ama, mais do que tu podes crer,
recusa vulgares pretendentes, para teu companheiro de leito
escolhe Vertumno. A mim, ter-me-ás por garante seu
(ele, de fato, não tem de si melhor conhecimento do que tenho eu).
Não é um vagabundo, nem se passeia ao acaso pelo orbe inteiro.
Mora só nestes lugares. Não se enamora, como a maioria dos teus
pretendentes, daquela que acabou de ver. Serás tu o seu primeiro
e o último amor. A ti somente consagrará toda a sua vida.
Acresce que é jovem, que tem o dom natural da beleza,
que assume com precisão todas as formas e que fará quanto
lhe for ordenado, ainda que tudo lhe ordenes. E não amais vós
o mesmo? E não é ele o primeiro a ter os frutos que tu cultivas?
E não segura com alegria em sua mão os dons por ti dispensados?
Mas já não deseja os frutos colhidos da árvore, nem as plantas
de doce seiva, criadas no teu pomar, nem qualquer outra coisa
que não sejas tu. Tem compaixão de quem arde em amor,
e acredita que, por minha boca, pede ele em pessoa aquilo que peço.
Receia tu os deuses vingadores, a deusa de Idália, que odeia
os corações insensíveis, e a ira ressentida da Ramnúsia.

---

[24] Hipodâmia. Ver XII, 210.

[25] Penélope.

quoque magis timeas (etenim mihi multa uetustas 695
scire dedit), referam tota notissima Cypro
facta, quibus flecti facile et mitescere possis.

'Viderat a ueteris generosam sanguine Teucri
Iphis Anaxareten humili de stirpe creatus;
uiderat et totis perceperat ossibus aestum. 700
luctatusque diu, postquam ratione furorem
uincere non potuit, supplex ad limina uenit
et modo, nutrici miserum confessus amorem,
ne sibi dura foret, per spes orauit alumnae;
et modo, de multis blanditus cuique ministris 705
sollicita petiit propensum uoce fauorem.
saepe ferenda dedit blandis sua uerba tabellis,
interdum madidas lacrimarum rore coronas
postibus intendit posuitque in limine duro
molle latus tristisque serae conuicia fecit. 710
saeuior illa freto surgente cadentibus Haedis,
durior et ferro quod Noricus excoquit ignis
et saxo quod adhuc uiuum radice tenetur,
spernit et inridet factisque immitibus addit
uerba superba ferox et spe quoque fraudat amantem. 715
non tulit impatiens longi tormenta doloris
Iphis et ante fores haec uerba nouissima dixit:
"uincis, Anaxarete, neque erunt tibi taedia tandem
ulla ferenda mei. laetos molire triumphos
et Paeana uoca nitidaque incingere lauro. 720
uincis enim, moriorque libens. age, ferrea, gaude!

E para maior temor teu (a velhice, de fato, cumulou-me de saber)
vou contar-te um feito muito conhecido em toda a ilha de Chipre
que pode levar-te a ceder e a seres mais branda.

[Ífis e Anaxárete]

Ífis, nascido de família humilde, vira Anaxárete,
donzela nobre, saída do sangue do lendário Teucro.
E, ao vê-la, o fogo invadiu-lhe os ossos até a medula.
Debateu-se longo tempo. Não podendo com a razão superar
o desvario, vem suplicante à porta do palácio. E logo,
confessando à ama seu infeliz amor, lhe roga, pelas esperanças
postas naquela que ela criou, que não seja insensível com ele;
e, adulando cada uma das muitas escravas, pede, com voz inquieta,
compreensão e ajuda. Muitas vezes confiou às tabuinhas
palavras de afeto para lhe entregarem. Entretanto,
suspendeu, na porta, grinaldas regadas com o orvalho
das suas lágrimas, encostou ao duro umbral seu macio corpo;
entristecido, soltou impropérios contra a pedra dura. Mais cruel
que um mar encapelado, quando os Cabritos[26] se põem, mais dura
do que o ferro que o fogo de Nórico[27] tempera e do que a rocha
que se mantém viva ligada à raiz, ela despreza-o e galhofa dele.
A estes cruéis fatos, altiva, acrescenta ela palavras de orgulho.
E até a esperança rouba ela ao enamorado. Ífis não teve paciência
para suportar os tormentos de tão funda dor e, frente às portas dela,
profere estas palavras finais: 'Vences, Anaxárete, não terás
de suportar mais enfados meus! Celebra o alegre triunfo, invoca Peã,
cinge a cabeça com o brilhante loureiro! Vences realmente,
e eu morro de livre vontade! Vai, coração de ferro, festeja!
Ver-te-ás forçada a elogiar algo que me pertencia,

---

[26] Estrelas da constelação de Auriga.

[27] Nórico, região entre a Récia e a Panônia, limitada ao norte pelo Danúbio, coincidindo aproximadamente com a Áustria atual, era conhecida pela qualidade do ferro.

certe aliquid laudare mei cogeris, eritque
quo tibi sim gratus, meritumque fatebere nostrum.
non tamen ante tui curam excessisse memento
quam uitam, geminaque simul mihi luce carendum est.   725
nec tibi fama mei uentura est nuntia leti;
ipse ego, ne dubites, adero praesensque uidebor,
corpore ut exanimi crudelia lumina pascas.
si tamen, o superi, mortalia facta uidetis,
este mei memores (nihil ultra lingua precari   730
sustinet) et longo facite ut narremur in aeuo
et quae dempsistis uitae date tempora famae.”
  ‘Dixit et ad postes ornatos saepe coronis
umentes oculos et pallida bracchia tollens,
cum foribus laquei religaret uincula summis,   735
“haec tibi serta placent, crudelis et impia?” dixit
inseruitque caput, sed tum quoque uersus ad illam,
atque onus infelix elisa fauce pependit.
icta pedum motu trepidantum †et multa timentem†
uisa dedisse sonum est adapertaque ianua factum   740
prodidit. exclamant famuli frustraque leuatum
(nam pater occiderat) referunt ad limina matris.
accipit illa sinu complexaque frigida nati
membra sui postquam miserorum uerba parentum
edidit et matrum miserarum facta peregit,   745
funera ducebat mediam lacrimosa per urbem
luridaque arsuro portabat membra feretro.
forte uiae uicina domus, qua flebilis ibat
pompa, fuit, duraeque sonus plangoris ad aures
uenit Anaxaretes, quam iam deus ultor agebat.   750
mota tamen “uideamus” ait “miserabile funus”
et patulis iniit tectum sublime fenestris;
uixque bene impositum lecto prospexerat Iphin,
deriguere oculi, calidusque e corpore sanguis

algo haverá em que te agradei, ver-te-ás forçada a confessar
a minha importância. Mas lembra-te de que o meu amor por ti
não me abandonou antes de a vida me abandonar,
e de que eu pretendia deixar simultaneamente estas duas luzes.
E não será o público rumor que da minha morte te virá falar.
Eu mesmo, não duvides, aí estarei, ver-me-ás em pessoa,
para saciares teus olhos cruéis no meu corpo exangue.
E vós, ó deuses, se acaso vedes os corações humanos, lembrai-vos
de mim (a minha língua já não tem força para vos pedir mais
seja o que for), fazei com que de mim se fale ao longo do tempo
e acrescentai-me à fama o tempo que me roubastes à vida.'

Ao isto dizer, ergue para a porta, tantas vezes por si adornada
com ramos de flores, seus olhos molhados e seus braços pálidos.
E, enquanto ata ao cimo da porta o nó daquele laço, pergunta:
'Será esta a grinalda que te satisfaz, mulher cruel e ímpia?'
E mete a cabeça no laço, ainda então voltado para ela.
Aquele infeliz peso fica pendurado, de garganta estrangulada.
Batida pelo palpitante movimento dos pés,
parecia que a porta produzia um ruído assustador e, abrindo-se,
deixa ver o drama. Os criados gritam e em vão o retiram.
Conduzem-no a casa de sua mãe (seu pai havia morrido).
A mãe recebe-o no regaço e, abraçando o corpo hirto do filho,
depois de gritar os lamentos de uns pais infelizes
e de dar cumprimento aos rituais das infelizes mães,[28]
preside, em lágrimas, ao cortejo fúnebre, através da cidade,
levando o lívido corpo no esquife que ia arder também.
Acontece que a casa de Anaxárete se situava próximo da rua
por onde passava o triste cortejo, e o ruído do choro
chegou aos ouvidos da dura donzela a quem o deus vingador
perseguia já. Então, comovida, diz: 'Vejamos este infeliz cortejo',
e sobe à divisão superior, de amplas janelas.
Mal viu Ífis estendido no esquife, imobilizam-se-lhe os olhos,
o calor do sangue foge-lhe do corpo, deixando-o pálido,

---

[28] Arrancar os cabelos e bater no peito.

inducto pallore fugit, conataque retro 755
ferre pedes haesit, conata auertere uultus
hoc quoque non potuit, paulatimque occupat artus,
quod fuit in duro iam pridem pectore, saxum.
neue ea ficta putes, dominae sub imagine signum
seruat adhuc Salamis, Veneris quoque nomine templum 760
Prospicientis habet. — quorum memor, o mea, lentos
pone, precor, fastus, et amanti iungere, nymphe;
sic tibi nec uernum nascentia frigus adurat
poma nec excutiant rapidi florentia uenti.'

    Haec ubi nequiquam formae deus apta senili 765
edidit, in iuuenem rediit et anilia demit
instrumenta sibi talisque apparuit illi,
qualis ubi oppositas nitidissima solis imago
euicit nubes nullaque obstante reluxit;
uimque parat, sed ui non est opus, inque figura 770
capta dei nymphe est et mutua uulnera sensit.

    Proximus Ausonias iniusti miles Amuli
rexit opes, Numitorque senex amissa nepotis
munere regna capit, festisque Palilibus urbis
moenia conduntur, Tatiusque patresque Sabini 775
bella gerunt, arcisque uia Tarpeia reclusa
dignam animam poena congestis exuit armis.
inde sati Curibus tacitorum more luporum
ore premunt uoces et corpora uicta sopore
inuadunt portasque petunt, quas obice firmo 780
clauserat Iliades. unam tamen ipsa reclusit

fica estática, ao querer retroceder, procura voltar o rosto,
mas nem isso pode. Paulatinamente, a pedra que há muito
tinha em seu duro coração invade-lhe o corpo.
Para que não se pense que tudo isto é fábula,
Salamina guarda ainda a estátua com a imagem daquela
que foi objeto de um tal amor. Tem também um templo
sob a invocação de Vênus Espectante. Recordada disto, ó minha
ninfa querida, deixa, peço-te, a tua obstinação e a tua altivez
e une-te àquele que te ama. Assim a primavera não te queime os frutos
que estão a nascer, nem os ventos fortes arranquem a floração."
    Depois de o deus inutilmente dizer estas coisas condizentes
com seu aspecto de velha, recobra a forma juvenil,
despe os ornatos de velha e aparece a Pomona
tal como quando a imagem resplandecente do sol triunfa
das nuvens que o tapam e brilha livre de qualquer obstáculo.
Prepara-se para a forçar, mas não é preciso.
A ninfa foi seduzida pela beleza do deus e sentiu ferida igual.

[Tarpeia]

    O primeiro a reinar sobre a opulenta Ausônia foi, pela força
das armas, o usurpador Amúlio; o velho Numitor reconquista
o poder perdido graças a seu neto; nas festividades Palílias[29]
é fundada a muralha de Roma; Tácio e o Senado sabino declaram
a guerra; por haver-lhes franqueado a passagem da cidadela,
Tarpeia perde a vida, por justo castigo, sob o peso dos escudos deles.
Depois, os filhos de Cures, quais lobos silenciosos, investem,
sem nada dizer, sobre os homens mergulhados no sono
e atacam as portas que os filhos de Ília[30] haviam fechado
com forte ferrolho. Mas há uma que a filha de Saturno

---

[29] Eram festas em honra de Pales, gênio protetor dos rebanhos, celebradas a 21 de abril. Os pastores acendiam fogueiras e saltavam sobre elas. Assinalavam, segundo se supunha, a data da fundação de Roma por Rômulo.

[30] Ília é o nome de Reia Silvia, mãe de Rômulo.

nec strepitum uerso Saturnia cardine fecit;
sola Venus portae cecidisse repagula sensit
et clausura fuit, nisi quod rescindere numquam
dis licet acta deum. Iano loca iuncta tenebant 785
Naides Ausoniae gelido rorantia fonte;
has rogat auxilium, nec nymphae iusta petentem
sustinuere deam uenasque et flumina fontis
elicuere sui. nondum tamen inuia Iani
ora patentis erant, neque iter praecluserat unda; 790
lurida supponunt fecundo sulphura fonti
incenduntque cauas fumante bitumine uenas.
uiribus his aliisque uapor penetrauit ad ima
fontis et, Alpino modo quae certare rigori
audebatis aquae, non ceditis ignibus ipsis. 795
flammifera gemini fumant aspergine postes,
portaque nequiquam rigidis promissa Sabinis
fonte fuit praestructa nouo, dum Martius arma
indueret miles; quae postquam Romulus ultra
obtulit, et strata est tellus Romana Sabinis 800
corporibus strata estque suis, generique cruorem
sanguine cum soceri permiscuit impius ensis,
pace tamen sisti bellum nec in ultima ferro
decertare placet Tatiumque accedere regno.

Occiderat Tatius, populisque aequata duobus, 805
Romule, iura dabas, posita cum casside Mauors
talibus adfatur diuumque hominumque parentem:
'tempus adest, genitor, quoniam fundamine magno
res Romana ualet nec praeside pendet ab uno,
praemia iam promissa mihi dignoque nepoti 810
soluere et ablatum terris imponere caelo.
tu mihi concilio quondam praesente deorum
(nam memoro memorique animo pia uerba notaui)

em pessoa abriu e nem ruído fez ao girar no gonzo.
Só Vênus se apercebe de que a tranca da porta caíra
e tê-la-ia fechado, se a um deus não fosse vedado anular
os atos dos outros. As Náiades Ausônias ocupavam um lugar
junto ao templo de Jano, onde brotava uma fonte gelada.
Vênus pede-lhes auxílio. As ninfas atenderam ao justo pedido
da deusa e abriram os veios das águas de sua fonte.
A entrada do templo de Jano, que estava aberto, estava ainda
acessível e a água ainda não tinha cortado o caminho.
Na abundância das águas lançam as ninfas enxofre amarelo
e, com fumegante betume, incendeiam a concavidade dos veios.
O calor destas e de outras substâncias penetrou até o âmago
da fonte e vós, águas, que ainda agora ousáveis competir
com o frio dos Alpes, não cedeis ao próprio fogo.
Com a água em chamas, enchem-se os umbrais de fumo.
A porta da cidade, em vão prometida aos cruéis Sabinos,
é obstruída por uma estranha fonte até o exército
do Campo de Marte empunhar as armas. Depois de Rômulo
se lhes opor com armas, de o chão de Roma ficar juncado
de corpos sabinos e juncado dos seus, de a espada ímpia
misturar o sangue do genro com o sangue do sogro,
decidiram pôr fim à guerra por meio da paz, não levar a guerra
às últimas consequências, e a ascensão de Tácio ao poder.

[Rômulo]

Tácio tinha morrido. Tu, Rômulo, administravas a mesma justiça
a ambos os povos, quando Marte, tirando da cabeça o elmo,
assim se dirige ao pai dos deuses e dos homens:
"Pai, uma vez que o poder de Roma repousa em fundamento
sólido e não depende da autoridade de um chefe,
chegou a hora de concederes a teu neto a merecida recompensa
já a mim prometida e, tirando-o da terra, o estabeleceres no céu.
Um dia, perante o concílio dos deuses, disseste-me (permite-me
lembrar-te as paternais palavras que guardei na memória):

"unus erit quem tu tolles in caerula caeli";
dixisti: rata sit uerborum summa tuorum!'
adnuit omnipotens et nubibus aera caecis
occuluit tonitruque et fulgure terruit urbem.
quae sibi promissae sensit data signa rapinae,
innixusque hastae pressos temone cruento
impauidus conscendit equos Gradiuus et ictu
uerberis increpuit pronusque per aera lapsus
constitit in summo nemorosi colle Palati,
reddentemque suo non regia iura Quiriti
abstulit Iliaden. corpus mortale per auras
dilapsum tenues, ceu lata plumbea funda
missa solet medio glans intabescere caelo;
pulchra subit facies et puluinaribus altis
dignior, est qualis trabeati forma Quirini.

815

820

825

Flebat ut amissum coniunx, cum regia Iuno
Irin ad Hersilien descendere limite curuo
imperat et uacuae sua sic mandata referre:
'o et de Latia, o et de gente Sabina
praecipuum, matrona, decus, dignissima tanti
ante fuisse uiri, coniunx nunc esse Quirini,
siste tuos fletus et, si tibi cura uidendi
coniugis est, duce me lucum pete, colle Quirini
qui uiret et templum Romani regis obumbrat.'
paret et in terram pictos delapsa per arcus
Hersilien iussis compellat uocibus Iris.
illa uerecundo uix tollens lumina uultu

830

835

840

'Haverá um a quem levarás para o azulado céu.'
Oxalá se cumpra integralmente a tua promessa!"
O deus todo-poderoso assentiu com um sinal de cabeça, cobriu o céu
com negras nuvens e apavorou a cidade com raios e trovões.
Gradivo percebeu que lhe eram dados os sinais do arrebatamento
a si prometido e, apoiando-se na lança, subiu, impávido,
para o carro ensanguentado a que os cavalos estavam apostos,
incitou-os com uma chibata e, cortando o ar em direção à terra,
parou no ponto mais alto do bosque do Palatino e arrebatou o filho
de Ília, quando, de modo diferente de um tirano, administrava a justiça
aos Quirites.[31] Da mesma forma que a bala de chumbo lançada
por funda poderosa costuma derreter-se ao atravessar o céu,
assim se dissolveu aquele corpo mortal em contato com a fina atmosfera.
Apareceu uma bela figura, mais merecedora dos altos leitos dos deuses,
semelhante à imagem de Quirino vestido com a trábea.

[Hersília]

Chorava-o a esposa como se o houvesse perdido, quando Juno,
a rainha do céu, ordena a Íris que desça pelo seu curvo arco
até junto de Hersília e transmita à viúva a sua mensagem:
"Ó glória principal do Lácio e do povo sabino,
ó matrona, a mais merecedora de teres sido a esposa
de homem tão importante e de agora o seres de Quirino,
põe fim à tua dor e, se tens interesse em ver teu marido,
segue-me e dirige-te ao bosque que cobre de verde
a colina de Quirino e de sombra o templo do rei de Roma."
Íris obedece e, descendo à terra por seu colorido arco,
interpela Hersília com a mensagem de que foi incumbida.
De face envergonhada, mal erguendo os olhos, Hersília responde:

---

[31] Quirino, deus dos Sabinos, era pai de Módio Fabídio, fundador da cidade de
Cures. Depois da morte de Tácio, os Quirites, população sabina de Cures, integraram-
-se na população romana, a que deu o nome.

'o dea (namque mihi nec quae sis dicere promptum est,
et liquet esse deam), duc, o duc' inquit 'et offer
coniugis ora mihi; quem si modo posse uidere
fata semel dederint, caelum accepisse fatebor.'
nec mora, Romuleos cum uirgine Thaumantea   845
ingreditur colles; ibi sidus ab aethere lapsum
decidit in terras, a cuius lumine flagrans
Hersilie crines cum sidere cessit in auras.
hanc manibus notis Romanae conditor urbis
excipit et priscum pariter cum corpore nomen   850
mutat Horamque uocat, quae nunc dea iuncta Quirino est.

"Ó deusa (embora eu não possa dizer qual sejas,
tenho por certo que és deusa), leva-me, oh!, leva-me
e mostra-me a face de meu marido. Se o destino me consentir
vê-lo agora por uma vez, direi que cheguei ao céu."
Acompanhada pela filha de Taumas, entra logo no bosque
de Rômulo. Aí, vindo do céu, cai na terra um astro cuja chama
incendeia os cabelos de Hersília que, na companhia do astro,
vai até o céu. O fundador da cidade de Roma
recebe-a em seus braços, que ela bem conhece, muda-lhe
o primitivo nome ao mesmo tempo que lhe muda o corpo
e chama-lhe Hora, deusa que hoje está associada a Quirino.

Liber Quintus Decimus

Quaeritur interea qui tantae pondera molis
sustineat tantoque queat succedere regi;
destinat imperio clarum praenuntia ueri
fama Numam; non ille satis cognosse Sabinae
gentis habet ritus; animo maiora capaci   5
concipit et quae sit rerum natura requirit.
huius amor curae, patria Curibusque relictis,
fecit ut Herculei penetraret ad hospitis urbem.
Graia quis Italicis auctor posuisset in oris
moenia quaerenti sic e senioribus unus   10
rettulit indigenis, ueteris non inscius aeui:
'Diues ab Oceano bobus Ioue natus Hiberis
litora felici tenuisse Lacinia cursu
fertur et, armento teneras errante per herbas,
ipse domum magni nec inhospita tecta Crotonis   15
intrasse et requie longum releuasse laborem,
atque ita discedens, "aeuo" dixisse "nepotum
hic locus urbis erit", promissaque uera fuerunt.
nam fuit Argolico generatus Alemone quidam
Myscelus, illius dis acceptissimus aeui.   20

Livro XV

[Numa]

Entretanto, pergunta-se se há quem suporte o peso de tão
grande responsabilidade e possa suceder a tão grande rei.
Mensageira da verdade, a Fama destina o ilustre Numa
para o exercício do poder. A Numa não basta conhecer
já os usos do povo sabino.[1] Em seu talentoso espírito concebe
planos mais vastos, quer conhecer a essência das coisas.
A paixão por esta ideia levou-o a deixar sua pátria e a deixar
Cures e a dirigir-se à cidade do anfitrião de Hércules.
Querendo saber quem foi que teve a iniciativa de erguer
muralhas gregas nas costas da Itália, assim lhe respondeu
um dos anciãos naturais da terra, que conhecia bem o passado:
"Conta-se que, vindo do mar, o filho de Júpiter,[2] enriquecido
com os bois da Ibéria, chegara às portas de Lavínio no final
de uma viagem bem-sucedida e, enquanto a manada se espalhava
a pastar erva tenra, entrara ele na casa e nos hospitaleiros
aposentos do palácio de Cróton e se refizera de tão longo
trabalho, e que, ao partir, dissera: 'Um dia, este será o lugar
da cidade de nossos netos.'[3] As promessas tornaram-se realidade.
Na verdade, houve um certo Míscelo, filho do argivo Alêmon,
que era naquele tempo o homem mais aceite pelos deuses.

---

[1] Numa, de origem sabina, é, nas lendas da fundação da cidade, o segundo rei de
Roma. Representa o rei religioso por excelência, a quem se atribui a criação da maior
parte dos cultos e das instituições sagradas.

[2] Hércules.

[3] Crotona.

hunc super incumbens pressum grauitate soporis
Clauiger adloquitur: "lapidosas Aesaris undas,
i, pete diuersi; patrias, age, desere sedes!"
et, nisi paruerit, multa ac metuenda minatur.
post ea discedunt pariter somnusque deusque;   25
surgit Alemonides tacitaque recentia mente
uisa refert, pugnatque diu sententia secum.
numen abire iubet, prohibent discedere leges
poenaque mors posita est patriam mutare uolenti.
candidus Oceano nitidum caput abdiderat Sol,   30
et caput extulerat densissima sidereum Nox;
uisus adesse idem deus est eademque monere
et, nisi paruerit, plura ac grauiora minari.
pertimuit patriumque simul transferre parabat
in sedes penetrale nouas. fit murmur in urbe,   35
spretarumque agitur legum reus, utque peracta est
causa prior, crimenque patet sine teste probatum,
squalidus ad superos tollens reus ora manusque
"o cui ius caeli bis sex fecere labores,
fer, precor" inquit, "opem; nam tu mihi criminis auctor."   40
mos erat antiquus niueis atrisque lapillis,
his damnare reos, illis absoluere culpa;
tum quoque sic lata est sententia tristis, et omnis
calculus immitem demittitur ater in urnam.
quae simul effudit numerandos uersa lapillos,   45
omnibus e nigro color est mutatus in album,
candidaque Herculeo sententia numine facta
soluit Alemoniden. grates agit ille parenti
Amphitryoniadae uentisque fauentibus aequor
nauigat Ionium, Lacedaemoniumque Tarentum   50
praeterit et Sybarin Sallentinumque Neretum
Thurinosque sinus Nemesenque et Iapygis arua.

Inclinado sobre ele, que estava mergulhado em sono profundo,
diz-lhe o herói portador da maça: 'Vai, dirige-te às águas que rolam
sobre as pedras do remoto Ésar; anda, deixa a tua pátria!'
E ameaça-o com muitos e terríveis castigos se não obedecer.
E logo desaparecem o sono e o deus. O filho de Alêmon
salta do leito e em seu espírito remói o que acabara de ver.
Por largo tempo debate consigo o que fazer.
A divindade mandara-o partir; as leis proíbem-no de se afastar.
A morte é a pena imposta a quem pretenda mudar de pátria.
Imaculado, o Sol tinha mergulhado sua radiosa cabeça
no Oceano; a Noite tinha erguido a sua face pejada de estrelas.
O mesmo deus se apresenta com advertência igual e com mais
e mais graves males, se ele não obedecer. Míscelo apavorou-se
e preparava-se para transferir os penates paternos para novas moradas.
O rumor percorre a cidade e ele é declarado réu de violação das leis.
Quando a primeira parte do processo ficou concluída e,
sem testemunhas, ficou demonstrado o crime, descomposto,
erguendo aos deuses a face e os braços, o réu implora: 'Ó tu,
a quem os doze trabalhos deram o direito ao céu, vem em meu
auxílio, peço-te, pois que eu te tenho como instigador do crime!'
Era costume antigo o uso de pedras brancas e pretas.
Com estas, o réu era condenado; com aquelas era absolvido de culpa.
Também neste caso assim foi proferida a infeliz sentença.
E eram pretas todas as pedras depositadas na implacável urna.
Ao ser voltada, a urna despejou as pedras que iam ser contadas,
e a cor de todas foi mudada de preto em branco.
Tornada branca por ação de Hércules, a sentença salvou
o filho de Alêmon. Míscelo dá graças a seu protetor,
o filho de Anfitríon, cruza o mar Jônico com ventos propícios,
passa Tarento, fundada por Lacedemônios, passa Síbaris,
passa Nereto, cidade dos Salentinos, passa o golfo de Túria,
passa Nemésia,[4] passa os campos de Iápis.[5] Percorrendo

---

[4] Todas cidades da Magna Grécia, ou seja, do sul da Itália.

[5] Iápis, ou Iápige, é o herói que deu o nome aos Iapígios. Cretense que se terá

uixque pererratis quae spectant litora terris
inuenit Aesarei fatalia fluminis ora,
nec procul hinc tumulum, sub quo sacrata Crotonis   55
ossa tegebat humus; iussaque ibi moenia terra
condidit et nomen tumulati traxit in urbem.'
talia constabat certa primordia fama
esse loci positaeque Italis in finibus urbis.

Vir fuit hic ortu Samius, sed fugerat una   60
et Samon et dominos odioque tyrannidis exul
sponte erat. isque licet caeli regione remotos
mente deos adiit et quae natura negabat
uisibus humanis, oculis ea pectoris hausit.
cumque animo et uigili perspexerat omnia cura,   65
in medium discenda dabat coetusque silentum
dictaque mirantum magni primordia mundi
et rerum causas et quid natura docebat,
quid deus, unde niues, quae fulminis esset origo,
Iuppiter an uenti discussa nube tonarent,   70
quid quateret terras, qua sidera lege mearent,
et quodcumque latet. primusque animalia mensis
arguit imponi, primus quoque talibus ora
docta quidem soluit, sed non et credita, uerbis:
'Parcite, mortales, dapibus temerare nefandis   75
corpora! sunt fruges, sunt deducentia ramos
pondere poma suo tumidaeque in uitibus uuae;
sunt herbae dulces, sunt quae mitescere flamma
mollirique queant; nec uobis lacteus umor

os campos que bordejam a costa, logo encontrou a embocadura,
indicada pelo destino, do rio Ésar e, não longe dali, o túmulo
debaixo do qual a terra escondia os ossos sagrados de Cróton.
Estabelece aí, como lhe fora ordenado, os fundamentos das muralhas,
e do nome daquele que estava no túmulo tira o nome da cidade."
Constava, por tradição fidedigna, que estes foram os inícios
deste lugar e da cidade que hoje se ergue em território da Itália.

[Os ensinamentos de Pitágoras]

Ali, havia um homem originário de Samos, mas que tinha fugido
simultaneamente de Samos e de seus chefes e se tinha exilado, por vontade
própria, por ódio à tirania.[6] Apesar de os deuses estarem retirados
nas regiões celestes, com a sua razão, ele elevou-se até junto deles,
e as coisas que a natureza negava aos olhos dos homens, colheu-as ele
com os olhos do coração. Depois de, com o seu espírito e incansável
labor, tudo haver perscrutado, tudo expunha para ser conhecido.
À multidão silenciosa dos que apreciavam os resultados do seu trabalho,
expunha as origens do vasto mundo, os princípios das coisas, o que é
a natureza, o que é divindade, a origem da neve, qual é a origem do raio,
se é Júpiter ou são os ventos que desencadeiam o trovão ao fazerem
chocar as nuvens, o que provoca os abalos de terra, que lei preside
à revolução dos astros, e tudo quanto se mantém oculto. Foi o primeiro
a censurar o uso de carne animal à mesa; e foi o primeiro que pronunciou
estas sábias palavras a que nem todos deram a devida atenção:
"Não conspurqueis, mortais, vossos corpos com alimentos
abomináveis. Há os cereais, há os frutos cujo peso
faz vergar os ramos, há nas vides entumecidas uvas.
Há plantas saborosas, e as que podem, pelo fogo,
tornar-se agradáveis e tenras. Nem o leite, nem o mel,

fixado, primeiro, na Sicília, passando à Itália meridional na sequência dos aconteci-
mentos que acompanharam a morte de Minos.

6 O filósofo e matemático Pitágoras (c. 570-495 a.C.), que se estabeleceu em
Crotona por volta de 530 a.C., fugindo do tirano Polícrates, de Samos.

eripitur nec mella thymi redolentia flore. 80
prodiga diuitias alimentaque mitia tellus
suggerit atque epulas sine caede et sanguine praebet.
carne ferae sedant ieiunia, nec tamen omnes:
quippe equus et pecudes armentaque gramine uiuunt.
at quibus ingenium est immansuetumque ferumque, 85
Armeniae tigres iracundique leones
cumque lupis ursi, dapibus cum sanguine gaudent.
heu quantum scelus est in uiscere uiscera condi
congestoque auidum pinguescere corpore corpus
alteriusque animans animantis uiuere leto! 90
scilicet in tantis opibus, quas optima matrum
terra parit, nil te nisi tristia mandere saeuo
uulnera dente iuuat ritusque referre Cyclopum,
nec, nisi perdideris alium, placare uoracis
et male morati poteris ieiunia uentris? 95
  'At uetus illa aetas, cui fecimus aurea nomen,
fetibus arboreis et quas humus educat herbis
fortunata fuit nec polluit ora cruore.
tunc et aues tutae mouere per aera pennas,
et lepus impauidus mediis errauit in aruis, 100
nec sua credulitas piscem suspenderat hamo;
cuncta sine insidiis nullamque timentia fraudem
plenaque pacis erant. postquam non utilis auctor
uictibus inuidit, quisquis fuit ille, †deorum†
corporeasque dapes auidam demersit in aluum, 105
fecit iter sceleri. primoque e caede ferarum
incaluisse potest maculatum sanguine ferrum,
idque satis fuerat, nostrumque petentia letum
corpora missa neci salua pietate fatemur;
sed quam danda neci, tam non epulanda fuerunt. 110
longius inde nefas abiit, et prima putatur
hostia sus meruisse mori, quia semina pando
eruerit rostro spemque interceperit anni;
uite caper morsa Bacchi mactandus ad aras

que recende à flor do tomilho, vos são interditos. Pródiga,
a terra põe à vossa disposição suas riquezas, alimentos agradáveis,
e oferece-vos um sustento sem morte e sem sangue.
As feras, e nem todas, é que matam a fome com carne,
já que cavalos, carneiros e bois vivem de erva.
Pelo contrário, aqueles que têm uma índole cruel e feroz,
os tigres da Armênia, os furiosos leões, os ursos e os lobos
deliciam-se com as refeições de sangue.
Quão criminoso não é sepultar em nossas vísceras
outras vísceras, engordar um corpo sôfrego com outro corpo,
e que um ser vivo viva à custa da morte de um outro!
Ou seja, de tantas riquezas que a melhor das mães, a Terra,
produz nenhuma te satisfaz a não ser alimentares-te cruelmente
de pobres cadáveres e repetires os hábitos dos Ciclopes?
Não poderás aplacar a fome de teu ventre
voraz e mal habituado sem destruíres outro ser?

Ora, aquela idade antiga que alcunhamos de áurea satisfazia-se
com os frutos das árvores e com as plantas que a terra dava
e não inundou de sangue sua boca. Nesse tempo não eram
só as aves que, em segurança, batiam as asas em pleno ar,
era também a lebre que deambulava tranquila no meio dos prados
e, na sua boa-fé, o peixe não ficava preso no anzol.
Sem traição, sem recear qualquer ardil, a paz reinava tranquilamente
em todo o lado. A partir do momento em que alguém, fosse ele
quem fosse, teve a infeliz ideia de cobiçar o alimento dos deuses
e em seu ávido ventre sepultou a carne como alimento,
esse abriu o caminho ao crime. E pode dizer-se que foi
a partir da morte de animais selvagens que, pela primeira vez,
o ferro manchado de sangue se assanhou. E isso teria sido o suficiente.
Digamos que, sem crime, se possam matar os animais que atentam
contra a nossa vida. Mas não é tão necessário comê-los como foi
necessário matá-los. A partir deste princípio, levou-se o crime
mais longe. E a primeira vítima a julgar-se que merecia morrer
foi o porco, porque com seu curvo focinho desenterra as sementes
e destrói as esperanças de um ano. Por haver tosado uma parra,

ducitur ultoris. nocuit sua culpa duobus; 115
quid meruistis, oues, placidum pecus inque tuendos
natum homines, pleno quae fertis in ubere nectar,
mollia quae nobis uestras uelamina lanas
praebetis uitaque magis quam morte iuuatis?
quid meruere boues, animal sine fraude dolisque, 120
innocuum, simplex, natum tolerare labores?
immemor est demum nec frugum munere dignus,
qui potuit curui dempto modo pondere aratri
ruricolam mactare suum, qui trita labore
illa, quibus totiens durum renouauerat aruum, 125
tot dederat messes, percussit colla securi.
  'Nec satis est quod tale nefas committitur; ipsos
inscripsere deos sceleri numenque supernum
caede laboriferi credunt gaudere iuuenci.
uictima labe carens et praestantissima forma 130
(nam placuisse nocet) uittis insignis et auro
sistitur ante aras auditque ignara precantem
imponique suae uidet inter cornua fronti
quas coluit fruges percussaque sanguine cultros
inficit in liquida praeuisos forsitan unda. 135
protinus ereptas uiuenti pectore fibras
inspiciunt mentesque deum scrutantur in illis.
inde (fames homini uetitorum tanta ciborum est)
audetis uesci, genus o mortale! quod, oro,
ne facite et monitis animos aduertite nostris, 140
cumque boum dabitis caesorum membra palato,
mandere uos uestros scite et sentite colonos.
  'Et quoniam deus ora mouet, sequar ora mouentem
rite deum Delphosque meos ipsumque recludam
aethera et augustae reserabo oracula mentis. 145
magna nec ingeniis inuestigata priorum
quaeque diu latuere, canam; iuuat ire per alta
astra, iuuat terris et inerti sede relicta
nube uehi ualidique umeris insistere Atlantis

foi o bode conduzido aos altares de Baco, que exigiu vingança,
para ser imolado. A culpa própria foi fatal a ambos.
E vós, ovelhas, pacífico animal nascido para proteger os homens,
que em vosso túrgido úbere levais néctar, que nos dais a vossa lã,
suave veste, e que mais úteis nos sois estando vivas do que mortas?
E os bois, animais sem malícia e leais, inofensivos e inocentes,
nascidos para suportar fadigas, qual o mal que eles fizeram?
Seguramente ingrato e indigno dos dons da terra
é aquele que, desapondo-o do peso do curvo arado,
pôde sacrificar seu boi; aquele que, com uma acha,
feriu a cerviz calosa do trabalho com que tantas vezes
revolveu a terra pesada e tantas searas produziu.

E não basta que atrocidade tal seja cometida,
atribuem o crime aos próprios deuses
e creem que a divindade destes se compraz
com a morte do laborioso boi. Vítima sem mancha,
de insuperável beleza (fatal lhe foi ser objeto de agrado),
para diante do altar com belas fitas e ouro;
ouve, na sua ignorância, as preces e vê serem-lhe impostos
na fronte, a meio dos cornos, os frutos da terra
que ele cultivou. Ao ser atingido, mancha de sangue
o cutelo que outrora entrevira nas límpidas águas.
Logo, vivo ainda, lhe arrancam de dentro as entranhas,
as inspecionam e nelas perscrutam a intenção da divindade.
Depois (tanta fome tem o homem de alimentos
proibidos), ó raça mortal, ousais comê-lo!
Quando saboreais a carne dos bois que sacrificastes,
sabei e pensai que comeis aqueles que para vós trabalham.

E, porque é um deus que fala, obedecerei religiosamente
ao deus que fala, e deixarei falar o espírito de Delfos que está
em mim e o próprio céu e revelarei os oráculos da augusta mente.
Vou cantar os magnos mistérios que nem pelo engenho dos antigos
foram investigados e que por muito tempo se mantiveram ocultos.
Pretendo subir aos astros, pretendo deixar na terra a morada imóvel,
ser levado por uma nuvem e deter-me sobre os ombros

palantesque homines passim et rationis egentes 150
despectare procul trepidosque obitumque timentes
sic exhortari seriemque euoluere fati:
   'O genus attonitum gelidae formidine mortis,
quid Styga, quid tenebras et nomina uana timetis,
materiem uatum, falsique pericula mundi? 155
corpora, siue rogus flamma seu tabe uetustas
abstulerit, mala posse pati non ulla putetis;
morte carent animae semperque priore relicta
sede nouis domibus uiuunt habitantque receptae.
ipse ego (nam memini) Troiani tempore belli 160
Panthoides Euphorbus eram, cui pectore quondam
haesit in aduerso grauis hasta minoris Atridae;
cognoui clipeum, laeuae gestamina nostrae,
nuper Abanteis templo Iunonis in Argis.
omnia mutantur, nihil interit. errat et illinc 165
huc uenit, hinc illuc et quoslibet occupat artus
spiritus eque feris humana in corpora transit
inque feras noster, nec tempore deperit ullo,
utque nouis facilis signatur cera figuris,
nec manet ut fuerat nec formam seruat easdem, 170
sed tamen ipsa eadem est, animam sic semper eandem
esse sed in uarias doceo migrare figuras.
ergo, ne pietas sit uicta cupidine uentris,
parcite, uaticinor, cognatas caede nefanda
exturbare animas, nec sanguine sanguis alatur. 175
   'Et quoniam magno feror aequore plenaque uentis
uela dedi, nihil est toto quod perstet in orbe;
cuncta fluunt, omnisque uagans formatur imago.
ipsa quoque adsiduo labuntur tempora motu,
non secus ut flumen. neque enim consistere flumen 180
nec leuis hora potest, sed ut unda inpellitur unda

do vigoroso Atlante, olhar lá de cima os homens, errando
ao acaso e desnorteados, e, assim, temerosos e receando a morte,
animá-los, e desenrolar perante eles a sucessão do destino:
    Ó raça apavorada, com medo da gélida morte, por que
temes o Estige, por que temes as trevas, por que tens medo
de palavras vãs, matéria de vates, perigos de um mundo imaginário?
Não julgues que os corpos, leve-os a chama da pira,
leve-os a desagregação do tempo, possam sofrer qualquer mal!
As almas, essas não temem a morte e, deixada a primitiva morada,
vivem para sempre na nova e nela habitam
depois de a ela chegarem. Eu próprio, lembro-me bem,
no tempo da guerra de Troia era Euforbo, filho de Pântoo,
em cujo peito, um dia, se cravou frontalmente a pesada lança
do filho mais novo dos Atridas.[7] Reconheci há pouco,
no templo de Juno, em Argos, onde reina Abas, o escudo
que o braço esquerdo me protegia. Tudo muda, nada morre!
O espírito circula, vem de lá para cá e vai de cá para lá,
toma posse de qualquer corpo, passa das bestas
aos corpos dos homens e do nosso às bestas, e nunca perece.
Tal como a moldável cera se modela em formas novas
e não permanece o que era, nem conserva as novas formas,
mas é sempre a mesma cera, assim ensino eu que a alma
é sempre a mesma, mas emigra para figuras diversas.
Por isso, para que o respeito pelos seus não seja vencido pela gula,
abstende-vos, advirto-vos, de expulsar com morte criminosa
almas irmãs das vossas e não alimenteis com sangue o vosso sangue.
    E já que sou levado no mar sem fim e abri ao vento
o meu pano todo, no mundo inteiro nada há de estável.
Tudo flui, as formas todas se organizam para ir e vir.
Até o próprio tempo flui em movimento contínuo, de modo
semelhante a um rio. De fato, não se para um rio, como não se pode
parar a hora fugaz, mas uma onda empurra a outra, a que vai à frente

---

[7] Euforbo, troiano que primeiro feriu Pátroclo, foi morto por Menelau, tendo o
seu escudo sido depositado no templo de Hera/Juno em Argos.

urgeturque prior ueniente urgetque priorem,
tempora sic fugiunt pariter pariterque sequuntur
et noua sunt semper. nam quod fuit ante relictum est,
fitque quod haut fuerat, momentaque cuncta nouantur.   185
cernis et emensas in lucem tendere noctes,
et iubar hoc nitidum nigrae succedere nocti;
nec color est idem caelo, cum lassa quiete
cuncta iacent media cumque albo Lucifer exit
clarus equo, rursusque alius, cum praeuia lucis   190
tradendum Phoebo Pallantias inficit orbem.
ipse dei clipeus, terra cum tollitur ima,
mane rubet, terraque rubet cum conditur ima;
candidus in summo est, melior natura quod illic
aetheris est terraeque procul contagia fugit.   195
nec par aut eadem nocturnae forma Dianae
esse potest umquam semperque hodierna sequente,
si crescit, minor est, maior, si contrahit orbem.

'Quid? non in species succedere quattuor annum
aspicis, aetatis peragentem imitamina nostrae?   200
nam tener et lactens puerique simillimus aeuo
uere nouo est; tunc herba recens et roboris expers
turget et insolida est et spe delectat agrestes.
omnia tum florent, florumque coloribus almus
ludit ager, neque adhuc uirtus in frondibus ulla est.   205
transit in aestatem post uer robustior annus
fitque ualens iuuenis; neque enim robustior aetas
ulla nec uberior nec quae magis ardeat, ulla est.
excipit autumnus, posito feruore iuuentae
maturus mitisque inter iuuenemque senemque   210
temperie medius, sparsus quoque tempora canis.
inde senilis hiems tremulo uenit horrida passu,
aut spoliata suos aut quos habet alba capillos.

é impelida pela que chega e impele a que está diante de si.
Assim corre o tempo de modo igual, e de modo igual segue-se
um ao outro, e é sempre novo. Pois o que era antes ficou para trás
e veio à existência o que não existia, e cada momento
dá lugar a outro. E vês que a noite, uma vez passada,
dá lugar à luz, e que à noite escura sucede o astro brilhante.
Nem no céu a cor é a mesma quando, a meio da noite,
o cansaço tudo adormenta, e quando o brilhante Lúcifer se eleva
em seu corcel branco; e é outra ainda quando a filha de Palas,[8]
precursora do dia, cobre com sua cor o orbe para o dar a Febo.
O próprio disco do deus é rubro quando, de manhã,
se eleva do centro da terra; é rubro quando no centro da terra
se esconde; é branco quando está no zênite, porque ali
é superior a qualidade do ar e está longe do contágio da terra.
Nem a forma da Diana da noite pode alguma vez ser igual
ou a mesma. A de hoje é sempre menor que a do dia seguinte,
se está a crescer; é maior se o disco mingua.
    Será que não vês que o ano se desenvolve
em quatro etapas, seguindo os passos da nossa vida?
Na primavera é delicado e brando, alimentado a leite
como uma criança. Rebenta então a erva nova e viçosa.
É débil, mas enche de esperança os agricultores.
Tudo então floresce, e o fértil campo ri com a cor das flores,
e na folhagem ainda não há um qualquer vigor.
Depois da primavera, mais robusto já, o ano passa a verão
e torna-se jovem, cheio de vigor. Não há realmente
estação mais robusta, mais fecunda e ardente.
Segue-se o outono. Perdeu o ardor da juventude.
Amadurecido e calmo, equilibrada mistura entre
jovem e ancião, de têmporas salpicadas de cãs.
Velho e com passo trêmulo, chega, depois, o medonho inverno,
descabelado ou sendo já brancos os cabelos que tem.

---

[8] A Aurora, que é filha de Palas.

'Nostra quoque ipsorum semper requieque sine ulla
corpora uertuntur, nec quod fuimusue sumusue   215
cras erimus. fuit illa dies, qua semina tantum
spesque hominum primae matris latitauimus aluo.
artifices natura manus admouit et angi
corpora uisceribus distentae condita matris
noluit eque domo uacuas emisit in auras.   220
editus in lucem iacuit sine uiribus infans;
mox quadripes rituque tulit sua membra ferarum,
paulatimque tremens et nondum poplite firmo
constitit adiutis aliquo conamine neruis;
inde ualens ueloxque fuit spatiumque iuuentae   225
transit et emeritis medii quoque temporis annis
labitur occiduae per iter decliue senectae.
subruit haec aeui demoliturque prioris
robora, fletque Milon senior, cum spectat inanes
illos, qui fuerant solidorum mole tororum   230
Herculeis similes, fluidos pendere lacertos.
flet quoque, ut in speculo rugas aspexit aniles,
Tyndaris et secum cur sit bis rapta requirit.
tempus edax rerum, tuque, inuidiosa uetustas,
omnia destruitis uitiataque dentibus aeui   235
paulatim lenta consumitis omnia morte.
  'Haec quoque non perstant, quae nos elementa uocamus;
quasque uices peragant (animos adhibete) docebo.
quattuor aeternus genitalia corpora mundus
continet. ex illis duo sunt onerosa suoque   240
pondere in inferius, tellus atque unda, feruntur,
et totidem grauitate carent nulloque premente
alta petunt, aer atque aere purior ignis.
quae quamquam spatio distent, tamen omnia fiunt
ex ipsis et in ipsa cadunt, resolutaque tellus   245

Também o corpo de cada um de nós se vai alterando
continuamente, e o que ontem fomos ou o que hoje somos
já amanhã deixamos de o ser. Houve um dia em que apenas
gérmen e promessa de homem nos escondíamos no seio materno.
A natureza põe em ação suas hábeis mãos, não querendo
que os nossos corpos ficassem escondidos e constrangidos
nesse distendido seio, e, dessa morada, fez-nos sair
para o ar livre. Dada à luz, a criança fica deitada, sem forças.
A seguir, desloca-se a quatro pés como os quadrúpedes,
e, paulatinamente, tremendo, sem firmeza ainda nos joelhos,
vai-se erguendo, auxiliando os músculos com qualquer
apoio. Torna-se, a partir daí, robusta e ágil,
percorre o espaço da juventude e, consumindo também
os anos da idade do meio, desce pelo caminho inclinado
de uma velhice caduca. Mina esta e arruína as forças
da idade anterior. Velho, Mílon chora, ao ver que
seus braços que, pela massa dos sólidos músculos,
rivalizaram com os braços de Hércules, pendem flácidos.
Chora igualmente a filha de Tíndaro ao ver ao espelho as rugas
de velha, e pergunta-se por que é que foi duas vezes raptada.[9]
Ó tempo que tudo devoras, e tu, invejosa velhice,
tudo destruís! Uma vez atacado pelos dentes da idade,
tudo consumis numa lenta morte!
   Nem aquilo que designamos por elementos se mantém
mais estável. Vou falar-vos das mudanças por que passam,
prestai atenção. Quatro são os elementos geradores
que o mundo, que é eterno, contém. Dois deles, a terra e a água,
são pesados e são para baixo arrastados pelo próprio peso.
Os outros dois, o ar e, mais puro que o ar, o fogo,
não têm peso e, nada os retendo, tendem a subir.
Embora estejam, no espaço, entre si separados,
como quer que seja tudo deles se forma, e tudo a eles retorna.

---

[9] Helena, filha de Tíndaro, foi raptada primeiro por Teseu e depois por Páris.

in liquidas rarescit aquas, tenuatus in auras
aeraque umor abit, dempto quoque pondere rursus
in superos aer tenuissimus emicat ignes.
inde retro redeunt, idemque retexitur ordo;
ignis enim densum spissatus in aera transit, 250
hic in aquas, tellus glomerata cogitur unda.
   'Nec species sua cuique manet, rerumque nouatrix
ex aliis alias reparat natura figuras;
nec perit in toto quidquam, mihi credite, mundo,
sed uariat faciemque nouat, nascique uocatur 255
incipere esse aliud quam quod fuit ante, morique,
desinere illud idem. cum sint huc forsitan illa,
haec translata illuc, summa tamen omnia constant.
nil equidem durare diu sub imagine eadem
crediderim. sic ad ferrum uenistis ab auro, 260
saecula, sic totiens uersa est fortuna locorum.
uidi ego, quod fuerat quondam solidissima tellus,
esse fretum, uidi factas ex aequore terras;
et procul a pelago conchae iacuere marinae,
et uetus inuenta est in montibus ancora summis; 265
quodque fuit campus, uallem decursus aquarum
fecit, et eluuie mons est deductus in aequor;
eque paludosa siccis humus aret harenis,
quaeque sitim tulerant, stagnata paludibus ument;
hic fontes natura nouos emisit, at illic 270
clausit, et †antiquis tam multa† tremoribus orbis
flumina prosiliunt aut excaecata residunt.
   'Sic ubi terreno Lycus est epotus hiatu,
exsistit procul hinc alioque renascitur ore.
sic modo combibitur, tecto modo gurgite lapsus 275
redditur Argolicis ingens Erasinus in aruis,
et Mysum capitisque sui ripaeque prioris
paenituisse ferunt, alia nunc ire Caicum;
nec non Sicanias uoluens Amenanus harenas
nunc fluit, interdum suppressis fontibus aret; 280

A terra funde-se e torna-se água fluida. O elemento líquido
evapora-se e torna-se vento e ar. Sutilíssimo,
privado de peso, o ar eleva-se até os fogos superiores.
Depois, fazem o caminho inverso, refazem a mesma ordem
em sentido contrário. O fogo condensa-se e torna-se ar denso;
este passa a água, a água espessa-se e solidifica-se em terra.
    Cada um deles nem sequer mantém a aparência própria.
Renovadora das coisas, a natureza refaz umas figuras a partir
de outras. No mundo inteiro nada morre, acreditai em mim,
mas muda e renova a sua feição. Começar a ser coisa diferente
do que era antes chama-se nascer; morrer, ao deixar de ser
o que antes era. Embora umas coisas sejam transferidas para
um lado e sejam outras transferidas para outro, apesar disso,
a totalidade mantém-se constante. Sou levado a crer
que nada se mantém por muito tempo sob a mesma forma.
Foi assim, ó séculos, que passastes do ouro ao ferro, foi assim
que tantas vezes se alterou a sorte dos lugares. Eu vi passar a ser mar
o que um dia foi a terra mais firme; vi terras formadas a partir
do mar. Há depósitos de conchas marinhas distantes do mar,
e foi encontrada uma velha âncora no cimo de um monte.
A água corrente escavou um vale onde era uma veiga;
um morro foi aplanado por uma torrente; do pântano que era,
uma terra tornou-se árida, com ressequidas areias,
e outras que sofreram sede são lagoas de águas paradas;
a natureza abre novas fontes num lado e fecha-as no outro,
e, por causa dos grandes tremores de terra, são muitos
os rios que nascem e outros os que secam e desaparecem.
    É assim com o Lico. Sumido num abismo aberto na terra,
aparece longe dali e renasce em outra abertura.
E o extenso Erasino some-se, corre em leito subterrâneo
e reaparece nos campos da Argólida. Diz-se que, na Mísia,
o Caíco se desagradou da sua nascente e das suas
primitivas margens e que corre agora entre outras.
E o Amenano, que faz rolar as areias da Sicília,
ora corre, ora se lhe esgotam as fontes e seca.

ante bibebatur, nunc quas contingere nolis
fundit Anigrus aquas, postquam (nisi uatibus omnis
eripienda fides) illic lauere bimembres
uulnera, clauigeri quae fecerat Herculis arcus.
quid? non et Scythicis Hypanis de montibus ortus,   285
qui fuerat dulcis, salibus uitiatur amaris?
fluctibus ambitae fuerant Antissa Pharosque
et Phoenissa Tyros, quarum nunc insula nulla est;
Leucada continuam ueteres habuere coloni,
nunc freta circueunt; Zancle quoque iuncta fuisse   290
dicitur Italiae, donec confinia pontus
abstulit et media tellurem reppulit unda;
si quaeras Helicen et Burin, Achaidas urbes,
inuenies sub aquis, et adhuc ostendere nautae
inclinata solent cum moenibus oppida mersis.   295
est prope Pittheam tumulus Troezena, sine ullis
arduus arboribus, quondam planissima campi
area, nunc tumulus; nam (res horrenda relatu)
uis fera uentorum, caecis inclusa cauernis,
exspirare aliqua cupiens luctataque frustra   300
liberiore frui caelo, cum carcere rima
nulla foret toto nec peruia flatibus esset,
extentam tumefecit humum, ceu spiritus oris
tendere uesicam solet aut derepta bicorni
terga capro. tumor ille loci permansit et alti   305
collis habet speciem longoque induruit aeuo.
   'Plurima cum subeant audita et cognita nobis,
pauca super referam. quid? non et lympha figuras
datque capitque nouas? medio tua, corniger Ammon,
unda die gelida est, ortuque obituque calescit;   310
admotis Athamanas aquis accendere lignum
narratur, minimos cum luna recessit in orbes;
flumen habent Cicones, quod potum saxea reddit
uiscera, quod tactis inducit marmora rebus;

O Anigros era potável outrora. Hoje, depois de os Centauros
nele lavarem as feridas que o arco de Hércules,
o herói da maça, neles provocara, se não deixarmos de crer
nos poetas, faz correr águas em que não se quer tocar.
E por que o espanto? Nascido nos montes da Cítia, o Hípanis,
que era de água doce, não se adulterou com o amargor do sal?
Antissa, Faros e a Tiro fenícia eram batidas pelas ondas,
hoje nenhuma delas é ilha. Lêucade fazia parte do continente,
quando os primitivos habitantes a ocupavam; hoje, é rodeada
pelo mar. Também Zancle, segundo se diz, estava ligada a Itália,
até que o mar a separou e, interpondo-se, afastou a terra.
Se procurares Hélice e Buris, cidades da Acaia,
irás encontrá-las debaixo de água, e os marinheiros
costumam ainda encontrar cidades em ruínas, com suas
muralhas submersas. Próximo de Trezena, cidade de Piteu,
eleva-se um morro escarpado e despido de vegetação,
planície extensa e descoberta outrora, hoje uma colina.
Ora, coisa espantosa para ser contada, encerrada em soturnas
cavernas, pretendendo soprar por onde lhe aprouvesse
e lutando em vão por desfrutar de um céu mais aberto,
não tendo em sua prisão a mais reduzida abertura nem passagem livre
por onde saísse, a fera força dos ventos fez a terra distender-se
e inchar como o sopro da boca costuma distender a bexiga
ou a pele que foi arrancada a um bode de duplo chifre.
A intumescência do lugar mantém-se, tem a feição
de uma colina elevada e tornou-se dura com o passar do tempo.
    Vindo-me à lembrança coisas várias de que ouvi falar
ou que conheci, vou referir umas poucas. Não cria a água
e não recebe formas novas? A tua água, Amon dotado de cornos,
está gelada a meio do dia e fica quente quando o dia nasce e se finda.
Diz-se que os Atamanes, quando a lua reduz ao mínimo
seu disco, pegam fogo à lenha lançando-lhe água.
Os Cícones têm um rio cuja água petrifica as entranhas
e transforma em mármore as coisas que toca.

Crathis et huic Sybaris nostris conterminus oris 315
electro similes faciunt auroque capillos.
quodque magis mirum est, sunt, qui non corpora tantum,
uerum animos etiam ualeant mutare liquores.
cui non audita est obscenae Salmacis undae
Aethiopesque lacus? quos si quis faucibus hausit, 320
aut furit aut patitur mirum grauitate soporem.
Clitorio quicumque sitim de fonte leuauit,
uina fugit gaudetque meris abstemius undis,
seu uis est in aqua calido contraria uino,
siue, quod indigenae memorant, Amythaone natus, 325
Proetidas attonitas postquam per carmen et herbas
eripuit furiis, purgamina mentis in illas
misit aquas, odiumque meri permansit in undis.
huic fluit effectu dispar Lyncestius amnis,
quem quicumque parum moderato gutture traxit, 330
haud aliter titubat, quam si mera uina bibisset.
est locus Arcadiae (Pheneon dixere priores)
ambiguis suspectus aquis, quas nocte timeto;
nocte nocent potae, sine noxa luce bibuntur.

    Sic alias aliasque lacus et flumina uires 335
concipiunt. tempusque fuit quo nauit in undis,
nunc sedet Ortygie. timuit concursibus Argo
undarum sparsas Symplegadas elisarum,
quae nunc immotae perstant uentisque resistunt.
nec quae sulphureis ardet fornacibus Aetne 340
ignea semper erit; neque enim fuit ignea semper.
nam siue est animal tellus et uiuit habetque
spiramenta locis flammam exhalantia multis,
spirandi mutare uias, quotiensque mouetur,
has finire potest, illas aperire cauernas; 345
siue leues imis uenti cohibentur in antris
saxaque cum saxis et habentem semina flammae
materiam iactant, ea concipit ictibus ignem,

O Crátis e o seu vizinho, contíguo ao nosso território,
o Síbaris, dão aos cabelos a cor do ouro e do âmbar.
E, o que é mais espantoso, águas há que conseguem
não só alterar os corpos, mas alteram as almas também.
Quem não ouviu falar da água da indecorosa Sálmacis
e dos lagos da Etiópia? Se alguém deles beber, ou enlouquece
ou é gravemente afetado por um estranho sono.
Quem quer que a sede mate na fonte de Clitório
deixa de gostar de vinho, torna-se abstêmio e delicia-se
com a água pura, esteja na água a virtude, que é contrária
ao ardor do vinho, ou, como os indígenas lembram,
porque o filho de Amitáon, depois de arrancar às fúrias,
com esconjuros e ervas, as perturbadas filhas de Preto,
lançou nelas as imundícies da alma, e nelas ficou o ódio ao vinho.
Na Lincéstida corre um rio que é o contrário deste.
Quem dele beber imoderadamente cambaleia como
se tivesse bebido vinho puro. Na Arcádia há um lugar,
a que os antigos chamaram Feneu, suspeito pela natureza
duvidosa de suas águas. Há que delas recear de noite.
Bebidas à noite são fatais; de dia bebem-se sem perigo.

Assim, os lagos têm umas propriedades, os rios têm outras.
Tempo houve em que Ortígia vogava sobre as ondas,
hoje está fixa. Argo receava as Simplégades, dispersas
por causa do embate das ondas que contra elas batiam;
hoje elas estão fixas e resistem aos ventos.
E o Etna, que arde em fornalha de enxofre,
nem sempre há de ser fogo, como nem sempre o foi.
Efetivamente, ou a terra é um animal, e vive,
e tem em pontos vários fendas que exalam a chama
e pode, todas as vezes que é abalada, mudar os canais
da respiração, fechar umas cavernas e abrir outras;
ou velozes ventos são encerrados em fundas cavernas
e projetam pedras contra pedras, matéria que têm em si
a centelha da chama e, na sequência dos choques, desencadeiam

antra relinquentur sedatis frigida uentis;
siue bitumineae rapiunt incendia uires   350
luteaue exiguis ardescunt sulphura fumis,
nempe ubi terra cibos alimentaque pinguia flammae
non dabit absumptis per longum uiribus aeuum
naturaeque suum nutrimen deerit edaci,
non feret illa famem desertaque deseret ignis.   355
esse uiros fama est in Hyperborea Pallene,
qui soleant leuibus uelari corpora plumis
cum Tritoniacam nouiens subiere paludem.
haud equidem credo; sparsae quoque membra uenenis
exercere artes Scythides memorantur easdem.   360
   'Siue fides rebus tamen est addenda probatis,
nonne uides, quaecumque mora fluidoue calore
corpora tabuerint, in parua animalia uerti?
†i quoque delectos† mactatos obrue tauros
(cognita res usu): de putri uiscere passim   365
florilegae nascuntur apes, quae more parentum
rura colunt operique fauent in spemque laborant.
pressus humo bellator equus crabronis origo est;
concaua litoreo si demas bracchia cancro,
cetera supponas terrae, de parte sepulta   370
scorpius exibit caudaque minabitur unca;
quaeque solent canis frondes intexere filis
agrestes tineae (res obseruata colonis)
ferali mutant cum papilione figuram.
semina limus habet uirides generantia ranas,   375
et generat truncas pedibus, mox apta natando
crura dat, utque eadem sint longis saltibus apta,
posterior superat partes mensura priores.
nec catulus, partu quem reddidit ursa recenti,
sed male uiua caro est; lambendo mater in artus   380
fingit et in formam, qualem capit ipse, reducit.
nonne uides, quos cera tegit sexangula fetus

o fogo, deixando frios os antros quando os ventos se acalmam;
ou as propriedades do betume desencadeiam os incêndios
ou o amarelo enxofre arde com pouco fumo, na verdade
quando a terra, esgotadas as energias pelo decurso das idades,
deixar de fornecer o pasto e o rico alimento à chama, e à natureza
voraz do fogo faltar o alimento, ela não suportará a fome,
e o fogo abandonará esses desertos. Consta que em Palene,
na região dos Hiperbóreos, há homens que costumam cobrir
o corpo de leves penas depois de, por nove vezes, mergulharem
no lago Tritônis. Eu não acredito nisso. Diz-se também
que as mulheres da Cítia realizam os mesmos prodígios
ao regarem o corpo com sumo de plantas mágicas.

Ora havendo que dar crédito aos fatos provados, não vês que
os corpos se desagregam com o tempo, se liquefazem por ação do calor
e se convertem em pequenos animais? Vai, escolhe uns touros,
sacrifica-os e enterra-os (é matéria conhecida da experiência).
Das entranhas putrefatas nascem aqui e ali as abelhas que libam
o pólen das flores e, segundo a tradição da espécie, percorrem
os campos de um lado para outro, entregam-se ao trabalho
e labutam esperançadas nas colheitas. Enterrado, um cavalo
de guerra dá origem ao mesmo. Se arrancares as recurvas pinças
de um caranguejo da praia e enterrares o resto, das partes enterradas
surgirá um escorpião que, de cauda em arco, te ameaça.
As lagartas do campo que com brancos fios costumam formar
uma teia em torno das folhas, coisa que os agricultores
conhecem, trocam a sua forma pela da borboleta selvagem.
O lodo tem em si o gérmen que dá vida às rãs verdes,
gera-as sem patas, mas logo lhes dá membros
aptos a nadar e a estarem prontas para longos saltos.
O tamanho dos de trás é superior ao dos da frente.
E a cria que a ursa deu à luz em tempo recente
não é mais que carne com vida. Lambendo-a, a mãe
modela-lhe o corpo e dá-lhe a forma que ela tem.
Não vês que as larvas das abelhas obreiras, que um

melliferarum apium sine membris corpora nasci
et serosque pedes serasque adsumere pennas?
Iunonis uolucrem, quae cauda sidera portat,   385
armigerumque Iouis Cythereiadasque columbas
et genus omne auium mediis e partibus oui,
ni sciret fieri, quis nasci posse putaret?
sunt qui, cum clauso putrefacta est spina sepulcro,
mutari credant humanas angue medullas.   390

   'Haec tamen ex aliis generis primordia ducunt;
una est quae reparet seque ipsa reseminet ales,
Assyrii Phoenica uocant. non fruge neque herbis,
sed turis lacrimis et suco uiuit amomi.
haec ubi quinque suae compleuit saecula uitae,   395
ilicis in ramis tremulaeue cacumine palmae
unguibus et puro nidum sibi construit ore;
quo simul ac casias et nardi lenis aristas
quassaque cum fulua substrauit cinnama murra,
se super imponit finitque in odoribus aeuum.   400
inde ferunt, totidem qui uiuere debeat annos,
corpore de patrio paruum phoenica renasci;
cum dedit huic aetas uires onerique ferendo est,
ponderibus nidi ramos leuat arboris altae
fertque pius cunasque suas patriumque sepulcrum,   405
perque leues auras Hyperionis urbe potitus
ante fores sacras Hyperionis aede reponit.

   'Si tamen est aliquid mirae nouitatis in istis,
alternare uices et, quae modo femina tergo
passa marem est, nunc esse marem miremur hyaenam.   410
id quoque quod uentis animal nutritur et aura
protinus adsimulat tetigit quoscumque colores.

hexágono de cera protege, nascem corpos sem membros
e adquirem, mais tarde, as patas e as asas?
A ave de Juno que tem estrelas na cauda,
a que leva as armas de Júpiter, as pombas de Citera
e toda a espécie de aves, quem julgaria que nascem do interior
de um ovo, se não soubesse que assim acontece?
Há quem acredite que a medula humana se transforma em serpente
quando, fechado o sepulcro, a espinha dorsal apodrece.

Estes seres têm origem nos de outra espécie.
Há uma ave que se renova e se recria a si mesma.
Os Assírios chamam-lhe fênix. Não vive de grão nem de erva,
mas das lágrimas do incenso e do sumo do amomo.
Ao cumprir cinco séculos da sua existência, com as unhas
e o seu puro bico, constrói um ninho para si nos ramos
de uma azinheira ou no oscilante topo de uma palmeira.
Logo o atapeta de canela, das espigas do suave incenso,
de lascas de cinamomo e da amarelada mirra,
neles se acocora e termina a vida imersa em perfumes.
Então, diz-se, do corpo do progenitor renasce
um pequeno fênix que há de viver outros tantos anos.
Quando a idade lhe dá forças e se acha capaz de carregar
um fardo, alivia do peso do ninho os altos ramos da árvore
e carrega piedosamente o seu berço e sepulcro de seu pai,
e, cortando o ar transparente, alcança a cidade de Hiperíon[10]
e deposita-o às portas do sagrado templo.

Ora se nisto há algo de estranho e de singular,
mais estranha é a hiena, que alterna funções, e aquela que,
enquanto fêmea, ainda há pouco se rendeu ao macho
é macho agora; e aquele outro animal, que se alimenta
de vento e de ar, que logo imita as cores todas que toca.[11]

---

[10] É um dos Titãs, filho de Urano e Gaia, é pai do Sol, da Lua e da Aurora. Com este nome, que significa o que está por cima, também se designa o próprio Sol.

[11] O camaleão.

uicta racemifero lyncas dedit India Baccho;
e quibus, ut memorant, quidquid uesica remisit
uertitur in lapides et congelat aere tacto. 415
sic et curalium, quo primum contigit auras
tempore, durescit; mollis fuit herba sub undis.
  'Desinet ante dies et in alto Phoebus anhelos
aequore tinguet equos, quam consequar omnia uerbis
in species translata nouas. sic tempora uerti 420
cernimus atque illas adsumere robora gentes,
concidere has; sic magna fuit censuque uirisque
perque decem potuit tantum dare sanguinis annos,
nunc humilis ueteres tantummodo Troia ruinas
et pro diuitiis tumulos ostendit auorum. 425
[clara fuit Sparte, magnae uiguere Mycenae,
nec non et Cecropis, nec non Amphionis arces;
uile solum Sparte est, altae cecidere Mycenae.
Oedipodioniae quid sunt, nisi nomina, Thebae?
quid Pandioniae restant, nisi nomen, Athenae?] 430
nunc quoque Dardaniam fama est consurgere Romam,
Appenninigenae quae proxima Thybridis undis
mole sub ingenti rerum' fundamina ponit.
haec igitur formam crescendo mutat et olim
immensi caput orbis erit. sic dicere uates 435
faticinasque ferunt sortes, quantumque recordor,
dixerat Aeneae, cum res Troiana labaret,
Priamides Helenus flenti dubioque salutis:
"nate dea, si nota satis praesagia nostrae
mentis habes, non tota cadet te sospite Troia. 440
flamma tibi ferrumque dabunt iter; ibis et una
Pergama rapta feres, donec Troiaeque tibique
externum patrio contingat amicius aruum.
urbem etiam cerno Phrygios debere nepotes,

Vencida, a Índia ofereceu linces a Baco, o deus dos cachos de uvas.
Tudo quanto a bexiga destes animais segrega, segundo se diz,
em contato com o ar, endurece e se transforma em pedra.
Também endurece o coral, logo que fica em contato
com a atmosfera. Debaixo de água era erva tenra.
   O dia chegará ao fim e Febo banhará no mar profundo
seus anelantes cavalos antes de eu conseguir falar
das mudanças todas para novas formas. Vemos assim
que os tempos mudam, que umas nações se tornam fortes
e outras decaem. Foi assim que Troia foi grande em recursos
e homens, que durante anos pôde verter tanto sangue,
e que hoje, na sua humildade, mostra só velhas ruínas
e os túmulos dos seus maiores em vez de riquezas.
Nobre foi Esparta; poderosa e grande, Micenas; como o foram
a cidadela de Cécrope e a de Anfíon.[12] Esparta é solo reles;
a orgulhosa Micenas caiu. Que é hoje Tebas, a cidade de Édipo,
a não ser um nome? E a Atenas, a cidade de Pândion,
que lhe resta mais? Mas também se diz hoje que está em ascensão
uma cidade de origem troiana, Roma, que nas proximidades
das águas do Tibre, rio que nasce nos Apeninos, lança com ingente
esforço as bases de um império. Transforma-se enquanto cresce
e, um dia, será capital do imenso orbe. Assim o disseram os adivinhos,
diz-se que assim o predisseram os oráculos que preveem o futuro
e, quanto me lembro, quando a fortuna de Troia desabava,
Heleno, o filho de Príamo, disse a Eneias, choroso e descrente
da possibilidade de se salvar: 'Filho de uma deusa, se tens por
minimamente dignas de confiança as minhas predições, sabe que,
enquanto tu viveres, Troia não perecerá definitivamente. O fogo
e o ferro abrir-te-ão caminho. Partirás e levarás contigo o que salvares
de Pérgamo, até que um solo estrangeiro, mais amigo que o pátrio,
vos acolha, a Troia e a ti. Vejo ainda que os filhos da Frígia
merecem uma idade tão grande como não há, não haverá

---

[12] Atenas e Tebas.

quanta nec est nec erit nec uisa prioribus annis. 445
hanc alii proceres per saecula longa potentem,
sed dominam rerum de sanguine natus Iuli
efficiet; quo cum tellus erit usa, fruentur
aetheriae sedes, caelumque erit exitus illi.”
haec Helenum cecinisse penatigero Aeneae 450
mente memor refero cognataque moenia laetor
crescere et utiliter Phrygibus uicisse Pelasgos.
   'Ne tamen oblitis ad metam tendere longe
exspatiemur equis, caelum et quodcumque sub illo est
immutat formas tellusque et quidquid in illa est. 455
nos quoque, pars mundi, quoniam non corpora solum,
uerum etiam uolucres animae sumus inque ferinas
possumus ire domos pecudumque in pectora condi,
corpora, quae possunt animas habuisse parentum
aut fratrum aut aliquo iunctorum foedere nobis 460
aut hominum certe, tuta esse et honesta sinamus,
neue Thyesteis cumulemus uiscera mensis.
quam male consuescit, quam se parat ille cruori
impius humano, uituli qui guttura ferro
rumpit et immotas praebet mugitibus aures, 465
aut qui uagitus similes puerilibus haedum
edentem iugulare potest aut alite uesci,
cui dedit ipse cibos! quantum est, quod desit in istis
ad plenum facinus? quo transitus inde paratur?
bos aret aut mortem senioribus imputet annis, 470
horriferum contra Borean ouis arma ministret,
ubera dent saturae manibus pressanda capellae.
retia cum pedicis laqueosque artesque dolosas
tollite, nec uolucrem uiscata fallite uirga
nec formidatis ceruos inludite pennis 475
nec celate cibis uncos fallacibus hamos.
perdite si qua nocent, uerum haec quoque perdite tantum;
ora cruore uacent alimentaque mitia carpant.'

e jamais foi vista no passado. Hão de outros chefes torná-la poderosa
ao longo dos séculos, mas é um, nascido do sangue de Iulo,
que fará dela a senhora do mundo. Quando a terra houver dele colhido
os seus benefícios, dele fruirão as moradas celestes, e ele terá o céu
por destino.' Relato tal como recordo as palavras proféticas
que Heleno dirigiu a Eneias, quando este carregava os penates,
e alegro-me com o crescimento de uma cidade irmã da nossa,
e com as vantagens que os Frígios colheram com a vitória dos Pelasgos.
   Mas para que nos não afastemos do caminho, esquecendo-se
os cavalos de avançar para a meta, de forma mudam o céu
e quanto abaixo dele existe, e a terra e quanto ela contém.
Também nós, parte do mundo, dado não sermos somente corpos,
mas sermos almas sutis também, e podermos ir habitar corpos
de animais selvagens e estabelecer morada em corpos de animais
domésticos, deixemos que esses corpos, que podem ter em si as almas
dos nossos pais, ou as dos nossos irmãos, ou as de alguém unido a nós
por qualquer vínculo, ou, seguramente, a de um ser humano,
vivam tranquila e dignamente, e não enchamos as nossas mesas
de carne, como Tiestes. Quão mal age e como se apresta
contra o sangue humano aquele ímpio que, de cutelo em punho,
fende a garganta de um novilho e a seus mugidos oferece
ouvidos surdos, ou que pode degolar um cabrito que solta vagidos
que lembram os de uma criança, ou alimentar-se da ave
que ele mesmo alimentou! Quanto falta a estes casos para serem
crime repelente? Para onde é que, a partir daqui, a porta se abre?
Lavre o boi, ou impute a morte à extensão dos anos;
garanta-nos a ovelha proteção contra o horrível Bóreas;
saciadas, apresentem as cabras o úbere à mão que as vai mungir.
Acabai com as redes e esparrelas, com laços e armadilhas,
e não enganeis o pássaro com a vara untada de visgo,
nem iludais os veados com espantalhos de penas,
nem oculteis o curvo anzol no isco falaz. Matai aqueles
que são perigosos, mas, mesmo esses, matai-os só. Evitem vossas
bocas o sangue e busquem alimentos isentos de violência.”

Talibus atque aliis instructum pectora dictis
in patriam remeasse ferunt ultroque petitum   480
accepisse Numam populi Latialis habenas;
coniuge qui felix nympha ducibusque Camenis
sacrificos docuit ritus gentemque feroci
adsuetam bello pacis traduxit ad artes.
qui postquam senior regnumque aeuumque peregit,   485
exstinctum Latiaeque nurus populusque patresque
defleuere Numam; nam coniunx urbe relicta
uallis Aricinae densis latet abdita siluis
sacraque Oresteae gemitu questuque Dianae
impedit. a! quotiens nymphae nemorisque lacusque   490
ne faceret monuere et consolantia uerba
dixerunt! quotiens flenti Theseius heros
'siste modum' dixit, 'neque enim fortuna querenda
sola tua est. similes aliorum respice casus;
mitius ista feres. utinamque exempla dolentem   495
non mea te possent releuare — sed et mea possunt.
   'Fando aliquem Hippolytum uestras si contigit aures
credulitate patris, sceleratae fraude nouercae
occubuisse neci, mirabere uixque probabo,
sed tamen ille ego sum. me Pasiphaeia quondam   500
temptatum frustra patrium temerare cubile,
quod uoluit, finxit uoluisse et crimine uerso
(indiciine metu magis offensane repulsae?)
damnauit, meritumque nihil pater eicit urbe
hostilique caput prece detestatur euntis.   505

[Egéria — Hipólito]

Com o espírito alimentado por estes e outros ensinamentos,
diz-se que Numa retornou à pátria e que, a pedido do povo do Lácio,
tomou as rédeas do poder.[13] Feliz, tendo por esposa uma ninfa[14]
e inspirado pelas Camenas, ensinou aos seus o ritual dos sacrifícios
e converteu às artes da paz um povo habituado à ferocidade
da guerra. Quando, envelhecido já, chegou ao termo do mando
e da vida, choraram Numa defunto as matronas, o povo
e o Senado do Lácio, pois a esposa, tendo abandonado a Cidade,
mantém-se escondida na densa floresta do vale de Arícia,
e com seus gemidos e lamentos perturba o culto de Diana
que Orestes introduziu. Ah!, quantas vezes as ninfas do bosque
e as dos lagos a advertiram para que não o fizesse e lhe dirigiram
palavras de consolo! Quantas vezes, enquanto ela chorava,
o herói, filho de Teseu, lhe disse: "Para com isso, pois a tua
não é a única sorte a merecer ser chorada. Repara noutros casos
semelhantes ao teu e levarás o teu com maior resignação.
Pudesse eu aliviar tua dor com exemplos que não
fossem meus, mas também o posso com os meus.
Se a teus ouvidos chegou, em conversa, que um certo Hipólito
sucumbiu à morte devido à crueldade do pai e à perfídia
da infame madrasta, ficarás admirada, e com dificuldade
poderei prová-lo, mas esse sou eu. Um dia, a filha de Pasífae,[15]
tentando em vão que eu desonrasse o leito paterno,
reverte o crime e inventa que era eu a querer o que ela queria
(mais por medo da denúncia ou pela ofensa da recusa?)
e consegue a minha condenação. E, sem nada merecer,
meu pai expulsa-me da cidade e, ao partir, amaldiçoa-me

---

[13] Entre a presumível morte de Numa (século VII a.C.) e a vida de Pitágoras (segunda metade do século VI a.C.) pode mediar mais de um século.

[14] Egéria.

[15] Fedra, mulher de Teseu.

Pittheam profugo curru Troezena petebam
iamque Corinthiaci carpebam litora ponti,
cum mare surrexit cumulusque immanis aquarum
in montis speciem curuari et crescere uisus
et dare mugitus summoque cacumine findi.   510
corniger hinc taurus ruptis expellitur undis
pectoribusque tenus molles erectus in auras
naribus et patulo partem maris euomit ore.
corda pauent comitum, mihi mens interrita mansit
exiliis contenta suis, cum colla feroces   515
ad freta conuertunt arrectisque auribus horrent
quadripedes monstrique metu turbantur et altis
praecipitant currum scopulis. ego ducere uana
frena manu spumis albentibus oblita luctor
et retro lentas tendo resupinus habenas.   520
nec uires tamen has rabies superasset equorum,
ni rota, perpetuum qua circumuertitur axem,
stipitis occursu fracta ac disiecta fuisset.
excutior curru, lorisque tenentibus artus
uiscera uiua trahi, neruos in stipe teneri,   525
membra rapi partim, partim reprensa relinqui,
ossa grauem dare fracta sonum fessamque uideres
exhalari animam nullasque in corpore partes
noscere quas posses, unumque erat omnia uulnus.
num potes aut audes cladi componere nostrae,   530
nympha, tuam? uidi quoque luce carentia regna
et lacerum foui Phlegethontide corpus in unda,
nec nisi Apollineae ualido medicamine prolis
reddita uita foret; quam postquam fortibus herbis

com imprecações terríveis. Desterrado, dirijo-me,
no meu carro, a Trezena, a cidade de Piteu, e tocava já
as praias do golfo de Corinto, quando o mar se subleva
e vejo descomunal massa de água a encurvar-se e a crescer
qual montanha, a soltar mugidos e a fender-se no cimo.
Das águas rasgadas é expelido um touro armado de cornos,
que se eleva num ar suave até o nível do peito
e, pelas ventas e boca, vomita uma porção de mar.
Apavoram-se os meus companheiros. Absorto no pensamento
de seu exílio, o meu espírito ficou impávido, quando, fogosos,
os meus cavalos desembestam em direção ao mar
e, de orelhas fitas, todos eles tremem e, com medo do monstro,
entram em pânico e despenham o carro em fundos escolhos.
Em vão luto por segurar os freios cobertos de uma espuma branca
e, inclinado para trás, puxo as flexíveis rédeas.
A fúria dos cavalos não teria superado a minha força
se a roda não se tivesse partido de encontro a um tronco,
desconjuntando-se no ponto em que perpetuamente gira
em torno do eixo. Sou cuspido do carro e, enredado nas correias,
havias de ver as minhas entranhas arrastadas vivas, os músculos
a ficarem presos nos troncos, os membros a serem em parte arrastados
e em parte a ficarem retidos, os ossos a partirem-se com um som cavo,
a vida, cansada, a exalar-se e, em meu corpo, nada que pudesse
ser reconhecido. Era todo uma só ferida. Poderás, acaso,
ninfa, ou ousarás comparar a tua à minha desgraça? Depois,
vi os reinos privados de luz e banhei meu dilacerado corpo
nas águas do Flegetonte,[16] mas, se não fosse o eficaz remédio
do filho de Apolo,[17] a vida não me seria restituída.
Quando, por ação de poderosas ervas e da arte de Péon,[18]

---

[16] Um dos rios dos Infernos que, depois de confluir com o Cocito, forma o rio Aqueronte.

[17] Esculápio, o Asclépio grego, que foi instruído na arte da medicina pelo Centauro Quíron.

[18] Péon ou Peã é o epíteto ritual de Apolo, "o deus que cura".

atque ope Paeonia Dite indignante recepi, 535
tum mihi, ne praesens augerem muneris huius
inuidiam, densas obiecit Cynthia nubes,
utque forem tutus possemque impune uideri,
addidit aetatem nec cognoscenda reliquit
ora mihi. Cretenque diu dubitauit habendam 540
traderet an Delon; Delo Creteque relictis
hic posuit nomenque simul, quod possit equorum
admonuisse, iubet deponere, "qui" que "fuisti
Hippolytus" dixit, "nunc idem Virbius esto."
hoc nemus inde colo de disque minoribus unus 545
numine sub dominae lateo atque accenseor illi.'

Non tamen Egeriae luctus aliena leuare
damna ualent, montisque iacens radicibus imis
liquitur in lacrimas, donec pietate dolentis
mota soror Phoebi gelidum de corpore fontem 550
fecit et aeternas artus tenuauit in undas.
    Et nymphas tetigit noua res, et Amazone natus
haud aliter stupuit quam cum Tyrrhenus arator
fatalem glaebam mediis aspexit in aruis
sponte sua primum nulloque agitante moueri, 555
sumere mox hominis terraeque amittere formam
oraque uenturis aperire recentia fatis

com a indignação de Dis,[19] a recuperei, para não aumentar
com a minha presença a inveja por este favor, Cíntia envolveu-me
em densas nuvens e, até estar em segurança e poder ser visto
sem perigo, aumentou-me a idade e deu-me um rosto
que me tornava irreconhecível. E por muito tempo hesitou
se havia de me indicar para minha morada Creta ou Delos.
Tendo deixado Delos e Creta, trouxe-me aqui, enquanto
me ordenava que renunciasse a meu nome, porque podia
trazer-me a lembrança dos meus cavalos, dizendo-me:
'Tu, que foste Hipólito, sê Vírbio[20] daqui em diante.'[21]
Desde então habito neste bosque e, sendo uma das divindades
menores, estou sob a proteção da minha senhora, a quem sirvo."

[Tages — Cipo]

Mas os males alheios não conseguiam aliviar a dor de Egéria.
Sentada no sopé de um monte, desfaz-se em lágrimas,
até que, comovida pelo amor conjugal da dolente,
a irmã de Febo faz de seu corpo uma gelada fonte
e dissolve-lhe os membros em imorredouras águas.
Este prodígio impressionou as ninfas, e o filho da Amazona
ficou tão estupefato como ficou o lavrador tirreno ao ver que,
no meio do campo, um torrão marcado pelo destino se movia,
primeiro, espontaneamente, sem que ninguém lhe tocasse;
logo a seguir, perdendo a de torrão, revestia a forma humana
e abria seus lábios acabados de formar para anunciar o futuro.

---

[19] *Dis, ditis* significa rico, opulento. *Dis, Ditis* é um deus do mundo subterrâneo, o senhor da riqueza identificado com o Plutão dos gregos.

[20] Gênio cujo culto estava ligado ao de Diana, no bosque sagrado de Nemi, onde não podiam entrar cavalos.

[21] Na composição do nome de Hipólito entra o nome grego *"íppos"*, cavalo. A evocação do nome tornaria sempre presente a causa de sua morte, os cavalos. Afastado o nome, afastava-se a recordação.

(indigenae dixere Tagen, qui primus Etruscam
edocuit gentem casus aperire futuros);
utue Palatinis haerentem collibus olim   560
cum subito uidit frondescere Romulus hastam,
quae radice noua, non ferro stabat adacto
et iam non telum, sed lenti uiminis arbor
non exspectatas dabat admirantibus umbras;
aut sua fluminea cum uidit Cipus in unda   565
cornua (uidit enim) falsamque in imagine credens
esse fidem, digitis ad frontem saepe relatis,
quae uidit tetigit, nec iam sua lumina damnans
restitit, ut uictor domito ueniebat ab hoste,
ad caelumque oculos et eodem bracchia tollens   570
'quidquid' ait, 'superi, monstro portenditur isto,
seu laetum est, patriae laetum populoque Quirini,
siue minax, mihi sit.' uiridique e caespite factas
placat odoratis herbosas ignibus aras
uinaque dat pateris mactatarumque bidentum   575
quid sibi significent trepidantia consulit exta.
quae simul inspexit Tyrrhenae gentis haruspex,
magna quidem rerum molimina uidit in illis,
non manifesta tamen; cum uero sustulit acre
a pecudis fibris ad Cipi cornua lumen,   580
'rex' ait, 'o salue! tibi enim, tibi, Cipe, tuisque
hic locus et Latiae parebunt cornibus arces.
tu modo rumpe moras portasque intrare patentes
adpropera; sic fata iubent. namque urbe receptus
rex eris et sceptro tutus potiere perenni.'   585
rettulit ille pedem toruamque a moenibus urbis

Os indígenas chamaram-lhe Tages,[22] e foi ele o primeiro
a ensinar o povo etrusco a desvendar as situações futuras;
ou como, quando Rômulo viu, um dia, que a lança que cravara
nas colinas do Palatino começava repentinamente a cobrir-se
de folhas e se erguia, não sobre o ferro cravado na terra,
mas sobre uma raiz nova, e já não era uma arma, mas uma árvore
de ramos flexíveis que dava inesperada sombra àqueles
que a contemplavam; ou quando Cipo viu seus cornos
na água do rio (de fato viu), mas crendo que a fidelidade
da imagem era falsa, várias vezes levou a mão à testa
e tocou naquilo que viu e, deixando de censurar seus olhos,
deteve-se, quando regressava vitorioso; erguendo ao céu
os olhos e os braços, suplica: "Ó deuses, o que quer que
seja que se pressagia com este prodígio, se for favorável,
que o seja para a minha pátria e para o povo de Quirino;
se uma ameaça, seja só para mim!" Erguendo altares de erva verde,
aplaca os deuses, queimando perfumes nos altares de erva,
enche de vinho as páteras e consulta as entranhas palpitantes
das ovelhas de dois anos, para saber o que lhe pressagiam.
Logo que o arúspice da nação tirrena as inspecionou,
viu nelas coisas de grande importância, mas não
claramente ainda. Mas, quando ergue o olhar penetrante
das entranhas da vítima para os cornos[23] de Cipo, diz:
"Salve, ó rei, pois a ti, a ti, Cipo, e a teus cornos hão de
obedecer este país e as cidades do Lácio. Agora, não demores
mais, apressa-te a entrar nas portas que te estão abertas.
Assim o mandam os fados. Recebido na cidade, serás rei
e manterás o cetro em segurança para sempre."
Cipo recuou e, desviando, em fúria, o seu olhar

---

[22] Criança nascida de um torrão, era dotado de grande sabedoria e possuía extraordinário dom de adivinhação. Viveu apenas o tempo necessário à transmissão dos seus saberes aos aldeãos, constituindo esses ensinamentos a base dos livros etruscos da adivinhação.

[23] Símbolo de poder.

auertens faciem, 'procul, a! procul omnia' dixit
'talia di pellant! multoque ego iustius aeuum
exul agam quam me uideant Capitolia regem.'
dixit et extemplo populumque grauemque senatum   590
conuocat; ante tamen pacali cornua lauro
uelat et aggeribus factis a milite forti
insistit priscoque deos e more precatus
'est' ait 'hic unus, quem uos nisi pellitis urbe,
rex erit. is qui sit signo, non nomine, dicam;   595
cornua fronte gerit. quem uobis indicat augur,
si Romam intrarit, famularia iura daturum.
ille quidem potuit portas inrumpere apertas,
sed nos obstitimus, quamuis coniunctior illo
nemo mihi est. uos urbe uirum prohibete, Quirites,   600
uel, si dignus erit, grauibus uincite catenis,
aut finite metum fatalis morte tyranny.'
qualia succinctis, ubi trux insibilat Eurus,
murmura pinetis fiunt, aut qualia fluctus
aequorei faciunt, si quis procul audiat illos,   605
tale sonat populus; sed per confusa frementis
uerba tamen uulgi uox eminet una 'quis ille est?'
et spectant frontes praedictaque cornua quaerunt.
rursus ad hos Cipus 'quem poscitis' inquit 'habetis'
et dempta capiti populo prohibente corona   610
exhibuit gemino praesignia tempora cornu.
demisere oculos omnes gemitumque dedere
atque illud meritis clarum (quis credere possit?)
inuiti uidere caput; nec honore carere
ulterius passi festam inposuere coronam.   615
at proceres, quoniam muros intrare uetaris,
ruris honorati tantum tibi, Cipe, dedere
quantum depresso subiectis bobus aratro
complecti posses ad finem lucis ab ortu.
cornuaque aeratis miram referentia formam   620
postibus insculpunt longum mansura per aeuum.

dos muros da cidade, suplicou: "Que os deuses afastem
de mim tais presságios! É mais justo que eu passe a vida
como exilado, a ver-me o Capitólio como rei!"
Disse-o, e convoca logo o povo e o augusto Senado.
Mas, antes, cobre os cornos com o louro da paz,
detém-se sobre uma elevação erguida pelo seu bravo exército
e, invocando os deuses segundo o costume antigo, proclama:
"Há aqui um homem que, se não o expulsardes da cidade,
vai ser rei. Quem ele seja, hei de indicá-lo por um sinal,
não pelo nome. Tem cornos na fronte. Diz o áugure que,
se ele entrar em Roma, impor-vos-á uma justiça de escravos.
É certo que ele podia transpor as portas, que estavam abertas,
mas eu opus-me, embora não haja ninguém mais próximo
de mim do que ele. Quirites, interditai vós a cidade
a esse homem ou, se o merecer, carregai-o de pesadas cadeias,
ou acabai com o medo de tal tirano, dando-lhe a morte."
Qual o murmúrio que se produz nos pinhais de arredondada copa,
quando o furioso Euro sibila por entre as árvores, ou aquele
que produzem as ondas do mar, ao ser ouvido de longe,
assim rumoreja o povo. Mas, no meio das confusas confabulações
da fremente multidão, há uma voz que se ergue: "Quem é ele?"
E, atentos, olham as frontes, procurando os referidos cornos.
Cipo novamente lhes fala: "À vossa frente está aquele
a quem procurais." E tirando da cabeça, contra a vontade do povo,
a coroa, deixa ver as têmporas marcadas pelos dois cornos.
Todos baixaram os olhos, soltaram gemidos e, a contragosto,
viram (quem poderia crê-lo?) aquela cabeça tão ilustre
por seus méritos. Não suportando por mais tempo vê-lo privado
da insígnia da honra, impuseram-lhe uma coroa festiva.
Mas os notáveis, Cipo, dado ser-te proibido ultrapassar os muros,
concederam-te a honra de uma tão grande extensão de terra
quanta pudesses abarcar pelo sulco do arado feito por uma
junta de bois entre o nascer e o pôr do sol. Em placas de bronze
esculpiram uns cornos, que reproduzem a forma prodigiosa,
destinados a perdurar pelo decurso dos séculos.

Pandite nunc, Musae, praesentia numina uatum,
(scitis enim, nec uos fallit spatiosa uetustas)
unde Coroniden circumflua Thybridis alti
insula Romuleae sacris adlegerit urbis.   625
    Dira lues quondam Latias uitiauerat auras,
pallidaque exsangui squalebant corpora morbo.
funeribus fessi postquam mortalia cernunt
temptamenta nihil, nihil artes posse medentum,
auxilium caeleste petunt mediamque tenentes   630
orbis humum Delphos adeunt, oracula Phoebi,
utque salutifera miseris succurrere rebus
sorte uelit tantaeque urbis mala finiat orant.
et locus et laurus et quas habet ipse pharetrae
intremuere simul, cortinaque reddidit imo   635
hanc adyto uocem pauefactaque pectora mouit:
'quod petis hinc propiore loco, Romane, petisses,
et pete nunc propiore loco; nec Apolline uobis,
qui minuat luctus, opus est, sed Apolline nato.
ite bonis auibus prolemque accersite nostram.'   640
iussa dei prudens postquam accepere senatus,
quam colat explorant iuuenis Phoebeius urbem,
quique petant uentis Epidauria litora mittunt.
quae simul incurua missi tetigere carina,
concilium Graiosque patres adiere darentque   645
orauere deum, qui praesens funera gentis
finiat Ausoniae; certas ita dicere sortes.
dissidet et uariat sententia, parsque negandum
non putat auxilium, multi retinere suamque
non emittere opem nec numina tradere suadent.   650

[Esculápio]

Mostrai-me, Musas, divindades tutelares dos poetas
(pois sabei-lo e nem a longa duração dos séculos vos faz esquecer)
de que modo é que a ilha circundada pelas águas do fundo Tibre
associou o filho de Corônis aos cultos da cidade de Roma.[24]
Um dia, uma terrível epidemia infectou os ares do Lácio
e os corpos, macilentos, tinham aspecto imundo,
por causa da doença que os minava. Cansados de funerais,
depois de se aperceberem que nada podem nem os esforços
dos homens, nem a arte dos médicos, invocam o auxílio celeste
e dirigem-se a Delfos, que é o centro do mundo, e suplicam ao
oráculo de Febo que se digne socorrê-los em sua desgraça com uma
resposta favorável e ponha fim aos males de tão grande cidade.
Local, loureiro e aljavas que o próprio deus ostenta agitam-se
ao mesmo tempo e, do fundo do santuário, a trípode fez ouvir
esta sentença, que perturbou os apavorados espíritos:
"O que pedes aqui, romano, devias pedi-lo em lugar mais próximo,
e pede-o agora em lugar mais próximo. Nem precisais
de Apolo para minorar vossa dor, mas do filho de Apolo.
Ide com auspícios favoráveis e chamai o meu filho!"
Depois de o sábio Senado receber as determinações do deus,
procura saber em que cidade vive o jovem filho de Febo e envia aqueles
que, levados pelos ventos, hão de dirigir-se às praias de Epidauro.
Logo que os emissários aí chegaram em suas côncavas naus,
apresentaram-se à assembleia dos senadores gregos e pediram
que lhes fosse dado o deus cuja presença ponha fim ao morticínio
do povo da Ausônia, conforme foi ditado por um oráculo preciso.
Há divergências, dividem-se as opiniões, considera uma parte
que não se deve recusar o auxílio, aconselham muitos a manter,
a não enviar esse auxílio e a não entregar o deus.

---

[24] Corônis era filha de Flégias, rei dos Lápitas. Foi amada por Febo, de quem teve
um filho, Esculápio (equivalente ao grego Asclépio).

dum dubitant, seram pepulere crepuscula lucem
umbraque telluris tenebras induxerat orbi,
cum deus in somnis opifer consistere uisus
ante tuum, Romane, torum, sed qualis in aede
esse solet, baculumque tenens agreste sinistra   655
caesariem longae dextra deducere barbae
et placido tales emittere pectore uoces:
'pone metus: ueniam simulacraque nostra relinquam.
hunc modo serpentem, baculum qui nexibus ambit,
perspice et usque nota, uisum ut cognoscere possis.   660
uertar in hunc, sed maior ero tantusque uidebor,
in quantum uerti caelestia corpora debent.'
extemplo cum uoce deus, cum uoce deoque
somnus abit, somnique fugam lux alma secuta est.
    Postera sidereos Aurora fugauerat ignes;   665
incerti quid agant, proceres ad templa petiti
conueniunt operosa dei, quaque ipse morari
sede uelit signis caelestibus indicet orant.
uix bene desierant, cum cristis aureus altis
in serpente deus praenuntia sibila misit   670
aduentuque suo signumque arasque foresque
marmoreumque solum fastigiaque aurea mouit
pectoribusque tenus media sublimis in aede
constitit atque oculos circumtulit igne micantes.
territa turba pauet; cognouit numina castos   675
euinctus uitta crines albente sacerdos:
'en, deus est, deus est! animis linguisque fauete,
quisquis ades!' dixit 'sis, o pulcherrime, uisus
utiliter populosque iuues tua sacra colentes!'
quisquis adest uisum uenerantur numen, et omnes   680
uerba sacerdotis referunt geminata piumque
Aeneadae praestant et mente et uoce fauorem.
adnuit his motisque deus rata pignora cristis
ter repetita dedit uibrata sibila lingua.
tum gradibus nitidis delabitur oraque retro   685

Enquanto hesitam, o crepúsculo afugenta a luz da tarde.
A noite tinha já coberto o orbe com a sua sombra quando,
durante o sono, tu, romano, vês o deus prestador de auxílio
parar em frente a teu leito, mas tal como costuma estar
em seu templo, ostentando na mão esquerda o rude bastão
e cofiando com a direita sua longa e farta barba,
dizendo em tom tranquilo estas palavras:
"Não tenhas medo, eu virei e deixarei as minhas imagens.
Agora atenta nesta serpente que rodeia com seus anéis o meu bastão
e fixa-a até poderes reconhecê-la. Nela me vou transformar,
mas serei maior, e parecerei tão grande quão grandes
devem parecer os corpos divinos que se transformam."
Logo se vão o deus e a voz e, com a voz e o deus,
vai-se o sono, e o benfazejo dia segue o sono que se foi.
    A aurora seguinte tinha afugentado já os astros de fogo.
Não sabendo o que fazer, os nobres reúnem-se no magnífico
templo do deus que é pedido e rogam-lhe que, por divinos sinais,
lhes indique em que lugar quer morar. Mal tinham acabado
a súplica quando, na forma de uma serpente de alta crista,
o dourado deus emite silvos que anunciam a sua presença.
A sua chegada faz estremecer estátuas, altares, portas,
pavimento de mármore e tetos dourados. Elevando-se
ao nível do peito, detém-se a meio do templo e corre em volta
um olhar que expede fogo. A multidão é tomada de pânico.
Com os venerandos cabelos presos por uma fita branca,
o sacerdote reconhece a divindade e exclama: "Vede, é o deus,
é o deus! Acompanhai-me com a palavra e a mente, todos vós
que estais presentes. Benéfica seja a tua aparição, ó mais belo
dos deuses, protege os povos que honram os teus altares!"
Todos os presentes veneram o deus que acabam de ver e todos
repetem em coro as palavras do sacerdote, e os descendentes
de Eneias, de mente e de voz, secundam a piedosa atenção.
O deus assentiu e, agitando a crista, deu garantias seguras,
vibrando a língua, soltou silvos repetidos.
Desliza depois sobre os reluzentes degraus, volve a cabeça para trás

flectit et antiquas abiturus respicit aras
adsuetasque domos habitataque templa salutat.
inde per iniectis adopertam floribus ingens
serpit humum flectitque sinus mediamque per urbem
tendit ad incuruo munitos aggere portus. 690
restitit hic agmenque suum turbaeque sequentis
officium placido uisus dimittere uultu
corpus in Ausonia posuit rate; numinis illa
sensit onus pressa estque dei grauitate carina.

Aeneadae gaudent caesoque in litore tauro 695
torta coronatae soluunt retinacula nauis.
impulerat leuis aura ratem; deus eminet alte
impositaque premens puppem ceruice recuruam
caeruleas despectat aquas modicisque per aequor
Ionium Zephyris sextae Pallantidos ortu 700
Italiam tenuit praeterque Lacinia templo
nobilitata deae Scylaceaque litora fertur.
linquit Iapygiam laeuisque Amphrisia remis
saxa fugit, dextra praerupta Celennia parte
Romethiumque legit Caulonaque Naryciamque 705
euincitque fretum Siculique angusta Pelori
Hippotadaeque domos regis Temesesque metalla
Leucosiamque petit tepidique rosaria Paesti.
inde legit Capreas promunturiumque Mineruae
et Surrentino generosos palmite colles 710
Herculeamque urbem Stabiasque et in otia natam
Parthenopen et ab hac Cumaeae templa Sibyllae.
hinc calidi fontes lentisciferumque tenetur
Liternum multamque trahens sub gurgite harenam
Volturnus niueisque frequens Sinuessa columbis 715
Minturnaeque graues et quam tumulauit alumnus

e, ao partir, volta a olhar os antigos altares e saúda
a morada tradicional e o templo em que habitava.
Avança depois, enorme, sobre um chão juncado de flores
que lhe são atiradas, flecte os seus anéis e, passando pela cidade,
dirige-se para o porto que está protegido por um dique em arco.
Aqui parou, parecendo despedir-se com afável semblante
do seu séquito[25] e da multidão que o seguira para o homenagear,
e entrou na embarcação da Ausônia. A embarcação sentiu o peso
da divindade e, por causa disso, afundou-se mais na água.
Os descendentes de Eneias[26] rejubilam e, depois de
sacrificarem um touro, na praia, soltam as entrelaçadas amarras
da nau adornada com coroas de flores. Leve brisa impele a nau,
o deus ergue-se na máxima altura e, apoiando a cerviz na popa
recurva, contempla as azuladas águas e, sulcando o mar Jônico
com suave zéfiro, a nau chega a Itália, quando a filha da Palas
nascia pela sexta vez, e navega ao longo das costas de Lacínio,
célebre pelo templo da deusa,[27] e das de Cilaceu.
Deixa para trás Iapígia, com os remos da esquerda evita os escolhos
de Anfrísia, do lado direito, a escarpada costa de Celene.
Passa por Rométio, por Cáulon, por Narícia, transpõe o estreito
e os desfiladeiros de Peloro, em frente ao cabo da Sicília,
o palácio real do filho de Hipótades e as minas de Têmesas
e dirige-se a Leucósia e aos campos de rosas da morna Pesto.
Em seguida dobra Capri, o promontório de Minerva,
as colinas de Sorrento ricas em vinhedos, a cidade
de Hércules e a de Estábias, Partênope, fundada para o ócio
e, depois desta, o templo da Sibila de Cumas.
Alcança, a partir daqui, as fontes das águas quentes,
Literno, coberta de lentisco, o Volturno, que tanta areia arrasta
em sua corrente, Sinuessa, habitada por brancas pombas,
a insalubre Minturnas e a região onde um herói sepultou

---

[25] Senado e magistrados.

[26] Os emissários de Roma.

[27] Templo de Juno, no promontório de Lacínio.

Antiphataeque domus Trachasque obsessa palude
et tellus Circaea et spissi litoris Antium.
　　Huc ubi ueliferam nautae aduertere carinam
(asper enim iam pontus erat), deus explicat orbes　　　　　　　720
perque sinus crebros et magna uolumina labens
templa parentis init flauum tangentia litus.
aequore placato patrias Epidaurius aras
linquit et hospitio iuncti sibi numinis usus
litoream tractu squamae crepitantis harenam　　　　　　　　725
sulcat et innixus moderamine nauis in alta
puppe caput posuit, donec Castrumque sacrasque
Lauini sedes Tiberinaque ad ostia uenit.
huc omnis populi passim matrumque patrumque
obuia turba ruit, quaeque ignes, Troica, seruant,　　　　　　730
Vesta, tuos, laetoque deum clamore salutant.
quaque per aduersas nauis cita ducitur undas,
tura super ripas aris ex ordine factis
parte ab utraque sonant et odorant aera fumis,
ictaque coniectos incalfacit hostia cultros.　　　　　　　　735
iamque, caput rerum, Romanam intrauerat urbem;
erigitur serpens summoque adclinia malo
colla mouet sedesque sibi circumspicit aptas.
scinditur in geminas partes circumfluus amnis
(Insula nomen habet) laterumque a parte duorum　　　　　740
porrigit aequales media tellure lacertos.
huc se de Latia pinu Phoebeius anguis
contulit et finem specie caeleste resumpta
luctibus imposuit uenitque salutifer Vrbi.

　　Hic tamen accessit delubris aduena nostris;　　　　　　　745
Caesar in urbe sua deus est. quem Marte togaque
praecipuum non bella magis finita triumphis
resque domi gestae properataque gloria rerum

aquela que o criou, a morada de Antífates, Tracante, rodeada
de pântanos, a região de Circe e a pesada praia de Âncio.

Quando os marinheiros procuram arrastar para ali as
embarcações guarnecidas de velas (o mar já estava eriçado),
o deus estira seus círculos e, deslizando em ondulações repetidas
e enormes espirais, entra no templo de seu pai, que bordeja
a dourada praia. Acalmado o mar, o protetor de Epidauro abandona
os altares paternos e, depois de haver gozado da hospitalidade
de uma divindade que lhe era próxima, sulca as areias da praia
arrastando as crepitantes escamas e, apoiando-se no leme,
deita a cabeça na alta popa até chegar a Castros,
aos sagrados campos de Lavínio e à embocadura do Tibre.
Acorre ali de toda a parte o povo todo, mães, pais
e aquelas que guardam o teu fogo, ó Vesta troiana,
e saúdam o deus com brados de alegria.
Por onde quer que a rápida nau suba a corrente,
sobre as margens, o incenso crepita nos altares
erguidos em ambas, o ar recende a fumo
e as vítimas sacrificadas amornam as facas que as ferem.
Entrou na cidade de Roma, capital do mundo.
A serpente ergue-se, agita o pescoço, que apoia no topo
do mastro, e olha em volta à procura de uma sede digna de si.
O rio divide-se em duas partes semelhantes,
rodeando o que se chama ilha, e estende por cada lado
um braço igual, com a terra a meio.
Saindo da embarcação, para ali se dirige a serpente,
filha de Febo e, reassumindo a feição divina,
põe fim ao medo. Chegou como salvador da Cidade.

[Júlio César e Augusto]

Este, porém, entrou em nossos templos como estrangeiro.
César é deus na sua cidade. Grande no campo de batalha
e no foro, não foram tanto as guerras coroadas de triunfos,
nem quanto realizou em tempo de paz, nem a glória

in sidus uertere nouum stellamque comantem,
quam sua progenies; neque enim de Caesaris actis 750
ullum maius opus quam quod pater exstitit huius.
scilicet aequoreos plus est domuisse Britannos
perque papyriferi septemflua flumina Nili
uictrices egisse rates Numidasque rebelles
Cinyphiumque Iubam Mithridateisque tumentem 755
nominibus Pontum populo adiecisse Quirini
et multos meruisse, aliquos egisse triumphos,
quam tantum genuisse uirum? quo praeside rerum
humano generi, superi, fauistis abunde.
    Ne foret hic igitur mortali semine cretus, 760
ille deus faciendus erat; quod ut aurea uidit
Aeneae genetrix, uidit quoque triste parari
pontifici letum et coniurata arma moueri,
palluit et cunctis, ut cuique erat obuia, diuis
'aspice' dicebat 'quanta mihi mole parentur 765
insidiae quantaque caput cum fraude petatur,
quod de Dardanio solum mihi restat Iulo.
solane semper ero iustis exercita curis,
quam modo Tydidae Calydonia uulneret hasta,
nunc male defensae confundant moenia Troiae, 770
quae uideam natum longis erroribus actum
iactarique freto sedesque intrare silentum
bellaque cum Turno gerere, aut, si uera fatemur,
cum Iunone magis? quid nunc antiqua recordor
damna mei generis? timor hic meminisse priorum 775
non sinit; en acui sceleratos cernitis enses!
quos prohibete, precor, facinusque repellite, neue
caede sacerdotis flammas extinguite Vestae.'
    Talia nequiquam toto Venus anxia caelo
uerba iacit superosque mouet; qui rumpere quamquam 780

rapidamente alcançada que o converteram em novo astro,
num cometa, como o foi o seu filho. De fato, dentre os feitos
de César nenhum foi maior do que ser pai de tal filho.
Será mais ter dominado os Bretões que vivem
no meio do mar, ter conduzido as naus vitoriosas
nas sete embocaduras do Nilo produtor de papiro,
ter acrescentado ao povo de Quirino os rebeldes Númidas,
o Cinífio Juba, o Ponto, orgulhoso dos seus Mitridates,[28]
ser credor de muitos triunfos e ter celebrado vários,
do que ter gerado tão egrégio homem com cujo comando,
deuses, tanto favorecestes o gênero humano?

Para que este não viesse a nascer de uma semente mortal,
era preciso que aquele fosse deus. Querendo a mãe de Eneias,
a deusa revestida de ouro, tudo isto ver, viu também a sinistra
morte que se preparava contra o pontífice, viu a movimentação
das forças conjuradas, empalideceu e dizia a todos os deuses,
conforme os ia encontrando: "Vê quantas ciladas me armam,
com quanta perfídia se procura atingir a única cabeça que,
de Iulo, descendente dos Dardânios, me resta. Será que hei de
ser sempre a única a ser perseguida por justas preocupações;
aquela a quem, um dia, fere a lança do herói de Cálidon,
o filho de Tideu; no outro, me fazem corar as mal defendidas
muralhas de Troia; que, levado por longas errâncias,
vejo o meu filho ser joguete das ondas; o vejo entrar na mansão
dos mortos silenciosos; a travar guerra com Turno ou,
para ser mais verdadeira, com Juno? Por que recordo agora
os antigos males da minha família? O medo presente não consente
que me lembre dos antigos. Vede que as espadas criminosas se afiam!
Impedi-as, suplico-vos, preveni o crime, não deixeis que,
com a morte do pontífice, o fogo de Vesta se apague!"

São estas as palavras que Vênus, angustiada, lança em vão
por todo o céu. Comove os deuses. Mas estes não podem

---

[28] Referência às várias campanhas de César.

ferrea non possunt ueterum decreta sororum,
signa tamen luctus dant haud incerta futuri.
arma ferunt inter nigras crepitantia nubes
terribilesque tubas auditaque cornua caelo
praemonuisse nefas; solis quoque tristis imago 785
lurida sollicitis praebebat lumina terris;
saepe faces uisae mediis ardere sub astris,
saepe inter nimbos guttae cecidere cruentae;
caerulus et uultum ferrugine Lucifer atra
sparsus erat, sparsi lunares sanguine currus; 790
tristia mille locis Stygius dedit omina bubo,
mille locis lacrimauit ebur, cantusque feruntur
auditi sanctis et uerba minantia lucis;
uictima nulla litat, magnosque instare tumultus
fibra monet, caesumque caput reperitur in extis; 795
inque foro circumque domos et templa deorum
nocturnos ululasse canes umbrasque silentum
errauisse ferunt motamque tremoribus Vrbem.
  Non tamen insidias uenturaque uincere fata
praemonitus potuere deum, strictique feruntur 800
in templum gladii; neque enim locus ullus in Vrbe
ad facinus diramque placet nisi Curia caedem.
tum uero Cytherea manu percussit utraque
pectus et Aeneaden molitur condere nube,
qua prius infesto Paris est ereptus Atridae 805
et Diomedeos Aeneas fugerat enses.
talibus hanc genitor: 'sola insuperabile fatum,
nata, mouere paras? intres licet ipsa sororum
tecta trium; cernes illic molimine uasto

infringir os férreos decretos de suas veneráveis irmãs,[29]
embora deem sinais seguros da desgraça que se abeira.
Dizem que o fragor das armas entre negras nuvens, as terríveis
tubas e os cornos ouvidos pelo céu inteiro anunciavam o crime.
Também a face entristecida do Sol dava à terra luz mortiça.
Muitas vezes se viram fachos a arder entre estrelas,[30]
muitas vezes, com a chuva, caíam gotas de sangue.
Lúcifer estava escuro e tinha a face coberta de negro verdete,
os cornos da lua estavam manchados de sangue,
o mocho, ave do Estige, soltou presságios sinistros em mil lugares,
em mil lugares o marfim[31] chorou, nos bosques sagrados,
dizem, ouviram-se cânticos e ameaçadoras palavras.
Não há vítima que mostre um presságio favorável,
as entranhas advertem para a proximidade de grandes perturbações;
no meio das vísceras é encontrado, cortado, o rebordo do fígado.[32]
Diz-se que no Foro, em volta das casas e dos templos dos deuses,
uivaram cães pela noite, erraram as sombras dos mortos
e Roma foi abalada por tremores de terra.

Mas os avisos dos deuses não puderam prevenir a traição
e o inexorável destino. Para o templo são levadas as espadas
desembainhadas. Nenhum lugar na Cidade se afigura mais
próprio para o crime, para uma morte cruel, do que a Cúria.
A deusa de Citera fere então o peito com ambas as mãos
e procura ocultar o descendente de Eneias com a nuvem
com que Páris fora salvo do furor do Atrida,
e Eneias escapara à espada de Diomedes.
Diz-lhe o pai: "Filha, pretendes tu só alterar o imutável
destino? Entra tu mesma, podes fazê-lo, na morada
das três irmãs. Ali verás, numa mole imensa de bronze

---

[29] As Parcas que fiam o destino.

[30] As estrelas cadentes.

[31] Estátuas de deuses feitas de marfim.

[32] Presságio funesto que resulta de um erro de quem conduz o sacrifício.

ex aere et solido rerum tabularia ferro,   810
quae neque concussum caeli neque fulminis iram
nec metuunt ullas tuta atque aeterna ruinas.
inuenies illic incisa adamante perenni
fata tui generis; legi ipse animoque notaui
et referam, ne sis etiamnum ignara futuri.   815
hic sua compleuit pro quo, Cytherea, laboras
tempora, perfectis quos terrae debuit, annis.
ut deus accedat caelo templisque colatur
tu facies natusque suus, qui nominis heres
impositum feret unus onus caesique parentis   820
nos in bella suos fortissimus ultor habebit.
illius auspiciis obsessae moenia pacem
uicta petent Mutinae, Pharsalia sentiet illum,
Emathiique iterum madefient caede Philippi,
et magnum Siculis nomen superabitur undis,   825
Romanique ducis coniunx Aegyptia taedae
non bene fisa cadet, frustraque erit illa minata
seruitura suo Capitolia nostra Canopo.
quid tibi barbariam gentesque ab utroque iacentes
Oceano numerem? quodcumque habitabile tellus   830
sustinet, huius erit; pontus quoque seruiet illi.
pace data terris animum ad ciuilia uertet
iura suum legesque feret iustissimus auctor,
exemploque suo mores reget inque futuri
temporis aetatem uenturorumque nepotum   835
prospiciens prolem sancta de coniuge natam
ferre simul nomenque suum curasque iubebit;
nec, nisi cum senior Pylios aequauerit annos,

e de ferro maciço as tábuas de quanto existe que,
estáveis e indestrutíveis, não receiam o embate do céu,
nem a cólera do raio, nem destruição nenhuma.
Encontrarás aí, gravado no aço imperecível, o destino
da tua família. Eu mesmo o li, o gravei na memória
e vou revelar-to, para não continuares a ignorar o futuro.
Aquele por quem pugnas, Citereia, cumpriu o seu tempo,
esgotou os anos que devia à terra. Ascender como um deus
ao céu e ser venerado nos templos será obra tua e de seu filho
que, herdeiro do nome, será o único a suportar o peso
que lhe foi imposto, e, vingador intrépido da morte do pai,
ter-nos-á a seu lado na batalha. Sob os seus auspícios,
as muralhas de Mútina assediada confessar-se-ão vencidas
e pedirão a paz;[33] Farsalo sentirá o seu valor;
Filipos da Emátia será pela segunda vez inundada de sangue;
nas águas da Sicília será vencido um nome grande;[34]
a esposa egípcia de um general romano,[35] ingenuamente confiada
em seu casamento, sucumbirá e em vão terá ameaçado
que o nosso Capitólio havia de ser escravo do seu Canopo.
Para que enumerar os povos bárbaros estabelecidos
nas margens dos dois Oceanos? Tudo quanto a terra
habitável tem é seu. Até o mar lhe será sujeito.
Depois de dar ao mundo a paz, voltará a sua atenção
para o direito civil, promulgará, como o mais justo legislador,
as suas leis, com seu exemplo definirá os costumes,
e, antevendo os tempos vindouros e a sua descendência futura,
determinará que o filho nascido de sua virtuosa esposa
herde seu nome e suas responsabilidades.[36]
E só entrará na mansão celeste e se abeirará dos astros

---

[33] Vitória de Otávio Augusto sobre Marco Antônio na batalha de Mútina (atual Módena) em 43 a.C.

[34] Sexto Pompeu, vencido em batalha naval por Marco Vipsânio Agripa.

[35] Cleópatra e Marco Antônio.

[36] Tibério, enteado de Augusto, filho de sua esposa Lívia.

aetherias sedes cognataque sidera tanget.
hanc animam interea caeso de corpore raptam   840
fac iubar, ut semper Capitolia nostra forumque
Diuus ab excelsa prospectet Iulius aede.'
   Vix ea fatus erat, media cum sede senatus
constitit alma Venus nulli cernenda suique
Caesaris eripuit membris nec in aera solui   845
passa recentem animam caelestibus intulit astris
dumque tulit, lumen capere atque ignescere sensit
emisitque sinu; luna uolat altius illa
flammiferumque trahens spatioso limite crinem
stella micat natique uidens bene facta fatetur   850
esse suis maiora et uinci gaudet ab illo.
hic sua praeferri quamquam uetat acta paternis,
libera fama tamen nullisque obnoxia iussis
inuitum praefert unaque in parte repugnat.
sic magnus cedit titulis Agamemnonis Atreus,   855
Aegea sic Theseus, sic Pelea uicit Achilles;
denique, ut exemplis ipsos aequantibus utar,
sic et Saturnus minor est Ioue. Iuppiter arces
temperat aetherias et mundi regna triformis,
terra sub Augusto est; pater est et rector uterque.   860
   Di, precor, Aeneae comites, quibus ensis et ignis
cesserunt, dique Indigetes genitorque Quirine
Vrbis et inuicti genitor Gradiue Quirini,
Vestaque Caesareos inter sacrata Penates
et cum Caesarea tu, Phoebe domestice, Vesta,   865
quique tenes altus Tarpeias Iuppiter arces,
quosque alios uati fas appellare piumque est —
tarda sit illa dies et nostro serior aeuo,
qua caput Augustum, quem temperat, orbe relicto
accedat caelo faueatque precantibus absens.   870

familiares quando igualar a idade do ancião de Pilos.[37]
Agora, faz desta alma arrebatada ao corpo imolado uma estrela,
a fim de que o divino Júlio, de sua excelsa morada,
vele sempre pelo nosso Capitólio e o nosso Foro."
Mal acabara de falar, quando a generosa Vênus para a meio
do palácio do Senado sem ser vista por ninguém e, sem consentir
que se dissolva no ar, arranca do corpo de seu filho César a alma que
dele se estava a separar e transporta-a para junto dos astros do céu.
E, enquanto a leva, apercebe-se de que ela ganha luz e começa a arder,
e liberta-a do seu regaço. A alma voa mais alto que a lua e,
arrastando no espaço infinito uma cabeleira de fogo, é uma estrela
que brilha. Vendo os triunfos de seu filho, confessa que são
maiores que os seus, e fica feliz por ser superada por ele.
Ainda que o filho proíba que os seus feitos sejam antepostos
aos de seu pai, a Fama, contudo, livre e não sujeita às ordens
de ninguém, dá-lhe a preferência, contra a vontade dele,
e é só neste ponto que ela lhe resiste. Assim cede o grande Atreu
à glória de Agamêmnon, vence assim Teseu a Egeu
e Aquiles vence Peleu. Por fim, para usar de exemplos
que lhes equivalham, é assim que Saturno é inferior a Júpiter.
Júpiter governa as alturas etéreas e os três reinos do mundo,
a terra está submetida a Augusto. Ambos são pais e senhores.
Rogo-vos, deuses, companheiros de Eneias, a quem cederam
a espada e o fogo, e a vós, deuses Indígetes, e a ti, Quirino,
pai de Roma, e a Gradivo, pai do invencível Quirino,
a Vesta, venerada entre os penates de César, e a ti, Febo,
que, com a Vesta de César habitas a sua morada, e a ti, Júpiter,
que habitas o cimo da colina Tarpeia, e a todos aqueles a quem
o vate tem o direito e o dever de invocar, tarde venha aquele dia,
mesmo para lá do tempo da minha morte, em que,
tendo deixado o mundo que governa, Augusto suba ao céu
e, ausente, proteja aqueles que o invocam.

---

[37] Nestor.

Iamque opus exegi, quod nec Iouis ira nec ignis
nec poterit ferrum nec edax abolere uetustas.
cum uolet, illa dies, quae nil nisi corporis huius
ius habet, incerti spatium mihi finiat aeui;
parte tamen meliore mei super alta perennis   875
astra ferar, nomenque erit indelebile nostrum;
quaque patet domitis Romana potentia terris
ore legar populi, perque omnia saecula fama,
(si quid habent ueri uatum presagia) uiuam.

[Epílogo]

Concluí uma obra que nem a cólera de Júpiter, nem o fogo,
nem o ferro, nem a voracidade do tempo poderão destruir.
Que aquele dia, que só a meu corpo tem direito,
ponha fim quando quiser ao incerto decurso da minha vida.
Eu, na parte mais nobre de mim, subirei, imorredouro,
acima das altas estrelas, e o meu nome jamais morrerá.
E, por onde o poder de Roma se estende sobre a terra dominada,
andarei na boca do povo. E, se algo de verdade existe nos presságios
dos poetas, graças a essa fama, hei de viver pelos séculos.

Correspondência entre nomes romanos e gregos

Roma	Grécia	
Saturno	Crono	Deus do tempo, pai de Júpiter e um dos Titãs.
Ceres	Deméter	Deusa da agricultura, filha de Saturno e Opes.
Netuno	Posêidon	Deus dos mares, irmão de Júpiter.
Plutão	Hades	Deus do reino dos mortos, irmão de Júpiter.
Júpiter	Zeus	Rei dos deuses.
Juno	Hera	Rainha dos deuses, esposa de Júpiter.
Vulcano	Hefesto	Deus do fogo e da metalurgia, filho de Júpiter e Juno.
Marte	Ares	Deus da guerra, filho de Júpiter e Juno.
Minerva	Atena	Deusa da sabedoria, irmã de Júpiter.
Latona	Leto	Deusa do anoitecer, mãe de Febo e Diana.
Febo	Apolo	Deus-Sol, deus arqueiro, deus da música e poesia, da medicina e da adivinhação, filho de Júpiter e Latona.
Diana	Ártemis	Deusa da caça e da lua, filha de Júpiter e Latona, irmã de Febo, também chamada de Febe ou Cíntia.
Baco	Dioniso	Deus do vinho, filho de Júpiter e Sêmele.
Mercúrio	Hermes	Mensageiro dos deuses, filho de Júpiter e Maia.
Vênus	Afrodite	Deusa do amor, casada com Vulcano.
Cupido	Eros	Deus do amor, filho de Vênus.
Prosérpina	Perséfone	Deusa das ervas, flores, frutos e perfumes, esposa de Plutão, filha de Júpiter e Ceres.
Esculápio	Asclépio	Deus da medicina, filho de Febo e Corônis.
Hércules	Héracles	Herói grego, filho de Júpiter e Alcmena, também chamado de Alcides pelos romanos.
Ulisses	Odisseu	Rei de Ítaca, herói da guerra de Troia.

Índice de nomes

Ábaris: do Cáucaso, guerreiro de Fineu na luta contra Perseu. — V, 86.

Abas: guerreiro de Fineu na luta contra Perseu. — V, 126.

Abas: companheiro de Diomedes. — XIV, 505.

Abas: filho de Linceu e Hipermnestra, é pai de Acrísio, avô de Dânae e bisavô de Perseu. — IV, 607, 673, 767; V, 138, 236; XV, 164.

Abas: Centauro que participa do combate contra os Lápitas. — XII, 306.

Abundância: é a deusa *Bona Copia* romana. — IX, 88.

Acaia: região a nordeste do Peloponeso; também pode indicar toda a Grécia. — III, 512; IV, 606; V, 306, 577; VII, 504; VIII, 268; XIII, 325; XV, 293.

Acarnânia: região do Épiro, localizada na parte ocidental da Grécia, próxima ao mar Jônico. — VIII, 570.

Acasto: filho de Pélias e rei de Iolco, na Tessália; partidário de Meléagro. — VIII, 306; XI, 409.

Acestes: ou Egestes, é o filho do deus-rio siciliano Crimiso, que acolheu Eneias e seus companheiros. — XIV, 83.

Acetes: marinheiro devoto de Baco. — III, 582, 640, 696.

Ácio: pode se referir à cidade ou a um promontório na costa ocidental da Grécia, local famoso em virtude da vitória de Otávio Augusto contra Marco Antônio em 31 a.C. — XIII, 715.

Ácis: filho de Fauno, casou-se com Galateia; esta era amada por Polifemo, que o perseguiu; foi metamorfoseado no rio de mesmo nome. — XIII, 750, 757, 787, 861, 874, 879, 884, 886, 896.

Ácmon: companheiro de Diomedes, foi metamorfoseado em ave. — XIV, 484, 494, 497.

Aconteu: soldado de Perseu transformado em pedra ao olhar para a Górgona. — V, 201.

Acrísio: irmão gêmeo de Preto. Acrísio e Preto eram filhos de Abas, netos de Linceu e Hipermnestra, bisnetos de Egito e Dânao; transportavam ainda no ventre materno o ódio dos seus bisavôs. Declararam guerra um ao outro para saberem a quem pertenceria o reino de Argos. — IV, 608, 612; V, 70, 236.

Ácrota: rei de Alba, descendente de Tiberino. — XIV, 617, 619.

Acte: outra designação para Ática. — II, 554, 721; VI, 711; VII, 681; VIII, 170.

Acteão: filho de Autônoe e neto de Cadmo e Harmonia, metamorfoseado em veado. — III, 138, 146, 174, 198, 230, 243, 244, 720, 721.

Actor: avô de Pátroclo. — XIII, 273.

Actor: pai de Érito, guerreiro de Fineu na luta contra Perseu. — V, 79.

Actor: pai dos gêmeos integrantes da caçada ao javali de Cálidon. — VIII, 308.

Adônis: filho de Cíniras e Mirra, metamorfoseado em flor. — X, 503, 513, 532, 543, 682, 712, 726, 730.

Aelo: cão da matilha de Acteão. — III, 219.

Aelo: uma das Harpias que, fugindo aos filhos de Bóreas, se refugiou nas ilhas Equínades, que depois passaram a chamar-se Estrófades. — XIII, 710.

Afareu: Centauro que participa do combate contra os Lápitas, morto por Teseu. — XII, 341.

Afareu: pai de integrante da caçada ao javali de Cálidon. — VIII, 304.

Afidas: Centauro da batalha contra os Lápitas, morto por Forbas. — XII, 317.

Afrodite: ver Vênus.

Agamêmnon: também conhecido como Atrida, irmão de Menelau e rei de Micenas, chefiou a expedição grega na guerra contra Troia; casado com Clitemnestra, pai de Ifigênia e Orestes. — XII, 623, 626; XIII, 189, 217, 230, 359, 365, 439, 444, 655; XV, 855.

Aganipe: fonte na Beócia. — V, 312.

Agave: filha de Cadmo e Harmonia; mãe de Penteu, irmã de Autônoe, Sêmele e Ino. — III, 523, 725; IV, 424.

Agenor: rei da Fenícia, filho de Líbia e Posêidon; irmão de Acrísio; pai de Cadmo, Fênix, Cílice e Europa; bisavô de Dioniso e Acteão; ancestral de Perseu. — II, 858; III, 8, 51, 81, 90, 97, 257, 308; IV, 563; IV, 772.

Agirtes: tido como parricida, guerreiro de Fineu na luta contra Perseu. — V, 148.

Aglauro: filha de Cécrope, irmã de Pândroso e Herse, foi metamorfoseada em estátua. — I, 560, 739, 748, 785, 797, 805.

Agre: cão da matilha de Acteão. — III, 212.

Agriodonte: cão da matilha de Acteão. — III, 224.

Ájax: herói da guerra de Troia, filho de Télamon. — X, 207; XII, 624; XIII, 2, 17, 28, 97, 123, 141, 152, 156, 164, 194, 219, 231, 254, 266, 305, 321, 327, 338, 340, 346, 390.

Ájax: herói grego da guerra de Troia, filho de Oileu; rei de Narícia. — XII, 622; XIII, 356; XIV, 468.

Alastor: soldado lício da tropa de Sarpédon, morto por Ulisses. — XIII, 257.

Alba: cidade do Lácio fundada pelo filho de Eneias, Ascânio. — XIV, 609.

Alba: rei do Lácio. — XIV, 612.

Albanos: montes próximos a Roma, habitados por divindades. — XIV, 674.

Álbula: antigo nome do rio Tibre, que ganhou este novo nome por causa do rei Tiberino. — XIV, 328.

Alcandro: soldado lício da tropa de Sarpédon, morto por Ulisses. — XIII, 258.

Alcátoe: outro nome da cidade de Mégara, que foi fundada pelo rei Alcátoo, filho de Pélops. — VII, 443; VIII, 8.

Alce: cão da matilha de Acteão. — III, 217.

Alcidamante: pai de Ctesila, metamorfoseada em pomba em Carteia. — VII, 369.

Alcides: designação de Hércules, neto de Alceu, por sua vez filho de Perseu e Andrômeda, pai de Anfitríon. — IX, 13, 51, 110, 217; XI, 213; XII, 538; VIII, 513.

Alcimedonte: um dos marinheiros tirrenos transformados em golfinhos. — III, 618.

Alcínoo: rei dos Feácios, que acolhe Ulisses após o seu naufrágio e lhe concede uma nau. — XIV, 565.

Alcíone: irmã de Átamas e Sísifo; filha de Éolo e esposa de Céix. — VII, 401; XI, 384, 416, 423, 444, 447, 458, 473, 544, 545, 563, 567, 573, 588, 628, 661, 674, 684, 710, 746.

Alcioneu: da Báctria, guerreiro de Fineu na luta contra Perseu. — V, 135.

Alcítoe: filha de Mínias e irmã de Leucônoe e Arcipe. — IV, 1, 274.

Alcmena: mulher de Anfitríon e mãe de Hércules. — VI, 112; VIII, 544; IX, 23, 276, 281, 313, 396.

Alcméon: filho de Anfiarau e Erífile, casado com Arsínoe, teve dois filhos com Calírroe. — IX, 408, 411.

Álcon: artesão de Lindos, fabricou a cratera dada a Eneias. — XIII, 683.

Alêmon: pai de Míscelo. — XV, 19, 26, 48.

Alesso: da Emátia, Lápita que participa do combate contra os Centauros. — XII, 462.

Alexírroe: filha do rio Granico e mãe de Ésaco. — XI, 763.

Alfenor: filho de Níobe. — VI, 248.

Alfeu: rio e deus correspondente, apaixonou-se pela ninfa Aretusa. — II, 250; V, 487, 576, 599.

Almo: rio do Lácio e afluente do Tibre. — XIV, 329.

Aloídas: patronímico dos gigantes Oto e Efialtes, que eram filhos de Posêidon/Netuno e Ifimedia, a filha de Tríopas casada com Aloeu. — VI, 117.

Alpes: cadeia de montanhas no norte da Itália. — II, 226; XIV, 794.

Altar: constelação próxima ao Polo Sul. — II, 139.

Alteia: rainha de Cálidon, filha de Téstio, irmã de Plexipo e Toxeu, esposa de Eneu, mãe de Meléagro e Dejanira. — VIII, 446, 452, 473, 522, 531.

Amatunte: cidade na costa sul do Chipre, geratriz das Propétidas e famosa por seu templo de Vênus e Adônis. — X, 220, 227, 531.

Amazonas: mulheres guerreiras da Cítia, entre elas Hipólita, mãe de Hipólito. — XV, 552.

Ambrácia: cidade do Épiro. — XIII, 714.

Amenano: rio da Sicília. — XV, 279.

Amiclas: cidade da Lacônia. — VIII, 314.

Amiclas: fundador de cidade na Lacônia, pai de Jacinto. — X, 162.

Âmico: Centauro que participa do combate contra os Lápitas, filho de Ofíon. — XII, 245.

Amimone: uma das cinquenta filhas de Dânao, por amor da qual Posêidon fez jorrar uma fonte em Tebas em época de seca. — II, 240.

Amintor: rei dos Dólopes e pai de Fênix. — VIII, 307; XII, 364.

Amitáon: seu filho curou as filhas de Preto. — XV, 325.

Ámon: irmão gêmeo de Bróteas, ambos mortos por Fineu no combate contra Perseu. — V, 108.

Ámon: nome de Júpiter na África, representado com uma cabeça de carneiro. — IV, 671; V, 17, 328; XV, 309.

Amor: personificação. — I, 480, 532, 540; IV, 758; V, 374; VII, 55, 698; X, 26, 29, 516.; cf. Cupido.

Âmpico: cefeu sacerdote de Ceres, morto por Fineu no combate contra Perseu. — V, 110.

Âmpix: guerreiro de Fineu na luta contra Perseu transformado em pedra ao olhar a cabeça da Górgona. — V, 184.

Âmpix: pai de Mopso, que participa do combate contra os Centauros. — VIII, 316, 350; XII, 450, 456, 524.

Amúlio: primeiro rei da Ausônia. — XIV, 772.

Ânafe: reino aliado de Minos. — VII, 461, 462.

Anápis: deus-rio que deságua no mar diante de Siracusa. Cíane é seu afluente. — V, 417.

Anaxárete: princesa do Chipre amada por Ífis, descendente de Teucro; metamorfoseada em estátua. — XIV, 699, 718, 750.

Anceu: de Parrásia, morto na caçada ao javali de Cálidon. — VIII, 315, 391, 401, 407, 519.

Âncio: cidade litorânea do Lácio. — XV, 718.

Andrêmon: esposo de Dríope. — IX, 333, 363.

Andrêmon: rei da Etólia, pai de Toante. — XIII, 357.

Andrógeo: filho de Minos e Pasífae. — VII, 458; VIII, 58.

Andrômaca: filha de Eécion, esposa de Heitor, mãe de Astíanax, Molosso e Pátroclo. — XIII, 417.

Andrômeda: filha de Cassiopeia e Cefeu, foi salva por Perseu. — IV, 671, 739, 757; V, 152, 219, 229, 236.

Andros: filho de Ânio, rei da ilha de Andros. — XIII, 648.

Andros: ilha do mar Egeu. — VII, 469; XIII, 649, 661, 665.

Anfiarau: rei de Argos, filho de Ecleu, guerreiro e adivinho, cunhado de Adrasto, casado com a irmã deste, Erífile. — VIII, 316; IX, 407.

Anfimedonte: guerreiro de Fineu na luta contra Perseu. — V, 75.

Anfíon: filho de Zeus e Antíope, era irmão de Zeto e marido de Níobe. — VI, 178, 179, 221, 271, 402; XV, 427.

Anfisso: filho de Apolo e Dríope, neto de Êurito. — IX, 338, 356.

Anfitríon: filho de Alceu e rei de Tirinto, marido de Alcmena, considerado o pai de Hércules, juntamente com Zeus. — VI, 112; IX, 140; XV, 49.

Anfitrite: uma das Nereidas, filha de Nereu e Dóris, esposa de Netuno. — I, 14.

Anfrísia: região pela qual navega Eneias. — XV, 703.

Anfriso: rio na Hemônia e antigo nome da Tessália, perto do qual Apolo apascentou o rebanho de Admeto. — I, 580; VII, 229.

Anigros: rio da Élida. — XV, 282.

Ânio: rei de Delos e sacerdote de Apolo; suas filhas foram metamorfoseadas em pombas. — XIII, 632, 643.

Ânio: rio do Lácio, afluente do Tibre. — XIV, 329.

Ano: personificação. — II, 25.

Anquises: pai de Eneias. — IX, 425; XIII, 624, 640, 680; XIV, 112, 118.

Antandro: cidade da Mísia, na Ásia Menor. — XIII, 628.

Antédon: cidade da Beócia, em frente a Eubeia. — VII, 232; XIII, 905.

Antenor: herói troiano conselheiro de Príamo. — XIII, 201.

Anteu: gigante derrotado por Hércules. — IX, 184.

Antífates: rei dos Lestrigões. — XIV, 234, 237, 238, 249; XV, 717.

Antígona: filha de Laomedonte, metamorfoseada em cegonha por Juno. — VI, 93.

Antímaco: Centauro que participa do combate contra os Lápitas, morto por Ceneu. — XII, 460.

Antíope: filha de Nicteu; seduzida por Júpiter, deu à luz Anfíon e Zeto. — VI, 111.

Antissa: cidade da ilha de Lesbos, antigamente uma ilha. — XV, 287.

Anúbis: deus egípcio representado com a cabeça de um chacal. — IX, 690.

Aônia: região da Beócia, deu nome a todo o país; era a morada das Musas do Hélicon. — I, 313; III, 339; V, 333; VI, 2; VII, 763; IX, 112; X, 589; XII, 24; XIII, 682.

Apeninos: cordilheira de montanhas que se estende ao longo da Itália, onde nasce o rio Tibre. — II, 226; XV, 432.

Apídano: rio da Tessália, afluente do Enipeu. — I, 580; VII, 228.

Ápis: deus egípcio representado com a forma de boi. — IX, 691.

Apolo: também chamado Febo, filho de Júpiter e Latona, deus arqueiro, divindade da música, da poesia, da medicina e da adivinhação; deus-Sol, pai de Esculápio. — I, 441, 473; II, 543, 598, 612, 641, 677; III, 421; VI, 265, 384; VII, 389; VIII, 15; IX, 332, 455; X, 107, 168, 209; XI, 8, 155, 174, 196, 306, 339, 413; XII, 585; XIII, 174, 631, 715; XV, 143, 144, 533, 638, 639.

Aqueloo: maior rio da Grécia; deus-rio, pai de Calírroe; dos seus amores com Melpômene nasceram as Sereias. — VIII, 549, 560, 614; IX, 68, 96, 413.

Aquemênides: companheiro de Ulisses que foi abandonado no país dos Ciclopes (Sicília) e posteriormente resgatado por Eneias. — XIV, 161, 163, 167.

Aqueronte: rio, e respectivo deus, do Averno, o mundo subterrâneo da morte. — V, 541; XI, 504.

Aqueus: da Acaia, designação dos Gregos. — VII, 56; XII, 70, 600; XIII, 61, 88, 113, 136; XIV, 191.

Aquilão: vento norte. — I, 262, 328; II, 132; V, 285; VII, 3; X, 77; cf. Bóreas.

Aquiles: herói troiano, filho de Peleu e Tétis; rei da Ftia na Tessália, pai de Pirro. — VIII, 309; XI, 265; XII, 73, 81, 96, 126, 139, 150, 162, 163, 168, 176, 191, 363, 365, 582, 593, 603, 605, 608, 613, 615, 619; XIII, 30, 107, 130, 133, 134, 157, 179, 273, 281, 284, 298, 301, 443, 448, 500, 502, 505, 580, 597; XV, 856.

Arábia: região da Ásia. — X, 478.

Aracne: jovem tecelã da Lídia, filha de Ídmon, rival de Minerva metamorfoseada em aranha. — VI, 5, 11, 34, 45, 103, 133, 150.

Árcade: filho de Júpiter e Calisto, herói epônimo da Arcádia. — II, 468, 496, 500.

Arcádia: região central do Peloponeso. — I, 218, 689; II, 405; III, 210; IX, 192; XV, 332.

Arcésio: filho de Júpiter, pai de Laertes e avô de Ulisses. — XIII, 144.

Arctos: constelações de Ursa Maior e Ursa Menor. — II, 132; III, 45, 595; IV, 625; XIII, 293, 726.

Árdea: cidade dos Rútulos no Lácio. — XIV, 573, 580.

Ares: ver Marte.

Arestor: pai de Argo. — I, 624.

Aretusa: ninfa perseguida por Alfeu no Peloponeso. Para não se unir a ele, mergulhou na profundidade da terra, guiada por Ártemis, e reapareceu em Siracusa, transformada em fonte. — V, 409, 487, 496, 573, 599, 625, 642.

Areu: Centauro que participa do combate contra os Lápitas, morto por Drias. — XII, 310.

Argivos: de Argos, designação dos Gregos; cf. Argólico.

Argo: barco construído por Jasão e seus companheiros e em que navegaram para a Cólquida em busca do velo de ouro. — VI, 721; VII, 1; VIII, 302; XV, 337.

Argo: filho de Arestor, tinha cem olhos e foi ordenado por Juno a vigiar Io; após ser morto por Mercúrio, seus olhos tornaram-se as manchas da cauda dos pavões. — I, 624, 625, 635, 636, 664, 670, 679, 680, 720; II, 533.

Argólico: referência à Argólida, também designa os Gregos, de *argolicos*, traduzindo também Argivos. — II, 524; III, 660; IV, 609; XII, 149; XII, 627; XIII, 659; XIV, 444; XV, 19, 276.

Argólida: região da Grécia, no leste/nordeste do Peloponeso. — I, 726; VIII, 267; XV, 19, 276.

Argos: cidade da Grécia, capital da Argólida. — I, 601; II, 240; VI, 413.

Ariadne: filha de Minos e Pasífae, ajudou Teseu a derrotar o Minotauro. — VIII, 174.

Arícia: cidade do Lácio. — XV, 488.

Áries: constelação. — X, 165.

Armênia: região da Ásia Menor, ao sul do Cáucaso. — VIII, 121; XV, 85.

Arne: traidora da própria pátria, a ilha de Sifnos. — VII, 465.

Ártemis: ver Diana.

Ásbolo: Centauro da batalha contra os Lápitas. — XII, 308.

Ásbolo: cão da matilha de Acteão. — III, 218.

Ascálafo: filho de Aqueronte e Orfne, transformado em ave por Deméter. — V, 539.

Ascânio: filho de Eneias. — XIII, 627, 680; XIV, 609; cf. Iulo.

Asclépio: ver Esculápio.

Ásia: continente. — V, 648; IX, 448; XIII, 484.

Asopo: deus e rio da Beócia, pai de Egina e avô de Éaco. — VI, 113; VII, 484, 616.

Assáraco: antigo rei de Troia, avô de Príamo. — XI, 756.

Assíria: região da Ásia. — V, 60; XV, 393.

Astéria: amada por Júpiter, foi transformada em codorna e, depois, na ilha de Ortígia. — VI, 108.

Astíages: guerreiro de Fineu na luta contra Perseu, foi transformado em pedra pela Górgona. — V, 203, 205.

Astíanax: filho de Heitor e Andrômaca, foi atirado da torre do palácio de Troia pelos Gregos no assalto à cidade. — XIII, 415.

Astipaleia: ilha do mar Egeu, aliada de Minos. — VII, 461, 462.

Astreia: filha de Zeus e Têmis, irmã de Pudor, espalhava entre os homens o sentimento da justiça e da virtude. Subiu ao céu quando a inclinação para o mal se espalhou pelo mundo, tornando-se a constelação de Virgem. — I, 149.

Astreu: guerreiro de Fineu na luta contra Perseu. — V, 144.

Astreu: um dos Titãs, teve com Aurora os filhos Zéfiro, Bóreas, Noto, a Estrela da Manhã e os Astros. — XIV, 545.

Atalanta: de Tégea, na Arcádia, por ela se apaixonou Meléagro. — VIII, 317, 380, 426.

Atalanta: filha do rei Esqueneu, torna-se esposa de Hipômenes após ser vencida por ele na corrida; ambos são metamorfoseados em leões. — X, 565, 589, 598, 609, 669, 660, 680.

Atamanes: habitantes das montanhas do Épiro. — XV, 311.

Átamas: filho de Éolo, esposo de Néfele e, depois, de Ino, pai de Palêmon. Também chamado Atamante. — III, 564; IV, 420, 467, 471, 489, 497, 512; XIII, 919.

Atena: ver Minerva.

Atenas: cidade da Ática. — II, 721; V, 652; VI, 421; VII, 507, 723; VIII, 263; XV, 427, 430.

Ática: região da Grécia a nordeste do Peloponeso, onde se situa Atenas. — VI, 711; VII, 492; VIII, 170.

Átis: jovem da Frígia metamorfoseado em árvore. — X, 104.

Átis: indiano, pai de Limneia, guerreiro de Fineu na luta contra Perseu. — V, 47, 63, 72.

Atlas: um dos Titãs, filho de Jápeto, teve com Maia as Plêiades; avô de Mercúrio, foi metamorfoseado em montanha. — I, 682; II, 296, 685, 704, 742, 834; IV, 368, 628, 632, 644, 646, 653, 657, 771; VI, 174; VIII, 627; IX, 273; XV, 149.

Atos: montanha no extremo da península oriental da Calcídica. — II, 217; XI, 554.

Átrax: cidade na Tessália. — XII, 209.

Atreu: filho de Pélops, pai dos atridas Agamêmnon e Menelau. — XIII, 365, 439, 655; XV, 855.

Augusto: Otávio, filho de Ácia, adotado por Júlio César, foi o primeiro imperador de Roma; descendente de Iulo, de Ascânio e, por fim, de Eneias. — I, 204, 562; XV, 447, 750, 758, 819, 850, 852, 860, 869.

Áulis: cidade da Beócia, de onde zarparam os navios na expedição contra Troia. — XII, 10; XIII, 182.

Aurora: é personificada por Éos, que pertence à primeira geração divina. Filha de Hiperíon e Tia. Da sua ligação com Astreu nasceram os ventos Zéfiro, Bóreas e Noto, a Estrela da Manhã (Heósforo) e os Astros; mãe de Lúcifer com Júpiter. É representada como uma deusa que abre as portas do céu ao carro do Sol. — I, 61; II, 113, 144; III, 150, 184, 600; IV, 81, 630; V, 440; VI, 48; VII, 100, 209, 703, 721, 835; IX, 421; XI, 296, 598; XIII, 576, 594, 621; XIV, 228; XV, 191, 665, 700.

Ausônia: montanha na Sicília onde Afrodite tinha um célebre santuário. — V, 350.

Ausônia: região do sul da Itália, também sinônimo de Itália. — XIII, 708; XIV, 7, 77, 320, 772, 786; XV, 647, 693.

Austro: nome latino de Noto, o vento sul. — I, 66; II, 853; V, 285; VII, 532, 660; VIII, 3; XI, 192, 664; XII, 510; XIII, 725.

Autólico: filho de Hermes e Quíone, avô de Ulisses, tem, como o pai, o dom de roubar sem ser surpreendido. — VIII, 738; XI, 313.

Autônoe: mãe de Acteão e filha de Cadmo e Harmonia. Teve como irmãs Ino (chamada Leucótoe depois de deificada), Agave e Sêmele. — III, 198, 523, 720.

Aventino: rei de Alba. — XIV, 620.

Averno: reino da morte ou lago infernal, confunde-se com Tártaro, Orco, Érebo. — V, 540; X, 51; XIV, 105, 114.

Babilônia: cidade da Mesopotâmia, teve Nino como fundador de seu império. — IV, 44, 56.

Babilônios: ou babilônicos, habitantes da Babilônia. — II, 248; IV, 99.

Bacantes: devotas dos rituais báquicos. — III, 703; IV, 25; VII, 258; IX, 642; XI, 17, 22, 89.

Baco: divindade do vinho, filho de Júpiter e Sêmele, corresponde ao deus grego Dioniso. — III, 310, 317, 421, 518, 572, 573, 629, 630, 691; IV, 2, 11, 273, 416, 523, 765; V, 329; VI, 488, 587, 596, 598; VII, 450; IX, 642; XI, 17, 85, 134; XII, 578; XIII, 639, 669; XV, 114, 413.

Báctria: região da Ásia, no atual Afeganistão. — V, 135.

Balear: referente às ilhas Baleares. — II, 727; IV, 709.

Baquíades: refere-se ao povo de Corinto. — V, 407.

Bato: velho camponês de Pilos, metamorfoseado em pedra. — II, 688, 702.

Báucis: esposa de Filêmon, ambos metamorfoseados em árvores. — VIII, 631, 640, 682, 705, 714, 715.

Bebe: lago na Tessália. — VII, 231.

Belo: filho de Posêidon e da ninfa Líbia, irmão de Agenor, rei do Egito, pai de Egito e Dânao, avô das Danaides. — IV, 463.

Belo: rei mítico da Pérsia. — IV, 213.

Belona: deusa romana da guerra, filha de Marte. — V, 155.

Beócia: região da Grécia central, entre a Fócida e a Ática. — II, 239; III, 13, 147; V, 312; XII, 9.

Berecinto: montanha da Frígia onde Cibele era adorada. — XI, 16, 106.

Béroe: ama epidáurica de Sêmele. — III, 278.

Bíblis: filha de Ciane e Mileto, irmã de Cauno, metamorfoseada em fonte. — IX, 453, 454, 455, 467, 535, 581, 635, 643, 651, 656, 663.

Bienor: Centauro que participa do combate contra os Lápitas, morto por Teseu. — XII, 345.

Bisáltide: rei da Trácia, pai de Teófane. — VI, 117.

Bistônios: habitantes da Trácia. — XIII, 430.

Bitínia: região da Ásia Menor, identificada também com a Lídia, a Mísia e a Frígia. — VIII, 719.

Boieiro: constelação. — II, 176; VIII, 206; X, 447.

Bóreas: filho de Astreu e Aurora, pai de Hemo, é o vento frio do norte, identificado também como Aquilão. — I, 65; II, 185; VI, 682, 702; XIII, 418, 727; XV, 471.

Bretões: naturais da Grã-Bretanha. — XV, 752.

Brisa: porque Céfalo, refrescando-se com a brisa, chamava por ela, pensaram tratar-se

856

de um ninfa; sua ama Prócris tenta supreendê-lo e acaba morta por uma flecha. — VII, 813, 821, 837, 856.

Brômio: outro nome para Baco. — IV, 11.

Bromo: Centauro que participa do combate contra os Lápitas, morto por Ceneu. — XII, 459.

Bróteas: irmão gêmeo de Amon; guerreiro de Perseu na luta contra Fineu. — V, 107.

Bróteas: Lápita que participa do combate contra os Centauros, morto por Grineu. — XII, 262.

Búbaso: cidade da Cária. — IX, 644.

Bubástis: deusa egípcia com figura de gata, identificada com Ártemis. — IX, 691.

Buris: cidade costeira da Acaia. — XV, 293.

Busíres: rei do Egito. — IX, 183.

Butes: filho mais novo de Palante, irmão de Clito. — VII, 500, 665, 666.

Butroto: cidade do Épiro fundada por Heleno. — XIII, 721.

Cabritos: estrelas da constelação de Auriga. — XIV, 711.

Cadmo: fundador de Tebas, filho de Agenor, irmão de Fênix, Cílice e Europa, marido de Harmonia, pai de Agave, Ino, Sêmele e Autônoe, avô de Acteão, Baco e Penteu; metamorfoseado em serpente. — III, 3, 8, 14, 24, 51, 81, 90, 97, 115, 129, 131, 138, 174, 287; IV, 470, 545, 563, 572, 591, 592; VI, 177, 217; IX, 304.

Cafareu: promontório na Eubeia. — XIV, 472, 481.

Caíco: rio da Mísia. — II, 243; XII, 111; XV, 277.

Caieta: ama de Eneias. — XIV, 157, 441, 443; XV, 716.

Caístro: rei da Lídia, famoso pelos cisnes. — II, 253; V, 386.

Cálais: filho de Bóreas e Oritia, irmão de Zetes, membro da expedição dos Argonautas. — VI, 716; VII, 3.

Caláuria: epíteto de Diana; ilha situada no golfo de Egina onde o casal Júpiter e Juno se metamorfosearam em pássaros. — VII, 384.

Calcas: filho de Testor e famoso adivinho que participa da guerra de Troia. — XII, 18, 27.

Cálidon: reino e cidade próxima a Argos, Esparta e Micenas. — VI, 415; VIII, 270, 324, 495, 526, 528, 727; IX, 2, 112, 147; XIV, 512; XV, 769.

Calimne: ilha do mar Egeu. — VIII, 222.

Calíope: uma das nove Musas. — V, 339, 662; X, 148.

Calírroe: filha de Aqueloo e esposa de Alcméon; seus filhos Anfótero e Acarnane foram metamorfoseados em adultos para vingar o pai. — IX, 413, 432.

Calisto: ninfa de Parrásio, na Arcádia, filha de Licáon, mãe de Árcade; foi metamorfoseada em ursa e depois na constelação da Ursa Maior. — II, 409, 410, 460, 469, 496, 508.

Camenas: ninfas romanas das fontes, correspondem às Musas. — XIV, 434; XV, 482.

Cânaque: cão da matilha de Acteão. — III, 217.

Câncer: constelação. — II, 83; IV, 625; X, 127.

Canente: ninfa filha de Jano, esposa de Pico. — XIV, 338, 381, 383, 417, 433.

Canopo: cidade do Egito, junto ao delta do Nilo. — XV, 828.

Caônia: região do Épiro. — V, 163; X, 90; XIII, 717.

Caos: tudo que havia antes da criação do mar, da terra, dos Titãs, do homem e dos demais deuses, massa confusa e informe, também pode se referir às sombras do Tártaro. — I, 7; II, 299; X, 30; XIV, 404.

Capaneu: príncipe de Argos, violento e sem temor aos deuses, é um dos que marcharam contra Tebas, a quem só o raio de Zeus detém no assalto à cidade. — IX, 404.

Capeto: um dos reis de Alba. — XIV, 613.

Cápis: um dos reis de Alba. — XIV, 613, 614.

Capitólio: monte situado a oeste do Palatino e sobre o qual erigia-se o templo de Júpiter Ótimo Máximo, guardião da cidade. — I, 561; II, 538; XV, 589, 828, 842.

Capri: ilha do mar Tirreno. — XV, 709.

Caraxo: Lápita que participa do combate contra os Centauros. — XII, 273.

Cária: região da Ásia Menor. — IV, 297; IX, 645.

Caribde: redemoinho ao largo da costa entre a Sicília e a Itália. — VII, 63; VIII, 121; XIII, 730; XIV, 75.

Cariclo: filha de Apolo, casada com o Centauro Quíron. Foi ela quem educou Jasão e Aquiles. — II, 636.

Caronte: barqueiro que atravessa as almas pelo rio Estige no mundo dos mortos. — X, 73.

Cárope: soldado de Sarpédon, morto por Ulisses. — XIII, 260.

Cárpato: ilha do mar Egeu. — XI, 249.

Carteia: cidade da ilha de Cea, ou Ceos. — VII, 368; X, 109.

Cassandra: filha de Príamo, sacerdotisa de Febo. — XIII, 410; XIV, 468.

Cassiopeia: esposa de Cefeu e mãe de Andrômeda. — IV, 671, 692, 736; V, 153.

Castália: jovem de Delfos que, ao ser perseguida por Apolo, se atirou a uma fonte, que depois ficou com seu nome. — III, 14.

Castor: irmão de Helena e gêmeo de Pólux, ambos filhos de Tíndaro; foram metamorfoseados na constelação de Gêmeos. — VIII, 301, 372; XII, 401.

Castro: cidade no Lácio, perto de Árdea. — XV, 727.

Cáucaso: cordilheira entre o mar Negro e o mar Cáspio. — II, 224; V, 86; VIII, 798.

Cáulon: cidade da península itálica, na Calábria. — XV, 705.

Cauno: irmão gêmeo de Bíblis. — IX, 453, 455, 488, 489, 580.

Cea: ou Ceos, ilha do mar Egeu, a mais importante das Cíclades. — VII, 368; X, 120.

Cébren: deus-rio na região de Tróade — XI, 768.

Cécrope: um dos reis míticos da Ática, de cujo solo nasceu. Como todos os seres nascidos da terra, tinha um corpo de dupla natureza, homem e serpente. Fundador de Atenas, pai de Aglauro, Pândroso e Herse. — II, 555, 784, 797, 806; VI, 70, 446; VII, 486, 502, 671; XI, 93; XV, 427.

Cecrópida: Teseu, descendente de Cécrope. — VIII, 551.

Cecrópidas: Procne e Filomela. — VI, 667.

Céfalo: descendente de Éolo e esposo de Prócris. — VI, 681; VII, 493, 495, 502, 512, 665, 666, 672, 865; VIII, 4.

Cefeu: pai de Andrômeda, reinava sobre os cefeus na região da Etiópia. — IV, 669, 691, 738, 769; V, 12, 42, 43, 152.

Cefeus: povo da Etiópia governado pelo rei Cefeu. — IV, 669, 764; V, 1, 97.

Cefiso: rio da Beócia que corre ao norte do Parnaso; e deus-rio, pai de Narciso. Seu neto foi metamorfoseado em foca por Apolo. — I, 369; III, 19, 343, 351; VII, 388, 438.

Céix: rei de Tráquis, filho de Lúcifer, irmão de Dedálion e esposo de Alcíone, metamorfoseado em ave marinha. — XI, 272, 283, 346, 351, 383, 411, 444, 461, 544, 561, 587, 653, 658, 673, 685, 727, 739.

Celadonte: de Mendes, guerreiro de Fineu na luta contra Perseu. — V, 144.

Celadonte: Lápita que participa do combate contra os Centauros, morto por Âmico. — XII, 250.

Celene: região da costa meridional da Itália. — XV, 704.

Célmis: divindade do círculo de Júpiter quando criança, foi transformado em um bloco de metal após ter ofendido Reia. — IV, 282.

Cencreis: esposa de Cíniras, mãe de Mirra. — X, 435.

Ceneu: Júpiter Ceneu. — IX, 136.

Ceneu: nascido mulher (Cênis), guerreiro dos Lápitas, invulnerável, metamorfoseado em pássaro após ser soterrado no combate contra os Centauros. — VIII, 305; XII, 172, 173, 179, 208, 459, 476, 479, 490, 496, 514, 531.

Cênis: filha de Élato, a mais bela mulher da Tessália, transformada por Netuno no invulnerável Ceneu. — XII, 189, 195, 201, 470, 471.

Centauros: seres metade homem, metade cavalo que habitavam o Ossa, netos de Ixíon, rei dos Lápitas, e de uma nuvem com a forma de Hera, feita por Zeus para castigá-lo pela morte do sogro. — II, 636; IX, 191; XII, 219, 536; XV, 283.

Cerambo: pastor no monte Ótris no tempo do dilúvio de Deucalião. Refugiando-se nas montanhas, foi presenteado com asas pelas ninfas e transformado em escaravelho. — VII, 353.

Cérano: guerreiro lício das tropas de Sarpédon morto por Ulisses. — XIII, 257.

Cerastas: povo com cabeças com cornos, metamorfoseados em novilhos. — X, 223.

Cérbero: cão de três cabeças que era guardião do Hades, filho de Equidna, irmão da Hidra de Lerna e de Quimera. — IV, 450, 501; VII, 408, 413; IX, 185; X, 22, 66; XIV, 65.

Cércion: salteador de Elêusis morto por Teseu. — VII, 439.

Cercopes: habitantes da ilha de Pitecusa, transformados em macacos por Júpiter. — XIV, 92.

Ceres: deusa romana equivalente à grega Deméter. É filha de Crono e Reia. Pertence, por isso, à segunda geração divina. É a divindade da terra cultivada, sendo fundamentalmente a deusa do trigo. Tem uma filha, Perséfone, que foi raptada por Plutão, seu tio, nos prados de Enna, na Sicília. — I, 123; III, 437; V, 109, 341, 343, 376, 415, 490, 509, 533, 564, 566, 572, 642, 655, 660; VI, 118; VII, 439; VIII, 274, 292, 741, 771, 778, 785, 814; IX, 423; X, 74, 431; XI, 112, 121, 122; XIII, 639.

César: Caio Júlio César, foi politico e general romano, com Crasso e Pompeu formou o primeiro triunvirato em 59 a.C., conquistador da Gália, em 49 a.C., cruzou o Rubicão, marchando com a 13ª Legião em Roma, iniciando guerra civil que marcou o início da queda da República. Foi morto no Senado em 44 a.C. por grupo liderado por Bruto e Cássio. Em seu testamento, adotou Otávio, que se tornaria o futuro imperador Augusto. — I, 201; XV, 742, 746, 750, 761, 766, 816, 842, 845, 864, 865.

Céu: um dos Titãs, pai de Latona, avô de Diana. — III, 174; VI, 185, 346, 366.

Chipre: ilha consagrada a Vênus. — III, 220; X, 270, 645, 718; XIV, 696.

Cíane: fonte de Siracusa que se opôs ao rapto de Perséfone. Era uma ninfa que Hades transformou em profundo poço azul. — V, 409, 412, 425, 465.

Ciane: ninfa, filha do rio Meandro e mulher de Mileto, deu à luz os gêmeos Cauno e Bíblis. — IX, 451, 452.

Cibele: divindade da Frígia, mãe dos deuses. — X, 104, 686, 696, 704; XIV, 536.

Cíclades: arquipélago do mar Egeu. — II, 264.

Ciclopes: gigantes de um olho só que fabricaram os raios de Júpiter. — I, 259; III, 305; XIII, 744, 755, 756, 780, 860, 876, 882; XIV, 2, 174, 249; XV, 93.

Cicno: filho de Estênelo, rei da Ligúria e amigo de Faetonte. Foi transformado em cisne. Apolo lhe deu uma voz melodiosa, o que explica o suposto canto dos cisnes na hora da morte. — II, 367, 377; VII, 371; XII, 581.

Cicno: filho de Netuno, guerreiro invulnerável, metamorfoseado em cisne. — XII, 72, 75, 76, 101, 122, 125, 138, 150, 165, 172.

Cícones: povo da Trácia. — VI, 710; X, 2; XI, 3; XV, 313.

Cidade: Roma. — XV, 487, 594, 600, 744, 798, 801, 863.

Cidônia: cidade costeira no noroeste de Creta. — VIII, 22.

Cila: cidade da Mísia — XIII, 174.

Cila: filha de Niso, metamorfoseada em ave marinha. — VIII, 17, 35, 91, 104.

Cila: ninfa amada por Glauco, metamorfoseada por Circe em monstro com uma cintura de cães, e depois em rochedo em frente a Caribde. — VII, 65; XIII, 730, 749, 900, 967; XIV, 18, 39, 52, 59, 70.

Cilaceu: promontório próximo a Lacínio. — XV, 702.

Cílaro: Centauro que participa do combate contra os Lápitas. — XII, 393, 408, 421.

Cilene: ninfa da Arcádia, que deu o nome a um monte situado ao sul dessa região, em cujo cimo nasceu o deus Hermes; por isso se chama o deus de Cilene. — I, 217, 713; II, 720, 818; V, 176, 331, 607; VII, 386; XI, 304; XIII, 146; XIV, 291.

Cilícia: região sudeste da Ásia Menor. — II, 217.

Cimelo: Lápita que participa do combate contra os Centauros. — XII, 454.

Cimérios: habitantes do país onde se encontra o reino do Sono. — XI, 592.

Cimolo: ilha do mar Jônico do arquipélago das Cíclades. — VII, 463.

Cínife: pequeno curso de água na Líbia. — V, 124; VII, 272; XV, 755.

Cíniras: filho de Pafo, rei do Chipre no tempo da guerra de Troia. — VI, 98; X, 299, 338, 343, 356, 361, 369, 380, 438, 464, 472, 521, 712, 730.

Cíntia: Diana, adorada no monte Cinto, na ilha de Delos. — II, 465; VII, 755; XV, 537.

Cinto: montanha em Delos consagrada a Apolo e Diana. — II, 221; VI, 204.

Ciparisso: jovem amado por Apolo, metamorfoseado em cipreste. — X, 107, 121, 130.

Cipo: antigo pretor romano. — XV, 565, 580, 581, 609, 617.

Cíprio: cão da matilha de Acteão. — III, 220.

Circe: deusa feiticeira, filha do Sol e de Perseis, rainha de Ea. Apaixonou-se por Glauco e transformou a amada deste, Cila, em um monstro. — IV, 205; XIII, 968; XIV,

10, 14, 25, 69, 71, 247, 248, 253, 290, 294, 312, 346, 348, 376, 382, 385, 399, 438; XV, 718.

Ciris: filha de Niso metamorfoseada em pássaro. — VIII, 151.

Círon: lendário bandido da costa da Ática. — VII, 444, 447.

Ciros: ilha do mar Egeu onde o filho de Aquiles, Pirro, foi criado. — XIII, 156, 175.

Citera: ilha do mar Egeu, ao sul do Peloponeso, conhecida pelo culto a Vênus. — IV, 190, 288; X, 529, 640, 717; XIV, 487, 584; XV, 386, 803, 816.

Citereia: designação de Vênus, nascida em Citéron. — XIII, 624; X, 717; XV, 816.

Citéron: montanha entre a Ática e a Beócia, onde Vênus era venerada e também se cultuava Baco. — II, 223; III, 702.

Cítia: grande região ao leste do mar Negro, ocupando a Ásia Central. — I, 64; II, 224; V, 649; VII, 407; VIII, 788, 797; X, 588; XIV, 331; XV, 285, 360.

Citno: ilha do mar Egeu que fazia parte das Cíclades. — V, 252.

Citoro: montanha famosa pela sua madeira. — IV, 311; VI, 132.

Clânis: Centauro que participa do combate contra os Lápitas, morto por Peleu. — XII, 379.

Clânis: guerreiro de Fineu na luta contra Perseu. — V, 140, 143.

Claros: cidade da Jônia, famosa pelo templo de Apolo. — I, 516; XI, 413.

Cleonas: cidade da Argólida. — VI, 417.

Clície: donzela amada pelo Sol, que a repeliu em troca do amor de Leucótoe. Por haver denunciado os amores da rival, acabou encerrada num poço. — IV, 206, 234, 256.

Clímene: mãe de Faetonte, esposa de Mérope, rei da Etiópia, filha de Oceano e Tétis. — I, 756, 765; II, 19, 37, 43, 333, 355, 356; IV, 204.

Clímeno: guerreiro de Fineu na luta contra Perseu. — V, 98.

Clitemnestra: esposa de Agamêmnon e mãe de Ifigênia e Orestes. — XIII, 193.

Clítio: irmão de Clânis, guerreiro de Fineu na luta contra Perseu. — V, 140, 142.

Clito: filho de Palante, amigo de Céfalo, irmão de Butes. — VII, 500, 665, 666.

Clito: guerreiro de Fineu na luta contra Perseu. — V, 87.

Clitório: cidade da Arcádia em que havia uma fonte com o poder de tornar abstêmio quem bebesse de suas águas. — XV, 322.

Cnido: cidade da Cária. — X, 531.

Cnosso: cidade na parte setentrional de Creta, local de residência do rei Minos. — III, 208; VII, 52, 471; VIII, 52, 144.

Cócalo: rei da Sicília que protege Dédalo. — VIII, 261.

Cólofon: cidade da Lídia. — VI, 8.

Cólquida: região na parte oriental do mar Negro, pátria de Medeia. — VII, 120, 296, 301, 348, 394; XIII, 24.

Combe: filha de Ófio. — VII, 383.

Cometes: Lápita que participa do combate contra os Centauros. — XII, 284.

Corícia: caverna no monte Parnaso onde habitavam ninfas. — I, 320.

Corícides: ninfas assim designadas em função do local onde habitavam, as cavernas de Corícia, junto ao Parnaso. — I, 320.

Corinto: cidade da Grécia nomeada por Éfira, ninfa filha de Oceano e Tétis. — V, 407; VI, 416; XV, 507.

Córito: filho de Páris e de uma ninfa do monte Ida. — VII, 361.

Córito: Lápita que participa do combate contra os Centauros. — XII, 290, 291.

Córito: guerreiro de Perseu na luta contra Fineu. — V, 125.

Coronas: "coroas", gêmeos nascidos das cinzas das filhas de Órion, transformados em astros. — XIII, 698.

Coroneu: da Foceia, pai do corvo do episódio de Corônis. — II, 569.

Corônis: heroína filha de Flégias, rei dos Lápitas. Com Apolo teve um filho, Asclépio, o Esculápio dos latinos. — II, 542, 599; XV, 624.

Cós: ilha do mar Egeu. — VII, 363.

Crago: monte da Lícia. — IX, 646.

Crantor: escudeiro de Peleu, morto na batalha entre Lápitas e Centauros. — XII, 361, 367.

Crateis: mãe de Cila. — XIII, 749.

Crátis: rio do país dos Cícones que têm o poder de mudar a cor dos cabelos de quem nele mergulha. — XV, 315.

Credulidade: personificação (*Credulitas*). — XII, 59.

Creneu: Centauro que participa do combate contra os Lápitas. — XII, 312.

Creta: ilha do Mediterrâneo. — VII, 434; VIII, 99, 118, 183; IX, 666, 668, 735; XIII, 706; XV, 540, 541.

Crises: cidade da Mísia sagrada a Apolo. — XIII, 174.

Crócale: ninfa do séquito de Diana. — III, 169.

Croco: jovem que se apaixonou pela ninfa Esmílax. Não foi feliz e acabou transformado em açafrão. — IV, 283.

Crômio: soldado lício da tropa de Sarpédon, morto por Ulisses. — XIII, 257.

Crômion: cidade vizinha a Corinto, devastada por um javali morto por Teseu. — VII, 435.

Crômis: Centauro que participa do combate contra os Lápitas, morto por Pirítoo. — XII, 333.

Crômis: guerreiro de Fineu na luta contra Perseu. — V, 103.

Crono: ver Saturno.

Cróton: anfitrião de Hércules, rei de Crotona. — XV, 15, 55.

Crotona: cidade do sul da Itália. — XV, 8.

Ctônio: Centauro que participa do combate contra os Lápitas. — XII, 441.

Cumas: cidade da Campânia, famosa pela Sibila. — XIV, 104, 121, 135; XV, 712.

Cupido: deus do amor, filho de Vênus, corresponde ao deus grego Eros. — I, 453, 463; IV, 321; V, 365; VII, 73; IX, 482, 543; X, 311, 525.

Cures: cidade dos Sabinos a nordeste de Roma, foi fundada por Quirino. — XIV, 778; XV, 7.

Curetes: divindades menores ligadas à infância de Júpiter, quando Crono pretendia devorá-lo. — IV, 282; VIII, 153.

Cúria: edifício romano para assembleia do Senado. — XV, 802.

Dafne: filha de Peneu, primeiro amor de Apolo, metamorfoseada em loureiro. — I, 452, 472, 490, 504, 505, 525, 544.

Dáfnis: filho de Hermes, o deus dos rebanhos, e de uma ninfa, nasceu na Sicília, num bosque de loureiros. Amado pelas ninfas, dedicou-se a Nomia, que o cegou ao saber-se traída. Se lançou de um penhasco e foi transformado em rocha. — IV, 277.

Damasícton: um dos filhos de Níobe. — VI, 254.

Dânae: descendente de Linceu, filha de Acrísio, rei de Argos, mãe de Perseu. — IV, 611; V, 1; VI, 113; XI, 117.

Danaides: filhas de Dânao e netas de Belo, que mataram os maridos, que eram seus primos, por ordem do pai, na noite de núpcias. Seu castigo nos Infernos consistia em terem de encher com água um recipiente furado. — IV, 463; X, 44.

Dânaos: os Gregos. — XII, 13, 69; XIII, 59, 92, 134, 181, 238, 327; XIV, 467, 472.

Dardânios: os Troianos, designação derivada de Dárdano, rei de Troia. — XIII, 335, 411; XV, 431, 767.

Dáulis: cidade na Fócida. — V, 276.

Dauno: rei da Apúlia, sogro de Diomedes. — XIV, 458, 462, 510.

Dedálion: filho de Lúcifer e irmão de Céix. Ao lançar-se do penhasco, foi metamorfoseado em falcão por Apolo. — XI, 273, 295, 340, 410.

Dédalo: inventor ateniense, pai de Ícaro, responsável pela construção do labirinto do Minotauro. — VIII, 159, 166, 183, 240, 250, 261; IX, 742.

Deífobo: filho de Príamo, morto por Menelau. — XII, 547.

Deioneu: pai de Mileto. — IX, 443.

Dejanira: filha de Eneu, rei de Cálidon, e Alteia; irmã de Meléagro e esposa de Hércules, com quem teve o filho Hilo. — VIII, 543; IX, 9, 101, 138.

Delfos: cidade onde se encontrava o oráculo de Apolo e eram celebrados os Jogos Píticos. — I, 515; II, 543, 677; IX, 332; X, 168; XI, 304, 414; XV, 144, 631.

Délio: relativo a Delos. — I, 454; V, 329, 640; VI, 250; XI, 174; XII, 598; XIII, 650.

Delos: ou Ortígia, ilha das Cíclades no mar Egeu, consagrada a Apolo e Diana. — I, 694; III, 597; VI, 191, 333; VIII, 221; IX, 332; XIII, 631; XV, 337, 541.

Deméter: ver Ceres.

Demoleonte: Centauro da batalha contra os Lápitas. — XII, 356, 368.

Deo: designação de Ceres — VI, 114; VIII, 758.

Dérceto: deusa com cabeça de mulher e corpo de peixe, venerada na Síria, que vivia num lago, perto de Ascalão. Era mãe de Semíramis. — IV, 45.

Deucalião: filho de Prometeu, esposo de Pirra, únicos sobreviventes do dilúvio, pai de Melanto. — I, 318, 350, 390; VII, 356.

Dia: antigo nome da ilha de Naxos. — III, 690; VIII, 174.

Dia: personificação. — II, 25.

Diana: também chamada Febe, Délia, Cíntia e Dictina. Filha de Júpiter e Latona, irmã gêmea de Apolo. Corresponde à deusa grega Ártemis. — I, 476, 487, 695, 696; II, 415, 425, 441, 451, 465; III, 156, 163, 173, 180, 185, 252; IV, 304; V, 330, 375, 619, 639; VI, 160, 216, 415; VII, 746, 755; VIII, 272, 394, 395, 542, 579; IX, 89; X, 536; XI, 321; XII, 29, 35, 36; XIII, 185; XIV, 331; XV, 196, 489, 537, 546, 550.

Dicta: montanha de Creta. — III, 2, 223; VIII, 43; IX, 717.

Dictis: Centauro que participa do combate contra os Lápitas. — XII, 334, 337.

Dídime: ilha do mar Egeu. — VII, 469.

Dido: rainha de Cartago apaixonada por Eneias. — XIV, 79.

Dimas: pai de Hécuba. — XI, 761; XIII, 620.

Díndimo: montanha na Frígia. — II, 223.

Diomedes: herói grego, rei de Argos, filho de Tideu, neto de Eneu, esposo de Egíale, companheiro de Ulisses. — XII, 622; XIII, 68, 100, 102, 239, 242, 350; XIV, 457, 461, 492, 512; XV, 769, 806.

Dioniso: ver Baco.

Dirce: mulher de Lico, rei de Tebas, foi transformada em fonte. — II, 239.

Dite: Hades na mitologia grega, deus do mundo subterrâneo identificado com Plutão. — II, 261; IV, 438, 511; V, 356, 367, 384, 395, 420, 508, 564, 567, 569; VII, 249; X, 15, 47; XV, 535.

Dítis: marinheiro tirreno que ataca Baco, foi metamorfoseado em golfinho. — III, 615.

Dodona: cidade da Caônia, no Épiro. — VII, 623; XIII, 716.

Dólon: enviado por Heitor como espião aos acampamentos gregos, foi aprisionado e morto por Ulisses e Diomedes, depois de ser forçado a revelar-lhes a posição das tropas troianas. — XIII, 98, 244.

Dólopes: povo da Tessália, de que Amintor era rei. — XII, 364.

Dorceu: cão da matilha de Acteão. — III, 210.

Dórilas: Centauro que participa do combate contra os Lápitas. — XII, 380.

Dórilas: rico proprietário entre os Nasamônios, na África, guerreiro de Perseu na luta contra Fineu. — V, 129, 130.

Dóris: filha de Oceano e Tétis, esposa de Nereu e mãe das Nereidas. — II, 11, 269; XIII, 742.

Dríades: ninfas das florestas. — III, 506; VI, 453; VIII, 746, 777; XI, 49; XIV, 326.

Driante: Lápita que participa do combate contra os Centauros. — XII, 290, 296, 311.

Drias: integrante da caçada ao javali de Cálidon. — VIII, 307.

Dríope: da Ecália, filha de Êurito, esposa de Andrêmon, metamorfoseada em flor. — IX, 330, 336, 342, 364.

Dromas: cadela da matilha de Acteão. — III, 217.

Dulíquio: ilha do mar Jônico, em posse de Ulisses, rei de Ítaca. — XIII, 107, 425, 711; XIV, 226.

Ea: ou Eeia, ou Eana, ilha fabulosa, morada de Circe, situada na costa da Itália, próximo de Gaeta e Terracina. — IV, 205.

Eácidas: descendentes de Éaco. — VIII, 4; XIII, 33.

Éaco: rei de Enópia (depois Egina), filho de Júpiter e Egina, neto de Asopo, pai de Peleu, Télamon e Foco, avô de Aquiles. — VII, 472, 474, 479, 484, 494, 506, 517, 666, 668, 798, 864; VIII, 4; IX, 435, 440; XI, 227, 246, 250, 274, 389, 398; XII, 82, 96, 168, 365, 603, 613; XIII, 25, 27, 33, 505.

Eagro: rei da Trácia e pai de Orfeu. — II, 219.

Eante: rio do Épiro. — I, 580.

Ébalo: rei de Esparta, pai de Jacinto. — X, 196; XIII, 396.

Ecália: cidade da Eubeia. — IX, 136, 331.

Ecles: esposo de Hipermnestra e pai de Anfiarau. — VIII, 316.

Eco: ninfa enamorada de Narciso, transformada por Juno em eco. — III, 358, 359, 365, 380, 386, 493, 501, 507.

Édipo: rei de Tebas, filho de Laio e Jocasta. — VII, 759; XV, 429.

Edônias: mulheres que assistiram à morte de Orfeu, depois metamorfoseadas em árvores. — XI, 69.

Eécion: pai de Andrômaca, é rei de Tebas da Mísia. Ele e os filhos foram mortos por Aquiles. — XII, 110.

Eeto: irmão de Perses, Circe e Pasífae, rei da Cólquida, pai de Medeia. — VII, 7, 9, 96, 102, 170, 326.

Éfira: ninfa filha de Oceano e Tétis, deu nome à cidade de Corinto. — II, 240; VII, 391.

Egéon: Gigante marinho de cem braços que lutou contra os Titãs em defesa dos deuses Olímpicos. — II, 10.

Egéria: ninfa esposa de Numa, uma das Camenas, metamorfoseada em fonte. — XV, 482, 487, 547.

Egeu: rei de Atenas, filho de Pândion e pai de Teseu; esposo de Medeia; jogou-se do penhasco no mar que hoje leva seu nome. — VII, 402, 420, 454, 502; VIII, 174, 405, 560; IX, 448; XI, 663; XII, 237, 343; XV, 856.

Egina: filha do rio Asopo, mãe de Éaco. — VI, 114; VII, 524, 616.

Egina: nome dado por Éaco ao antigo reino da ilha de Enópia. — VII, 472, 474, 490.

Egito: pai de Linceu, bisavô de Preto e Acrísio.

Egito: região no norte da África. — V, 323; XV, 826.

Élato: pai de Cênis. — XII, 189, 497.

Eleleu: epíteto de Baco. — IV, 15.

Elêusis: cidade da Ática sagrada a Ceres. — VII, 439.

Élida: região no noroeste do Peloponeso que tinha Élis por capital. — II, 679; V, 487, 494, 576; VIII, 308; XIV, 325.

Élimo: Centauro que participa do combate contra os Lápitas, morto por Ceneu. — XII, 460.

Élis: capital da Élida. — V, 608; IX, 187; XII, 550.

Elísio: reino para onde iam as almas dos heróis e virtuosos após a morte. — XIV, 111.

Elpenor: companheiro de Ulisses. — XIV, 252.

Emátia: região da Macedônia. — V, 313, 669; XII, 462; XV, 824.

Emátion: ancião morto por Crômis na batalha entre Perseu e Fineu. — V, 100.

Eneias: herói troiano, filho de Anquises e Vênus. Escapou ao incêndio de Troia, viajou para a Itália e se tornou figura fundamental na origem de Roma. É o protagonista da *Eneida* de Virgílio. — XIII, 625, 665, 681; XIV, 78, 116, 156, 170, 247, 441, 456, 581, 588, 600, 603; XV, 437, 450, 762, 806, 861.

Enésimo: filho de Hipocoonte, morto durante a caçada ao javali de Cálidon. — VIII, 362.

Eneu: rei de Cálidon, marido de Alteia, pai de Tideu, Dejanira e Meléagro, avô de Diomedes. — VIII, 273, 281, 414, 486, 522, 529; IX, 12; XIV, 512.

Enipeu: rio da Tessália. — I, 579; VI, 116; VII, 229.

Enna: cidade da Sicília. — V, 385.

Ênomo: guerreiro lício da tropa de Sarpédon, morto por Ulisses. — XIII, 260.

Enópia: antigo nome da ilha de Egina. — VII, 472, 473, 490.

Eólia: região das ilhas Eólicas, ao norte da Sicília. — XIV, 232.

Eólia: região da Ásia Menor. — VII, 357.

Éolo: pai de Sísifo. — IV, 487, 512; VI, 681; VII, 672; XIII, 26.

Éolo: senhor dos ventos. Reina sobre as ilhas Eólicas, ao norte da Sicília, filho de Hípotes e pai de Alcíone. — I, 262; IV, 663; VI, 116; VII, 357; IX, 507; XI, 431, 444, 561, 573, 748; XIV, 86, 223, 224, 232; XV, 707.

Eoo: cavalo do carro do Sol. — II, 153.

Épafo: filho de Júpiter e Io. — I, 748, 753, 756.

Epidauro: cidade costeira a leste do Peloponeso. — III, 278; VII, 436; XV, 643, 723.

Epimeteu: um dos Titãs, neto de Urano e Gaia, filho de Jápeto, irmão de Atlas, Menécio e Prometeu, pai de Pirra. — I, 390.

Épiro: região ao norte da Grécia. — VIII, 283; XIII, 720.

Épito: rei de Alba. — XIV, 613.

Epopeu: marinheiro tirreno que ataca Baco, metamorfoseado em golfinho. — III, 619.

Equeclo: Centauro que participa do combate contra os Lápitas, morto por Âmpix. — XII, 450.

Équemo: nabateu, guerreiro de Fineu na luta contra Perseu, morto pela própria espada. — V, 163, 169.

Equidna: monstro com tronco de mulher e cauda de serpente. É mãe de Cérbero, o cão dos Infernos, da Hidra de Lerna e de Quimera. — IV, 501; VII, 408; IX, 69.

Equínades: as cinco Náiades que foram metamorfoseadas em ilhas de mesmo nome, que depois passaram a se chamar Estrófades. — VIII, 589.

Equíon: um dos Argonautas, integrante da caçada ao javali de Cálidon. — VIII, 311, 345.

Equíon: um dos cinco jovens tebanos sobreviventes das sementes que Cadmo plantou; esposo de Agave e pai de Penteu. — II, 126; III, 126, 513, 526, 701; X, 686.

Erasino: rio da Argólida. — XV, 276.

Érebo: mundo subterrâneo das sombras. — V, 543; X, 76; XIV, 404.

Erecteu: filho de Pândion, pai de Prócris e Oritia. — VI, 677, 701; VII, 431, 697, 726.

Érice: guerreiro de Fineu na luta contra Perseu, petrificado pela cabeça da Górgona. — V, 196.

Érice: herói que deu nome à montanha na Sicília. — XIV, 83.

Érice: montanha na Sicília onde Afrodite tinha um importante santuário. — II, 221; V, 363.

Erictônio: filho de Vulcano, cujo esperma Atena lançou à terra. Assim fecundada, a terra deu à luz uma criança que Atena recolheu. — II, 553, 757; IX, 424.

Erídano: rio mítico que foi identificado com o Pó ou o Reno. — II, 324, 372.

Erífile: esposa de Anfiarau, irmã de Adrasto e mãe de Alcméon, que a matou para vingar o pai, que ela havia traído em benefício do irmão. — VIII, 316; IX, 407, 410.

Erígdupo: Centauro que participa do combate contra os Lápitas, morto por Macareu de Peletrônio. — XII, 453.

Erígone: filha do ateniense Icário, enforcou-se junto ao cadáver do pai, que havia sido morto por pastores a quem dera a beber vinho, bebida então desconhecida, deixando-o insepulto. — VI, 125; X, 451.

Erimanto: montanha que separava a Arcádia da Acaia. — II, 499; V, 608.

Erimanto: rio da Fegeia. — II, 244.

Erínia: divindade que propicia a vingança dos crimes de sangue. — I, 241, 725; IV, 490; XI, 14.

Erisícton: filho de Tríopas, castigado por Ceres a uma fome insaciável, por ter profanado um bosque consagrado à deusa. — VIII, 738, 751, 768, 779, 823, 840, 872.

Érito: filho de Actor, guerreiro de Fineu na luta contra Perseu. — V, 79.

Eros: ver Cupido.

Erro: personificação. — XII, 59.

Ésaco: filho de Príamo e Alexírroe, meio-irmão de Heitor. — XI, 762, 773, 791; XII, 1.

Ésar: rio da Calábria. — XV, 22, 54.

Escorpião: constelação. — II, 83, 196.

Esculápio: deus da medicina e da saúde, filho de Apolo e Corônis, aprendera com Quíron a arte da medicina, mas foi de Atena que recebeu o sangue da veia do lado direito da Górgona, que era benéfico, enquanto o da veia do lado esquerdo espalhava veneno. Foi com esse sangue que restituiu à vida muitos. Receando Zeus que o neto alterasse a ordem do mundo, fulminou-o com seu raio. Corresponde ao deus grego Asclépio. — II, 629, 633, 642; XV, 533, 624, 639, 642, 653, 667, 723, 743.

Esmílax: jovem amada por Croco, transformada na planta homônima. — IV, 283.

Esminteu: epíteto de Apolo. — XII, 585.

Éson: pai de Jasão, rejuvenescido por Medeia. — VII, 60, 77, 84, 110, 132, 156, 162, 164, 176, 252, 255, 287, 292, 303; VIII, 411.

Esparta: cidade ao sul do Peloponeso. — III, 208; VI, 414; X, 170, 217; XV, 426, 428.

Esperquio: pai de Liceto. — V, 86.

Esperquio: rio da Tessália. — I, 579; II, 250; VII, 230.

Esqueneu: pai de Atalanta. — X, 609, 638, 660.

Estábias: cidade no golfo de Nápoles. — XV, 711.

Estênelo: pai de Cicno, transformado em cisne. — II, 367.

Estênelo: rei de Micenas, filho de Perseu e Andrômeda, pai de Euristeu. — IX, 273.

Esticte: cadela da matilha de Acteão. — III, 217.

Estífelo: Centauro da batalha contra os Lápitas, morto por Ceneu. — XII, 459.

Estige: rio infernal. — I, 139, 189, 737; II, 101; III, 76, 272, 290, 505, 695; IV, 434, 437; V, 116, 504; VI, 662; X, 13, 65, 313, 697; XI, 500; XII, 322; XIII, 465; XIV, 155, 591; XV, 154, 791.

Estinfalo: cidade do Peloponeso, próxima a Corinto, junto ao lago de mesmo nome. — V, 585; IX, 187.

Estrímon: deus-rio da Trácia, pai de Ródope. — II, 257.

Estrófades: ilhas em que habitam as Harpias, antigamente chamadas Equínades. — XIII, 709.

Eta: montanha no sul da Tessália. — I, 313; II, 217; IX, 165, 204, 230, 249; XI, 383.

Étalo: marinheiro tirreno que ataca Baco, metamorfoseado em golfinho. — III, 647.

Etão: cavalo da quadriga do Sol. — II, 153.

Etíon: adivinho do lado de Fineu no combate contra Perseu. — V, 146.

Etíopes: habitantes da Etiópia. — I, 778.

Etiópia: era, na Antiguidade, sinônimo de África. — II, 236; IV, 669; XV, 320.

Etna: vulcão na Sicília. — II, 220; IV, 663; V, 352, 442; VIII, 260; XIII, 770, 868, 877; XIV, 1, 160, 188; XV, 340.

Etólia: região da Grécia, na parte ocidental, ao sul do Épiro. — XIV, 461, 528.

Etrúria: ver Toscana.

Etruscos: ver Toscanos.

Eubeia: ilha da costa leste da Grécia. — VII, 232; IX, 218, 226; XIII, 182, 660, 905; XIV, 4, 155.

Euforbo: troiano que primeiro feriu Pátroclo, foi morto por Menelau, tendo o seu escudo sido depositado no templo de Hera/Juno, em Argos. — XV, 161.

Eufrates: rio babilônico. — II, 248.

Eumelo: matou o próprio filho, metamorfoseado por Apolo em pássaro. — VII, 390.

Eumênides: também designadas Fúrias ou Erínias, são entidades responsáveis por vingar os crimes de sangue. — VI, 430, 431, 662; VIII, 482; IX, 410; X, 46, 349.

Eumolpo: filho de Posêidon, rei da Trácia. — XI, 93.

Eurídice: esposa de Orfeu. — X, 8, 31, 48; XI, 63, 66.

Euríloco: companheiro de Ulisses, metamorfoseado em porco. — XIV, 252, 287.

Êurimo: pai de Télemo, adivinho que predisse a Polifemo que Ulisses lhe arrancaria o olho. — XIII, 771.

Eurínome: mãe de Leucótoe, reinava, junto com Ofíon, sobre os Titãs. — IV, 210, 219.

Eurínomo: Centauro que participa do combate contra os Lápitas, morto por Drias. — XII, 310.

Eurípilo: filho de Hércules e rei de Cós. — VII, 363.

Eurípilo: herói grego da guerra de Troia. — XIII, 357.

Euristeu: rei de Micenas, filho de Estênelo. — IX, 203, 274.

Eurítion: integrante da caçada ao javali de Cálidon. — VIII, 311.

Êurito: Centauro que participa do combate contra os Lápitas. — XII, 220, 224, 228.

Êurito: pai de Hípaso, integrante da caçada ao javali de Cálidon. — VIII, 371.

Êurito: rei da Ecália, pai de Iole, avô de Anfisso, morto por Hércules. — IX, 356, 395.

Euro: vento sudoeste. — I, 61; II, 160; VII, 659, 660, 664; VIII, 2; XI, 481; XV, 603.

Europa: filha de Agenor, irmã de Cílice, Fênix e Cadmo, mãe de Minos; a quem Zeus raptou sob a figura de um touro. — II, 844, 858, 868; III, 257; V, 648; VI, 104; VIII, 23, 49, 120.

Eurotas: rio da Lacônia. — II, 247; X, 169.

Evagro: Lápita que participa do combate contra os Centauros. — XII, 290.

Evan: uma das designações de Baco. — IV, 15.

Evandro: aliado de Eneias contra Turno. — XIV, 456.

Eveno: rio de Cálidon. — VIII, 528; IX, 104.

Evipe: esposa de Píero e mãe das Piérides. — V, 303.

Exádio: Lápita que participa do combate contra os Centauros. — XII, 266.

Faetonte: filho do deus-Sol/Febo e de Clímene. — I, 751, 755, 765, 777; II, 19, 34, 54, 99, 111, 178, 227, 319, 327, 342, 369, 381; IV, 246; XII, 581.

Faetusa: uma das Helíades, filhas do Sol, irmã de Faetonte. — II, 346.

Fama: personificação. — IX, 137; XII, 43.

Fântaso: deus dos sonhos. — XI, 642.

Fárfaro: rio do Lácio, afluente do Tibre. — XIV, 330.

Faros: ilha no Egito, uma das moradas de Ísis. — IX, 773; XV, 287.

Farsalo: cidade da Tessália, famosa pela batalha entre Júlio César e Pompeu em 48 a.C. — XV, 823.

Fásis: rio na Cólquida. — II, 249; VII, 6, 298.

Fauno: pai de Ácis e Latino, divindade romana, rei lendário do Lácio. — I, 193; VI, 329; IX, 449; XIII, 750; XIV, 449.

Favônio: vento ocidental. — IX, 661.

Feácios: povo lendário que recebeu Ulisses. — XIII, 719.

Febe: a Brilhante, a Lua; Diana, irmã de Febo. — I, 11, 476; II, 415, 723; VI, 216; XII, 36.

Febo: o Brilhante, epíteto de Apolo. — I, 338, 451, 452, 463, 490, 553, 752; II, 24, 36, 110, 400, 545, 608, 628; III, 8, 10, 18, 151, 349, 715; V, 330; VI, 122, 215, 486; VII, 324, 365; VIII, 31, 350; IX, 444, 663; X, 132, 162, 178, 197, 214; XI, 58, 164, 303, 310, 316, 595; XII, 36; XIII, 410, 501, 632, 640, 677; XIV, 133, 141, 150, 416; XV, 191, 418, 550, 631, 642, 742, 865.

Fédimo: um dos filhos de Níobe. — VI, 239.

Fegeu: rei de Fégio, na Arcádia. É em sua casa que se refugia Alcméon depois de matar a mãe, Erífile, para vingar o pai, Anfiarau. — II, 244; IX, 412.

Fene: esposa de Perifas; ambos foram metamorfoseados em aves. — VII, 399.

Feneu: cidade e lago na Arcádia. — XV, 332.

Fenícios: habitantes da Fenícia. — III, 46; XV, 288.

Fênix: ave que ressuscitava das suas próprias cinzas. — XV, 393, 402.

Fênix: filho de Amintor, integrante da caçada ao javali de Cálidon. — VIII, 307.

Feócomes: Centauro que participa do combate contra os Lápitas. — XII, 431.

Feres: pai de um guerreiro integrante da caçada ao javali de Cálidon. — VIII, 310.

Festo: cidade de Creta. — IX, 669, 716.

Fíale: ninfa do séquito de Diana. — III, 172.

Filâmon: filho de Febo, poeta e músico célebre. — XI, 317.

Filêmon: esposo de Báucis, metamorfoseado em carvalho. — VIII, 631, 682, 706, 714, 715.

Fileu: da Élida, integrante da caçada ao javali de Cálidon. — VIII, 308.

Fileu: de Filo, cidade da Tessália. — XII, 479.

Fílio: jovem apaixonado por Cicno. — VII, 372.

Filipos: cidade na Macedônia que foi campo de batalha entre os exércitos de Marco Antônio e Otávio contra os de Bruto e Cássio, em 42 a.C., com a vitória dos primeiros. — XV, 824.

Fílira: mãe do Centauro Quíron, para fugir aos ciúmes de Reia, sua mulher, Crono uniu-se a Fílira sob a forma de um cavalo. Daí que o Centauro seja um ser híbrido. — II, 676; VII, 352.

Filoctetes: filho de Peante, depositário do arco e das flechas de Hércules, abandonado por Ulisses na ilha de Lemnos. — IX, 233; XIII, 45, 313, 320, 329, 402.

Filomela: filha de Pândion e irmã de Procne. Sequestrada por Tereu, teve sua língua cortada; como vingança, matou, com Procne, o filho desta com Tereu, e ambas o cozinharam, servindo suas carnes ao pai. Perseguida por este, foi metamorfoseada em rouxinol. — VI, 451, 475, 502, 511, 520, 553, 572, 601, 643, 658, 666, 667.

Fineu: adivinho da Trácia, condenado a uma velhice nas trevas, é consultado pelos Argonautas antes da viagem. — VII, 3.

Fineu: irmão de Cefeu e candidato à mão de Andrômeda, sua sobrinha. Foi metamorfoseado em pedra. — V, 8, 36, 89, 92, 93, 109, 157, 210, 224, 231.

Flegetonte: um dos rios dos Infernos que, depois de confluir com o Cocito, forma o Aqueronte. — V, 544; XV, 532.

Flégias: guerreiro de Fineu na luta contra Perseu. — V, 87.

Flégios: povo da Beócia, cujo rei era Flégias, pai de Corônis. — XI, 414.

Flégon: junto com Piroente, Eoo e Etão, forma a quadriga do Sol, significam Ardente, Aurora, Resplandecente e Brilhante. — II, 154.

Flegra: região de planícies na Calcídica. — X, 151.

Flegreu: Centauro que participa do combate contra os Lápitas. — XII, 378.

Fobetor: divindade relacionada com os sonhos. — XI, 640.

Foceia: região costeira na Jônia. — II, 569; VI, 9.

Fócida: parte da Grécia compreendida entre a Beócia e a Etólia. — I, 313; V, 276; XI, 348.

Foco: filho de Éaco e Psâmate, meio-irmão de Télamon e Peleu, foi assassinado por este último. — VII, 477, 668, 670, 685, 733, 795, 796, 798; XI, 267, 381.

Folo: Centauro que participa do combate contra os Lápitas. — XII, 306.

Fome: personificação. — VIII, 784, 785, 791, 799, 814.

Forbas: bandido que atuava com o Flégios. — XI, 414.

Forbas: Centauro que participa do combate contra os Lápitas. — XII, 322.

Forbas: de Siene, filho de Metíon, guerreiro de Fineu na luta contra Perseu. — V, 74, 78.

Fórcis: pai das três Górgonas, entre elas a Medusa, vencidas por Perseu. — IV, 743, 774; V, 230.

Foroneu: o primeiro homem da terra, filho do deus-rio Ínaco, avô de Io. — I, 668; II, 524.

Fortuna: personificação e deusa romana. — II, 140; III, 141; V, 140; VI, 195; VIII, 73; XIII, 334.

Frígia: região da Ásia Menor, da qual Troia fazia parte. — VI, 146, 177, 400; VIII, 162, 621; XI, 91, 203; XII, 38; XIII, 44, 337, 429, 579, 721; XIV, 547, 562.

Frígios: provenientes da Frígia. — VI, 166; X, 155; XII, 70, 148, 612; XIII, 244, 389, 432, 435; XIV, 79; XV, 444, 452.

Frio: personificação. — VIII, 790.

Frixo: filho de Átamas e Néfele, irmão de Hele. — VII, 7.

Ftia: na Tessália, era a morada de Peleu. — XIII, 156.

Fúrias: as três Fúrias eram Alecto, Tisífone e Megera. — IV, 451, 471; VI, 662; X, 314; cf. Erínia e Eumênides.

Galântis: serva preferida de Alcmena, enganou Juno e foi metamorfoseada em doninha. — IX, 306, 316, 324.

Galateia: ninfa marinha, filha de Nereu e Dóris, amada por Polifemo e por Ácis. — XIII, 738, 749, 789, 798, 839, 863, 869, 880, 898.

Gália: designação dada pela Antiguidade às terras celtas da Europa, na sua parte ocidental. — I, 533.

Ganges: rio da Índia. — II, 249; IV, 21; V, 47; VI, 636.

Ganimedes: da Frígia, neto de Ilo, copeiro amado por Júpiter. — X, 155, 160; XI, 756.

Gargáfia: vale na Beócia consagrado a Diana. — III, 156.

Gérana: da raça dos Pigmeus, recebia honras divinas e desprezava os deuses. Foi transformada em grou, por castigo de Hera. — VI, 90.

Gíaros: ilha do mar Egeu, do arquipélago das Cíclades. — V, 252; VII, 470.

Gigantes: seres monstruosos de corpo descomunal, filhos da Terra, que combateram os deuses Olímpicos. — I, 152; V, 319, 346; X, 150; XIV, 1, 184.

Glauco: pescador de Antédon, na Eubeia, e que, ao comer a erva que concedia a imortalidade, se tornou um deus do mar. — VII, 233; XIII, 906, 916; XIV, 4, 9, 38, 68.

Gorge: irmã de Meléagro e Dejanira, esposa de Andrêmon, mãe de Toante. — VIII, 543.

Górgonas: as três filhas de Fórcis: Medusa, Esteno e Euríale. — IV, 618, 699, 778, 800; V, 180, 196, 202, 209.

Gortina: cidade de Creta. — VII, 778.

Gradivo: epíteto de Marte. — VI, 427; XIV, 820; XV, 863.

Granico: pai de Alexírroe, foi o fundador da cidade frígia de Adramiteu, próxima de Troia, mas é também um curso de água representado com dois cornos na fronte. — XI, 763.

Grécia: comunidade de cidades gregas. — XIII, 199; XIV, 474.

Grego: referente à Grécia. — IV, 16, 538; VII, 214; XII, 64, 609; XIII, 241, 281, 402, 414; XIV, 163, 220, 325; XV, 9, 645.

Grineu: Centauro que participa do combate contra os Lápitas. — XII, 260, 268.

Hades: ver Plutão.

Hálio: guerreiro lídio da tropa de Sarpédon, morto por Ulisses. — XIII, 258.

Hamadríades: ninfas das árvores; nascem com a árvore, protegem-na e partilham seu destino. — I, 690; XIV, 624.

Harmonia: filha de Marte e Vênus, esposa de Cadmo, mãe de Autônoe, Agave, Ino e Sêmele, metamorfoseada em serpente. — III, 133; IV, 568.

Hárpalo: cão da matilha de Acteão. — III, 222.

Harpia: cadela da matilha de Acteão. — III, 215.

Harpias: divindades malévolas que atormentavam o rosto de Fineu. — VII, 4.

Hebe: deusa e personificação da juventude, casou-se com Héracles, garantindo-lhe acesso à eterna juventude, própria dos deuses. — IX, 400, 416.

Hebro: rio da Trácia. — II, 257; XI, 50.

Hécate: deusa que preside à magia e aos feitiços, ligada ao mundo das sombras, preside às encruzilhadas, onde a sua estátua surge com três corpos ou três cabeças. — VI, 139; VII, 74, 174, 177, 194, 241; XIV, 44, 405.

Hécuba: filha de Dimas, esposa de Príamo, mãe de Heitor, depois metamorfoseada em cadela. — XI, 761; XIII, 404, 422, 483, 513, 549, 556, 575, 577, 620.

Hefesto: ver Vulcano.

Heitor: herói troiano, filho de Príamo e Hécuba, morto por Aquiles. — XI, 758, 760; XII, 3, 67, 69, 75, 77, 447, 448, 548, 590, 607; XIII, 7, 82, 178, 178, 275, 279, 384, 416, 426, 427, 486, 487, 512, 666.

Hele: filha de Átamas e Néfele, irmã de Frixo. — XI, 196.

Helena: filha de Tíndaro, foi raptada, primeiro, por Teseu, depois, por Páris quando era esposa de Menelau. — XII, 5, 609; XIII, 200; XIV, 669; XV, 233.

Heleno: rei de Butroto, no Épiro, adivinho troiano, filho de Príamo e Hécuba, irmão gêmeo de Cassandra. — XIII, 99, 335, 723; XV, 438, 450.

Helesponto: estreito entre a Trácia e a Ásia Menor, assim denominado por causa de Hele. — XI, 195; XIII, 407.

Helíades: filhas de Hélio, irmãs de Faetonte, metamorfoseadas em bosque de choupos. — I, 763; II, 340, 372; X, 91, 263.

Hélice: a constelação de Ursa Maior. — VIII, 207.

Hélice: cidade da Acaia. — XV, 293.

Hélice: guerreiro de Fineu na luta contra Perseu. — V, 87.

Hélicon: monte da Beócia, consagrado a Apolo e às Musas. — II, 219; V, 254, 663; VIII, 534.

Hélope: Centauro que participa do combate contra os Lápitas. — XII, 334, 335.

Hemo: filho de Bóreas e Oritia, era casado com a filha do rio Estrímon, Ródope. Sendo reis da Trácia, tiveram a ousadia de se deixar cultuar com os nomes de Zeus e Hera; por castigo, foram transformados em montanhas. — II, 219; VI, 87; X, 77.

Hemônia: outra designação da Tessália. — I, 568; II, 543, 559; V, 306; VII, 159, 264, 314; VIII, 813; XI, 229, 409, 652; XII, 81, 213, 353.

Hemônio: arco, constelação de Sagitário. — II, 81.

Hera: ver Juno.

Héracles: ver Hércules.

Hércules: herói, mais tarde divinizado, filho de Júpiter e Alcmena. Também chamado de Alcides pelos romanos, corresponde ao grego Héracles. — VII, 364, 410; IX, 13, 23, 51, 66, 104, 110, 112, 135, 140, 157, 217, 229, 256, 264, 268, 274, 278, 286, 401; XI, 213, 627; XII, 309, 539, 544, 549, 554, 564, 574; XIII, 23, 52, 401; XV, 8, 12, 22, 39, 47, 49, 284, 711.

Hermafrodito: filho de Mercúrio, neto de Maia, bisneto de Atlas. — IV, 288, 368, 383.

Hermes: ver Mercúrio.

Herse: filha de Cécrope, amada por Mercúrio. — II, 559, 724, 739, 747, 803, 809.

Hersília: esposa de Rômulo, divinizada como Hora e associada a Quirino. — XIV, 830, 839, 848, 851.

Hesíone: filha de Laomedonte, esposa de Télamon. — XI, 211, 217.

Hespéria: Extremo Ocidente, "onde a terra acaba e o mar começa", onde a noite mergulha quando o Sol se ergue no Oriente. — II, 142, 258, 325; IV, 214, 628; XI, 258.

Hespérides: ninfas que viviam no extremo ocidental, guardiãs do pomar de maçãs de ouro. — XI, 114.

Hespérie: ninfa morta envenenada ao ser perseguida por Ésaco, que a amava. — XI, 769.

Héspero: outro nome de Lúcifer. — V, 441.

Híades: grupo de estrelas muito próximo das Plêiades e cuja aparição coincide com a estação das chuvas. Antes de haverem sido transformadas em estrelas, foram amas de Dioniso, sob a designação de Ninfas do Nisa. — III, 595; XIII, 293.

Híale: ninfa do séquito de Diana. — III, 171.

Hiante: outra designação da Beócia. — III, 147; V, 312; VIII, 310.

Hilator: cão da matilha de Acteão. — III, 224.

Hileu: cão da matilha de Acteão. — III, 213.

Hileu: Centauro que participa do combate contra os Lápitas. — XII, 378.

Hileu: integrante da caçada ao javali de Cálidon. — VIII, 312.

Hilo: filho de Hércules e Dejanira. — IX, 279.

Hilônome: Centauro fêmea amada por Cílaro, participante do combate contra os Lápitas, onde os dois são mortos. — XII, 405, 423.

Himeneu: divindade do casamento. — I, 480; IV, 758; VI, 429; IX, 762, 765, 796; X, 2; XII, 215.

Himeto: monte da Ática. — VII, 702; X, 284.

Hipalmo: herói grego da guerra de Troia, integrante da caçada ao javali de Cálidon. — VIII, 360.

Hípanis: rio da Cítia. — XV, 285.

Hípaso: Centauro que participa do combate contra os Lápitas. — XII, 35.

Hípaso: integrante da caçada ao javali de Cálidon. — VIII, 312.

Hipepos: cidade na Lídia. — VI, 13; XI, 152.

Hiperbóreos: região em que habitava um povo lendário. — XV, 356.

Hiperíon: um dos Titãs, filho de Urano e Gaia, é pai do Sol, da Lua e da Aurora. Com este nome, que significa o que está no alto, também se designa o próprio Sol. — IV, 192, 241; VIII, 565; XV, 406, 407.

Hipo: novo nome de Ocírroe após se metamorfosear em égua. — II, 675.

Hipocoonte: rei de Amiclas e pai de Enésimo, integrante da caçada ao javali de Cálidon. — VIII, 314, 363.

Hipocrene: fonte que brotou no cimo do Hélicon quando o cavalo Pégaso, filho de Medusa, nascido do seu sangue, feriu com o casco um rochedo. — V, 257, 312.

Hipodamante: pai de Perimele. — VIII, 593, 600.

Hipodâmia: esposa de Pirítoo. — XII, 210, 224.

Hipólito: filho de Teseu e da Amazona Antíope ou Hipólita; posteriormente, tornou-se Vírbio. — XV, 497, 544, 552.

Hipômenes: descendente de Netuno, filho de Megareu, esposo de Atalanta, metamorfoseado em leão. — X, 575, 587, 600, 608, 632, 640, 651, 658, 659, 665, 668, 690.

Hípotes: pai de Éolo. — IV, 663; XI, 431; XIV, 86, 224; XV, 707.

Hipótoo: integrante da caçada ao javali de Cálidon. — VIII, 307.

Hipseu: guerreiro de Fineu na luta contra Perseu. — V, 98, 99.

Hipsípile: filha de Toas, rei de Lemnos, foi designada pelas mulheres desta ilha como sua rainha depois de haverem morto todos os homens. — XIII, 399.

Hírie: mãe de Cicno, ninfa que foi metamorfoseada em lago ao se desfazer em lágrimas por pensar que o filho estava morto. — VII, 371, 380.

Hora: nome de Hersília após ser deificada. — XIV, 851.

Horas: filhas de Zeus e Têmis, divindades das quatro estações do ano que só na época alexandrina passaram a personificar as horas do dia: Eunômia (a disciplina), Dice (a justiça) e Irene (a paz). Presidem ao ciclo da vegetação e asseguram a estabilidade e a paz. — II, 26, 118.

Hórus: divindade egípcia, filho de Osíris, deus que reprime a voz e, com o dedo, convida ao silêncio. — IX, 692.

Iaco: epíteto de Baco. — IV, 15.

Ialisso: cidade da ilha de Rodes, relacionada aos Telquines. — VII, 365.

Iante: filha de Telestes, noiva de Ífis. — IX, 715, 723, 744, 760, 797.

Iápige: herói que deu o nome aos Iapígios. Cretense que se terá fixado, primeiro, na Sicília, passando à Itália meridional na sequência dos acontecimentos que acompanharam a morte de Minos. — XIV, 458, 510; XV, 52.

Iapígia: região da Apúlia. — XV, 703.

Iásion: filho de Júpiter, amado por Ceres. — IX, 423.

Ibéria: a península Ibérica. — VII, 324; IX, 184; XV, 13.

Icário: ateniense, pai de Erígone, morto por pastores a quem dera a beber vinho, bebida então desconhecida. — X, 450.

Ícaro: filho de Dédalo. — VIII, 195, 204, 231, 232, 233.

Ícelo: ou Fobetor, um dos Sonhos (filhos do Sono) e irmão de Morfeu. — XI, 640.

Icnóbata: cão da matilha de Acteão. — III, 207, 208.

Ida: monte próximo a Troia. — II, 218; IV, 277, 289, 293; VII, 359; X, 71; XI, 762; XII, 521; XIII, 324; XIV, 535.

Idália: cidade do Chipre, consagrada a Vênus. — XIV, 693.

Idas: cefeu morto por Fineu no combate contra Perseu. — V, 90.

Idas: companheiro de Diomedes, metamorfoseado em ave. — XIV, 504.

Idas: integrante da caçada ao javali de Cálidon. — VIII, 305.

Ídmon: de Cólofon, pai de Aracne. — VI, 8, 133.

Idomeneu: rei de Creta, herói da guerra de Troia. — XIII, 358.

Ifigênia: filha de Agamêmnon e Clitemnestra, sacrificada para abrandar Diana, que impedia a navegação dos Gregos rumo a Troia. — XII, 31, 34; XIII, 185, 483.

Ifínoo: Centauro da batalha contra os Lápitas, morto por Peleu. — XII, 379.

Ífis: avô de Ífis, donzela que foi metamorfoseada em homem — IX, 709.

Ífis: do Chipre, jovem apaixonado por Anaxárate, suicidou-se. — XIV, 699, 717, 753.

Ífis: filha de Ligdo e Teletusa, nasceu mulher e foi metamorfoseada em homem, então casado com Iante. — IX, 668, 715, 724, 745, 786, 794, 797.

Ífito: pai de Cérano. — XIII, 257.

Ília: nome de Reia Silvia, mãe de Rômulo. — XIV, 780, 823.

Ílion: outra designação de Troia. — VI, 95; XI, 766; XII, 599; XIII, 196, 408, 505; XIV, 467.

Ilioneu: um dos filhos de Níobe, morto por Apolo. — VI, 261.

Ilíria: região na costa do mar Adriático. — IV, 568.

Ilitia: divindade feminina que preside ao parto. — IX, 283.

Ilo: fundador de Ílion (Troia), avô de Ganimedes. — X, 160; XI, 756.

Imbreu: Centauro que participa do combate contra os Lápitas, morto por Drias. — XII, 310.

Ínaco: deus-rio, pai de Io e Foroneu, avô de Épafo, antepassado de Perseu. — I, 583, 611, 640, 642, 645, 651, 753; IV, 720; IX, 687.

Inárime: ilha no golfo de Nápoles. — XIV, 89.

Índia: região da Ásia banhada pelos rios Indo e Ganges. — I, 778; IV, 21, 606; V, 47; VIII, 288; XI, 167; XV, 413.

Indígete: epíteto de Eneias. — XIV, 608.

Indígetes: antigas divindades romanas. — XV, 862.

Ino: filha de Cadmo, esposa de Átamas, tia de Dioniso, irmã de Agave, Sêmele e Autônoe, mãe de Learco e Melicertes, metamorfoseada em deusa marinha com o nome Leucótoe. — III, 313, 531, 722; IV, 417, 431, 497, 528, 563.

Inveja: personificação. — II, 760, 770, 787; VI, 129; X, 515.

Inverno: personificação. — II, 30.

Io: filha de Ínaco, irmã de Foroneu, metamorfoseada em vaca. Io recebeu honras divinas no Egito, sendo venerada como Ísis. Seu culto estendeu-se depois a todo o Império Romano. — I, 584, 611, 628, 629, 668, 726; II, 524.

Iolau: sobrinho de Hércules, filho de seu meio-irmão Íficles. — VIII, 310; IX, 399, 430.

Iolco: cidade costeira na Tessália. — VII, 158.

Iole: filha de Êurito, rei da Ecália, foi sequestrada por Hércules. Por ciúme dela, Dejanira entregou ao herói a túnica envenenada por Nesso que foi a causa de sua morte. — IX, 140, 279, 325, 394, 395.

Íris: deusa do arco-íris, filha de Taumas e Electra, irmã das Harpias, mensageira de Juno. — I, 271; IV, 480; XI, 585, 590, 630, 647; XIV, 85, 830, 839, 845.

Irmãs: as três Parcas. — VIII, 452.

Ísis: deusa egípcia, identificada com Io. — I, 747; IX, 687, 773.

Ísmaro: montanha da Trácia. — II, 257; IX, 642; X, 305; XIII, 530.

Ismênides: as filhas de Ismeno, as mulheres de Tebas. — III, 733; IV, 31, 562; VI, 159.

Ismeno: rio da Beócia, próximo de Tebas, pai de Crócale. — II, 244; III, 169; XIII, 682.

Ismeno: um dos filhos de Níobe, morto por Apolo. — VI, 224.

Isse: jovem de Lesbos, que deu o nome à ilha de Issa. — VI, 124.

Istmo: de Corinto, dividia a Grécia continental do Peloponeso. — VI, 419, 420; VII, 405.

Istro: nome do rio que hoje é a parte inferior do Danúbio. — II, 249.

Ítaca: ilha que era reino e pátria de Ulisses. — XIII, 98, 103, 512, 711; XIV, 169.

Itália: península no continente europeu entre os mares Adriático e Tirreno, também chamada Ausônia. — XIV, 17; XV, 9, 59, 291, 701.

Ítis: filho de Tereu e Procne, morto pela mãe e por Filomela, foi cozido por estas para ser servido ao pai. — VI, 437, 620, 636, 652, 659.

Iulo: nome atribuído a Ascânio, filho de Eneias. — XIV, 583; XV, 447, 767.

Ixíon: pai de Pirítoo, rei dos Lápitas, fez promessas a Dioneu para casar com sua filha Dia. Além de não cumprir as promessas, acabou sendo responsável pela morte do sogro. O horror do seu crime só mereceu misericórdia de Zeus. Ixíon pagou o favor do deus com a tentativa de violação de Hera. Zeus moldou então uma nuvem semelhante à deusa; Ixíon uniu-se a esse fantasma e gerou com ele os Centauros. — IV, 461, 465; VIII, 403, 567, 613; X, 42; XII, 210, 338, 504.

Jacintas: festas em honra de Jacinto. — X, 219.

Jacinto: filho de Amiclas, amado por Apolo, foi metamorfoseado na flor que leva seu nome. — X, 162, 183, 185, 196, 217, 219; XIII, 396.

Jano: pai de Canente, um dos primeiros deuses romanos. — XIV, 334, 381, 785, 789.

Jápeto: um dos Titãs, filho de Urano (o céu) e Gaia (a terra) e irmão de Crono. Teve quatro filhos: Atlas, Menécio, Prometeu e Epimeteu. — I, 82; IV, 632.

Jasão: filho de Éson, herói grego que construiu a nau Argo e liderou a missão dos Argonautas. Foi educado por Quíron e esposo de Medeia. — VII, 5, 25, 26, 48, 59, 66, 77, 84, 110, 132, 156, 164, 175, 297, 397; VIII, 302, 349, 411.

Jônico: mar entre a Grécia e o sul da Itália. — IV, 535; XIV, 334; XV, 50, 699.

Juba: rei da Numídia, no norte da África. — XV, 755.

Júlio: ver César.

Juno: filha de Crono, irmã e esposa de Júpiter. — I, 270, 601, 612, 616, 678, 722; II, 423, 435, 466, 469, 508, 518, 525, 531; III, 256, 263, 271, 285, 287, 293, 320, 333, 362, 365; IV, 173, 421, 426, 448, 464, 473, 479, 523, 548; V, 330; VI, 91, 94, 207, 332, 337, 428; VII, 523; VIII, 220; IX, 15, 21, 135, 176, 199, 259, 284, 296, 309, 400, 499, 762, 796; X, 161; XI, 578, 629; XII, 505; XIII, 574; XIV, 85, 114, 320, 582, 592, 782, 829; XV, 164, 385, 774.

Júpiter: rei dos Olímpicos, filho de Crono, equivalente ao deus grego Zeus. — I, 106, 114, 116, 154, 163, 166, 205, 208, 244, 251, 274, 517, 588, 589, 615, 623, 668, 673, 733, 749; II, 60, 62, 280, 304, 377, 396, 401, 422, 429, 437, 444, 473, 481, 488, 505, 678, 697, 726, 744, 836, 848; III, 7, 26, 256, 261, 265, 270, 272, 280, 281, 283, 288, 318, 333, 363; IV, 3, 260, 282, 610, 640, 645, 650, 697, 698, 714, 755, 799; V, 296, 327, 369, 513, 514, 523, 528, 565; VI, 51, 72, 734, 94, 111, 176, 517; VII, 367, 588, 596, 615, 623, 652, 801; VIII, 99, 122, 152, 265, 626, 703; IX, 14, 24, 26, 104, 137, 199, 229, 242, 243, 261, 265, 271, 289, 303, 404, 414, 416, 427, 439, 499; X, 148, 149, 155, 156, 161, 224; XI, 41, 219, 224, 226, 286, 756; XII, 11, 51; XIII, 5, 28, 91, 142, 143, 145, 216, 269, 384, 409, 574, 586, 600, 707, 843, 844, 857; XIV, 585, 807, 816; XV, 12, 70, 386, 807, 858, 866, 871.

Juventude: deusa romana protetora dos adolescentes, acabou por se identificar com a Hebe grega, a personificação da juventude, que casou com Héracles, garantindo-lhe acesso à eterna juventude própria dos deuses. — VII, 241.

Labros: cão da matilha de Acteão. — III, 224.

Lacedemônios: Espartanos. — XV, 50.

Lacínio: cabo e promontório próximo a Cróton, onde havia o templo de Juno. — XV, 13, 701.

Lácio: região da Itália central, tendo Roma como capital. — I, 560; II, 366; XIV, 326, 390, 422, 452, 610, 623, 832; XV, 481, 486, 582, 626, 742.

Lacne: cadela da matilha de Acteão. — III, 222.

Lácon: cão da matilha de Acteão. — III, 219.

Lacônia: região ao sul do Peloponeso. — III, 223.

Ládon: cão da matilha de Acteão. — III, 216.

Ládon: rio da Arcádia. — I, 702.

Laertes: pai de Ulisses. — VIII, 313; XI, 625; XIII, 48, 124, 144.

Laio: pai de Édipo e esposo de Jocasta. — VII, 759.

Lamo: rei dos Lestrigões, povo antropófago que habitava a costa da Itália, ao sul do Lácio, nos arredores de Fórmias. — XIV, 233.

Lampécia: uma das Helíades, filhas do Sol. — II, 349.

Lâmpeto: vate dos Cefeus, morto na batalha entre Fineu e Perseu. — V, 111.

Laomedonte: rei da Frígia, pai de Príamo, Hesíone e Títono, entre outros. Foi responsável pela construção da muralha de Troia. — VI, 96; XI, 196, 200, 203, 757.

Lápitas: povo da Trácia que entrou em guerra com os Centauros; seu rei era Ixíon. — XII, 250, 261, 417, 530, 536; XIV, 670.

Larissa: cidade da Tessália. — II, 542.

Latino: filho de Fauno. — XIV, 449, 570.

Latino: rei de Alba. — XIV, 611, 612.

Latona: filha do Titã Céu, amada por Júpiter, mãe de Apolo e Diana. — I, 696; VI, 160, 162, 171, 186, 200, 204, 214, 274, 280, 315, 336, 346, 366, 384; VII, 384; VIII, 15, 278, 394, 542; XIII, 635.

Latreu: Centauro que participa do combate contra os Lápitas. — XII, 463.

Laurento: cidade do Lácio. — XIV, 336, 342, 598.

Lavínia: filha de Latino, rei do Lácio, foi prometida a Turno, mas casou-se com Eneias, gerando a guerra entre os dois. — XIV, 449, 451, 570.

Lavínio: cidade no Lácio que leva o nome de Lavínia, esposa de Eneias. — XV, 728.

Leão: constelação. — II, 81.

Learco: filho de Átamas e Ino. — IV, 516.

Lebinto: ilha do mar Egeu. — VIII, 222.

Leda: mãe de Castor, Pólux e Helena. — VI, 109.

Lélaps: cão com que Prócris presenteia Céfalo. — VII, 771.

Lélaps: cão da matilha de Acteão. — III, 211.

Lélege: de Narícia, integrante da caçada ao javali de Cálidon. — VIII, 312.

Lélege: filho de Piteu, herói de Trezena, na Argólida, companheiro de Teseu. — VIII, 568, 617.

Léleges: povo pré-histórico da Grécia e da Ásia Menor. — VII, 443; VIII, 6, 443; IX, 645, 652.

Lemnos: ilha do mar Egeu cara a Vulcano. — II, 757; IV, 185; XIII, 46, 313, 400.

Leneu: epíteto de Baco. — IV, 14; XI, 132.

Lerna: lago na Argólida, morada da Hidra. — I, 597; IX, 69, 130, 158.

Lesbos: ilha do mar Egeu. — II, 591; XI, 55; XIII, 173.

Lestrigões: povo antropófago que habitava a costa da Itália, ao sul do Lácio, nos arredores de Fórmias. — XIV, 233, 237.

Leteia: mulher de Óleno, pretendera rivalizar em beleza com uma deusa. O marido quis chamar a si a responsabilidade da falta, acabando ambos por ser transformados em pedra. — X, 69.

Letes: rio do reino da morte, cujas águas provocavam o esquecimento. — VII, 152; XI, 603.

Leto: ver Latona.

Lêucade: ilha no mar Jônico. — XV, 289.

Leucipo: integrante da caçada ao javali de Cálidon. — VIII, 306.

Lêucon: cão da matilha de Acteão. — III, 218.

Leucônoe: filha de Mínias. — IV, 168.

Leucósia: ilha do mar Tirreno. — XV, 708.

Leucótoe: filha de Orcamo e Eurínome, amada pelo deus-Sol, foi metamorfoseada na árvore do incenso. — IV, 196, 208, 220.

Leucótoe: nome de Ino após ser metamorfoseada em divindade marinha. — IV, 542.

Líber: divindade arcaica da Itália central que presidia à cultura da vinha e à fertilidade dos campos. Foi identificada com Baco. — III, 520, 528, 636; IV, 17; VI, 125; VII, 295, 360; VIII, 177; XI, 105; XIII, 650.

Líbia: além da região, podia designar toda a África. — II, 237; IV, 617; XIV, 77.

Líbio: proveniente da Líbia. — V, 75, 328.

Líbis: marinheiro tirreno que ataca Baco. — III, 617, 676.

Lícabas: Centauro que participa do combate contra os Lápitas. — XII, 302.

Lícabas: guerreiro de Fineu na luta contra Perseu. — V, 60.

Lícabas: marinheiro tirreno que ataca Baco. — III, 624, 673.

Licáon: rei da Arcádia, pai de Calisto, metamorfoseado em lobo. — I, 165, 198, 217, 221; II, 495, 496, 526.

Licas: servidor de Hércules metamorfoseado em pedra. — IX, 155, 211, 213, 229.

Liceto: filho de Esperquio, guerreiro de Fineu na luta contra Perseu. — V, 86.

Liceu: montanha da Arcádia. — I, 217, 698; VIII, 317.

Liceu: passeio junto a Atenas. — II, 710.

Lícia: região da Ásia Menor. — IV, 296; VI, 317, 340, 382; IX, 645; XII, 116; XIII, 255.

Lícidas: Centauro que participa do combate contra os Lápitas. — XII, 310.

Licisca: cadela da matilha de Acteão. — III, 220.

Lico: Centauro que participa do combate contra os Lápitas. — XII, 332.

Lico: companheiro de Diomedes. — XIV, 504.

Lico: rio da Ásia Menor. — XV, 273.

Licormas: participante do combate entre Perseu e Fineu. — V, 119.

Licormas: rio da Dália. — II, 245.

Licotas: Centauro que participa do combate contra os Lápitas. — XII, 350.

Licto: cidade da ilha de Creta. — VII, 490.

Licurgo: rei da Trácia, exemplo do castigo dos deuses sobre aqueles que os desafiam. — IV, 22.

Lídia: região da Ásia Menor. — VI, 11, 146; XI, 98.

Lieu: outro nome de Dioniso. — IV, 11; VIII, 274; XI, 67.

Ligdo: esposo de Teletusa, pai de Ífis, natural de Festo, em Creta. — IX, 670, 684.

Ligúria: região no noroeste da Itália. — II, 370.

Lilibeu: promontório no oeste da Sicília. — V, 351; XIII, 726.

Límira: cidade da Lícia. — IX, 646.

Limneia: filha do rio Ganges, ninfa que deu à luz ao indiano Átis. — V, 48.

Linceu: filho de Afareu, integrante da caçada ao javali de Cálidon. — VIII, 304.

Linceu: filho de Egito, é pai de Abas, avô de Acrísio, bisavô de Dânae e trisavô de Perseu. — IV, 767; V, 99, 185.

Linco: rei da Cítia, metamorfoseado em lince. — V, 650.

Lindos: cidade da ilha de Rodes. — XIII, 684.

Lirceu: montanha da Argólida. — I, 598.

Liríope: ninfa e ribeira da Beócia, violada pelo rio Cefiso, mãe de Narciso. — III, 342.

Lirnesso: cidade da Mísia. — XII, 108; XIII, 176.

Literno: cidade da Campânia. — XV, 714.

Lívia: esposa de Augusto. — XV, 836.

Lótis: ninfa que foi metamorfoseada na flor de lótus. — IX, 347.

Loucura: personificação. — IV, 485.

Lua: deusa romana que se confunde com Diana, irmã do Sol. — II, 208; VII, 207.

Lúcifer: a Estrela da Manhã, é a tradução latina do Fósforo grego, o astro que anuncia a Aurora e traz a luz do dia, filho de Júpiter e Aurora. — II, 115, 723; IV, 629, 664; VIII, 2; XI, 98, 271, 295, 346, 561, 570; XV, 189, 789.

Lucina: um dos epítetos de Juno, que preside ao nascimento das crianças. — V, 304; IX, 294, 310, 315, 698; X, 507, 510.

Luto: personificação. — IV, 484.

Macareu: filho de Nirito, companheiro de Ulisses. — XIV, 159, 318, 441.

Macareu: Lápita que participa do combate contra os Centauros. — XII, 452.

Macareu: pai de Issa. — VI, 124.

Macedônia: região ao norte da Tessália. — XII, 466.

Magnésia: região da Tessália. — XI, 408.

Maia: uma das sete Plêiades que foram transformadas em constelação, filha de Atlas e Plêione, mãe de Mercúrio. — I, 670; II, 685; XI, 303.

Manes: espíritos dos defuntos na religião romana. — I, 586; II, 303; IV, 437; V, 73, 116; VI, 569, 699; VII, 206; VIII, 488; IX, 406; XIII, 448, 465; XIV, 105.

Manto: filha de Tirésias. — VI, 157.

Maratona: planície a nordeste de Atenas onde os Gregos venceram os Persas em batalha no ano 490 a.C. — VII, 434.

Mareóticos: campos na região sul de Alexandria. — IX, 773.

Marmárica: região da Líbia, no norte da África. — V, 125.

Mársias: sátiro inventor da flauta de dois tubos; desafiou Apolo para uma competição musical e, ao ser derrotado, foi esfolado vivo. — VI, 383, 400.

Marte: deus da guerra, filho de Júpiter, correspondente ao deus grego Ares. — III, 32, 123, 540; IV, 171; VI, 70; VII, 101, 140; VIII, 7, 20, 61, 437; XII, 91, 379, 610; XIII, 11, 208, 360; XIV, 246, 450, 798, 806; XV, 746.

Meandro: deus-rio da Frígia, pai de Ciane e avô dos gêmeos Cauno e Bíblis. — II, 246; VIII, 162; IX, 451, 574.

Medeia: filha de Eeto, rei da Cólquida, feiticeira esposa de Jasão. — VII, 9, 11, 41, 70, 134, 157, 257, 285, 296, 298, 301, 326, 331, 348, 397, 406.

Medo: personificação. — VIII, 790.

Medon: Centauro que participa do combate contra os Lápitas. — XII, 302.

Medon: marinheiro tirreno que ataca Baco. — III, 671.

Medusa: uma das Górgonas, seu olhar petrificava quem o visse, foi vencida por Perseu; do seu sangue nascem os cavalos Pégaso e Crisaor, mãe de Cérbero. — IV, 615, 618, 655, 699, 743, 780, 782; V, 69, 180, 202, 209, 217, 230, 246, 249, 257, 312; VI, 119; X, 22.

Megareu: filho de Onquesto, pai de Hipômenes. — X, 605, 659.

Melampo: cão da matilha de Acteão. — III, 206, 208.

Melampo: filho de Amitáon, curou a loucura das filhas de Preto com uma poção mágica. — XV, 325.

Melaneu: cão da matilha de Acteão. — III, 222.

Melaneu: Centauro que participa do combate contra os Lápitas. — XII, 306.

Melaneu: guerreiro de Perseu na luta contra Fineu. — V, 128.

Melanque: cão da matilha de Acteão. — III, 232.

Melanto: filha de Deucalião, concebeu de Posêidon, sob a forma de delfim, o herói epônimo de Delfos, Delfo. — VI, 120.

Melanto: marinheiro tirreno que ataca Baco. — III, 617.

Melas: rio da Migdônia. — II, 247.

Meleágrides: irmãs de Meléagro. — VIII, 520, 535.

Meléagro: herói de Cálidon, filho de Alteia e Eneu, irmão de Dejanira, Meléagro violou as leis sagradas da família ao matar os tios. As Eumênides, protetoras dessas leis, exigiram seu castigo. — VIII, 270, 299, 324, 385, 414, 437, 446, 515; IX, 149.

Melicertes: filho de Átamas, rei de Tebas, e Ino; bisneto de Agenor, metamorfoseado no deus marinho Palêmon. — IV, 522, 563.

Mêmnon: filho de Éos, a Aurora, e Títono; neto de Laomedonte e sobrinho de Príamo. — XIII, 579, 595, 600.

Mênades: bacantes. — XI, 22.

Mênalo: montanha da Arcádia. — I, 216; II, 415, 442; V, 608.

Mendes: cidade do Egito. — V, 144.

Menéfron: homem que cometeu incesto com a própria mãe. — VII, 386.

Menelau: rei de Esparta, irmão de Agamêmnon e esposo de Helena. — XII, 623; XIII, 191, 203, 359; XV, 162, 805.

Menetes: soldado lício morto por Aquiles na guerra de Troia. — XII, 116, 127.

Mente: ninfa dos Infernos, amada por Hades. Perséfone maltratou-a por ciúmes e o deus transformou-a em planta, a menta. — X, 730.

Meônia: designação da Etrúria. — III, 583; IV, 423.

Meônia: primitivo nome da Lídia, região da Ásia Menor. — II, 252; VI, 5, 103, 149.

Mera: mulher metamorfoseada em cadela. — VII, 362.

Mercúrio: o mensageiro dos deuses, filho de Júpiter e Maia, corresponde ao deus grego Hermes. — I, 669, 673, 682, 713; II, 685, 697, 704, 708, 714, 720, 726, 741, 804, 818, 834; IV, 288, 384, 754; V, 176, 331; VIII, 627; XI, 304, 312; XIII, 146.

Meríones: companheiro de Idomeneu na guerra de Troia. — XIII, 359.

Mérmero: Centauro que participa do combate contra os Lápitas. — XII, 305.

Mérope: rei da Etiópia e marido de Clímene. — I, 763; II, 184.

Mês: personificação. — II, 25.

Messápios: relativo à Messápia, região do sul da Itália. — XIV, 513.

Messena: capital da Messênia. — VI, 417.

Messênia: região no sudoeste do Peloponeso. — II, 679; XII, 549.

Messina: cidade da Sicília. — XIV, 17.

Metimna: cidade da ilha de Lesbos. — XI, 55.

Metíon: pai de Forbas de Siene. — V, 74.

Mícale: mãe do Lápita Oríon. — XII, 263.

Mícale: promontório na Jônia. — II, 223.

Micenas: cidade da Argólida, pátria de Agamêmnon. — VI, 414; XII, 34; XV, 426, 428.

Míconos: ilha do mar Egeu, do arquipélago das Cíclades. — VII, 463.

Midas: rei da Frígia, transformava em ouro tudo que tocava. — XI, 92, 106, 162, 174.

Migdônia: região da Ásia Menor. — II, 247; VI, 45.

Mileto: filho de Apolo e Deioneu, pai de Cauno e Bíblis, fundou a cidade que leva seu nome. — IX, 443, 444, 447, 488, 489, 635.

Mílon: atleta grego. — XV, 229.

Mimas: promontório na Ásia Menor. — II, 222.

Minerva: irmã de Júpiter, deusa guerreira, da sabedoria e das artes, patrona da cidade de Atenas, correspondente da deusa grega Atena. — II, 553, 563, 567, 579, 588, 709, 712, 749, 752, 765, 783, 788, 794, 834; III, 102, 127; IV, 33, 38, 755, 799; V, 46, 250, 263, 270, 297, 336, 375, 645; VI, 1, 23, 26, 36, 44, 51, 70, 129, 135, 335, 384; VIII, 250, 252, 264, 275, 548, 664; XII, 151, 360; XIII, 99, 337, 381, 653; XIV, 468, 475; XV, 709.

Mínias: os Argonautas, liderados por Jasão, bisneto de Mínias. — VI, 720; VII, 1, 8, 115, 120.

Mínias: rei de Orcômeno, na Beócia. — IV, 1, 32, 389, 425.

Minos: filho de Júpiter e Europa, rei de Creta, marido de Pasífae e pai de Ariadne. — VII, 456, 472, 481; VIII, 6, 23, 24, 42, 45, 52, 64, 95, 152, 157, 174, 187; IX, 437, 441.

Minotauro: ser metade touro, metade homem, filho de Pasífae e de um touro. — VIII, 155, 156, 169, 170.

Minturnas: cidade do sul do Lácio. — XV, 716.

Mirmidões: povo originado de formigas metamorfoseadas em seres humanos. — VII, 654.

Mirra: filha de Cíniras, teve com o pai relação incestuosa, da qual gerou Adônis; foi metamorfoseada na erva que leva seu nome. — X, 318, 363, 369, 402, 441, 476, 504, 506, 520.

Míscelo: filho de Alêmon e fundador de Cróton. — XV, 20, 26, 48.

Mísia: região da Ásia Menor. — XV, 277.

Mitridates: rei do Ponto, derrotado por Pompeu em 63 a.C. — XV, 755.

Mnemônides: aves saídas das cinzas de Mêmnon. — XIII, 618.

Mnemósina: deusa da memória, mãe das Musas. — V, 268, 280; VI, 114.

Mnestra: filha de Erisícton, podia se metamorfosear no que quisesse. — VIII, 738, 847, 872, 878.

Molosso: rei dos Molossos, no Épiro. — XIII, 717.

Molossos: povo do Épiro, descendente de Molosso, filho de Andrômaca (a mulher de Heitor que Neoptólemo recebeu na partilha das cativas troianas). — I, 226; XIII, 717.

Molpeu: da Caônia, guerreiro de Fineu na luta contra Perseu. — V, 163, 168.

Mônico: Centauro que participa do combate contra os Lápitas. — XII, 499.

Mopso: vate dos Lápitas, filho de Âmpix. — VIII, 316, 350; XII, 456, 524, 528.

Mopsópios: referente a Atenas e aos atenienses, do nome do lendário rei Mopso. — V, 661; VI, 423.

Morfeu: filho do Sono. — XI, 635, 647, 671.

Mulcíbero: outro nome de Vulcano. — II, 5; IX, 263, 423; XIV, 533.

Muníquia: um dos portos de Atenas, junto à península do Pireu. — II, 709.

Musas: as nove deusas patronas das artes. — V, 255, 268, 280, 309, 333, 663; VI, 2; XV, 622.

Mútina: cidade no norte da Itália, atual Módena. — XV, 823.

Nabateus: habitantes do reino que surgiu ao norte da Arábia, entre a Palestina e o Egito, por volta do século III a.C. Sua capital era Petra. — I, 61; V, 163.

Náiades: ninfas da água, divindades das fontes e dos rios. — I, 642, 690; II, 325; III, 506; IV, 49, 289, 304, 329, 356; VI, 329, 453; VIII, 580; IX, 87, 657; X, 9, 514; XI, 49; XIV, 328, 557, 786.

Nape: cadela da matilha de Acteão. — III, 214.

Nar: rio do Lácio, deságua no Tibre. — XIV, 330.

Narciso: filho do rio Cefiso e da náiade Liríope, metamorfoseado na flor que leva seu nome. — III, 346, 351, 370.

Narícia: cidade na Calábria, no extremo sul da Itália. — XV, 705.

Narícia: cidade na Lócrida, reino de Lélege, pátria de Ájax, filho de Oileu. — VIII, 312; XIV, 468.

Nasamônios: povo da Numídia, na África. — V, 129.

Náuplio: pai de Palamedes. — XIII, 39, 310.

Naxos: ilha do mar Egeu, também designada Dia, onde Teseu abandonou Ariadne. — III, 636, 640, 649, 690; VIII, 174.

Nebrófono: cão da matilha de Acteão. — III, 211.

Nedimno: Centauro que participa do combate contra os Lápitas. — XII, 350.

Néfele: mãe de Centauro, como nuvem. — XII, 504.

Néfele: mãe de Frixo e Hele, e esposa de Átamas, rei de Tebas que a abandonou para se casar com Ino. — XI, 195.

Néfele: ninfa do séquito de Diana. — III, 171.

Neleu: filho de Netuno, rei de Pilos e pai de Nestor. — II, 689; VI, 418; XII, 553, 558, 577.

Nemeia: região da Argólida. — IX, 197, 235.

Nemésia: cidade da Magna Grécia, no sul da Itália. — XV, 52.

Nêmesis: a deusa da indignação contra os que usam mal dos bens presentes, tinha em Ramnunte, pequena cidade da Ática perto de Maratona, um importante santuário. — III, 406; XIV, 694.

Némon: soldado lício da tropa de Sarpédon, morto por Ulisses. — XIII, 258.

Neoptólemo: filho de Aquiles e Deidamia, também chamado de Pirro. — XIII, 155, 455.

Nereidas: ninfas do mar, filhas de Nereu e Dóris. — I, 302; II, 269; V, 17; XI, 258, 361, 380; XII, 93; XIII, 749, 858, 899; XIV, 264.

Nereto: cidade da Calábria. — XV, 51.

Nereu: Velho do Mar, filho de Ponto (a onda marinha) e de Gaia (a terra). Casou com Dóris, com quem gerou as Nereidas. É um benfeitor dos marinheiros. — I, 187; II, 268; VII, 685; XI, 219, 361; XII, 24, 93; XIII, 162, 742.

Nérito: monte de Ítaca. — XIII, 712; XIV, 159, 563.

Nesso: Centauro, filho de Ixíon e Néfele, apaixonado por Dejanira, foi morto por Hércules. — IX, 101, 108, 112, 119, 121, 131, 153; XII, 308, 454.

Nestor: rei de Pilos, filho de Neleu, célebre pela prudência e sabedoria. — VIII, 313, 365; XII, 169; XII, 537, 542, 577; XIII, 63, 64; XV, 838.

Netuno: deus dos mares, irmão de Júpiter e Plutão, correspondente ao deus grego Posêidon. — I, 275, 331; II, 270, 574; IV, 533, 539, 797; V, 370; VI, 75, 115; VIII, 598, 602, 603, 851; IX, 1; X, 606, 639, 665; XII, 26, 72, 93, 144, 197, 198, 205, 580; XIII, 854.

Nictélio: epíteto de Baco. — IV, 15.

Nicteu: companheiro de Diomedes, foi metamorfoseado em gaivota. — XIV, 504.

Nicteu: pai de Antíope. — VI, 111.

Nictímene: filha do rei de Lesbos. Possuída pelo próprio pai, fugiu para os bosques. Atena apiedou-se dela e transformou-a em coruja. — II, 590, 593.

Nileu: suposto filho do rio Nilo, guerreiro de Fineu na luta contra Perseu. — V, 187.

Nilo: rio do Egito. — I, 423, 728; II, 254; V, 187, 324; IX, 774; XV, 753.

Ninfas: divindades menores que habitavam bosques, fontes e campos e formavam o séquito das deusas. — I, 192.

Nino: mítico fundador de Nínive e do império babilônico, esposo de Semíramis. — IV, 88.

Níobe: filha de Tântalo, esposa de Anfíon, rei de Tebas. — VI, 148, 156, 165, 211, 273, 287, 403.

Nisa: local onde as ninfas criaram Baco. — III, 314.

Niso: filho de Pândion, irmão de Egeu, pai de Cila, rei de Mégara. — VIII, 8, 17, 35, 90, 126.

Noite: personificação. — IV, 452; VII, 192; XI, 607; XIV, 404; XV, 31.

Nomia: ninfa apaixonada por Dáfnis, que o cegou após ser traída. — IV, 277.

Nonácris: monte da Arcádia. — I, 690; II, 409; VIII, 426.

Nórico: região entre a Récia e a Panônia, limitada ao norte pelo Danúbio, coincidindo aproximadamente com a Áustria atual, era conhecida pela qualidade do ferro. — XIV, 712.

Noto: vento sul, também chamado Austro. — I, 264.

Numa: de origem sabina, é, nas lendas da fundação da cidade, o segundo rei de Roma. Representa o rei religioso por excelência, a quem se atribui a criação da maior parte dos cultos e das instituições sagradas. — XV, 4, 481, 487.

Numício: rio do Lácio. — XIV, 328, 599.

Númidas: povo da Numídia, na África. — XV, 754.

Numitor: rei de Alba, irmão de Amúlio. — XIV, 773.

Oceano: divindade marinha, esposo de Tétis, pai de Dóris. — II, 510; VII, 267; IX, 499, 594; XIII, 292, 951; XV, 12, 30, 830.

Ocírroe: filha do Centauro Quíron e da ninfa Cariclo. — II, 638.

Odisseu: ver Ulisses.

Odites: Centauro que participa do combate contra os Lápitas. — XII, 457.

Odites: guerreiro de Perseu na luta contra Fineu. — V, 97.

Odrísios: povo da Trácia. — VI, 490; XIII, 554.

Ofeltes: chefe dos marinheiros tirrenos que atacam Baco. — III, 605, 641.

Ófio: pai de Combe. — VII, 383.

Ofíon: com Eurínome, reinava sobre os Titãs. O casal foi destronado por Crono e Reia e lançado no Tártaro. — XII, 245.

Ofiúsa: nome de ilhas, como Chipre e Rodes. — X, 229.

Oileu: pai de Ájax. — XII, 622.

Oléaro: ilha do mar Egeu. — VII, 469.

Óleno: cidade da ilha de Creta, onde Zeus passou os primeiros anos de sua infância entregue aos cuidados de uma cabra, que o alimentou. — III, 594.

Óleno: esposo de Leteia. — X, 69.

Óleno: pai de Téctafo, Lápita que participa do combate contra os Centauros. — XII, 433.

Olimpo: flautista, filho do sátiro Mársias. — VI, 393.

Olimpo: monte da Tessália, morada dos deuses, especialmente de Zeus. — I, 154, 212; II, 60, 225; VI, 487; VII, 225; IX, 499; XIII, 761.

Onetor: da Fócida, pastor dos rebanhos de Peleu. — XI, 348.

Onquesto: cidade da Beócia. — X, 605.

Opes: irmã e esposa de Saturno. — IX, 498.

Orcamo: rei da Babilônia, pai de Leucótoe. — IV, 212, 236.

Orco: era inicialmente o espírito da morte. Com o tempo e com a helenização das divindades romanas, passou a ser um dos nomes de Plutão. — XIV, 116.

Orcômeno: cidade da Arcádia. — V, 607.

Orcômeno: cidade da Beócia. — VI, 416.

Oréades: divindade das montanhas. — VIII, 787.

Oresítrofo: cão da matilha de Acteão. — III, 233.

Orestes: filho de Agamêmnon e Clitemnestra, vinga o pai ao matar a mãe e Egisto. — XV, 489.

Orfeu: poeta da Trácia, filho de Apolo e Calíope, marido de Eurídice. — X, 3, 11, 12, 50, 64, 79, 89, 143; XI, 1, 5, 8, 22, 23, 44, 66, 92.

Orfne: a mais bela ninfa do Averno, mãe de Ascálafo. — V, 539.

Oríbaso: cão da matilha de Acteão. — III, 210.

Oriente: região. — IV, 20, 56; VII, 266.

Oríon: filho da feiticeira Mícale, Lápita que participa do combate contra os Centauros. — XII, 262.

Órion: filho de Netuno, foi metamorfoseado em constelação. — VIII, 207; XIII, 294, 692.

Oritia: filha de Erecteu, irmã de Prócris, esposa de Bóreas, mãe de Cálais, Zetes e Hemo. — VI, 707; VII, 695, 711.

Orneu: Centauro que participa do combate contra os Lápitas. — XII, 302.

Oronte: rio da Síria. — II, 248.

Ortígia: ilha perto de Siracusa. — V, 499, 640.

Ortígia: nome por que é conhecida a ilha de Delos. Também é outro nome de Diana. — I, 694; XV, 337.

Osíris: deus egípcio, foi despedaçado por Tífon. Ísis, depois de muito procurar seus pedaços, reconstituiu-lhe o corpo. — IX, 693.

Ossa: monte da Tessália, morada dos Centauros. — I, 155; II, 225; VII, 224; XII, 319.

Ótris: monte da Perrébia, na Tessália. — II, 221; VII, 225, 353; XII, 173, 513.

Outono: personificação da estação do ano. — II, 29.

Pã: deus dos bosques e dos rebanhos. — I, 699, 705; XI, 147, 153, 160, 171; XIV, 515, 638.

Pactolo: rio da Lídia. — VI, 16; XI, 87.

Pafo: cidade do Chipre. — X, 290, 530.

Pafo: filha de Pigmalião. — X, 297, 298.

Págasa: porto de Iolco na Tessália, de onde zarpou a nau Argo na expedição dos Argonautas. — VII, 1; VIII, 349; XII, 412; XIII, 24.

Paládio: estatueta sagrada de Palas Atena em Troia. — XIII, 99.

Palamedes: filho de Náuplio, incriminado falsamente por Ulisses. — XIII, 39, 56, 308, 310.

Palante: filho de Pândion, irmão de Egeu, pai de Clito e Butes. — VII, 500, 665, 666.

Palas: epíteto da deusa grega Atena, correspondente à deusa romana Minerva. — II, 553, 567, 712, 834; III, 101; IV, 38; V, 46, 263, 336, 375; VI, 23, 26, 36, 44, 70, 129, 135, 335; VII, 399, 723; VIII, 252, 275; XII, 151, 360.

Palatino: célebre monte de Roma. — I, 176; XIV, 333, 622, 822; XV, 560.

Palêmon: filho de Átamas e Leucótoe, metamorfoseado em divindade marinha. — IV, 542; XIII, 919.

Palene: península na Calcídica. — XV, 356.

Palestina: região no Oriente Médio. — IV, 46; V, 145.

Palicos: deuses gêmeos, naturais da Sicília. Seu culto situava-se junto do lago Naftia, onde ocorriam fenômenos vulcânicos. — V, 406.

Palidez: personificação. — VIII, 790.

Palílias: festas em honra de Pales, gênio protetor dos rebanhos, celebradas no dia 21 de abril. Os pastores acendiam fogueiras e saltavam sobre elas. Assinalavam, segundo se supunha, a data da fundação de Roma por Rômulo. — XIV, 774.

Pancaia: região da África (atual Tanzânia e Somália), rica em incenso, especiarias e essências aromáticas. — X, 309, 478.

Pândion: rei de Atenas, filho de Erictônio, pai de Procne e Filomela. — VI, 426, 436, 495, 520, 634, 666, 676; XV, 430.

Pândroso: filha de Cécrope, irmã de Herse e Aglauro. — II, 559, 738.

Pânfago: cão da matilha de Acteão. — III, 210.

Panonfeu: epíteto de Zeus (Júpiter). — XI, 198.

Pânope: cidade da Fócida Oriental. — III, 19.

Panopeu: herói fundador de Pânope, cidade da Fócida, integrante da caçada ao javali de Cálidon. — VIII, 312.

Pântoo: pai de Euforbo, primeiro feriu Pátroclo, foi morto por Menelau, tendo o seu escudo sido depositado no templo de Hera/Juno em Argos. — XV, 161.

Paquino: promontório no sudeste da Sicília. — V, 351; XIII, 725.

Parcas: as três deusas que fiam o destino: Cloto, Láquesis e Átropo. — II, 654; V, 532; VIII, 452; XV, 781.

Paretônio: cidade no norte da África onde morava a deusa egípcia Ísis. — IX, 773.

Páris: filho de Príamo e Hécuba, raptou Helena, mulher do grego Menelau, com isso dando início à guerra de Troia. — XII, 4, 601, 609; XIII, 200, 202, 501; XV, 805.

Parnaso: montanha escarpada na Fócida. — I, 317, 467; II, 221; IV, 643; V, 278; XI, 165, 339.

Paros: ilha do mar Egeu, de onde provém o mármore dos mais importantes santuários gregos. — III, 419; VII, 465; VIII, 221.

Parrásia: cidade da Arcádia. — II, 460; VIII, 315.

Partáon: pai de Eneu, avô de Dejanira e Meléagro. — IX, 12; VIII, 542.

Partênio: bosque entre a Argólida e a Arcádia. — IX, 188.

Partênope: antigo nome de Nápoles. — XIV, 101; XV, 712.

Pasífae: esposa de Minos e mãe do Minotauro. — VIII, 122, 136, 156, 542; IX, 735; XV, 500.

Pátara: cidade da Lícia. — I, 516.

Patras: cidade da Acaia. — VI, 417.

Pátroclo: neto de Actor, amigo de Aquiles, foi morto por Heitor durante a guerra de Troia. — VIII, 308; XIII, 273.

Pavor: personificação. — IV, 485.

Peã: epíteto ritual de Apolo, "o deus que cura". — I, 566; XIV, 720; XV, 535.

Peante: pai de Filoctetes. — IX, 233; XIII, 45, 313.

Pégaso: cavalo alado, filho da Medusa (nascido de seu sangue), fez brotar com seu casco a fonte de Hipocrene, no cimo do Hélicon. — IV, 785; V, 257, 262; VI, 119.

Peixes: constelação. — X, 78, 165.

Pela: cidade na Macedônia. — V, 302; XII, 254.

Pelagão: integrante da caçada ao javali de Cálidon. — VIII, 360.

Pelasgos: designação dos Gregos. — VII, 49, 133; XII, 7, 19, 612; XIII, 13, 128, 268, 572; XIV, 562; XV, 452.

Pélates: de Pela, Lápita que participa do combate contra os Centauros. — XII, 255.

Pélates: guerreiro de Fineu na luta contra Perseu. — V, 124.

Peletrônio: região da Tessália. — XII, 452.

Peleu: da Ftia, filho de Éaco e Endeis, irmão de Télamon e meio-irmão de Foco, marido de Tétis e pai de Aquiles. — VII, 477, 668, 864; VIII, 309, 380; XI, 217, 227, 238, 244, 246, 250, 260, 266, 274, 284, 290, 349, 350, 379, 389, 398, 399, 400; XII, 193, 365, 366, 388, 603, 613; XIII, 151, 155; XV, 856.

Pélias: irmão de Éson. — VII, 298, 304, 322.

Pélion: monte da Tessália, morada do Centauro Quíron. — I, 155; VII, 224, 352; XII, 74, 513; XIII, 109.

Pélops: filho de Tântalo e irmão de Níobe, pai de Atreu e Tiestes. — VI, 404, 411, 414; VIII, 623.

Peloro: promontório no nordeste da Sicília. — V, 350; XIII, 727; XV, 706.

Pêmenes: cadela da matilha de Acteão. — III, 215.

Penates: divindades do lar. — I, 174, 231, 773; III, 539; V, 155, 496, 650; VII, 574; VIII, 91, 637; IX, 446, 639; XII, 551; XV, 450, 864.

Penélope: esposa de Ulisses, célebre por sua fidelidade. — VIII, 315; XIII, 301, 511; XIV, 671.

Peneu: deus-rio da Tessália, pai de Dafne. — I, 452, 472, 504, 525, 544, 569; II, 243; VII, 230; XII, 209.

Pentesileia: rainha das Amazonas, por quem Aquiles foi apaixonado. — XII, 611.

Penteu: herói tebano, filho de Equíon, um dos homens nascidos do dente do dragão, e de Agave, filha de Cadmo. — III, 513, 526, 532, 561, 577, 692, 701, 706, 712; IV, 22, 429.

Peônia: região ao norte da Macedônia. — V, 303, 314.

Peparetos: ilha do mar Egeu. — VII, 470.

Perdiz: sobrinho de Dédalo, metamorfoseado em perdiz. — VIII, 237, 242, 255.

Pérgamo: cidadela de Troia, designando, por extensão, Troia. — XII, 445, 591; XIII, 169, 219, 320, 349, 374, 507, 520; XIV, 467; XV, 442.

Pergo: lago próximo da cidade de Enna, na Sicília. — V, 386.

Periclímeno: filho de Neleu, irmão de Nestor. — XII, 556.

Perifas: rei justo e piedoso da Ática, a quem os súditos ergueram um templo sob a invocação de Zeus. Este não gostou e preparava-se para o fulminar, mas Apolo, que o rei venerava, intercedeu por ele, acabando Zeus por transformá-lo em águia e sua mulher em falcão — VII, 400.

Perifas: Lápita que participa do combate contra os Centauros. — XII, 449.

Perimele: ninfa amada por Aqueloo, metamorfoseada em ilha. — VIII, 591, 605.

Perrébia: região da Tessália onde se situava o monte Ótris. — XII, 172, 173.

Perséfone: filha de Ceres, foi raptada por Plutão, seu tio, nos prados de Enna, na Sicília. Corresponde à deusa romana Prosérpina. — V, 470; X, 15, 730.

Perseis: filha de Oceano e Tétis, mulher do Sol, de quem teve os filhos Eeto, Perses, Circe e Pasífae. — IV, 205.

Perses: pai de Hécate e filho do Sol e de Perseis. — VII, 74.

Perseu: neto de Acrísio, filho de Júpiter e Dânae, salvador de Andrômeda. — IV, 611, 639, 665, 673, 697, 699, 720, 730, 767, 771; V, 16, 30, 33, 34, 56, 70, 80, 99, 128, 138, 167, 175, 178, 185, 190, 201, 216, 236, 248, 250.

Pérsia: região da Ásia. — I, 62.

Pesto: cidade italiana no sul do golfo de Salerno. — XV, 708.

Pétalo: guerreiro de Fineu na luta contra Perseu. — V, 115.

Petreio: Centauro que participa do combate contra os Lápitas. — XII, 327, 330.

Peucécios: povo da Apúlia. — XIV, 513.

Pico: rei do Lácio, filho de Saturno, comprometido a se casar com Canente, rejeita Circe e é metamorfoseado em ave. — XIV, 320, 336, 342, 363, 396, 398.

Piedade: deusa do dever, respeito e devoção à família e aos deuses. — VII, 72; IX, 679.

Piérides: jovens da Macedônia que desafiaram as Musas e foram metamorfoseadas em aves. — V, 669.

Píero: pai das Piérides. — V, 302.

Pigmalião: de Pafo, escultor que se casou com uma obra sua após esta ser metamorfoseada em mulher por Vênus. — X, 243, 253, 276, 290.

Pigmeus: seres fantásticos. — VI, 90.

Pilos: cidade na Élida governada por Nestor. — II, 684; VI, 418; VIII, 365; XII, 537, 542, 550; XV, 838.

Pindo: monte da Tessália. — I, 570; II, 225; VII, 225; XI, 554.

Pirácmon: Centauro que participa do combate contra os Lápitas. — XII, 460.

Píramo: jovem da Babilônia, enamorado de Tisbe. — IV, 55, 71, 107, 142, 143, 146.

Pirene: heroína que deu nome à fonte homônima em Corinto. Quando Ártemis causou acidentalmente a morte de um dos filhos que teve de Posêidon, chorou tanto que se converteu em fonte. — II, 240; VII, 391.

Pireneu: rei de Dáulis, tentou violar as Musas. — V, 274, 287.

Pireto: Centauro que participa do combate contra os Lápitas. — XII, 449.

Pireu: península e porto de Atenas. — VI, 446.

Pirítoo: filho de Ixíon e amigo de Teseu, foi condenado ao suplício eterno nos Infernos. — VIII, 303, 404, 567, 613; XII, 210, 218, 229, 330, 332, 337.

Piroente: cavalo da quadriga do Sol. — II, 153.

Pirra: filha de Epimeteu, esposa de Deucalião. — I, 319, 350, 385, 390, 395.

Pirro: filho de Aquiles. — XIII, 155.

Pisa: cidade da Élida. — V, 494.

Pisenor: Centauro que participa do combate contra os Lápitas. — XII, 303.

Pitágoras: célebre filósofo grego, natural de Samos. — XV, 60.

Pítane: cidade da Eólia. — VII, 357.

Pitecusa: ilha do mar Tirreno. — XIV, 89.

Piteu: rei de Trezena, filho de Pélops. — VI, 418; VIII, 622; XV, 296, 506.

Píticos: jogos celebrados a Apolo, por este ter matado a serpente Píton. — I, 447.

Píton: serpente monstruosa morta por Apolo. — I, 438, 460.

Plêiades: as sete filhas de Atlas e Plêione, metamorfoseadas em estrelas. — I, 670; VI, 174; XIII, 293.

Plêione: mãe das Plêiades. — II, 743.

Plêuron: cidade da Etólia. — VII, 382; XIV, 494.

Plexipo: um dos filhos de Téstio, irmão de Alteia e Toxeu, morto por Meléagro na caçada ao javali de Cálidon. — VIII, 304, 434, 440.

Plutão: rei do mundo subterrâneo, irmão de Júpiter e Netuno, também chamado Dite. Corresponde ao deus grego Hades. Ver Dite.

Pó: rio itálico que deságua no mar Adriático. — II, 258.

Polidamante: herói troiano. — XII, 547.

Polidectes: foi junto de Polidectes que Dânae se refugiou com o filho, Perseu, quando

Acrísio os encerrou num cofre e os lançou ao mar. Polidectes apaixonou-se por Dânae e, para afastar Perseu, desafiou-o a cortar a cabeça da Medusa. No retorno, Perseu transformou Polidectes em pedra. — V, 242.

Polidémon: guerreiro de Fineu na luta contra Perseu. — V, 85.

Polidoro: filho de Príamo e Hécuba, morto por Polimestor. — XIII, 432, 530, 536, 629.

Polifemo: Ciclope apaixonado por Galateia, teve o olho perfurado por Ulisses. — XIII, 744, 755, 756, 765, 772, 780, 860, 876, 882; XIV, 167, 174, 249.

Polimestor: rei da Trácia e do Ísmaro, rouba e mata Polidoro, o filho de Príamo e Hécuba que havia sido confiado a ele. — XIII, 430, 432, 530, 551, 554.

Polipêmon: avô de Alcíone, neta de Sínis. — VII, 401.

Polites: companheiro de Ulisses. — XIV, 251.

Políxena: filha de Príamo e Hécuba. — XIII, 448, 460, 483.

Pólux: gêmeo de Castor, ambos filhos de Tíndaro. — VIII, 301, 372.

Pomona: uma das Hamadríades, ninfas das árvores. Nascem com a árvore, protegem--na e partilham o seu destino. O nome deriva da função. Pomona é a deusa que preside ao crescimento da fruta — *pomum*; amada por Vertumno. — XIV, 623, 771.

Ponto: região da Ásia Menor, ao sul do mar Negro. — XV, 756.

Posêidon: ver Netuno.

Preto: irmão gêmeo de Acrísio, filhos de Abas, netos de Linceu e Hipermnestra, bisne-tos de Egito e Dânao, transportavam ainda no ventre materno o ódio dos seus bisa-vôs. Declararam guerra um ao outro para saberem a quem pertenceria o reino de Argos. — V, 238, 239.

Príamo: último rei de Troia, esposo de Hécuba. — XI, 757; XII, 1, 607; XIII, 99, 201, 404, 409, 470, 481, 513, 520, 723; XIV, 474.

Priapo: representado sob a forma de uma figura de falo ereto, era o guardião dos jar-dins, das vinhas e dos pomares. — IX, 347; XIV, 640.

Prítanis: soldado da tropa de Sarpédon, morto por Ulisses. — XIII, 258.

Procas: rei de Alba. — XIV, 622.

Prócita: ilha perto de Nápoles. — XIV, 89.

Procne: filha de Pândion, irmã de Filomela, esposa de Tereu, mãe de Ítis. Após sua vingança contra Tereu, assassinando Ítis, foi metamorfoseada em andorinha. — VI, 428, 433, 440, 468, 470, 563, 580, 595, 603, 610, 619, 634, 641, 653, 666.

Prócris: filha de Erecteu e esposa de Céfalo. — VI, 682; VII, 694, 707, 708, 712, 726, 825, 842.

Procrustes: bandido que agia às margens do Cefiso. — VII, 438.

Prometeu: filho do Titã Jápeto, irmão de Atlas, Menécio e Epimeteu, pai de Deucalião, foi o criador dos primeiros homens, que moldou em barro. Foi ele quem ensinou o filho, Deucalião, o modo de se salvar do dilúvio projetado por Zeus. — I, 82, 390.

Propétides: as primeiras jovens condenadas por Vênus a se tornarem prostitutas, foram depois metamorfoseadas em pedra. — X, 221, 238.

Proreu: marinheiro tirreno que ataca Baco, metamorfoseado em golfinho. — III, 634.

Prosérpina: nome romano de Perséfone. Filha de Ceres e Júpiter, esposa de Plutão de-pois de este a ter raptado. — II, 261; V, 376, 391, 414, 438, 489, 505, 530, 543, 554, 566, 572; VII, 249; X, 46; XIV, 114.

Protenor: cefeu participante do combate entre Fineu e Perseu. — V, 98.

Protesilau: herói da guerra de Troia, morto por Heitor. — XII, 68.

Proteu: deus do mar, com a tarefa de apascentar as focas e outros animais marinhos. Podia se metamorfosear em tudo o que quisesse, além de ter o dom da profecia. — II, 9; VIII, 731; XI, 221, 249, 255; XIII, 918.

Psâmate: Nereide violada por Éaco, e mãe de Foco. — XI, 380, 398.

Psécade: ninfa do séquito de Diana. — III, 171.

Psófis: cidade da Arcádia. — V, 607.

Ptérela: cão da matilha de Acteão. — III, 212.

Pudor: personificação. — VII, 72.

Quersidamente: guerreiro da tropa de Sarpédon, morto por Ulisses. — XIII, 259.

Quimera: monstro filho de Equidna, irmão da Hidra de Lerna e de Cérbero. — VI, 339; IX, 647.

Quíone: filha de Dedálion; mãe, com Hermes, de Autólico. — XI, 301, 305.

Quios: ilha do mar Egeu. — III, 597.

Quirino: deus dos Sabinos e pai de Módio Fabídio, fundador da cidade de Cures. — XIV, 607, 828, 834, 837, 851; XV, 572, 756, 862, 863.

Quirites: população sabina de Cures, que depois se integrou na população romana. — XIV, 823; XV, 600.

Quíron: Centauro filho de Fílira e Saturno, pai de Ocírroe, marido de Cariclo, mestre de Aquiles e Esculápio, habitava o Pélion. — II, 630, 633, 676; VI, 126; VII, 352.

Radamante: filho de Júpiter e Europa, irmão de Minos, é um dos três juízes infernais. — IX, 436, 440.

Ramnunte: pequena cidade da Ática perto de Maratona, onde havia o célebre santuário de Nêmesis. — III, 406; XIV, 694.

Rânis: ninfa do séquito de Diana. — III, 171.

Régio: porto no sul da Itália. — XIV, 5, 47.

Rêmulo: rei de Alba, irmão de Ácrota. — XIV, 616, 617.

Reno: rio da Hespéria. — II, 258.

Reso: rei da Trácia, morto por Ulisses. — XIII, 98, 249.

Reteu: cabo na Tróade. — XI, 197.

Reto: Centauro que participa do combate contra os Lápitas. — XII, 271, 285, 293, 301.

Reto: guerreiro de Fineu na luta contra Perseu. — V, 38.

Rexenor: companheiro de Diomedes. — XIV, 504.

Rifeu: Centauro que participa do combate contra os Lápitas. — XII, 352.

Ródano: rio da Gália. — II, 258.

Rode: filha de Posêidon e Anfitrite, desposada por Hélio (o Sol). — IV, 204.

Rodes: ilha e cidade no mar Egeu, consagrada a Febo. — VII, 365; XII, 574.

Ródope: filha do rio Estrímon, metamorfoseada em montanha na Trácia. — II, 222; VI, 87, 589; X, 11, 50, 77.

Roma: cidade no Lácio. — I, 201; XIV, 800, 838, 849; XV, 431, 586, 597, 625, 736, 744, 798, 801, 863.

Romanos: habitantes de Roma. — XIV, 809; XV, 637, 654, 826, 877.

Rométio: cidade do sul da Itália. — XV, 705.

Rômulo: filho de Marte e Ília (Reia Silvia), pai do povo romano. — XIV, 781, 799, 806, 810, 824, 837, 845; XV, 2, 561, 625.

Rútulos: povo do Lácio, liderado por Turno, que guerreou contra Eneias. — XIV, 455, 528, 567.

Sabá: cidade da Arábia. — X, 480.

Sabinos: povo da Itália, tinha em Cures sua capital e Tácio por rei. — XIV, 775, 797, 800, 832; XV, 5.

Salamina: cidade do Chipre. — XIV, 760.

Salentinos: povo da Calábria. — XV, 51.

Sálmacis: nome da fonte relativa à ninfa de mesmo nome que se fundiu com Hermafrodito. — IV, 285, 306, 337, 347; XV, 319.

Samos: ilha do mar Egeu na costa da Ásia Menor, consagrada a Juno; local de nascimento de Pitágoras. — VIII, 221; XV, 60, 61.

Samos: ilha do mar Jônico próxima a Ítaca. — XIII, 712.

Sardes: cidade da Lídia. — XI, 137, 152.

Sarpédon: filho de Júpiter, herói lício na guerra de Troia, morto por Pátroclo. — XIII, 255.

Sátiros: divindades das florestas ligadas a Baco, como Pã. — I, 193, 692; IV, 25; VI, 110, 383, 393; XI, 89; XIV, 637.

Saturno: identificado com o deus grego Crono, é o filho mais novo de Urano e Gaia. Pertence à primeira geração divina. Para impedir a ameaça de que um filho o destronaria, devorava-os a todos à medida que iam nascendo. Reia, a sua mulher, cansada de se ver sem filhos, furtou-lhe o último, que era Júpiter/Zeus, e, em vez dele, deu ao marido uma pedra envolta em panos. Quando Júpiter/Zeus, tendo Amalteia por ama, atingiu a idade adulta, pretendeu apoderar-se do poder. Consultou Métis, a Prudência, e, com a droga que ela lhe forneceu, fez o pai vomitar os irmãos. Apoiado nestes, atacou o pai e os Titãs e deu início à segunda geração divina, a dos deuses Olímpicos. — I, 113, 163, 612, 616, 722; II, 435, 531; III, 271, 293, 333, 365; IV, 448, 464; V, 330, 420; VI, 126; VIII, 703; IX, 176, 242, 498; XIV, 320, 782; XV, 858.

Século: personificação. — II, 26.

Sedição: personificação. — XII, 61.

Sêmele: filha de Cadmo e Harmonia, irmã de Agave, Ino e Autônoe, e mãe de Baco. — III, 261, 274, 287, 293, 520; V, 329; IX, 641.

Semíramis: rainha da Babilônia, filha de Dérceto, metamorfoseada em pomba. — IV, 47, 58; V, 85.

Sereias: filhas de Aqueloo e Melpômene, são gênios marinhos, metade mulher e metade pássaro, que com sua música atraíam os marinheiros a quem devoravam depois de naufragarem. Foi para fugir delas que Ulisses mandou os seus marinheiros taparem os ouvidos com cera e ele se prendeu ao mastro. — V, 555; XIV, 88.

Serifos: ilha do mar Egeu do arquipélago das Cíclades, governada por Polidectes. — V, 242, 251; VII, 464.

Serpente: constelação próxima ao Polo Norte. — II, 138, 173; VIII, 182.

Síbaris: cidade na Lucânia, no sul da Itália. — XV, 51.

Síbaris: rio perto de Síbaris. — XV, 315.

Sibila: sacerdotisa de Apolo em Cumas. — XIV, 104, 121, 135, 154; XV, 712.

Sicília: ilha do Mediterrâneo também conhecida como Sicânia ou Trinácria (por causa de seus três promontórios). — V, 347, 361, 412, 464, 495, 476; VII, 65; VIII, 283; XIII, 724, 770; XIV, 7; XV, 279, 706, 825.

Sicione: cidade do Peloponeso. — III, 216.

Sídon: cidade da Fenícia. — II, 840; III, 129; IV, 543, 572; X, 267; XIV, 80.

Siene: cidade do sul do Egito, atual Assuã. — V, 74.

Sifnos: ilha do mar Egeu, célebre pela traição cometida por Arne. — VII, 465.

Sigeu: promontório na Tróade. — XI, 197; XII, 71; XIII, 3.

Sileno: ancião de aspecto disforme, mas de grande sabedoria, que se diz ter criado Dioniso. É representado montado num burro, em cujo dorso mal se aguenta por causa da embriaguez. — IV, 26; XI, 90, 99; XIV, 639.

Silvano: divindade das montanhas. — I, 193.

Silvio: rei de Alba, sucessor de Ascânio, pai de Latino. — XIV, 610.

Simeto: deus-rio ao sul do Etna, na Sicília, avô de Ácis. — XIII, 750, 879, 886.

Simoente: rio dos arredores de Troia. — XIII, 324.

Simplégades: montes que se entrechocam um no outro esmagando os barcos que passam. — VII, 62; XV, 338.

Sínis: assassino do istmo de Corinto morto por Teseu. — VII, 440.

Sinuessa: cidade da Campânia. — XV, 715.

Sípilo: filho de Níobe, morto por Apolo. — VI, 230.

Sípilo: região em que morava Níobe quando jovem, na Meônia, e para onde retornou após ser petrificada. — VI, 149, 311.

Siracusa: colônia de Corinto fundada pelos Baquíades na Sicília, cuja antiga cidade foi erigida na ilha de Ortígia, entre o porto grande e o porto pequeno. — V, 408, 499, 640.

Siringe: ninfa amada por Pã, metamorfoseada em cana ao fugir, e que ele passou a utilizar para fazer sua flauta. — I, 691, 705.

Siros: ilha do mar Egeu, uma das Cíclades. — VII, 464.

Sirtes: recifes ao norte da costa da África, entre Cirene e Cartago. — VIII, 120.

Sísifo: filho de Éolo, célebre pelo castigo eterno de ter de subir uma pedra encosta acima, que, prestes a atingir o cume, sempre rola de volta para baixo. — IV, 460, 466; X, 44; XIII, 26, 32.

Síton: um hermafrodita. — IV, 280.

Sitone: península na Calcídica, deve seu nome ao rei Síton. — VI, 588; XIII, 571.

Sol: deus. — I, 10; II, 1, 32, 154, 162, 394; IV, 170, 192, 214, 235, 238, 241, 270, 633; IX, 736; XI, 353; XIII, 853; XIV, 10, 33, 346, 375; XV, 30. Ver Apolo, Febo, Hiperíon e Titã.

Sono: personificação. — VIII, 823; XI, 586, 593, 623, 647.

Sorrento: cidade da Campânia. — XV, 710.

Sussurros: personificação. — XII, 61.

Tácio: rei dos Sabinos. — XIV, 775, 804, 805.

Tages: criança nascida de um torrão, era dotado de grande sabedoria e possuía o dom de prever o futuro. Viveu apenas o tempo necessário à transmissão dos seus saberes aos aldeãos, constituindo esses ensinamentos a base dos livros etruscos da adivinhação. — XV, 558.

Taígete: uma das Plêiades, filha de Atlas, que, depois de violentada por Zeus, se escondeu num monte da Lacônia que ganhou seu nome. — III, 595.

Tâmaso: cidade do Chipre. — X, 644.

Tânais: rio que separa a Europa da Ásia, atualmente chamado Don. — II, 242.

Tântalo: filho de Níobe, neto do rei da Lídia do mesmo nome. — VI, 140.

Tântalo: filho de Zeus e Plota, neto de Atlas, pela mãe; teve como filhos Níobe e Pélops. Convidado para a mesa dos deuses, teria revelado aos homens os segredos divinos. Zeus precipitou-o nos Infernos, onde passava fome e sede eternas. — IV, 458; VI, 172, 211, 240, 407; X, 41; XII, 626.

Tarento: cidade da Calábria, no sul da Itália. — VI, 239.

Tarpeia: jovem do templo de Rômulo que traiu os Romanos ao franquear a passagem aos inimigos, sendo morta pelos próprios Sabinos. — XIV, 776.

Tarpeia: nome do rochedo onde os traidores eram castigados em Roma. — XV, 866.

Tártaro: mundo subterrâneo dos mortos. — I, 113; II, 260; V, 371, 423; VI, 676; X, 21; XI, 670; XII, 257, 523, 619.

Tartessos: cidade na foz do rio Bétis, na Espanha. — XIV, 416.

Taumas: Centauro que participa do combate contra os Lápitas. — XII, 303.

Taumas: filho de Ponto e Gaia. Divindade marinha, une-se à filha de Oceano, Electra, que lhe dá as filhas Íris e as Harpias. — IV, 480; XI, 647; XIV, 845.

Tauro: monte da Cilícia. — II, 217.

Tebanos: habitantes de Tebas. — VI, 163.

Tebas: cidade na Beócia, fundada por Cadmo. — III, 131, 549, 553, 561; IV, 416; V, 253; VII, 763; IX, 403; XIII, 692; XV, 429.

Tebas: cidade na Mísia, na Ásia Menor. — XII, 110; XIII, 173.

Téctafo: Lápita que participa do combate contra os Centauros. — XII, 433.

Tégea: cidade da Arcádia, onde nasceu Atalanta. — VIII, 317, 380.

Tejo: rio da Hispânia. — II, 251.

Télamon: filho de Éaco, irmão de Peleu e Foco e pai de Ájax. — VII, 476, 477, 647, 669, 864; VIII, 309, 378; XI, 216; XII, 624; XIII, 22, 123, 151, 194, 231, 266, 321, 346.

Teléboas: Centauro que participa do combate contra os Lápitas. — XII, 447.

Télefo: rei da Mísia, filho de Hércules, pai de Ciparisso, fundador da cidade de Pérgamo. — XII, 112; XIII, 171.

Télemo: filho de Êurimo, adivinho que havia vaticinado a Polifemo que um dia Ulisses o cegaria. — XIII, 770, 771.

Telestes: pai de Iante, que foi prometida a Ífis. — IX, 717.

Teletusa: cretense esposa de Ligdo, mãe de Ífis. — IX, 682, 696, 703, 766.

Telquines: de Ialisso, seres com poder de corromper tudo que olhavam. — VII, 365.

Têmesas: cidade da Calábria, no sul da Itália. — VII, 207; XV, 707.

Têmis: deusa da lei, filha de Urano e Gaia. Dentre as divindades da primeira geração é das raras que está associada aos deuses Olímpicos e com eles partilha a vida do Olimpo. E uma das razões para isso reside no fato de ter sido ela quem inventou os oráculos, os ritos e as leis. Foi Têmis quem ensinou a Apolo o processo da adivinhação; e o santuário pítico, em Delfos, pertencia-lhe, mas Apolo apoderou-se dele depois de matar o dragão Píton. — I, 321, 379; IV, 643; VII, 762; IX, 403, 419.

Temor: personificação. — XII, 60.

Tempe: vale na Hemônia, antigo nome da Tessália. — I, 569; VII, 222, 371.

Tênaro: promontório e cidade da Lacônia, ao sul do Peloponeso, onde se situava uma das entradas dos Infernos. — II, 247; X, 13, 183.

Tênedos: ilha ao largo da costa troiana cujo nome se relaciona com Tenes, filho de Cicno. — I, 516; XII, 109; XIII, 174.

Tenos: ilha do mar Egeu, faz parte das Cíclades. — VII, 469.

Teófane: heroína trácia, de quem Posêidon se enamorou. Para a ocultar aos muitos pretendentes, transformou-a em ovelha, tendo ele se transformado em carneiro. — VI, 117.

Terão: cão da matilha de Acteão. — III, 211.

Tereu: Centauro que participa do combate contra os Lápitas. — XII, 353.

Tereu: rei da Trácia, esposo de Procne, metamorfoseado em poupa. — VI, 424, 433, 455, 473, 478, 490, 497, 520, 549, 615, 635, 647, 650, 661, 682.

Termodonte: rio da Capadócia que corre no reino das Amazonas. — II, 249; IX, 189; XII, 611.

Terodamante: cão da matilha de Acteão. — III, 233.

Terra: personificação. — I, 12, 157; II, 272, 301; VII, 196.

Terror: personificação. — IV, 485.

Terses: hóspede que presenteara Ânio com uma cratera que, por sua vez, foi dada de presente a Eneias. — XIII, 682, 683.

Tersites: personagem da guerra de Troia. — XIII, 233.

Téscelo: guerreiro de Fineu na luta contra Perseu. — V, 182.

Teseu: rei de Atenas, filho de Egeu, pai de Hipólito. Derrotou o Minotauro com a ajuda de Ariadne, abandonando-a depois em Naxos. — VII, 404, 421, 433; VIII, 174, 263, 303, 405, 547, 551, 560, 566, 573, 726; IX, 1; XII, 227, 237, 343, 356, 359; XV, 492, 498, 504, 856.

Téspias: cidade da Beócia. — V, 310.

Tessália: também chamada Hemônia, nome da região nordeste da Grécia. — VII, 222; VIII, 768; XII, 190.

Téstio: rei de Plêuron, pai de Alteia, Plexipo e Toxeu, avô de Meléagro. — VIII, 304, 434, 452, 473, 487.

Testor: pai do adivinho Calcas. — XII, 19, 27.

Tétis: filha de Urano e Gaia, esposa de Oceano, tem sua morada no Extremo Ocidente, além do país das Hespérides. — II, 69, 156, 509; IX, 499; XI, 784; XIII, 951.

Tétis: ninfa do mar, filha de Nereu e Dóris, esposa de Peleu, mãe de Aquiles. — XI, 218, 221, 226, 237, 259, 264, 400; XII, 93, 194; XIII, 162, 288, 301.

Teucro: fundador de Salamina. — XIII, 157; XIV, 698.

Teucro: rei de Troia, cretense emigrado. — XIII, 705.

Teucros: os Troianos, em referência ao antigo rei Teucro. — XIII, 705, 728; XIV, 72.

Teutrânia: outro nome da região da Mísia. — II, 243.

Tiberino: rei de Alba, o rio Tibre (antigamente chamado Álbula) leva seu nome. — XIV, 614.

Tibre: rio do Lácio, antigamente chamado Álbula, seu nome atual deve-se a Tiberino rei de Alba. — II, 258; XIV, 426, 448, 616; XV, 432, 624, 728.

Tício: Gigante que Zeus fulminou, quando, movido por Hera, se preparava para violentar Leto, a rival da deusa. Zeus o precipitou nos Infernos, onde duas águias lhe devoram o fígado, que se renova. — IV, 457; X, 43.

Tideu: pai de Diomedes. — XII, 622; XIII, 68, 239, 350; XV, 769.

Tiestes: irmão de Atreu, filho de Pélops e Hipodâmia. — XV, 462.

Tifeu: Gigante vencido por Júpiter e esmagado debaixo da Sicília. — III, 304; V, 321, 325, 348, 353; XIV, 1.

Tigre: cão da matilha de Acteão. — III, 217.

Tíndaro: rei de Esparta, pai de Castor, Pólux e Helena. — VIII, 301; XV, 233.

Tione: epíteto de Baco. — IV, 13.

Tirésias: célebre adivinho de Tebas, era cego e pai de Manto. — III, 323, 348, 511; VI, 157.

Tiríntia: epíteto de Alcmena, de Tirinte. — VI, 112.

Tirinto: cidade da Argólida onde Hércules foi criado. — VII, 410; IX, 66, 268; XII, 564; XIII, 401.

Tiro: cidade da Fenícia. — II, 845; III, 35, 258, 539; V, 51, 390; VI, 61, 222; IX, 341; X, 211; XI, 166; XV, 288.

Tirrênia: outro nome para Etrúria, região da Toscana. — XIV, 452.

Tirreno: mar da costa ocidental da Itália. — XIV, 8.

Tirrenos: o mesmo que Etruscos. — III, 576, 696; IV, 23; XIV, 8; XV, 553, 577.

Tisbe: cidade da Beócia. — XI, 300.

Tisbe: jovem amada por Píramo; ao se matar, seu sangue tinge os frutos da amoreira. — IV, 55, 71, 93, 99, 115, 143, 145.

Tisífone: uma das Fúrias. — IV, 479, 981.

Titã: Céu, pai de Latona, avô de Diana. — III, 173; VI, 185, 346, 366.

Titã: Hiperíon, pai do Sol. — IV, 192, 241.

Titã: Jápeto, pai de Epimeteu, avô de Pirra. — I, 395.

Titã: sob a designação de Titã é evocado o Sol, filho do Titã Hiperíon, que por sua vez era filho de Urano e Gaia (a terra). — I, 10; II, 118; VI, 438; VII, 398; X, 79, 174; XI, 257; XIII, 968; XIV, 14, 376, 382, 438.

Titãs: filhos de Urano e Gaia, divindades antigas que enfrentaram Zeus e os deuses Olímpicos na luta pelo poder. Ver Oceano, Céu, Hiperíon, Jápeto e Crono.

Títono: marido de Aurora e filho de Laomedonte, obteve a imortalidade, porém continuou envelhecendo eternamente. — IX, 422.

Tlepólemo: filho de Hércules, participou na guerra de Troia à frente da esquadra de Rodes, cidade onde se refugiara. — XII, 537, 574.

Tmolo: montanha na Lídia associada ao deus de mesmo nome. — II, 217; VI, 15; XI, 86, 151, 156, 164, 171, 194.

Toactes: guerreiro de Fineu na luta contra Perseu. — V, 147.

Toas: filho de Andrêmon. — XIII, 357.

Toas: rei de Lemnos, pai de Hipsípile. — XIII, 399.

Toas: soldado lício da tropa de Sarpédon, morto por Ulisses. — XIII, 259.

Tonante: epíteto de Júpiter em razão dos trovões e relâmpagos, uma vez que ele é o senhor dos raios. — I, 170; II, 466; XI, 198.

Toos: cão da matilha de Acteão. — III, 221.

Toscanos: o mesmo que Etruscos, habitantes da Toscana ou Etrúria. — III, 624; XIV, 223, 615.

Touro: constelação. — II, 80.

Toxeu: filho de Téstio, irmão de Alteia e Plexipo, morto por Meléagro. — VIII, 304, 434, 441.

Tracante: cidade no Lácio, atual Terracina. — XV, 717.

Trácia: região ao norte do mar Egeu, entre a Macedônia e o Helesponto. — V, 276; VI, 87, 423, 435, 661; IX, 194; X, 83; XI, 2, 92; XIII, 436, 439, 537, 565, 628.

Tráquis: cidade da Tessália, reino de Céix. — XI, 269, 282, 351, 502, 627.

Trezena: cidade da Argólida. — VI, 418; VIII, 567; XV, 296, 506.

Trinácria: a Sicília, assim chamada em razão dos seus três promontórios. — V, 347, 476.

Triões: constelação de Ursa Maior, por vezes referida como "as Ursas", também chamada Setentrião por causa das sete estrelas de cada uma das Ursas. — I, 64; II, 171, 528; X, 446.

Tríopas: pai de Ifimedia e Erisícton. — VIII, 751, 872.

Triptólemo: filho de Celeu. — V, 646, 653, 661.

Tritão: deus marinho, filho de Posêidon, representado como homem cujo corpo se termina em forma de peixe. É apresentado soprando uma concha, que usa no decurso das tempestades. — I, 331, 333; II, 8; VI, 384; XIII, 919.

Tritônia: epíteto da deusa Minerva, que se relaciona com o lago Tritônis, na Líbia, onde teria um templo. — VI, 384; XV, 358.

Tritônis: lago na Líbia, consagrado a Minerva. — II, 783, 794; III, 127; V, 250, 270, 645; VI, 1; VIII, 548.

Trívia: epíteto de Diana, cuja estátua era colocada nas encruzilhadas. — II, 416.

Troia: cidade na Frígia, célebre pela guerra de dez anos travada contra os Gregos. — VIII, 365; IX, 232; XI, 199, 208, 215, 757; XII, 20, 25, 587; XIII, 23, 54, 169, 197, 226, 246, 325, 336, 339, 343, 348, 375, 379, 404, 420, 429, 481, 500, 534, 538, 566, 577, 623, 655, 721; XV, 160, 424, 440, 442, 770.

Troianos: habitantes de Troia, também chamados Teucros. — XI, 773; XII, 67, 604; XIII, 91, 269, 274, 421, 481, 534, 538, 566, 572, 702, 705, 728; XIV, 72, 75, 110, 156, 220, 245, 455; XV, 437, 730.

Túria: cidade na Calábria. — XV, 52.

Turno: rei dos Rútulos, no Lácio, guerreou contra Eneias quando este instalou-se no Lácio. — XIV, 451, 460, 530, 540, 567, 573; XV, 773.

Ulisses: herói da guerra de Troia, rei de Ítaca, neto de Sísifo, filho de Laertes e Anticleia, marido de Penélope, pai de Telêmaco. Corresponde ao grego Odisseu. — XII, 625;

XIII, 6, 14, 18, 48, 55, 62, 65, 83, 92, 98, 103, 107, 124, 240, 304, 305, 342, 387, 425, 485, 712, 773; XIV, 71, 159, 169, 180, 192, 226, 241, 290, 671.

Urânia: uma das nove Musas, relacionada à astronomia. — V, 260, 294, 337.

Venília: ninfa, esposa de Jano, mãe de Canente. — XIV, 334.

Vênulo: um dos Rútulos, foi a Diomedes pedir auxílio na guerra contra Eneias, sem sucesso. — XIV, 457, 460, 512.

Vênus: deusa do amor, mãe de Cupido e Eneias, esposa de Vulcano, corresponde à deusa grega Afrodite. — I, 463; III, 132, 294, 323; IV, 171, 190, 258, 288, 384, 531; V, 331, 363, 379; VI, 460; VII, 802; IX, 141, 424, 482, 553, 639, 728, 739, 796; X, 80, 230, 238, 270, 277, 291, 324, 434, 524, 525, 529, 548, 640, 717; XI, 306; XII, 198; XIII, 625, 674, 759, 875; XIV, 27, 42, 141, 380, 478, 487, 494, 572, 585, 602, 634, 694, 760, 783; XV, 386, 762, 779, 803, 816, 844.

Verão: personificação. — II, 28.

Vertumno: deus das estações, par de Pomona. — XIV, 642, 678, 765.

Vesta: deusa do fogo e da cidade. — XV, 731, 778, 864, 865.

Via Láctea: na mitologia antiga, era o caminho para a morada dos deuses. — I, 169.

Vírbio: nome de Hipólito após ser ressuscitado e cujo culto estava ligado ao de Diana, no bosque sagrado de Nemi, onde não podiam entrar cavalos. — XV, 544.

Virtude: personificação. — VII, 72.

Vitória: personificação e deusa. — VI, 82; VIII, 13.

Volturno: rio ao norte de Nápoles. — XV, 715.

Vulcano: deus do fogo e da metalurgia, filho de Júpiter e Juno, marido de Vênus, corresponde ao deus grego Hefesto. Forjou as armas de Aquiles e Eneias. — II, 106, 757; IV, 173, 185; VII, 104, 437; IX, 251; XII, 614; XIII, 313.

Xanto: rio da Lícia. — IX, 646.

Xanto: rio na região de Troia. — II, 245.

Zancle: atual cidade de Messina, na Sicília. — XIII, 729; XIV, 5, 47; XV, 290.

Zéfiro: vento oeste, fraco e favorável. — I, 64, 108; XIII, 726; XV, 700.

Zetes: filho de Bóreas, irmão de Cálais. — VI, 716; VII, 3.

Zeus: ver Júpiter.

899

Mapa das regiões gregas

Índice temático

Livro I

Proêmio (vv. 1-4) 43
Origens do mundo (vv. 5-20) 43
Separação dos elementos (vv. 21-75) 45
Criação do homem (vv. 76-88) 49
As quatro idades (vv. 89-150) 49
Os Gigantes (vv. 151-162) 55
Licáon (vv. 163-252) 55
O dilúvio (vv. 253-312) 63
Deucalião e Pirra (vv. 313-415) 67
Píton (vv. 416-451) 73
Apolo e Dafne (vv. 452-567) 77
Io (vv. 568-600) 85
Argo (vv. 601-688) 87
Pã e Siringe (vv. 689-746) 93
Faetonte (vv. 747-779) 97

Livro II

Faetonte (vv. 1-332) 101
As Helíades (vv. 333-366) 125
Cicno (vv. 367-400) 127
Calisto (vv. 401-495) 129
Árcade (vv. 496-530) 135
O corvo (vv. 531-541) 137
Corônis — A gralha (vv. 542-632) 139
Ocírroe (vv. 633-675) 145

Bato (vv. 676-707) 149
Aglauro (vv. 708-751)... 151
A Inveja (vv. 752-832) 155
Europa (vv. 833-875)... 161

Livro III
Cadmo e Tebas (vv. 1-137) 165
Acteão (vv. 138-252) 173
Sêmele (vv. 253-315).. 181
Tirésias (vv. 316-338) 185
Narciso e Eco (vv. 339-510)....................................... 187
Penteu (vv. 511-563).. 197
Os marinheiros tirrenos (vv. 564-733) 201

Livro IV
As filhas de Mínias (vv. 1-54)..................................... 215
Píramo e Tisbe (vv. 55-166) 219
Vênus e Marte (vv. 167-189) 225
Leucótoe e Clície (vv. 190-270)................................... 227
Sálmacis (vv. 271-284).. 233
Hermafrodito (vv. 285-415).. 235
Átamas e Ino (vv. 416-431).. 243
Os Infernos (vv. 432-463) 243
Tisífone (vv. 464-562).. 247
Cadmo e Harmonia (vv. 563-603) 253
Perseu (vv. 604-662) 257
Andrômeda (vv. 663-764)... 261
Medusa (vv. 765-802).. 267

Livro V
Perseu e Fineu (vv. 1-235)... 271
Preto (vv. 236-241).. 285
Polidectes (vv. 242-249).. 285
Minerva, as Musas e as Piérides (vv. 250-340)................ 287
O rapto de Prosérpina (vv. 341-408).............................. 293

Cíane (vv. 409-532) 297

Ascálafo (vv. 533-550) 305

As Sereias (vv. 551-571) 307

Aretusa (vv. 572-641) 307

Triptólemo e Linco (vv. 642-661) 313

O destino das Piérides (vv. 662-678) 315

Livro VI

Aracne (vv. 1-145) 317

Níobe (vv. 146-312) 327

Os camponeses da Lícia (vv. 313-381) 337

Mársias (vv. 382-400) 341

Pélops (vv. 401-411) 343

Tereu, Procne e Filomela (vv. 412-674) 343

Bóreas e Oritia (vv. 675-721) 359

Livro VII

Jasão e Medeia (vv. 1-158) 363

Éson (vv. 159-296) 373

Pélias (vv. 297-349) 381

A fuga de Medeia (vv. 350-393) 385

Egeu e Teseu (vv. 394-452) 387

Éaco (vv. 453-522) 391

A peste de Egina (vv. 523-613) 395

Os Mirmidões (vv. 614-660) 401

Céfalo e Prócris (vv. 661-865) 403

Livro VIII

Niso e Cila (vv. 1-151) 417

O Minotauro e Ariadne (vv. 152-182) 427

Dédalo e Ícaro (vv. 183-235) 429

Perdiz (vv. 236-259) 431

O javali de Cálidon (vv. 260-297) 433

Meléagro (vv. 298-444) 435

Alteia e a morte de Meléagro (vv. 445-525) 445

As Meleágrides (vv. 526-546) 451
Teseu em casa de Aqueloo (vv. 547-576).......................... 451
As Equínades (vv. 577-589) 453
Perimele (vv. 590-610) 455
Filêmon e Báucis (vv. 611-724) 457
Erisícton (vv. 725-776) 463
A Fome (vv. 777-842) 467
Mnestra (vv. 843-884) 471

Livro IX
Aqueloo e Hércules (vv. 1-97)... 475
Hércules, Nesso e Dejanira (vv. 98-133) 481
A morte de Hércules (vv. 134-210) 483
Licas (vv. 211-238) 487
A apoteose de Hércules (vv. 239-272)............................... 489
Alcmena e Galântis (vv. 273-323) 491
Dríope e Lótis (vv. 324-393) 495
Iolau (vv. 394-417) 499
Bíblis e Cauno (vv. 418-665).. 501
Ífis e Iante (vv. 666-797) 517

Livro X
Orfeu e Eurídice (vv. 1-85).. 527
As árvores que se deslocam (vv. 86-105).......................... 533
Ciparisso (vv. 106-142)... 535
Ganimedes (vv. 143-161) 537
Jacinto (vv. 162-219) 539
Os Cerastas e as Propétidas (vv. 220-242) 543
Pigmalião (vv. 243-297).. 545
Mirra (vv. 298-502) 547
Vênus e Adônis (vv. 503-559) 561
Hipômenes e Atalanta (vv. 560-707)................................. 563
A morte de Adônis (vv. 708-739)...................................... 573

Livro XI

A morte de Orfeu (vv. 1-66) 577

O castigo das Mênades (vv. 67-84) 581

Midas (vv. 85-145) 583

Febo e Pã (vv. 146-193) 587

Laomedonte (vv. 194-220) 589

Peleu e Tétis (vv. 221-265) 591

Peleu em casa de Céix (vv. 266-290) 593

Dedálion e Quíone (vv. 291-345) 595

O lobo de Peleu (vv. 346-409) 599

Céix e Alcíone (vv. 410-591) 603

O Sono (vv. 592-748) 615

Ésaco (vv. 749-795) 625

Livro XII

Os gregos em Áulis — Ifigênia (vv. 1-38) 629

A Fama (vv. 39-63) 631

Aquiles e Cicno (vv. 64-167) 633

Ceneu (vv. 168-209) 639

A batalha dos Centauros e Lápitas (vv. 210-458) 643

A morte de Ceneu (vv. 459-535) 657

Periclímeno (vv. 536-579) 663

A morte de Aquiles (vv. 580-628) 665

Livro XIII

A disputa das armas de Aquiles —
Ájax e Ulisses (vv. 1-381) 671

A morte de Ájax (vv. 382-398) 693

Hécuba, Políxena e Polidoro (vv. 399-575) 695

Mêmnon (vv. 576-599) 705

As Mnemônides (vv. 600-622) 707

A partida de Eneias (vv. 623-642) 709

As filhas de Ânio (vv. 643-674) 711

As filhas de Órion (vv. 675-718) 713

Cila (vv. 719-749) 715

Ácis e Galateia — Polifemo (vv. 750-897)........................ 717
Glauco (vv. 898-968) 725

Livro XIV

Glauco, Cila e Circe (vv. 1-74)........................... 731
Os Cercopes (vv. 75-100)................................ 735
A Sibila (vv. 101-153) 737
Aquemênides (vv. 154-222) 741
Macareu, Ulisses e Circe (vv. 223-319) 745
Pico (vv. 320-415)....................................... 751
Canente (vv. 416-440) 757
Diomedes e seus companheiros (vv. 441-511) 759
A oliveira selvagem (vv. 512-526) 763
As embarcações de Eneias (vv. 527-565).................. 765
Árdea (vv. 566-580)...................................... 767
A apoteose de Eneias (vv. 581-608) 769
Pomona e Vertumno (vv. 609-697) 769
Ífis e Anaxárete (vv. 698-771) 777
Tarpeia (vv. 772-804)................................... 781
Rômulo (vv. 805-828).................................... 783
Hersília (vv. 829-851)................................... 785

Livro XV

Numa (vv. 1-59) 789
Os ensinamentos de Pitágoras (vv. 60-478)............... 793
Egéria — Hipólito (vv. 479-546)......................... 819
Tages — Cipo (vv. 547-621) 823
Esculápio (vv. 622-744) 829
Júlio César e Augusto (vv. 745-870) 835
Epílogo (vv. 871-879).................................... 845

Sobre o autor

Considerado, ao lado de Virgílio e Horácio, um dos três maiores poetas latinos, Publius Ovidius Naso nasceu em Sulmo (atual Sulmona, na Itália), em 43 a.C., no seio de uma importante família da classe dos *equites*, a segunda das ordens aristocráticas romanas. Mudou-se para Roma para estudar retórica com Arellius Fuscus e Porcius Latro, destinado a seguir a carreira de jurista, em 31 a.C. — ano decisivo na história romana, em que Otávio Augusto, herdeiro de Júlio César, vence Marco Antônio na batalha de Ácio e torna-se imperador de fato. No entanto, após viajar para Atenas e a Ásia Menor, em 23 a.C., e trabalhar em cargos administrativos em Roma, Ovídio abandona o Direito e passa a se dedicar à poesia. Nessa época frequenta o círculo literário de Marcus Valerius Messalla e conhece os poetas Horácio, Tibulo e Propércio. Sua primeira obra foram os poemas epistolares de *Heroides*, publicados por volta de 19 a.C., seguidos por *Amores* (16 a.C.), *Medicamina Faciei Femineae*, a tragédia *Medeia* (hoje perdida), *Ars Amatoria* (2 d.C.), *Remedia Amoris*, as *Metamorfoses* (8 d.C., sua obra-prima) e *Fasti*. Mesmo tendo grande prestígio na época, foi banido pelo imperador Augusto em 8 d.C., por motivo até hoje não esclarecido, e se exilou na cidade de Tomis, no mar Negro (atual Constança, na Romênia). Escreveu então o poema elegíaco *Ibis*, os cinco livros de *Tristia* e as cartas intituladas *Epistulae ex Ponto*. Faleceu no exílio, em 17 d.C., sem poder realizar o sonho de retornar à Roma.

Sobre o tradutor

Domingos Lucas Dias nasceu em Arcos, concelho de Montalegre, em Portugal, em 1941. Ingressou na Escola Claustral do Mosteiro de Singeverga (beneditino) em 1956. Em 1967, depois de estudos de filosofia e teologia, ingressou na escola de preparação de oficiais militares em Mafra, e depois em Santarém. Em julho de 1968 parte para Moçambique. Retorna a Portugal em 1970 e, após frequentar aulas de Direito, ingressa no curso de Filologia Clássica da Faculdade de Letras da Universidade de Lisboa, que conclui em 1976. Em 1994, após uma carreira no setor bancário, retoma e finaliza o mestrado iniciado nos anos 1980, intitulado "O pacto diabólico em fontes hagiográficas: o reverso do pacto de salvação", em que rastreia a lenda do Dr. Fausto do século IV ao XVI. Em 1998 torna-se professor da Universidade Aberta, e logo depois inicia a tradução das *Metamorfoses* de Ovídio, obra que sairá pela editora Vega, de Lisboa, em dois volumes (Livros I-VII, 2006; Livros VIII-XV, 2008). A convite do reitor do Santuário de Fátima, realiza, em colaboração com Arnaldo do Espírito Santo, João Beato e Maria Cristina de Sousa Pimentel, a tradução do *De Trinitate* de Santo Agostinho; o livro é publicado em 2007 pela Paulinas e recebe o Prêmio de Tradução da União Latina. Na mesma época escreve seu doutorado sobre o *Apocalypsis Nova* do Beato Amadeu da Silva (1420-1482), conselheiro do papa Xisto IV, cuja edição crítica, com tradução e notas, foi publicada pela Imprensa da Universidade de Coimbra em 2014. Além de dois opúsculos de Santo Agostinho, *De Mendacio* e *Contra Mendacium*, a saírem pela Paulinas, traduziu do latim *O médico político*, de Rodrigo de Castro (1546-1627), publicado em 2011 pela Edições Colibri, o *Compêndio de Física*, de Pedro Margalho (1474-1556), e, em colaboração, o *Tratado sobre a dor*, de Filipe Montalto (1567-1616). Atualmente prepara a tradução dos *Sermones* do Beato Amadeu da Silva.

ESTE LIVRO FOI COMPOSTO EM SABON
PELA BRACHER & MALTA, COM CTP E
IMPRESSÃO DA EDIÇÕES LOYOLA EM
PAPEL PÓLEN SOFT 70 G/M² DA CIA.
SUZANO DE PAPEL E CELULOSE PARA A
EDITORA 34, EM JANEIRO DE 2021.